麻省理工学院（MIT）机器视觉课程指定教材
中山大学青年教师培育项目 （编号20lgpy44 ）资助出版

机器视觉

（修订版）

Robot Vision

【美】伯特霍尔德·霍恩　著
Berthold Klaus Paul Horn

王亮　蒋欣兰　译

中国青年出版社

One of the greatest pleasures in life is figuring out how to solve a problem. Machine vision presents us with many puzzles, the solution of which typically involves understanding the physics, followed by mathematical modelling, and finally algorithmic implementation.

While we have many "proofs of concept" (animals) of vision systems, there is no simple theory (yet) that tells us how to build a mechanism to make use of an image as the basis of interaction with the environment.

I hope you, the reader, will have many pleasant experiences solving machine vision problems.

BKP Horn

修订版序言

1981 年，本书的作者、我的恩师 Berthold K.P. Horn 教授在 MIT 人工智能实验室开设了世界上第一门机器视觉课程（MIT 6.801: Machine Vision），经过五年的教学实践最终形成了本书。四十年过去了，Horn 教授依然在 MIT 机器视觉课堂上讲授着这本书中的内容①。作者的原创性工作，例如：光流算法、从图像明暗估计形状等，早已成为计算机视觉相关领域的基石，而书中里所描述的作者在完成这些里程碑式成果过程中的思考和探索，像灯塔一样照亮着一批批 MIT 学子在机器视觉领域中不断探索前行。另一方面，《机器视觉》中译本也得到了广大读者的认可，出版五年来，销量已经超过三万册。2011 年，我到 MIT 数学系访学，一个偶然的机会，旁听了 Horn 教授的机器视觉课程。这门课给我的冲击和震撼是难以想象的。此前，我从事机器视觉方面的博士课题研究已有三年。虽然朋友们不断给我帮助和鼓励，但是，我仍然常常感到困惑和迷茫，直到来到 Horn 教授的课堂上，我才感觉醍醐灌顶、恍然大悟。自此之后，在 Horn 教授的帮助和指导下，我开始了全新的学习和研究生活。新生活中的每一天都是令人兴奋和丰富多彩的。完成 MIT 访学回国后，我决定要将主要时间和精力用来做最有意义的事情：将 Horn 教授的这本书和这门课介绍给广大的中国学生和朋友，让许多像我当初一样在困惑和迷茫中挣扎的朋友们得到帮助和启发。于是，我开始了《机器视觉》的翻译工作。这本书的最终完成和出版，却是很多同学和朋友共同努力的结果。

自从中译本出版以来，我们不断得到许多热心读者的指正和帮助。这给了我们巨大的鼓舞，同时也说明“好的书就像是酒，越老越香”。我们深知：这本书好，并不是我们翻译得好，而是原著写得好！在读者们的帮助下，我们看到了第一版译稿中的很多不足和缺陷。于是，我们一直在思考和探讨如何改进和提高译稿。我翻译此书的初衷是：想要把好的东西介绍给大家，希望能够对朋友们有所帮助。因此，从一开始，我就选择（在必要的时候）放弃“语言的流畅”，以确保“思想的清晰”。对于译稿的定位，我认为“看得明白”远比“读得痛快”重要得多。因此，在第二版中，我们并没有对语言文字做太大改动，而是关注于如何帮助读者更好地理解和掌握书中的基本思想和方法。根据读者的建议和反馈，在修订译稿的过程

---

①该课程一直以来都是 MIT 计算机与电子类课程中评分最高的，学生打分 6.5，MIT 计算机与电子类课程平均分在 4.0 左右（7 分为满分）。或许学生的评论说出了其中的原由：Berthold only taught his own contribution in this field。

中，我们尝试讲解书中的部分内容，并将其录制成相应的视频课程。同时，我们还制作了一些辅助性的视频教程，包括：1). 对书中部分习题的分析和讲解，2). 一些算法的实现和仿真（使用 JAVA 程序）。阿里达摩研究院的纳跃跃博士参与了这些视频课程的制作，完成了 JAVA 程序设计的相应视频[①]。希望这些视频和辅助材料能够帮助读者更好地学习这本书。我们非常渴望能够继续得到读者的帮助和指正，从而将这些思想和观点更好地表达出来、传达出去。

2018 年 12 月，我回国入职中山大学，并于 2019 年秋季学期开设了研究生课程“计算机视觉”，同学们的反馈和鼓励让我决心将这门课一直开设下去，继续将恩师 Horn 教授的思想传播出去。于是，在中山大学青年教师培育项目（编号：20lgpy44）的资助下，我们修订了译稿，出版了《机器视觉》（修订版）。

自从第一版译稿出版以来，我们收到了很多读者朋友的建议和指正，在这里，我们要感谢：北京航空航天大学的尹继豪教授，武汉理工大学的吴超仲教授和万平博士，中山大学的王鲁平教授、张志勇教授、朱波副教授、段克清副教授、赵新勇同学，中国铁道科学研究院王胜春研究员、戴鹏研究员、王昊研究员，四川大学的黄蓉刚博士，沈阳斯达特电子科技有限公司的孟祥军先生，Peddie School 的郁骏波同学，纽约大学的苏燮阳同学。还有许多通过邮件给我们鼓励帮助和批评指正（但又不愿意透露姓名）的朋友。此外，我想要特别感谢：中国科学院数学与系统科学研究院的**林群**院士，他通过科普微积分所展现出的对于国家民族的责任心和使命感，激励着我（在想要退缩的时候）最终坚持了下来；录制视频课程的想法来自于我的恩师 **Gilbert Strang** 教授，他的线性代数视频课程帮助了无数热爱数学的朋友；还有我的恩师 **Berthold K.P. Horn** 教授，十年来，他教给我的不仅仅是知识和方法，还有善良、坚强、爱心和责任。

王　亮于**广州**
蒋欣兰于**北京**
2020 年 7 月

[①] 2015 年 1 月，我来到 MIT Horn 教授从事博士后研究。在 MIT，这门课做了一些调整，Horn 教授加入了 Android 手机开发的内容（基于 JAVA 程序设计），使得学生能够实现一些运行在 Android 手机上的机器视觉算法。因此，我们选用 JAVA 来实现仿真。

译者序

这是一本很老的书，但是，这是一本很经典的书！这是一本出版于三十年前的书，但是，这是一本在美国麻省理工学院（**MIT**）的“机器视觉”课上讲了三十多年[①]，并且，还将继续被使用下去的书！这是一本亚马逊上所有购书者都给予**五星**评价的书！这是一本被读者誉为**“机器视觉的圣经”**的书！这是一本引用量超过5000的书！为什么一本书会有如此强大的生命力？或许作者已经在序言中给出了答案：**“相对于讨论那些针对某些特定问题的特殊方法，我更加关注于：发展出一种关于机器视觉的可靠研究方法。”**无论机器视觉领域的发展更新如何迅速，一些基本的思想和方法将永远是非常重要的！我相信对于刚进入这个领域或者有志于这个领域研究的朋友，这些思想和方法应该是值得去了解、学习和吸收运用的。

作为机器视觉领域的先驱和奠基者之一，作者在该领域的许多方面都有开创性和奠基性的贡献，例如：**从明暗中恢复形状**（shape from shading）、**光流**（optical flow）、**无源导航**（passive navigation）、**扩展 Gauss 图**（Extended Gaussian Image）等，而本书也可以看作是：作者对这些原创性工作的一个总结。不同于简单的内容总结，作者用一条主线将书中所有的内容穿插在了一起，使得本书结构紧凑，条分缕析，从而成为一本优秀的教科书。这条主线也是机器视觉的核心问题：**如何从一张或多张图像中恢复出场景中所包含的信息？**沿着这条主线，作者将机器视觉的核心思想和关键技术清晰明确地讲了出来，使得本书成为一本思想性的著作。这是本书最大的特点，也是本书成为经典的原因所在！

2011 年 9 月至 2013 年 3 月，译者在 MIT 进行了 18 个月的访问学习。在这期间，译者有幸听了 Horn 教授的“机器视觉”课程[②]，并且，认识了 Horn 教授。本书以及该课程对我的冲击和震撼是难以想象的！在课堂上以及课下看这本书的每一分钟，我都有一种“相见恨晚”的感觉。这门课我学了两遍，至今仍使我深感遗憾的是：由于时间的原因，没有机会再去听第三遍！我感觉我是非常幸运的，有机会在这么短的时间内，通过本书和该课程，对该领域的很多东西有了清晰和深刻的认识。我想：对于许多想了解机器视觉以及有志于这个领域研究的朋友，这本书将会是有用的。这是我翻译此书的初衷，也是

[①] 本书的英文原版《*Robot Vision*》出版于1986年，在本书出版以前，本书的手稿作为 MIT “机器视觉”课程的讲义，已经使用了5年。

[②] 机器视觉的课程编号为6.801，它是 MIT 的秋季课程。

激励我度过翻译过程中无数个漫漫长夜的真正动力所在。

我们有理由相信：既然“圣经”没有过时，这本书也同样不会！由于译者水平有限，很难将本书由“圣经”译成“圣经”，或者至少译成一本“名著”，但是，我们始终坚持：要将本书译成一本“读得懂”的书！因此，我们力求内容的清晰明确和易于理解。在翻译的过程中，时时让我感到苦恼的是：如何在内容的准确性和流畅性之间找到一种合理的平衡。因为对于学术著作的翻译，大致包括两个层面：

- **语言的翻译**：这句话说的是什么？
- **思想的翻译**：为什么要说这句话？

只有处理好这两者之间的关系，才能避免出现“句句翻译都正确，内容完全看不懂”的情况。这样的例子不胜枚举，例如，对于第6章6.14小节的第一句话，直接翻译应该是：“为了设计**最优滤波器**，我们必须估计出：要处理的图像的**功率谱**。”但是，“要处理的图像的**功率谱**”是可以直接计算出来的，为什么还要对其进行“估计”？事实上，这句话中的“要处理（to be processed）的图像”指的是：要经过处理而得到的图像，也就是说，要被复原出来的图像。再比如，对于第17章的题目：Passive Navigation & Structure from Motion，不少书籍将“Structure from Motion”直译为“从运动到结构”。这样翻译存在两个问题，首先，“到”字是译者自己加上去的，“到”字的使用极不合适。“Motion”指的是：图像亮度模式在像平面上的“运动”，具体地说，就是指运动场（或光流），而“Structure”指的是：产生运动场（或光流）的原因，包括：1) 相机和场景之间的相对运动，2) 景深。“Structure”和“Motion”之间并不是并列关系，而是因果关系，因此，我们不应该使用“到”字，而是使用“恢复”。其次，我们平时说到“运动”时所想表达的意思，并不是这里的“Motion”，而是“Structure”。为了避免意思上的混淆，我们将第17章的题目“简单地”译为：无源导航。

此外，当语言的“优美”和思想的清晰发生矛盾时，我们毫不犹豫地选择后者！例如，在第11章中，我们探讨了“characteristic stripe”方法[1]。将“characteristic stripe”译为“**特征条纹**”似乎显得很“文雅”，但是，至少对我而言，很难直观地理解：“特征条纹”这几个字究竟说的是什么。因此，我们将其译为：**特征“带**

---

[1]给曲线上的每一个点赋予一个方向（即：一个单位向量），所有这些单位向量合在一起，就形成了空间中的一条“带子”。想象你扛着一根竹竿走路，竹竿所“扫过”的区域就是这里的stripe。

子”。尽管这种译法有些“俗气”，但是，它能够更加形象地反映出：“characteristic stripe”这个短语背后的真实想法。语言是思想的载体，而语言的使用也应该以表达思想为最终目的。因此，在翻译的过程中，我们所追求的是：形象直观、易于理解的表述方式。我们始终坚持：一定要将原著中的思想翻译出来！

当然，语言的准确和思想的清晰并不总是矛盾的，这使得我们有希望去努力让本书的中译本：

- **在语言方面** —— 让读者感到：这是一本“用中文写的书”；
- **在思想方面** —— 让读者看到：算法背后的基本思想和观念。

为此，一方面，对于书中的一些内容，我们在内容正确和忠实于作者意图的前提下，尝试着使用更加“容易被理解”的中文表述方式。例如，在第6章中，作者将：图像失焦所对应的模糊核，形象地称为“小药瓶子”。在欧美，绝大多数“药瓶子”都是圆柱体。因此，这种说法很形象贴切，但是，当我们谈到“药瓶子”时，却很难想到圆柱体，因为我们所见过的绝大多数“药瓶子”，盖子都比瓶身要小一圈。因此，我们将其意译为“小圆柱体”。此外，对于书中的内容（尤其是涉及数学分析和思想概念的内容），我们尽可能地使用短句结构。例如，对于下面的长句（即：直接翻译的结果）：**“消失点是经过投影中心并且和这组平行线平行的直线与像平面的交点。**”我们将其翻译为相应的短句：**“消失点是：一条直线与像平面的交点；并且，这条直线必须满足如下两个条件：1) 经过投影中心，2) 和这组平行线平行。**”这样做有时会失去语言上的简洁优美，但是，却更容易展现出长句中各个成分之间的逻辑关系，以便于读者理解。另一方面，对于书中的一些内容，我们加入了注释。这些注解主要针对：数学推导、专用名词以及某些结论或方法背后的思想。为了保证这些微小的调整与作者的思想和意图相符，我们一直和Horn教授进行着书信交流，对书中的内容进行了反复讨论。书中绝大多数注解的内容都是根据这些邮件的内容整理出来的。

书中每章都附有相应的参考文献。作者并不是简单地罗列出参考文献，而是通过这些参考文献介绍了该领域以及相关领域的发展过程。一个使我感到非常惊讶的事实是：尽管几十年过去了，这些参考文献中的大部分至今仍有人引用！因此，我们保留了这些参文献的英文名称，以便于读者查找相关文章和书籍。此外，对于书中所涉及的人名，我们并没有将其翻译成中文，例如，我们将 Gaussian filter、Euler equation、Fourier transform 译成：Gauss 滤波器、Euler 方程、Fourier 变换。这样做有两个原因：1) 对于某些英文名字的翻译，现有的出版物并没有完全取得一致。例如：绝大多数的书籍将“Fourier”翻译成“傅里叶”，但是，仍然有少量的书使用“傅立叶”或“富里叶”。2) 便于读者查找相关资料。我们根据原著中的“索引表”，用“粗体”标注出了所有的重要术语，然后，在本书的最后生成了新的“索引表”。此外，我们对书中所有的公式都按章节进行了编号。这样做的一个好处是：可以将原著中大量的“上面的公式”换成“式(编号)”，以便于读者查找。只有当所指代的公式正好出现在这句话上面的时候，为了表述上的自然，我们才偶尔沿用“上面的公式”这种说法。

本书根据原著的第七次印刷版 [1991 年] 翻译而成。在翻译的过程中，我们根据原著的勘误表，对书中的一些笔误和印刷错误进行了更正。在原著第 17 章中，作者使用的透视投影公式为：$x = X/Z$ 和 $y = Y/Z$。这个公式的基本假设是：选取相机的焦距 f 作为长度单位。但是，使用标准长度单位却更容易被理解，而且，作者也更加倾向于使用标准长度单位。因此，我们对第 17 章中的公式进行了大修改。透视投影公式相应地变为：$x = fX/Z$ 和 $y = fY/Z$。基于这个公式，我们推导出了第 17 章中的其他公式。虽然这样做使得有些公式看起来很“臃肿”，但是，公式中每一项的物理意义变得更加清晰了，而且，量纲也“变得”平衡了。此外，在第 7 章 7.5 节中，我们加入了：1) 循环卷积的定义，2) 循环卷积与离散 Fourier 变换之间的关系。为了便于读者的理解，我们在和 Horn 教授商讨以后，决定在第 7 章中加入插图 7.1；在第 15 章中加入插图 15.4；在第 17 章中加入插图 17.1 和 17.2。

在翻译本书的过程中，许多同学、朋友和老师给了我们很多关心和帮助，以及很多有益的建议，他们是：张明敬、陈小美、冯钊赞、龚恒风、李文钊、赵一彪、王哲、林杰、张俊三、王胜春、吕国豪、董克强、张宏、解宏伟、武栋、何凯、高大龙、马思源、田明杨、段世杰、王凤娇、吴洁、刘可豹、于欣妍、于浩洲、陈宇、王鹏飞、Shevarl Macnamara、Arindam Biswas；北京交通大学谢桦副教授、吴发恩教授、汪成咏教授、王兵团教授、冯国臣老师；上海交通大学刘当波教授；北京联合大学李哲英教授；MIT 数学系的 Steve Jhonson 教授、David Jerrison 教授和 David Vogen 教授；MIT 计算机系的 Alan Oppenheim 教授和 Dannis Freeman 教授。在本书的最后编排过程中，彭岩编辑给了我们很多指导。此外，我还要特别感谢的是：MIT 数学系的 **Gilbert Strang** 教授，他教会我如何去感受数学的美丽；MIT 计算机系的 **Berthold K. P. Horn** 教授，他给了我许多指导和帮助，不单单是知识，还有做研究的态度和方法。和他们在一起学习和工作的日子，已经成为我美好记忆中非常宝贵的一部分。最后，我要感谢我永远都报答不尽的双亲，他们的理解和支持给了我很大的勇气。

本书第1至4章由蒋欣兰翻译；其余部分由王亮翻译和整理。最后，由王亮负责全书的整理和统校。由于译者水平有限，错误和不恰当之处在所难免。如果能得到读者的帮助，使得本书不断得到改进和提高，我们将不胜感激[1]。在本书的扉页中，Horn教授亲笔题写了“致广大中国读者的寄语”，其内容为：

One of the greatest pleasures in life is figuring out how to solve a problem. Machine vision presents us with many puzzles, the solution of which typically involves understanding the physics, followed by mathematical modeling, and finally algorithmic implementation.

While we have many working “proofs of concept” (animals) of vision systems, there is no simple theory (yet) that tells us how to build a mechanism to make use of image input as the basis of interaction with the environment.

I hope that you, the reader, will have many pleasant experiences solving machine vision problems.

希望在一开始的时候，您就从作者的手迹中“辨认”出了这几句话。最后，我们谨以Horn教授的这段寄语与广大读者共勉。

王亮、蒋欣兰

2014年3月

---

[1] 我们的邮箱是：wangliang.bjtu@gmail.com（王亮）和jxlzgl@sina.com（蒋欣兰）。邮寄地址为：中国青年政治学院计算机中心505，北京市海淀区西三环北路25号。邮编：100089

英文版序言

机器视觉是一个年轻的、发展很快的领域。由于新的结果不断涌现，在写这些内容时，我既感到兴奋，同时又感觉难以掌握什么时候该停下来。本书根据我在MIT讲授“计算机视觉”（课程编号6.801）课程时所使用的讲义整理而成。我在MIT讲授“计算机视觉”课程已经10年了。本书的初稿被使用了5年①。书中的练习题大部分来自于“计算机视觉”课程中的家庭作业以及测验。在MIT，“计算机视觉”被定为一门“限选课”，这意味着学生可以选修这门课，也可以选修其他与人工智能相关的课程。大部分选这门课的学生都是大学新生。本书的一些章节也被用于：针对工业界以及其他学校学生的夏季课程，这种课程一般集中在一个星期左右。

10年前，我们还有可能在一门课里同时介绍：机器人操作和机器视觉。但是，由于这两个领域的发展太快，现在，我们已经无法再将这两方面的内容合并到同一门课里（原来课程中关于机器人操作的那部分内容，已经被Tomas Lozano-Pérez扩充为一门新的课程“机器人操作”，课程编号6.082）。事实上，即使是只讨论机器视觉方面的一些有趣内容，单单一个学期也似乎显得太短。

机器视觉领域的快速发展使得本书不得不精简掉那些“不是那么重要的内容”。什么是“不是那么重要的内容”？在某种程度上，这是一个因人而异的问题，而这本书也反映出我的个人倾向。本书不是一本介绍机器视觉方面所有结果的书；否则，这本书将变得非常厚，并且，难以找到一个相关的主题将这些内容“串”起来。因此，一些看似缺乏坚实理论基础的材料并没有被纳入本书。

同样的，对于一些不能被用于有效地从图像中恢复出信息的方法，也被本书所“忽略”，即使这些方法使用“先进”的数学来表现它们的合理性。本书所力求包含的内容，是那些有助于工程技术人员在“现实世界”中应用机器视觉方法的有用信息。例如，在关于二值图像处理的章节中，我们提出了如何改进许多现有的商用电子器件；在关于光度立体视觉和扩展Gauss图的内容中，我们所提出的方法，可能成为这个领域研究结果的商业化过程中的下一个推动力。

对于一些具体实现方法的选择和特定算法，本书并没有总是给出全部细节。依赖于所使用的计算机系统的特殊性能，所取得的好的结果，以及对于这些结果的陈述，将会偏离本书的中心。我也相信：在

①本书出版于1986年，至今仍然作为MIT“计算机视觉”课程的指定教材。作者至今一直在MIT讲授“计算机视觉”课程。— **译者注**

开始考虑实现方法之前，我们应该先解决机器视觉的基本问题！在绝大多数情况下，实现过程只是经典数值分析技巧的直接应用而已。即使这样，本书仍然包含了许多软件和硬件方面的有效实现方法的细节，例如：在关于二值图像处理的章节中，我们对具体实现方法进行了详细的讨论。

几乎从一开始，本课程就吸引了许多有志于探索这个领域的研究生。因此，本书也纳入了一些有助于拓展他们数学修养的材料。对于本科生，这些材料需要被省去，因为，在一学期的课程中，同时讲解这些数学基础以及本书中的所有材料会显得很困难。本书中的一些主题是独立于其他内容的，因此，省去书中的部分内容不会很困难。同时注意：在附录中，我们给出了关于本书所用到的绝大部分数学工具的介绍和推导。

除了一些章节是明显的两两相关以外（即：第 3 章和第 4 章、第 6 章和第 7 章、第 10 章和第 11 章、第 12 章和第 17 章、第 16 章和第 18 章），事实上，章节之间是相互独立的。对于缺乏线性系统理论知识的学生，省略掉图像处理方面的内容（第 6、7 、9 章），会取得更好的教学效果。同样的，忽略掉关于时变图像处理的章节（第 12、17 章），也不会影响整本书的内容连贯性。一些章节所介绍的内容和剩下章节所介绍的相比，还没有在工业界中得到很好的应用。如果把这些章节的内容也省去的话，那么，剩下的一个由第 1、2、3、4、10、11、16 和 18 章所组成的短的基础课程，应该能够在一个学期内讲完。

这本书试图提供一个对那些我自认为理解深刻的课题的深度覆盖。这意味着：对于其他一些机器视觉方面的课题，本书并没有给出十分详尽的介绍，而另外一些我认为“过于专业”的课题也没有被纳入本书。从这方面讲，这本书可以看作是 Dana Ballard 和 Christopher Brow 所写的《*Computer Vision*》[1] 的补充。Dana Ballard 和 Christopher Brow 的《*Computer Vision*》包含了更为丰富的材料，但是内容没有本书深入。同样，在 Azriel Rosenfeld 和 Avinash Kak 的《*Digital Picture Processing*》第二版中，读者可以找到：关于本书中许多基础概念的更加详细的介绍。

本书所讨论的内容和生物视觉系统的研究有很强的联系。但我在写本书时并没有着重突出这一点，因为，这方面已经有非常杰出的著

[1] 在这里，我们并没有将这些英文著作的书名和作者姓名翻译成中文。这是由于本书中所提到的很多著作都没有对应的中译本，直接给出这些著作的英文名称将有助于读者查找相关文献。— **译者注**

作：David Marr 的《*Vision: A Computational Investigation into the Human Representation and Processing of Visual Information*》[①]。类似地，关于边缘检测、基于特征的立体图像、以及对于时变图像某些方面的解释等方面的内容，本书的介绍也略显不够详尽细致，因为以下书籍：Eric Grimson 的《*From Image to Surface: A Computational Study of the Human Early Visual System*》；Ellen Hildreth 的《*The Measurement of Visual Motion*》以及 Shimon Ullman 的《*The Interpretation of Visual Motion*》包含了这些方面更为详尽的细节介绍。同样的，对于模式分类，已经有非常经典的著作，例如：Richard Duda 和 Peter Hart 的《*Pattern Classification and Scene Analysis*》。但是，在整本书的写作过程中，我并没有完全坚持这种简约紧凑的写作风格，而是使用了充足的章节介绍关于图像处理的内容，尽管这些内容已经很好地包含在 William Pratt 的巨著《*Image Processing*》之中。这样做的理由是：对于理解在随后章节中所用到的处理方法，这些图像处理方面的内容实在是太重要了！

我的许多学生在初上这门课时，对以下事实感到震惊：机器视觉这个领域所需要用到的数学技巧绝非简易！在一定程度上，这是因为：他们以前看见的很多例子，都只需要使用简单的启发式的方法[②]，就产生出一些表面上惊人的结果。许多这样的方法，都是在机器视觉的早期研究过程中发展起来的。它们最终导致了：对这个领域发展速度的一个虚假乐观主义的预测。后来，这些方法的巨大局限性显现了出来。显然，现在要学习机器视觉，离不开对成像理论和过程的理解。这就像学习自然语言需要一些语言学的知识一样。不久之前，这个观点还只是被少数人所接受。

更严重的是，很多人认为机器视觉只是“人工智能”系统中的一种分析其传感器所感知到的信息的工具。到目前为止，只有相对较少的复杂的数学处理方法被用于人工智能领域。将机器视觉和机器操作控制看作只是人工智能系统的“输入/输出”（“I/O”）的观点是错误的。机器在“观看”、“操作”以及“行动”过程中所遇到的问题，本身就是非常有趣的！这些问题非常难，因此，解决这些问题所用到的工具绝非简易！

对于一个可以成功地和周围环境进行交互的系统，我们可以通过分析：系统和环境之间进行交互的物理过程，来理解（或部分理解）这个系统。对于视觉，这意味着：如果我们想从图像中恢复出关于

---

①事实上，这本经典巨著有相应的中译本：《视觉计算理论》[1988]，David Marr著，姚国正、刘磊、汪云九译，科学出版社。— **译者注**

②所谓启发式的方法（heuristic method）是指一些小技巧和小窍门。— **译者注**

“世界”或场景的信息，那么，我们就应该去理解成像过程。描述物理上的相互作用，自然会得出相应的数学方程。这些方程会启发我们，从而最终得出：从图像中恢复出关于“现实世界”（或场景）的信息的算法。这就是我的主题！令人感到惊讶的是：不少学生在把从书本中学到的抽象的数学方法，应用于实际问题的过程中，找到了乐趣。本书的材料为他们提供了一种动机，促使他们去实践这些方法，甚至去学习一些（他们以前不会费心去学的）新概念。

本书第一部分的重点是**早期视觉**，即：如何从图像中得到简单的符号描述。我们如何将这些描述用于空间推理以及行动规划？这方面的技术还没有得到很好的发展，并且，现有的这些技术所依赖的方法，并不适用于早期视觉。本书的最后五章将探索：如何使用这些简单的符号描述来生成一个复杂的结构化描述。在最后的章节中，我们介绍了：将视觉系统集成到一个完整的机器人系统中去的细节；在这一章里，我们建立了一个用于从容器中抓取零件的系统。

在写这本书的过程中，我花了大量的气力来设计习题。这些习题有着各种不同的目的。有的是帮助读者练习该章节中所涉及的方法；有的是用于启发出更深刻的思想（这可能会用到更复杂的数学工具）；有的是为了介绍新的研究课题。各章节中的习题都是根据这个顺序进行编排的。对于一些特别难的问题，我们给出了提示。现在所“流行”的一种趋势是：使用更加紧凑的符号表示形式，但是，本书选择使用一种更加连贯的形式，即：使用一致的符号将书中的内容组织在一起。对于向量（例如：曲面的法向量或光流的速度），以前的著作（在一些情况下）会将向量的元素具体写出来，但是，现在趋向于直接使用向量形式，例如：在讲述曲面的朝向时，现在使用 Gauss 球来取代梯度空间。在本书的正文中，我一直将向量的元素具体写出来，（因为这种表述方法在刚开始的时候更容易被学生理解）。然而，在一些课后习题中，我试着展示：如何通过使用紧凑的向量形式来更加有效地解决问题。

本书中的大多数材料都在其他地方出现过。但是，通过使用一致的表示形式，本书将它们以一种更加连贯的方式组织在了一起。在一些章节的例子中，本书也提供了一些以前没有发表过的新方法。这个领域的发展实在太快了，因此，几年之后，本书中的一些内容或方法可能会被淘汰，或者至少不那么有趣。相反的，本书中没有包含的一些东西，却可能最终成为一些让人兴奋的新结果的基础。但是，这并不是一个严重的缺陷，因为，相对于讨论那些针对某些特定问题的特殊方法，我更加关注于：发展出一种关于机器视觉的可靠研究方法。

什么时候会出现一种“通用的”视觉系统？我的回答是：至少在可预知的未来不会有①。但是，这并不意味着：机器视觉只是一种没有实际应用的智力活动。相反的，在以下两个方面，机器视觉已经取得了巨大的进展：

- 视觉的某些特殊方面，例如：对于**立体像对**②的解释。
- 视觉的某些具体应用，例如：自动装配过程中的校准。

一个真正意义上的“通用”视觉系统，必须能处理视觉中的所有方面，并且，它能够被用来处理所有只需要视觉信息就能够解决的问题；此外，它还将具有探索物质世界的能力。

B. K. P. H.

①一次偶然的机会，我和作者谈到了这个问题。尽管三十年过去了，但是直到今天，作者对于这个问题的基本观点还和当初一样。— **译者注**

②大脑根据进入左右眼的稍具差异的两幅图像产生**景深**效果，从而形成立体感，这两幅图像被称为**立体像对** (stereo pairs)。详见本书第13章的内容。— **译者注**

致 谢

我要感谢选我的“机器视觉”课程的学生，他们帮助我制定和修正了这部手稿。我的助教对本书的很多内容都有贡献。Robert Sjoberg对书中的几个课题做了认真整理，遗憾的是，由于时间紧迫，我没有参与他的整理工作。Robert Sjoberg、Andy Moulton、Eric Bier、Michael Gennert和Jazek Myczkowski对本书的手稿提出了很多有用的意见。

书中的一些章节是基于我和其他人一起写的文章而整理出来的。我要感谢Michael Brooks：他对于从明暗中恢复光照（第11章）内容的讨论做了很多贡献；Brian Schunck：他在开发光流分析方法（第12章）中给了我很多帮助；Anna Bruss：她在对无源导航问题（第17章）的分析中做了很大贡献；Katsushi Ikeuchi：他在零件抓取系统（第18章）的实现过程中做了很大贡献。

对于本书的早期版本，Christopher Brown、Herbert Freemen、Eric Grimson、Ramesh Jain、Alan Mackwroth和Lothar Rossol提出了很多宝贵的意见。Michael Brady、Michael Brooks、Michael Gennert和Ellen Hildreth阅览了本书的新近版本，并给出了许多有用的建议。对于模式识别部分（第14章）的内容，Michael Gennert做了很多贡献。Boris Katz和Larry Cohen仔细地阅读了本书，并且，找出了书中的许多语言问题。不幸的是，在这个过程中，我“忍不住”不断地对书中内容进行修改和增删，因此，毫无疑问，在这个过程中，难免会出现笔误。

麻省理工学院（MIT）计算机与电子工程系给了我六个月的假期，用来完成这本书的初稿。Carol Robert对本书的书稿进行了电脑输入。Blythe Heepe绘制了本书中大部分的插图。Phyllis Roger帮助我整理了参考文献。Michael Gennert帮助我完成了本书最终印刷版的准备工作。本书封面上的图由艺术家Hajime Sorayama友情提供[①]。

Marvin Minsky建议我将博士论文的题目定为：从图像的亮度梯度中恢复物体的形状。从此，我开始研究机器视觉。从一开始，Patrick Winston就对我关于机器视觉的研究非常支持，当时，机器视觉还不是一个非常“热门”的领域。Marvin是MIT人工智能实验室的创立者，而Patrick是MIT人工智能实验室的继任者和开拓者。在MIT人工智能实验室，对机器视觉的研究已经活跃了近20年。

在研究本书中的许多方法的过程中，我得到了美国国防部前沿研究项目中心（DARPA）和美国海军研究局（ONR）的资助。

---

①英文原著采用Hajime Sorayama（空山基）先生的画作“弹钢琴的机器人”作为封面。我们选用了新的作品来作为中译本的封面。— **译者注**

中文版序言

对于《*Robot Vision*》中译本的出版发行，我感到非常兴奋。因为这将使得广大的学生、教师和科研人员可以更容易地接触和了解机器视觉。自从《*Robot Vision*》首次出版以来，将近三十年过去了，机器视觉领域一直在不断地发展和变化着，但是直到现在，始终存在着一种需要，即：寻找一种关于这个领域的统一的研究方法，并且，该方法应该是能够经受住时间考验的。我相信在研究机器视觉的过程中，我们应该思索如下两个问题：1) 成像过程的基本原理是什么？2) 如何探索对成像过程“求逆”的知识和方法[①]？显然，要做到这一点，我们至少需要理解：光学、运动学和坐标变换。

通过物理模型，我们可以很自然地导出相应的数学公式，然后，通过数学公式，我们可以导出相应的算法。本书的主题包括：

- 建立起对成像过程的基本理解；
- 探讨对成像过程进行求逆的方法。

尽管本书包含了许多用于解决机器视觉问题的具体方法，但是，本书所关注的是：建立一种针对不同机器视觉问题的整体解决方法。事实上，许多成功的机器视觉技术，例如：从明暗恢复形状、光流、无源导航等，都是这种“整体解决方法”的具体应用。关注基本原理所带来的一个好处是：真正需要去理解的核心内容变少了，甚至连算法的实现细节都有可能会变成一个“瞬间”就被理解或完成的工作。

最近几年，在机器视觉的应用领域取得了很多实质性的进展，这些进展部分归功于机器学习方法的使用。当然，机器学习结果的好坏依赖于：从图像中所提取出来的特征的“质量”。特征的“描述力”越强，区分效果也就越好；所提取出的特征越有“特点”，所得到的结果也就越好。从这个意义上说，本书所讲述的内容可以被看作是：用于提取“具有物理意义的特征”的方法。还记得当初在写《*Robot Vision*》的序言时，我以“**机器视觉是一个年轻的、发展很快的领域**”作为开篇的第一句话。这么多年过去了，我们很高兴地看到：直到今天，这句话还像当初我写它时一样正确！

Berthold K. P. Horn

2014 年 6 月于 MIT

[①] 所谓“求逆”，具体地说，就是从一张图像、多张图像或者图像序列中恢复出关于场景或者观测者的信息。— **译者注**

智慧学习 快速提升

完美搭配本书 多维度贯通教材章节知识点

微信扫描二维码

获得以下服务

麻省理工学院（MIT）

机器视觉课程指定教材

一、必看 | 配合本书章节内容的视频讲解

本书涉及理论较为深奥，对普通读者数学要求较高，为了消除读者的阅读障碍，译者专门录制了视频讲解，作为内容的补充和扩展。

二、答案 | 本书章节后配套习题的答案及详解

本书每个章节后都提供了相关练习题，这些习题有着各种不同目的：有些是帮助读者练习该章节中所涉及的方法；有些是用于启发出更深刻的思想（可能会用到更复杂的数学工具）；有些是为了介绍新的研究课题。对于这些习题，书中不设标准答案，此项增值服务提供重点习题的思路启迪和视频讲解。

三、交流 | 我给译者写封信

针对数字图像处理或者《机器视觉》书中的任何疑问，读者可以通过此项服务与两位译者进行邮件交流，译者每月从读者来信中选取2封邮件进行回复。

四、共享 | 加入读者圈，与更多从业者分享知识和应用

找到你的“圈子”，与更多从业者进行知识分享、专业交流、互助答疑。

目　录

第 1 章 简介

在这一章中，我们主要讨论：1) 什么是机器视觉？2) 机器视觉的主要任务是什么？同时，我们也将探索：机器视觉与其他相关领域之间的关系，这些相关领域有一个共同的特点：它们都使用图像处理技巧。此外，我们还将介绍一种关于机器视觉的独特观点。本书将从这个观点出发，对机器视觉进行深入探讨。最后，我们将简要介绍：本书后续章节的内容总览。

1.1 机器视觉

视觉是我们最强大的感知方式，它为我们提供了关于周围环境的大量信息；从而使得我们可以在不需要进行身体接触的情况下，直接和周围环境进行智能交互。离开视觉，我们将丧失许多有利条件，因为通过视觉，我们可以了解到：物体的位置和一些其他的属性，以及，物体之间的相对位置关系。因此，不难理解为什么几乎自从数字计算机出现以后，人们就不断地尝试将视觉感知赋予机器。

视觉同时又是我们最复杂的感官。我们所积累的关于生物视觉系统的实现方式的知识，仍然是不完整的；并且，这些知识主要是关于：生物视觉系统对直接来自感知器的信号的处理过程。但是，我们所知道的是：生物视觉系统的确是非常复杂的！难怪许多将视觉感知

图 1.1 机器视觉系统使得机器制造更加灵活，它可以被用来指导机器臂处理：传送带上不同位置和朝向的零件。在某些情况下，我们只需要使用简单的二值图像处理系统，就可以达到这个目的。

赋予机器的尝试最后都以失败告终。但是，在这个过程中，人类仍然取得了巨大的进展。现在，那些能够在各种不同环境下工作的视觉系统，已经成为很多机器的一部分。

机器视觉的大部分进展都是在工业应用中取得的。在工业应用中，视觉环境是可以被控制的，并且，机器视觉系统所面临的任务是明确清晰的。这方面的一个典型例子是：我们使用视觉系统来指导机器臂抓取传送带上的零件（如图 1.1 所示）。然而，在那些使用计算机来从图像中获取不明确信息的领域中，计算机视觉所取得的进展则较少。这是因为：对于某些信息，即使是人都难以对其进行解释。当我们所处理的是：那些无法由人类视觉感知的光所形成的图像时，常常会发生这种情况。这方面的一个典型例子是[①]：对肺部的X射线成

①注意，这里的“成像结果”并不是指：我们在CT胶片或屏幕上所看到的肺部结构，而是指：探测器所测量到的X射线强度。要“看到”肺部的结构，我们需要对“成像结果”进行 **Radon 逆变换**。**— 译者注**

像结果进行解释。

在各个领域的发展过程中，都有这样的现象：随着该领域的不断发展，一些早期的方法不得不被舍弃掉，新的概念被不断引入。尽管有时这会让人感到沮丧，但是，在寻找问题解决方案的过程中，这也是使人感到非常刺激的一件事情。例如，有人认为：我们并不一定非得去理解图像的生成过程；另一些人则过度迷恋于：一些没有太大通用性的特殊计算方法。本书所提出的一些方法，在将来的某一适当时候，无疑会被改进或舍弃。这个领域的发展实在是太快了！

我们无法在这里建立一个“通用”的机器视觉系统。相反的，我们将致力于：构建一个在可控环境中处理特殊任务的系统，或者一些模块。这些模块最终可以成为一个多用途系统中的一部分。对于实际应用中的问题，我们自然会关心其速度和花费。在实际应用中，我们所需要处理的数据量往往是十分巨大的，而我们所拥有的计算能力往往是有限的。这使得我们常常难以在这些因素之间寻找到一种令人满意的平衡。

1.2 机器视觉的任务

机器视觉系统被用于：1) 分析图像，并且，2) 生成一个对被成像物体（或场景）的描述（如图 1.2 所示）。这些描述必须包含：关于被成像物体的某些方面的信息；而这些信息将被用于：实现某些特殊的任务。因此，我们把机器视觉系统看作是：一个与周围环境进行交互的大的实体的一部分。视觉系统可以被看作是：一个关于场景的反馈回路中的一个单元，而其他的单元则被用来：1) 做决策，以及，2) 执行这些决策。

机器视觉系统的输入是图像，或者，图像序列；而它的输出是一个描述。这个描述需要满足下面两个准则：

1. 这个描述必须和被成像物体（或场景）有关；

2. 这个描述必须包含：完成指定任务所需要的全部信息。

第一个准则保证了：这个描述在某种意义上依赖于视觉输入；而第二个准则保证了：视觉系统的输出信息是有用的。

对物体的描述并不总是唯一的。从许多不同的观点和不同的细节层次上，我们都可以构造出：对物体的不同描述。因此，我们无法对物体进行“完全的”描述。幸运的是，我们可以避开这个潜在的哲学

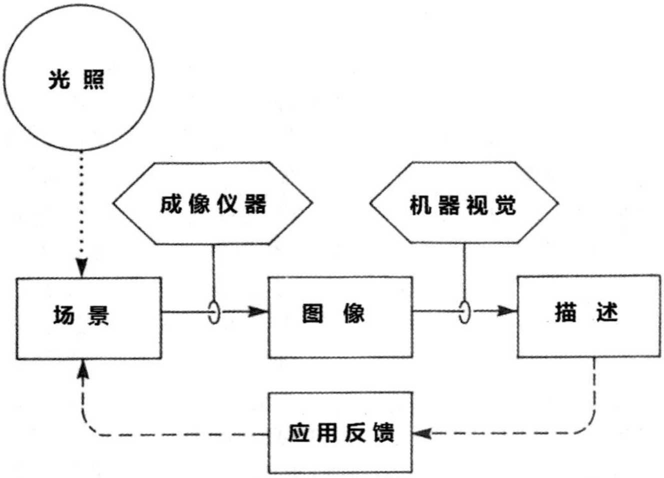

图 1.2 机器视觉系统的目的是：生成一个关于被成像物体（或场景）的符号描述。这个描述将被用于：指导机器人系统与周围环境进行交互。从某种意义上讲，视觉系统所要实现的任务可以被看作是成像的逆过程。

陷阱，而只去考虑：针对某一特殊任务的某种有效描述，也就是说，我们所需要的并不是关于被成像物体的所有描述，而只是那些有助于我们进行正确操作的描述。

我们可以通过一个简单的例子来弄清楚这个观点。我们仍然考虑我们前面讨论的任务，即：指导机器臂抓取传送带上的零件。零件在传送带上的位置以及零件的朝向都可以是任意的，并且，几种不同类型的零件将同时在传送带上进行传输，而这些不同的零件将被装配在不同的设备上。当零件经过装在传送带上方的摄像机时，物体的图像将会被输入视觉系统。在这个例子中，视觉系统所要给出的描述很简单，即：零件的位置、朝向以及种类。我们可能只需要使用几个数字，就能够将这个描述表示清楚。但是，在其他一些例子中，我们可能需要使用复杂的符号系统，才能将这些描述表达清楚。

我们也可能碰到这样的情况，反馈回路对于机器并不是“封闭”的，人们将对：视觉系统输出的描述，做进一步解释。对于这种情况，上面提出的两个准则仍然需要满足；只是在这种情况下，我们更加难以确定：视觉系统是否成功地解决了给定的视觉问题。

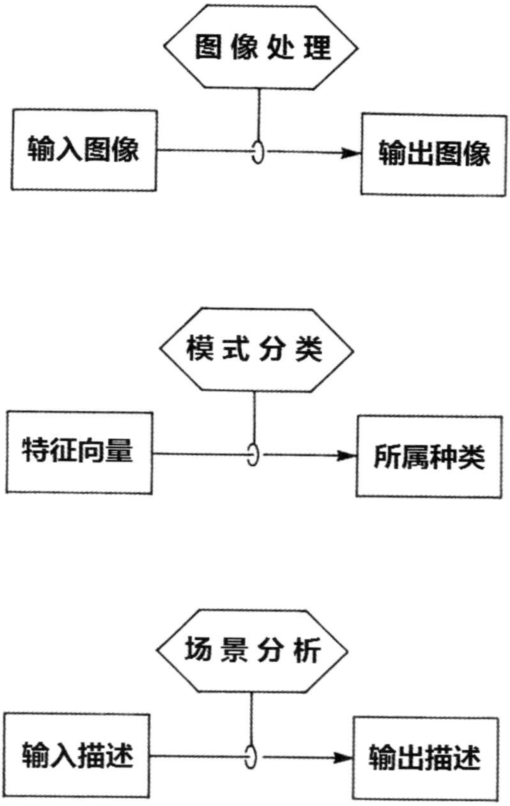

图 1.3 机器视觉的“原始范例”包括：**图像处理**、**模式分类**和**场景分析**。对于机器视觉的任务，它们中的每一个都提供了许多有用的技术，但是，它们的核心问题都不是：从图像中获得符号描述。

1.3 机器视觉和其他领域的关系

下面三个领域是和机器视觉紧密联系在一起的（参见图1.3）：

- **图像处理**
- **模式分类**
- **场景分析**

图像处理主要是：从已有图像产生出一张新的图像。图像处理所使用的技术，大部分来自于**线性系统**理论。图像处理所产生的新的图像，可能经过了：噪声抑制、去模糊、边缘增强等操作；但是，它的输出结果仍然是一张图像，因此，其输出结果仍然需要人来对其进行解释。正如我们在后面将要看到的，对于：1) 理解成像系统的局限性，2) 设计机器视觉处理模块，一些图像处理技术是很有用的。

模式分类的主要任务是：对“模式”进行分类。这些“模式”通常是：一组用来表示物体属性的给定数据（或者，关于这些属性的测量结果），例如：物体的高度、重量等。尽管分类器的输入并不是图像，但是，模式分类技术往往可以被有效地用于：对视觉系统所产生的结果进行分析。识别一个物体，就是将其归为一些已知类中的某一类。但是，需要注意的是：对物体的识别只是机器视觉系统的众多任务中的一个。在对模式分类的研究过程中，我们得到了一些对图像进行测量的简单模型，但是，这些技术通常将图像看作是：一个关于亮度的二维模式。因此，对于以任意姿态出现的三维空间中的物体，我们通常无法直接使用这些模型来进行处理。

场景分析关注于：将从图像中获取的简单描述转化为一个更加复杂的描述。对于某些特定的任务，这些复杂描述会更加有用。这方面的一个经典例子是：对**线条图**进行解释（如图 1.4 所示）。这里，我们需要对一张由几个多面体构成的图进行解释。该图是以**线段集**（即：一组线段）的形式给出的。在我们能够用线段集来对**线条图**进行解释之前，我们首先需要确定：这些由线段所勾勒出的图像区域，是如何组合在一起（从而形成物体）的？此外，我们还想知道：物体之间是如何相互支撑的？这样，从简单的符号描述（即：线段集）中，我们获得了复杂的符号描述（包括：图像区域之间关系，以及物体之间的相互支撑关系）。注意：在这里，我们的分析和处理并不是从图像开始的，而是从对图像的简单描述（即：线段集）开始的。因此，这并不是机器视觉的核心问题。

在这里，我们再一次强调，机器视觉的核心问题是①：

- **从一张或多张图像中生成一个符号描述！**

1.4 后续章节的概要

通常，从图像中生成符号描述的过程，可以被分为以下两个阶

①事实上，“视觉”这个说法非常贴切。所谓“视”指的是**成像**；“觉”指的是**感知**（即：生成一种描述）。“视觉”就是指：由“视”产生“觉”的过程。—— **译者注**

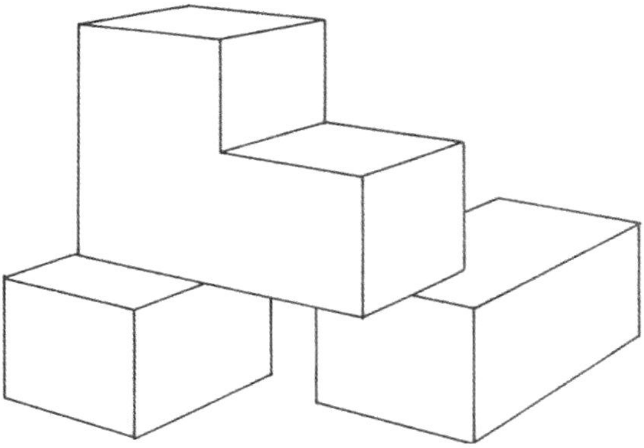

图 1.4 在场景分析中，底层的符号描述（例如：线条图）被用于生成“高级”符号描述。场景分析的输出结果包含：物体之间的位置关系、物体的形状和其他一些属性。

段：第一个阶段生成一个**素描图**，即：一个详尽的、但是未经加工处理的描述。下一个阶段是：生成一个简化的、有结构的描述，用来进行决策。第一个阶段被称为**图像分析**；而对第一个阶段所得到的结果进行后续处理的过程，则被称为**场景分析**。这两个阶段有几分相似，其主要区别是：图像分析从图像开始，而场景分析从素描图开始。本书的前十三章所讨论的是图像分析，也称为**早期视觉**。而剩下的五章将专注于场景分析。

我们要研究和开发机器视觉方法，需要对被处理数据的生成过程有所了解。出于这个原因，我们将以：对图像生成与图像检测的介绍，来开启本书的内容。这部分内容将出现在第 2 章中。在第 2 章中，我们还会介绍：1) 对噪声的测量，2) 卷积的概念。

最容易分析的图像是：那些能够很容易地将“物体”从“背景”中分离出来的图像。因此，我们首先处理这些**二值图**（如图 1.5 所示）。我们可以用处理二值图的方法来解决一些工业问题；但是，这通常需要控制光照条件。对于二值图，有一套相当完整的理论，专门用来确定：究竟什么情况是可以（或不可以）使用二值图来进行处理的[①]；相反的，对于更一般的情况（即：**灰度图**），我们却很难找到类似的这样一套理论。例如，我们知道，只有当物体姿态的变化被限定为：只在平行于**像平面**的平面内转动，二值图技术才是有用的。二

[①] 这句话似乎显得有点“突兀”。需要注意的是，机器视觉要处理的任务是：通过图像来分析场景。因此，这句话中的“使用二值图来进行处理”，更具体地说是指：对二值图进行分析，从而得到场景信息，而不是指：对二值图进行图像处理。— **译者注**

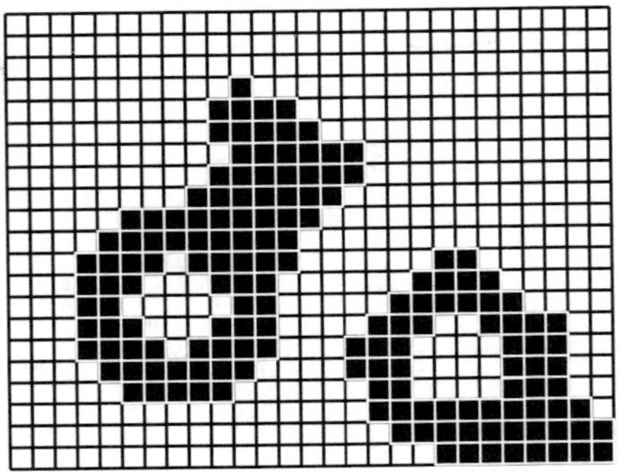

图 1.5　二值图只有两个灰度值：黑色和白色。在实际应用中，二值图之所以引起我们的关注，是因为我们非常容易对它们进行处理。

值图处理的内容包含在第 3 章和第 4 章中。

许多图像分析的技术都只针对：图像中与某一个物体相对应的某个区域，而并非针对整张图像。在一般情况下，环境中的许多物体表面会被同时成像，因此，在应用这些技术之前，我们首先必须将这张图像分割为：对应于环境中不同物体的一些小区域。我们将在第 5 章中讨论图像分割的相关内容。

在第 6 章和第 7 章中，我们所考虑的问题是：使用**线性算子**来将一张灰度图变成另外一张灰度图。这些操作通常是为了：抑制噪声、增强图像中的某些部分、减少图像的动态范围[①]。对于机器视觉系统的后续操作，我们或许更容易对被处理过的图像进行分析。这两章所介绍的滤波方法，常常被作为**边缘检测**系统的中间处理步骤。

边缘检测和图像分割是相互补充的，我们将在第 8 章中讨论这部分内容。通常，在一个场景中，我们所感兴趣的“东西”（例如：物体之间相互遮挡部分的边界），往往会导致图像亮度（或者，图像亮度的梯度）发生不连续变化。我们可以使用边缘检测技术来发现这些特征。在这里，我们开始强调一个理念：估计被成像物体表面的性质是机器视觉的一个重要方面。在第 9 章中，我们开始处理：估计物体表面的反射率和颜色的问题。你会发现这个任务相对来说更加困难。

最后，我们将面对机器视觉的核心问题：从一张或多张图像中生

①这里的“动态范围”是指：显示图像时，图像亮度的最大值和最小值之间的比值，不同的显示设备可能具有不同的动态范围，因此，我们常常需要对所拍摄的图像的动态范围进行压缩，以便于其他仪器设备的显示。在第 6 章 6.14 小节中，我们还要对其做进一步介绍。——**译者注**

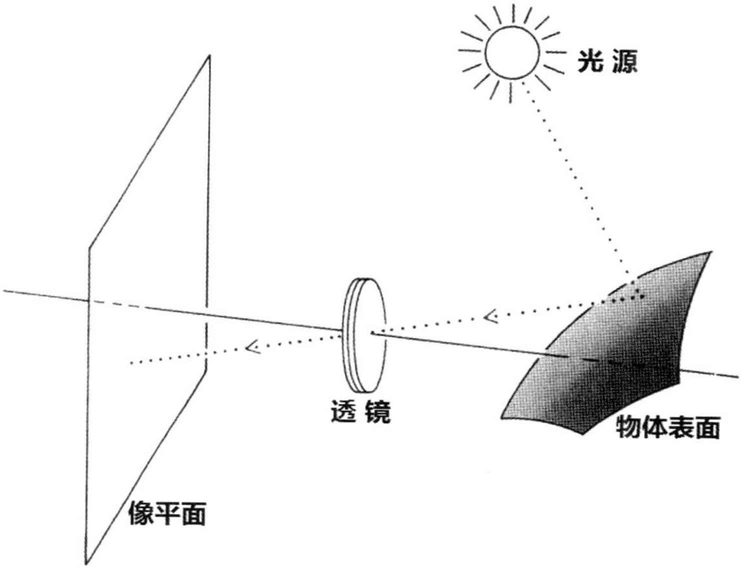

图 1.6 为了从图像中恢复出关于（被成像的）世界的信息，我们需要了解成像过程。对于一些情况，通过对成像过程求逆，我们可以获取：对被成像物体表面的某些稳定性质的估计。

成关于现实世界（或场景）的描述。人们可能会接受这样一个观点：该问题只是**投影操作**（即：成像过程）的逆过程。这个观点并不完全正确，因为，我们所想要实现的任务并不是：恢复出被成像的世界（或场景），而是获取一个关于被成像世界的符号描述。同样的，这个观点将促使我们去仔细研究成像过程（如图 1.6 所示）。光在物体表面的反射方式将成为核心问题。物体表面的视亮度①依赖于以下三个方面：

- 物体表面的微结构；
- 入射光的分布；
- 物体表面相对于观测者和光源的朝向。

在图 1.7 中，我们看到两个球面，其中一个球面涂的是漫反射材料；另外一个金属球所产生的是镜面反射。在第二个例子（即：金属球）

①所谓“视亮度”是指：物体表面所成的图像的亮度。——**译者注**

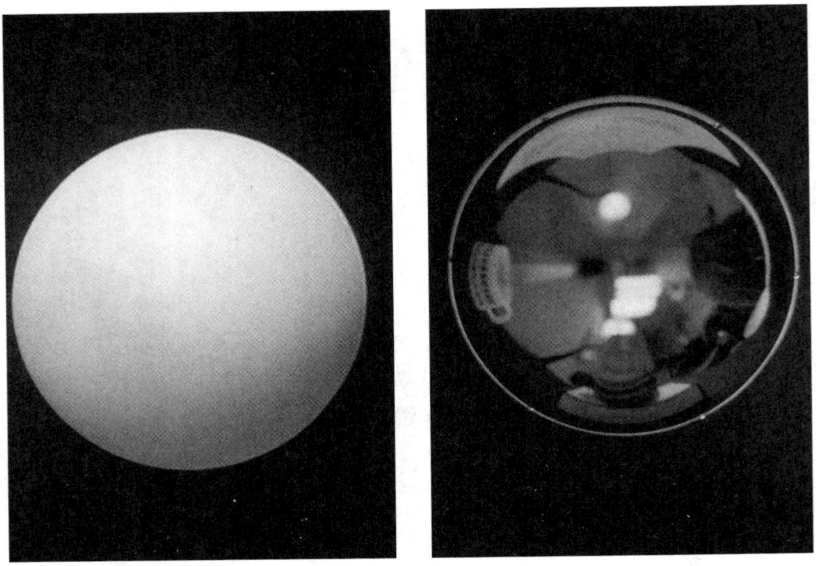

(a) 发生漫反射的球　　　　(b) 发生镜面反射的球

图 1.7　在很大程度上，一个物体所成的图像受到物体表面反射性质的影响。两个极端的例子是：理想的漫反射和理想的镜面反射。

中，我们看见了球体周围世界的虚像。很明显，物体表面的微结构是确定图像亮度的一个重要因素。

图 1.8 展示的是：三张 Montreal 市 Ville–Marie 地区的风景图，这三张图是在三种不同的光照条件下，从同一个旅馆的窗户中拍摄的。再次地，我们很容易看出：对于相同的物体，在太阳直接照射条件下所拍摄的图像和在阴云天所拍摄的图像相比，其亮度模式大相径庭。

在第 10 章和第 11 章中，我们将讨论这些问题，并且，应用这项技术来从一张或几张图像中恢复出物体的表面形状。同时，我们还将介绍：对物体表面形状的表示方法。在设计恢复物体表面形状的方法的过程中，我们通常会将物体表面分割成许多小块，然后，将每一个小块当做一个小平面，再进行下一步处理。对于点光源，从每一个小平面所反射的光由图 1.9 中的三个角的度数所共同决定。

在第 12 和 13 章中，我们都会用到：基于图像亮度分析（来获取场景信息）的系统方法，进而，从时变图像或者相机从空间中不同位置所拍摄的图像中恢复信息。运用这两个章节中所介绍的方法，我们

图 1.8 在很大程度上，对场景的成像结果依赖于**光照条件**。为了从图像中恢复出（被成像的）“世界”的信息，我们需要理解：物体表面的形状、物体表面的反射性质、以及光源的分布这三个因素是如何共同决定图像的亮度模式的。

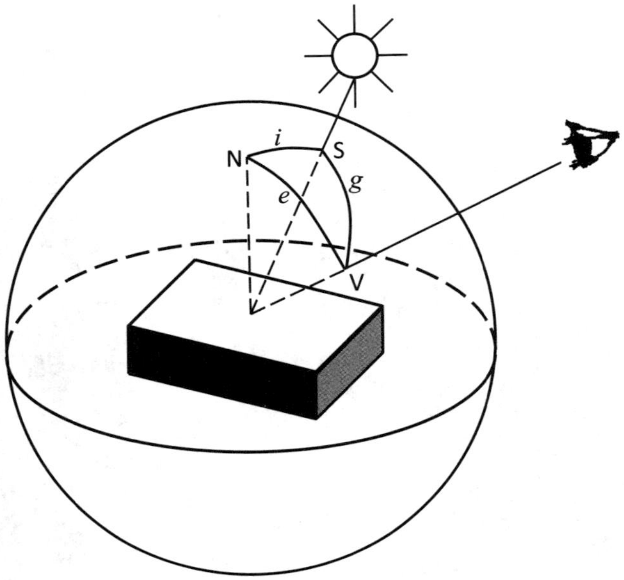

图 1.9　物体表面小块对点光源的反射，由三个因素共同决定，即：入射角 i、出射角 e 和相位角 g。本图中，N 表示：物体表面小块的法向量；S 表示：指向光源的方向；V 表示：指向观测者的方向。

可以从图像中恢复出：物体的表面形状、物体的运动以及其他信息。当我们在第 13 章中讨论摄影测量时，我们将介绍不同坐标系之间的转换关系，并且，还将分析**双目立体视觉**。我们所指的不同坐标系包括：1) 以观测者为中心的坐标系，以及，2) 以物体为中心的坐标系。在使用机器视觉系统指导机械操作的过程中，我们必须将：以相机为中心的坐标系，转换为：以机器臂为中心的坐标系。自然地，这个主题和第 13 章的内容联系在了一起。

自此之后，我们将从图像分析转向场景分析。在第 14 章中，我们将介绍：根据特征测量结果对物体进行分类的方法。在第 15 章中，我们分析了：如何从由多面体物体所生成的图像中获取素描图，进而恢复出多面体之间的相对位置关系。

对所获取的视觉信息进行表示，是一个非常重要的问题。在第 16 章中，我们详细地推导出了：一种关于曲面形状的表示方法。我们称其为**扩展 Gauss 图**。扩展 Gauss 图在识别过程中很有用，并且，我们还将用它来确定物体在空间中的姿态。图像序列可以被用于恢复相机的运动信息。作为意外的收获，我们同时还获得了被成像物体的表面形状信息。这构成了第17章的主题。（读者可能会问：为什么我们不将这一章直接写在关于光流的章节（即：第12章）后面？其理由是：在第17章中，我们并不是在进行图像分析，因此，从逻辑上讲，它应该属于：本书中讨论场景分析的那部分（即：后五章）内容）。最后，在第18章中，我们将本书中所得出的许多概念结合在一起，构建了一个"眼—手"系统。在该系统中，机器臂通过视觉系统的指导，将零件从一堆物体中一件一件地取出来。视觉系统给"眼—手"系统提供的信息包括：1) 物体的位置，以及，2) 物体在空间中的姿态。在这一章中，我们还将介绍一些新的课题，例如：如何表示三维空间中的旋转。此外，我们还将讨论：在构建一个实际系统的过程中所遇到的一些困难。

在整本书中，我们首先讨论了：一些基本问题和已经成熟的技术；然后，逐渐进入到：一些较为前沿的课题；最后，本书结束于：对当前研究中还不完全明晰的课题的研究。在过去，机器视觉可能被看作是：一些混杂的启发式方法和特殊技巧①。为了保持内容的一致，在这儿，我们提出了一个独特的观点②：

- **机器视觉应该建立在对成像过程的深刻理解的基础之上！**

这个观点使得我们可以推导出：用于进行图像分析的数学模型，而那些"从图像中恢复出对被成像场景的描述"的算法，正是基于这些数学模型来实现的。

当然，基于成像分析的方法，并不是机器视觉的唯一研究方法。另一方面，人们可以从已知的生物视觉系统出发，来研究视觉系统。使用这种方法所设计的智能系统，将基于神经网络系统的复杂理论（假设这些基于神经系统的理论足够有代表性）。对于机器视觉中的给定问题，我们应该不断尝试各种不同的方法，但是为了避免内容的混乱，本书只讨论：基于成像分析的研究方法。

将图像变为素描图似乎取决于：1) 图像的内容，以及，2) 我们能从图像中直接获取的信息（参见图1.10）。另一方面，将一张粗糙的素描图变为一个完整的符号描述，则主要取决于：（针对某种特殊应用）我们所需要的信息。

---

①所谓"启发式方法"，具体地说，就是指一些小技巧和小窍门。— **译者注**

②Horn教授首次明确地提出了这个观点。这种基于逆问题理论、通过分析成像过程来研究机器视觉的方法也被称为**Horn学派**。该方法已经成为机器视觉研究领域中的一个重要分支。— **译者注**

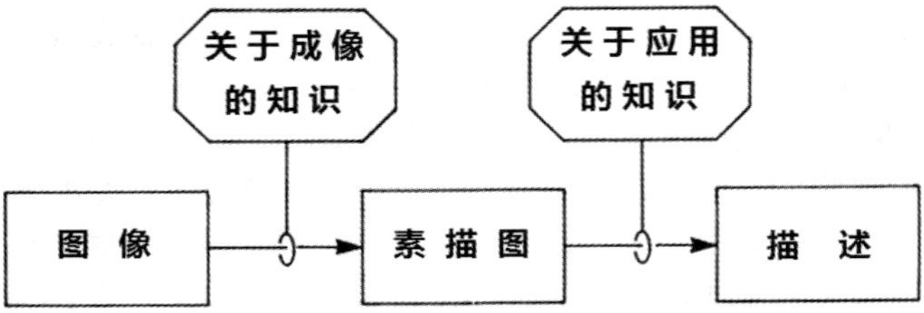

图 1.10　在很多情况下，从一张或多张图像中获取关于场景的符号描述的过程，可以被分为两个阶段。第一个阶段依赖于：我们对成像过程的理解；第二个阶段则更多地依赖于：实际应用的需要。

1.5 本章参考文献

在每一章中，我们都会用一个小节来提供背景延伸阅读，这些阅读内容包括：1) 对本章中所介绍的概念的进一步解释说明，以及，2) 相关领域中的最新成果。在这部分中，我们先列出文献书籍（包含作者和书名）；然后，列出期刊论文、会议论文、大学和研究所的内部学术报告。关于论文的参考文献并不带标题，读者可以在本书最后的“本书参考文献”中进行查询。请注意，本书的参考文献包括两个部分：第一部分文献是书籍（即：文献 [1] 到 [116]）；第二部分是论文（即：文献 [117] 到 [488]）。

机器视觉领域有众多书籍，其中最负盛名的是 Ballard 和 Brown 的著作《*Computer Vision*》[1982]，该书由于包罗万象而闻名。值得一提的书还有 Rosenfeld 和 Kak 所写的《*Digital Picture Processing*》[1982] 以及 Hall 所写的《*Computer Image Processing and Recognition*》[1979]，还有，Nevatia 所写的《*Machine Perception*》[1982]。最近新出版的还有 Levine 所写的《*Vision in Man and Machine*》[1985]，此书的视角是从生物学角度出发的，重点关注：视觉在生物医学问题中的应用。

许多书籍都关注于对图像处理的介绍，这方面的著作有：Andrews 所写的《*Computer Techniques in Image Processing*》[1970]，以及，Gonzalez 和 Wintz 所写的《*Digital Image Processing*》[1977]。此外，还有两本书专门介绍：对太空中的相机所获取的图像进行处理，它们分别是 Castleman 所写的《*Digital Image Processing*》[1979] 和 Green 所写的《*Digital Image Processing: A Systems Approach*》[1983]。在Rosenfeld 和 Kak 所写的《*Digital Picture Processing*》[1982] 的前几章中，也有关于

太空图像处理方面的杰出介绍。关于图像处理的经典参考书目仍是：Pratt编写的百科全书《*Digital Image Processing*》[1978]。

Duda 和 Hart 所写的《*Pattern Classification and Scene Analysis*》[1973] 是这个领域最早出版的重要参考书目之一，该书所包含的模式分类的内容比其他相关书籍要深入很多。Winston 的《*Artificial Intelligence*》[1984]易于阅读，该书涉及很多机器视觉方面的内容，并且，建立起了机器视觉和人工智能之间的联系。

在过去的十年中涌现了大量结集出版的书籍，这些书籍中包含了：此研究领域中多位研究人员的突出创新成果。早期出版的有 Winston 主编的《*The Psychology of Computer Vision*》[1975]，该书现在已经绝版了。随后出版的有：Rosenfeld 主编的《*Digital Picture Analysis*》[1976]；Hanson 和 Riseman 主编的《*Computer Vision Systems*》[1978]。在 Winston 和 Brown 主编的《*Artificial Intelligence: An MIT Perspective*》(卷2) [1979]中，读者可以找到关于机器视觉的一些重要论文。这方面的集大成者是：由 Tanimoto 和 Klinger 主编的论文集《*Structured Computer Vision: Machine Perception through Hierarchical Computation Structures*》[1980]。最终，由 Ullman 和 Richards 编写的《*Image Understanding*》[1984] 是机器视觉方面出色的论文集。

许多在学术会议上展示的论文会被收录在书籍中，然后，再以书籍的形式统一地被出版发行。Gardner 是《*Machine-aided Image Analysis, 1978*》一书的主编，此书于 1979 年出版面世。关于将机器视觉应用于机器人技术的书籍有：Dodd 和 Rossol 所编写的《*Computer Vision and Sensor-Based Robots*》[1979]、Pugh 主编的《*Robot Vision*》[1983]。Stucki 编写了《*Advances in Digital Image Processing: Theory, Applications, Implementation*》[1979] 一书，该书囊括了在 IBM 组织的一次学术会议上公开展示的所有论文。Faugeras 组织了一门关于机器视觉的课程，相应的讲义被出版在《*Fundamentals in Computer Vision*》[1983] 一书中。

由于机器视觉领域的一些重要论文不易获取到，因此，许多论文才会合集出版，其中包括：Aggarwal、Duda 和 Rosenfeld 编写的《*Computer Methods in Image Analysis*》[1977]；Andrews 编写的《*Digital Image Processing*》[1978] 和 Bernstein 编写的《*Digital Image Processing for Remote Sensing*》[1978]。这 3 本书由 IEEE（电子于电气工程师协会）出版社出版。IEEE 的计算机协会下属刊物《*Computer*》在 1977 年 8 月就开始出版图像处理方面的专刊，IEEE 学报 1979 年 5 月也开始出版模式识别和图像处理方面的刊物，1980 年 5 月《*Computer*》刊物开辟了关于工业应用领域中的机器感知的专刊。Brady 编写的《*Computer*

Vision》[1981]，作为期刊《*Artificial Intelligence*》的专刊(卷17)，以书籍的形式出版。在 1985 年 4 月，日本电子和通信工程师协会出了机器视觉专刊(卷 J68-D, Number 4)。

在本书中，我们并没有讨论生物视觉系统方面的内容。但是，这并不等于说生物视觉系统的研究不重要，正好相反，这方面的研究是相当重要的。一方面，它为我们提供了可靠的证明，另一方面，他为我们提供了光学解释。在将来某一天，这些令人振奋的结果会被证明是非常关键的，并且，它们有可能成为揭开生物视觉系统秘密的关键。生物视觉功能的计算理论开始不断涌现出来，这在很大程度上归功于 David Marr 的先驱性工作。他的方法被记录在他的经典书籍《*Vision: A Computational Investigation into the Human Representation and Processing of Visual Information*》[1982]之中。

一直以来，人类视觉是一个容易引起人们强烈好奇心的话题。因此，这方面有大量的文献资料。在这儿，我们只提到了其中一部分。在 Gregory 的书《*Eye and Brain*》[1966] 和《*The Intelligent Eye*》[1970] 中，提供了被广泛认可的关于人类视觉的内容。Gibson 的三本书籍是值得我们关注的，即：《*The Perception of the Visual World*》[1950]；《*The Senses Considered as Perceptual Systems*》[1966] 和《*The Ecological Approach to Visual Perception*》[1979]，这三本书提供了研究人类视觉问题的新方法。Cornsweet 的书《*Visual Perception*》[1971]；Haber 和 Hershenson 的书《*The Psychology of Visual Perception*》[1973] 也是值得我们关注的。Julesz 的工作（尤其是他在**双目立体视觉**方面的工作）一直十分有影响力，他的工作被记录在《*Foundations of Cyclopean Perception*》[1971] 一书中。最近，Frisby 在他的绝妙的（带有插图的）书籍《*Seeing*》[1982] 中，已经向我们展示了：在机器视觉和生物视觉系统之间存在着相互交叉的趋势。在 Rock 的书《*Perception*》[1984] 中可看到另外一种观点。二十年前，机器视觉方面的论文数量很少，并且，传播不广。从那以后，大量的期刊成为发表新的研究成果的优先选择。事实上，当学术出版社(Academic Press)成为该领域论文评审的标杆时，下属期刊《*Computer Graphics*》和《*Image Processing*》不得不改名为《*Computer Vision, Graphics and Image Processing*》(CVGIP)。最近，IEEE 设立一个特殊兴趣小组，出版物的名称为《Transactions on Pattern Analysis and Machine Intelligence》(PAMI)。其他期刊（例如：由 North-Holland 出版的《*Artificial Intelligence*》和由 MIT 出版社出版的《*Robotics Research*》）也包含有机器视觉方面的文章；这些期刊也出版相关领域（例如：模式分类）的文章。

在由美国国防前沿研究项目中心(DARPA)资助的"图像理解研讨会"上，一些研究成果首次重见天日。弗吉尼亚州麦克莱恩市(McLean, Virginia)的科学应用公司出版了这些研讨会的论文集，读者可以从位于弗吉尼亚州亚历山德里亚市(Alexandria, Virginia)的防御技术信息中心(DTIC)获取这些论文。这些论文中的大多数在后来经过修改和扩充以后，在由上面提到的某一刊物评审之后，被重新发表。

IEEE的计算机协会组织了一年一度的计算机视觉和模式识别会议：Computer Vision and Pattern Recognition (CVPR)，并出版会议论文集。此外，国际人工智能联合会议：International Joint Conference of Artificial Intelligence (IJCAI)，以及美国人工智能协会(AAAI)组织召开的国际会议的会议论文集，也是我们所感兴趣的。上述两个会议每两年举行一次，并且，这两个会议是"交替进行"的。

Rosenfeld 所编写的《*Computer Vision, Graphics and Image Processing*》[1972, 1974, 1975, 1976, 1977, 1978, 1979, 1980, 1981, 1982, 1983, 1984, 1985] 中的年度调研结果是非常有价值的，它使我们有可能在这儿提供完整的会议列表。最近的调研结果包含1252篇，此外，还包含有许多本领域的前沿分析和该领域的独特视角。文献 Huang、Schreiber 和 Tretiak [1971] 提供了：图像处理的一个早期调查，尽管它并不是一个真正意义上的调查。文献 Barrow 和 Tenenbaum [1978] 是一篇极具影响力的论文，它提出了目前流行的观点：机器视觉是通过图像来恢复出场景信息的相关过程。文献 Marr [1980]①；Barrow 和 Tenenbaum [1981a]；Poggio [1984] 和 Rosenfeld [1984b] 是尤其值得推荐阅读的，它们做了机器视觉方面的调查研究。另外一篇非常有影响力的文献是 Binford [1981]。

一旦"跨过"早期视觉，信息表示、对象建模以及物体之间（物理上）的相互作用就变得十分重要。在本书的后几章中，我们会涉及到这些内容。读者可以参阅文献 Brooks [1981] 和 Binford [1982]，来获取更多的信息。将机器视觉应用于工业问题方面的论文很多，对于这些带有高回报性的工作，其中一部分是不可能公开出版在文献中的。在由 Brady 和 Paul 编写的论文集《*Robotics Research: The First International Symposium*》[1984] 中，一些论文所讨论的就是：机器视觉在工业问题中的应用。文献 Chin [1982] 和 文献 Chin & Harlow [1982]研究过自动化视觉检查系统。印刷电路板的检查是一个有趣的话题（无论是不带有元器件的电路板还是密密麻麻分布元器件的电路板）。对人来说，检查

---

①我们需要在本书最后的"本书参考文献"中，查找文献 Marr [1980] 的详细信息。这些文献按：作者名字的英文首字母，进行排序，文献后面的中括号内标注有：该文献发表的时间，如果该作者在同一年有多篇文章，则再加上 a、b、c 等进行区分。因此，读者可以很方便地找到该文献。— **译者注**

许多电路板并不是一个愉快的工作，更何况人类也不擅长这个工作。关于这个领域的工作，可以参阅下列文献：Ejiri 等 [1973], Danielson 等 [1979], Danielsson [1980], Hara 等 [1983]。在集成电路制造过程中，同样需要用到这些技术。掩码就是简单的黑白模式[1]，因此，我们可以很容易地实现掩码的自动检查。对集成电路晶片的检查是另外一个问题；这方面的内容请参阅文献 Hsieh 和 Fu [1980]。

现在，机器视觉技术已经被用来实现自动校准。在文献：Horn [1975b]；Kashioka, Ejiri & Sakamot [1976]；Baird [1978] 中，机器视觉技术用在半导体制造领域。通过使用关于零件位置和朝向的视觉信息，机器视觉技术被用来“指导”工业机器人完成一些机械操作。许多这样的系统使用的是二值图像处理技术（尽管有一些技术是十分复杂的）。这方面的内容可以参阅文献 Yachida & Tsuji [1977]；Gonzalez & Safabakhsh [1982]；Horn & Ikeuchi [1984]。如果用户只能使用标准编程语言来编写每个应用程序，那么，这些技术将不会有更广泛的应用前景。人们尝试提供一些更适合于视觉应用背景的专业化工具，这方面的示例请参阅文献 Lavin 和 Lieberman [1982]。

在本书第 4 章的末尾部分，我们会谈到：使用机器视觉方法来实现线条图的向量化。在第 4 章中，我们会给出这方面的论文。在本书第 14 章的末尾，我们会给出关于“手写体”字符识别的文献。

1.6 习题

习题 1.1 请解释在什么意义之下，我们可以将：**模式分类**、**图像处理**和**场景分析**，看作是**机器视觉**的“原始范例”？以上三门学科中的方法，又在哪些方面对**机器视觉**有所贡献？与应用以上三门学科中的方法所解决的问题相比，机器视觉所要解决的问题又有什么不同？

[1] 在芯片制造过程中，版图被制作成掩码，通过光照的方式将图案“映射到”单晶硅上，然后，通过对感光材料的蚀刻来进行加工制造，从而生成芯片中的电路。掩码只有两种模式，即：透光和不透光，因此，它是一个简单的黑白模式。— **译者注**

第 2 章　成像与图像检测

在这一章中，我们将探索：1) 图像是如何生成的，以及，2) 所生成的图像是如何被计算机“感知”的[①]。要全面理解从图像中恢复信息的方法，我们首先必须理解成像！通过分析：从三维“世界”到二维图像平面的映射过程，我们将揭示出关于**成像**的两个核心问题：

- 是什么决定：物体表面某一点的像（在像平面中）的位置？
- 是什么决定：物体表面所成的像的亮度？

要回答这两个问题，我们需要用到**图像投影**和**图像辐射**的知识，在讲到单镜头成像系统的内容时，我们将讨论这两个话题。

在学习成像时，一个至关重要的概念是：我们生活在一个非常特殊的视觉世界里。这个视觉世界的一些特殊的性质，使得我们有可能从一张或多张二维图像中恢复出三维“世界”的相关信息。我们要讨论这个问题，并且指出：存在一些特殊的成像情况，使得这些特殊的约束条件不再适用，此时，从图像中提取信息将会变得困难很多。

我们也要研究：1) 图像传感器的基本原理，以及，2) 如何获取和处理不同（光谱）频带上的信息。在对颜色进行简要介绍之后，这一

[①] 本章中的图像检测（Image Sensing）是指：成像系统中的感光元件将像平面上的入射光强度转化为图像中某一个像素点的灰度值。准确地说，应该叫作“图像感知”或“光强感知”。这里，我们沿用前人所使用的“图像检测”的译法。需要注意的是：这和图像处理中的各种“检测”（detection）没有任何关系！— **译者注**。

章结束于对噪声的讨论。我们还将回顾：概率统计领域的一些基本概念。这样做是为了介绍：一维卷积及其推广形式二维卷积。熟悉这些概念的读者可以直接跳过这些小节，而不失整体内容的连贯性。最后，我们还谈到了：1) 对亮度测量结果进行量化，以及，2) 对像平面进行“棋盘化”离散采样的必要性。

2.1 成像的两个方面

在我们开始分析一张图像之前，我们必须知道它是如何形成的。图像是一个二维的亮度模式。这个亮度模式是如何在一个光学成像系统中生成的？这个问题有两部分值得好好研究：首先，我们需要找到：场景中的点和图像上的点之间的几何对应关系；然后，我们必须弄清楚：是什么决定（图像中）该点的亮度。

2.1.1 透视投影

假设：在图像平面前的固定距离上，有一个理想的小孔（如图 2.1 所示），并且，小孔的周围都是不透光的，因此，只有经过小孔的光才能够到达像平面。光是沿着直线传播的，因此，图像上的每一个点都对应于一个方向，即：从这个点出发、穿过小孔的一条射线。这就是我们所熟知的**透视投影**模型。

在这个简单的例子中，我们将**光轴**定义为：从小孔到像平面的垂线。现在，我们可以引进一个笛卡尔直角坐标系，这个坐标系的原点 O 为小孔；z–轴选为：和光轴平行并且指向像平面的方向。在这种约定下，位于相机前面的点，其 z–坐标为负值。尽管这种选择有一些缺陷，我们仍然使用这个约定，因为，这个约定使得我们可以方便地建立右手坐标系（即：x–轴指向右方；y–轴指向上方）。

我们想要计算：相机前方物体表面上的某一点 P 在像平面上所出现的位置 P'（如图 2.1 所示）。假设：在从 P 到 O 的射线上没有其他物体。令 $\boldsymbol{r} = (x, y, z)^T$ 表示：由 O 指向 P 的向量；令 $\boldsymbol{r}' = (x', y', f')^T$ 表示：由 O 指向 P' 的向量（正如我们在附录中所注明的，本书用粗体来表示向量。通常，我们使用列向量形式，因此，当我们需要将某一向量写为对应的行向量形式时，我们必须对列向量进行转置，转置用上标“^{T}”来表示）。

这里，f' 表示：小孔和像平面之间的距离，而 x' 和 y' 是：像平面上的点 P' 的坐标。两个向量 $\boldsymbol{r}$ 和 $\boldsymbol{r}'$ 共线，并且，它们之间只相差一个

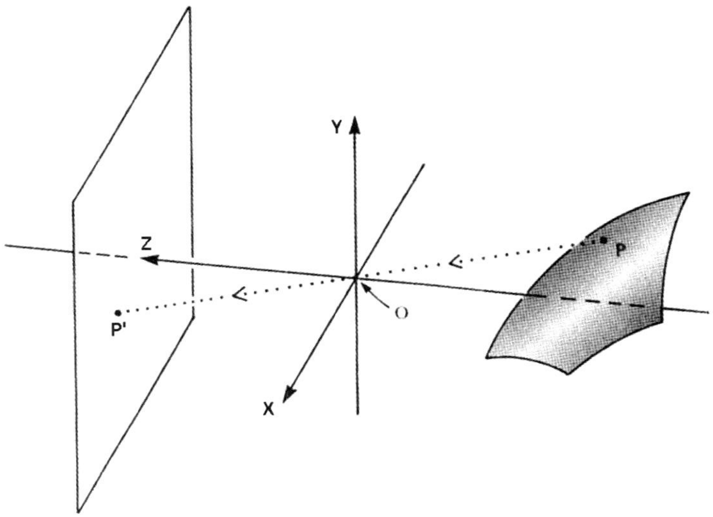

图 2.1 小孔相机通过**透视投影**来对现实世界进行成像。为了方便，在我们所使用的坐标系中，$x-y$ 平面平行于像平面，原点位于小孔O，并且，将 z 轴选为光轴。

（负的）比例系数。如果连接 P 和 P' 的射线和光轴之间的夹角为 α，那么，向量 $\boldsymbol{r}$ 的长度为：

$$\|\boldsymbol{r}\| = -z\sec\alpha = -(\boldsymbol{r}\cdot\widehat{\boldsymbol{z}})\sec\alpha \tag{2.1}$$

其中，"$\cdot$"表示两个向量的**内积**，而 $\widehat{\boldsymbol{z}}$ 表示：沿着光轴方向的单位向量。注意：对于相机前面所有的点，其 $z-$ 坐标均为负。$\boldsymbol{r}'$ 的长度为：

$$\|\boldsymbol{r}'\| = f'\sec\alpha \tag{2.2}$$

因此，我们可以得到:

$$\frac{1}{f'}\boldsymbol{r}' = \frac{1}{\boldsymbol{r}\cdot\widehat{\boldsymbol{z}}}\boldsymbol{r} \tag{2.3}$$

我们也可以将上式写成对应的分量形式，即：

$$\frac{x'}{f'} = \frac{x}{z} \qquad \text{和} \qquad \frac{y'}{f'} = \frac{y}{z} \tag{2.4}$$

有时，为了简化投影方程（即：式(2.4)），我们对图像坐标系进行"归一化"处理，也就是说，将 x' 和 y' 都除以 f'。

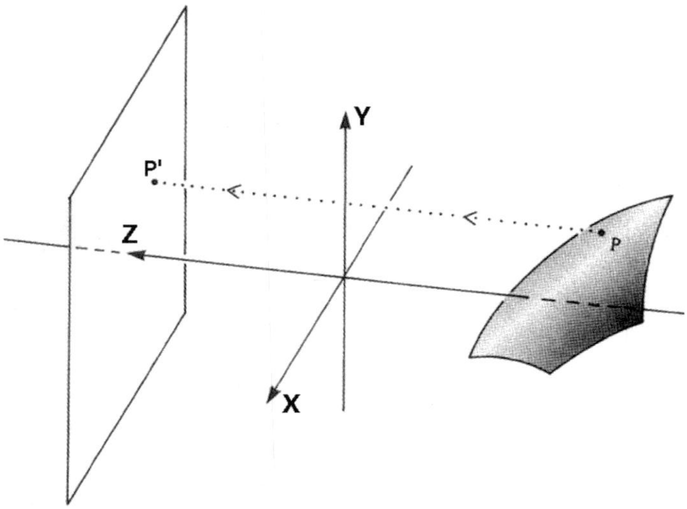

图 2.2　当场景深度（简称：**景深**）的变化（相对于场景到相机的平均距离来说）很小时，我们可以用**正射投影**来近似替代**透视投影**。对于正射投影，从场景中某一点“出发”的光线沿着平行于**光轴**的方向射到像平面上。

2.1.2 正射投影

假设我们已经生成了一张平面物体的像。这个平面物体平行于像平面，并且，与像平面之间的距离为 $z = z_0$。那么，我们可以将**放大率** m 定义为：像平面上两点之间的距离与对应的物体平面上两点之间的距离的比值。对于物体平面上的一个小的有向线段 $(\delta x, \delta y, 0)^T$，如果在像平面上与该线段对应的小的有向线段为 $(\delta x', \delta y', 0)^T$，那么，我们可以得到：

$$m = \frac{\sqrt{(\delta x')^2 + (\delta y')^2}}{\sqrt{(\delta x)^2 + (\delta y)^2}} = \frac{f'}{-z_0} \tag{2.5}$$

其中，$-z_0$ 是物体平面和小孔之间的距离。对于物体平面上所有的点，放大率 m 是不变的（注意：除了显微镜成像以外，$m < 1$）。

对于一个小的物体，假设：其在 z–轴方向上的平均距离为 $-z_0$，如果对于物体可见表面上所有的点，其 z 分量的变化范围（相对于 $-z_0$ 来说）很小的话，那么，这个物体将会生成一个被放大 m 倍的像。物体的像所占据的面积和物体所占据的面积的比值为 m^2。当然，成像系统前的不同距离的物体，将以不同的放大率被成像。**场**

景的深度范围是指：场景中的可见物体表面所形成的曲面（简称：曲面）到相机的距离范围。当场景的深度范围相对于曲面到相机的平均距离来说很小时，我们可以近似认为：放大率 m 为常数。在这种情况下，投影方程可以被简化为：

$$x' = -mx \qquad 和 \qquad y' = -my \tag{2.6}$$

其中，放大率 $m = f'/(-z_0)$，而 z_0 表示：曲面上所有点的 z–坐标的平均值。通常情况下，为了方便，放大率 m 被设为[①]：1 或 −1。于是，投影方程式(2.6)可以被进一步简化为：

$$x' = x \qquad 和 \qquad y' = y \tag{2.7}$$

该模型被称为**正射投影**（如图 2.2 所示）。在正射投影模型中，光线沿着平行于光轴的方向（而不是沿着“穿过小孔”的方向）传播，从而进行成像。如果相对于相机与场景之间的距离来说，场景中各个点到相机的距离变化很小，那么，透视投影和正射投影的差别也很小。

在被成像的场景中，每一个点都对应于一个方向[②]，所有这些方向合在一起，“张成”了一个圆锥，这个圆锥的顶角被称为成像系统的**视野**。显然，连接像平面的边缘和小孔所得到的圆锥的形状，和这个圆锥的形状是一样的。“普通”镜头的视野范围大概在 25° 到 40° 之间。相对于像平面的尺寸，**望远镜**的焦距很长，因此视野很狭小；相反的，**广角镜**的焦距则较短，因此视野很宽广。一个常用的经验法则是：当使用广角镜时，透视效果比较明显；而使用望远镜所得到的图像，却更加接近于正射投影模型的结果。我们将通过习题 2.11 说明：这个准则并不是绝对准确的。

2.2 亮度

对于成像，一个更为困难、但同时也更为有趣的问题是：图像中某一点的**亮度**由什么决定？亮度是一个非正式术语，它至少可以被用来表述下面两个不同的概念：图像亮度和场景亮度。对于图像，亮度和射入像平面的能流有关[③]，我们可以用许多不同的方法来度量亮度。这里，我们引入术语**辐照强度**，来替代**图像亮度**这个非正式术语。辐照强度是指：照射到某一个表面上的“辐射能”在单位面积上

[①]注意：对于长度来说，其本质的东西是单位，而不是数字！因此，我们可以通过：设置像平面上坐标轴的单位，使得放大率 $m = 1$ 或 −1。— **译者注**

[②]这里的“方向”指：一条由场景中的点指向小孔的射线。— **译者注**

[③]在这里，能流是指：射入像平面的光强的功率。— **译者注**

的功率（单位为：$W \cdot m^{-2}$，即：瓦特每平方米）。在图 2.3(a) 中，E 表示辐照强度，而 δP 表示：照射到一个面积为 δA 的极其微小的曲面"小块"上的"辐照能"的功率。例如，相机中胶片的亮度就是辐照强度的函数（如同我们一会儿将要谈到的，对图像亮度的测量，同时还依赖于传感器的**光谱灵敏度**）。图像中某一点的辐照强度取决于：从该像点所对应的物体表面上的点所射过来的能流（连接图像中的点和小孔并延长，直到这条线"穿过"物体表面。通过这种方式，我们就得到了：图像上的点所对应的物体表面上的点）。

在场景中，亮度和从物体表面发射出的能流有关。位于成像系统前的物体表面上的不同的点，会有不同的亮度，而其亮度取决于：1) 光照情况，以及，2) 物体表面如何对光进行反射。我们现在引入**辐射强度**，来替代**场景亮度**这个非正式术语。辐射强度是指：从物体表面的单位**透视面积**发出的、射到单位立体角中的功率（单位为：$W \cdot m^{-2} \cdot sr^{-1}$，即：瓦特每平方米每立体弧度），如图 2.3(b) 所示。在图 2.3(b) 中，L表示辐射强度，$\delta^2 P$ 是指：从一个面积为 δA 的极其微小的曲面"小块"射入到一个极其微小的立体角 $\delta\omega$ 中的能流大小。从表面上看，辐射强度的定义形式很复杂；因为，从某一微小表面发出的光，会射向各个不同的方向，所有的射出方向将会形成一个半球，沿着这个半球中的不同方向，光线的强度可能不同。因此，只有指定这个半球中的某个的立体角，谈论辐射强度才是有意义的。通常情况下，随着（我们对物体的）观测方向的不同，辐射强度会发生变化。当我们介绍**反射图**时，还会详细讨论**辐射测量**方面的内容。

我们之所以对物体表面的辐射强度感兴趣，是因为：正如我们后面将要展示的[①]，我们对**图像辐照强度**的测量结果与**场景辐射强度**成正比。比例系数取决于成像系统的参数。要在像平面上得到一定强度的光照，相机的光圈必须有一定的尺寸。因此，我们前面介绍的小孔的直径就不能为零。于是，我们前面关于投影的简单分析（即：小孔成像模型）将不再适用，因为，当小孔的直径不为零时，场景中的一个点所成的像将会是一个小圆斑，而不再是一个点。注意：从物体表面的某一点"出发"、穿过一个圆形小孔的所有光线，将形成一个以该（物体表面的）点为顶点的圆锥，这个圆锥和像面相交，会形成一个圆斑。

我们不能将小孔做得太小的另外一个原因是由于光的波动性。在小孔的边缘上，光将发生**衍射**，因此，这些光将在像平面上"散播"。当小孔变得越来越小时，入射光的"散播"范围将变得越来越

①这个结论的证明参见第 10 章 10.3 小节。— **译者注**

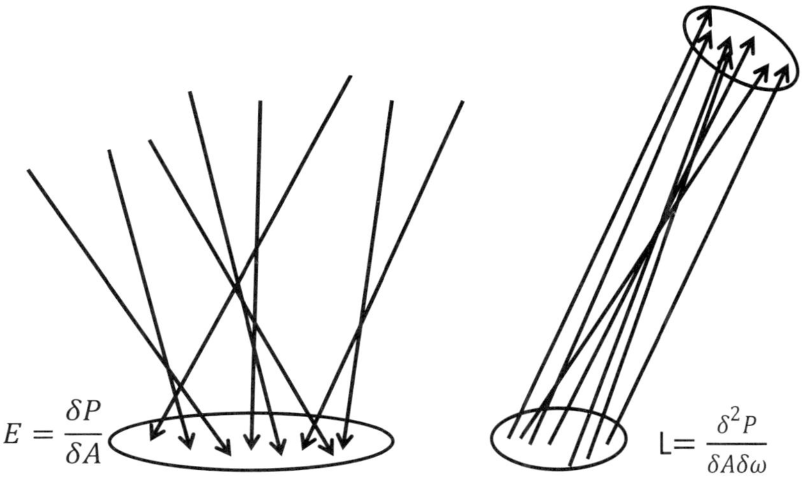

(a) 辐照强度 (b) 辐射强度

图 2.3 (a) 辐照强度是指：照射到物体表面单位面积上的光的功率。(b) 辐射强度是指：单位面积沿着单位立体角所发射出的光的功率。术语**亮度**是关于这两个概念的非正式用语。

大，因此，入射光中越来越多的能量将会被“散播”到：偏离入射光方向的“地方”。

2.3 透镜

为了解决小孔相机的上述问题，我们现在考虑：在成像系统中使用**透镜**（如图 2.4 所示）。一个理想的透镜具有如下两个性质：1) 它的投影方式和小孔模型相同，同时，2) 将一定数量的光线汇聚在一起。透镜越大，从物体处看过去，对应的立体角也越大，相应的，透镜所截取的从物体表面反射（或发出）的光也会越多。通过透镜中心的光线不会发生偏转，在一个准确聚焦的成像系统中，射向其他方向的光线将会发生偏转，并且，这些光线最终会被汇聚，从而和通过透镜中心的光线相交于同一点。

理想透镜有一个缺点，也就是说，它只能被用来汇聚透镜前$-z$处

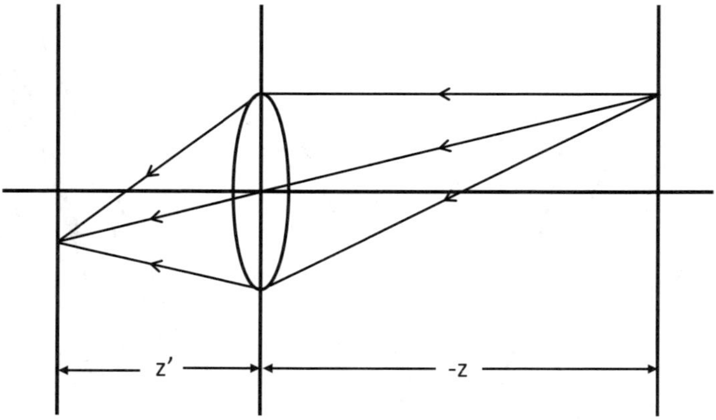

图 2.4　为了在像平面获得非零的辐照强度，透镜被用于替代理想小孔。一个完美的透镜所生成的图像，和小孔模型所成的像遵循相同的投影公式，但是同时，它聚集了一个面积非零的区域上的光。只有在某一特定距离，透镜才会产生出聚焦良好的图像。

的点所发出的光。通过我们所熟悉的**透镜公式**:

$$\frac{1}{z'} + \frac{1}{-z} = \frac{1}{f} \tag{2.8}$$

我们可以计算出 $-z$。其中，z' 是：像平面和透镜之间的距离，f 表示**焦距**（如图 2.4 所示）。如果场景中的点和透镜的垂直距离不等于 $-z$，那么，它们在像平面上所成的像是一个小圆斑；因为从物体表面某一点“出发”的光线，在经过透镜的汇聚后，会形成一个以“聚焦点”为顶点的圆锥，这个圆锥和像面相交，会形成一个圆斑。我们可以采用如下方式来计算这个模糊圆斑的尺寸。一个距离透镜 $-\overline{z}$ 的点所发出的光线，会被聚焦于：距离透镜 $\overline{z}'$ 处的位置，其中，

$$\frac{1}{\overline{z}'} + \frac{1}{-\overline{z}} = \frac{1}{f} \tag{2.9}$$

因此，我们可以得到：

$$\overline{z}' - z' = \frac{f}{\overline{z} + f}\frac{f}{z + f}(\overline{z} - z) \tag{2.10}$$

如果像平面的位置正好使得：距离透镜 $-z$ 处的点被准确聚焦，那么，距离透镜 $-\overline{z}$ 处的点在像平面上所产生的光斑的直径 b 为：

$$b = \frac{d}{\overline{z}'}|\overline{z}' - z'| \tag{2.11}$$

其中，d为透镜的直径。**成像域的深度**是指：物体能够被聚焦得“足够好”的距离范围，“足够好”是指：模糊光斑的直径小于成像仪器

的分辨率。成像域的深度依赖于我们所使用的传感器，但是，不管我们使用什么样的传感器，都有这样的规律：透镜的直径越大，成像域的深度就越小。同时，我们可以看出：使用大的光圈会增大聚焦误差。

通过简单的光线传播法则，我们可以理解单透镜的组合。正如我们前面提到的：1) 穿过透镜中心的光线不发生偏转，2) 平行于光轴的光线将被汇聚于光轴上的一点，并且，该点和透镜之间的距离等于焦距。事实上，这个结论正好就是焦距的定义，也就是说，从无穷远处的物体发出的光线会被透镜汇聚成一点，该点与透镜之间的距离被称为**焦距**。相反的，位于光轴上的、和透镜之间距离等于焦距的点所发出的光线，经过透镜后，将在透镜的另一侧发生偏转，成为一条平行于光轴的光线。这个结论可以从**光线传播的可逆性**得出，也就是说，如果我们将原来的出射光线作为入射光线，那么，新的出射光线就是原来的入射光线。

简单透镜的制作方法是：将透明玻璃的两面打磨成两个球面，光轴即为穿过这两个球面的球心的直线。任何用这种方法做成的简单透镜都会产生缺陷和像差。出于这个原因，人们通常将几个简单透镜组合在一起，仔细地将它们沿着光轴排列起来，做成一个具有更好性质的**组合镜**。**厚透镜**是关于这种透镜系统的一个有用模型（如图 2.5 所示）。我们可以定义两个垂直于光轴的**主平面**。这两个主平面和光轴的两个交点，被称为**节点**。进入第一个节点的光线，将沿着相同的方向从第二个节点离开。这定义了组合透镜的投影方式。两个节点之间的距离就是该组合透镜的厚度。我们可以将**薄透镜**看作是**厚透镜**的特例，也就是说，让这两个节点重合在一起。

理论上，我们无法做出完美的透镜，不但因为透镜的投影方式不可能和理想小孔完全一样，更为重要的原因是：对所有光线的准确聚焦是无法实现的。这就产生了各种各样的**像差**。对于一个设计精良的透镜，这些缺陷会被尽可能地做到最小，但是，随着透镜光圈的增大，减少这些缺陷也变得越来越困难。因此，我们需要在光线的汇聚能力和图像的质量之间寻找一种平衡。

这里，我们所特别关注的一种缺陷是：**光晕**。想象我们将：一些不同直径的圆形光圈，依次排列在一起，并且，让它们的圆心位于同一条直线上（如图 2.6 所示）。当你沿着这条公共直线看过去时，最小的光圈将决定你的视野。当你沿着偏离这条线的方向看过去时，一些其他的光圈将会逐渐遮挡你的视野，直到最后你什么都看不见为止。对于一个单透镜来说，进入透镜的所有光线都会被聚焦在图像

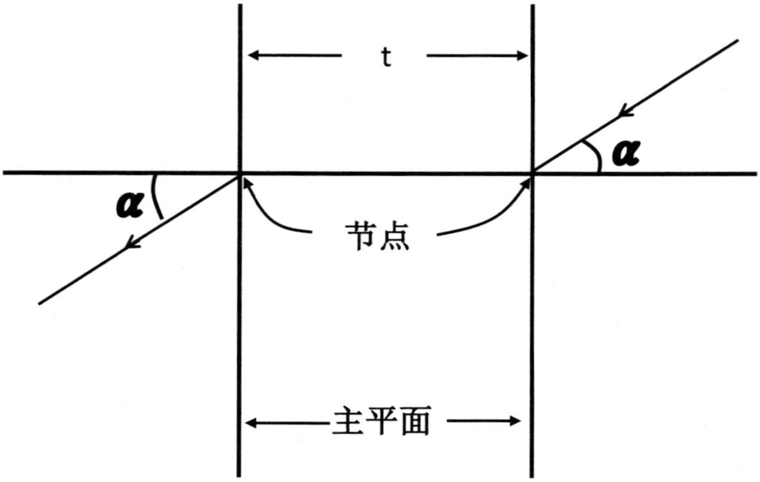

图 2.5　理想的厚透镜可以作为：绝大多数实际透镜的一个合理模型。厚透镜的透视投影方式和理想薄透镜是相同的；和薄透镜不同的是，厚透镜会沿着光轴产生一个偏移量：透镜的厚度 t。我们可以通过：主平面和节点，来理解厚透镜。节点是指：光轴与主平面的交点。

中；但是，对于一个组合透镜而言，一些透过第一个透镜的光线，可能会被第二个透镜挡住。这取决于：1) 入射光线相对于光轴的倾斜程度，以及，2) 两个透镜之间的距离。因此，相对于光轴上的点，图像中远离光轴的点的聚光效果会变差，随着该点和图像中心之间距离的增大，其灵敏度也会降低。

另一个需要注意的事实是：随着入射光和光轴之间夹角的增大，透镜的像差会以指数形式增加。像差按其**级别**进行分类。像差的级别是指：像差与夹角之间的函数关系中所对应的指数（这个函数是一个指数函数）。光轴上的点可能会被很好地聚焦，而本应该被聚焦在图像角落上的点，由于像差的原因，其成像结果将会被“抹成一片”（而不再是一个点）。由于这个原因，在像平面上，只有一个有限的区域可以被用于成像。随着入射光线与光轴之间夹角的增大，像差的大小会以指数形式增加。因此，只使用透镜的中心部分，可以提高成像质量。

在不需要完全利用成像系统的聚光能力的情况下，我们可以在透镜系统中加入光圈，从而提高成像质量。正如我们已经提到的，固定的光圈挡住了那些和光轴之间有较大夹角的入射光线，使得它们无法

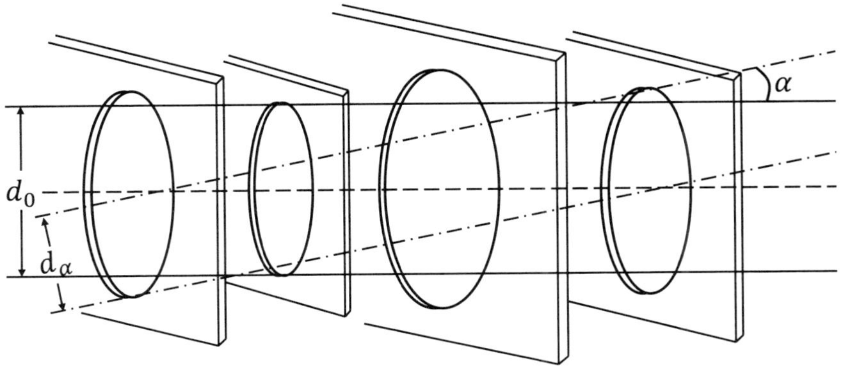

图 2.6 随着入射光和光轴之间夹角的增加，所能获取到的光的功率将变得越来越小，这种现象被称为**光晕**。产生光晕的原因是：透镜系统中的小孔阻挡了进入透镜系统的部分光线。由于存在光晕，因此，沿着指向图像区域边界的方向，（成像系统的）灵敏度会发生光滑的（但是有时非常快速的）衰减。

穿过透镜而“进入”远离图像中心的区域。这提高了（图像中）远离中心的区域的成像质量，但是，同时也极大地增加了**光晕**。在绝大多数使用透镜的普通应用中，这并不是一个严重的问题，因为对于图像亮度的光滑的空间变化，人眼是极其不敏感的。但是，对于机器视觉，这却是一个很大的问题，因为我们要通过：对图像亮度的测量结果（**图像辐照强度**）来判断场景的亮度（**场景辐射强度**）。

2.4 我们的视觉世界

我们如何能够指望：仅通过一张二维图像就能恢复出三维世界的信息？即便是使用多张图像，我们所获取的信息量似乎也不够。但是，生物系统却能够使用视觉信息和周围世界进行智能交互。当我们考虑：我们所处的视觉世界的一些特性时，这个问题就迎刃而解了。我们处在均匀透明的介质之中，而我们所看见的物体却是不透明的。在我们所处的环境中，光线不会被折射或者被吸收。我们可以“跟踪”：从图像上的点出发、并且经过透镜的光线，直到它“穿过”某一个物体的表面为止。图像上某一点的亮度只依赖于：该点所对应的物体表面上的一个小区域的亮度。物体表面是一个二维流形，因此，曲面[①]的形状可以被表示为：图像坐标 x' 和 y' 的函数 $z(x',y')$，即：图像上的点 $(x',y')^T$ 所对应的曲面上的点到像平面的距离。

如果假设我们所处环境是：由不同密度的吸光材料所填充的空间，那么，这将是一个完全不同的情况。此时，我们所想要确定是：吸光材料的密度分布 $\rho(x,y,z)$，它是一个关于坐标 x、y 和 z 的函数。对于恢复曲面信息的问题，一张或多张图像提供了充足的约束条件；但是，对于恢复三维空间中的信息来说，一张或多张图像所提供的约束条件却是不够的。理论上，要解决**层析成像**问题，需要无穷多张图像。所谓层析成像，就是指：确定吸收材料的密度分布。

我们的前提条件并不总是绝对成立的。远处的大山似乎在颜色和对比度上发生了变化，而在沙漠中，我们可能会看见海市蜃楼。基于这个前提假设[②]所得出的图像分析结果，在这个假设条件不成立时，可能会发生错误。因此，我们不难想象：在这种情况下，对于和环境之间的智能交互，生物视觉和机器视觉系统将会产生误导。事实上，我们可以用这种方法来解释一些光学幻象。但是，这并不表示：我们应该抛弃这些附加的约束条件，因为如果没有这些约束条件，我们将无法求解：从图像中恢复出三维“世界”的信息的问题。

事实上，我们通常所处的视觉世界是很特别的。想象我们处在一个由胶状物质所构成的世界里面，并且，在这些胶状物质中，放有一些不同颜色的颜料块，这些颜料在胶状物质中逐渐扩散开来。我们不可能通过：从某一个方向得到的观察结果，来复原出这些颜料在三维空间中的分布，因为我们没有获得足够的信息！类似的，除非碰巧遇到：不同材料之间有“尖锐”对比度的情况（例如：骨骼和软组织），否则，对于复原物体内部结构信息的问题，单张 X 射线图像是没有用的。对于一般情况，我们需要进行极其大量的观测，并尝试采用**层析成像**的方法来进行复原。因此，我们不具有超人所拥有的 X 射线视觉能力，或许是一件好事。

总的来说，我们会将我们的注意力集中在：那些通过常见的光学成像方式所生成的图像。我们会尽量避免去考虑：那些环境中存在大量透明（或者，半透明）物质的情况，例如，那些放大倍数很高的显微镜图像。类似地，很大尺寸的图像往往会显示出：大气对光线的吸收和折射效应。有意思的是，通过其他方式所产生出的图像，有时

[①] 物体的表面就是一张曲面，在本书中，我们不对“物体表面”和“曲面”加以区别。— **译者注**

[②] 这里的“前提假设”是指：1) 我们所处的视觉环境是均匀的和透明的，2) 环境中的物体是不透明的。— **译者注**

确实和我们所熟知的图像非常相似。这些例子包括：1) 电子扫描显微镜，以及，2) 合成孔径雷达。对于这两种图像，我们很容易对其进行解释，因此，我们有希望用本书中的方法来对这两类图像进行分析。

鉴于曲面的重要性，我们可能会希望：我们能够设计出一个机器视觉系统，使得该系统可以从给定的一张或几张图像中，恢复出曲面的形状。事实上，这方面的努力已经取得了一些成果。在第 10 章和 11 章中，我们将会讨论：如何从图像的**明暗**①中恢复出物体表面的形状。对成像过程的深刻理解，使得我们可以从图像中恢复出关于场景的量化信息；而计算出的曲面形状可以被用于：识别、监测、路径规划问题（即：用来指导机器臂的运动）。

2.5 图像检测

几乎所有图像传感器的工作原理都依赖于：光子击打某种特殊材料时所产生的“电子/空穴”对。这是生物视觉和摄影的基本过程。不同的图像传感器之间的区别在于：它们对带电粒子流的检测方式不同。一些仪器使用真空中的电场来分离从材料表面释放出来的自由电子（如图 2.7(a) 所示）；而在另一些仪器中，被激发出来的电子将击穿半导体中的耗尽层（如图 2.7(b) 所示）。

并不是所有的入射光子都会产生“电子/空穴”对。一些电子正好在感应层中传播，一些被反射回来，或者，以其他形式将其能量损失掉了。此外，并不是所有的电子都能正好进入检测电路。电子流和入射光子流的比值称为**量子效率**，记为 $q(\lambda)$。量子效率依赖于入射光子的能量，因此，它依赖于入射光的波长 λ。同时，量子效率还依赖于：1) 材料，以及，2) 仪器收集自由电子的方式。真空仪器上的涂料具有相对较低的量子效率。对于某些特定波长，固态电子器件近乎为理想器件。摄影胶片的量子效率很低。

2.5.1 感知颜色

仪器的灵敏度和入射光的波长有关。具有很大能量的光子会直接进入材料，而能量太小的光子可能在到达材料表面前就被拦截。每一种材料都有属于其自身的、随光的波长而变化的量子效率特征。对于一个很小的波长区间 $\delta\lambda$，令 $b(\lambda)\delta\lambda$ 表示：能量大于等于 λ 而小于 $\lambda+\delta\lambda$

①所谓“明暗”是指：图像亮度模式的空间变化，详见第 10 章的内容。— **译者注**

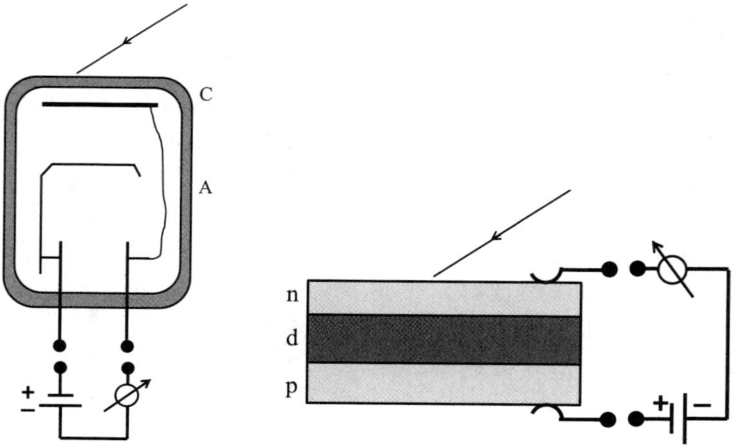

(a) 真空器件　　(b) 半导体器件

图 2.7　光子撞击感光材料的表面，会产生电荷载体。这些电荷载体被收集和测量，用来确定辐照强度。(a) 是真空器件的情况，电子被从阴极激发出来，然后再被阳极吸收。(b) 是半导体器件的情况，“电子/空穴”对被内建电场分离，然后，通过外接电路来收集“电子/空穴”对。

的光子流，那么，材料表面所释放出的自由电子数目为：

$$\int_{-\infty}^{\infty} b(\lambda)q(\lambda)d\lambda \tag{2.12}$$

如果我们使用：由不同光敏材料做成的（图像）传感器，那么，我们将会得到不同的图像，因为传感器的**光谱灵敏度**不同。对于某一个曲面，假设：当我们用不同的传感器对其进行成像时，所得到的图像的灰度值不同；那么，我们可以利用这个结果来进行辨别。另一种获得这种效果的方法是：使用相同的感光材料，但是，在相机前放上**滤光镜**。滤光镜会对光谱中的不同频率成分进行选择性吸收。如果第 i 个滤光镜的透光率为 $f_i(\lambda)$，那么滤光镜和传感器组合在一起的等效量子效率为 $f_i(\lambda)q(\lambda)$。我们究竟应该使用多少滤光镜？随着所使用的滤光镜数目的增加，对材料的辨别能力也会增加。但是，这些测量结果是**相关的**，这是因为：对于绝大多数材料，其**反射率**随入射光的改变而发生“光滑”变化。一般情况下，使用太多的滤光镜并不能有效地提高对材料的辨别能力。

在白光条件下，人类视觉系统所使用的“传感器”有三种。这些“传感器”被称为：**锥状体**。这三种锥状体中的每一种都具有特殊的

光谱灵敏度。一种锥状体主要用于感知：可见光谱（其范围从400纳米到700纳米）中的长波长区；一种锥状体主要用于感知：可见光谱中的中波长区；第三种锥状体主要用于感知：可见光谱中的短波长区。这三种锥状体的感应曲线之间有相当大的重合。机器视觉系统使用红、绿、蓝三种**滤光镜**来获得图像。但是，需要指出的是：这种"选择方式"和人类的颜色感知方式没有任何关系；除非（正如我们下面所讨论的）红、绿、蓝三种滤光镜的**光谱响应曲线**正好是：人类的三种**锥状体**的光谱响应曲线的**线性组合**。

如果一个图像检测系统是：由少数几种具有不同**光谱灵敏度**的传感器所组成的，那么，它具有这样的性质：对于许多不同的**光谱分布**，系统将产生相同的"感应"结果。这是由于：我们所测量的并不是光谱分布本身，而是先将光谱分布和某种传感器的光谱灵敏度（函数）相乘，然后再（对乘积结果）进行积分。当然，对于生物系统也是如此。那些人眼难以区分的颜色被称作**同色异谱**（或**条件等色**）。

通过对条件等色的系统性研究，我们可以获得关于人类视觉系统的**光谱灵敏度**的有用信息。我们首先对大量的观测者进行颜色匹配实验；然后，再对实验结果取平均，并且，用所得到的数据来计算所谓的**三色刺激**或**标准观测曲线**。这些结果（如图2.8所示）被发表在*Commission Internationale de l'Eclairage* (CIE)。对于一个给定的光谱分布，我们按如下方法对其进行评估：首先，将这个光谱分布依次与三个函数 $x(\lambda)$, $y(\lambda)$, $z(\lambda)$ 中的每一个相乘，然后，在可见光所对应的光谱区间上，对乘积进行积分。这三个积分结果（即：$\overline{X}$, $\overline{Y}$, $\overline{Z}$）被称作**三色刺激值**。在一定的受控条件下，将两个产生相同三色刺激值的光谱分布放在一起，我们很难将它们区分出来（顺便说一下，这里所使用的光谱分布，是用单位波长区域上的能量来表示的，而不是用光通量来表示的）。但是，通过这种方式，我们无法确定：三种锥状体的真实的光谱响应曲线，因为，还有许多"含混不清"的东西不能确定[①]。我们已知的是：三色刺激曲线是这三个（锥状体的）光谱响应曲线的**线性变换**结果；但是，我们并不知道这个线性变换的系数。

在习题2.14中，我们将说明：如果一个机器视觉系统的颜色匹配特性和人类视觉系统的颜色匹配特性相同，那么，该机器视觉系统所具有的光谱灵敏度，一定是人类的锥状体细胞的光谱响应曲线的**线性组合**。这也意味着，这个机器视觉系统的光谱灵敏度一定是：已知的

[①] 这里的"含混不清"具体是指：锥状体的光谱响应曲线存在多种可能的组合形式，它们所产生的结果和三色刺激曲线产生的结果完全相同。直观地想，要确定一条曲线（即：无穷个点的集合），我们需要无穷多个约束条件，但是，我们这里却只有三个约束条件，也就是说，方程的个数远小于未知数的个数。因此，解不唯一。— **译者注**

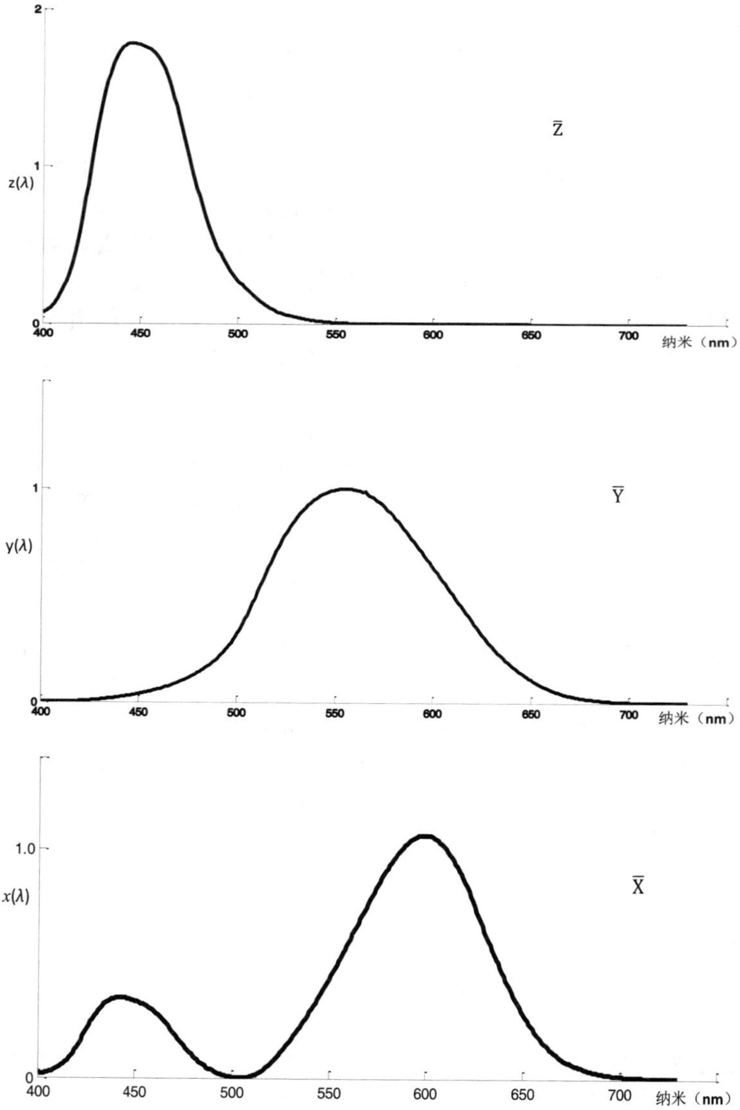

图 2.8　三色刺激曲线使得我们可以预测：什么样的光谱分布是可以被区分的。一个给定的光谱分布，与 $x(\lambda)$、$y(\lambda)$ 和 $z(\lambda)$ 逐个相乘，再对三个乘积逐个进行积分。这样我们得到了三色响应值 $\overline{X}$、$\overline{Y}$ 和 $\overline{Z}$。这三个三色响应值可以用来标识某一光谱分布。对于具有相同三色响应值的频谱分布，我们看不出它们之间的颜色差别（也就是说，在某种意义上，它们的颜色是“一样的”）。

标准观测曲线（即：三色刺激曲线）的线性组合。遗憾的是，我们以前在设计颜色感知系统时，几乎没有注意到这条准则。注意：我们并不是要去解决颜色感知问题，而只是想要让机器难以分辨出人类难以分辨的颜色，从而使机器拥有和人类视觉系统相同的颜色匹配特性。

2.5.2 随机性和噪声

我们很难对图像亮度进行精确测量。在这一节中，我们将讨论：噪声对图像检测的不良影响。为了便于分析，我们需要讨论：随机变量和概率密度分布。我们也将找机会介绍一维卷积的概念。后面，我们将再次用到卷积，并将其用于二维图像。熟悉这些概念的读者可以直接跳过本节。

信号测量过程中所产生的随机“起伏”会影响我们所得到的测量结果。我们进行重复测量，可能会得到不同的结果。通常，测量结果会聚集在一个“正确”结果的周围。我们可以讨论：一个测量值落在某一个区间范围内的概率。粗略地说，就是当试验次数趋于无穷大时，测量值属于这个区间的实验次数与实验总次数之间的比值。这个定义并不精确。因为，任何一个特殊的试验序列的结果都可能不趋于我们所期望得到的极限。但是，这些结果不会远离这个极限。事实上，这个事件（即：试验结果的极限趋于我们所不想要的结果）发生的概率为0。

现在，我们可以定义**概率密度分布** $p(x)$，即：当 δx 趋于0时，随机变量大于等于 x 而小于 $x+\delta x$ 的概率趋近于 $p(x)dx$（这里有一个很“微妙”的问题，因为，当区间大小趋于0时，对于给定数目的试验，试验结果落在这个区间内的试验次数将趋于0。通过下面将要介绍的**累积概率分布**，我们可以避开这个问题）。从有限次试验结果的统计直方图中，我们可以估计出一个概率分布（如图2.9所示）。

从上面的关于概率分布的定义中，我们可以看出：任何概率分布函数 $p(x)$ 都必须具有如下两个重要性质，即：1) 非负性，也就是说，$p(x)\geq 0$；2) 归一性，也就是说，

$$\int_{-\infty}^{\infty} p(x)dx = 1 \tag{2.13}$$

通常，在“正确”值（或“**期望**”值）的附近，概率分布函数会有一个显著的“山峰”。我们可以将**均值** μ 定义为：“山峰”形区域的**中心**，即：

$$\mu\int_{-\infty}^{\infty} p(x)dx = \int_{-\infty}^{\infty} xp(x)dx \tag{2.14}$$

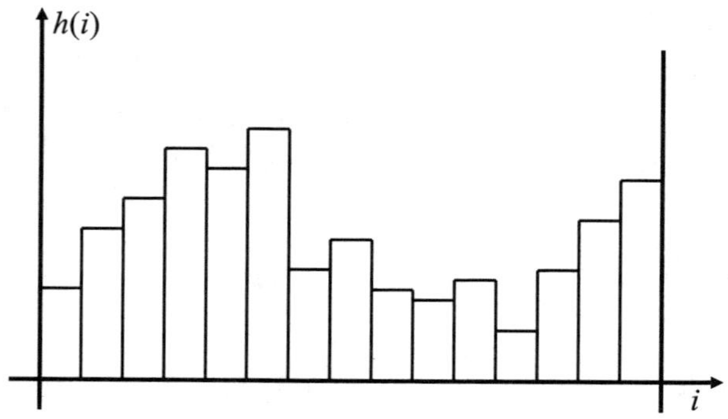

(a) 统计直方图

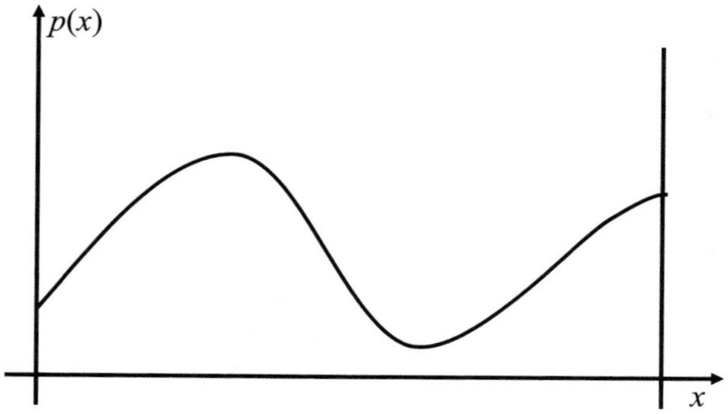

(b) 概率分布

图 2.9　(a) **统计直方图**所描述的是：在由一系列测量结果所形成的区间中，每一个区间包含多少个样本。如果收集的样本数量越来越多，那么，我们可以在保持单个测量值精度的前提下，将这些区间划分得越来越小。(b) 统计直方图的极限是一个连续函数。这个函数被称为**概率分布**。

$p(x)$从负无穷到正无穷的积分等于1，因此，

$$\mu = \int_{-\infty}^{\infty} xp(x)dx \tag{2.15}$$

上式右边的积分被称为：$p(x)$ 的**一阶矩**。

下一步，我们要估计：$p(x)$ 的“山峰形”区域的（散布）大小，我们可以计算：以均值为中心的**二阶矩**，即：所谓的**方差**

$$\sigma^2 = \int_{-\infty}^{\infty} (x-\mu)^2 p(x)dx \tag{2.16}$$

方差的平方根被称为**标准差**。标准差是一种关于概率分布的“宽度”的有用度量。另一个有用的概念是**累积概率分布**：

$$P(x) = \int_{-\infty}^{x} p(x)dx \tag{2.17}$$

它告诉我们：随机变量小于或等于 x 的概率。概率密度分布是累积概率分布的导数，注意：

$$\lim_{x\to\infty} P(x) = 1 \tag{2.18}$$

如果测量结果中的“噪声”是独立的，并且，它们之间相互抵消，那么，提高测量精度的一个方法是：对多次测量的结果取平均。为了理解其中的原理，我们需要知道：如何计算多个随机变量的和的概率分布。假设：1) x 是两个独立随机变量 x_1 和 x_2 的和，并且，2) x_1 和 x_2 的概率密度函数分别是 $p_1(x_1)$ 和 $p_2(x_2)$；那么，我们如何确定 $x = x_1 + x_2$ 的概率密度函数 $p(x)$ 呢？给定 x_2 以后，由于 x 的值介于 x 和 $x + \delta x$ 之间，因此，x_1 的值一定介于 $x - x_2$ 和 $x + \delta x - x_2$ 之间（如图 2.10 所示）。这个事件发生的概率是 $p_1(x - x_2)\delta x$。

现在，x_2 可以取一系列的值，并且，x_2 的值位于从 x_2 到 $x_2 + \delta x_2$ 的区间的概率为 $p_2(x_2)\delta x_2$。为了得到：x 的值位于从 x 到 $x + \delta x$ 的区间的概率，我们必须在整个 x_2 的取值范围内，对 $p_1(x - x_2)\delta x$ 和 $p_2(x_2)\delta x_2$ 的乘积进行积分，也就是说，

$$p(x)\delta x = \int_{-\infty}^{\infty} p_1(x - x_2)\delta x p_2(x_2)dx_2 \tag{2.19}$$

或者，将上式进一步写为：

$$p(x) = \int_{-\infty}^{\infty} p_1(x - t)p_2(t)dt \tag{2.20}$$

类似地，我们可以得到：

$$p(x) = \int_{-\infty}^{\infty} p_2(x - t)p_1(t)dt \tag{2.21}$$

也就是说，x_1 和 x_2 所扮演的“角色”是可以互换的。这种“互换”对应于：在一条倾斜的窄带上，使用两种不同的积分方式，对概率乘积进行积分（如图 2.10 所示）。对于每一种方式，我们讨论的都是：两个概率密度分布 p_1 和 p_2的**卷积**，记为：

$$p(x) = p_1(x) \otimes p_2(x) \tag{2.22}$$

我们刚刚证明的是**卷积的交换律**（参见式(2.20)和(2.21)），即：

$$p_1(x) \otimes p_2(x) = p_2(x) \otimes p_1(x) \tag{2.23}$$

在习题 2.16 中，我们将证明：(1) 多个随机变量的和的均值等于各个随

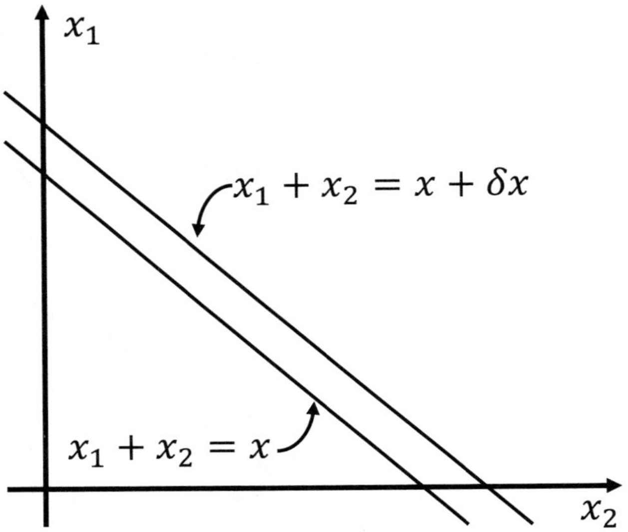

图 2.10　两个独立随机变量的和的概率分布等于两个随机变量的概率分布的卷积。通过在 $x_1 + x_2 = x$ 和 $x_1 + x_2 = x + \delta x$ 之间的带状区间上，对两个概率分布的乘积进行积分，我们可以证明这个结论。

机变量的均值的和；(2) 多个随机变量的和的方差等于各个随机变量的方差的和。因此，如果我们计算 N 个独立测量结果的平均值：

$$\overline{x} = \frac{1}{N} \sum_{i=1}^{N} x_i \tag{2.24}$$

并且假设：每一个测量结果的均值都为 μ、标准差都为 σ，那么，这些测量结果的平均值[①]的均值仍然是 μ，但是，其标准差为：$\sigma/\sqrt{N}$。这是因为：N 个独立测量结果的和的方差为 $N\sigma^2$。

于是，我们得到了一个受噪声影响更少、更精确的结果。但是，其相对精确度只是以：测量次数的平方根的速度，被提高的。

Gauss 分布是一个引起人们广泛研究兴趣的概率分布，它也被称为**正态分布**，即：

$$p(x) = \frac{1}{\sqrt{2\pi}\sigma} e^{-\frac{1}{2}\left(\frac{x-\mu}{\sigma}\right)^2} \tag{2.25}$$

其均值为 μ、标准差为 σ。对于许多测量过程中产生的误差，我们都

[①]注意：多个随机变量的平均值也是一个随机变量！因此，谈论其均值和标准差是有意义的。— **译者注**

可以用这个模型来很好地进行模拟。

到目前为止，我们一直处理的是**连续随机变量**的情况。对于**离散随机变量**的情况，我们也可以使用类似的方法来进行处理。现在，让我们来考虑：在一个固定的时间段内，由落在某种材料表面的光子所激发出来的电子数目。这些事件（即：不同时间段内激发出来的电子数目）彼此之间是独立的。实验说明，在某一时间段 T 内激发出 n 个电子的概率为：

$$P_n = e^{-m}\frac{m^n}{n!} \tag{2.26}$$

这个概率由一个参数 m 所决定。这个分布被称为 **Poisson 分布**。我们可以用如下方法来计算时间段 T 内所激发出的电子的平均数①，即：

$$\sum_{n=1}^{\infty} ne^{-m}\frac{m^n}{n!} = me^{-m}\sum_{n=1}^{\infty}\frac{m^{(n-1)}}{(n-1)!} \tag{2.27}$$

但是，注意：

$$\sum_{n=1}^{\infty}\frac{m^{(n-1)}}{(n-1)!} = \sum_{n=0}^{\infty}\frac{m^n}{n!} = e^m \tag{2.28}$$

因此，在时间段 T 内激发出的电子的平均数为 m。在习题 2.18 中，我们将证明：Poisson 分布的方差也是 m。因此，其标准差为 $\sqrt{m}$，标准差和均值的比为$1/\sqrt{m}$。也就是说，我们“等待”的时间越长，测量结果就越精确。这是由于有更多的电子被聚集。但是，其“信噪比”只是以：测量次数的平方根的速度，被提高的。

我们需要检测许多电子，才能得到合理的结果。结果表明，均值为 m 的 **Poisson 分布**几乎是和均值为 m、方差也为 m 的 **Gauss 分布**一样的。通常，**Gauss 分布**更容易被处理。不管是 Gauss 分布还是 Poisson 分布，要使得**标准差**的大小为**均值**的千分之一（此时电量仍然很小），我们需要等待足够长的时间（来收集数百万个电子）。这数百万个电子的总电量仍然是很小的，因为，一个电子所带的电量仅为：

$$e = 1.602192\cdots \times 10^{-19}\text{ 库伦} \tag{2.29}$$

即使是一百万个电子所带的电量，也只有 $160fC$（其中，fC 是指：飞库伦(femto-Coulomb)，前缀 femto 表示 10^{-15}）。由于测量过程中存在噪声，因此，测量这么小的电量是非常困难的。

---

①严格地说，这里的“平均数”应该被称为**数学期望**。对于离散随机变量，数学期望的计算公式为 $\sum_n nP_n$. — **译者注**

在 δt 时间内，从面积为 δA 的区域内所激发出来的电子数为：

$$N = \delta A \delta t \int_{-\infty}^{\infty} b(\lambda) q(\lambda) d\lambda \tag{2.30}$$

其中，$q(\lambda)$ 表示**量子效率**，$b(\lambda)$ 表示**图像辐照强度**（即：单位面积上的光子数）。为了得到有用的结果，我们需要在一定的时间段内，从一定大小的区域上收集电子。因此，我们需要在（时间和空间上的）分辨率与精确性之间寻求一种平衡。

对于具有固定频谱分布的入射光，在一个固定的时间段内，我们所测量到的、从某一微小区域上被激发出的电子数目，和图像**辐照强度**成正比。这些测量结果需要被量化，以便于用计算机进行读取和处理。我们通过**模数转换器（A/D）**来实现量化过程。量化结果被称为**灰度**。我们难以精确测量图像辐照强度，因此，我们使用一个小的“数集”来表示图像辐照强度的“水平”。通常，我们所选用的数集为：从 0 到 255 的整数。因此，我们只需要使用 8 位字符来表示灰度。

2.5.3 图像量化

我们只能传送有限数量的测量结果给计算机，因此，我们需要对空间进行量化。通常，我们测量：矩形光栅结点上的灰度值。这样，图像就被表示成一个由整数构成的矩形数组。为了获得足够精细的图像，我们需要很多测量结果。例如，电视图像中的每一帧包括 450 行，每一行包括 560 个图像单元，这些图像单元又被称为**像素**。

矩形数组中的每一个数所表示的是：对应的小区域上的平均**辐照强度**。我们无法测量出：图像中某一点的辐照强度，因为，正如我们前面所讨论的，光通量和感应区域的面积成正比。乍一看，我们可能会觉得这似乎是一个“缺点”，但是，这最终会变成一个“优点”。这是因为：我们试图用一个离散数集去表示亮度的连续分布模式，**采样定理**告诉我们：只有在该连续分布函数足够光滑（也就是说，不包含高频分量）的条件下，这样做才是可行的。将亮度分布变光滑的一种方法是：用**低通滤波器**对其进行滤波。而低通滤波器正好对应于：对一个小区域上的灰度值取平均。

采样区域取多大最好呢？一个合理的选择方法是：让采样区域的大小和区域之间的间隔近似相等。这样做的优点是：我们能有效地在像平面上放置感应元件，从而使得：既不会造成对所需光子的“浪费”，又不会造成近邻区域之间的相互重叠。

我们可以用一些边界线将像平面分割成许多小的感应区域。到目

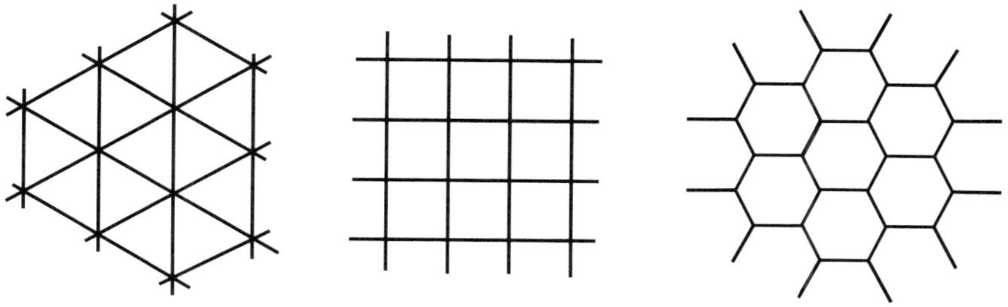

图 2.11 我们可以使用三种正多边形，即：正三角形、正方形和正六边形，来“铺满”一个平面。我们可以基于这三种基本图形，来对像平面进行剖分。根据照射到图像区域内的光的功率，我们可以计算出该图像单元（即：像素点）的灰度值。

前为止，我们已经讨论了：用矩形网格将像平面分割成许多小的矩形区域的情况。在这种情况下，图像单元是完全相同的矩形，这会形成在横向和纵向上的不同分辨率。我们也可以采用其他的分割方法。假设我们想将像平面分割成许多全等的正多边形，并且，我们希望：这些正多边形之间既不存在相互覆盖，也没有“空隙”（也就是说，将这些正多边形放到一起，恰好能“完美”地覆盖整个像平面）。我们将通过习题 2.21 证明：这样的分割方法只有三种，分别基于：1) 正三角形，2) 正方形，3) 正六边形（如图 2.11 所示）。

我们容易看出：矩形采样模式的实现方法，即：沿着图像上等间隔的“线”上的等间隔的小区间来测量辐照强度。正六边形采样模式也几乎同样简单，只需让基数编号的“线”，相对于偶数编号的“线”，左右平移半个小区间。电视扫描采用**隔行扫描**的方式，也就是说，在扫描完所有偶数编号的“线”以后，才开始对基数编号的“线”进行扫描。因此，基于正六边形的采样模式特别容易实现。正三角形网格上的正六边形结构具有特殊的优点，我们后面将对其进行详细讨论。

2.6 本章参考文献

介绍基本光学内容的文献可谓是“汗牛充栋”，读者可以参阅下列文献：由 Born 和 Wolf 所写的著作《*Principles of Optics: Electromagnetic Theory of Propagation, Interference and Diffraction of Light*》[1975]；由 Driscoll 和 Vauhan 所编写的《*Handbook of Optics*》[1978]；由 Levi 所写

的《*Applied Optics: A Guide to Optical System Design*》[1968 年的第一卷和 1980 年的第二卷]；以及 Sear 所著的《*Optics*》[1949]。关于棱镜设计以及色差的内容，可以参阅 Kingslake 的著作《*Lens Design Fundamentals*》[1978]。Norton 的书《*Sensor and Analyser Handbook*》[1982] 中讨介绍了很多关于传感器的内容。Barbe 的书《*Charge-Coupled Device*》[1980] 里面介绍了图像传感器中 CCD 的原理和应用。

关于概率论和数理统计方面的内容，已经有大量的参考文献和书籍，这其中包括 Drake 的著作《*Fundamentals of Applied Probability Theory*》[1967]。我们这里并没有详细讨论颜色视觉，我们在第 9 章讨论复原光照的时候，还会讲到颜色视觉。在 Judd 和 Wyszeck 的著作《*Color in Business, Science and Industry*》[1975] 的前几章中，详细的讨论了：颜色匹配和三色刺激值的内容。文献 Horn [1984a] 中①讨论了：1) 颜色的再生，以及，2) 如何组建一个合理的传感器系统。在第 9 章中，我们还会讨论颜色，在第 9 章中，我们会给出更多关于颜色视觉的文献。

现实世界中的直线被投影成为：二维图像平面上的直线。一组平行线的投影将会相交于一点，这个点被称为**消失点**。消失点是：一条直线与像平面的交点；并且，这条直线满足如下两个条件：1) 经过投影中心，并且，2) 和这组平行线平行。对于一个长方体物体，通过图像中的这些线、以及它们的交点，我们可以恢复出：关于该长方体的大量信息。这些内容可以参阅文献：Barnard [1983]。

如果介于我们和被成像场景之间的介质不是完全透明的，那么，对所成图像的解释将变得更加困难。这方面的内容可以参阅文献 Sjoberg & Horn [1983]。**层析成像**的主题是：通过测量射线的衰减来复原出一个物体内部的吸收率密度（即：单位体积的吸收率）。这方面的内容可以参阅文献 Herman [1979]。

2.7 习题

习题 2.1　一个球的图像的形状是什么样的？一个圆盘的图像的形状是什么样的？我们假设：1) 使用的是**透视投影**，并且，2) 圆盘所在的平面可以（相对像平面）发生倾斜。

---

①我们需要在本书最后的“本书参考文献”中查找文献 Horn [1984a]的详细信息。这些文献按作者名字的英文首字母进行排序，文献后面的中括号内标注有该文献的发表时间，如果该作者在同一年有多篇文章，则再加上 a、b、c 进行区分。— **译者注**

习题 2.2 证明：（平面上的一个）椭圆的**透视投影**仍然是一个椭圆。注意：该椭圆所在的平面不一定和像平面平行。证明：空间中一条直线的**透视投影**是像平面上的一条直线。假设：1) 一个多面体的各个表面对光的反射率都相同，并且，2) 光照条件是一致的[①]，请描述：该多面体所成的像。

习题 2.3 假设我们有一张关于某个场景的图像。现在，对于相同的场景，假设：场景中所有的物体的反射率都减为原来的一半，而入射光的照射强度变为原来的两倍，我们又得到了一张新的图像。请对这两张图像进行比较。
提示：忽略物体之间对光的相互反射，也就是说，忽略：场景中的某一个“小块”所受到的、从其他“小块”反射过来的光的照射。

习题 2.4 证明：对于一个正确聚焦的成像系统，透镜到像平面的距离 f' 为：$f' = (1+m)f$，其中 f 表示**焦距**，m 表示**放大倍数**。这个距离 f' 被称为：**主焦距**。证明：像平面和物体之间的距离必须为：

$$\left(m + 2 + \frac{1}{m}\right) f \tag{2.31}$$

要使得放大倍数 $m = 1$，那么，物体和透镜之间的距离应该是多少？

习题 2.5 如果一个**组合透镜**是：由两个焦距分别为 f_1 和 f_2 的**薄透镜**所组成的，那么，该组合透镜的焦距是多少？
提示：为什么在组合透镜一侧距离为 f_1 的物体，会被聚焦在：该组合透镜另一侧距离为 f_2 的地方？

习题 2.6 **f–数**是指：焦距与透镜的直径之间的比值。对于一个给定的镜头，如果其焦距是固定的，那么，我们可以通过：加入一个带有小孔的遮光板（即：光圈），来阻挡一些光线，从而达到减小透镜直径的效果。这样做可以增加该透镜的 **f–数**。证明：图像亮度和 **f–数**的平方成反比。
提示：考虑有多少光线被这个带有小孔的遮光板所遮挡。

习题 2.7 当我们使用相机来获取：关于现实“世界”的度量信息时，一个非常重要的问题是：如何获取关于透镜参数的准确信息。这些信息包括：1) **焦距**，以及，2) **主平面**的位置。假设：一个平面物体位于镜头的某一侧，并且，它和透镜之间的距离为 x。该物体被聚焦

[①] 所谓光照条件“一致”是指：对于空间中的各个点，光的强度和入射方向都相同（即：均匀的平行光）。—— **译者注**

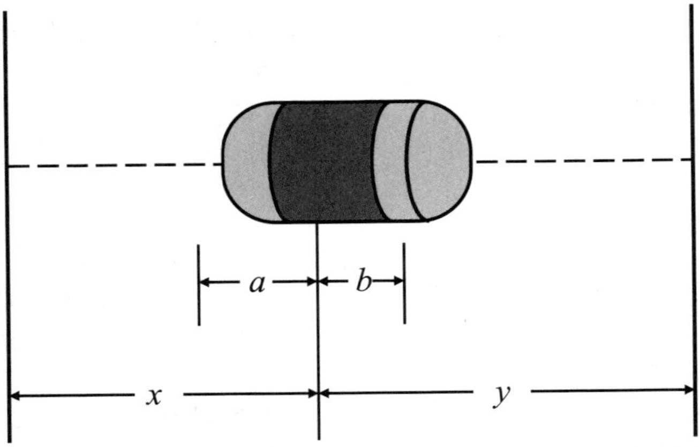

图 2.12　为了确定：1) **焦距**，2) **主平面**的位置，我们需要做一组实验。首先，我们任意选择一个参考点；然后，我们发现：在透镜一侧、与该参考点的距离为 x 的物体，被清晰地成像在相机另一侧、与该参考点的距离为 y 处。两个主平面位于该参考点的两侧，它们与参考点之间的距离分别为 a 和 b。

于透镜另一侧的平面上，并且，（它被准确）聚焦的平面与透镜之间的距离为 y（如图 2.12 所示）。距离 x 和 y 都是：以透镜中的任意一点作为参考点而测量出来的。要确定出：1) **焦距**以及2) 这两个**主平面**的位置，我们需要多少组这样的 (x, y) 测量对？（在实际应用中，相对于这个最小测量对的数目，我们所需要的测量结果要多得多；然后，我们采用**最小二乘法**进行处理。关于最小二乘法的内容，请参见附录 A.4）。

假设：我们选取位于两个**主平面**之间的任意一个点作为参考点；并且，两个**主平面**到这个参考点的距离分别为 a 和 b（如图 2.12 所示）。注意：正如我们前面所定义的，$a + b$ 正好等于透镜的厚度。

请证明：

$$(ab + bf + fa) - (x_i(f + b) + y_i(f + a)) + x_i y_i = 0 \tag{2.32}$$

其中，x_i 和 y_i 为：第 i 次试验所得到的测量结果。请设计一种方法，从一组类似于式(2.32)的非线性方程中，求出未知参数。我们是否能得到：关于 a、b 和 f 的解析解？

习题 2.8　本题中，我们所探索的问题，是上一个练习题中的问题的一个特殊情况。请设计一种方法，从以下三个测量结果中确定出：1) **焦距**，2) 主平面的位置。这三个测量结果分别为：

(a) 当“无穷远”处的场景被透镜清晰聚焦时，像平面所在的位置；

(b) 将无穷远处的场景放在相机的另一面（和透镜的距离也是无穷远），当场景被透镜清晰聚焦时，像平面所在的位置；

(c) 将两个平面放在透镜的两侧，使得其中一个平面在另一个平面上成像，并且，放大倍数 $m=1$。此时，这两个平面所在的位置。

习题 2.9 这里，我们将探索：当像平面轻微倾斜时，会出现什么结果。请证明：对于小孔相机，像平面的倾斜相当于：

1. 改变光轴和像平面的交点的位置；
2. 并且，改变像平面到投影中心（即透镜或小孔）的垂直距离。

如何通过实验来确定：光轴和像平面的交点？
提示：难点在于找到这个交点的准确位置。

习题 2.10 三维空间中的一条直线被投影成：二维像平面上的一条直线。当三维空间中的平行线被投影成二维（像平面上的）直线后，这些二维直线会（在像平面上）相交于一点。这个点被称为**消失点**。对于某一组空间中的平行线，其所对应的消失点位于图像中的什么位置？什么时候消失点会位于图像中的无穷远处？

对于长方体物体的情况，我们可以通过：1) 图像中的线，以及，2) 线与线的交点，来复原出大量的信息。长方体物体的边可以被分成三组平行线，因此，会产生三个**消失点**。说得更“严谨”一点，我们将其分为三种情况，即：一个**消失点**、两个**消失点**和三个**消失点**。这分别对应于：这三个消失点中的两个、一个和零个位于无穷远处的情况。对于每一种情况，长方体物体与像平面之间的位置和“朝向”关系是什么样的？

习题 2.11 一般情况下，成像系统几乎是关于**光轴**严格对称的。因此，像平面的扭曲（大致上）是沿着“半径方向”的。当需要很高的精度时，我们可以通过镜头校正，来确定（沿着）半径方向的扭曲。通常，我们使用多项式：

$$\Delta r' = k_1 r' + k_3 (r')^3 + k_5 (r')^5 + \cdots \tag{2.33}$$

来对实验数据进行拟合。其中，$r' = \sqrt{x'^2 + y'^2}$，也就是说，从图像上的一点 (x', y') 到：光轴和像平面的交点，之间的距离。请解释：为什么多项式(2.33)中不包含关于 r' 的偶次幂项。

习题 2.12 假设：在一个颜色感应系统中有三种传感器，并且，每一种传感器的**光谱灵敏度**（函数）都是：人类（视网膜上）的**锥状体**（细胞）的**光谱灵敏度**的加权平均和。证明：两种（对人类来说的）“同素异构色”（metameric colors）会在传感器上产生相同的信号。

现在证明：如果一个颜色感应系统对所有的“同素异构色”（metameric colors）都（在传感器上）产生相同的信号，那么，其充分必要条件为：对于系统的三种传感器，每一种的**光谱灵敏度**都是：人类的**锥状体**的（三种）光谱灵敏度（函数）的加权平均和。
提醒：这个问题的后半部分要比前半部分难很多。

习题 2.13 证明，我们可以通过如下方式，来计算方差，即：

$$\sigma^2 = \int_{-\infty}^{\infty} x^2 p(x)dx - \mu^2 \tag{2.34}$$

习题 2.14 这里，我们将考虑：两个随机变量的和的**均值**和**方差**。

(a) 证明：对于两个独立的随机变量 x_1 和 x_2，它们的和 $x_1 + x_2$ 的**均值** μ 等于：这里个随机变量（各自的）**均值**（分别为 μ_1 与 μ_2）的和。也就是说 $\mu = \mu_1 + \mu_2$。

(b) 证明：对于两个独立的随机变量 x_1 与 x_2，它们的和 $x_1 + x_2$ 的**方差** σ^2 等于：这两个随机变量（各自的）**方差**（分别为 σ_1^2 与 σ_2^2）的和。也就是说 $\sigma^2 = \sigma_1^2 + \sigma_2^2$。

习题 2.15 假设一个随机变量的概率密度分布为：

$$p(x) = \begin{cases} 1/(2w), & \text{if } |x| \le w; \\ 0, & \text{if } |x| > w. \end{cases} \tag{2.35}$$

并且，我们独立地随机抽取出两个值，那么，这两个值的平均数的概率分布是什么？

习题 2.16 让我们来考虑**Gauss分布**和**Poisson分布**的一些性质。

(a) 证明：**Gauss 分布**

$$p(x) = \frac{1}{\sqrt{2\pi}\sigma} e^{-\frac{1}{2}\left(\frac{x-\mu}{\sigma}\right)^2} \tag{2.36}$$

的**均值**和**方差**分别为：μ 和 σ^2。

(b) 证明：**Poisson 分布**

$$p_n = e^{-m}\frac{m^n}{n!} \tag{2.37}$$

的**均值**和**方差**都为 m。

习题 2.17 考虑多个独立随机变量的加权平均和：

$$y = \sum_{i=1}^{N} w_i x_i \tag{2.38}$$

其中，x_i 的均值为 m、标准差为 σ。权重系数 w_i 非负，并且，所有权重系数的和为 1。求：y 的均值和标准差。对于固定的 N，求：使得 y 的**方差**取得最小值的系数 w_i。

习题 2.18 对于电视机来说，扫描每一帧需要 1/30 秒。其扫描方式是：在某一帧的偶数行全部扫描完以后，再扫描下一帧的奇数行。（想想：为什么要这么做？）假设每一帧共有 450 行，每一行共有 500 个图像单元（即：像素点）。请问："模—数"转换的速率至少要是多少？（忽略：从这一帧的某一行"跳转"到下一帧的另一行所用的时间间隔。）

习题 2.19 证明：只有三种正多边形（即：正三角形、正方形、正六边形）可以被用来"完美"地填充一个平面（如图 2.12 所示）。（这里的"完美"是指：既没有空隙，也不会相互覆盖）。

第 3 章　二值图：几何性质

在这一章中，我们将探索黑白图（即：只有两个取值的图像，又称为二值图）。相对于具有很多不同亮度值的图像，二值更容易被获取、存储和处理。但是，由于二值图只有关于物体**轮廓**的信息，因此，只有在一些特定的条件下，它们才是有用的。我们会讨论：二值图像处理技术的成功应用[①]所需满足的条件。在这一章中，我们主要关注于：二值图的简单几何性质，例如：图像区域的面积、位置和朝向等。对于指导机器人和周围环境进行交互（例如：抓取零件）的任务，这些量是非常有用的。二值图还有一些其他方面的应用，例如，它可以被用于**迭代修正**方法。我们将在下一章对其进行讨论。

图像包含了大量的信息，因此，图像的表示问题变得非常重要。我们将说明：通过二值图的投影（结果），我们可以计算出（二值图的）一些有趣的几何属性。较之于直接处理二值图，对这些投影结果的存储和处理要容易得多。在本章的大部分内容中，我们所处理的是**连续二值图**，也就是说，对于像平面上的每一个点，其**特征函数**的取值要么是0，要么是1。描述连续二值图是很方便的，但是，当我们使用计算机来进行处理时，我们必须将连续二值图离散成像素点集。

[①]正如我们在第一章中反复强调的，机器视觉的基本任务是：根据图像来生成关于场景的符号描述。因此，这里的“成功应用”具体是指：通过分析二值图来获取场景信息（例如：物体在空间中的位置和“姿态”），而不是指：用二值图来进行图像处理。—— **译者注**

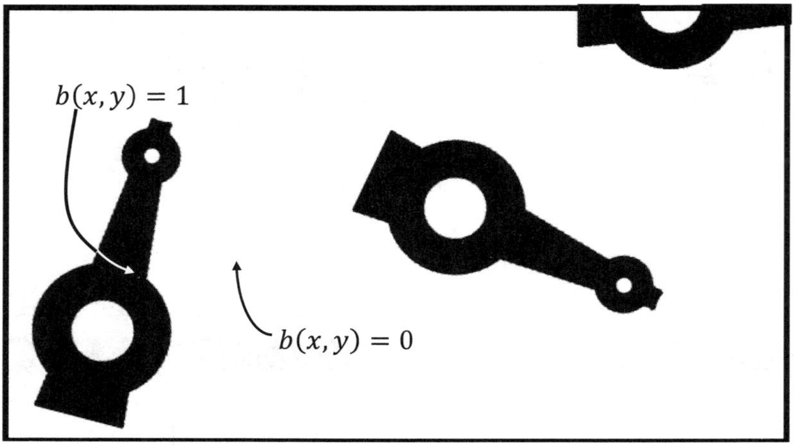

图 3.1　我们通过**特征函数** $b(x,y)$ 来定义**二值图**。特征函数$b(x,y)$的取值为 0 或 1。通常，我们通过：对原来的图像设定阈值，来得到二值图。对于一张通过距离测量技术所得到的“图像”，二值图也可以是：（通过设定）距离的阈值而产生的结果。

最后，本章结讨论了：1) 对二值图的离散化，以及，2) 利用二值图的**空间相关性**来减少其传输和存储的花费、同时节省处理时间。

3.1 二值图

我们首先考虑：视野中只有一个物体的情况。视野中其他的“东西”都被当作“背景”。如果和背景相比，物体明显地暗（或亮），那么我们很容易定义**特征函数** $b(x,y)$：背景所对应的图像上的点的取值为 0，物体所对应的图像上的点的取值为 1（如图 3.1 所示）。这样的（二值）特征函数被称为：**二值图**。我们可以通过：对灰度图像设定一个**阈值**，来获取二值图。通过设定阈值，我们可以将：亮度大于阈值的点的特征函数值取为 1，而将亮度小于阈值的点的特征函数值取为 0（或者，采用相反的取值方法）。

有时，我们将图像的组成部分、及其上面的洞，看成一个集合，这样做是为了便于后续的操作。这使得我们可以方便地使用集合运算，例如：集合的交和并。在另外一些情况中，使用点对点的 **Boole 代数**会比较方便，例如：**逻辑与**（$\wedge$）或者**逻辑或**（$\vee$）。这两种方法并没有本质区别，它们只是看待同一个基本操作的两种不同方式。

对于相同的图像尺寸，要表示像素点的值，二值图所需要的二进制位（bit）数（只需要一个bit）小于灰度图（一般为八个bit），因此，我们更容易对二值图来进行：离散、存储和传输等处理。自然地，二值图也会丢失一些信息，这也制约着我们对其进行处理。事实上，对于我们能够（或不能）用二值图做什么[①]，有一套完整的理论；但是，对于灰度图，却没有这么一套完整的标准。

首先，我们可以计算：图像上的物体[②] 的各种**几何性质**，例如：尺寸和位置。如果视野中有多个物体，我们可以判定“物体集”（所有图像物体所组成的集合）的**拓扑性质**，例如：物体的数量以及物体集中的“洞”的数目。我们也可以先标识出场景中的各个物体，然后，再单独计算每一个物体的几何性质。最后，我们可以使用迭代的方法对二值图进行简化，以便于对其进行进一步处理。

我们能够很好地理解二值图像的处理过程，并且，有高速的硬件实现方法。但是，我们一定要记住二值图的局限性。我们已经提到过：要生成二值图，物体和背景之间需要有很高的对比度。此外，从二值图中，我们只能得到物体的**轮廓**，因此，通过对二值图的进一步计算所得到的“模式”一定是二维的。对于二值图，我们很难得到以下信息：1) 物体的表面的凹凸形状，以及，2) 物体在空间中的姿态。

如果特征函数$b(x,y)$在图像上的每一个点都有一个值，那么，我们将其称为**连续二值图**。在后面，我们还将考虑**离散二值图**。离散二值图是通过对像平面的合理剖分而得到的。

3.2 简单几何性质

假设我们的视野中只有一个物体，对于给定的特征函数 $b(x,y)$，我们可以通过下面的公式：

$$A = \iint_I b(x,y)dxdy \tag{3.1}$$

来计算图像中的物体的面积，其中，积分区域为整个像平面。对于图像中有多个物体的情况，上式计算的结果是：所有物体的总面积。

[①] 注意：这句话中的“什么”指的是机器视觉的任务，而不是图像处理的任务。——**译者注**

[②] “图像上的物体”指的是：物体的像所“占据”的像平面上的区域。为了表述的方便，原著中有时甚至将其简称为“物体”。为了避免这种“不清楚”的表述方式，我们尽可能地在“物体”前面加上了“图像中的”这几个字。——**译者注**

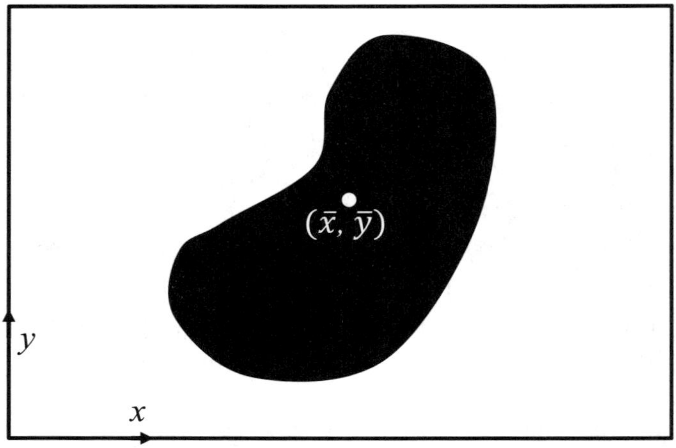

图 3.2　二值图中的一个区域的位置可以被定义为：该区域的中心，也就是说，和该区域形状相同的均匀薄片物体的质心。

3.2.1 区域的位置

我们如何确定物体在图像中的位置？通常情况下，物体包含很多点，因此，我们必须给出“位置”这个术语的精确意思。在实际应用中，我们通常使用物体的**区域中心**来表示物体的位置，即：

- 将这个区域看作是：由某一种均匀物质所构成的平面物体，物体的质心就是该区域的中心（如图3.2所示）。

质心是一个特殊的点，如果我们将物体的全部质量集中在这一点，那么，相对于任何方向，物体的静力矩都不发生变化。在二维情况下，物体关于y–轴方向的**一阶矩**（即：**静力矩**）为：

$$\overline{x}\iint\limits_{I} b(x,y)dxdy = \iint\limits_{I} xb(x,y)dxdy \tag{3.2}$$

物体关于x–轴方向的一阶矩（即：静力矩）为：

$$\overline{y}\iint\limits_{I} b(x,y)dxdy = \iint\limits_{I} yb(x,y)dxdy \tag{3.3}$$

其中，$(\overline{x},\overline{y})$为区域的**中心**。在式(3.2)和(3.3)中，等号左边的积分正好等于区域面积A（参见式(3.1)）。为了计算$\overline{x}$和$\overline{y}$，区域面积A不能为0。注意，区域面积A也被称作：$b(x,y)$的**零阶矩**。

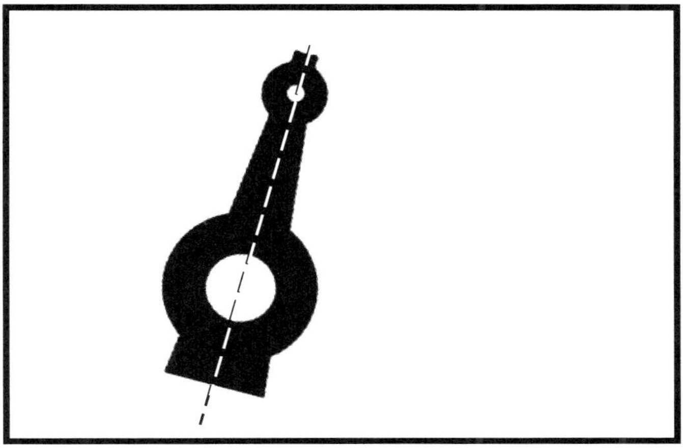

图 3.3 图像中某一区域的**朝向**可以被定义为：（使得图像中的物体具有）最小**转动惯量**的转动轴的方向，也就是说，当一个和图像区域形状相同的“均匀薄片”物体绕着这个轴旋转时，物体的转动惯量最小。

3.2.2 朝向

我们也想判断物体在视野中的放置方式，即：物体的**朝向**。和判断物体的面积和位置比起来，这个问题要困难一些。假设：物体沿着某个方向比较长，沿着其他方向则相对较短，那么，我们可以用将物体的**朝向**定义为：（使得）物体“最长”的方向（如图3.3所示）。（但是，正如我们在习题3.7中将看到的，这种定义方法有时会产生歧义）。我们如何定义（使得）物体最长的方向？在实际应用中，我们通常选取：使得物体产生最小**二阶矩**的轴。在二维情况下，这个轴也是：使得物体产生最小**转动惯量**的轴。我们首先找到一条线，然后计算：物体上所有点到这条线的距离平方的积分。我们希望：我们所找到的这条线使得这个积分结果取得最小值，这个积分为：

$$E = \iint_I r^2 b(x, y) dx dy \tag{3.4}$$

其中，r 表示：点 (x, y) 到我们所选取的直线的垂直距离。注意：我们还没有找到这条直线，（找到）这条直线是我们的优化目标。

要确定平面上的某一条直线，我们需要使用两个参数。为了方便，一般情况下，我们将这两个参数选为：1)原点到直线的距离 ρ，以及，2) 直线和 x−轴之间（沿逆时针方向）的夹角 θ（如图3.4所示）。

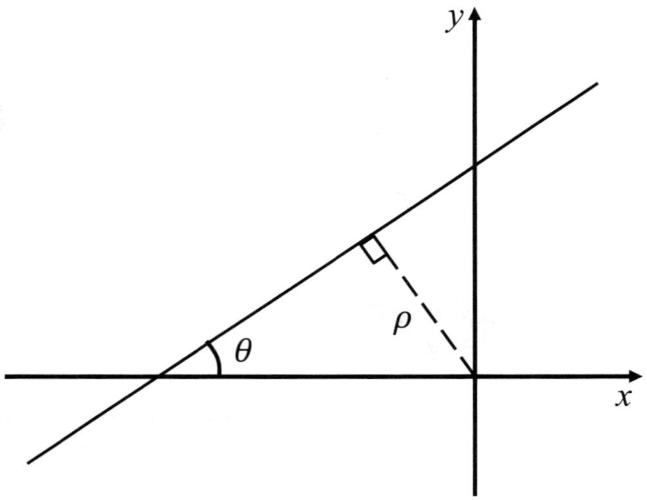

图 3.4　我们可以用两个有用的参数，来确定平面上的一条直线。这两个参数为：直线与 x−轴之间的倾斜角 θ，以及从原点到该直线的垂直距离 ρ。

我们选择这两个参数的原因是：1) 当坐标系平移或旋转时，这两个参数的变化是连续的，并且，2) 当直线平行（或近似平行）于某一个坐标轴时，用这两个参数来表示直线也不会产生问题（相比于：使用斜率和截距来表示直线的情况）。使用这两个参数，我们可以将直线方程写为如下形式[①]：

$$x\sin\theta - y\cos\theta + \rho = 0 \tag{3.5}$$

注意：直线在 x−轴和 y−轴上的截距分别为：$-\rho/\sin\theta$ 和 $+\rho/\cos\theta$。在直线上，距离原点最近的点是 $(-\rho\sin\theta, +\rho\cos\theta)$。通过这个点，我们可以写出直线（式(3.5)）上任意一个点 (x_0, y_0) 的参数方程，即：

$$\begin{cases} x_0 = -\rho\sin\theta + s\cos\theta \\ y_0 = +\rho\cos\theta + s\sin\theta \end{cases} \tag{3.6}$$

其中，s 表示：从点 $(-\rho\sin\theta, +\rho\cos\theta)$（即：直线上距离原点最近的点）出发，沿着直线所走过的“路程”。

给定（图像中的）物体上的一个点 (x, y)，我们需要找到：与该点

[①] 注意，式(3.5)可以被写为：$(x, y)\cdot(-\sin\theta, \cos\theta) = \rho$，也就是说，向量 (x, y) 在 $(-\sin\theta, \cos\theta)$ 方向上的投影为 ρ。向量 $(-\sin\theta, \cos\theta)$ 是向量 $(\cos\theta, \sin\theta)$（即：直线所在的方向）沿逆时针方向旋转 90° 得到的。— **译者注**

距离最近的、直线上的点 (x_0, y_0)，因此，我们需要计算这两个点之间的距离 r（如图 3.5 所示）。显然：

$$r^2 = (x - x_0)^2 + (y - y_0)^2 \tag{3.7}$$

将直线的参数表达式(3.6)代入上式，我们可以得到：

$$r^2 = x^2 + y^2 + \rho^2 + 2\rho(x\sin\theta - y\cos\theta) - 2s(x\cos\theta + y\sin\theta) + s^2 \tag{3.8}$$

上式对s求导，然后，令求导结果等于零[①]，于是，我们可以得到：

$$s = x\cos\theta + y\sin\theta \tag{3.9}$$

将上式中的这个结果代回到：关于 x_0 和 y_0 的表达式(3.6)中，我们可以计算出这两个点 (x, y) 和 (x_0, y_0) 之间的差，即：

$$\begin{cases} x - x_0 = +\sin\theta(x\sin\theta - y\cos\theta + \rho) \\ y - y_0 = -\cos\theta(x\sin\theta - y\cos\theta + \rho) \end{cases} \tag{3.10}$$

因此，我们可以得到：

$$r^2 = (x\sin\theta - y\cos\theta + \rho)^2 \tag{3.11}$$

对比上式和直线方程式(3.5)，我们发现：式(3.5)所描述的直线是那些使得 $r = 0$ 的点轨迹！因此，我们前面所选取的、用来确定直线的参数方式（即：式(3.5)）有一个优点，也就是说，它直接给出了：某一点到直线的距离（即：式(3.11)）。

现在，我们可以确定最小化问题（即：式(3.4)）的具体形式，即：

$$E = \iint_I (x\sin\theta - y\cos\theta + \rho)^2 b(x, y)\,dx\,dy \tag{3.12}$$

上式对 ρ 求导，并令求导结果等于零，我们可以得到：

$$(\overline{x}\sin\theta - \overline{y}\cos\theta + \rho)A = 0 \tag{3.13}$$

其中，A 是区域面积，而 $(\overline{x}, \overline{y})$ 是**区域中心**。因此，我们得到了下面的重要结论：

- **最小二阶矩所对应的轴一定经过区域中心！**

这提示我们进行**坐标变换**，令 $x' = x - \overline{x}$ 和 $y' = y - \overline{y}$，我们可以得到：

$$x\sin\theta - y\cos\theta + \rho = x'\sin\theta - y'\cos\theta \tag{3.14}$$

[①]注意：式(3.8)中“真正”的变量是 s，其他的量都应该看作是常数。因为我们这里还没有优化：直线的参数 ρ 和 θ；只是寻找物体上的点到直线的距离。点 (x_0, y_0) 在直线上的位置，是由参数 s 确定的。— **译者注**

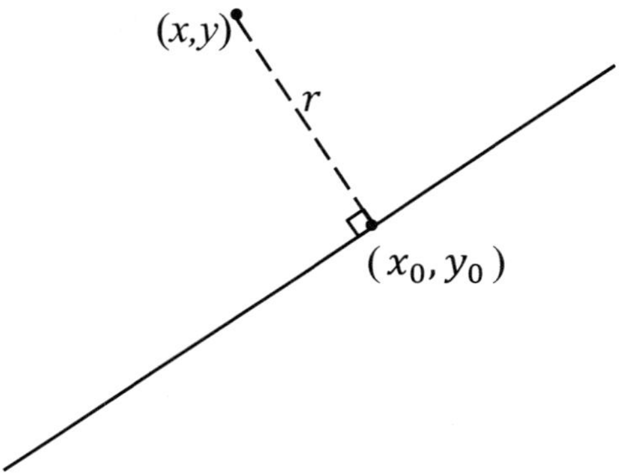

图 3.5　一旦找到：直线上和点 (x, y) 距离最近的点 (x_0, y_0)，我们可以很容易地求得：点 (x, y) 到直线的垂直距离。

于是[①]，式(3.12)可被写为：

$$E = a\sin^2\theta - b\sin\theta\cos\theta + c\cos^2\theta \tag{3.15}$$

其中 a、b 和 c 都是**二阶矩**，即：

$$a = \iint_{I'} (x')^2 b(x' + \overline{x}, y' + \overline{y})dx'dy' \tag{3.16}$$

$$b = 2\iint_{I'} (x'y') b(x' + \overline{x}, y' + \overline{y})dx'dy' \tag{3.17}$$

$$c = \iint_{I'} (y')^2 b(x' + \overline{x}, y' + \overline{y})dx'dy' \tag{3.18}$$

其中，$I' = I - (\overline{x}, \overline{y})$，也就是说，将原来的图像区域整体平移 $(\overline{x}, \overline{y})$。现在，我们可以将 E 的表达式(3.15)进一步写为：

$$E = \frac{1}{2}(a + c) - \frac{1}{2}(a - c)\cos 2\theta - \frac{1}{2}b\sin 2\theta \tag{3.19}$$

上式对 θ 求导，并令求导结果等于零；（假设 $a \neq c$）我们可以得到：

$$\tan 2\theta = \frac{b}{a - c} \tag{3.20}$$

[①]注意式(3.14)的导出需要用到式(3.13)的"进一步"推论，也就是说，$\overline{x}\sin\theta - \overline{y}\cos\theta + \rho = 0$。此外，由式(3.13)，我们可以得到：$\rho = -\overline{x}\sin\theta + \overline{y}\cos\theta$，代入式(3.12)，我们可以得到：$E = \iint_I ((x - \overline{x})\sin\theta - (y - \overline{y})\cos\theta)^2 b(x, y)dxdy$。通过这个式子，我们也可以看出：应该做坐标变换 $x' = x - \overline{x}$ 和 $y' = y - \overline{y}$。— **译者注**

除非出现：$b=0$ 并且 $a=c$ 的情况，否则，我们最终可以得到：

$$\sin 2\theta = \pm\frac{b}{\sqrt{b^2+(a-c)^2}} \quad 和 \quad \cos 2\theta = \pm\frac{a-c}{\sqrt{b^2+(a-c)^2}} \tag{3.21}$$

在这两组关于 $\sin 2\theta$ 和 $\cos 2\theta$ 的解中，带正号的一组是我们所希望得到的最优解，它使得E取得最小值。相反的，关于 $\sin 2\theta$ 和 $\cos 2\theta$ 的带负号的一组表达式，是使得 E 取最大值的解（通过求式(3.19)关于 θ 的二阶导数，我们可以证明这个结论）。如果 $b=0$ 且 $a=c$，那么，式(3.19)中 E 和 θ 无关。在这种情况下，图像区域及其对称，因此，我们无法通过这种方式来定义一个轴。E 的最小值和最大值的比值，给出了一些关于物体有“多么圆”的信息。对于直线，这个比值是0；对于圆，这个比值是1。

看待这个问题的另一种方法是：寻找旋转角度θ，使得关于二阶矩的 2×2 的矩阵变成一个**对角矩阵**。我们将在习题3.5中说明，上面的计算实质上相当于：寻找一个关于**二阶矩**的 2×2 矩阵的**特征值**和**特征向量**。这个关于**二阶矩**的 2×2 矩阵为：

$$\begin{pmatrix} a & b/2 \\ b/2 & c \end{pmatrix} \tag{3.22}$$

3.3 投影

我们只需要使用一阶矩和二阶矩，就可以计算出：物体的位置和朝向。（但是，我们仍然剩下一个“双向歧义”[①]问题，我们将在习题3.7中对其进行讨论）。为了计算物体的一阶矩和二阶矩，我们并不需要知道原始图像，因为，原始图像的**投影**已经提供了充足的信息。这是一个有趣的结论，因为，图像投影的形式更加紧凑，并且，可以用来设计快速算法。

考虑一条经过原点并且与 x–轴之间的夹角为 θ 的直线（如图 3.6 所示）。现在，我们构建一条新的直线，这条线和原来的直线垂直，并且，（和原来的直线）相交于：和原点之间距离为 t 的一点。我们用 s 来表示：从两条线的交点开始、沿着新的直线所“走过”的路程。沿着新的直线对 $b(x,y)$ 进行积分，就给出了一个**投影**值，也就是

①这里所谓“双向歧义”是指：我们虽然定义了一条轴来表示物体的朝向，但是，轴有两个方向，我们应该取其中的哪一个？你或许会想：“我们不是已经计算出中心位置了吗？”但是，对于一些特殊的问题，我们所需要的并不是中心位置。例如，抓取一个“棒棒糖”（棒棒糖的中心近似为“糖球”的中心），我们要抓取的是“棒棒”，而不是“糖球”。— **译者注**

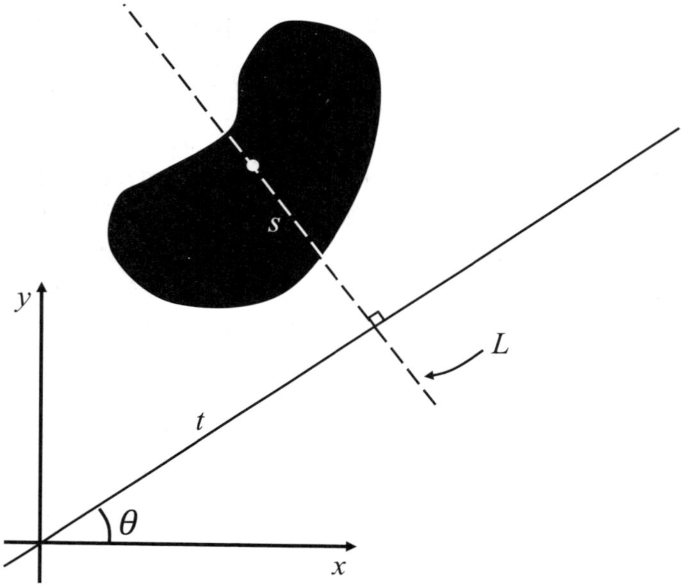

图 3.6　我们可以通过：沿着本图中标记为 L 的线进行积分，从而得到：图像中的某一个区域在（和 x–轴之间夹角为 θ 的）直线上的投影。

说，

$$p_\theta(t) = \int_L b(t\cos\theta - s\sin\theta, t\sin\theta + s\cos\theta)ds \tag{3.23}$$

这个积分是在直线 L 所在的图像“区域”上进行的。例如，**竖直方向的投影**（即：$\theta = 0$）为：

$$v(x) = \int_L b(x, y)dy \tag{3.24}$$

而**水平方向的投影**（即：$\theta = \pi/2$）为：

$$h(y) = \int_L b(x, y)dx \tag{3.25}$$

由于：

$$A = \iint_I b(x, y)dxdy \tag{3.26}$$

因此，（对比式(3.24)和(3.25)）我们有：

$$A = \int v(x)dx = \int h(y)dy \tag{3.27}$$

此外，更重要的是：

$$\overline{x}A=\iint_I xb(x,y)dxdy=\int xv(x)dx \tag{3.28}$$

$$\overline{y}A=\iint_I yb(x,y)dxdy=\int yh(y)dy \tag{3.29}$$

因此，投影的一阶矩等于原始图像的一阶矩。

为了计算朝向，我们还需要计算图像的**二阶矩**。通过投影，我们可以很容易地计算出：这些二阶矩中的其中两个①，也就是说，

$$\iint_I x^2b(x,y)dxdy=\int x^2v(x)dx \tag{3.30}$$

$$\iint_I y^2b(x,y)dxdy=\int y^2h(y)dy \tag{3.31}$$

但是，只使用水平投影和竖直投影，我们无法求出：对 $xyb(x,y)$ 的积分。我们可以添加**对角投影**（即：$\theta=\pi/4$）：

$$d(t)=\int b\left(\frac{1}{\sqrt{2}}(t-s),\frac{1}{\sqrt{2}}(t+s)\right)ds \tag{3.32}$$

来解决这个问题（如图 3.7 所示）。我们注意到：

$$\iint_I \frac{1}{2}(x+y)^2b(x,y)dxdy=\iint_I t^2b\left(\frac{1}{\sqrt{2}}(t-s),\frac{1}{\sqrt{2}}(t+s)\right)dsdt \tag{3.33}$$

注意：在式(3.32)和(3.33)中，$t=(x+y)/\sqrt{2}$ 和 $s=(y-x)/\sqrt{2}$。于是，根据式(3.32)和(3.33)，我们可以进一步得到：

$$\iint_I \frac{1}{2}(x+y)^2b(x,y)dxdy=\int t^2d(t)dt \tag{3.34}$$

由于

$$\iint_I \frac{1}{2}(x+y)^2b(x,y)dxdy=\iint_I (\frac{1}{2}x^2+xy+\frac{1}{2}y^2)b(x,y)dxdy \tag{3.35}$$

因此，我们可以得到：

$$\iint_I xyb(x,y)dxdy=\int t^2d(t)dt-\frac{1}{2}\int x^2v(x)dx-\frac{1}{2}\int y^2h(y)dy \tag{3.36}$$

因此，通过使用“水平”、“竖直”和“对角线”三个方向的投影，我们可以计算出**一阶矩**和**二阶矩**，并且，最终确定图像区域的**位置**和**朝向**。

---

①注意：**二阶矩**总共有三个，即式(3.16)、(3.17)和(3.18)。— **译者注**

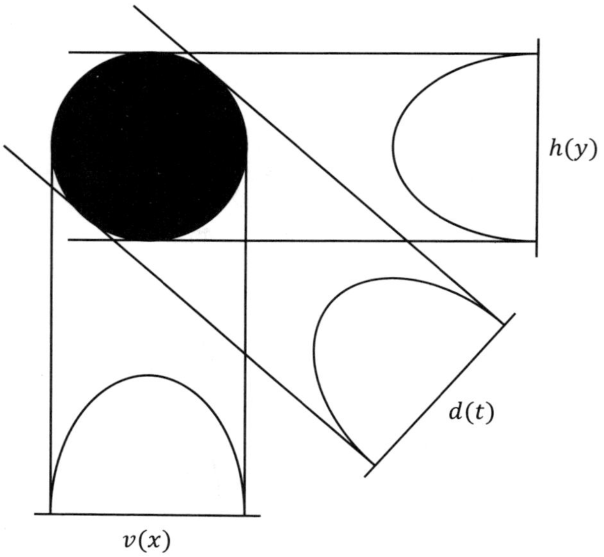

图 3.7　水平、竖直和对角投影包含了：用于计算图像区域的零阶矩、一阶矩和二阶矩的全部信息。这些计算结果可以用来确定：图像区域的位置和朝向。

一个非常有趣事情是：我们可以将上面的操作与层析成像的重建问题进行比较。在**层析成像**中，我们获得的是：关于某一物体内部物质的吸收密度的积分结果；而要解决的问题是：恢复出物体内部物质的吸收密度。在 X 射线层析成像的例子中，物体通常被“切成”一组薄片，每一个薄片都被当作一个独立的二维问题。**层析成像**所得到的投影，类似于我们上面所讨论的投影。假设只有在一个有界的区域内，物体的吸收密度才有可能取非零值，那么，我们可以证明：如果得到所有方向的投影，那么，我们就可以确定吸收密度的分布。

层析成像的重建问题和我们这里所讨论的内容有什么区别和联系呢？它们的主要区别是：在我们的问题中，线积分中的被积函数的取值只能是 0 或 1。另外一个区别是，我们并没有计算：用来重建原始图像所需要的足够的信息，而只是计算了：用来确定**区域中心**和**最小转动惯量**所对应的轴所需要的信息。对于从投影中复原出二值图的问题，还有许多有趣的问题有待解决。例如，假设只有一个非零区域，并且，这个区域是凸的，那么，至少需要多少个投影才能复原出该区域的轮廓？还有，除了圆以外，是否存在其他形状，使得“该形状”在水平方向和竖直方向的投影和圆在这两个方向上的投影完全一样？

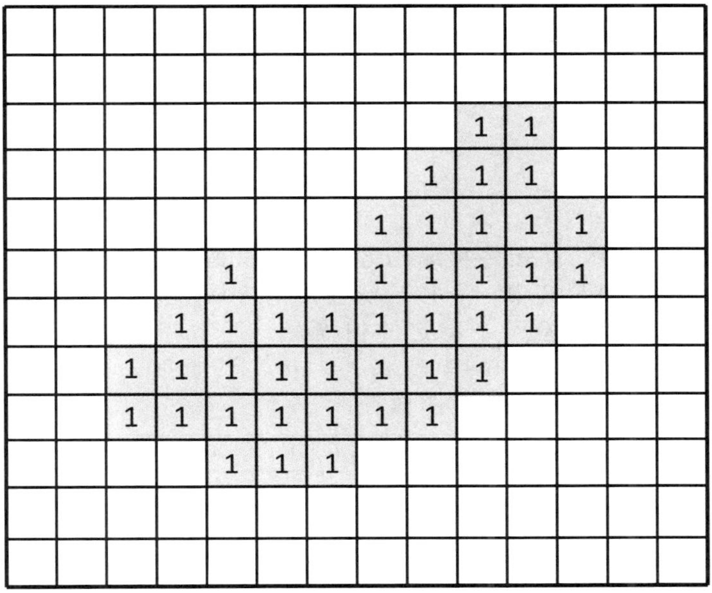

图 3.8 离散二值图由一些单独的图像单元（即：像素点）构成，每一个图像单元的取值可能为 0 或 1。

3.4 离散二值图

到目前为止，我们处理的是连续二值图，连续二值图在像平面上每一点都有定义。显然，当我们处理**离散二值图**时（如图 3.8 所示），应该将“积分”相应地变成“求和”。例如，我们可以用下式求得**区域面积**（单位为：图像单元的面积），即：

$$A=\sum_{i=1}^{n}\sum_{j=1}^{m}b_{ij} \tag{3.37}$$

其中，b_{ij} 是：离散二值图中的第 i 行、第 j 列的点的值。这里，我们假设：图像已经被离散为一个 n 行 m 列的格栅。

通常，图像是一行一行地进行扫描的。这和电视机屏幕的显示方式是一样的（只有少数电视采用特殊的交叉显示方式）。当每一个像素点 (i,j) 被读进来以后，我们首先判断 b_{ij} 的值，如果 $b_{ij}=1$，那么，我们在前面已经计算的累积量中，分别对应地加上 1、i、j、i^2、ij 和 j^2。这些量的总和，分别近似等于：面积、一阶矩和二阶矩。扫描结束以后，通过这些量，我们可以非常容易地计算出：区域的面积、位置和朝向。

3.5 行程编码

对于二值图，存在多种编码方式，可以被用于数据压缩以及其他应用。**行程编码**是其中一个被广泛使用的方法。行程编码方法利用了如下事实：沿着任意一个特定的扫描行，通常都有长串的0或1。因此，我们可以传输："0—串"和"1—串"的长度，而不是单独传输每个字节。对于下面的一个图像行：

0	1	1	1	1	0	0	0	1	1	0	0	0	0

其行程编码为：[1, 4, 3, 2, 4]。除此之外，我们还需要用一些特殊的码，来标识：每一行的起始位置。此外，我们还需要事先约定：该行是从0开始还是从1开始。如果该行的初始值和我们的约定正好相反，那么，我们还需要在行程编码的初始值前面加入0，来进行标识。

我们约定：1) 用 r_{ik} 来表示第 i 行中的第 k 段的行程①，并且，2) 每一行中的第一个行程都是从0开始的（因此，偶数段行程对应于图像中的1）。进一步，我们假设：在第 i 行中共有 m_i 段行程（如果最后一段行程中包含0，那么，m_i 为奇数）。使用行程编码，我们如何快速地计算出相应的几何量？显然，区域面积等于：

$$A = \sum_{i=1}^{n} \sum_{k=1}^{m_i/2} r_{i,2k} \tag{3.38}$$

也就是说，所有对应于1的行程的和。注意，上式只对偶数段行程进行求和。计算**区域中心**的问题要稍微难一点。首先，我们可以通过：

$$h_i = \sum_{k=1}^{m_i/2} r_{i,2k} \tag{3.39}$$

来得到**水平投影**（如图3.9所示）。然后，通过公式：

$$A\bar{i} = \sum_{i=1}^{n} i h_i \tag{3.40}$$

我们可以很容易地计算出：区域中心的竖直位置 $\bar{i}$。但是，如何计算竖直投影？注意，要得到竖直投影结果中的某一个元素，我们需要

①所谓"行程"，实际上是指：一长串0（或一长串1）。每一段行程的起始点都是：由0变为1或由1变为0的位置。—— **译者注**

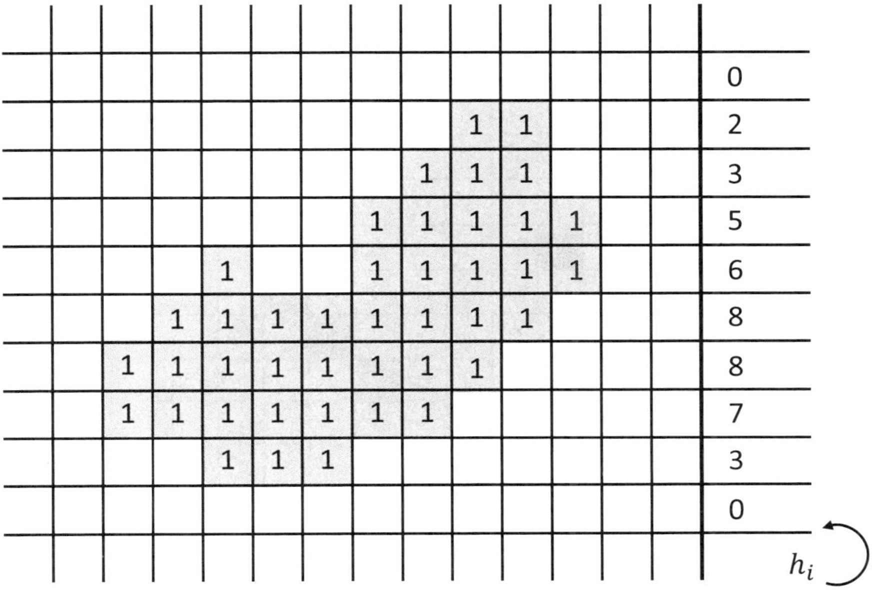

图 3.9　水平投影给出了：每一行中值为 1 的图像单元的个数。通过图像的行程编码，我们可以很容易的实现水平投影。我们只需对每一行中的偶数段行程进行简单相加。

对：图像中对应列的图像单元（即：像素点）的值，进行求和。因此，直接从行程中计算**竖直投影**，是非常困难的。现在，让我们来考虑：竖直投影的一阶差分，即：

$$\overline{v}_j = v_j - v_{j-1} \tag{3.41}$$

我们令初始值 $\overline{v}_1 = v_1$。显然，上式并不是通过：图像数据的（竖直）投影，而是通过：图像数据在水平方向的一阶差分的（竖直）投影，而得到的。图像数据在水平方向的一阶差分为：

$$\overline{b}_{i,j} = b_{i,j} - b_{i,j-1} \tag{3.42}$$

和直接使用 b_{ij} 相比，使用其一阶差分 $\overline{b}_{ij}$ 有很大的好处，因为，只有在每一段行程的起始点，才会出现非零值。行程从 0 跳到 1 时，$\overline{b}_{i,j} = 1$；行程从 1 跳到 0 时，$\overline{b}_{i,j} = -1$。通过计算**行程编码的和** $\widetilde{r}_{ik}$，即：

$$\widetilde{r}_{ik} = 1 + \sum_{l=1}^{k} r_{il} \tag{3.43}$$

我们可以确定：使得 $\overline{b}_{i,j}$ 的值为 1 或–1的位置 (i,j)。我们也可以将上式

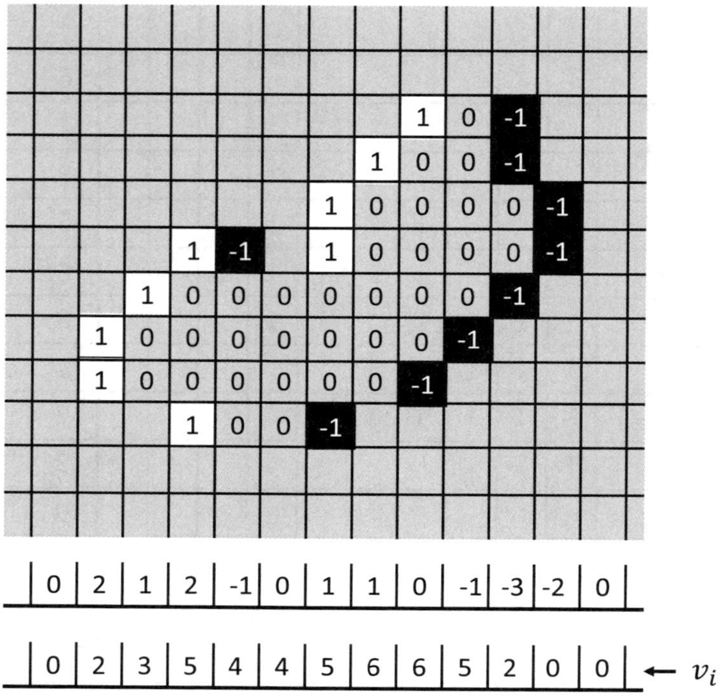

图 3.10　竖直投影的一阶差分，可以从图像中行的一阶差分的投影中计算出来。对竖直投影的一阶差分，从左到右进行求和，即可求出竖直投影。

表示为**递归形式**，即：

$$\widetilde{r}_{i,0} = 1 \quad \text{并且} \quad \widetilde{r}_{i,j+1} = \widetilde{r}_{i,j} + r_{i,j+1} \tag{3.44}$$

在每一段行程的起始位置$j = \widetilde{r}_{ik}$，我们都加上$(-1)^{k+1}$；然后，再进行累加求和，我们即可得到：竖直投影的一阶差分$\overline{v}_j$。

对竖直投影的一阶差分进行累加求和，也就是说，

$$v_j = \sum_{l=1}^{j} \overline{v}_l \tag{3.45}$$

我们可以得到**竖直投影**。我们也可以将式(3.45)表示为递归形式，也就是说，令：$v_0 = 0$，并且，$v_{j+1} = v_j + \overline{v}_{j+1}$。图 3.10 演示了这个计算过程。给定竖直投影以后，通过公式：

$$A\overline{j} = \sum_{j=1}^{m} j v_j \tag{3.46}$$

我们可以很容易地计算出区域中心的水平位置$\bar{j}$。在习题3.8中，我们将说明：使用和求**竖直投影**类似的方法，我们可以求得**对角投影**。

3.6 本章参考文献

在 Rosenfeld 和 Kak 的著作《*Digital Picture Processing*》[1982] 中，我们可以找到关于二值图像处理的其他内容。在由 Stoffel 编著的书《*Graphical and Binary Image Processing and Application*》[1982] 中，包含了二值图像处理领域的一些有趣的最新内容。在 Winston 和 Horn 的著作《*Lisp*》[1984] 中的关于二值图处理的章节中，读者可以找到：本章内容的算法实现过程。在《*Silhouettes—A Pictorial Archive of Varied Illustrations*》中，读者可以找到：由艺术家们所画出来的许多有趣的二值图像。

行程编码只探索了：对一维信息冗余的处理。人们还在不断尝试：利用二维空间相关信息来减少（信号）的传输和存储花费。到目前为止，这方面最成功的尝试可能是由IBM开发的方法（请参见文献 Mitchell & Goertzel [1979]）。在下一章末，我们还会给出更多关于二值图像处理的参考文献。

对于本章第3.3节中所提出的两个问题，其中一个已经被Bell实验室的Simon Kahan解决了。他证明了：如果一个图形的水平投影和竖直投影与圆的水平投影和竖直投影分别对应相同，那么，这个图形一定是一个圆。

3.7 习题

习题 3.1 **转动惯量**的极值可以被写为如下形式：

$$E = \frac{1}{2}(a+c) \pm \frac{1}{2}\sqrt{b^2+(a-c)^2} \tag{3.47}$$

其中，a, b, c 的定义为：式(3.16)、(3.17)和(3.18)。证明：$E \geq 0$。请说明：什么时候 $E = 0$?

习题 3.2 将沿着倾角为θ的轴的**二阶矩**的表达式：

$$E = \frac{1}{2}(a+c) - \frac{1}{2}(a-c)\cos 2\theta - \frac{1}{2}b\sin 2\theta \tag{3.48}$$

写为如下形式：

$$E = \frac{1}{2}(a+c) + \sqrt{b^2+(a-c)^2}\cos 2(\theta - \phi) \tag{3.49}$$

上式中的 ϕ 等于多少？

习题 3.3　a、b 和 c 的定义分别为：式(3.16)、(3.17)和(3.18)。

(a) 如果我们所使用的变量是 x 和 y，而不是 x' 和 y'，那么，a、b 和 c 的表达式是什么？

(b) 本章中，我们给出了：**转动惯量**关于 $\sin 2\theta$ 和 $\cos 2\theta$ 的表达式（即：式(3.19)），请将其写为：关于 $\sin\theta$ 和 $\cos\theta$ 的表达式。

习题 3.4　有时候，将一个图像的形状简化为：一个只具有**零阶矩**、**一阶矩**和**二阶矩**的简单图形，是非常有用的。让我们来考虑一个边界为椭圆的区域。椭圆的两个半轴分别为：x–轴和 y–轴，并且，两个半轴的长度分别为 α 和 β。因此，椭圆的方程为：

$$\left(\frac{x}{\alpha}\right)^2 + \left(\frac{y}{\beta}\right)^2 = 1 \tag{3.50}$$

证明：沿着某一条过原点的轴，该椭圆（区域）的**二阶矩**的最大值和最小值分别为：$\pi\alpha^3\beta/4$ 和 $\pi\alpha\beta^3/4$。

假设对于某一个图像区域，在给定一条倾角为 θ 的轴以后，该区域的**二阶矩**为如下形式：

$$E = a\sin^2\theta - b\sin\theta\cos\theta + c\cos^2\theta \tag{3.51}$$

请计算：该区域的“等效椭圆”的长轴和短轴。区域的“等效椭圆”是指：沿着过原点的任意轴，该区域和它的“等效椭圆”具有相同的**二阶矩**。

习题 3.5　如果向量 $\mathbf{v}$ 具有如下性质，也就是说，存在常数 λ，使得 $\mathbf{Mv} = \lambda\mathbf{v}$，那么，$\mathbf{v}$ 被称为：矩阵 $\mathbf{M}$ 的**特征向量**；常数 λ 被称为：相应的**特征值**。

(a) 证明：如下的 2×2 矩阵

$$\begin{pmatrix} a & b/2 \\ b/2 & c \end{pmatrix} \tag{3.52}$$

有两个实的特征值：

$$\frac{1}{2}(a+c) \pm \frac{1}{2}\sqrt{b^2 + (a-c)^2} \tag{3.53}$$

提示：齐次线性方程组有非零解，当且仅当：它的系数矩阵的**行列式**等于零。

(b) 证明：相应的特征向量为：

$$\left(\sqrt{\sqrt{(a-c)^2+b^2}-(c-a)},+\sqrt{\sqrt{(a-c)^2+b^2}-(a-c)}\right)^T \tag{3.54}$$

和：

$$\left(\sqrt{\sqrt{(a-c)^2+b^2}-(a-c)},-\sqrt{\sqrt{(a-c)^2+b^2}-(c-a)}\right)^T \tag{3.55}$$

(c) 证明：这两个**特征向量**相互垂直，并且，其**模长**为：

$$\sqrt{2\sqrt{(a-c)^2+b^2}} \tag{3.56}$$

(d) 请想一想，这些结论和：最小**转动惯量**所对应的轴，之间有什么关系？

习题 3.6 请说明如何通过：水平投影、竖直投影、沿着倾角 θ 方向的投影 $p_\theta(t)$，来计算积分：

$$\iint_I xyb(x,y)dxdy \tag{3.57}$$

其中，沿着倾角 θ 方向的投影 $p_\theta(t)$ 为：

$$p_\theta(t)=\int b(t\cos\theta-s\sin\theta,t\sin\theta+s\cos\theta)ds \tag{3.58}$$

请问：θ 需要满足什么约束条件？

习题 3.7 最小转动惯量（所对应）的轴唯一地定义了：一条穿过物体的线。但是，到目前为止，我们所介绍的方法并没有：赋予这条线一个方向。在一些应用中，这种**双向歧义性**[①]，有时会成为一个大问题。我们可以通过辅助测量，来获得所需要的额外信息。例如，如果我们知道：距离**区域中心**最远的物体轮廓上的点，将会是有帮助的。

另一方面，我们可以考虑：计算**高阶矩**。为了计算所有的三阶矩，我们需要多少投影？我们已经计算了**水平(→)**、**竖直(↓)**和**对角(↘)**投影，为了求解三阶矩，添加什么方向的投影最方便？

习题 3.8 详细说明：如何利用**行程编码**的信息，来计算：**对角(↘)投影**和**反对角(↙) 投影**。

---

① 我们通过计算一阶矩和二阶矩，得到了物体的**中心**和**朝向**（即：具有最小转动惯量的轴）。但是，对于一些特殊的任务，例如，抓取一个“棒棒糖”，我们想要抓取的是该“棒棒糖”的“杆”。因此，除了知道：“棒棒糖”的“杆”所在的轴以外，我们还需要知道：“杆”位于“中心点”的哪一侧。这就是这里的**双向歧义性**。— **译者注**

习题 3.9 如果扫描线很长，那么，我们需要预留很多的字节，来保存行程数（例如：对于 4096 个图像单元，我们需要 12 bit）。如果绝大多数的行程都很短，那么，这将是一个很大的浪费。请设计一种使用更少字节数的方法。

习题 3.10 是否可能出现这样的情况：**行程编码**所需要的存储空间，比直接存储图像还要大？如果是，请设计一种解决这个问题的方法。

习题 3.11 对于一张固定的图像，如果其行数和列数都翻倍，那么，所需要的存储空间（即：字节数），将以什么方式增加？请同时考虑两种情况：1) 直接对图像进行二值化编码，2) 使用**行程编码**。

习题 3.12 假设我们有如下的**行程编码**结果 r_{ik}

1	4	2	5	2
1	8	1	3	1
2	6	2	2	2

请求出：行程编码的求和结果 $\tilde{r}_{ik}$（注：参见式(3.43)）。并且，进一步求出：竖直投影的一阶差分 $\overline{v}_j$。证明：竖直投影 v_j 为：

0	2	3	3	3	2	2	3	2	1	3	3	1	0

习题 3.13 本章中，我们假设：二值图是一个 0/1 矩阵（即：由 0 和 1 所构成矩阵）。同样，我们可能会用到：图中的一组区域边界。我们可以将每一个边界，都近似地表示为一个多边形。

请证明：我们可以通过

$$A = +\oint_{\partial R} xdy = -\oint_{\partial R} ydx \tag{3.59}$$

来计算曲面的面积。式(3.59)中的积分是沿着：R 的边界 ∂R，按逆时针方向进行的。请写出：与式(3.59)类似的积分表达式，然后，用这些表达式来计算：**一阶矩**和**二阶矩**，并且，进一步计算出：区域的**中心**和**朝向**（所谓“朝向”是指：使得区域 R 具有最小转动惯量的轴）。**提示：**使用 **Green 积分定理**，也就是说，边界上的**线积分**等于：边界所围成的区域上的**面积分**。

第4章 二值图：拓扑性质

本章中，我们将处理视野中出现多个物体的情况；并且，我们还要开发一些更成熟的方法，用于从二值图中恢复信息。为了实现这一目的，我们需要正确地定义：到底如何理解图像单元（即：像素点）之间的彼此连接关系。我们将针对：不同的图像剖分方法，来研究这个问题。同时，我们还要开发出一种**串行标注**方法，来对图像中的不同区域[1]进行标注。

图像包含很多信息，因此，我们需要使用并行结构对其进行处理，从而在合理的时间内处理大规模的数据。处理二值图的并行方法有两类：**局部计数法**和**迭代修正法**。本章中，我们将对这两种方法进行探索。为了理解：究竟什么量是可以使用这两种方法来进行计算的，我们还要介绍**集合可加性**。我们可以用本章所介绍的方法来解决：视频监控、目标检测和识别中的相关问题。

4.1 多个物体

视野中总是会出现多个物体（如图4.1所示）。我们在第3章中所讨论的、关于区域面积、中心和朝向的计算结果，所提供的是一个关

[1]原著中使用的是“components”，直译应该是“成分”。本章中，我们将其译为“区域”。——**译者注**

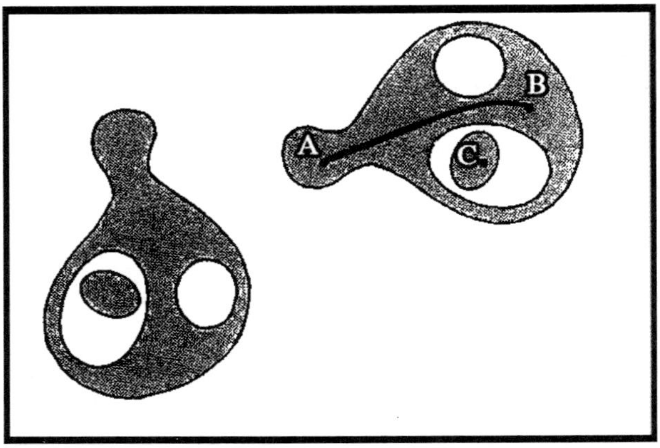

图 4.1　当图像中包含多个区域时，我们需要针对不同的区域，单独计算其位置和朝向。我们需要对图像单元（像素点）进行标注，从而将：属于某个区域的像素点，与剩下的像素点区分开来。为了达到这个目的，我们必须确定：那些像素点属于同一个区域。本图中，点 A 和点 B 是相连的，因为我们可以找到一条位于黑色区域中的、从 A 到 B 的连续曲线。显然，从 A 到 C，我们却找不到一条这样的曲线，因此，A 和C 是不相连的。

于二值图像中所有这些区域的“平均值”。这往往并不是我们所真正想要的。对于图像中的各个区域，我们必须将它们以某种方式标注出来，然后，分别计算：各个区域的面积、**一阶矩**和**二阶矩**①。

4.1.1 标注图像中的物体

如果我们可以找到：连接二值图中的两个点的一条路径，并且，在这条路径上，**特征函数**②的取值是常数，那么，我们认为：这两个点是连通的。因此，在图 4.1 中，点 A 与点 B 是连通的，但是，它们都不与点 C 相连通。二值图中的**连通区域**是一个：关于连通点的最大的集合，也就是说，1) 对于这个集合中的任意两点，都可以找到一条路径将它们连接起来，并且，2) 所有的连通点都包含在这个集合之中。在图 4.1 中，除了背景以外，总共有 4 个连通区域和 4 个洞。

①关于这些概念请参见第 3 章 3.2 节的内容。— **译者注**

②**特征函数**又被称为**示性函数**，即：给图像中的不同区域赋予不同的数值，数学上，特征函数可以被表示为：如果 $x \in \Omega_i$，那么，$I(x) = i$，其中，Ω_i 表示：图像中的第 i 个区域。— **译者注**

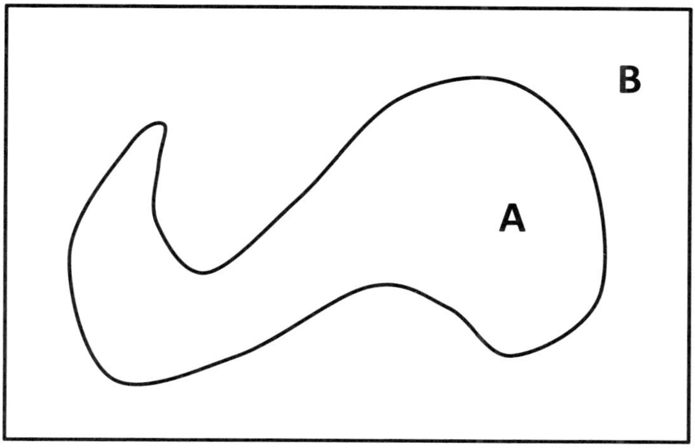

图 4.2 一条简单的闭合曲线，会将像平面分割为：两个简单的连通区域。

在离散二值图中，一种对“物体”①进行标注的方法是：选取一个 $b_{ij}=1$ 的点，并且，赋予这个点以及和它连接在一起的点一个标记；下一步，对所有与这些标记点相邻的点（除了那些已经被标注的点以外）进行标注；然后，不断地重复下去。当这个递归过程完成以后，这个图像区域就被标注完毕了。紧接着，我们可以继续选择一个新的起始点，然后，对下一个图像区域进行标注。为了能够找到一个新的未标记区域，我们可以使用一种“对称”的方式，来对图像进行简单扫描。一旦发现：没有被标注的、并且 $b_{ij}=1$ 的点，我们就以该点作为新的起始点，然后，（对图像区域）进行标注。如果在对所有图像单元（即：像素点）进行扫描以后，还没有发现这样的点，那么，我们就完成了对二值图像中所有“物体”的标注。

需要注意的是，背景可能会被分割为多个连通区域；并且，物体中也可能有“洞”。我们可以用类似的方法对背景（以及物体中的“洞”）进行标注，也就是说，我们将关注于 $b_{ij}=0$ 的点，而不是 $b_{ij}=1$ 的点。

①注意，这里的“物体”是指：图像中的“物体”，或者，物体的像所“占据”的图像区域。为了表述的自然，原著中选择了一种“简洁”（但同时也不那么“精确”）的表述方式。事实上，这并不会引起歧义，并且，这种“不精确”的表述也仅限于第 3 章和第 4 章，在其他章节中，我们所说的“物体”都是指：场景中的物体。— **译者注**

4.1.2 连通性

首先，我们必须认真考虑：术语**近邻点**（具体）意思。假设我们使用正方形作为基本单元来对图像进行剖分，那么，在这种情况下，我们可以粗略地将近邻点“认为是”：和给定图像单元（即：像素点）的四条边相连接的四个图像单元。但是，我们应该如何看待：和给定像素点的四个角相连的四个像素点呢？因此，对近邻点的定义存在两种可能的情况，也就是说，

- **4 — 连接**：只有和给定图像单元（即：像素点）的（4 条）边相连的（4 个）像素点，才被认为是（给定像素点）的近邻点。
- **8 — 连接**：和给定图像单元的（4 个）角相连的（4 个）像素点，也被认为是（给定像素点）的近邻点。

这两种不同的定义方式如下图所示：

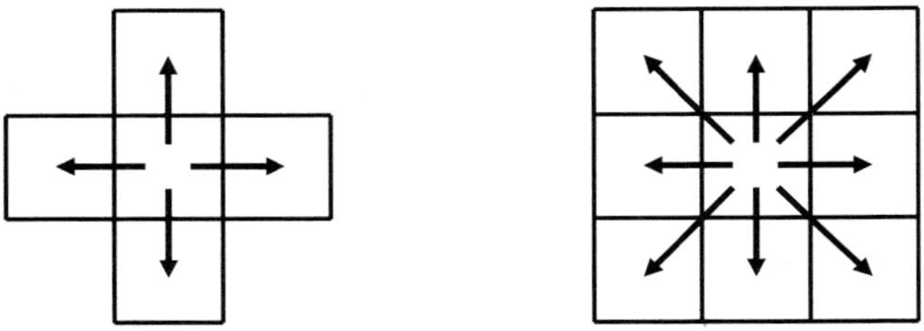

事实上，这两种定义方式都不能完全令人满意。要看出这一点，我们需要明确的一点是：从背景中，我们也可以“分割出”一个连通区域。我们希望：对于**离散二值图**，我们从**连续二值图**中得出的、关于**连通区域**的直观感觉仍然适用。例如，我们可以用一条简单①的闭合曲线，将图像分割为两个简单的连通区域（如图 4.2 所示）。这个结论被称为**Jordan 曲线定理**。

现在，让我们来考虑一个包含 4 个值为 1 的像素点的简单图像。图中每一个值为 1 的像素点都和中心像素点的边相连；而中心像素点的值为 0，即：

0	1	0
1	0	1
0	1	0

(4.1)

①在这里，所谓的“简单”是指：曲线不打结（即：不和自己相交）。— **译者注**

这是一个通过：去除“十字形”的中心点，从而形成的图形。如果我们选择使用 **4 — 连接**，那么，我们会得到四个彼此不相连的物体区域（即：式(4.2)中的区域：O_1，O_2，O_3和O_4）。

B_1	O_1	B_1
O_2	B_2	O_3
B_1	O_4	B_1

(4.2)

这四个彼此不相连的物体，肯定无法形成一条**闭合曲线**。然而，采用 **4 — 连接**的方法，中间的那个作为背景的像素点（即：式(4.2)中的 B_2），并不和其他的背景像素点（即：式(4.2) 中的 B_1）相连，这与我们的直观感觉是相符的。因此，采样 **4 — 连接**的方法，我们得到了两个背景区域，但是，没有得到一条闭合曲线！

相反的，如果我们选择使用 **8 — 连接**的方法，那么，式(4.1)中的这 4 个（值为 1 的）像素点确实形成了一条**闭合曲线**，但是，中间的那个作为背景的像素点，却和其他四个背景像素点连接在了一起。我们得到了一条闭合曲线，但是，所得到的背景区域却只有一个[①]，即：

B	O	B
O	B	O
B	O	B

(4.3)

解决这个悖论的一种方法是：对于物体使用 4 — 连接，但是，对于背景使用 8 — 连接（或者反过来）。这种对于物体和背景处理上的“不对称”，可能是我们所不希望看到的。我们可以通过：引入另外一种“不对称”，来避免：这种对物体和背景处理上的“不对称”。我们将：1) 和给定像素点的 4 条边相连的四个像素点，以及，2) 和给定像素点的 4 个角相连的 4 个像素点中的两个，定义为某一给定像素点的近邻点，即：

[①] 对比式(4.2)，我们发现式(4.3)中的背景 B 和物体 O 不带下标，这表示式(4.3)中所有的 B 是连接在一起的；所有的 O 也是连接在一起的。— **译者注**

这两个和给定像素点的角相连的像素点，必须在同一条对角线上。这样做是为了保证像素点之间相互关系的对称，也就是说，如果像素点 A 是像素点 B 的近邻点，那么，像素点区域 B 也是像素点 A 的近邻点。从现在开始，我们将使用：上面所介绍的关于近邻点的两种定义方式中的第一个（即上图中的第一个），来确定像素点之间的连接关系。也就是说，我们将：给定像素点的上方、右方、右下方、下方、左方、左上方（即：↑, →, ↘, ↓, ←, ↖）等 6 个方向上的、与该给定像素点相邻的 6 个像素点，定义为该给定像素点的近邻点。这种连接方式被称为 **6 — 连接**。

对于物体和背景，我们都使用 6 — 连接的定义方式，就不会产生：使用 4 — 连接和 8 — 连接时所产生的、和连续二值图（的直观感觉）不一致的情况。如果我们使用正方形作为基本单元，来对图像进行剖分，那么，我们将使用这种 6 — 连接的定义方式。

如果我们使用正六边形来对图像进行剖分，那么，问题就会变得简单得多。和某一个给定像素点相连的所有像素点，都是该给定像素点的近邻点，因此，不会出现“含混不清”的情况。我们上面的操作（即：关于 6 — 连接的定义）可以被看作是：对正方形格栅进行简单扭曲，从而将其变为正六边形格栅的过程。为了看出这一点，我们将图像中某一特定行的上面一行像素点，整体向右移动半个像素宽度，然后，再将该特定行的下一行像素点，整体向左移动半个像素宽度，从而得到一个新的结构。现在，对于该特定行上的每一个像素点，其周围都正好有六个像素点与它相邻接，并且，这六个像素点正好是：上面所介绍的 **6 — 连接**方式所确定的六个邻接点，如下图所示：

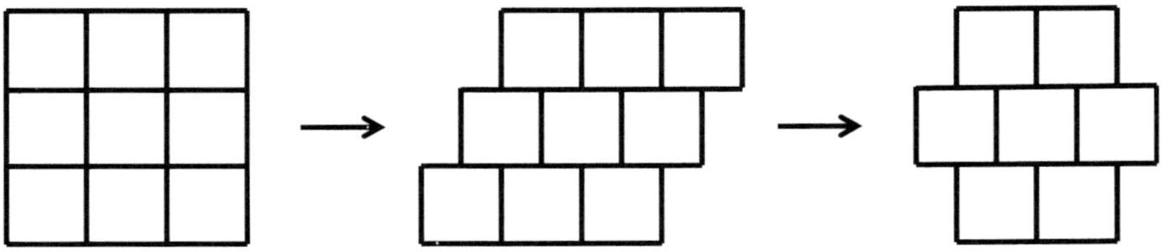

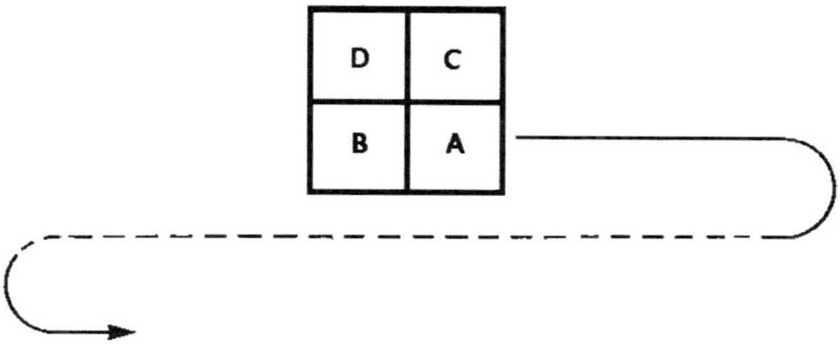

图 4.3 在一次常规的光栅扫描中，我们让模式窗口在图像中划动，再根据：模式窗口所对应的像素点上的标注值，来对相应的像素点进行标注。

4.1.3 串行标注算法

现在，我们要介绍一种标注算法，这种标注算法更适于对图像进行**串行扫描**，并且，它不需要使用递归操作。我们约定：1) 对图像进行逐行扫描，并且，行的编号顺序是从上到下的；2) 对于每一行，我们按照从左到右的顺序，对该行中的像素点进行扫描（如图 4.3 所示）。根据我们事先约定的扫描顺序，当我们扫描到某一个像素点 A 时，A 点左边的像素点 B 已经被标注过了，并且，A 点正上方的像素点 C 也被标注过了；此外，根据 **6 — 连接**的定义，B 点正上方的像素点 D 也是和 A 相连的，因此，我们还需要考虑 D 的标注结果。

为了简化问题，我们只对图像中的物体进行标注。如果[①] A 是 0，那么，我们不需要进行任何操作；如果 A 是 1，并且，D 点也被标注了（也就是说，D 是（图像中的）物体上的点），那么，我们需要将 D 的标注结果（简称：标签）赋给 A。类似的[②]，如果点 B 或者点 C 也被标注了，那么，我们同样也需要将 B 或者 C 的标签复制给 A。如果点 B 和 C 都没有被标注，并且，A 是 1，那么，我们必须选取一个新的标签，来对 A 进行标注。这表示：从 A 点开始，我们对一个新的物体进行标注。还有一种可能性是：B 和 C 都被标注了。如果 B 和 C 的标签是相同的，那么，这并不会产生任何问题；但是，在我们关于 **6 — 连接**的约定中，B 和 C 是不相邻的，因此，B 和 C 的标签有可能

[①] 即：点 A 所对应的特征函数的值是 0。— **译者注**

[②] 在这里，为了将基本过程表述清楚，在讨论 B 和 C 对 A 的“影响”时，我们暂时不去考虑 D 点。事实上，D 点与 B 和 C 点连通的，因此，如果这三个点都有标注，我们可以忽略 D 点。— **译者注**

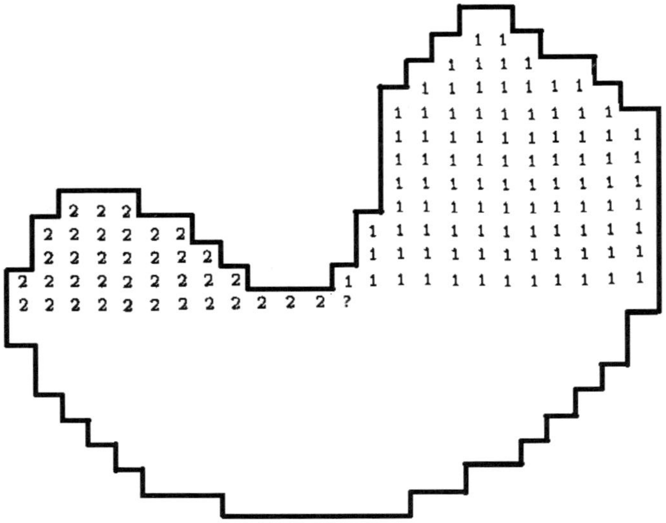

图 4.4　在串行标注过程中，我们可能会碰到这样的情况：前面认为是相互分离的两个区域，实际上是连接在一起的。我们必须记录下：这两个标签实际上是等价的。本图曾出现在 P. H. Winston 和 B. K. P. Horn 的著作《*List*》[1984] 中。我们在这里重新使用本图，得到了原书出版社的授权许可。

不同。对于这种情况，我们会将两个不同的标签赋予同一个物体（如图 4.4 所示）。这意味着图像中的两个区域通过 A 点连接在了一起。此时，我们必须在 A 点做上新的"记号"，用来表示：A 点上的这两个标签（即：B 和 C 的标签）是等价的；然后，我们任意选取其中一个标签，来对 A 进行标注。对于**串行标注算法**，我们无法避开这个问题，这是串行标注算法必须付出的"代价"。

串行扫描结束后，我们需要将：图像中具有等价标签的各个区域，合并在一起。如果我们的目的是：计算区域的零阶矩、一阶矩以及二阶矩的总量，那么，我们甚至可以绕过区域合并这一步，而只需要简单地将：等价标签所对应的各个（等价）区域的零阶矩、一阶矩、二阶矩的计算结果，分别对应地加在一起即可。

如果我们想要让图像中的各个区域都具有唯一的标签，那么，我们需要对串行扫描结果进行二次扫描，从而将同一个具有代表性的标签赋予：具有等价标签的多个区域。我们可以从该区域所拥有的多个等价标签中，随机选取出的一个标签，来作为该等价区域的标签。

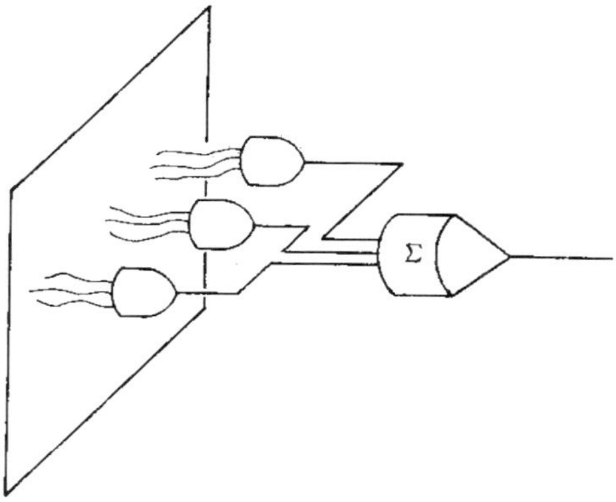

图 4.5 局部计数法对：单个计数单元的输出结果，进行组合。每一个计数单元，都只和图中的一个小邻域中的少数几个图像单元（即：像素点）相连。

4.2 局部计数和迭代修正

到目前为止，我们所关注的是：二值图信息的**串行处理**过程。为了提高速度和充分利用大规模集成电路的（并行处理）能力，我们同时还需要考虑：通过将**局部算子**并行地作用于二值图，我们可以对什么量进行计算。这里的**局部**是指：算子的输入只限于图像中的一个小区域。使用这种方法，我们可以实现两类计算：1) 将所有局部算子的计算结果“组合”在一起（例如：将它们简单相加），从而得到一个单步的计算结果（如图 4.5 所示）；2) 使用局部算子的输出结果来生成一张新的图像。我们将在下一小节中讨论方法 2)。

4.2.1 局部计数

首先，让我们来考虑一种非常简单的情况。每一个局部算子只作用于一个像素点，并且，其输入结果是：该像素点的值（注意，我们这里处理的是二值图，因此，像素点的值只能是 0 或 1）。对局部算子的输出结果求和，所得到的结果是：图像中的“物体”的总面积。因此，我们可以通过单步的并行计算，来求得面积（我们这里忽略了：在将所有的 0 和 1 加在一起的过程中所遇到的问题）。

通过对局部测量结果进行求和，我们还可以计算图像中的其他什

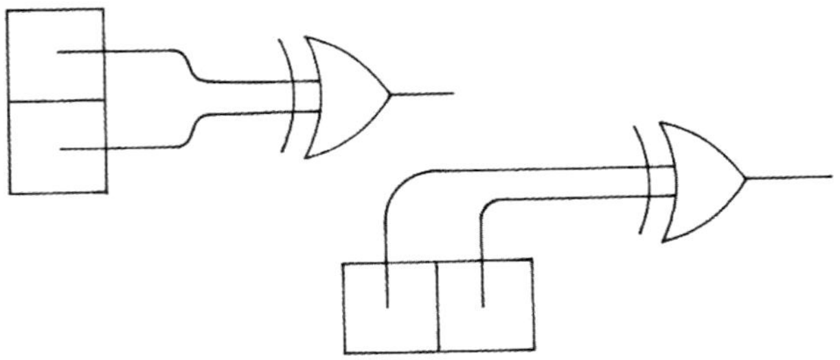

图 4.6　我们可以通过：相邻像素点之间的异或运算，来检测图像中的边缘。

么量？周长是其中的一个，我们只需简单地累计：图中和值为 1 的像素点相连接的、并且值为 0 的像素点的个数，就可求出图中区域的周长。相应的局部算子有两个（如图 4.6 所示）：一种用于检验“行”中的相邻像素点，另一种用于检验“列”中的相邻像素点。每一种局部算子的输出都是：两个输入值的**异或运算** $(a \oplus b)$ 的结果。对所有局部算子的输出结果进行求和，我们就得到了一个关于（图像区域的）周长的估计值。

对于图 4.6 中的两个局部算子，每一个都只对两种模式“有响应”，也就是说，算子的输出结果为 1。式(4.4)中所示的是：1) 一种使得“水平”方向上的检测算子产生响应的模式；以及，2) 一种使得“竖直”方向上的检测算子产生响应的模式，即：

$$\begin{array}{|c|}\hline 0 \\ \hline 1 \\ \hline \end{array} \quad \text{和} \quad \begin{array}{|c|c|}\hline 0 & 1 \\ \hline \end{array} \tag{4.4}$$

离散二值图是依据其“潜在的”连续二值图而得到的，并且，离散二值图中的区域边界有很多“锯齿”，从这个意义上说，我们所计算出来的周长，只是一个关于真实周长的估计值（参见下图）。

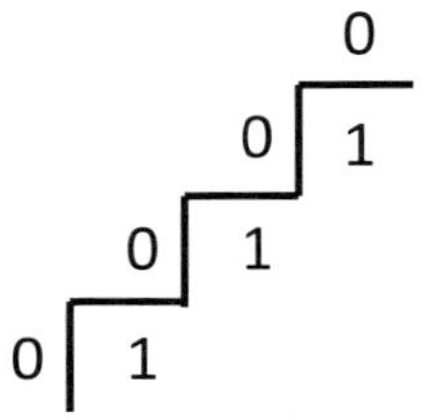

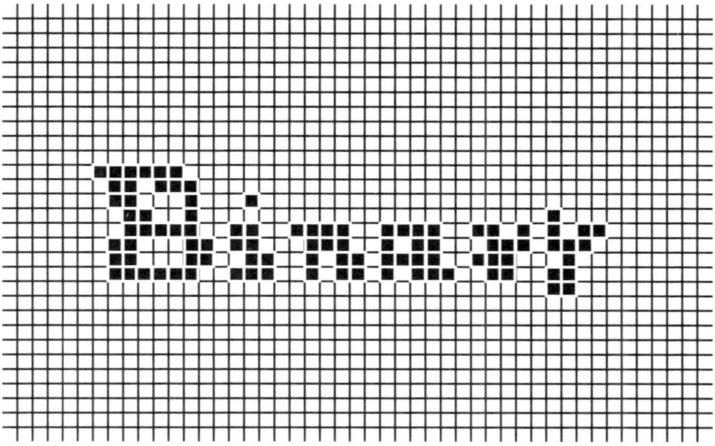

图 4.7 **Euler 数**是："体"的个数与"洞"的个数之差。这个二值图的 Euler 数为 4，因为图中总共有 7 个"体"和 3 个"洞"。

例如，如果我们使用上面介绍的方法来计算"对角线"的长度，那么，所计算出来的结果是"真实值"的 $\sqrt{2}$ 倍。

通过对所有可能的边缘倾斜情况取平均，我们可以得到一个：关于周长被"高估"的因子。这个因子是 $4/pi = 1.273\cdots$。将所求得的周长计算结果除以这个因子，可以提高周长估计结果的精度。

除了面积和周长以外，通过使用局部计数方法，我们还可以计算 **Euler 数**。Euler 数的定义为："体"的个数减去"洞"的个数。例如，大写字母"B"的 Euler 数为 -1，因为它包含：一个"体"和两个"洞"；而小写字母"i"的 Euler 数为 2；小写字母"n"的 Euler 数为 1，等等。我们可以通过**局部求和**来计算 Euler 数，这个结论看起来似乎很奇怪。因为，无论是"体"的数目还是"洞"的数目，都无法通过局部求和计算出来，但是，对于它们的差（即：Euler 数），却是可以通过局部求和计算出来的！

4.2.2 集合可加性

我们可以通过一些方法，将二值图组合在一起。例如，我们可以对它们取"或"，其结果是：这两个图像区域的"合并"；我们也可以对它们取"与"，其结果是：两个图像区域的"重合"部分。一个有趣的问题是：经过这些组合操作所得到的图像的性质，和原始图像

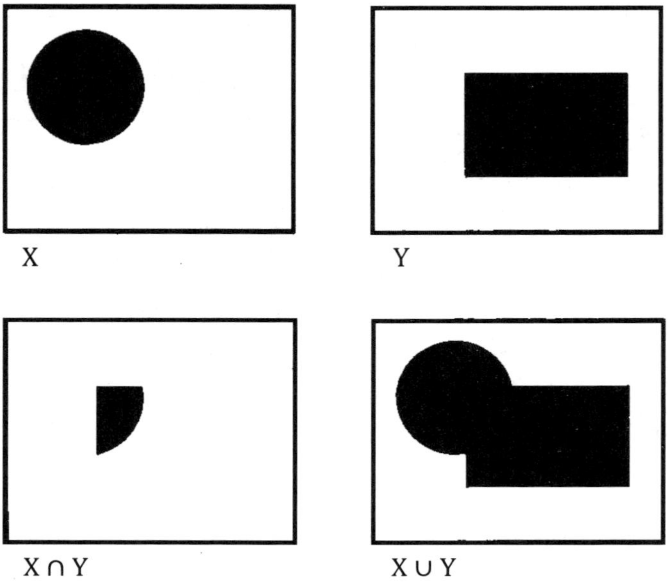

图 4.8　二值图可以被看做一个集合。我们可以通过：取它们的联合或相交，将两个二值图组合在一起。两个二值图的联合$X \cup Y$的面积，加上两个二值图的相交$X \cap Y$的面积，等于：两个原始图像X和Y的面积和。

的性质比起来，有多大的区别？我们之所以对这个问题感兴趣，其中的一个原因是：我们希望将图像分解成很多小的部分；然后，对这些（小的）部分进行**并行处理**；最后，再将这些并行处理的结果合并在一起。如果我们用 X 和 Y 来表示原始图像，并且，将 X 和 Y 的逻辑**与**($\wedge$)和逻辑**或**($\vee$)分别记为：$X \cap Y$ 和 $X \cup Y$（如图 4.8 所示），那么，它们之间的面积关系满足：

$$A(X) + A(Y) = A(X \cup Y) + A(X \cap Y) \tag{4.5}$$

这是因为，X 和 Y 的面积总和等于：它们“合并”后的（图像区域的）面积再加上它们的“重合”部分的面积。在二值图中，满足这个条件（即：式(4.5)）的测量值被称为：具有**集合可加性**的测量值。周长就是一个满足这个条件的测量值。因为：X 和 Y 的周长的总和等于：它们“合并”后的区域的周长再加上它们的“公共边界”的长度。碰巧的是，**Euler 数**也满足这个条件。正是出于这个原因，我们可以通过：局部处理结果的“相加”，来求得这三个量。集合可加性

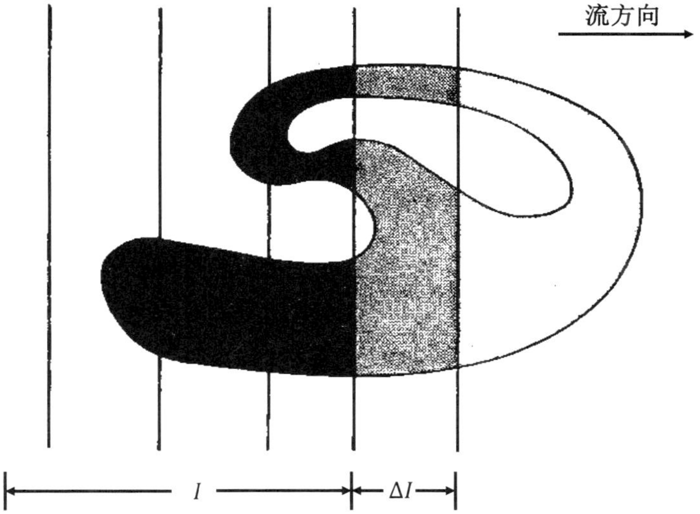

图 4.9 我们可以：将一张图像切割成许多“小长条”。对每一个小条进行（单独）分析要相对简单一些。对于满足**集合可加性**的量，我们可以通过：计算每一个“小长条”的测量值，来得到：整张图像的相应测量值。我们可以通过累加的方式（即：每次只加上一个新的“小长条”）来实现相应的计算过程。

使得我们可以：将一幅图分割为许多小块；然后，将对这些小块的处理结果合并到一起，从而得到对整张图像的处理结果。我们将以求图像的 **Euler 数**为例，来演示这个过程。

首先，让我们来考虑一张连续的二值图。我们在图中选定一个方向，并且，将这个方向称为**流方向**（如图 4.9 所示）。现在，我们沿着垂直于**流方向**的方向，用直线将图像切分为许多“小长条”。对于所有满足集合可加性的量，我们每一次只考虑一个“小长条”，然后，将本次计算结果和前面的计算结果进行累加。通过这种方法，我们可以逐步地计算出：关于整张图的“整体”结果。

我们用 ΔI 来表示：每一次处理的“小长条”，用 I 来表示：到目前为止已经计算完的那部分图像（即：前面已经处理完的所有“小长条”所组成的集合）。由于 **Euler 数**满足集合可加性（即：式(4.5)），因此，我们可以得到：

$$E(I \cup \Delta I) - E(I) = E(\Delta I) - E(I \cap \Delta I) \tag{4.6}$$

到目前为止，我们一直都还没有考虑过的问题是：“小长条”的宽度

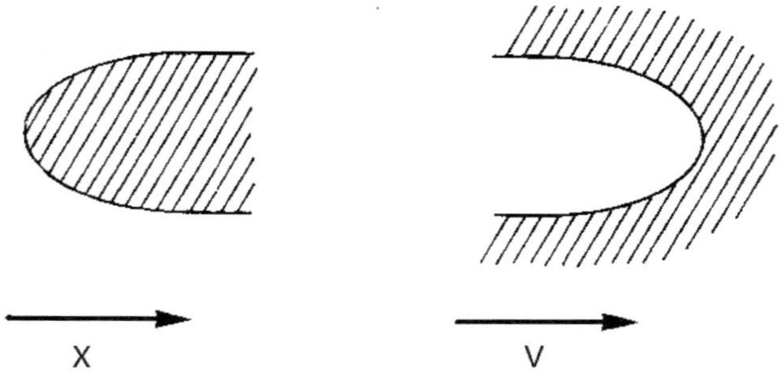

图 4.10　在 Euler 数的计算过程中，我们所关心的：图像和“小长条”的相交情况有两种，即：**面对流方向的凸面**(X) 和**面对流方向的凹面**(V)。

应该取多长？如果我们所选取的“小长条”的宽度，使得[①]：$E(\Delta I) = E(I \cap \Delta I)$，那么，这是没有太大意义的。我们所真正感兴趣的是：图中那些使得 $E(\Delta I) \neq E(I \cap \Delta I)$ 的地方。出现这种情况有两种可能：1)“小长条”中包含：一个新物体的“头部”一小块；2)“小长条”中包含：一个洞的“尾部”一小块。这两种“小块”分别被称为：**面对流方向的凸面**和**面对流方向的凹面**（如图 4.10 所示）。

对于第一种情况（即：面对流方向的凸面），其 Euler 数的变化（简称**Euler 差值**）为：

$$\Delta E = E(\Delta I) - E(I \cap \Delta I) = 1 - 0 = 1 \tag{4.7}$$

对于第二种情况（即：面对流方向的凹面），其 **Euler 差值**为：

$$\Delta E = E(\Delta I) - E(I \cap \Delta I) = 1 - 2 = -1 \tag{4.8}$$

注意：I和ΔI 刚好“贴”在一起，因此，它们的交$I \cap \Delta I$是一条线段。根据式(4.6)，我们可以看出：整张图像的 **Euler 数**等于 $X - V$，其中，X 是**面对流方向的凸面**的数目，V 是**面对流方向的凹面**的数目。

值得注意的是：在前面，我们给出了 **Euler 数**的另一个定义，即：图中“体”的数目 B 与洞的数 H 的差。这两个定义是等价的，但是，这并不等于说：B 一定等于 X、并且 H 一定等于 V。通过考虑：有很多“突出”的单一物体（如图 4.11 所示），我们可以很容易地看到这一点。在图 4.11中，X 和 V 都很大（并且 $X = V + 1$），但是，$B = 1$, $H = 0$。这里，我们需要指出的是，不会出现：B 和 H 都

[①]注意：$I \cap \Delta I$ 并不是图像区域，而是一条（边界）“直线”。因此，$I \cap \Delta I$ 中只可能有“体”，而不可能有“洞”。— **译者注**

很大、但是 X 和 V 都很小的情况。这是因为：B 和 H 不满足**集合可加性**，因此，我们无法通过：对局部计算结果进行求和，来得到整体的 B 和 H。

最后，我们需要将上面介绍的方法推广到**离散二值图**的情况。假设我们所选择的流方向是：从西北指向东南（↘）的，那么，我们需要寻找下面两种"模式"，即：

$$\begin{array}{|c|c|}\hline 0 & 0 \\ \hline 0 & 1 \\ \hline \end{array} \quad \text{和} \quad \begin{array}{|c|c|}\hline 0 & 1 \\ \hline 1 & 1 \\ \hline \end{array} \tag{4.9}$$

在图像中出现的次数。例如，如果一个二值图包含：一个长方形的"体"和一个长方形的"洞"，那么，$X=1$，并且，$V=1$；因此，其 Euler 数 $E=X-V=0$（如图 4.12 所示）。如果选择其他的**流方向**，那么，我们会得到其他的"模式"，但是，**Euler 数**是不会发生变化的。（对于新的**流方向**，即使 X 和 V 的值都发生了变化，但是，它们的差始终保持不变）。

4.2.3 迭代修正

除了将二值图中的局部处理结果直接加起来以外，我们还可以用这些局部处理结果来生成一张新的二值图（如图 4.13 所示）。根据原图中的对应图像单元的局部计算结果，我们可以确定：新的二值图中相应图像单元的值。新的二值图可以被作为：另一个计算周期的输入。这个操作被称为：**迭代修正**。迭代修正方法非常有用，因为它使得我们可以将：那些很难直接使用**局部计数**法来进行处理的图像，逐步地转化为：可以使用**局部计数**法来进行处理的图像。

只有在物体和背景之间的边界上，经过局部处理所得到的结果，才会发生"有用的"变化。这是由于："物体"内部的图像单元（即：像素点），在经过局部处理后，所得到的结果[①]都是完全相同的；同样，对于背景内部的图像单元，经过局部处理后，所得到的结果也都是完全相同的。因此，通常只有在边界处，新的（输出）图像才和原始的（输入）图像有所不同。这种现象最终所导致的结果是：**局部算子**在单步计算中所取得的"效果"非常有限。如果我们将新的图像作为输入，进行下一步的迭代计算，那么，将会得到一些更有趣的结果。我们可以进行一定次数的重复计算，或者，一直重复计算下

[①]注意，我们所处理的是二值图，而不是灰度图。— **译者注**

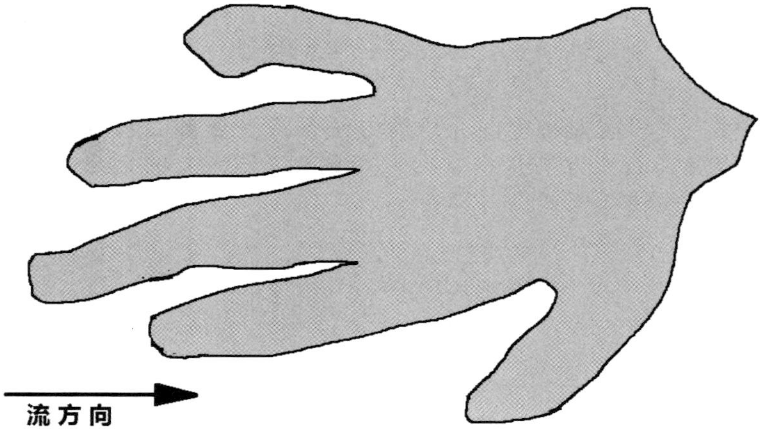

图 4.11　Euler 数是：**面对流方向的凸面**的个数 X 与**面对流方向的凹面**的个数 V 之差。但是，这并不意味着："体"的个数等于**面对流方向的凸面**的个数 X、"洞"的个数等于与**面对流方向的凹面**的个数 V。本图正是想说明这个问题。

去，直到输出结果不再发生任何变化为止。

使用这种方式，我们有可能"蚀刻"出物体的边界，从而，最终得到一张"骨架"图。所谓**"骨架"图**是指：经过蚀刻以后，一幅图中所剩下的部分。在蚀刻过程中，图像中的许多图像单元（即：像素点）都被"侵蚀"掉了。蚀刻过程的终止条件为：如果继续侵蚀掉图中的任何一个图像单元，都会改变原图的连通关系。避免对最后得到**素描图**继续进行侵蚀，是非常重要的。为了解决这个问题，我们需要考虑：当我们改变图像中的某一个像素点的值时，**Euler 数**会发生什么变化。那些不改变 Euler 数的操作被称为是**守恒的**。

幸运的是，由于 Euler 数满足**集合可加性**，因此，**Euler 差值**只依赖于：某一个图像单元的邻域。我们假设：某一个图像单元的灰度值为零，并且，它邻域内的所有图像单元的灰度值都为零；如果我们将该图像单元的灰度值从 0 变为 1（如图 4.14 所示），那么，这个操作将会使得图像的 **Euler 数**增加 1。这个结果并不依赖于：该图像单元邻域以外的其他图像单元上的值。类似地，如果在某一图像单元的邻域中[①]，只有一个图像单元的值为 0（或 1），那么，改变该图像单元的值，**Euler 数**不会发生变化；因为，这个操作只是"扩大"一个物体

[①]注意：我们这里所说的"某一图像单元的邻域"，是不包含该图像单元的，而只是指：该图像单元周围的一圈图像单元。— **译者注**

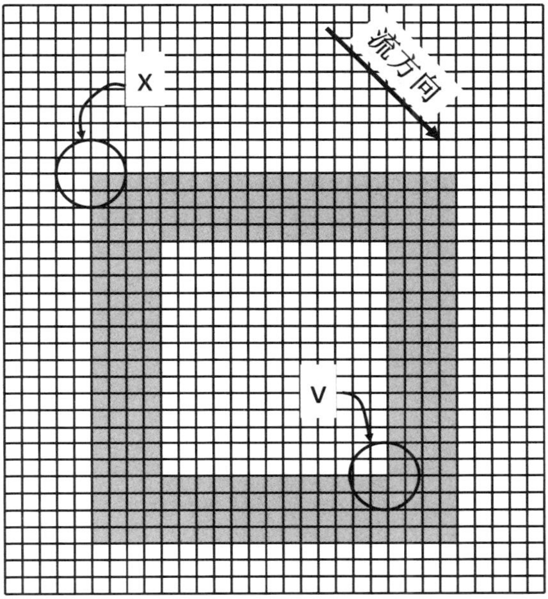

图 4.12 对于：包含一个方形的洞的方形区域，其 **Euler 数**等于零；因为，图中包含：一个**面对流方向的凸面**和一个**面对流方向的凹面**。

（或“缩小”一个洞）。

在我们的方法中，每一个图像单元的周围都有六个图像单元和它相连（我们将其称为“邻居”）。每一个“邻居”的值可以为0或1。因此，总共有 $2^6 = 64$ 种可能的邻域结构。对于每一种邻域结构，我们都可以计算其 **Euler 差值** E^*，即：当邻域中心的图像单元由0变为1时，该邻域的 **Euler 数**所发生的变化。（注意，当邻域中心的图像单元由1变为0时，该邻域的 **Euler 差值**为：$-E^*$）。我们所特别感兴趣的是：那些 $E^* = 0$ 的邻域结构，因为，我们可以任意改变这些邻域的中心像素点上的值，而不改变其 **Euler 数**。我们可以将这64种邻域结构，分为如下5种情况（如图 4.15 所示），即：

(1) $E^* = +1$：六个“邻居”的值全为0。这种情况对应于：中心像素点的值的变化（即：由0变为1），将产生出一个新的物体；

(2) $E^* = +1$：六个“邻居”的值全为1。这种情况对应于：中心像素点的值的变化（即：由0变为1），将填满一个洞；

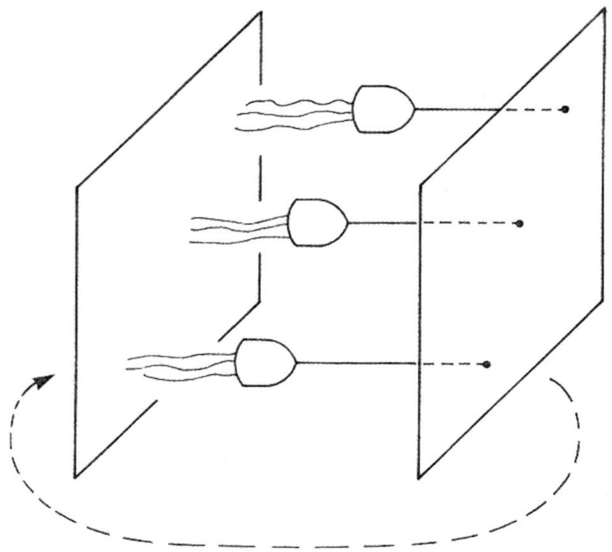

图 4.13　我们可以通过使用许多计算单元，来得到一张新的二值图。每个计算单元都只和某一个邻域中的几个图像单元（即：像素点）相连接。

(3) $E^* = 0$：我们将这六个“邻居”看作一个圆周序列，那么，这个圆周序列刚好能被分割为两个子序列：并且，其中一个子序列的值全为1，而另一个子序列的值全为0。

(4) $E^* = -1$：圆周序列包含：两个值全为1的子序列，并且，这两个子序列被两个值全为0子序列“隔开”。在这种情况下，中心像素点的变化（即：由0变为1）对应于：两个物体被连接在一起（成为一个物体），或者，一个洞被“分割”为两个洞。

(5) $E^* = -2$：三个0和三个1彼此间隔地排列成一个圆周序列。这种情况下，中心像素点的变化（即：由0变为1）对应于：三个物体被连接成为一个物体；或者，一个洞被“分割”为三个洞。

因为每个图像单元只有6个邻居，因此，上面5种情况，包含了所有可能出现的情况。我们根据 **Euler 数**的变化，将这些特殊的邻域结构分别记为：N_{+1}, N_0, N_{-1} 和 N_{-2}。

此外，我们还有一个难题没有解决。在使用并行方式对图像进行处理时，我们可能在“不知不觉”之中，就改变了其 **Euler 数**。这是

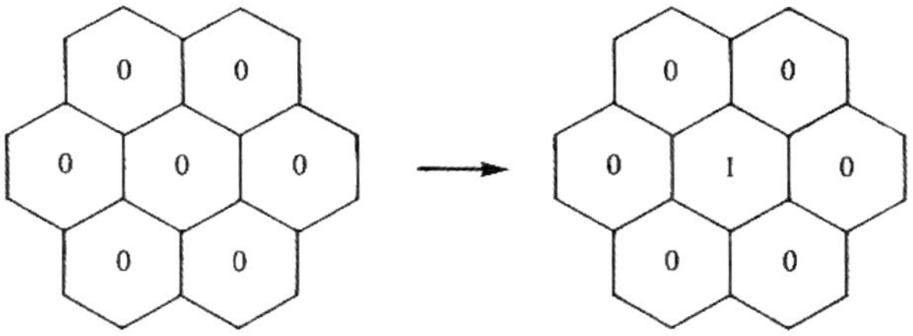

图 4.14 将一大片值为零的区域中的某一个图像单元的值由 0 变为 1，我们将生成一个新的物体，因此，Euler 数也相应地增加了 1。

因为：一个图像单元的“邻居”的值，可能会在“不知不觉”中发生变化，从而使得：对该图像单元的 **Euler 差值**的计算失效。例如，如果图像中有两个紧邻的值为 1 的图像单元，并且，其周围的图像单元的值都为零，那么，这两个（值为1的）图像单元的 **Euler 差值**都是 0，因此，将这两个 1 去掉，似乎是“安全的”，即：

0	0	0	0		0	0	0	0
0	1	1	0	→	0	0	0	0
0	0	0	0		0	0	0	0

但是，事实却并非如此，显然 **Euler 数**由 1 变为了 0。

如果我们用**串行**方式来进行处理，那么，将不会出现这种问题。这是因为：当我们将第一个 1 变为 0 以后，对于第二个 1，其 **Euler 差值**将由原来的 0 变为了+1。因此，我们不会直接去掉第二个 1。当然，我们并不想要对图像进行串行处理。解决这个问题的另一种方法是：将图像分割为：许多交织在一起的**子域**，从而使得：图像单元的“邻居”位于不同的子域中；然后再用串行的方式对子域进行处理。

如果我们以正方形（作为基本单元）来对图像进行剖分，那么，要保持 **Euler 数**不变，所需要的最小子域数为 3。我们可以使用周期序列 $1, 2, 3, 1, 2, 3, \cdots$ 来对图像中的某一行图像单元（即：像素点）进行编号；对于下面一行的图像单元，其标注方式和这一行类似，只是编号从 2 开始；再下一行的编号从 3 开始。根据我们所使用的关于邻域的定义[①]，图像单元和它的“邻居”的编号是不同的。我们用三种不同颜色来对：正六边形剖分方式，进行编号。根据这个编号结果，

[①]即：6 — 连接，详细内容参见第 4 章 4.1.2 小节的内容。— **译者注**

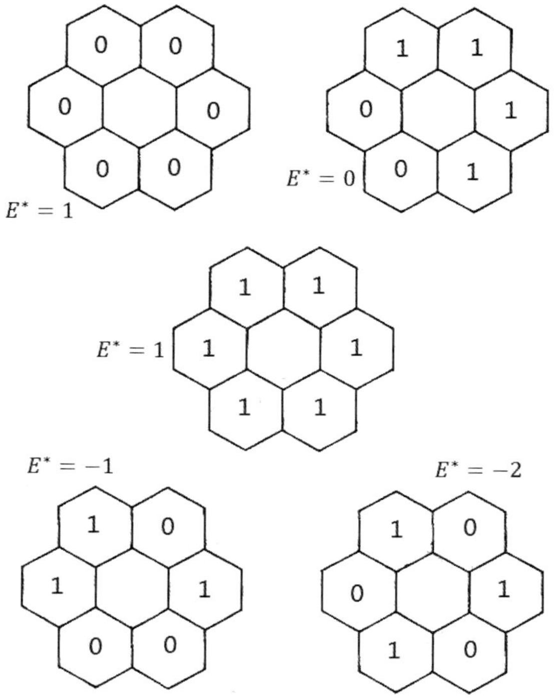

图 4.15　通过考虑：将邻域中心的像素点的值由0变为1时，**Euler 数**将发生什么变化，我们可以找到：五类可能的邻域（环绕）结构中的每一类所对应的 **Euler 差值**。

我们可以很容易地导出式(4.10) 中的子域划分方式，也就是说，

1	2	3	1	2	3
2	3	1	2	3	1
3	1	2	3	1	2
1	2	3	1	2	3
2	3	1	2	3	1
3	1	2	3	1	2

(4.10)

这种方法解决了：（并行处理方法中）由于相邻像素点的值发生变化所引起的相互影响问题。但是，我们仍然需要找到一种简洁的方式来描述图像的**迭代修正算法**。首先，我们必须指定一个邻

域集 S。我们定义一个函数 a_{ij}，如果图像单元 (i,j) 属于集合 S，那么，$a_{ij}=1$，否则，$a_{ij}=0$。我们用 b_{ij} 来表示：图像单元 (i,j) 的值。在经过**迭代修正**法算的处理以后，每一个图像单元（即：像素点）都会生成一个新的值 c_{ij}。剩下的问题是：如何通过 a_{ij} 和 b_{ij} 来计算 c_{ij}？

这里的 a、b 和 c 都是 **Boole 值**，也就是说，它们的取值只能是 0 或 1；因此，通过 a 和 b 来计算 c 的过程是：两个变量的 **Boole 函数**。对于两个变量的 Boole 函数，总共有 $2^4=16$ 种输出形式，如下表所示：

ab	0	1	2	3	4	5	6	7	8	9	10	11	12	13	14	15
00	0	0	0	0	0	0	0	0	1	1	1	1	1	1	1	1
01	0	0	0	0	1	1	1	1	0	0	0	0	1	1	1	1
10	0	0	1	1	0	0	1	1	0	0	1	1	0	0	1	1
11	0	1	0	1	0	1	0	1	0	1	0	1	0	1	0	1

在上面的列表中，最左边一列表示输入，其后面的每一列，表示一个不同的 Boole 函数。为了方便，我们对这些 Boole 函数进行编号，上表中，最上面的一行为编号结果；下面的每一行表示：对于某一组输入 a 和 b，所有 Boole 函数的输出结果。上表中，某一特定行、特定列的值表示：根据给定的输入 a 和 b（根据该行最左端的值来确定），对应的 Boole 函数（即：该列的编号）的输出结果。

在这些 Boole 函数中，有一些并没有太大的应用价值。例如：第 0 列（其输出结果恒为0），以及，第 15 列（其输出恒为1），还有第 3, 5, 10 和 12 列，其输出结果分别为：a、b、$\overline{a}$ 和 $\overline{b}$（即：a 和 b的非）。有趣的 Boole 函数是：**逻辑与** $\wedge$（即：第 1 列）和**逻辑或** $\vee$（即：第 7 列），我们可以将其分别写为：$a\cdot b$ 和 $a+b$。这两个特殊的运算有一个重要性质：**单调性**。**逻辑与**运算只能被用于：去除图像中的 1。这是因为：

$$a\cdot b\leq b \tag{4.11}$$

逻辑或运只能被用于：去除图像中的 0。这是因为：

$$a+b\geq b \tag{4.12}$$

因此，使用这两个函数的迭代运算是收敛的，因为，这些运算到最后要么停止对图像进行修改，要么将图像中的像素点全部都变为 0 或 1。对于其他一些 Boole 函数，例如：$\overline{a}\cdot b$ 和 $\overline{a}+b$，我们并不需要单独对其进行讨论；因为，通过使用 S 的补集中的元素来进行相应的运算，我们就可以得到相同的结果。最后，还剩下的一个有趣 Boole 函数是：**异或运算**（即：第 6 列），记为 $a \oplus b$。注意：异或运算并不是单调的。在所有的 16 种 Boole 运算中，我们所特别关注的是下面四种基本运算：

(1) $c_{ij} = a_{ij}$：标出指定的区域；

(2) $c_{ij} = a_{ij} \cdot b_{ij}$：这个操作的极限，会蚀刻出物体的边缘；

(3) $c_{ij} = a_{ij} + b_{ij}$：增长物体（区域）；

(4) $c_{ij} = a_{ij} \oplus b_{ij}$：产生出在整个图像中传播的波。

运算**(1)**并不是非常有意义的，因为它只对单步运算有意义（注意：它不包含 $b_{i,j}$），因此，它不能被用来作为迭代算法的基本操作。此外，对于那些在一个小邻域中就能够被检测出来的模式，我们也不是特别感兴趣。运算**(4)** 被称为**散播**，没有实际应用。最后，我们可以将运算**(3)**看做：运算**(2)** 作用于背景的情况；因为根据 **de Morgen 定理**，我们可以得到：

$$\overline{a+b} = \overline{a} \cdot \overline{b} \tag{4.13}$$

注意，$\overline{a}$ 是：集合 S 的补集中的元素；而 $\overline{b}$ 是：图像 $b_{i,j}$ 的取反结果（即：0 和 1 互换）。因此，我们只需要关注一种运算：**细化**或**收缩**。如果我们令 $S = N_0$，那么，我们将得到一个**“骨架化”算子**，并且，这个**“骨架化”算子**的 Euler 差值等于零；这是因为：构成的集合 N_0 的所有像素点的 **Euler 差值**都为零。经过该“骨架”化算子的作用以后，一个简单的连通区域最终会被缩减为一个点；而含有一个洞的一个物体，最终会被缩减为一个“环”。我们可以通过改变 S，从而在收缩运算将一个简单物体“缩减”为一个点之前，停止收缩运算过程。通过使用这种方法，我们保留了关于物体原始形状的更多信息。

我们可以通过**细化**或**收缩**背景，来“**粗化**”或**膨胀**物体。**“骨架化算子”**会将：图像中的物体缩减为很细的“骨架”，几乎在整张图像中，“骨架”的“厚度”都只有一个像素。收缩运算的结果是一张**线条图**，除了在“线”的两端以及多条线的“交汇”处，线中的每一个像素点都只和两个相邻的像素点相连。我们可以用一个简单的串行算法，来跟踪这条“线”以及和这条“线”连接在一起的其他“线”。因此，一旦二值图被细化为一张**“骨架图”**以后，我们就可以将其转化为：一个用“骨架”中的线来表示的**符号描述**。该符号描述将为进一步的操作提供方便。

需要注意的是：在每一步计算中，绝大多数图像单元（即：像素点）的值都不发生变化。因此，大规模并行计算的优势并没有真正体现出来。实际上，对于一些经典的二值图，那些作用于边界上的串行方法，可能会和并行方法同样有效。

4.3 本章参考文献

在前一章的末尾部分，我们已列出了大量关于二值图像处理方面的参考文献。如果你想要将本章中所谈到的空间剖分方法（即：6—连接）扩展到三维情况，可以参阅以下两本书：Pearce 的著作《*Polyhedra Primer*》[1978] 和 Fejes Toth 的著作《*Regular Figures*》[1964]。Serra 的书《*Image Analysis and Mathematical Morphology*》[1982] 中尝试了：将迭代修正方法应用于灰度图像，从而取得更好的结果。

文献 Nagy [1969] 是关于二值图像处理的最早论文之一。本章所阐述的大部分内容都可以追溯到Gray 所写的一篇很有影响力的论文，即：文献 Gray [1971]。文献 Golay [1969] 讨论了正六边形剖分方法的优点，文献 Preston [1971] 详细解释了这一工作的成果。文献 Rosenfeld [1970] 讨论了连通性问题。并行操作（尤其是包含有迭代修正的并行操作）方面有许多有趣的工作。这方面的一些具有代表性的论文有：文献 Stefanelli [1971]；文献 Arcelli & Levialdi [1972]、文献 Levialdi [1972]、文献 Dyer & Rosenfeld [1979]、文献 Klette [1980]、文献 Pavlidis [1980,1982] 和文献 Arcelli [1981]。此外，文献 Deutsch [1972] 也是值得注意的一篇论文，它讨论了多样化镶嵌拼接的细化算法。

在现在论文中，出现了大量的图、表和工程制图等图形化信息。我们必须把上述信息转换为：计算机可以兼容的符号表示，从而使得诸如**计算机辅助设计系统** (CAD, Computer-aided design system) 这样的现代工具可以很容易地将这些图形信息绘制出来。首先，我们将图表信息转换变形成“线段集”，这个过程被称为：**向量化**。细化算法是向量化过程的重要组成部分（甚至可能是全部）。文献 Tafoya [1978] 描述了 Broomal 工业公司开发的向量化系统。这个问题的其他工作可以查阅文献 Gibson & Lucas [1982]。

工业检测方法（例如：印刷电路板之类的简单图案模式的检测方法）对于：图案模式宽度的局部并行检测和图案模式间的缝隙检测，提供了启发和灵感。文献 Danielsson & Kruse [1979] 和 Danielsson [1980] 叙述了一些这样的方法。

在**层析成像**中，如果被扫描物体内部的不同物质之间的吸收率存在足够的对比度，那么，我们就有可能（通过不同物质的吸收率来）生成一个三维的二值图像。这种三维的二值图像的处理方法，可以参阅下列这些文献：Lobregt, Verbeek & Groen [1980]；Tsao & Fu [1981]，Herman & Webster [1983] 和 Hafford & Preston [1984]。

4.4 习题

习题 4.1 假设：图像中所有的物体都没有“碰到”图的边界。证明：我们只需要用于检测 $a\bar{b}$ 的算子，就可以求出物体的周长。a 和 b 是指：相邻两个图像单元的值。
提示： 也就是说，你并不需要使用：用于检测 $\bar{a}b$ 的算子。

习题 4.2 请证明：如果使用本章所介绍的简单方法来计算一个圆的周长，那么，计算结果会比圆的真实周长大，并且，比例因子等于 $4/\pi$。
提示： 先求出：从起点 (x_s, y_s) 到终点 (x_f, y_f) 的一条“单调”曲线的长度；并且，将该长度表示为：起点 (x_s, y_s) 和终点 (x_f, y_f) 的函数。

习题 4.3 我们想用一个尽可能小的矩形，去将一条凸的闭合曲线“包”起来。假设：这个最小矩形的长和宽分别为 W 和 H，那么，用本章介绍的方法所得到的、对这条凸的闭合曲线的周长的估计结果是什么？对于所有“恰好”能被相同的矩形“包”起来的凸的闭合曲线，什么样的曲线的周长最小？对于最坏的情况，请给出：周长的“估计值”和“真实值”之间的比例。

习题 4.4 如果给定了：用以定义区域边界的阈值，那么，我们也可以直接使用**灰度图**来估计面积和周长。和我们在第 3 章和第 4 章中所介绍的方法（首先，通过**阈值化**来得到的二值图；然后，用估计面积和周长）相比，直接使用**灰度图**来估计面积和周长，其效果要好一些。为了简单，我们考虑：使用正六边形的图像单元（即：像素点）对图像进行剖分的情况。我们将：由连接在同一个顶点的（三个）图像单元所组成的集合，称为**单元组多边形**①。对于：使用正六边形进行剖分的情况，**单元组多边形**是由三个相邻的图像单元所构成的。

我们可以使用**分段线性函数**来逼近：“潜在的”**图像亮度**函数。这种**分段线性函数**可以看作是：将许多三角形“小块”拼接在

①原著中使用的是：cell-group polygon，其中的 cell 指的是：picture cell（图像单元）。因此，其意义是：1) 由一些图像单元（即：像素点）所组成的一个基本单元（也称为一个组）；并且，2) 这个基本单元是一个多边形。因此，我们将其译为：单元组多边形。— **译者注**

一起所形成的“曲面”。在每一个单元组多边形中，都包含一个三角形“小块”；并且，该三角形“小块”的每一个顶点，都正好位于：某一个（正六边形的）图像单元的中心。这个顶点的“高度”正好等于：该顶点所在的图像单元的灰度值。我们用t来表示给定的阈值，并且，用a、b和c来分别表示：某一个三角“小块”的三个顶点A、B和C的“高度”（即：三个像素点的灰度值）。那么，当满足什么条件时，区域的边界会“经过”这个三角形小块？

假设区域边界经过某一个三角形“小块”，我们可以通过：对该“小块”的三个顶点A、B和C进行重新编号，从而使得：1) 阈值t介于a和b之间，并且，2)（阈值t）也介于a和c之间。因此，区域边界经和这个三角形“小块”相交，会形成一条**直线段**，该直线段的两个端点分别为：AB边上的某一个点和AC边上的某一个点。请找出这两个**端点**。

现在计算：连接这两个端点的**直线段**的长度。该**直线段**的长度是：边界上的某一“小段”的长度。将所有这些（“小段”的）长度加起来，就等于：（图像区域的）**周长**。因此，我们可以将：连接这两个**端点**的直线段的长度，看作是：相应的**单元组多边形**对于整个周长的“贡献”。同样，我们可以计算：该三角形小块中，位于阈值上方的那部分区域[1]所对应的图像区域的面积。将这些面积加起来，就是整个“物体区域”的总面积。在计算过程中，我们需要小心地区分下面两种不同情况，即：

- 灰度值a、b和c中有两个位于阈值t的上方；
- 灰度值a、b和c中有两个位于阈值t的下方。

习题 4.5 本章中，我们介绍了：使用的累加方法来计算**Euler数**的过程，证明：在该过程中，如果某一个“小片”同时包含：一个**面向流方向为凸**的形状，和一个**面向流方向为凹**的形状，那么，忽略掉这个“小片”并不会影响到最终的计算结果。也就是说，在这种情况下，$\Delta E = 0$。

习题 4.6 在本章中，我们用来计算X和V的模板，所针对的是：**流方向**从西北指向东南（即：↘）的情况。假设，我们现在所选定的**流方向**为：从西南指向东北（即：↗），那么，请说明：对于我们所定

---

[1] 这是一个形象的说法，更准确地说，应该是：位于边界线上方的区域，或者，灰度值大于阈值t的那部分区域。— **译者注**

义的**6—连接**的情况，下面的模板并不适用，即：

0	1	和	1	1	(4.14)
0	0		0	1	

对于**流方向**从西南指向东北（即：↗）的情况，我们应该使用什么样的模板？

习题 4.7 假设我们现在要基于：某一像素点及其周围的一个 3×3 的邻域，来进行计算，那么，我们需要建立一个多大的查找表？

习题 4.8 我们可以将：本章中所讨论的内容，推广到三维空间。这对于处理：由**层析成像**仪器所得到的数据，是特别有用的。在这种情况下，根据：该**基本空间单元**是否被物体所"占据"，我们可以将每一个**基本空间单元**的取值设为：0 或 1。处理三维情况的一个难题是：如何确定哪些**基本空间单元**是和某一个**基本空间单元**连接在一起的。例如，当我们用立方体对空间进行剖分时，我们可以定义如下三种不同的连接方式，即：

- 6 个"面–连接"的基本单元。
- 6 个"面–连接"的基本单元以及 12 个"边–连接"的基本单元。
- 6 个"面–连接"的基本单元，12 个"边–连接"的基本单元以及 8 个"顶点– 邻接"的基本单元。

类似于正方形对平面剖分的情况（参见本章第 4.1.2 小节），上面这三种不同的定义方式，每一种都会导致相应的问题。不幸的是，正方体是：唯一能被用来实现空间剖分的正多面体。

能够用来实现空间剖分的半正则多面体是：截角正八面体。它有 14 个面，并且，相邻的截角正八面体之间，是通过面连接在一起的（如图 4.16(a) 所示）。

(a) 我们用截角正八面体作为**基本单元**来对空间进行剖分。请设计一种方法，来标注出：和某一个基本单元相连接的所有的基本单元。

(b) 请设计一种**局部计数**方法，用来确定：某一个三维物体的体积、表面积以及 Euler 数。
提醒：这个任务的工作量很大。

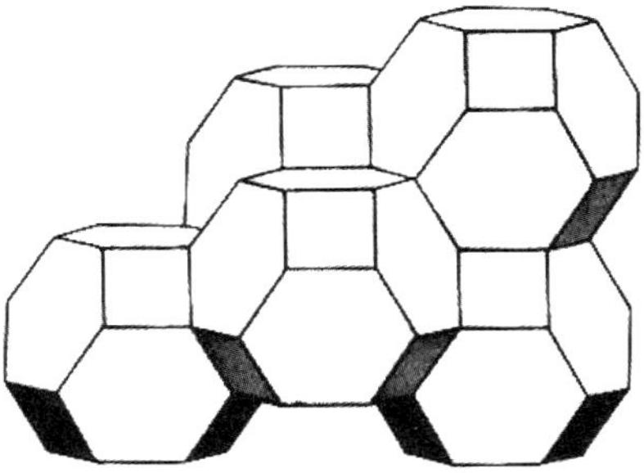

(a) 截角八面体填充

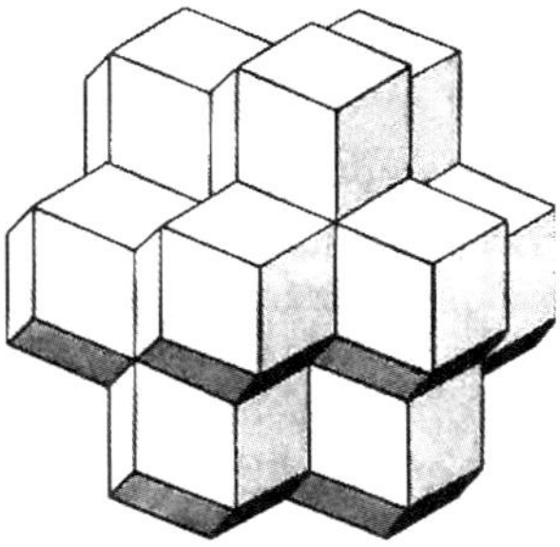

(b) 菱形十二面体

图 4.16 (a) **截角八面体**是唯一一个只用它自己就可以实现空间填充的**半正则多面体**。(b) **菱形十二面体**是唯一一个可以实现空间填充的 **Archimedes 对偶**，也就是说，以**截角八面体**的中心作为顶点，从而得到的多面体结构。（本图取材于 P. Pearce 和 S. Pearce 所著的《*Polyhedra Primer*》[1978]，本图的使用得到了原书出版社的许可）

(c) 我们如何通过：立方体之间相对位置的“偏斜”，来对空间进行剖分？（我们需要使得：剖分后的空间中的各个基本单元之间的连接关系，等同于：使用截角正八面体进行剖分时，空间中的各个基本单元之间的连接关系。）

提示： 这种方法类似于：我们在对二维平面的剖分过程中，所使用的“偏斜”方法。本章中，我们让：正方形的图像单元（即：像素点）的位置发生相互“偏斜”，从而使得“偏斜”后的基本单元之间的连接关系等同于：使用正六边形的图像单元对平面进行剖分后各个基本单元之间的连接关系。

我们现在已经使用了：所有可能的正多面体和半正则多面体，来作为基本单元进行空间剖分。下一步，最令人感兴趣的基本单元是：尝试使用多面体的 **Archimedes 对偶**[①]。在使用这种方式所得到的基本单元中，只有一种能够被用来进行空间填充，即：菱形十二面体（如图 4.16(b) 所示）。

(d) 当我们使用**菱形十二面体**进行空间填充时，在确定：某一个基本单元和其他哪些基本单元相连的过程中，是否存在困难？

---

① 所谓 **Archimedes 对偶**是指：以原始多面体（即：空间基本剖分单元）的中心作为顶点，然后，将相邻的顶点（即：相邻接的原始多面体的中心）连接起来所形成的新的多面体。— **译者注**

(e) 请针对：菱形十二面体的情况，完成本题的(a)和(c)中的任务。

(f) 请对我们所探索的这三种空间剖分方法进行比较，并且，分析每一种方法的优点和缺点。

习题 4.9 本章中，我们演示了：如何将离散图像分为数目尽可能少的**子域**，从而使得：相邻的图像单元（即：像素点）属于不同的子域。如果我们的处理方法所依赖的、相邻的图像单元的数目越多，那么，我们所需要用到的子域数也就越多。

(a) 将图像划分为：4 个规则子域。

(b) 将图像划分为：7 个规则子域。

习题 4.10 请证明：**散播**过程是可逆的。散播过程应该按照什么顺序，在**子域**上进行操作？散播操作会结束吗？

习题 4.11 我们可以通过**单步"细化"过程**，来消除**单步"厚化"过程**的作用结果吗？我们可以通过**单步"厚化"过程**，来消除**单步"细化"过程**的作用结果吗？

习题 4.12 如果我们忽略旋转，那么，在正六边形格栅中的某一个基本单元周围，共有 14 种可能的"0/1"排列模式，如图 4.17 所示[①]。证明：对于这 14 种可能的"0/1"环绕情况，其对应的 **Euler 差值**为：

- 对于 $N_{-2} = \{8\}$，其值为 -2。
- 对于 $N_{-1} = \{9, 10, 11, 12, 13, 14\}$，其值为 -1。
- 对于 $N_0 = \{2, 3, 4, 5, 6\}$，其值为 0。
- 对于 $N_{+1} = \{1, 7\}$，其值为 $+1$。

其中，大括号中的数值（例如：$N_{-2} = \{8\}$中的数字 8）表示：图 4.17 中所对应的子图编号。请问：每一种"环绕模式"对应着多少种旋转，也就是说，它具有多少种"等价的"环绕方式？
提示：总共有 64 种不同的环绕方式。

习题 4.13 我们可以通过下面四个方面：

[①] 在原著中，图 4.17 是以不带有编号的插图形式出现的，习题4.12和4.13的说法也有些"含糊"。为了便于读者理解，我们将该图编为图 4.17。— **译者注**

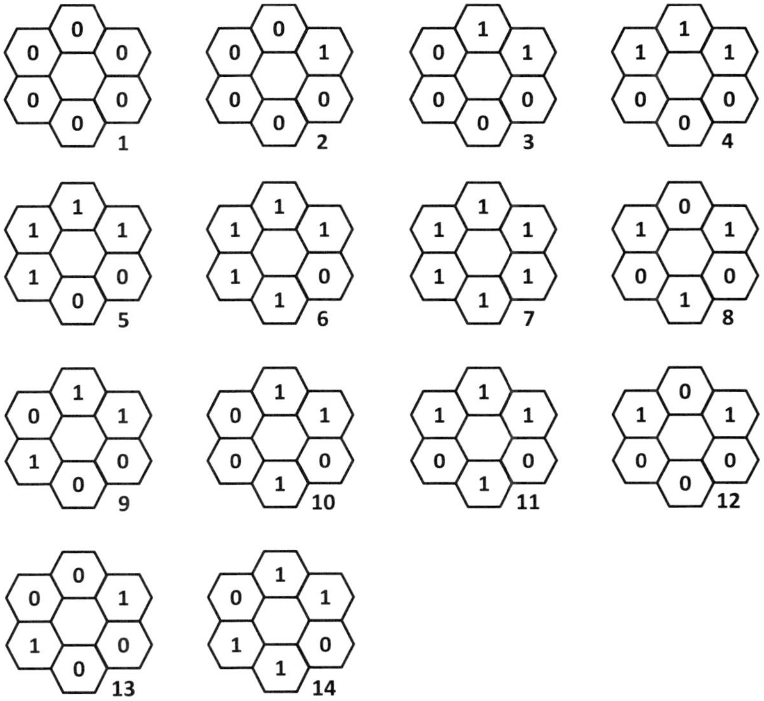

图 4.17　如果我们忽略旋转，那么，在正六边形格栅中的某一个基本单元周围，共有 14 种可能的“0/1”环绕情况。

- 环绕集合[①] S（即：什么样的 $a_{i,j}=1$）。
- Boole 函数 $L(a,b)$（其中 $c_{ij}=L(a_{ij},b_{ij})$）.
- 迭代次数 n。
- 我们将图像划分为一些子域。子域的数目 f。

来唯一地定义一个**迭代修正**方法。请考虑下面的**迭代修正**方法：

(1) $S=\{\}$，$L(a,b)=0$，$n=1$，$f=1$
(2) $S=\{\}$，$L(a,b)=\bar{b}$，$n=1$，$f=1$

①这里的“环绕集合”是指：由图 4.17 中某些可能的环绕情况所组成的集合。因此本题中，集合 S 中的元素是指：图 4.17 中对应的子图编号。例如：$S=\{1,7\}$ 是指：在该**迭代修正**算法中，我们所感兴趣的环绕情况是：图 4.17中的编号为 1 和 7 的两种情况。——**译者注**

(3) $S=\{7\}$，$L(a,b)=ab$，$n=1$，$f=1$
(4) $S=\{1,7\}$，$L(a,b)=\overline{a}b$，$n=1$，$f=1$
(5) $S=\{1\}$，$L(a,b)=ab$，$n=1$，$f=1$
(6) $S=\{7\}$，$L(a,b)=\overline{a}b$，$n=1$，$f=1$
(7) $S=\{2,3,4,5,6,7,8,9,10,11,12,13,14\}$，$L(a,b)=ab$，$n=1$，$f=1$
(8) $S=\{4\}$，$L(a,b)=ab$，$n=1$，$f=1$
(9) $S=\{2\}$，$L(a,b)=ab$，$n=1$，$f=1$
(10) $S=\{3,4\}$，$L(a,b)=\overline{a}b$，$n=\infty$，$f=3$
(11) $S=\{1,2,3\}$，$L(a,b)=\overline{a}b$，$n=\infty$，$f=1$
(12) $S=\{5,6,7\}$，$L(a,b)=a+\overline{a}b$，$n=\infty$，$f=3$
(13) $S=\{2,3,4,5,6\}$，$L(a,b)=\overline{a}b$，$n=\infty$，$f=3$
(14) $S=\{1,7,8,9,10,11,12,13,14\}$，$L(a,b)=sb$，$n=\infty$，$f=3$
(15) $S=\{4,5,6,7\}$，$L(a,b)=a+\overline{a}b$，$n=\infty$，$f=3$

对于这些方法，请从下面的描述中，选择一个最匹配的描述。

(a) 对图像中所有的图像单元（即：像素点），进行**取反**操作。
(b) 将图像中的连通区域，收缩为一个图像单元。
(c) 填满图像中“简单的”洞，并且，对**连通区域**进行“膨胀”，直到该连通区域变**凸**为止。
(d) 清零（即：将所有图像单元的值全部置为零）。
(e) 只保留值为 1 的孤立图像单元。
(f) “切断”的附属物（也就是说，细线）。
(g) 去除**连通区域**的边缘，只保留区域的内部。
(h) 清除掉：值为 1 的、孤立的图像单元。
(i) 标记所有的**角点**，并且，将其余的点全部清掉。
(j) 填充小洞。
(k) 进行“骨架化”操作，直到：线的宽度只有一个图像单元为止。
(l) 去除**连通区域**的内部，只保留其边缘。
(m) 只对线的两端进行标记。
(n) 识别大写字母“B”。

第 5 章　区域与图像分割

许多机器视觉算法都只针对：由单个物体的表面所生成的图像。如果一个物体表面的图像没有覆盖整个视野，那么，我们必须想办法找出：相应的物体表面所对应的图像区域。本章中，我们将探索：将图像分割为多个图像区域的问题，并且，我们希望这些图像区域对应于不同的物体表面。为了实现这个目的，我们首先求助于：灰度值的**统计直方图**，并且，尝试使用图像的**空间相关性**。如果我们得到的图像是：使用具有不同光谱灵敏度的元器件所拍摄的多张图像，那么，将不同的图像区域分离出来的问题将变得简单得多。换句话说，颜色信息对于图像分割是有帮助的。

我们对两种不同的方法进行了对比，即：1) 对现有的区域做进一步划分；2) 对现有的区域进行“合并”。在很多情况下，只有在提取出关于被成像物体的大量信息后，才有可能实现可靠的分割。不幸的是，提取这些信息的方法通常“暗含”一个假设条件：图像已经被分割好了。我们会粗略地讨论这个“鸡生蛋、蛋生鸡”的问题。

5.1 设定阈值的方法

为了将一张灰度图变成一张二值图，我们需要设定一个阈值（如图 5.1 所示）。那些灰度值大于某一个阈值的图像单元（即：像素

图 5.1　如果背景是白的，并且，没有光线照射到物体上，那么，我们通过设定一个亮度阈值，就能很容易地得到一张**二值图**。二值图的“特殊性”使得我们相信：**剪影**（即：图像的轮廓）包含了三维物体的大量信息。我们将一些因素（例如：艺术家精心选择的视角，以及，我们对三维物体表面的“了解”）结合在一起，从而能够通过**二值图**想象出：它所对应的三维物体。但是，如果是对于我们不熟悉的物体，并且，视角的选取也是随机的，那么，我们将很难对**剪影**进行解释。（本图来源于：C. B. Grafton 所编著的《*Silhouettes*》[1979]）

点），将使得：**二值图**中相应位置的值被设为1；而那些灰度值小于该阈值的图像单元①，将在**二值图**中的相应位置产生0。我们如何选取阈值？我们希望找到一种自动方法，对于各种不同情况（例如：不同的光照情况，或者，不同的物体表面反射性质），它都能够自适应地进行处理。对于这个问题，一种处理方式是：只分析图像中灰度值的情况，而不去管图像单元的位置。

对于一张连续图像，我们可以定义图像的**亮度分布函数**，记为 $p(x)$。对于一个很小的 δx，图像中亮度值大于等于 x 而小于 $x+\delta x$ 的那一小部分区域的大小是 $p(x)\delta x$。**累积亮度分布函数** $P(x)$ 是：对亮度分

①这里的图像单元指的就是：像素点。详见第 2.5.3 节。为了表述的清晰，本书中，我们不对这两者加以区别。— **译者注**

布函数的积分。对于一个给定的 x，**累积亮度分布函数** $P(x)$ 是指：图像中亮度小于等于 x 的那一部分区域的大小，即：

$$P(x)=\int_0^x p(t)dt \tag{5.1}$$

对于一幅数字图像，我们可以得到其**灰度值统计直方图**，它给出了：具有某一灰度值的图像单元（即：像素点）的个数。通过对灰度值统计直方图进行求和，我们可以得到**累积灰度值统计直方图**。这些工具在这里会变得非常有用。

5.2 统计直方图

首先，让我们来考虑一个理想的情况：物体表面各处的亮度完全相同，并且，物体所处的背景中各处的亮度也完全相同。只要物体区域和背景区域的亮度不同，那么，我们可以很容易地选择一个阈值，从而将物体和背景分开。该阈值可以选为：介于这两个灰度值之间的任意常数，例如：它们的平均值。

实际上，物体所对应的像素点的灰度值，并不完全相同（如图 5.2 所示）。这是由许多因素造成的，其中包括测量噪声。在确定灰度值的过程中，我们需要测量：由入射光子所激发的、数量相对较少的电子，这个测量结果中存在误差。此外，用于对电量（测量结果）进行放大的仪器会产生更多的噪声。这种噪声效应将会“抹平”（灰度值的）概率分布。更准确地说，我们所得到的测量结果是：“理想的”概率分布与加性噪声的概率分布之间的**卷积**结果。所谓“理想的”概率分布是指：在没有噪声的情况下所得到的概率分布。通常情况下，图像传感器对每一个图像单元的响应并不完全相同；此外，物体表面的反射率也不是完全相同的；还有，光照情况也不完全相同。出于这些原因，我们所设计的阈值标准，必须允许：物体和背景的灰度值在一定范围内发生“波动”变化。

如果我们幸运的话，这个“波动”变化的范围较小，我们仍然能够找到一个阈值，将物体和背景所对应的两组灰度值分开。要找到这个阈值，我们需要借助于：**灰度值的统计直方图**。我们所期待看到的是：在灰度值的**统计直方图**中，会出现两个峰值，它们分别与图像和背景基本对应，并且，在两个峰值之间，会有一个“山谷”将其隔开（如图 5.2 所示）。理想情况是：在统计直方图的两个峰值之间有一个间隔。但是，即使**统计直方图**的两个“山峰”之间有重叠的部分，我们也可以将阈值选为：（统计直方图中）统计值最小的位置

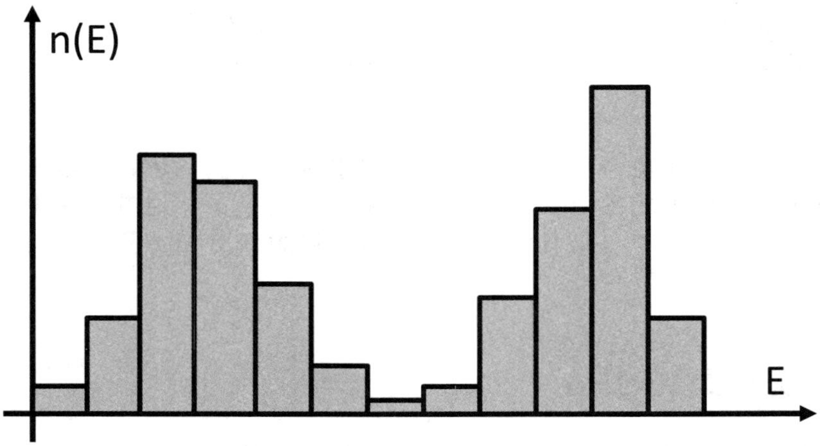

图 5.2　对于确定用于将图像分割为不同区域的阈值，**灰度值的统计直方图**有时是非常有用的。这里的 $n(E)$ 是：灰度值为 E 的图像单元的数目。

（即：图像中，具有该亮度的像素点的数目最少）。这使得我们可以：以很小的分类错误率将灰度图变为二值图。

如果“信号”（即：物体和背景的灰度值之差）没有“噪声”（即：物体或背景的灰度值的“波动”变化）大，那么，我们当然不能使用这种方法。在这种情况下，对邻域内的像素点的灰度值取平均，对于确定合理的阈值是有帮助的。因为这样做会降低噪声，噪声的衰减因子正比于：邻域内像素点数目的平方根。信号的幅度却不会受到该操作的影响。但是，对邻域内像素点的灰度值取平均，会降低空间分辨率。

到目前为止，我们假设：统计直方图中的每一个“竖条”都对应于一个灰度值。通过将“近似相等”的灰度值合并到一起，我们可以得到一个粗糙的统计直方图。在建立统计直方图时，我们总要面对一个难题：统计直方图中的“竖条”到底应该取多宽？每一个“竖条”所给出的是：灰度值在该竖条所对应的取值范围内的图像单元的数目。如果“竖条”太宽，那么灰度值的分辨率会变得很低（一个极端的情况是：只有一个“竖条”，此时，完全无法对灰度值进行分辨）。如果“竖条”取得太窄，那么，每个“竖条”将会只包含几个元素，此时，**统计直方图**会变得太“零碎”（一个极端的例子是：几乎所有“竖条”的高度都为零，只有一些不是零）。对于这种情况，我们很难确定：统计直方图中“高度”最小的“竖条”的位置。自然

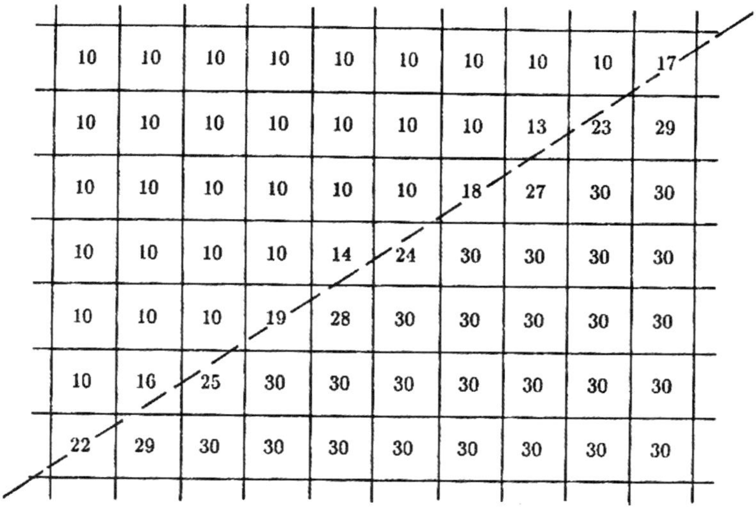

图 5.3 如果一个图像单元（即：像素点）包含：两个相邻区域的边缘，那么，其灰度值将是：介于这两个区域的灰度值之间的某一个值。

地，当物体在图像中“占据”一大片区域时，这个现象并不明显。通常，我们需要将统计直方图中相邻的“竖条”合并到一起，从而实现统计直方图的光滑化；但是，这样做会牺牲对灰度值的分辨率。

另外一个难题是由：图像单元（即：像素区域）与（图像中的）物体**边缘**之间的相互覆盖，所产生的。这些相互覆盖区域的图像单元的灰度值，介于物体和背景的灰度值之间（如图 5.3 所示）。边缘处的图像单元的灰度值是：**统计直方图**中的两个“峰值”所对应的灰度值的某种“融合”。这种效应的强弱依赖于：该图像单元所包含的物体边缘在整个图像单元区域中所占的比例。这个比例反比于：物体在该图像单元中所“占据”的面积与该图像单元面积的比值的平方根。如果我们以很高的分辨率对物体进行成像，那么，这个问题并不十分明显；但是反过来，如果我们使用前面提出的方法（即：通过求平均来提高图像的信噪比），那么，这个问题就会变得非常突出。

当图像中的物体所“占据”的面积（和背景所“占据”的面积比起来）非常大或非常小时，也会产生问题。这种情况下，在统计直方图中，小的峰值可能会被大的峰值周围的“裙边”所“淹没”。此时，我们可能找不到和阈值相对应的最小统计量。同时需要注意的是，由于样本数目是有限的，因此，统计直方图中会含有大量的“噪声”。这意味着，即使图像的亮度分布是光滑的，并且，图像的灰度值“聚集”在两个非常明显的“峰值”的周围，我们也无法期望：直接根据图像灰度值的**统计直方图**来得到一个非常好的分割阈值。

如果物体所占据的“面积”的比例是已知的，那么，通过一个简单的修正，我们的方法就会变成一个有效的方法。首先，对统计直方图求和，从而得到一个**累积统计直方图**。正如我们前面所提到的，**累积统计直方图**给出了：对于每一个灰度值，那些灰度值小于等于这个值的图像单元的数目。我们可以根据：灰度值低于某一阈值的图像单元的数目与图像单元总数的比值，来确定阈值。注意：现在，我们无法利用：根据（经过阈值化处理所得到的）**二值图**计算出来的面积信息。因为，在选择阈值时，我们已经“设定”了物体的面积（即：灰度值小于（或大于）我们所设置的阈值的像素点的数目）。

一些最“干净”的二值图，并不是从一般光学图像中生成的。例如，我们可以测量：物体表面的每一点到某一参考平面的距离。通过对这个“深度图像”设置阈值，我们最终可以得到一张二值图。用这种方法，我们可以弄清楚：位于传送带上的一个物体的轮廓。

距离测量本身是可以利用光学系统来实现的（如图 5.4 所示）。在图5.4中，两个带有圆柱形透镜的光源所产生出的两个“光片”[①]，相交于传送带上的一条线。我们对传送带上方的相机进行校准，从而使得：这两个“光片”的交线，在相机的感光器中的一个“线形”阵列上成像。当传送带上没有物体时，所有的感光器都得到充足的照射。当物体的一部分阻挡入射光时，“线形”阵列上的对应区域会相应地变暗。传送带不断向前移动，当物体经过传感器的感应区域时，传感器所产生的一条一条的“线”组合在一起，就形成了第二个“维度”。于是，我们最终得到了物体的轮廓。我们需要对：“光片”的宽度以及光学系统的布置，进行仔细地设计，从而使得：当传输带上下移动一小段距离时，传感器所受到的照射强度不会发生很大变化。因此，这套系统可以确定：物体的高度是否属于给定的阈值范围。

使用两个光源是为了减少“鬼影”。物体具有高度，因此，在物体达到传输带上的“那条线”之前，就会阻挡照射到“那条线”上的“光片”，从而使得感光元件所生成的图像“变黑”，这种现象被称为“鬼影”。一个未解决的问题是：如何检测物体上的深洞。系统是“看不见”深洞的。

[①] 这里的“光片”是指：光源发出的光，经过透镜后，成为一个二维平面，就像一张（很长的）“纸”一样。原著中使用的是：sheets of light。— **译者注**

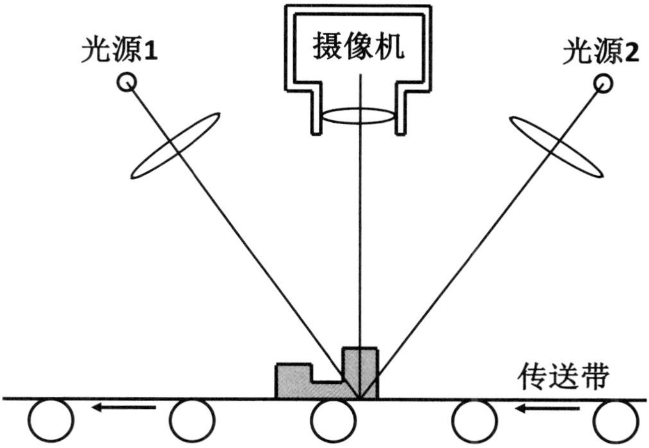

图 5.4 通过对一张“深度图像”设置阈值，我们可以得到一张二值图。“深度图像”是通过使用某种**结构化照明**的方式而生成的。本图中，传送带受到两“片”光的照射，在两“片”光的相交线的正上方，有一个“线阵”图像传感器。当物体经过：传送带上两“片”光的相交线时，物体将阻挡那两“片”光照射到传输带上，线阵传感器所生成的图像将变暗。为了得到一张完整的图像，我们必须对：经过此传感系统的感应区域的物体，进行扫描。

5.3 空间相关性

对于一般的图像，图中相邻的图像单元（即：像素点）是相关的。例如，我们可以想象：在一个多面体物体的图像中，一些区域的亮度是常数。类似的，对于光滑弯曲的物体表面（所生成）的图像，随着图像中像素点位置的变化，其亮度会发生缓慢的变化。

在图像分割中，由于噪声的影响，无可避免地，一些像素点会被分错类。除了边缘附近，大部分这样的“错误”（即：像素点的错分）都是孤立的，这种“错误”被称为：**椒盐噪声**（如图 5.5 所示）。在经过阈值化处理以后，通过查找和周围像素点的灰度值不一样的那些像素点，我们可以很容易地去除椒盐噪声。

在阈值化之前，通过考虑该图像单元周围像素点的灰度值，我们可以在一开始时，就避免椒盐噪声的产生。如果某一个图像单元的灰度值比它周围像素点的灰度值都高，那么，该图像单元很可能受到了“潜在的”噪声的影响。该图像单元是“异常的”，因此，我们可以将该图像单元的灰度值设置为：该点周围的像素点邻域中的最大灰度

0	0	0	0	0	0	0	0	1	1
0	0	1	0	0	0	1	1	1	1
0	0	0	0	0	1	1	1	1	1
0	1	0	0	0	1	1	0	1	1
0	0	0	1	1	1	1	1	1	1
0	0	1	1	1	0	1	1	1	1
1	1	1	1	1	1	1	1	1	1

图 5.5　椒盐噪声的产生是由于：1) 对图像亮度测量的不精确，2) 用于生成二值图的阈值选择的不精确。在图像区域的边缘附近，存在大量的椒盐噪声。

值。类似地，如果一个像素点的灰度值比它周围像素点的灰度值都要小，那么，我们也可以采用类似的“滤波”方法。注意，对于物体和背景区域的边界上的像素点，这个操作并不会改变它们的灰度值。

我们也可以使用其他的滤波方法来减少噪声。例如，我们可以通过：取该图像单元所在邻域内的所有像素点的平均灰度值，来进行滤波。但是，这个操作同时会将：图像的亮度变化“抹平”（即：减少图像和背景之间在边缘处的对比度），从而降低图像的空间分辨率。这会加剧我们在边缘处理中所碰到的问题。另外一种方式是，使用该像素邻域内所有像素点的灰度值的**中位数**（而不是平均数），来取代该像素点的灰度值。集合的**中位数**是集合中的元素，它使得：集合中小于**中位数**的元素个数，等于集合中大于**中位数**的元素个数。和第一种方法①一样，这种操作不会影响到边界上的像素点。但是，相比于求最大值或最小值（甚至求平均数），计算中位数要困难得多②。

在后续的、使用简单阈值方法进行二值化处理过程中，我们可以通过上面这些方法，来减少被分错类的图像单元的数目。但是，这仍

①注意，这里的“第一种方法”是指：前面提到的使用邻域内的**最大值**或**最小值**来取代该点的值的方法，而不是指：使用邻域内的**平均值**的滤波方法。— **译者注**

②这是因为计算中位数需要用到排序。— **译者注**

然无法保障取得好的分割结果。既然在某一个图像单元上，随机噪声有时可能会产生：一个和它的**期望值**相差很大的灰度值，那么，在该图像单元邻域内的其他图像单元上，噪声也可能产生：一个和它的**期望值**相差很大的灰度值。但是，某一个图像单元的灰度值受噪声影响而产生很大的偏差的概率是较小的；同样，对于该图像单元的邻域内的其他图像单元，其灰度值受噪声影响而产生很大偏差的概率也较小。该图像单元所在邻域的灰度平均值受到噪声影响而产生很大的偏差的概率（即：这些概率的乘积）就更加小了。因此，和单个像素点比起来，邻域内像素点的灰度平均值或**中位数**受到噪声影响的可能性要小很多。

在这里，我们用到了像素点之间的**空间相关性**。到目前为止，在我们所处理的简单情况中，我们假设：物体表面具有近似一致的亮度；因此，相邻的图像单元“趋向”于：具有相同的灰度值。在这种情况下，我们通过假设：图像中应该具有什么“东西”，来引入约束条件①。在后面，我们还要进一步探索和使用这种方法。

5.4 图像分割

我们想要将图像分割为一些区域，每一个区域可能对应于：场景中的某一个物体的表面。然后，针对各个图像区域，我们可以做进一步的处理。到目前为止，我们只考虑了极其简单的情况，即：物体和背景都具有一致的亮度。我们现在要对其进行扩展，假设：每一个物体的亮度是一致的，但是，物体之间的亮度却并不相同。

如果我们知道：图像中每一个区域的灰度平均值，那么，我们可以选择：介于这些灰度平均值之间的数，来作为阈值，从而对每一个图像单元进行分类。但是，问题马上出现了：假设区域 A 与区域 C 相邻接，那么，正如我们前面所指出的，在区域 A 与区域 C 的公共边界

①这句话似乎有点“晦涩”，但是，意思是清晰明确的。机器视觉是求解一个逆问题，它的输入是一张图像（即：一个测量结果），而输出是一个关于场景的描述（即：产生这个测量结果的“原因”）。那么，怎么去考虑这个问题呢？自然地，我们应该去想：什么样的“原因”会产生这样的“测量结果”，或者，这样的“原因”会产生什么样的“测量结果”。而这也就是“图像中应该具有什么东西”这句话所真正指代的意思。这里的“东西”可以指：特征、性质；也可以指：模式、规律等。只有考虑清楚了这个问题，我们才能导出有效的约束条件，从而建立起“好的”机器视觉模型。这是本书的基本观点，也是其真正精髓所在。我们会发现，这种思考方法在后面（特别是在第9章以后的章节中）会被反复使用。虽然具体的问题各不相同，但是，基本出发点都是一致的。— **译者注**

上，其图像单元（即：像素点）的灰度值将介于：这两个区域各自所对应的灰度值之间。假设：图中的第三个区域 B 的灰度值也介于：区域 A 和 C 的灰度值之间，并且，正好等于：区域 A 和 C 的边界上的像素点的灰度值，那么，区域 A 和 C 的边界上的一些像素点，就会被错误地分给区域 B。因此，我们需要使用：（灰度值以外的）其他信息，来避免这个问题。例如，区域 A 和 C 的边界上的图像单元所形成的区域是：一些零碎的、被“撕裂”的“小碎片”，而不是一个连接在一起的大区域。如果我们假设：所有区域的宽度都必须大于某一个阈值，那么，我们就可以找到被错误标注的像素点。我们也可以使用如下事实：被“错分”的像素点和区域 A 和 C 相邻，来设计“找错”算法。

有时，通过分析**统计直方图**，我们也可以得到所需要的阈值。但是，统计直方图通常会很零碎，这是因为：和图像中只含有背景和一个物体的情况比起来，当场景中包含多个（具有不同灰度值的）物体时，在统计直方图中，每一个“波峰”所对应的像素点的数目要少得多，并且，这些“波峰”之间更容易发生相互覆盖。

在这种情况下，前面所谈到的噪声问题会变得更加严重。如果图中有多个区域，那么，任意两个区域之间的灰度值的差的最小值，不可能会很大。这个最小差值的取值范围，只是整个灰度值的取值范围的一小部分。假设：灰度值的取值范围为 N，并且，图中共有 R 个区域；那么，所有区域之间的灰度值的最小差值，一定小于或等于 $N/(R-1)$。因此，错分的可能性被大大地提高了。但是，我们可以利用**空间相关性**来“减轻”这个问题。

5.5 使用颜色信息

另一种提高分类效果的方法是：使用**颜色**信息。即使是对于那些：在使用单个图像传感器时，具有相似灰度值的物体表面，它们的颜色仍然有可能是不同的。利用颜色信息的一个方法是：使用多个具有不同**光谱响应**的图像传感器，来生成多张图像。我们可以通过：在镜头前面放置**滤光镜**，来达到这个目的。正如我们在第 2 章中所讨论过的，这些滤光镜对频谱成分进行**选择性吸收**，从而改变了：传感器对不同波长的光的固有响应。通常，我们使用：红、绿、蓝三种颜色的透镜，来得到三张图像。对于我们这里所讨论的问题，滤光镜的具体响应曲线是什么并不重要。

为了方便，我们将：由多个滤光镜所生成的多张图像的灰度值，组合在一起；于是，对于每一个图像单元，我们都会得到一个向量。向量的元素是：在由某一个**滤光镜**所生成的图像中，对应的图像单元的灰度值。向量的**维数**等于滤光镜的个数。图像中的每一个物体区域都对应于：**向量空间**中的一个点或者一个**聚类**（即：聚焦在一起的一些点）。在习题5.7中，我们将证明：在 n 维颜色空间中，聚类之间的距离不会小于黑白图中的聚类之间的距离（也就是说，对应区域的灰度值之差）。

要将这个向量空间（即：颜色空间）分割为：对应于图中不同区域的子空间，并不是一件容易的事。在对模式分类的讨论中，我们将会看到一些用于解决这个问题的方法（参见第 14 章）。对向量进行分类的一种办法是：测量该向量到每一个区域的**表示向量**①的距离。对于颜色空间中的某一未知点，我们可以将其“类别”定为：与该未知点距离最近的**表示向量**所属的那一类。这个过程对应于：用平面来对向量空间进行剖分。这些平面是：连接任意两个**表示向量**的线段的垂直平分面（参见第 14 章）。

5.6 合并与分裂

假设通过某种方式，我们已经得到了：一个令人满意的、对图像的大致分割结果，例如，我们可以简单地将具有相同灰度值的相邻图像单元聚合在一起；然后，我们将“相似”的相邻区域，继续组合在一起，就得到了一个更好的分割结果。“相似”可以指：灰度值的差别小于某一个阈值。我们也可以用**几何因子**来作为：度量**相似度**的依据。例如，我们可以将**几何因子**选为：公共边长度与两个区域的边界总长度的比值。

一种更加复杂的测试方法是：使用对每一个区域灰度值的**均值**和**方差**的估计结果。使用统计学中的基本方法，我们可以计算出：两个区域碰巧具有相似灰度值的概率。如果这个概率很小，那么，我们就将这两个区域合并在一起。合并操作是一个**单调运算**，因此，它最终会停下来。当然，当它停下来时，有可能整张图像都被合并成了一个区域！

有时，上述过程可能会将两个不应该被合并在一起的区域合并在

①图像区域中的每一个图像单元都对应于：颜色空间中的一个点，因此，整个图像区域就对应于：颜色空间中的一个点集。这个点集被称为：一个**聚类**。我们可以选择：使用聚类的**中心点**，来作为这些点的一个“代表”，因此，我们将聚类的**中心点**称为：该图像区域的**表示向量**。— **译者注**

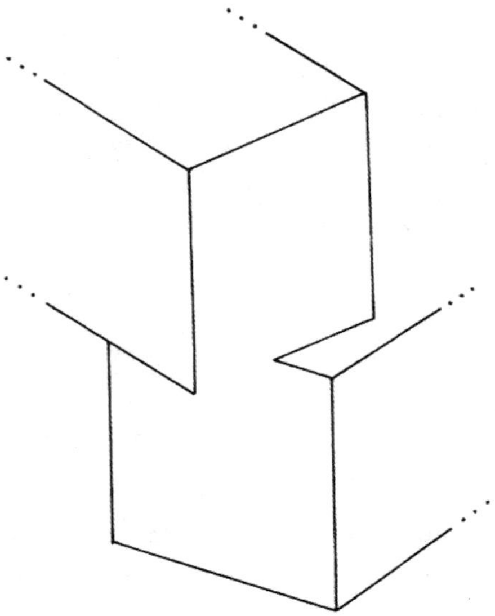

图 5.6　有时候，我们可以通过**几何检测**来“推测”区域之间的边界。

一起。我们可以使用**几何检测**来发现这个问题。例如，如果在区域边界上有两个很深的“切口”，它们将整个区域“不完全地”分割为两个正对的区域，那么，在这两个“切口”的“尖端”之间，我们似乎应该添加一条线，从而将其分割为两个区域（如图5.6所示）。通过分析：区域灰度值的**均值**和**方差**，可以帮助我们进一步对这个疑惑（即：是否应该在两个“切口”之间添加一条线）进行判定。这导出了基于**分裂**（而不是基于**合并**）的方法。从某种意义上说，这些方法可以被归结为：寻找具有不同灰度值的区域之间的边缘。在第8章中，我们还会对**边缘查找**进行详细讨论。

使用这些方法来进行图像分割的一个问题是：在实际情况中，这些方法所基于的前提假设通常都是不成立的。尽管许多物体的表面确实具有一致的反射率，但是，某一物体表面所对应的图像，却不一定具有相同的亮度。正如我们在后面章节中将会看到的，图像亮度受到很多因素的影响。反过来，不同物体上的点所对应的图像单元，却有可能具有相同的灰度值。只有在极其特殊的情况下，我们才能将图像看作是：由一些具有相同（或近似相同）亮度的区域所组成的集合。

通常，在得到其他信息（例如：对物体表面形状的估计）以后，再对图像进行分割，将会更有成效。我们很难对图像分割方法进行评价，其中的一个原因是：我们缺乏一个对任务的明确定义。什么是一个“正确的”分割？这个问题的答案依赖于：你想要用图像分割结果来做什么。

5.7 本章参考文献

文献 Bric & Fennema [1970] 是关于图像区域块分析的最早的论文之一。文献 Bajcsy [1973] 着力于研究：基于图像纹理测度的图像分块操作。值得一提的文献还有：Gupta & Wintz [1975]；Tenenbaum & Barrow [1976] 和 Haralick [1980]。下面几篇文献对图像分割问题做了总结和概括，即：Rosenfeld & Davis [1979]；Kanande [1980] 和 Gurari & Wechsler [1982]。文献 Ohlander, Price & Reddy [1978] 开创了：基于多维度统计直方图的图像分割方法。最近，文献 Pong 等 [1984] 设计了一个新的图像区域增长方法，该方法使用了 Haralick 所提出的亮度曲面的“小面”模型。

本章中叙述的测距方案是 CONSIGHT 系统的一部分。CONSIGHT 系统由通用汽车研究实验室开发，它使用两个“光平面”来从传送带撷取零件。文献 Holland, Rossol & Ward [1979] 详细描述了 CONSIGHT 系统；Ward 等人的论文叙述了 CONSIGHT 系统在工厂车间里的应用（参见文献 Ward 等 [1982]①）。除了本章中所介绍的方法以外，我们还可以使用图像生成随机模型，来解决图像分割和直线检测问题。这是一个十分与众不同的方法，文献 Habibi [1972] 提到了该方法，相关的文章还有：Hansen & Elliott [1982]，Blake [1983]，Geman [1983]，Cohen 和 Cooper [1984]，Marroquin [1985]。在下一章中，我们会进一步讨论图像模型。

5.8 习题

习题 5.1 在二值图中，区域面积和**二值化阈值**的选择有什么关系？随着物体面积和图像单元（即：像素点）面积之间的比值的不同，所得到的面积估计结果的误差将如何变化？随着**阈值**的变化，“比较长”的物体容易受到影响，还是“比较圆”的物体容易受到影响？

① 文献 Ward 等 [1982] 需要在本书最后的“本书参考文献”中进行查找。— **译者注**

习题 5.2 说明：如何利用**膨胀**和**收缩**算子，来去除**椒盐噪声**？

习题 5.3 假设：某一张图像中包含两种图像单元（即：像素点）即：背景和物体；共有 N_b 个图像单元对应于**背景**，其灰度值的分布为 $p_b(x)$；相应的，共有 N_o 个图像单元对应于**物体**，其灰度值的分布为 $p_o(x)$。我们想要设置一个阈值，从而对图像进行分割，并且，该阈值要使得：错分的总“代价”最小。假设：对每一个属于背景的图像单元进行错分的“代价”为 c_b；而对每一个属于物体的图像单元进行错分的“代价”为 c_o。那么，使得错分总“代价”最小的阈值 T 应该是多少？这个问题的解（即：阈值 T 的选择）总是唯一的吗？

习题 5.4 本题是上一题的延续。假设灰度值服从**正态分布**，并且，令 N_b 个“背景”图像单元的灰度值为：均值为 μ_b 方差为 σ_b^2 的 Gauss 随机变量；类似的，令 N_o 个“物体”图像单元（即：像素点）的灰度值为：均值为 μ_o、方差为 σ_o^2 的 Gauss 随机变量。假设：

$$\frac{N_b}{\sigma_b} = \frac{N_o}{\sigma_o} \tag{5.2}$$

那么，我们应该如何选择阈值 T，才会使得：被错分的图像单元的总数最小。当 $N_b = N_o$ 并且 $\sigma_b = \sigma_o$ 时，T 的值是多少？

习题 5.5 考虑如下的寻找最佳阈值的迭代方法：

1. 选取分布中的任意值作为初始阈值；
2. 计算：所有小于阈值的那部分值的平均值；和所有大于阈值的那部分值的平均值；
3. 使用上一步中计算出的这两个值的平均值，作为新的阈值。

请问：该迭代算法的收敛速度是多少？请问：解是否唯一？如果在第 3 步中，我们使用：（步骤 2 中所求出的）两个平均值的加权平均值，那么，对该算法有何改进和提高？我们令两个权重系数的和为 1，并且，我们将两个权重系数的比值选为：低于阈值的那部分值的积分与高于阈值的那部分值的积分的比值。

习题 5.6 假设 $P(x)$ 为：某一个图像单元（即：像素点）的灰度值小于 x 的概率。那么，在一个 3×3 的邻域内，某一图像单元周围的 8 个图像单元的灰度值的最大值小于 x 的概率为多少？邻域中心的图像单元的灰度值大于其周围所有的图像单元的灰度值的概率又是多少？

习题 5.7 考虑两个**颜色向量**：$\boldsymbol{x}=(x_1,\cdots,x_n)^T$ 和 $\boldsymbol{y}=(y_1,\cdots,y_n)^T$。我们可以通过：**颜色向量**的加权平均值，来求得：颜色向量所对应的**灰度值**，即：

$$q_x=\sum_{i=1}^{n}w_ix_i \quad \text{和} \quad q_y=\sum_{i=1}^{n}w_iy_i, \quad \left(\text{其中: }\sum_{i=1}^{n}w_i=1\right) \tag{5.3}$$

证明：两个颜色向量之间的距离大于等于两个灰度值之差的绝对值。

习题 5.8 考虑一个由 3×3 的邻域所形成的中值滤波器。滤波器的输出为：邻域内的 9 个图像单元的灰度值的**中位数**。如果某一个图像单元的灰度值大于 x 的概率为 $P=0.1$，那么，中位数大于 x 的概率是多少？

习题 5.9 考虑一个由 3×3 的邻域所形成的中值滤波器。滤波器的输出为：邻域内的 9 个图像单元的灰度值的**平均数**。假设：加性噪声服从正态分布。如果某一个图像单元的灰度值大于 x 的概率为 $P=0.15$，那么，平均值大于 x 的概率是多少？

习题 5.10 我们也可以使用**纹理**（而不是亮度）来实现分割。为了做到这一点，对于每一个图像单元（即：像素点），我们都需要计算：一些关于**纹理**的测量量。通常，这些计算需要用到：该像素点的周围邻域。例如，我们可以使用：邻域内的图像单元的亮度的标准差

$$\sigma=\sqrt{\frac{\sum_{i=1}^{N}x_i^2-\frac{1}{N}\left(\sum_{i=1}^{N}x_i\right)^2}{N-1}} \tag{5.4}$$

来作为一个简单的测量结果。其中，N 是指：该邻域内的图像单元个数；而 $\{x_i\}$ 是指：这些图像单元的灰度值。另一种常用的测量结果是：亮度范围，也就是说，邻域内图像亮度的最大值和最小值之差。请简要分析：这两种方法各自的优点和缺点。

提示： 你可能会想要考虑：**分辨率**、对噪声的灵敏度、邻域的大小、计算复杂度等。

第 6 章　图像处理：连续图像

通过对图像进行某种变换，产生一个便于后续处理的结果，通常是非常有用的。图像处理就是：寻找实现这种变换的方法。到目前为止，我们所研究的绝大多数方法都是**线性移不变**（**LSI**）的。线性移不变是一个非常重要的性质，因为它使得我们可以将：强大的数学分析工具，应用于图像处理问题中。本章中，我们将说明：线性移不变系统可以被描述为一个**卷积**。我们在讨论两个随机变量的和的时候[①]，就已经介绍过一维卷积。

我们还将展示：1) 空间和频率这两个概念的用处，以及，2) **空间域**和**频率域**之间的相互变换。无论是对于光学图像处理系统，还是对于数字图像处理系统，我们都既可以在空间域对系统进行描述，也可以在频率域对系统进行描述。在空间域，我们是通过系统的**点扩散函数**[②]（**PSF**）来对系统进行描述的；而在频率域，我们是通过系统的**调制传递函数**来对系统进行描述的。我们会将本章中所讨论的方法用于：对**偏导数算子**和**最优滤波器**的分析。在边缘检测中，我们会用到偏导数算子；而最优滤波器则被用于抑制噪声。

本章中所用到的大部分方法都只是：将用于处理一维信号的线性

[①] 参见第 2 章 2.5.2 小节的内容。— **译者注**

[②] 所谓**点扩散函数**指的是系统的**单位无限冲击响应**，即：当系统的输入为单位冲击函数 $\delta(x,y)$ 时，系统的输出结果。**调制传递函数**指的是：**点扩散函数**的 Fourier 变换结果。本章中，我们会对其进行详细介绍。— **译者注**

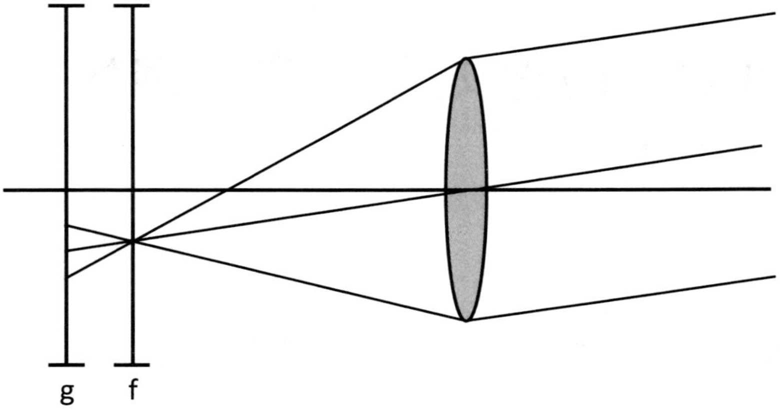

图 6.1　我们可以将失焦图像 $g(x,y)$ 看作是：一个图像处理系统对理想聚焦图像 $f(x,y)$ 的处理结果。

系统方法拓展到二维情况，但是，我们假设读者对于这些（处理一维信号的）方法并不是非常熟悉。在这一章中，我们只讨论了对连续图像的处理；而在下一章中，我们将会讨论相应的离散情况。

6.1 线性移不变系统

图像可以被看作一个**二维信号**。根据这个认识，我们可以设计出一种图像处理方法。考虑一张**失焦**（即：没有准确聚焦）的图像（如图 6.1 所示）。我们可以将：由这个失焦的成像系统生成的失焦图像 $g(x,y)$，看作是：对一张理想图像 $f(x,y)$ 的处理结果。假设：$f(x,y)$ 是由准确聚焦的成像系统所生成的图像。现在，如果我们改变光照条件，使得理想图像的亮度变为原来的两倍，那么，失焦图像的亮度也将变为原来的两倍。进一步，如果我们将成像系统稍稍移动一下，使得理想图像在像平面上轻微地移动一下位置，那么，失焦图像也将会做类似的移动。如果我们忽略掉：1) 理想图像和失焦图像之间尺度上的微小差别，以及，2) 由于像平面到透镜之间距离的变化所引起的整体亮度的微小变化，那么，从理想图像到失焦图像之间的变换，被称作是：一个**线性移不变**的操作。事实上，对于许多非相干光学图像处理系统，通常情况下，它们是线性移不变的（尽管它们的结构更加复杂）。我们将会给出一个关于**线性移不变**的更精确的定义。

考虑一个二维系统，当输入为 $f_1(x,y)$ 和 $f_2(x,y)$ 时，系统的输出分别为 $g_1(x,y)$ 和 $g_2(x,y)$，即：

$$f_1 \longrightarrow \boxed{\textbf{系统}} \longrightarrow g_1$$

$$f_2 \longrightarrow \boxed{\textbf{系统}} \longrightarrow g_2$$

如果对于任意 α 和 β，当系统的输入为 $\alpha f_1(x,y)+\beta f_2(x,y)$ 时，系统的输出都为 $\alpha g_1(x,y)+\beta g_2(x,y)$，也就是说，

$$\alpha f_1+\beta f_2 \longrightarrow \boxed{\textbf{系统}} \longrightarrow \alpha g_1+\beta g_2$$

那么，我们称：这个系统是**线性**的。

在实际应用中，大多数系统的最大输出值的大小都是有限的，因此，这些系统并不是严格线性的。此外，亮度值（即：单位面积上的功率）是非负的，因此，原始输入图像必须是非负的，但是，我们所计算的中间结果却可以取任意值。

现在，让我们来考虑一个系统，当系统的输入为 $f(x,y)$ 时，系统的输出结果为 $g(x,y)$，即：

$$f(x,y) \longrightarrow \boxed{\textbf{系统}} \longrightarrow g(x,y)$$

如果对于任意 a 和 b，我们先将系统的输入移动 $(a,b)^T$；然后，将移动后的结果 $f(x-a,y-b)$ 输入系统，此时，系统所产生的输出结果正好为 $g(x-a,y-b)$，即：$g(x,y)$ 移动 $(a,b)^T$ 所得到的结果，也就是说，

$$f(x-a,y-b) \longrightarrow \boxed{\textbf{系统}} \longrightarrow g(x-a,y-b)$$

那么，我们称：这个系统是**移不变**的。

在实际情况中，图像的大小是有限的。因此，移不变只适用于：有限的位移。此外，随着像素点到光轴距离的不同，光学成像系统的**色差**也会发生变化，因此，这样的系统只是近似移不变的。

对于理解成像系统的性质来说，对**线性移不变系统**的分析方法是非常重要的。成像系统的缺陷常常被看作是：一个线性移不变系统。该**线性移不变系统**将一张理想图像变为我们所观察到的图像。对我们来说，研究线性移不变系统，会导出有用的图像处理算法，这些算法既被用于光学图像（也称连续图像），也被用于数字图像。

一个关于线性移不变系统的简单例子是：产生输入图像关于 x 和 y 的偏导数。将一个函数乘以一个常数再对其进行求导，其结果等于：对该函数求导后再乘以一个常数；并且，将两个函数相加再对其求导，其结果等于：对两个函数分别求导、再将求导结果加起来。因此，该系统是线性的。类似的，我们可以很容易地证明：该系统也是移不变的。在后面的章节中，我们将会看到：对于**边缘检测**来说，这

个**求导系统**是一个非常重要的预处理阶段。

我们首先考虑连续图像，最终的目的是：为相应的离散操作打下一个好的基础。用于图像处理的线性移不变系统，是一维线性移不变系统（例如：简单的无源电路）的二维扩展。因此，我们可以通过对：用于证明一维情况的类似例子的方法，进行简单扩展，从而推导出本章中所用到的大部分结果。为了简化操作，一旦我们可以将：一个含有两个变量的函数，分解为：两个单变量函数的乘积，那么，我们都会先进行分解。这样做使得我们可以将问题中的二重积分，分解为两个一重积分的乘积。

分析一维系统时，系统的输入和输出通常都是关于时间的函数。系统无法对其输入进行预测，因此，该一维信号处理系统受到一个严格的约束，即：该系统必须是一个**因果系统**。能够使用物理方式实现的一维信号系统，都必须符合这个约束条件。对于二维系统，却不存在这样的问题。

在我们（从一维系统中）继承这些强大的信号处理方法的同时，我们也必须指出其不足。**线性移不变**这个约束条件极大地制约着：我们所能使用的图像处理操作的种类。不过，在没有理论指导的情况下，我们很难在这些问题上取得很大的进展。

6.2 卷积与点扩散函数

让我们来考虑一个图像处理系统。对于给定的输入 $f(x,y)$，该系统所产生的输出结果为：

$$g(x,y)=\int_{-\infty}^{\infty}\int_{-\infty}^{\infty}f(x-\xi,y-\eta)h(\xi,\eta)d\xi d\eta \tag{6.1}$$

在这里，g 被称为：f 和 h 的**卷积**。不难看出，式(6.1)所描述的是一个**线性移不变系统**。因为，如果我们将 $\alpha f_1(x,y)+\beta f_2(x,y)$ 代入式(6.1)中，其结果为：$\alpha g_1(x,y)+\beta g_2(x,y)$。这里，$g_1(x,y)$ 是指：当输入为 $f_1(x,y)$ 时，系统（即式(6.1)）的输出结果；而 $g_2(x,y)$ 是指：当输入为 $f_2(x,y)$ 时，系统的输出结果。同样容易验证的是，将 $f(x-a,y-b)$ 代入式(6.1)中，系统的输出结果为：$g(x-a,y-b)$。因此，对于一个系统，如果其系统响应（即：系统的输出）可以被表示成一个**卷积**的形式，那么，该系统是一个线性移不变系统。现在，让我们来讨论其逆命题，即：任何一个线性移不变系统都可以被表示为一个**卷积**。

我们用符号 $\otimes$ 来表示卷积，于是，式(6.1)可以被简写为：

$$g = f \otimes h \tag{6.2}$$

我们有必要建立：函数 $h(x,y)$ 与系统的**可见特征**之间的联系。任意给定一个函数 $h(x,y)$，我们能否找到一个输入 $f(x,y)$，使得系统的输出也为 $h(x,y)$？也就是说，我们能否找到一个函数 $f(x,y)$，使得：

$$h(x,y) = \int_{-\infty}^{\infty}\int_{-\infty}^{\infty} f(x-\xi, y-\eta)h(\xi,\eta)d\xi d\eta \tag{6.3}$$

粗略地观察上式，我们发现，如果上式对于任意 $h(x,y)$ 都成立，那么，在除了原点以外的其他点处，输入函数 $f(x,y)$ 的取值都应该为零；而在原点处，函数 $f(x,y)$ 的取值应为“无穷大”。我们所寻找的“函数”被称为**单位冲击函数**，记为 $\delta(x,y)$。这个函数有时也被称为 **Dirac delta 函数**。

大概地说，函数 $\delta(x,y)$ 具有如下三个特点：1) 除了原点以外处处为零，2) 在原点处的取值为“无穷大”，3) 在包含原点的任意区域上，函数 $\delta(x,y)$ 的积分值等于 1。（如果我们将函数 $f(x,y)$ 看作一个曲面，那么对 $f(x,y)$ 的积分表示：这个曲面下方的那部分空间的体积）。**单位冲击函数** $\delta(x,y)$ 并不是经典意义下的函数（也就是说，它并不是通过：给出所有自变量所对应的函数值的方式，来定义的函数）。它是一个**广义函数**。它可以被看作：当 $\epsilon \to 0$ 时，由在 x 和 y 方向宽度为 2ϵ、高度为 $1/(4\epsilon^2)$ 的脉冲所构成的**函数序列**的极限。我们在后面还将对其进行详细讨论。现在，让我们先来关注：单位冲击函数 $\delta(x,y)$ 的**移动性质**。单位冲击函数 $\delta(x,y)$ 可以被定义为：

$$\int_{-\infty}^{\infty}\int_{-\infty}^{\infty} \delta(x,y)h(x,y)dxdy = h(0,0) \tag{6.4}$$

于是，通过简单的换元，我们可以得到：

$$\int_{-\infty}^{\infty}\int_{-\infty}^{\infty} \delta(x-\xi, y-\eta)h(\xi,\eta)d\xi d\eta = h(x,y) \tag{6.5}$$

对比式(6.5) 和(6.1)，我们不难看出，$h(x,y)$ 的物理意义是：当我们用**单位冲击函数** $\delta(x,y)$ 作为系统的输入时，系统所产生的输出响应。

$\delta(x,y)$ 所对应的图像，1) 在除了原点以外的地方，到处都是黑的；2) 而在原点处，图像却非常亮。因此，$h(x,y)$ 告诉我们：系统是如何将一张图像变模糊的，或者，如何将一个点光源扩散开来。在二维系统中，$h(x,y)$ 被称为：**点扩散函数**。它是二维系统对于单位冲击函数 $\delta(x,y)$ 的响应，因此，它非常类似于我们所熟知的一维系统的无限冲击响应。

我们现在想要说明的是：对于任意一个线性移不变系统，其输

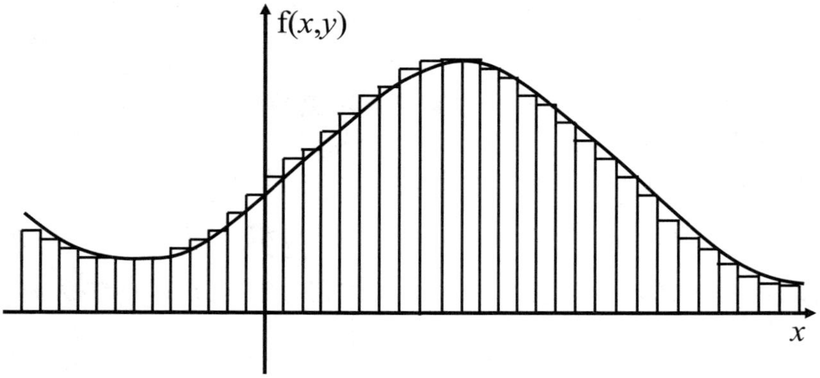

图 6.2　连续函数可以被看作是：阶梯函数的极限。阶梯函数中的每一个常数“小片”，都可以被一个**无限冲击函数**所替代。该无限冲击函数的“面积”和“小片”的高度成正比。通过这种方式，我们可以将一个函数分解为：一组无限冲击函数的和。

出与输入之间的关系，都可以表示为一个**卷积**。通过使用 $\delta(x, y)$ 来作为输入，我们可以确定：系统的点扩散函数 $h(x, y)$。知道单位冲击函数的响应以后，为了便于我们进一步的分析，我们将系统的输入 $f(x, y)$ 看作是由下列两个过程所“构成”的函数，即：

- 对无数个单位冲击函数 $\delta(x, y)$ 进行**移动**和**尺度变化**，即：

$$k(\xi, \eta)\delta(x - \xi, y - \eta) \tag{6.6}$$

- 然后，将式(6.6) 中的所有这些结果组合在一起。

我们可以通过一个简单的几何解释，来说明这是如何做到的。首先，将 $x - y$ 平面分割为：许多宽度为 ϵ 的正方形（这些正方形又被称为：**基本单元**）；每一个基本单元上都有一个脉冲，脉冲高度为：$f(x, y)$ 在这个基本单元上的平均值。图 6.2 所展示的是：由这样的方形脉冲所构成的二维阵列的一个横截面。我们可以用：将所有这些脉冲合在一起所形成的“分片常数”函数，来近似表示函数 $f(x, y)$。

进一步，我们可以将每一个方形脉冲换成：位于该基本单元中心的无限冲击函数；并且，该无限冲击函数的“体积”等于：相应的方形脉冲的体积，也就是说，函数 $f(x, y)$ 在该**基本单元**上的积分。如果函数 $f(x, y)$ 连续，并且 ϵ 足够小，那么，该积分的结果近似为：函数 $f(x, y)$ 的值乘以**基本单元**的面积。当 $\epsilon \to 0$ 时，我们就得到了我们所希望得到的结果。

使用单位冲击函数的**移动性质**（即式(6.5)），我们也可以得到：函数 $f(x,y)$ 的**无限冲击函数**分解形式。也就是说，我们发现：

$$f(x,y)=\int_{-\infty}^{\infty}\int_{-\infty}^{\infty}f(\xi,\eta)\delta(x-\xi,y-\eta)d\xi d\eta \tag{6.7}$$

我们已经将函数 $f(x,y)$ 分解为：无限冲击函数的（线性）组合形式，进一步，我们可以求出系统的输出。当系统的输入为 $f(x,y)$ 时，我们只需要：将系统对于经过**移动**和**尺度变换**的冲击函数（即：式(6.6)）的响应加在一起，就得到了系统的输出 $g(x,y)$。我们之所以能这样做，是因为系统是**线性**的。

同时，由于系统是**移不变**的，因此，系统对于 $k(\xi,\eta)\delta(x-\xi,y-\eta)$ 的响应为 $k(\xi,\eta)h(x-\xi,y-\eta)$。由于 $k(\xi,\eta)$ 的取值为 $f(x,y)$，因此，

$$g(x,y)=\int_{-\infty}^{\infty}\int_{-\infty}^{\infty}f(\xi,\eta)h(x-\xi,y-\eta)d\xi d\eta \tag{6.8}$$

上式可以简写为 $g=h\otimes f$。我们后面会证明：卷积满足**交换律**，也就是说，$h\otimes f=f\otimes h$。于是，我们可以得到：

$$g(x,y)=\int_{-\infty}^{\infty}\int_{-\infty}^{\infty}f(x-\xi,y-\eta)h(\xi,\eta)d\xi d\eta \tag{6.9}$$

因此，对于一个**线性移不变系统**，我们总是可以用：一个**点扩散函数** $h(x,y)$，来对其进行表示。通过点扩散函数 $h(x,y)$，我们可以计算出：系统对任意输入 $f(x,y)$ 的（输出）响应。**点扩散函数**表述了一个**线性移不变系统**的全部特征。因此，我们证明了一个重要结论，即：

- 线性移不变系统对应于一个**卷积**。

我们现在要证明：**卷积满足交换律**[①]，也就是说：

$$a\otimes b=b\otimes a \tag{6.10}$$

令 $c=a\otimes b$，或者，将其写为如下的具体形式：

$$c(x,y)=\int_{-\infty}^{\infty}\int_{-\infty}^{\infty}a(x-\xi,y-\eta)b(\xi,\eta)d\xi d\eta \tag{6.11}$$

现在，使用换元：$x-\xi=\alpha$，$y-\eta=\beta$，于是，我们可以将式(6.11)进一步写为：

$$c(x,y)=\int_{-\infty}^{\infty}\int_{-\infty}^{\infty}a(\alpha,\beta)b(x-\alpha,y-\beta)d\alpha d\beta \tag{6.12}$$

---

①事实上，我们在第 2 章 2.5.2 小节中讨论过卷积的交换律（即：式(2.23)）。只是，在第 2 章中，我们所讨论的是一维卷积，而在这里，我们考虑的是二维卷积（即：一维卷积的扩展形式）。— **译者注**

由于 α 和 β 是**虚拟变量**，因此，我们可以将 α 和 β 换成 ξ 和 η，而不改变上式中的积分结果，于是，我们可以得到：

$$c(x,y)=\int_{-\infty}^{\infty}\int_{-\infty}^{\infty}a(\xi,\eta)b(x-\xi,y-\eta)d\xi d\eta \tag{6.13}$$

上式正好是 $c = b\otimes a$。因此，我们证明了卷积的交换律（即：式(6.10)）。此外，**卷积满足结合律**，也就是说：

$$(a\otimes b)\otimes c=a\otimes(b\otimes c) \tag{6.14}$$

这使得我们可以考虑：将两个点扩散函数分别为 $h_1(x,y)$ 和 $h_2(x,y)$ 的系统**级联**在一起。

$$f\longrightarrow\boxed{\quad h_1\quad}\longrightarrow\boxed{\quad h_2\quad}\longrightarrow g$$

如果输入为 $f(x,y)$，那么第一个系统的输出为 $h_1\otimes f$；然后，我们用第一个系统的输出来作为第二个系统的输入，于是，第二个系统的输出为 $h_2\otimes(h_1\otimes f)$。由于卷积满足结合律，也就是说，$h_2\otimes(h_1\otimes f) = (h_2\otimes h_1)\otimes f$。因此，我们最终得到的结果等价于：将 f 输入一个点扩散函数为 $h_1\otimes h_1$ 的系统所得到的输出结果，即：

$$f\longrightarrow\boxed{\quad h_1\otimes h_2\quad}\longrightarrow g$$

6.3 调制传递函数

和两个函数相乘比起来，要直接看出卷积的作用效果，要困难得多。空间域的卷积对应于频率域的乘积，因此，对于**线性移不变系统**来说，从**空间域**到**频率域**的变换，就显得极其有用。在我们探索这些方法之前，我们首先需要弄清楚：对于二维系统来说，**频率**到底是指什么。

对于一维线性移不变系统来说，我们发现：函数 $e^{i\omega t}$ 是卷积（算子）的**特征函数**。系统的**特征函数**是一个特殊的函数，该函数经过这个系统的作用以后，最多只在幅度上发生变化。

$$e^{i\omega t}\longrightarrow\boxed{\textbf{系统}}\longrightarrow A(\omega)e^{i\omega t}$$

这里的 $A(\omega)$ 是：输入信号被乘以的一个因子（可能是复数）。也就是说，如果我们将：一个复指数函数的波形，输入一个线性移不变系统后，系统的输出将是：一个相似的复指数波形。只有在**幅度**和**相位**上，该波形才可能和输入波形有所不同。我们将 ω 称为：特征函数的**频率**。实际应用中，我们所使用的是：实的波形函数 $\cos\omega$ 和 $\sin\omega$（分别对应于$e^{i\omega t}$ 的实部和虚部）。当然，这两种表示形式之间的关系为：

$$e^{i\omega t} = \cos\omega t + i\sin\omega t \tag{6.15}$$

我们使用复指数形式来进行推导，是因为它会使得表达形式更加紧凑，并且，不需要对正弦函数和余弦函数分别进行处理。

对于二维线性移不变系统，如果输入函数为 $f(x,y) = e^{i(ux+vy)}$，那么，其对应的输出结果为：

$$g(x,y) = \int_{-\infty}^{\infty}\int_{-\infty}^{\infty} e^{iu(x-\xi)+iv(y-\eta)}h(\xi,\eta)d\xi d\eta \tag{6.16}$$

$$= e^{i(ux+vy)}\int_{-\infty}^{\infty}\int_{-\infty}^{\infty} e^{-i(u\xi+v\eta)}h(\xi,\eta)d\xi d\eta \tag{6.17}$$

对于式(6.17)中的双重积分，其积分结果中只含有变量 u 和 v，因此[①]，系统的输出 $g(x,y)$ 只是对输入 $f(x,y) = e^{i(ux+vy)}$ 进行尺度和相位的变换。因此，$e^{i(ux+vy)}$ 是二维卷积的特征函数。

$$e^{i(ux+vy)} \longrightarrow \boxed{\textbf{系统}} \longrightarrow A(u,v)e^{i(ux+vy)}$$

注意：（二维）**频率**具有两个分量 u 和 v。我们用 $u-v$ 平面来表示**频率域**，用 $x-y$ 平面来表示**空间域**。

实波形 $\cos(ux+vy)$ 和 $\sin(ux+vy)$ 对应于二维波形（如图 6.3 所示）。函数 $\cos(ux+vy)$ 的最大值和最小值位于一组平行直线上，即：

$$ux + vy = k\pi \qquad (\text{其中}, k\text{取整数}) \tag{6.18}$$

沿着：和这组平行线垂直的方向，来切割曲面 $\cos(ux+vy)$，我们会得到一个波长为 $\lambda = 2\pi/\sqrt{u^2+v^2}$ 的正弦波。

在图像中，是不可能出现类似 $\cos(ux+vy)$ 的这种波形的，因为，图像的亮度不可能取负值。因此，我们必须将波形整体向上平移一段距离。如果我们令:

$$H(u,v) = \int_{-\infty}^{\infty}\int_{-\infty}^{\infty} e^{-i(u\xi+v\eta)}h(\xi,\eta)d\xi d\eta \tag{6.19}$$

那么，对于我们所处理的特殊情况[②]，式(6.17)可以写为：

$$g(x,y) = H(u,v)f(x,y) \tag{6.20}$$

因此，$H(u,v)$ 表征了：系统对于**复指数波形**的**响应特性**。正如 $h(x,y)$ 表征了：系统对于**无限冲击波形** $\delta(x,y)$ 的响应特性，对于每一个二维

---

①注意：在式(6.17)中，x 和 y 是变量；而 u 和 v 应该被看作常数。这里，作者想强调的是：式(6.17)中的二重积分的结果是一个数，而不是一个关于 x 和 y 的函数。— **译者注**

②注意：这里所指的特殊情况是：$f(x,y) = e^{i(ux+vy)}$，对于一般的 $f(x,y)$，式(6.20)并不成立。— **译者注**

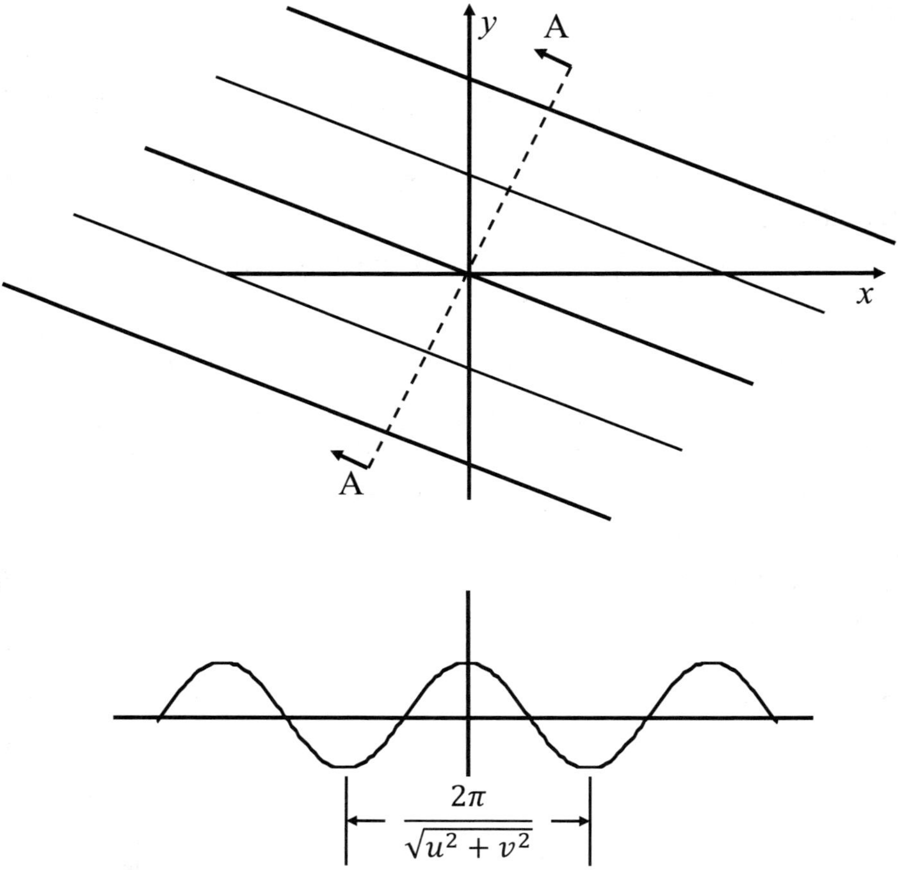

图 6.3　二维**线性移不变**（**LSI**）系统的特征函数，是一组**复指数函数**。这些**复指数函数**的**实部**是：一组光栅；并且，沿着某一个方向，这组光栅的值为常数。光栅的横截面是一个余弦函数。（注意：我们考虑的是**复指数函数**的实部，其虚部是一个正弦函数）。所谓横截面，是指：沿着本图中直线“A—A”方向切割光栅所得到的截面。

频率 (u, v)，$H(u, v)$ 告诉我们：系统（对于 $e^{i(ux+vy)}$ 的）响应的幅度和相位。对于二维系统，$H(u, v)$ 被称为**调制传递函数**。它是二维系统的频率响应，因此，他和我们所熟悉的一维系统的频率响应极其相似。

我们可以从**频率响应曲线**中看出：关于**音频放大器**的品质的许多信息。类似的，通过分析相机镜头的**调制传递函数**的图像，我们可以比较相机镜头的好坏。

6.4 Fourier 变换和滤波

在前面的分析中①，我们将输入信号 $f(x,y)$ 看作：无数个**无限冲击函数**的和，同样，我们也可以将输入信号 $f(x,y)$ 看作：无数个**正弦波**的和。这是对输入信号进行分解的另一种方法，因为，一旦给定**调制传递函数** $H(u,v)$，我们就已经知道了：系统对于输入信号中的每一个"**成分**"（即：具有不同频率和相位的正弦波）的响应。如果我们将 $f(x,y)$ 分解为：

$$f(x,y)=\frac{1}{4\pi^2}\int_{-\infty}^{\infty}\int_{-\infty}^{\infty}F(u,v)e^{+i(ux+vy)}dudv \tag{6.21}$$

那么，根据下面两个结论，即：1) 系统的**线性性质**，2) $e^{+i(ux+vy)}$ 是系统的**特征函数**，我们可以得到：

$$g(x,y)=\frac{1}{4\pi^2}\int_{-\infty}^{\infty}\int_{-\infty}^{\infty}H(u,v)F(u,v)e^{+i(ux+vy)}dudv \tag{6.22}$$

在式(6.21)和(6.22)中，我们使用系数 $1/4\pi^2$，是为了和后面要介绍的公式保持一致。现在剩下的唯一问题是：如何将信号分解为一系列**正弦波**。相比于：将信号分解为一系列**无限冲击函数**，这个问题并不那么简单。给定函数 $f(x,y)$ 以后，我们如何找到相应的系数 $F(u,v)$？正如我们一会儿将要证明的，这个问题的答案是：

$$F(u,v)=\int_{-\infty}^{\infty}\int_{-\infty}^{\infty}f(x,y)e^{-i(ux+vy)}dxdy \tag{6.23}$$

（注意：前提是式(6.23)中的积分存在！）让我们来进行简单的证明，首先，我们将上式中的积分变量的"名字"换一下，即：

$$F(u,v)=\int_{-\infty}^{\infty}\int_{-\infty}^{\infty}f(\alpha,\beta)e^{-i(u\alpha+v\beta)}d\alpha d\beta \tag{6.24}$$

然后，将式(6.24)代入：关于 $f(x,y)$ 的表达式（即式(6.21)）中，我们可以将：式(6.21) 中等号右边的项，进一步写为：

$$\frac{1}{4\pi^2}\int_{-\infty}^{\infty}\int_{-\infty}^{\infty}f(\alpha,\beta)\left[\int_{-\infty}^{\infty}\int_{-\infty}^{\infty}e^{+i(u(x-\alpha)+v(y-\beta))}dudv\right]d\alpha d\beta \tag{6.25}$$

上式中，方括号内部的双重积分并不收敛。我们后面将证明：通过使用所谓的**收敛因子**，方括号内部的二重积分可以被"认为"：等于 $4\pi^2\delta(x-\alpha,y-\beta)$。因此，式(6.25) 可以被化简为：

$$\int_{-\infty}^{\infty}\int_{-\infty}^{\infty}f(\alpha,\beta)\delta(x-\alpha,y-\beta)d\alpha d\beta=f(x,y) \tag{6.26}$$

---

①在本章第6.2小节中，我们证明了定理：任意一个**线性移不变**系统都可以被表示为一个卷积。这句话中的"前面"指的是这个定理的证明过程。— **译者注**

因此，我们证明了

$$\frac{1}{4\pi^2}\int_{-\infty}^{\infty}\int_{-\infty}^{\infty}F(u,v)e^{+i(ux+vy)}dudv=f(x,y) \tag{6.27}$$

式(6.23)中的 $F(u,v)$ 被称为：函数 $f(x,y)$ 的 **Fourier 变换**。类似的，我们可以定义函数 $g(x,y)$ 的 Fourier 变换。最终[①]，我们得到：

$$G(u,v)=H(u,v)F(u,v) \tag{6.28}$$

式(6.28)和下式

$$g(x,y)=\int_{-\infty}^{\infty}\int_{-\infty}^{\infty}f(x-\xi,y-\eta)h(\xi,\eta)d\xi d\eta \tag{6.29}$$

相比，要简单很多。对比式(6.28)和(6.29)，我们得到了**卷积定理**:

- 通过 **Fourier 变换**，**空间域**的**卷积**变成了**频率域**的**乘积**！

我们再一次看到，**调制传递函数** $H(u,v)$ 描述了：系统是如何对输入信号的每一个（频率）成分 $F(u,v)$ 进行放大或缩小的。因此，**线性移不变**系统的作用好比是一个**滤波器**，该滤波器对输入信号的所有**频谱成分**进行选择性地放大或缩小。这就是滤波器所做的全部事情。我们可能会得出这样的结论：只使用**线性移不变**滤波器，严重地制约着我们所能实现的功能。但是同时，由于其在数学上容易处理，因此，**线性移不变**滤波器使得我们可以推导出许多有用的结果。注意：**Fourier 变换**:

$$F(u,v)=\int_{-\infty}^{\infty}\int_{-\infty}^{\infty}f(x,y)e^{-i(ux+vy)}dxdy \tag{6.30}$$

和 **Fourier 逆变换**:

$$f(x,y)=\frac{1}{4\pi^2}\int_{-\infty}^{\infty}\int_{-\infty}^{\infty}F(u,v)e^{+i(ux+vy)}dudv \tag{6.31}$$

之间并不完全对称。我们将 Fourier 正变换和逆变换中的常数因子选为如上形式，只是为了与其他教科书保持一致。由于 Fourier 变换与其逆变换几乎对称，因此，我们所推导出的关于 Fourier 变换的性质，对于 Fourier 逆变换也是成立的。尽管在我们的问题中 $f(x,y)$ 总是取实数（实际上，对于我们问题，$f(x,y)$ 就是一张图像）；但是我们发现：$F(u,v)$ 通常为复数。同时注意，$H(u,v)$ 是**点扩散函数** $h(x,y)$ 的 Fourier 变换结果。

并不是所有的函数都有 Fourier 变换。如果函数具有 Fourier 变换，那么，对该函数进行 Fourier 变换（即：式(6.30)）以后，再对所得到的

[①] 根据定义：$g(x,y)=1/(4\pi^2)\int_{-\infty}^{\infty}\int_{-\infty}^{\infty}G(u,v)e^{+i(ux+vy)}dudv$，因此，对比式(6.22)，我们可以看出 $G(u,v)=H(u,v)F(u,v)$。— **译者注**

结果进行 Fourier 逆变换（即：式(6.31)），所得到的结果和该函数相等。但是，我们仍然难以判断：哪些函数可以做 Fourier 变换，哪些函数不能。

上述问题的另外一个难点是，尽管成像设备所生成的图像只局限在像平面中的某一个有限区域内，但是，式(6.30)中的积分却是对整个 $x-y$ 平面进行的。此外，计算机只能处理：图像经过离散采样后所得到的结果。在下一章中，我们将对这两个问题进行详细讨论。

6.5 Fourier 变换和卷积

我们令 $c = a \otimes b$，那么，函数 $c(x,y)$ 的 Fourier 变换 $C(u,v)$ 为：

$$\int_{-\infty}^{\infty}\int_{-\infty}^{\infty}\left[\int_{-\infty}^{\infty}\int_{-\infty}^{\infty}a(x-\xi,y-\eta)b(\xi,\eta)d\xi d\eta\right]e^{-i(xu+yv)}dxdy \tag{6.32}$$

交换积分次序，我们可以将上式写为：

$$\int_{-\infty}^{\infty}\int_{-\infty}^{\infty}\left[\int_{-\infty}^{\infty}\int_{-\infty}^{\infty}a(x-\xi,y-\eta)e^{-i(xu+yv)}dxdy\right]b(\xi,\eta)d\xi d\eta \tag{6.33}$$

也就是说（注意：对于式(6.32)和(6.33)中的积分，u 和 v 是常数）：

$$C(u,v) = \int_{-\infty}^{\infty}\int_{-\infty}^{\infty}A(u,v)b(\xi,\eta)e^{-i(u\xi+v\eta)}d\xi d\eta = A(u,v)B(u,v) \tag{6.34}$$

空间域上的**卷积**变成了**频率域**上的**乘积**！将**复数结构**引入频率域，将给我们的后续操作带来很大方便。根据乘法的性质，我们可以直接得出：卷积的**交换律**和**结合律**。

注意：由于 Fourier 正变换和逆变换是几乎对称的，因此，我们可以证明：对于两个函数的乘积 $d(x,y) = a(x,y)b(x,y)$，其 Fourier 变换为：

$$D(u,v) = \frac{1}{4\pi^2}A(u,v)\otimes B(u,v) \tag{6.35}$$

其中，$D(u,v)$、$A(u,v)$ 和 $B(u,v)$ 分别为：$d(x,y)$、$a(x,y)$ 和 $b(x,y)$ 的 Fourier 变换结果。这个结论的证明过程和我们上面的证明过程很相似。进一步，我们可以考虑卷积 $c = a \otimes b$ 在点 $(0,0)$ 处的值，即：

$$c(0,0) = \int_{-\infty}^{\infty}\int_{-\infty}^{\infty}a(-\xi,-\eta)b(\xi,\eta)d\xi d\eta \tag{6.36}$$

对 $C(u,v)$ 做 Fourier 逆变换，我们可以得到：

$$c(0,0) = \frac{1}{4\pi^2}\int_{-\infty}^{\infty}\int_{-\infty}^{\infty}C(u,v)dudv \tag{6.37}$$

由于 $C(u,v) = A(u,v)B(u,v)$，通过式(6.36)和(6.37)，我们得到如下关

系：

$$\int_{-\infty}^{\infty}\int_{-\infty}^{\infty} a(-\xi,-\eta)b(\xi,\eta)d\xi d\eta = \frac{1}{4\pi^2}\int_{-\infty}^{\infty}\int_{-\infty}^{\infty} A(u,v)B(u,v)dudv \quad (6.38)$$

注意：函数 $a(-x,-y)$的 Fourier 变换为 $A^*(u,v)$，即 $A(u,v)$ 的**共轭**（注意观察式(6.23)）。用 $a(\xi,\eta)$ 替代式(6.38)中的 $a(-\xi,-\eta)$，我们可以得到：

$$\int_{-\infty}^{\infty}\int_{-\infty}^{\infty} a(\xi,\eta)b(\xi,\eta)d\xi d\eta = \frac{1}{4\pi^2}\int_{-\infty}^{\infty}\int_{-\infty}^{\infty} A^*(u,v)B(u,v)dudv \quad (6.39)$$

如果 $a(x,y)$ 是实数，并且，令 $b(x,y)=a(x,y)$，那么，我们可以得到：

$$\int_{-\infty}^{\infty}\int_{-\infty}^{\infty} a^2(\xi,\eta)d\xi d\eta = \frac{1}{4\pi^2}\int_{-\infty}^{\infty}\int_{-\infty}^{\infty} |A(u,v)|^2 dudv \quad (6.40)$$

这里，$|A(u,v)|^2 = A^*(u,v)A(u,v)$。这个结果（即：式(6.40)）说明：**空间域的能量**和**频率域的能量**是相等的！这个结论被称为：**Raleigh 定理**；其等价的离散形式被称为：**Parseval 定理**。

6.6 广义函数与单位冲击函数

单位冲击函数 $\delta(x,y)$ 并不是一个传统意义上的函数，因为，我们无法定义所有点 (x,y) 的函数值。尽管如此，如果我们可以将 $\delta(x,y)$ 想象成：一个**函数序列**的极限，那么，我们可能会得到：一个与我们以前对于函数的认识相一致的、关于单位冲击函数 $\delta(x,y)$ 的解释。我们需要这样一个函数，该函数依赖于一个参数，当这个参数趋于某一**特定极限**时，该函数的性质趋近于**单位冲击函数**所具有的性质。这个**函数序列**被称为：定义了一个**广义函数**。我们将用一个具体的例子，来将这个想法表述清楚。考虑一个具有单位体积的方形脉冲，即：

$$\delta_\epsilon(x,y) = \begin{cases} 1/(4\epsilon^2), & \text{如果：} |x| \le \epsilon \text{ 并且 } |y| \le \epsilon \\ 0, & \text{如果：} |x| > \epsilon \text{ 或者 } |y| > \epsilon \end{cases} \quad (6.41)$$

在这个函数序列中，某些函数的横截面如下图所示：

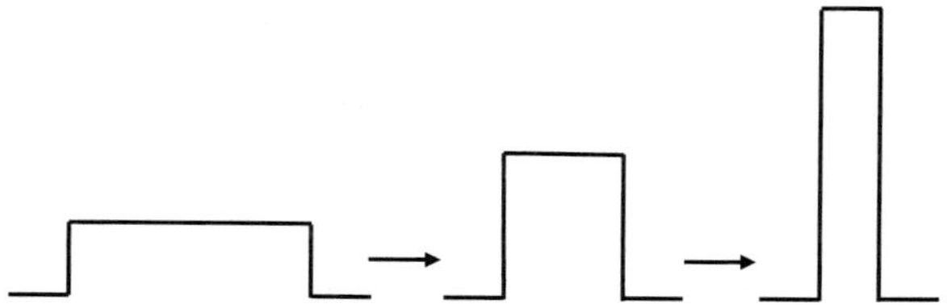

显然：

$$\int_{-\infty}^{\infty}\int_{-\infty}^{\infty}\delta_\epsilon(x,y)dxdy = 1 \tag{6.42}$$

并且，如果 $f(x,y)$ 是一个好的函数[①]，那么，我们可以得到：

$$\lim_{\epsilon\to 0}\int_{-\infty}^{\infty}\int_{-\infty}^{\infty}\delta_\epsilon(x,y)f(x,y)dxdy = \lim_{\epsilon\to 0}\frac{1}{4\epsilon^2}\int_{-\epsilon}^{\epsilon}\int_{-\epsilon}^{\epsilon}f(x,y)dxdy \tag{6.43}$$

对函数 $f(x,y)$ 在 $(0,0)$ 点处做 **Taylor 展开**，我们可以看出：1) 式(6.43)的结果为 $f(0,0)$，2) 对于任意的点 $(x,y)\neq(0,0)$，都有：

$$\lim_{\epsilon\to 0}\delta_\epsilon(x,y) = 0 \tag{6.44}$$

因此，我们可以认为：**函数序列** $\{\delta_\epsilon(x,y)\}$ 定义了**单位冲击函数**。在需要计算含有 $\delta(x,y)$ 的积分表达式时，我们可以采用如下“策略”：首先，使用 $\delta_\epsilon(x,y)$ 来代替 $\delta(x,y)$ 进行计算；然后，再对计算结果取极限，也就是说，令 $\epsilon\to 0$。从上面给出的关于 $\delta_\epsilon(x,y)$ 的表达式中，我们可以看出：$\delta(x,y)$ 可以被看作两个一维单位冲击函数的乘积，即：

$$\delta(x,y) = \delta(x)\delta(y) \tag{6.45}$$

其中，一维的单位冲击函数是通过**移动性质**来定义的，也就是说，对于任意函数 $f(x)$，都有：

$$\int_{-\infty}^{\infty}f(x)\delta(x)dx = f(0) \tag{6.46}$$

一维单位冲击函数的积分结果是**单位阶梯函数**，即：

$$\int_{-\infty}^{x}\delta(t)dt = u(x) \tag{6.47}$$

其中，

$$u(x) = \begin{cases} 1, & 如果\ x > 0 \\ 1/2, & 如果\ x = 0 \\ 0, & 如果\ x < 0 \end{cases} \tag{6.48}$$

反过来，我们可以将**单位冲击函数**看作是：**单位阶梯函数**的导数。通过将**单位阶梯函数**看作是：函数序列 $\{u_\epsilon(x)\}$ 的极限，我们可以很清楚地看出这一点，其中，

$$u_\epsilon(x) = \begin{cases} 1, & 如果\ x > +\epsilon \\ 1/2 + x/(2\epsilon), & 如果\ |x| \le \epsilon \\ 0, & 如果\ x < -\epsilon \end{cases} \tag{6.49}$$

[①] 这里的“好”具体是指：$f(x,y)$ 在 $(0,0)$ 处光滑，并且，无限次连续可微，有时，我们不得不在“形象化”和“数学化”之间找到一个平衡。顺便说一下，$f(x,y)$ 也被称为**测试函数**。— **译者注**

显然，

$$\frac{d}{dx}u_\epsilon(x) = \begin{cases} 1/(2\epsilon), & \text{如果 } |x| \leq \epsilon \\ 0, & \text{如果 } |x| > \epsilon \end{cases} \tag{6.50}$$

这里，我们必须指出的是：不同的**函数序列**可能定义相同的**广义函数**。例如，我们可以考虑：

$$\delta_\sigma(x,y) = \frac{1}{2\pi\sigma^2}e^{-\frac{1}{2}\frac{x^2+y^2}{\sigma^2}} \tag{6.51}$$

也就是说，当 $\sigma \to 0$ 时，由 **Gauss 函数**所生成的函数序列。该函数序列具有单位体积，并且，当 $\sigma \to 0$ 时，对于所有的点 $(x,y) \neq (0,0)$，函数 $\delta_\sigma(x,y)$ 的值趋于零。和式(6.41)中的 $\delta_\epsilon(x,y)$ 相比，$\delta_\sigma(x,y)$ 具有很多优点，例如：$\delta_\sigma(x,y)$ 是**无限可微**的。

单位冲击函数的 Fourier 变换是什么呢？我们有如下性质：

$$\int_{-\infty}^{\infty}\int_{-\infty}^{\infty}\delta(x,y)e^{-i(ux+vy)}dxdy = 1 \tag{6.52}$$

上式是将 $x=0$ 和 $y=0$ 代入 $e^{-i(ux+vy)}$ 后得到的，其理论依据是：**单位冲击函数**的**移动性质**（即：式(6.4)）。另外，我们还可以使用**广义函数**（即：式(6.41)）来求得式(6.52)，即：

$$\int_{-\infty}^{\infty}\int_{-\infty}^{\infty}\delta(x,y)e^{-i(ux+vy)}dxdy \tag{6.53}$$

$$=\lim_{\epsilon\to 0}\int_{-\infty}^{\infty}\int_{-\infty}^{\infty}\delta_\epsilon(x,y)e^{-i(ux+vy)}dxdy \tag{6.54}$$

$$=\lim_{\epsilon\to 0}\left(\frac{1}{2\epsilon}\int_{-\epsilon}^{\epsilon}e^{-iux}dx\right)\left(\frac{1}{2\epsilon}\int_{-\epsilon}^{\epsilon}e^{-ivy}dy\right) \tag{6.55}$$

$$=\left(\lim_{\epsilon\to 0}\frac{\sin u\epsilon}{u\epsilon}\right)\left(\lim_{\epsilon\to 0}\frac{\sin v\epsilon}{v\epsilon}\right) \tag{6.56}$$

$$=1 \tag{6.57}$$

如果一个系统的**点扩散函数**是**单位冲击函数**，那么，该系统是一个**恒等系统**，也就是说，该系统并不对输入信号做任何改变。由于该系统的**调制传递函数**为[①]：$H(u,v)=1$，因此，输入信号的所有频率成分都得以通过该系统，并且，尺度和相位都没有发生变化。换句话说，系统的输出等于输入。

---

①根据定义，**调制传递函数**是系统的**点扩散函数**的**Fourier变换**结果。根据式(6.52)，**单位冲击函数**$\delta(x,y)$的 Fourier 变换结果恒等于 1。因此，我们可以直接得到这个结论。— **译者注**

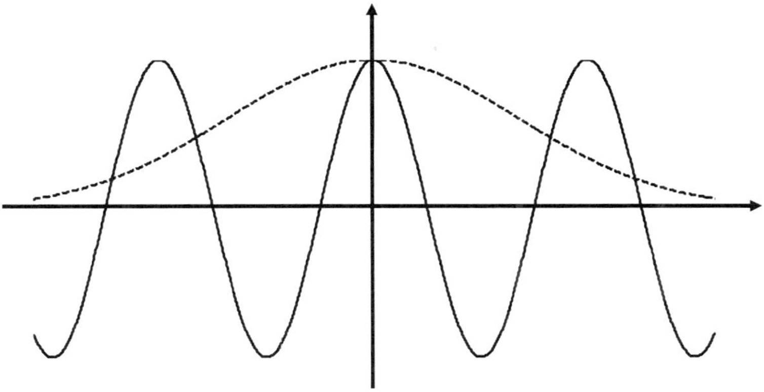

图 6.4 **余弦函数**（图中的实线）的积分并不收敛，但是，如果将被积函数乘以 **Gauss 函数**（图中虚线），那么，我们就得到了一个**可积函数**。我们可以将原始的积分看作：首先，使用**收敛因子**求得一个积分结果，然后，让**收敛因子**变得越来越“平”，从而得到：所求得的积分结果的极限。

6.7 收敛因子与单位冲击函数

下面的积分：

$$\int_{-\infty}^{\infty}\int_{-\infty}^{\infty} e^{i(au+bv)}dudv \tag{6.58}$$

并不收敛。出现这个问题的原因是：式(6.58) 中的被积函数（即：振荡项 $e^{i(au+bv)}$）并不随着 u 和 v 的增大而衰减。尽管存在这个问题，但是，我们可以设法使得上面的积分有意义。其中一个方法是：将被积函数乘上一个**收敛因子**，从而使得当u 和 v 很大时，乘以**收敛因子**以后的被积函数变得很小（如图 6.4 所示）。**收敛因子**是受**参数**控制的，收敛因子和控制收敛因子的参数之间的关系为：

- 当控制收敛因子的参数趋近于某一个极限时，乘以收敛因子的被积函数将逼近原来的被积函数。当控制收敛因子的参数取该极限时，乘以收敛因子以后的被积函数的积分值的极限，就是原来的积分结果。

我们通过：将收敛因子用式(6.58)中的积分，来让读者明确了解使用收敛因子的方法。对于这个例子（即式(6.58)），**Gauss 函数**:

$$c_\sigma(u,v) = e^{-\frac{1}{2}\frac{u^2+v^2}{\sigma^2}} \tag{6.59}$$

是一个很好的**收敛因子**。其中，σ 是一个可变参数。注意：对于任意有限的 (u,v)，都有：

$$\lim_{\sigma\to\infty} c_\sigma(u,v) \to 1 \tag{6.60}$$

于是，我们要计算的积分为：

$$\int_{-\infty}^{\infty}\int_{-\infty}^{\infty} e^{-\frac{1}{2}\frac{u^2+v^2}{\sigma^2}} e^{i(au+bv)}dudv = \int_{-\infty}^{\infty} e^{-\frac{1}{2}\left(\frac{u}{\sigma}\right)^2+iua}du \int_{-\infty}^{\infty} e^{-\frac{1}{2}\left(\frac{v}{\sigma}\right)^2+ivb}dv \tag{6.61}$$

$\sin(ua)$ 是一个关于 u 的奇函数，因此，

$$\int_{-\infty}^{\infty} e^{-\frac{1}{2}\left(\frac{u}{\sigma}\right)^2}\sin(ua)du = 0 \tag{6.62}$$

并且，我们知道①：

$$\int_{-\infty}^{\infty} e^{-\frac{1}{2}\left(\frac{u}{\sigma}\right)^2}\cos(ua)du = \sqrt{2\pi}\sigma e^{-\frac{1}{2}a^2\sigma^2} \tag{6.63}$$

因此，式(6.61)等于：

$$2\pi\sigma^2 e^{-\frac{1}{2}(a^2+b^2)\sigma^2} \tag{6.64}$$

只要 $a^2+b^2\neq 0$，当 $\sigma\to\infty$ 时，式(6.64) 趋于零。但是，如果 $a=b=0$，当 $\sigma\to\infty$ 时，式(6.64) 的结果为无穷大。因此积分：

$$\int_{-\infty}^{\infty}\int_{-\infty}^{\infty} e^{i(au+bv)}dudv \tag{6.65}$$

一定是**无限冲击函数** $\delta(x,y)$ 的某个**尺度放大**形式。但是，其尺度因子是什么呢？由于

$$\int_{-\infty}^{\infty}\int_{-\infty}^{\infty} \delta(a,b)dadb = 1 \tag{6.66}$$

因此，我们可以通过求下面的积分，即：

$$\int_{-\infty}^{\infty}\int_{-\infty}^{\infty} 2\pi\sigma^2 e^{-\frac{1}{2}(a^2+b^2)\sigma^2}dadb \tag{6.67}$$

来确定相应的尺度因子。上面的**二重积分**可以分解为：两个**一重积分**的乘积，即（注意对比 **Gauss 分布**）：

$$2\pi\sigma^2\int_{-\infty}^{\infty} e^{-\frac{1}{2}a^2\sigma^2}da\int_{-\infty}^{\infty} e^{-\frac{1}{2}b^2\sigma^2}db = 4\pi^2 \tag{6.68}$$

---

①**译者注**：关于式(6.63)的一个简单证明思路。
1) 令 $f(a)=\int_{-\infty}^{\infty} e^{-\frac{1}{2}(u/\sigma)^2}\cos(ua)du$。
2) 对 $f(a)$ 求导，然后，对 $f'(a)$（即：函数 $f(a)$ 关于 a 的导数）的表达式使用分部积分，我们可以整理得到：$f'(a)=-a\sigma^2 f(a)$。注意：这是一个关于函数 $f(a)$ 的常微分方程！
3) 求解该常微分方程，并代入初始值 $f(0)=\sqrt{2\pi}\sigma$，我们最终可以得到式(6.63)。

注意，式(6.68)中的结果和 σ 无关，于是，我们最终得到了：

$$\int_{-\infty}^{\infty}\int_{-\infty}^{\infty} e^{i(au+bv)}dudv = 4\pi^2\delta(a,b) \tag{6.69}$$

我们在前面讨论 **Fourier 变换**时[①]用到了这个结果。

6.8 偏微分与卷积

我们常常会使用求导算子来突出图像中的**边缘**，因此，知道：图像的导数所对应的 **Fourier 变换**与原图像的 **Fourier 变换**之间的关系，是非常有用的。也就是说，如果 $F(u,v)$ 是 $f(x,y)$ 的 **Fourier 变换**，那么 $\partial f/\partial x$ 和 $\partial f/\partial y$ 的 **Fourier 变换**是什么？考虑如下变换：

$$\int_{-\infty}^{\infty}\int_{-\infty}^{\infty}\frac{\partial f}{\partial x}e^{-i(ux+vy)}dxdy = \int_{-\infty}^{\infty}\left[\int_{-\infty}^{\infty}\frac{\partial f}{\partial x}e^{-iux}dx\right]e^{-ivy}dy \tag{6.70}$$

对：上式中关于 x 的积分，使用**分部积分**，我们可以得到：

$$\int_{-\infty}^{\infty}\frac{\partial f}{\partial x}e^{-iux}dx = \left[f(x,y)e^{-i(ux+vy)}\right]_{-\infty}^{\infty} + (iu)\int_{-\infty}^{\infty}f(x,y)e^{-iux}dx \tag{6.71}$$

除非当 $x\to\pm\infty$ 时，$f(x,y)\to 0$，否则，我们无法对上式做进一步的处理。如果上述条件成立，那么，$\partial f/\partial x$ 所对应的 Fourier 变换（即：式(6.70)）为：

$$iu\int_{-\infty}^{\infty}\int_{-\infty}^{\infty}f(x,y)e^{-i(ux+vy)}dxdy = iuF(u,v) \tag{6.72}$$

如果当 $x\to\pm\infty$ 时，$f(x,y)$ 不趋于零，那么，式(6.70)中的积分并不收敛，但是，对于这种情况，通过使用**收敛因子**，我们可以得到和式(6.72)基本相同的结果。使用类似的方法，我们可以证明：$\partial f/\partial y$ 的 **Fourier 变换**为 $ivF(u,v)$。因此，我们可以得到这样的结论：**求导算子**突出**高频成分**而抑制**低频成分**。事实上，直流分量（即：频率为零的成分）则被完全消除掉了。

函数 $f(x,y)$ 的 **Laplace 算子**处理结果的定义为：

$$\nabla^2 f = \frac{\partial^2 f}{\partial x^2} + \frac{\partial^2 f}{\partial y^2} \tag{6.73}$$

因此，函数经过 **Laplace 算子**处理的结果，所对应的 Fourier 变换为：

$$-(u^2+v^2)F(u,v) \tag{6.74}$$

[①]这句话中的“前面”具体是指：我们在推导 Fourier 变换和逆变换的过程中，从式(6.25) 到式(6.27) 的推导过程。— **译者注**

我们可以把 $-(u^2+v^2)$ 看作是[①]：**Laplace 算子的调制传递函数**。在后面，我们会对这个观点进行更精确的解释。注意：该**调制传递函数**是**旋转对称**的，也就是说，它的值只依赖于 (u^2+v^2)，而不是分别依赖于 u 和 v。这说明：**Laplace 算子本身就是旋转对称的**[②]。

我们前面已经证明了：**空间域的卷积对应于频率域的乘积**，因此，空间域的求导对应于频率域的乘积这个结论，看起来似乎是一个奇怪的巧合。如果我们看出：**求导算子是线性移不变的**！那么，这个结论就变得不那么奇怪了。求导本身是否可能就是通过某种函数（作为卷积核）来实现的一种卷积形式？（由于求导是一种局部操作，因此，该函数必须是一个非常特殊的函数，这个函数在除了原点以外的其他各点上，其函数值都为零）。让我们来更加细致地研究这个问题。

求 x 的一阶偏导数这个运算所对应的 **Fourier 变换**为 $H(u,v)=iu$。通过对 iu 进行 **Fourier 逆变换**，我们可以求得：一阶偏导数算子所对应的**点扩散函数**，即：

$$\frac{1}{4\pi^2}\int_{-\infty}^{\infty}\int_{-\infty}^{\infty} iue^{-i(ux+vy)}dxdy \tag{6.75}$$

这个积分并不收敛，通过使用**收敛因子**，我们可以对其进行求解，但是，如果我们注意到以下事实：

$$\int_{-\infty}^{\infty}\int_{-\infty}^{\infty} e^{+i(ux+vy)}dxdy = 4\pi^2\delta(x,y) \tag{6.76}$$

那么，该问题将变得很简单。因此，式(6.75) 的积分结果为：

$$\frac{\partial}{\partial x}\delta(x,y) \tag{6.77}$$

这是因为：**频率域**上乘以 iu 等价于**空间域**上对 x 求偏导。$\delta(x,y)$ 已经是一个非传统意义上的函数了，因此，它的导数更不可能是一个传统意义上的函数，但是，它可以被定义为：一个**函数序列**的极限，例如[③]：

$$\frac{\partial}{\partial x}\delta_\sigma(x,y) = -\frac{x}{2\pi\sigma^4}e^{-\frac{1}{2}\frac{x^2+y^2}{\sigma^2}} \tag{6.78}$$

---

①需要指出的是：$-(u^2+v^2)$ 并不随着 u 和 v 的增大而衰减，也就是说，我们无法直接通过 Fourier 变换和逆变换的定义（即：式(6.30) 和(6.31)）来对其进行处理，因此，原著使用了“看作是”（think of $\cdots$ as）这个说法。— **译者注**

②要得出这个结论，需要用到第6.9节中的一个重要结论，也就是说，如果函数是旋转对称的，那么，它的 Fourier 变换结果也是旋转对称的（参见式(6.91)）；反之亦然（参见式(6.92)）。— **译者注**

③函数 $\delta_\sigma(x,y)$ 的定义为式(6.51)。— **译者注**

另外，我们可以将其想象为：如下**函数序列**的极限，即：

$$\delta_{x;\epsilon}(x,y)=\frac{1}{2\epsilon}(\delta(x+\epsilon,y)-\delta(x-\epsilon,y)) \tag{6.79}$$

也就是说：两个间隔很小、朝向相反的**无限冲击函数**。这个结果被称为**偶极子**，记为 $\delta_x(x,y)$。通常情况下，我们将**偏导数**定义为**差分**的极限。这种方式和我们的定义形式[①]是一致的，也就是说，

$$f(x,y)\otimes\delta_{x;\epsilon}(x,y)=\frac{f(x+\epsilon,y)-f(x-\epsilon,y)}{2\epsilon} \tag{6.80}$$

因此，

$$\lim_{\epsilon\to 0}f(x,y)\otimes\delta_{x;\epsilon}(x,y)=f(x,y)\otimes\delta_x(x,y)=\frac{\partial f}{\partial x} \tag{6.81}$$

我们可以将：与 **Laplace 算子**相对应的**广义函数**，看作是如下**函数序列**的极限，即：

$$L_\sigma(x,y)=\left(\frac{x^2+y^2-2\sigma^2}{2\pi\sigma^6}\right)e^{-\frac{1}{2}\frac{x^2+y^2}{\sigma^2}} \tag{6.82}$$

通过对 $\delta_\sigma(x,y)$ 求偏导，我们可以得到式(6.82)。式(6.82) 也被称为：**Laplace – Gauss 级联算子(LOG)**，它的图形是**圆周对称**的，其中心向下，幅度为 $1/(\pi\sigma^4)$，并且，向下区域的半径为 $\sqrt{2}\sigma$；向下区域的周围，被一个半径为 2σ、高度为 $e^{-2}/(\pi\sigma^4)$ 的圆形的“墙”所环绕（如图 6.5(a) 所示）。

此外，我们还可以选取函数序列：

$$L_\epsilon(x,y)=\begin{cases}-2/(\pi\epsilon^4), & \text{如果 } 0\le x^2+y^2\le\epsilon^2\\ +2/(3\pi\epsilon^4), & \text{如果 } \epsilon^2<x^2+y^2<4\epsilon^2\\ 0, & \text{如果 } x^2+y^2>4\epsilon^2\end{cases} \tag{6.83}$$

来逼近 **Laplace 算子**的**卷积核**（如图 6.5(b) 所示）。在后面，当我们寻找：这些连续算子所对应的离散形式时，我们将会发现这个形式（即：式(6.83)）非常有用。

6.9 旋转对称与各向同性算子

在所有由**偏导数算子**通过**线性组合**而构成的**各向同性算子**中，**Laplace 算子**是最低阶的算子。所谓各向同性算子是指：

- 将图像**旋转**以后，再用**各向同性算子**进行处理，等价于：先用**各向同性算子**对图像进行处理，再做相应的**旋转**。

[①] 所谓“我们的定义形式”是指：将偏导数算子定义为一个卷积，卷积的核函数为**偶极子**。— **译者注**

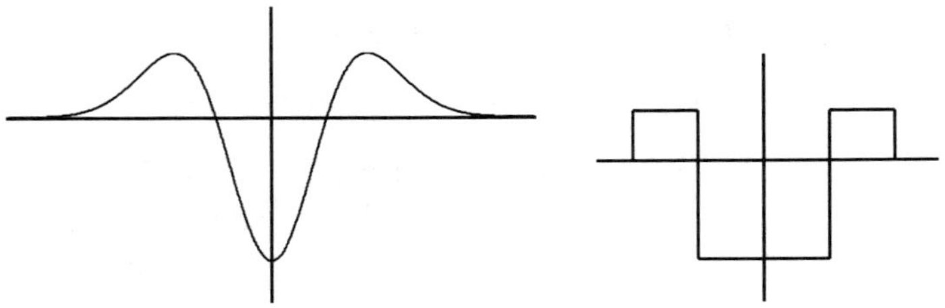

(a) LOG　　(b) “分段常数”函数

图 6.5　我们可以将 **Laplace 算子**的作用效果，看作是一种**卷积**的极限；它所对应的**卷积核**为：具有“中心/环绕”结构的**旋转对称函数**。(a) 一个这样的例子是：**Laplace－Gauss 级联算子(LOG)**。**LOG**是 **Laplace 算子**对 **Gauss 函数**的作用结果，它具有连续的导数。(b) 我们也可以使用：“分段常数”函数，来近似逼近：**Laplace 算子**的所对应的**卷积核**。

相应的，如果我们先对图像进行**旋转**，再用 **Laplace 算子**对其进行处理，最后，再将处理后的图像转回来，那么，我们所得到的结果等价于：直接用 **Laplace 算子**对图像进行处理所得到的结果。

另一种旋转对称的二阶算子是**二次变分**，即：

$$\left(\frac{\partial^2}{\partial x^2}\right)^2 + 2\left(\frac{\partial^2}{\partial x^2}\right)\left(\frac{\partial^2}{\partial y^2}\right) + \left(\frac{\partial^2}{\partial y^2}\right)^2 \tag{6.84}$$

但是，二次变分[①]并不是一个线性算子。如果考虑**非线性算子**，那么，最低阶的**旋转对称算子**是：**梯度的模**的平方，即：

$$\left(\frac{\partial}{\partial x}\right)^2 + \left(\frac{\partial}{\partial y}\right)^2 \tag{6.85}$$

在第 8 章中，我们将会看到：对于图像的**边缘检测**，**Laplace 算子**、**梯度的模的平方**以及**二次变分**是非常有用的。

我们之所以对**旋转对称算子**感兴趣，是由于：无论图像中的特征的**朝向**如何，**旋转对称算子**都对它们进行相同的处理。同时，旋转对称函数可以被描述成一个简单的**轮廓**[②]，而不是一个二维曲面。最后，我们可以通过一个**一重积分**来计算**旋转对称函数**的 **Fourier 变换**，而不需要使用**二重积分**。接下来，我们将会说明这一点。

[①]注意：**二次变分**（quadratic variation）和**二阶变分**（second-order variation）之间的差别。在第8章讨论边缘检测时，我们还会详细讨论二次变分。— **译者注**

[②]这里的“轮廓”是指一条曲线，也就是说，我们用：经过**旋转对称轴**的平面，去“切割”：**旋转对称函数**所对应的曲面，所得到曲线。该曲线又被称为：**旋转面**的**生成曲线**或**母线**— **译者注**

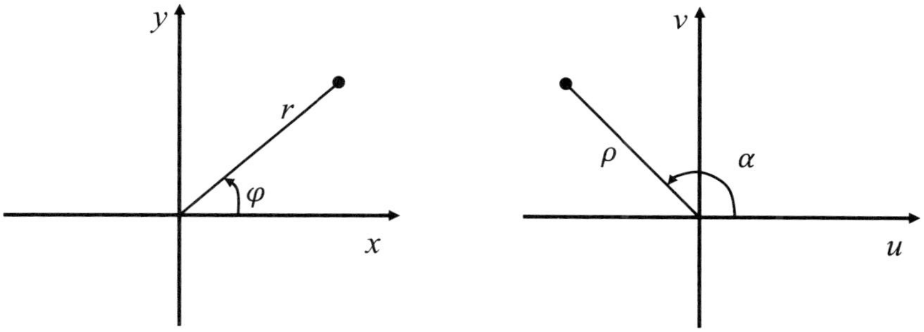

图 6.6 为了便于对**旋转对称函数**进行处理，我们在**空间域**和**频率域**都引入**极坐标**。

首先，我们在**空间域**和**频率域**引入极坐标（如图 6.6 所示），令：

$$\begin{cases} x = r\cos\phi \\ y = r\sin\phi \end{cases} \quad 和 \quad \begin{cases} u = \rho\cos\alpha \\ v = \rho\sin\alpha \end{cases} \tag{6.86}$$

于是，我们可以得到 $ux + vy = r\rho\cos(\phi - \alpha)$。我们令 $f(x, y) = \overline{f}(r)$，于是，我们可以将下式中的 **Fourier 变换**

$$F(u, v) = \int_{-\infty}^{\infty}\int_{-\infty}^{\infty} f(x, y)e^{-i(ux+vy)}dxdy \tag{6.87}$$

进一步写为：

$$\overline{F}(\rho) = \int_{-\pi}^{\pi}\int_{0}^{\infty} r\overline{f}(r)e^{-ir\rho\cos(\phi-\alpha)}drd\phi \tag{6.88}$$

上式中，积分号里面的 r 来自于：从直角坐标到极坐标的变换过程中所对应的 **Jacobi 矩阵**的行列式[①]。改变式(6.88)中的积分次序，我们可以得到：

$$\overline{F}(\rho) = \int_{0}^{\infty}\left[\int_{-\pi}^{\pi} e^{-ir\rho\cos(\phi-\alpha)}d\phi\right] r\overline{f}(r)dr \tag{6.89}$$

经过简单的变量代换（即令：$\phi \leftarrow (\phi - \alpha)$），我们可以将：式(6.89)中方括号内部的积分，进一步写为：

$$\int_{-\pi}^{\pi} e^{-ir\rho\cos\phi}d\phi = 2\int_{0}^{\pi} e^{-ir\rho\cos\phi}d\phi = 2\pi J_0(r\rho) \tag{6.90}$$

[①] 这里的"**Jacobi 矩阵**的行列式"，其具体形式为（参见式(6.86)）：$x_r y_\phi - x_\phi y_r = r\cos^2\phi + r\sin^2\phi = r$。— **译者注**

其中，$J_0(r\rho)$ 表示零阶 **Bessel 函数**[①]。因此，如果 $F(u,v)=\overline{F}(\rho)$，那么

$$\overline{F}(\rho)=2\pi\int_0^{\infty} r\overline{f}(r)J_0(r\rho)dr \tag{6.91}$$

类似的，我们可以证明：

$$\overline{f}(r)=\frac{1}{2\pi}\int_0^{\infty}\rho\overline{F}(\rho)J_0(r\rho)d\rho \tag{6.92}$$

式(6.91)和(6.92)分别给出了：**Hankel 变换**和 **Hankel 逆变换**的定义。

注意，在公式(6.91)和(6.92)中，系数是“不对称”的，这是由于：在定义 Fourier 变换及其逆变换时（即：式(6.30) 和(6.31)），我们所使用的系数是不对称的。

对比式(6.91) 和(6.92)，我们得到了下面的重要结论：

- **旋转对称函数**的 **Fourier 变换**结果也是**旋转对称**的，并且，其 **Fourier 变换**结果是实数（这意味着其**相移**为零）。

当我们在对：一些简单成像系统的缺陷，进行分析时，常常会用到这个结论。让我们来考虑一个例子，假设一个系统的**点扩散函数**的作用，相当于一个理想的**低通滤波器**，并且，其**截止频率**为 B，即：

$$\overline{H}(\rho)=\begin{cases}1, & \text{如果 } \rho\le B\\ 0, & \text{如果 } \rho>B\end{cases} \tag{6.93}$$

那么，通过对 $\overline{H}(\rho)$ 做 **Fourier 逆变换**，我们可以得到：

$$\overline{h}(r)=\frac{1}{2\pi}\int_0^{\infty}\rho\overline{H}(\rho)J_0(r\rho)d\rho=\frac{1}{2\pi}\int_0^{B}\rho J_0(r\rho)d\rho \tag{6.94}$$

令 $z=r\rho$，于是，

$$\overline{h}(r)=\frac{1}{2\pi}\frac{1}{r^2}\int_0^{rB} zJ_0(z)dz \tag{6.95}$$

由于：

$$\frac{d}{dz}\left(zJ_1(z)\right)=zJ_0(z) \tag{6.96}$$

其中，$J_1(z)$ 表示**一阶 Bessel 函数**。因此

$$\overline{h}(r)=\frac{1}{2\pi}\frac{1}{r^2}(rB)J_1(rB)=\frac{1}{2\pi}B^2\frac{J_1(rB)}{rB} \tag{6.97}$$

同样地，我们可以证明：

$$\lim_{z\to 0}\frac{J_1(z)}{z}=\frac{1}{2} \tag{6.98}$$

---

①根据 n 阶 **Bessel 函数**的定义：$J_n(z)=1/(2\pi)\int_{-\pi}^{\pi}e^{i(n\phi-z\sin(\phi))}d\phi$（其中，$n$ 为非负整数），我们不难验证式(6.90)、(6.96) 和(6.98) 的正确性。— **译者注**

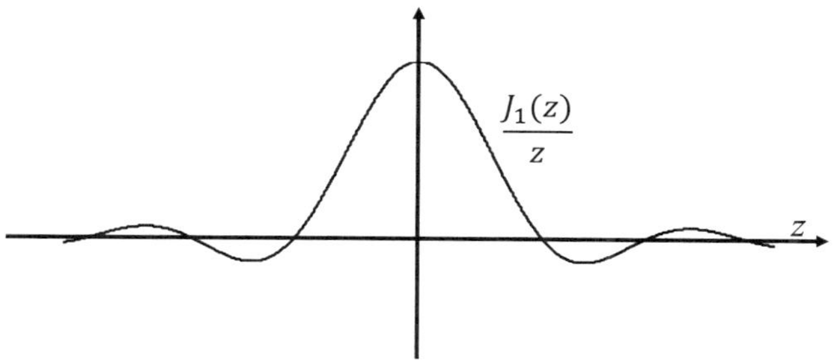

图 6.7 二维系统中，函数 $J_1(z)/z$ 所起的作用，和一维系统中，函数 $\sin(x)/x$ 所起的作用相同。和函数 $J_1(z)/z$ 做卷积，（输入信号中）频率高于 $J_1(z)/z$ 所对应的**截止频率**的所有频率成分，都会被系统“吃掉”，也就是说，点扩散函数为 $J_1(z)/z$ 的系统是一个理想的低通滤波器。

因此，$\overline{h}(r)$ 在原点处取得最大值；然后，缓慢地在 $rB = 3.83171\cdots$ 处衰减到零（如图6.7所示）；然后，$\overline{h}(r)$ 为负值；然后；再以衰减的振幅增大到零。$J_1(z)/z$ 的振幅的**渐近衰减速率**为：$z^{-3/2}$。对于**二维系统**而言，函数 $J_1(z)/z$ 所起的作用，类似于：函数 $\sin(z)/z$ 在**一维系统**中所起的作用。

顺便说一下，如果一个滤波器在**频率域**中有“陡峭”的**截止频率**，那么，它在**空间域**中会产生振荡响应，或“**振铃**”**效应**（“ringing” effect）。这个现象有时候也被称为：**Gibbs 现象**。在许多情况下，如果一个**滤波器**的频率响应在**截止频率**附近逐渐衰减到零，那么，其效果会好一些。这是因为：这样的滤波器受到“**振铃**”**效应**的影响会小一些。例如，**Gauss 滤波器**在**截止频率**附近的变化非常缓慢，因此，它不会在滤波后的图像中产生**伪影**。

6.10 模糊，失焦和运动拖尾

对于一个成像系统而言，我们发现，根据理想成像模型本应该汇聚到一点的那些光线，事实上会轻微地扩散开来，形成一个小光斑。这种**图像模糊**可能会有多种形式，但是，我们有时可以使用：具有单位体积的**Gauss 点扩散函数**，来对其进行建模，即：

$$h(x,y) = \frac{1}{2\pi\sigma^2} e^{-\frac{1}{2}\frac{x^2+y^2}{\sigma^2}} \tag{6.99}$$

由于式(6.99) 中 $h(x,y)$ 的值依赖于 x^2+y^2，而不是单独依赖于 x 和 y，

因此，式(6.99)中的**Gauss点扩散函数**是一个旋转对称的函数。我们可以使用**Hankel 变换**来计算其**Fourier 变换**，但是，由于**Gauss 函数**的特殊性，我们可以采用更加简单方法，来计算其 **Fourier 变换**。

注意，式(6.99)中的 **Gauss 函数**正好可以被分解为：两个函数的乘积，并且，这两个函数分别为：一个关于 x 的函数和一个关于 y 的函数。因此，我们可以先将二重积分分解为：两个一重积分的乘积，然后，再进行计算。这样做可能会更容易计算一些。

首先，我们来计算式(6.99)中的 Gauss 函数的 Fourier 变换，即：

$$H(u,v)=\int_{-\infty}^{\infty}\int_{-\infty}^{\infty}\frac{1}{2\pi\sigma^2}e^{-\frac{1}{2}\frac{x^2+y^2}{\sigma^2}}e^{-i(ux+vy)}dxdy \tag{6.100}$$

我们可以将上式进一步写为：

$$\left[\frac{1}{\sqrt{2\pi}\sigma}\int_{-\infty}^{\infty}e^{-\frac{1}{2}\left(\frac{x}{\sigma}\right)^2}e^{-iux}dx\right]\left[\frac{1}{\sqrt{2\pi}\sigma}\int_{-\infty}^{\infty}e^{-\frac{1}{2}\left(\frac{y}{\sigma}\right)^2}e^{-ivy}dy\right] \tag{6.101}$$

式(6.101)中的第一个积分等于①：

$$\frac{1}{\sqrt{2\pi}\sigma}\int_{-\infty}^{\infty}e^{-\frac{1}{2}\left(\frac{x}{\sigma}\right)^2}\cos(ux)dx=e^{-\frac{1}{2}u^2\sigma^2} \tag{6.102}$$

因此，我们最终得到了：

$$H(u,v)=e^{-\frac{1}{2}(u^2+v^2)\sigma^2} \tag{6.103}$$

正如我们所预料的一样，上式也是**旋转对称**的。

注意观察式(6.103)，我们注意到，低频信号得以通过，而对于**频率的模长**（即：$\sqrt{u^2+v^2}$）大于 $1/\sigma$ 的高频信号，其**幅度**得到很大的**衰减**。因此，我们可以将 σ 作为：对**Gauss 点扩散函数**的“分散大小”的一种测量，因此，模糊越大，能通过式(6.103) 中的**滤波器**的**低频信号**的频率范围就越小。我们不难发现：**空间域**的尺度变化和相应的**频率域**的尺度变化成**反比**。事实上，如果 $\overline{r}$ 是**空间域**上的**模糊半径**，并且，$\overline{\rho}$ 是其所对应的**频率域**上的有效半径，那么，它们的乘积 $\overline{r}\overline{\rho}$ 是一个常数。

图像模糊的一种情况是**失焦**(如图 6.1 所示)。在这种情况下，**点扩散函数**为一个**小圆柱**②。从镜头发出、并且汇聚于空间中某一点的所有光线，会形成一个圆锥，这个圆锥与像平面相交，会形成一个圆斑，这个圆斑就是：图像**失焦**所对应的**点扩散函数**。（我们假设：光线的汇聚点并不在像平面上，而是在像平面靠前或靠后一点的位置上）。在这个圆斑内，亮度是一致的（如图 6.8 所示），因此，我们

①参见式(6.63)，以及相应注解中的证明。— **译者注**

②作者将图 6.8形象地称为“小药瓶子”（little pillbox）。我们将其意译为“小圆柱”。— **译者注**

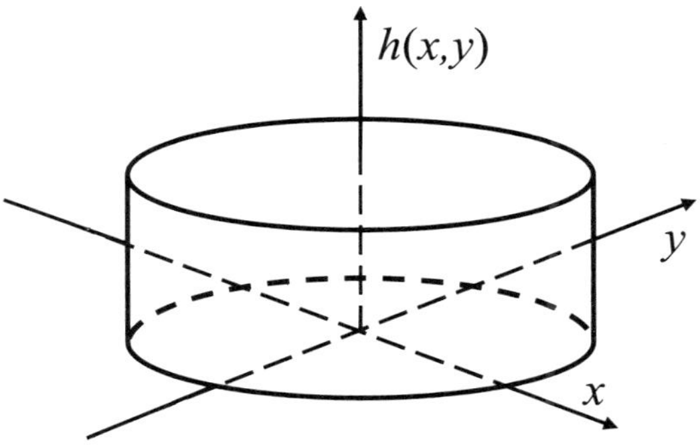

图 6.8 图像的**失焦**相当于：和一个（圆柱体形状的）“药瓶子”做卷积。“药瓶子”是一个：具有**单位体积**的**圆周对称**函数。

可以得到：

$$h(x,y)=\begin{cases}1/(\pi R^2), & \text{如果 } x^2+y^2\le R^2\\ 0, & \text{如果 } x^2+y^2>R^2\end{cases} \tag{6.104}$$

这里，

$$R=\frac{1}{2}\frac{d}{f'}e \tag{6.105}$$

其中，d 是透镜的直径、f' 是透镜到聚焦点的距离、e 是聚焦点到像平面的距离。使用 **Hankel 变换**，我们可以得到：

$$\overline{H}(\rho)=\frac{2}{R^2}\int_0^R rJ_0(r\rho)dr=2\frac{J_1(R\rho)}{R\rho} \tag{6.106}$$

注意，在上式的推导过程中，我们使用了前面已经用过的结论：

$$\frac{d}{dz}\left(zJ_1(z)\right)=zJ_0(z) \tag{6.107}$$

再一次，我们看到：**低频分量**得以通过式(6.106) 中的**滤波器**，**高频分量**的幅度会得到很大的衰减，有些频率分量则完全不能通过该**滤波器**。由于 $J_1(z)$ 围绕水平面（即：$z=0$）振荡，因此，一些频率成分甚至发生变号。对于 $J_1(z)<0$ 的频率成分，我们发现：**失焦图像**中最亮的部分，对应于**理想图像**中最暗的部分；反之亦然。使得 $J_1(z)=0$ 的频率成分则完全被系统“吃”掉了。从失焦图像中，我们无法对这些频率成分进行复原。正如我们前面所提到的，$J_1(z)$ 的第一个零点为 $z=3.83171\cdots$。我们再一次发现：**频率域**的尺度变化和**空间域**的尺度变化成**反比**关系，也就是说，失焦半径 R 越大，使得

$J_1(R\rho)=0$ 的频率 ρ 就越小[1]。

图像的运动是造成图像退化的另一个原因。出现这种情况的原因可能是：1) **成像系统**的运动，或者，2) **被成像物体**的运动。无论是哪种情况，图像上的点都会在像平面上划过一条线。为了便于讨论，我们假设运动沿着 $x-$ 轴方向，并且，线的长度为 $2l$，那么，我们可以将**点扩散函数**表示为如下形式：

$$h_x(x,y)=\frac{1}{2l}(u(x+l)-u(x-l))\delta(y) \tag{6.108}$$

其中 $u(z)$ 表示**单位阶梯函数**。在这种情况下，**点扩散函数**不是旋转对称的。我们可以通过如下方式，来求得点扩散函数 $h_x(x,y)$ 所对应的**Fourer变换**，即：

$$H(u,v)=\int_{-\infty}^{\infty}\frac{1}{2l}(u(x+l)-u(x-l))e^{-iux}dx\int_{-\infty}^{\infty}\delta(y)e^{-ivy}dy \tag{6.109}$$

$$=\frac{1}{2l}\int_{-l}^{l}e^{-iux}dx \tag{6.110}$$

我们可以很容易地将这个结论推广到：沿着其他方向运动的情况。再一次的，我们看到：理想图像中的**低频分量**并没有受到什么影响，而**高频分量**则受到了抑制。某些频率成分发生了“变号”，那些使得 $ul=k\pi$（其中 k 取整数）的频率成分 $e^{i(ux+vy)}$ 则完全被系统给“吃掉”了。当然，如果频率成分 $e^{i(ux+vy)}$ 的**波峰**[2]和图像中点的运动方向平行，那么，这些频率成分的波形不会受到任何影响。

6.11 图像复原与增强

为了对**图像模糊**进行复原，我们可以将**退化图像**输入一个系统，该系统的**调制传递函数** $H'(u,v)$ 正好是：产生图像模糊的系统所对应的**调制传递函** $H(u,v)$ 的代数逆，也就是说，

$$H(u,v)H'(u,v)=1 \tag{6.111}$$

---

[1] 我们这里需要补充说明一下，时间上的周期变化对应于**频率**，空间上的周期变化对应于**波长**，波长乘以频率等于**波速**，**波速**只和材料的性质有关，可以被看作一个常量。因此，对于在同种材料中传播的波来说，如果**频率**变为原来的 k 倍，那么，**波长**一定会变为原来的 $1/k$。从这个角度出发，我们不难理解：为什么**频率域**尺度变化总是和**空间域**的尺度变化成反比。— **译者注**

[2] 需要注意的是，我们这里讨论的是**二维波**，其波峰是一组平行线，而不是一组等间距的点。如果我们只考虑实部，那么，二维波的实部（即：$\cos(ux+vy)$）的**波峰**为 $ux+vy=2k\pi$（其中，k 取整数），这正好是一组等间距的平行直线。— **译者注**

这个问题等价于：寻找一个系统，使得：该系统的**点扩散函数** $h'(x,y)$ 和图像模糊系统的**点扩散函数** $h(x,y)$ 的卷积，是一个**单位冲击函数**，也就是说，$h'(x,y) \otimes h(x,y) = \delta(x,y)$，从而使得：

$$f(x,y) \longrightarrow \boxed{\quad h(x,y) \quad} \longrightarrow \boxed{\quad h'(x,y) \quad} \longrightarrow f(x,y)$$

即：两个系统的**级联**正好构成一个**恒等系统**。

我们马上能够想到的一个问题是：我们无法复原那些被系统完全“吃掉”（即：使得 $H(u,v)=0$）的频率成分。第二个问题产生于：我们试图通过计算 $H'(u,v)$ 的 **Fourier 逆变换**来得到 $h'(x,y)$。我所进行的积分可能并不收敛。虽然我们可以通过引入**收敛因子**，从而得到一个结果。但是，这样的结果往往并不是一个传统意义上的函数。

最严重的问题是**噪声**。实际的图像测量结果并不是完全准确的。通常，我们可以使用**加性噪声**来对这种缺陷进行建模。图像中某一点的噪声通常和图像中其他点的噪声无关。可以证明，这个性质隐含的一个结论是：噪声的**频谱**是平的，也就是说，在频率域上的任意给定的频带区间上，噪声的（相应的频率成分的）能量等于：噪声在其他任意具有相同频带宽度的区间上的（相应的频率成分的）能量。

不幸的是，我们这里所考虑的噪声，是在图像模糊以后才被引入的。因此，经过衰减以后的（原始图像的）部分频率成分，可能会被“淹没”在噪声之中，当我们对这些被衰减的频率成分进行放大时，我们同时也放大了噪声。这是图像复原所要面对的基本问题，因为，对于任意给定的频率成分，我们无法区分信号与噪声。

我们可以使用**启发式**的方法①，来得到合理的图像复原方法。我们可以设计一个图像复原系统，该系统的**调制传递函数**近似等于：模糊系统的**调制传递函数**的倒数。但是，我们需要对：**复原系统**的**调制传递函数**的上界，进行约束，例如，我们可以令：

$$|H'(u,v)| = \min\left(\frac{1}{|H(u,v)|}, A\right) \tag{6.112}$$

其中 A 是系统的**最大增益**。我们也可以采用更加优美的形式，例如：

$$H'(u,v) = \frac{H^*(u,v)}{|H(u,v)|^2 + B^2} \tag{6.113}$$

在式(6.113) 中，我们所选取的 B 应该使得：如果 $H(u,v)$ 为实数，那么，系统的**最大增益**为 $1/(2B)$（如图 6.9 所示）。

①顾名思义，所谓“启发式”（heuristic）的方法，即：受到“启发”而想出来的方法，是一种“感觉上”或者“直觉上”的东西。具体地说，就是指：小技巧或小窍门。— **译者注**

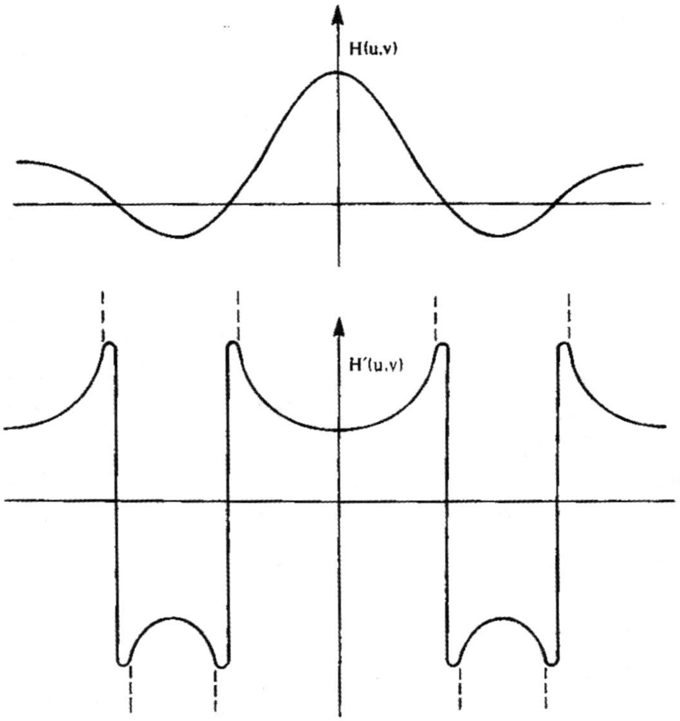

图 6.9　**求逆系统**的作用是：对某一给定的系统处理结果进行复原。假设所给定的系统的**调制传递函数**为 $H(u,v)$，那么，求逆系统的**调制传递函数** $H'(u,v)$ 应该和给定系统的**调制传递函数** $H(u,v)$ 成反比。在实际应用中，我们需要对求逆系统的调制传递函数设置阈值，从而抑制噪声的放大。

6.12 相关以及功率谱

当我们进行图像处理时，计算图像之间的**相关**，有时是非常有用的。例如，当我们讨论：两张图像的**亮度模式**之间有多么**相似**时（如图6.10 所示），图像之间的**相关**为我们提供了一个度量标准。函数 $a(x,y)$ 和 $b(x,y)$ 的**互相关**的定义为：

$$a \star b = \int_{-\infty}^{\infty}\int_{-\infty}^{\infty} a(\xi - x, \eta - y) b(\xi, \eta) d\xi d\eta \tag{6.114}$$

我们用 $\phi_{ab}(x,y)$ 来表示式(6.114)中的积分。注意：**互相关**和**卷积**的定义很相似，它们之间唯一的区别在于：被积表达式中的第一个函数

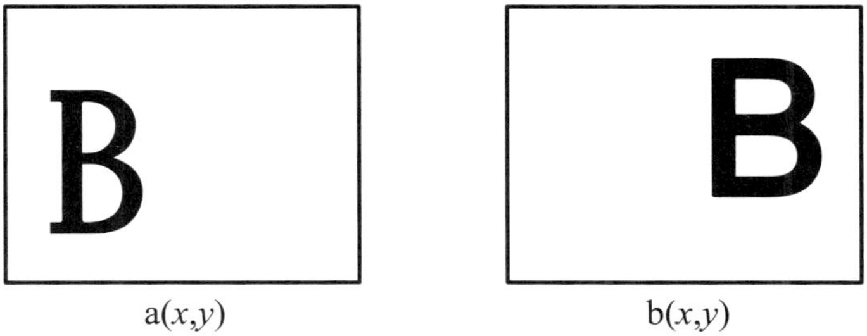

图 6.10 相关可以用于：对两张相似图像 $a(x,y)$ 和 $b(x,y)$ 进行比较；此外，它还可以被用于判断：由某种**已知模式**所组成的图像“片段”在图像中的位置。

的形式。对于**互相关**，函数 $a(x,y)$ 在和 $b(x,y)$ 相乘之前，先被**平移**了 (x,y)；而在卷积中，第一个函数 $a(x,y)$ 除了**平移**以外，还要沿着 $x-$ 轴和 $y-$ 轴进行**翻转**，即：

$$a \otimes b = \int_{-\infty}^{\infty} \int_{-\infty}^{\infty} a(x-\xi, y-\eta) b(\xi, \eta) d\xi d\eta \tag{6.115}$$

如果 $a(x,y)=b(x,y)$，那么，式(6.114)的结果被称为**自相关**。一个函数的**自相关**是对称的，也就是说，$\phi_{aa}(-x,-y)=\phi_{aa}(x,y)$。可以证明：任意函数的**自相关**都在 $(x,y)=(0,0)$ 处取得最大值①，因此，对于任意 (x,y)，我们都有：

$$\phi_{aa}(0,0) \geq \phi_{aa}(x,y) \tag{6.116}$$

如果 $b(x,y)$ 是由 $a(x,y)$ 经过**移动**后形成的，即：

$$b(x,y) = a(x-x_0, y-y_0) \tag{6.117}$$

那么，$a(x,y)$ 和 $b(x,y)$ 的**互相关**将在经过一个合适的**移动** (x_0,y_0) 后，取得最大值，也就是说，对于任意的 (x,y)，我们都有：

$$\phi_{ab}(x_0,y_0) \geq \phi_{ab}(x,y) \tag{6.118}$$

注意：可能存在其他的最大值点，特别是当 $a(x,y)$ 为**周期函数**时。但是无论如何，如果 $b(x,y)$ 可以被近似看作是：由 $a(x,y)$ 经过**移动**而形成的，那么，我们可以通过计算 $\phi(a,b)$，来对**移动量**进行估计。

通常，**互相关**和**自相关**的 **Fourier 变换**是很重要的。它们被称为

①事实上，这个结论是 **Cauchy – Schwarz 不等式**（即：$\iint a(x,y)b(x,y)dxdy \leq \|a(x,y)\|_2 \|b(x,y)\|_2$）的直接结果，其中，$a(x,y)$ 和 $b(x,y)$ 是两个实函数，$\|a(x,y)\|_2$ 是 $a(x,y)$ 的 L_2 范数，也就是说，$\|a(x,y)\|_2 = \sqrt{\iint a^2(x,y)dxdy}$。当且仅当 $a(x,y)=k \cdot b(x,y)$ 时（其中 k 为常数），等号才成立。— **译者注**

功率谱，分别记为：$\Phi_{a,b}(u,v)$ 和 $\Phi_{a,a}(u,v)$。如果函数 $a(x,y)$ 的 **Fourer 变换**为 $A(u,v)$，那么，

$$\Phi_{aa}(u,v) = |A(u,v)|^2 = A^*(u,v)A(u,v) \tag{6.119}$$

其中 $A^*(u,v)$ 表示 $A(u,v)$ 的**共轭**。因此，$\Phi_{aa}(u,v)$ 总是一个非负实数。根据如下两个性质：1) ϕ_{aa} 的对称性，以及，2) $a(-x,-y)$ 的 **Fourier 变换**为 $A^*(u,v)$，我们可以直接得出式(6.119)中的结论。

对于很小的 δu 和 δv，下式：

$$\Phi_{aa}(u,v)\delta u\delta v \tag{6.120}$$

表示的是：**频率域**上 u 到 $u+\delta u$ 和 v 到 $v+\delta v$ 之间的长方形区域内的**功率**。这正是"**功率谱**"这个术语的原始意义。

即使 $a(x,y)$ 的 **Fourier 变换**不收敛，其**功率谱**仍然是存在的。虽然通过 $A(u,v)$ 的 **Fourier 逆变换**，我们可以唯一地确定 $a(x,y)$，但是，和给定的 $\Phi_{aa}(u,v)$ 相对应的函数却不是唯一的。具有相同的**自相关**的函数有无穷多个，因此，它们也具有相同的**功率谱**。例如，当对图像进行"**平移**"时，图像的功率谱不变，这是因为，对于**平移**，图像的 **Fourier 变换**只发生**相位变化**，而**幅度**并不改变。如果从图像的**功率谱**中，我们可以识别出一个物体，那么，对该物体的识别，是与物体在图像中的位置无关的。出于这个原因，我们立刻会产生出一个巨大的期望：基于 **Fourier 变换**的方法可能会在识别问题中发挥巨大作用。不幸的是，只有当图像中只含有该物体，并且，物体不发生旋转和尺度变化时，这个方法才是有用的。此外，正如我们前面所看到的，不同的物体可能具有相同的**功率谱**。

另外一种有趣的例子是：**随机噪声**。如果在一张图像中，每一个点的值都是：一个**均值**为 0 **标准差**为 σ 的随机噪声，那么，这张图像的 **Fourier 变换**是：一张和原图非常相似的**随机图像**，其**均值**为 0，并且，**标准差**为 $2\pi\sigma$。对无数张这样的图像取平均，在所得到的结果的**功率谱**中，所有频率分量的值都会趋近于常数 $(2\pi\sigma)^2$。

6.13 最优滤波器与噪声抑制

本节将探讨**最优滤波器**，我们需要有一定的耐心，因为，本节中，我们将进行复杂的数学操作。粗读本书的读者可以选择：在第一遍阅读时略过这部分，这样做基本上不会造成内容的不连贯。但是，你可能值得回过头来再花时间重新阅读这部分内容。因为本节中，我

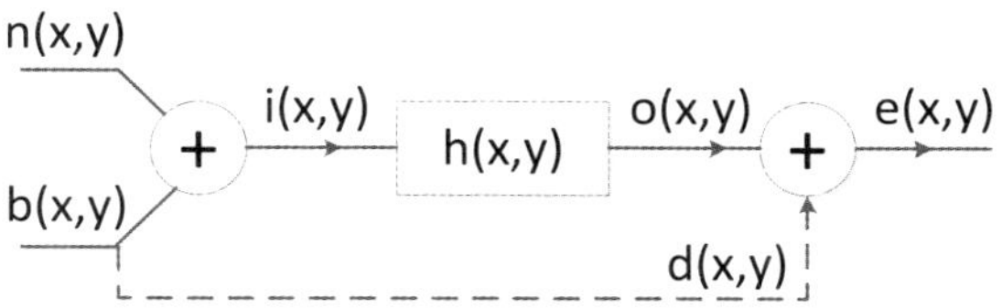

图 6.11 **最优滤波器**是：使得输出结果 $o(x,y)$ 与所希望得到的信号 $d(x,y)$ 的“差别”最小的**滤波器**。滤波器的输出结果 $o(x,y)$ 是：将信号 $b(x,y)$ 加上噪声 $n(x,y)$ 以后，输入一个**无限冲击响应**为 $h(x,y)$ 的**线性移不变**系统后，所得到的结果。

们将介绍**变分法**[①]，这也是我们在这本书中第一次介绍**变分法**。

假设我们所得到的测量结果中包含：信号 $b(x,y)$ 与加性噪声 $n(x,y)$，也就是说，我们所得到的是 $b(x,y)+n(x,y)$；而我们的任务是：尽可能地复原出信号 $b(x,y)$。衡量我们处理结果好坏的标准是：对**处理结果** $o(x,y)$ 和**理想信号** $d(x,y)$ 的差的平方的积分，也就是说，

$$E=\int_{-\infty}^{\infty}\int_{-\infty}^{\infty}(o(x,y)-d(x,y))^2dxdy \tag{6.121}$$

通常，$d(x,y)$ 就是 $b(x,y)$（如图 6.11 所示）。我们需要最小化式(6.121)。我们之所以选择最小化误差平方的积分，是因为在数学上容易进行处理。当然，这也是**最小二乘法**被广泛使用的真实原因。

如果我们使用一个**线性系统**来进行滤波操作，那么，我们可以通过**点扩散函数** $h(x,y)$ 来描述这个系统。系统的输入为：

$$i(x,y)=b(x,y)+n(x,y) \tag{6.122}$$

系统的输出为：

$$o(x,y)=i(x,y)\otimes h(x,y) \tag{6.123}$$

将式(6.123) 代入(6.121) 中，我们可以得到：

$$E=\int_{-\infty}^{\infty}\int_{-\infty}^{\infty}\left[o^2(x,y)-2o(x,y)d(x,y)+d^2(x,y)\right]dxdy \tag{6.124}$$

由于 $o^2=(i\otimes h)^2$，我们可以进一步计算：

$$\begin{aligned}o^2(x,y)=&\int_{-\infty}^{\infty}\int_{-\infty}^{\infty}i(x-\xi,y-\eta)h(\xi,\eta)d\xi d\eta\\&\times\int_{-\infty}^{\infty}\int_{-\infty}^{\infty}i(x-\alpha,y-\beta)h(\alpha,\beta)d\alpha d\beta\end{aligned} \tag{6.125}$$

---

① 关于**变分法**的详细内容，请参见附录 A.6。— **译者注**

因此，我们可以进一步得到：

$$\begin{aligned}&\int_{-\infty}^{\infty}\int_{-\infty}^{\infty} o^2(x,y)dxdy\\&=\int_{-\infty}^{\infty}\int_{-\infty}^{\infty}\int_{-\infty}^{\infty}\int_{-\infty}^{\infty}\phi_{ii}(\xi-\alpha,\eta-\beta)h(\xi,\eta)h(\alpha,\beta)d\xi d\eta d\alpha d\beta\end{aligned} \tag{6.126}$$

其中①，$\phi_{ii}(x,y)$ 是函数 $i(x,y)$的**自相关**。此外，

$$o(x,y)d(x,y)=\int_{-\infty}^{\infty}\int_{-\infty}^{\infty} i(x-\xi,y-\eta)h(\xi,\eta)d(x,y)d\xi d\eta \tag{6.127}$$

因此，

$$\int_{-\infty}^{\infty}\int_{-\infty}^{\infty} o(x,y)d(x,y)dxdy=\int_{-\infty}^{\infty}\int_{-\infty}^{\infty}\phi_{id}(\xi,\eta)h(\xi,\eta)d\xi d\eta \tag{6.128}$$

其中，$\phi_{id}(x,y)$ 是函数 $i(x,y)$ 和 $d(x,y)$ 的**互相关**。最后，我们有：

$$\int_{-\infty}^{\infty}\int_{-\infty}^{\infty} d^2(x,y)dxdy=\phi_{dd}(0,0) \tag{6.129}$$

其中，$\phi_{dd}(x,y)$ 是函数 $d(x,y)$ 的**自相关**。现在，我们可以将**误差平方项**的表达式(6.124)写为：

$$\begin{aligned}E=&\int_{-\infty}^{\infty}\int_{-\infty}^{\infty}\int_{-\infty}^{\infty}\int_{-\infty}^{\infty}\phi_{ii}(\xi-\alpha,\eta-\beta)h(\xi,\eta)h(\alpha,\beta)d\xi d\eta d\alpha d\beta\\&-2\int_{-\infty}^{\infty}\int_{-\infty}^{\infty}\phi_{id}(\xi,\eta)h(\xi,\eta)d\xi d\eta+\phi_{dd}(0,0)\end{aligned} \tag{6.130}$$

我们通过：寻找“最好”的**点扩散函数** $h(x,y)$，来最小化上式。这个问题是一个**变分问题**（关于**变分法**的更详尽的介绍，请参见附录A.6）。

这里，我们将使用**变分法**来解决这个问题。在传统的微积分（特别是有关最优化的）问题中，我们所要寻找的是一个**参数值**，通过这个参数值，我们可以计算出函数的值。而在这里，我们所需要寻找的是一个**函数**，通过这个函数，我们可以计算出某个给定**泛函**的值。**泛函**是一个依赖于函数的表达式，例如，式(6.130)中的 E 依赖于函数 $h(\xi,\eta)$。我们假设：函数 $h(x,y)$ 使得 E 取得最小值，那么，无论 $\delta h(x,y)$ 的形式是什么，由函数 $h(x,y)+\epsilon\delta h(x,y)$ 所确定的**泛函**值 $E+\delta E$，都不能比 E 小。其中，$\delta h(x,y)$ 表示任意函数，用以对函数 $h(x,y)$ 进行调整。如果 $h(x,y)$ 真的使得 E 取得最小值，那么，对于任

①注意，式(6.126) 的导出需要：1) 将式(6.125)中的两个二重积分的乘积化为一个四重积分；2) 交换积分次序，即：先对 x 和 y 积分再对其他变量积分。— **译者注**

意函数 $\delta h(x,y)$，都有：

$$\lim_{\epsilon\to 0}\frac{\partial}{\partial\epsilon}(E+\delta E)=0 \tag{6.131}$$

否则，我们可以通过将 $h(x,y)$ 换为 $h(x,y)+\epsilon\delta h(x,y)$。新的函数 $h(x,y)+\epsilon\delta h(x,y)$ 会使得 E 的值减小。这与我们的假设（即：$h(x,y)$ 使得 E 取得最小值）是矛盾的。现在，我们计算式(6.131)，即：

$$\begin{aligned}&\lim_{\epsilon\to 0}\frac{\partial}{\partial\epsilon}(E+\delta E)\\&=2\int_{-\infty}^{\infty}\int_{-\infty}^{\infty}\int_{-\infty}^{\infty}\int_{-\infty}^{\infty}\phi_{ii}(\xi-\alpha,\eta-\beta)h(\xi,\eta)\delta h(\alpha,\beta)d\xi d\eta d\alpha d\beta\\&\quad-2\int_{-\infty}^{\infty}\int_{-\infty}^{\infty}\phi_{id}(\xi,\eta)\delta h(\xi,\eta)d\xi d\eta\end{aligned} \tag{6.132}$$

我们可以将上式进一步整理为：

$$\begin{aligned}&\lim_{\epsilon\to 0}\frac{\partial}{\partial\epsilon}(E+\delta E)=-2\times\\&\int_{-\infty}^{\infty}\int_{-\infty}^{\infty}\left[\phi_{id}(\xi,\eta)-\int_{-\infty}^{\infty}\int_{-\infty}^{\infty}\phi_{ii}(\xi-\alpha,\eta-\beta)h(\alpha,\beta)d\alpha d\beta\right]\delta h(\xi,\eta)d\xi d\eta\end{aligned} \tag{6.133}$$

极值条件（即式(6.131)）意味着：对于所有的 $\delta h(x,y)$，式(6.133)的结果都等于零。要满足这个条件，在式(6.133) 中，中括号里面的表达式必须等于零，也就是说，

$$\phi_{id}(\xi,\eta)=\int_{-\infty}^{\infty}\int_{-\infty}^{\infty}\phi_{ii}(\xi-\alpha,\eta-\beta)h(\alpha,\beta)d\alpha \tag{6.134}$$

也就是说：

$$\phi_{id}=\phi_{ii}\otimes h \tag{6.135}$$

（或许你会对这个结果感到惊讶）。我们可以通过 **Fourier 变换**，来求解上面这个关于 $h(x,y)$ 的简单表达式，也就是说，

$$\Phi_{id}=H\Phi_{ii} \tag{6.136}$$

其中，Φ_{ii} 和 Φ_{id} 是功率谱。因此，我们只需要知道功率谱，就能设计出：基于给定假设的图像复原系统。这个系统对于一类图像（而不仅仅只针对单一图像）来说[①]都是最优的（否则该系统没有实用性）。

作为一个例子，让我们来考虑：设计一个抑制噪声的系统，也

①注意：我们并不知道 $d(x,y)$，因此，无法计算 ϕ_{id} 和 Φ_{id}，但是，我们可以赋予 $d(x,y)$ 一些约束条件。这就是“给定假设”和“一类图像”所指代的意思。— **译者注**

就是说，系统的输入是：图像 $b(x,y)$ 和噪声 $n(x,y)$ 的和；系统的目标是：产生一个（在**最小二乘**意义上）尽可能和原始图像 $b(x,y)$ 接近的输出 $o(x,y)$。对于这个问题，$d(x,y)=b(x,y)$，并且，

$$i(x,y)=b(x,y)+n(x,y) \tag{6.137}$$

根据 Φ_{ii} 和 Φ_{id} 的定义，我们可以得到：

$$\Phi_{id}=\Phi_{bb}+\Phi_{bn} \tag{6.138}$$

并且：

$$\Phi_{ii}=\Phi_{bb}+\Phi_{bn}+\Phi_{nb}+\Phi_{nn} \tag{6.139}$$

我们假设：信号与噪声不相关，那么，$\Phi_{bn}=\Phi_{nb}=0$。于是，

$$H=\frac{\Phi_{id}}{\Phi_{ii}}=\frac{\Phi_{bb}}{\Phi_{bb}+\Phi_{nn}}=\frac{1}{1+\Phi_{nn}/\Phi_{bb}} \tag{6.140}$$

Φ_{bb}/Φ_{nn} 被称为**信噪比**。从式(6.140)中，我们可以清楚地看出**最优系统**所做的操作[①]。对于信噪比很高的频率成分，系统的**增益**几乎等于 1，而对于噪声占主导的频率成分，系统的**增益**非常低、接近于信噪比。

现在，让我们来考虑另外一种情况：信号 $b(x,y)$ 首先经过一个**点扩散函数**为 $h(x,y)$ 的系统，然后，再被加上噪声 $n(x,y)$，也就是说，

$$i=b\otimes h+n \tag{6.141}$$

我们希望设计一个**点扩散函数**为 $h'(x,y)$ 的系统，使得式(6.141) 中的信号 $i(x,y)$ 经过该系统的作用以后，所得到的输出结果：

$$o=i\otimes h' \tag{6.142}$$

和原始图像 $b(x,y)$（在**最小二乘**的意义上）尽可能地接近。对于这个问题，$d(x,y)=b(x,y)$，因此，

$$\Phi_{id}=H^*\Phi_{bb}+\Phi_{bn} \tag{6.143}$$

并且，

$$\Phi_{ii}=|H|^2\Phi_{bb}+H^*\Phi_{bn}+H\Phi_{nb}+\Phi_{nn} \tag{6.144}$$

假设噪声和信号无关，即：$\Phi_{bn}=\Phi_{nb}=0$，于是，我们可以得到：

$$H'=\frac{\Phi_{id}}{\Phi_{ii}}=\frac{H^*\Phi_{bb}}{|H|^2\Phi_{bb}+\Phi_{nn}}=\frac{H^*}{|H|^2+\Phi_{nn}/\Phi_{bb}} \tag{6.145}$$

[①] 我们将：通过最小化误差的平方的积分而得到的系统，称为最优系统；对应的滤波器被称为：最优滤波器。在第8章中，我们还会用到这个概念。— **译者注**

对于**信噪比**很高（也就是说，Φ_{bb}/Φ_{nn} 很大）的频率成分，

$$H' \approx \frac{1}{H} \tag{6.146}$$

但是，对于 $\Phi_{nn} > |H|^2\Phi_{bb}$ 的频率成分，系统的**增益**不超过 $H\Phi_{bb}/\Phi_{nn}$。注意：这个结果和我们前面用**启发式**方法所导出的结果之间的相似性[①]。最后，将**最优滤波器**看作是：对图像处理结果估计（而不是对图像本身的估计）可能是有益的。假设我们要在**最小二乘**意义下估计

$$d(x,y) = b(x,y) \otimes p(x,y) \tag{6.147}$$

其中，$p(x,y)$ 是某个进行图像处理的滤波器的**点扩散函数**。于是，

$$\phi_{id} = i \star d = i \star (b \otimes p) = (i \star b) \otimes p = \phi_{ib} \otimes p \tag{6.148}$$

因此，

$$\Phi_{id} = \Phi_{ib} P \tag{6.149}$$

其中，$P(u,v)$ 是 $p(x,y)$ 的 **Fourier 变换**结果。因此，

$$H' = \frac{\Phi_{id}}{\Phi_{ii}} = \frac{\Phi_{ib}}{\Phi_{ii}} P \tag{6.150}$$

此时，我们所得到的**最优滤波器**正好是：对图像 $b(x,y)$ 的进行复原的最优滤波器 Φ_{ib}/Φ_{ii} 和进行图像处理的滤波器 $P(u,v)$ 的**级联**。除此之外，我们不需要再进行其他操作。

需要注意的是：和**一维**情况相比，我们设计**最优滤波器**的过程要简单得多。这是由于：对于**一维**情况，系统无法对**输入**进行预知，因此，系统的**无限冲击响应**必须是一个**单边函数**。这使得我们难以将**时间域**的约束转变为**频率域**的约束。例如，我们难以将约束条件：当 $t < 0$ 时 $f(t) = 0$，变成：对 $F(\omega)$（即：$f(x)$ 的 **Fourier 变换**）的约束。幸运的是，对于图像（即：**二维**情况），并不存在这样的问题，这是因为：**点扩散函数**的**支撑集**可以从原点开始沿着任意方向进行拓展。所谓函数的**支撑集**，是指定义域中使得函数值不为零的点所构成的区域（或集合）。

6.14 图像模型

为了设计**最优滤波器**，我们必须估计出：要被复原出来的图像的**功率谱**。看看一些“经典”图像的**频谱**，你马上就会发现：其能量集

[①] 在这里，作者所说的“前面用启发式方法导出的结果”是指：本章中第 6.11 节最后所谈到的方法，即：式(6.112)和(6.113)。— **译者注**

中在低频部分。了解图像的**频域衰减**性质是很有用的，因为它能帮助我们：将所需信号从噪声中分离出来。注意：噪声的**频谱**是平的。我们所观察到的现象是：随着频率的增加，自然图像的相应频率成分的**能量**不断衰减。产生这种现象的部分原因是：许多物体（或物体上不透明的部分）具有近似一致的**亮度**，只有沿着（由于物体之间相互**遮挡**而形成的）**边缘**，**亮度**才会出现明显的不连续变化，最终，这些**边缘**将图像分割为许多小**区域**。

对**图像模型**的完整的讨论超出了本书的范围，但是，通过考虑一个简单的矩形，我们可以得到关于这个问题的一些粗略认识。假设：

$$f(x,y)=\begin{cases}1, & \text{如果 } |x|\leq W \text{ 并且 } |y|\leq H\\ 0, & \text{如果 } |x|>W \text{ 并且 } |y|>H\end{cases} \tag{6.151}$$

上式的 **Fourier 变换**为；

$$F(u,v)=WH\frac{\sin(uW)}{uW}\frac{\sin(vH)}{vH} \tag{6.152}$$

移动这个矩形块只改变：其 Fourier 变换结果的**相位**，而不改变其**幅度**。如果我们忽略式(6.152)中的**振荡**（也就是说，$\sin(uW)\sin(vH)$），那么，我们会发现：矩形块的 **Fourier 变换**结果按照 $1/(uv)$ 的速率衰减。因此，根据我们在频率域上所选择的方向的不同[①]，其**衰减速率**的范围从 $1/\rho$ 到 $1/\rho^2$，其中，$\rho=\sqrt{u^2+v^2}$ 表示点 (u,v) 到原点的距离。

另外一个有用的图像模型是：圆形的图像块，即：

$$\overline{f}(r)=\begin{cases}1, & \text{如果 } r\leq R\\ 0, & \text{如果 } r>R\end{cases} \tag{6.153}$$

这种情况下，其 **Fourier 变换**结果为：

$$\overline{F}(\rho)=2\pi R^2\frac{J_1(\rho R)}{\rho R} \tag{6.154}$$

当 z 的值较大时，一阶 **Bessel 函数** $J_1(z)$ 的“表现”近似于：

$$\sqrt{\frac{2}{\pi}}\frac{\sin(z-\pi/4)}{\sqrt{z}} \tag{6.155}$$

因此，如果我们忽略掉**振荡**，那么，对于大的 ρ，式(6.154)中的 $\overline{F}(\rho)$ 的**衰减速率**为 $1/(\rho^{3/2})$。

对于包含多边形和圆的图像，其**功率谱**衰减速度为：频率的某一

[①]注意：$F(u,v)$ 是一个曲面，因此，沿着 $u-v$ 平面上过原点的某一条直线（也就是这里所指的“方向”），$F(u,v)$ 将变为一条曲线，这里的**衰减速率**指的是：这条曲线的**衰减速率**。例如，从式(6.152) 中，我们可以看出：沿着直线 $v=0$，曲面 $F(u,v)$ 变成了曲线 $F(u,0)$，它的衰减速率为 $1/\rho$；而沿着直线 $u=v$，曲面 $F(u,v)$ 变成了曲线 $F(u,u)$，它的衰减速率为 $1/\rho^2$。— **译者注**

幂函数。受到光学系统的分辨率的制约，在真实图像中，高频分量会得到更快的衰减。例如，对于**望远镜**，存在一个**绝对截止频率**，这个频率取决于：孔径直径与光的波长的比值。高于这个**绝对截止频率**的频谱成分是无法通过望远镜传播过来的。**显微镜**也有一个类似的频率极限，这个极限取决于：1) 观测物体的大小，2) 光的波长。

我们也可以将：图像的绝大部分能量集中于**低频分量**这个现象，用于图像的生成。图像显示仪器（例如：打印机、图像再生器和电视）都有一个有限的**动态范围**，也就是说，它们只能显示有限范围内的灰度值。对于**再生图像**的质量，我们所感兴趣的是：**再生图像**中，最亮部分与最暗部分的灰度值的比值。在显示图像时，一个重要的参考量是：能够被感知的最小**亮度差**。如果两个相邻的亮度区域都非常亮，即使它们之间亮度差比较大，我们可能也不会注意到这种差别。一个更重要的量是；**亮度差的相对值**，也就是说，亮度差和这两块区域的**亮度值**中较小的那个的比值。正是出于这个原因，我们使用（显示设备的）**最亮值**和**最暗值**的比值，而不是它们的差，来表示显示设备的**动态范围**。

幻灯片的动态范围可以是从一到一百多。而黑白印刷机的动态范围大致是从一到十。自然图像一般具有很大的动态范围。通常，当我们需要对图像进行**再生**时，我们需要提前做一些调整，如果我们保持图像亮度的中间值不变，那么，图中最亮和最暗的区域有可能无法被很好地**再生**出来。为了避免（由于超出**饱和度**而）丢失图像中**高亮**和**阴影**部分的细节，我们需要事先压缩图像的**动态范围**。

我们可以用**幂函数**来实现动态范围的压缩。如果**再生图像**的亮度为 $b'(x,y)$、**原始图像**的亮度为 $b(x,y)$，那么，我们令：

$$b'(x,y) = b^{\gamma}(x,y) \tag{6.156}$$

其中，$0<\gamma<1$。尽管原始图像中的那些轻微的亮度差别，在**再生图像**中可能无法被看出来，但是，**再生图像**基本上还是可以接受的。

我们也可以利用：图像通常包含大量**低频分量**这个事实，来设计另外一种方法。我们可以通过：从原始图像中减去原始图像所包含的“光滑部分”，来生成一个抑制低频分量的**滤波器**。例如，我们可以使用一个**点扩散函数**为：

$$h(x,y) = \delta(x,y) - \frac{k}{2\pi\sigma^2}e^{-\frac{1}{2}\frac{x^2+y^2}{\sigma^2}}, \qquad (0<k<1) \tag{6.157}$$

的**滤波器**。该滤波器的**调制传递函数**为：

$$H(u,v) = 1 - ke^{-\frac{1}{2}(u^2+v^2)\sigma^2} \tag{6.158}$$

我们也可以使用其他形式的“光滑化函数”，来取代式(6.157)中的

Gauss 函数。产生类似结果的影像处理技术被称为：**锐化掩膜**。这里，我们从原始图像中“减去了”一个**失焦图像**。注意：这种情况下，在**再生图像**中，**边缘对比度**得到了很好的保留。但是，如果我们使用这个技术来处理机器视觉问题（例如，正如我们在后面将要看到的，我们可以通过：图像的亮度，来复原出：物体表面的形状信息），那么，我们此时需要小心，因为，图像的**亮度值**发生了整体变化，因此，当我们用**图像亮度**来对**物体表面信息**进行估计时，可能会得到错误的估计。

6.15 本章参考文献

Pratt 所写的《*Digital Image Processing*》[1978] 一书，是图像处理方面的经典参考文献。在 Rosenfeld 和 Kak 所写的《*Digital Picture Processing*》[1982] 的前几章中，也有经典的图像处理的入门内容。许多二维的分析都是：把一维情况下适用的示例直接延伸扩展到二维情况。这样的书有：Oppenheim 和 Willsky 所写的《*Signals and Systems*》[1983]；Siebert 所写的《*Circuits, Signals, and Systems*》[1986]。Bracewell 所写的《*The Fourier Transform and Its Applications*》[1965, 1978] 是一本傅里叶变换方面的标准参考书，它阐述了傅里叶变换方面的许多重要理论。Lighthill 所写的《*Introduction to Fourier Analysis and Generalised Functions*》[1978] 一书展开了对广义函数的有趣讨论。Gel'fand 和Shilov 写的《*Generalized Functions: Properties and Operations*》[1964] 一书中，有关于广义函数的更详细的介绍。很少有教科书明确地讨论收敛因子，关于这方面的内容，我们强烈推荐 Moore 所写的《*Summable Series and Convergence Factors*》[1966] 一书。

Wiener 的研究工作奠定了**最优滤波器**的理论基础，他在他的著作《*Extrapolation, Interpolation, and Smoothing of Stationary Time Series with Engineering Applications*》[1966] 中，通过一个绝妙的关于 Fourier 变换的对称定义，使用变分法导出了最优滤波器，Courant 和 Hilbert 所写的《*Methods of Mathematical Physics*》(卷1) [1953] 是此方法的最佳参考文献。Ahuja 和 Schachter 的书《*Pattern Models*》[1983] 讨论了图像模型。

图像处理在十年之前就已经是一个成熟的领域，它并不是一个新的研究课题。文献 Huang, Schreiber & Tretiak [1971] 已经给出了：关于图像处理早期工作的综述。文献 Schreiber [1978] 讨论了图像处理方法的经典应用之一：提高和改进图像的品质。

如果图像的结构“粒度”（即：细节结构模式）太细将不利于解

决问题；当“粒度”粗到一定程度，像素点邻域的灰度值将会产生显著的波动，从而形成**纹理**（注意，术语**纹理**还有其它不同的意义）。有的纹理是周期性的，有的纹理是近似周期性的，还有的是随机的。人们已经尝试过：通过纹理的测量来对图像进行分类。文献 Bajcsy [1973] 和 Enrich [1977] 尝试了将图像分割问题直接转换为：对不同纹理区域的分割问题。基于灰度分析和统计直方图的方法，已经在此研究领域中得到了应用；其他的方法依赖于：频域中的峰值。文献 Ahuja & Rosenfeld [1981] 研究了：图像镶嵌模型和纹理这个概念之间的关系。在下一章中，我们将会给出更多有关图像处理的参考文献。

6.16 习题

习题 6.1 求函数 $k(\sigma)$ 的表达式，使得：当 $\delta \to 0$ 时，下面的函数族：

$$\delta_\sigma(x,y) = k(\sigma)e^{-\frac{1}{2}\frac{x^2+y^2}{\sigma^2}} \tag{6.159}$$

定义了一个**单位冲击函数**。

习题 6.2 考虑下面的函数族：

$$L_\delta = \begin{cases} a, & \text{如果 } r \le \delta \\ b, & \text{如果 } \delta < r \le 2\delta \\ 0, & \text{如果 } r > 2\delta \end{cases} \tag{6.160}$$

其中 $r = \sqrt{x^2+y^2}$。当 a 和 b 取什么值时，这个函数族定义了一个：对应于 Laplace 算子的广义函数？也就是说，在什么情况下，L_δ 和 $f(x,y)$ 的**卷积**的极限，等于 $\nabla^2 f(x,y)$？

提示： 你可能会想将该算子作用于函数：

$$f(x,y) = \frac{1}{4}\left(x^2+y^2\right) \tag{6.161}$$

式(6.161)中的函数 $f(x,y)$ 的 **Laplace 算子**处理结果等于 1。

习题 6.3 证明：如果一个函数 $f(x,y)$ 可以被分解为两个函数的乘积，并且，其中一个是关于 x 的函数 $f_1(x)$，而另一个是关于 y 的函数 $f_2(y)$，即：$f(x,y) = f_1(x)f_2(y)$，那么，$F(u,v)$（即：$f(x,y)$ 的**Fourier 变换**结果）也可以被分解为两个函数的乘积，并且，其中一个是关于 u 的函数，而另一个是关于 v 的函数，即：$F(u,v) = F_1(u)F_2(v)$。

习题 6.4 证明：如果 $f(x,y) \ge 0$ 对于所有的 x 和 y 都成立，那么，对于所有的 u 和 v，都有 $F(0,0) \ge |F(u,v)|$。请问：什么时候 $F(0,0) = F(u,v)$？

习题 6.5 通常，对于一个用于进行“光滑化”处理的算子，其**点扩散函数**的“形状”为：1) 在原点 $(x, y) = (0, 0)$ 处，**点扩散函数**的值最大；2) 在其他点处，**点扩散函数**的值都为正，并且，随着 x 和 y 趋于无穷，**点扩散函数**的值衰减到 0。为了方便，我们可以将这样的**点扩散函数**，看作一种**质量分布**。不失一般性，我们假设：该**质量分布**的中心位于原点处。我们必须能够描述：这个质量分布的“分散情况”。一个质量分布的**回转半径**是：一个到质心的距离，具体地说，如果我们将该**质量分布**的全部质量集中在：到质心的距离等于**回转半径**的质点上，那么，该质点所产生的**转动惯量**等于：原来的质量分布（所产生）的转动惯量。（质点的**转动惯量**等于：质点的质量与该质点到原点的距离平方的乘积）。

质量分布 $h(x, y)$ 的总质量 M 为：

$$M = \int_{-\infty}^{\infty}\int_{-\infty}^{\infty} h(x, y)dxdy \tag{6.162}$$

我们令：$r^2 = x^2 + y^2$，于是，**回转半径** R 的定义为：

$$\int_{-\infty}^{\infty}\int_{-\infty}^{\infty} r^2 h(x, y)dxdy = R^2 \int_{-\infty}^{\infty}\int_{-\infty}^{\infty} h(x, y)dxdy = MR^2 \tag{6.163}$$

(a) 求：圆柱体的**回转半径**，其中，圆柱体的定义为：

$$b_V(x, y) = \begin{cases} 1/(\pi V^2), & \text{如果 } r \le V \\ 0, & \text{如果 } r > V \end{cases} \tag{6.164}$$

(b) 求 Gauss 函数的**回转半径**，其中，**Gauss 函数**为：

$$G_\sigma(x, y) = \frac{1}{2\pi\sigma^2} e^{-\frac{1}{2}\frac{x^2+y^2}{\sigma^2}} \tag{6.165}$$

注意：**(a)**和**(b)**中的分布都具有**“单位质量”**；并且，将式(6.163)中的积分转化为：**极坐标**下的积分形式，可能会有助于求解。

(c) 证明：两个函数的**卷积**的质量，等于这两个函数的质量的乘积。同时证明：两个函数的**卷积**的**回转半径**的平方，等于这两个函数的**回转半径**的平方和，也就是说，如果 $f = h \otimes g$，那么，$R_f^2 = R_g^2 + R_h^2$。其中，R_f、R_g 和 R_h 分别为：f、g 和 h 的**回转半径**。

(d) 如果一个旋转对称的光滑函数和“自身”进行多次**卷积**，那么，所得到的卷积结果将变得和 **Gauss 函数**及其相似。假设：式(6.164) 中的函数和自身卷积 n 次，那么，其对应的近似 **Gauss 函数**的**标准差** σ 是多少？

习题 6.6 证明：$a \star (b \otimes c) = (a \star b) \otimes c$。其中，符号$\star$表示**相关**；而$\otimes$表示**卷积**。

习题 6.7 一个光学望远镜的**调制传递函数**为：$A(u,v) = P(u,v) \otimes P(u,v)$。其中：$P(u,v)$是一个旋转对称的低通滤波器：

$$P(u,v) = \begin{cases} 1, & \text{如果}\ u^2+v^2 \le \omega^2 \\ 0, & \text{如果}\ u^2+v^2 > \omega^2 \end{cases} \tag{6.166}$$

其中，截至频率ω取决于：入射光的波长、以及光学器件的尺寸。

(a) 求$A(u,v)$。
提示： 两个半径相同的圆，当它们的圆心不重合时，它们的公共面积是多少？

(b) 相应的**点扩散函数**是什么？
提示： 频率域的乘积，对应于空间域的什么运算？

习题 6.8 考虑一个图像模糊系统，该系统的点扩散函数为：标准差为σ的Gauss 函数。假设：噪声的功率谱是平的，功率为N^2；信号的功率谱也是平的，功率为S^2，并且，$S^2 > N^2$。此外，我们假设：噪声是在图像模糊以后加上去的。

(a) 求：去除图像模糊的**最优滤波器**所对应的**调制传递函数**。

(b) 该**调制传递函数**的低频响应是什么？

(c) 放大倍数最大的频率成分是什么？

(d) 该**最优滤波器**的最大**增益**是多少？

习题 6.9 对于一个光学系统，我们很难直接测出它的**点扩散函数**。取而代之的是，我们通常对：场景中各个区域的尖锐**边缘**，进行成像。用这种方式，我们得到了：**边扩散函数**。

(a) 假设：场景中的边缘是一个**单位阶梯函数**（参见：式(6.48)），如何从边缘的响应$e(x)$中得到：**边扩散函数**$l(x)$。边扩散函数是：系统对一条“无限冲击线”的响应。

(b) 证明：$l(x)$和点扩散函数$h(r)$之间的关系满足：

$$l(x) = 2\int_{|x|}^{\infty} \frac{r}{\sqrt{r^2-x^2}} h(r)dr \tag{6.167}$$

上式被称为：**Abel 变换**。其中，$l(x)$被称为：函数$h(r)$的Abel 变换结果。我们假设：**点扩散函数**是旋转对称的。

(c) 证明：**Abel 变换**满足如下关系，即：

$$\int_{-\infty}^{\infty} l(x)dx = 2\pi \int_{0}^{\infty} h(r)rdr \quad \text{和} \quad l(0) = 2\int_{0}^{\infty} h(r)dr \tag{6.168}$$

(d) 如何通过**边扩散函数**来恢复出**点扩散函数**？请证明：

$$h(r) = -\frac{1}{\pi}\int_{r}^{\infty} \frac{l'(x)}{\sqrt{x^2 - r^2}}dx = -\frac{1}{\pi}\int_{r}^{\infty} \sqrt{x^2 - r^2}d\left(\frac{l'(x)}{x}\right) \tag{6.169}$$

其中，$l'(x)$ 表示：$l(x)$ 对 x 的导数。上式被称为：**Abel 逆变换**。

习题 6.10　旋转对称函数 $f(x,y)$ 只依赖于半径 r；而和**极角** θ 无关。其中：

$$r = \sqrt{x^2 + y^2} \quad \text{并且} \quad \theta = \tan^{-1}(y/x) \tag{6.170}$$

证明：如果一个**旋转对称函数** $f(x,y)$ 能够被分解为两个函数的乘积，并且，其中一个是关于 x 的函数 $g(x)$，而另一个是关于 y 的函数 $h(y)$，也就是说：$f(x,y) = g(x)h(y)$，那么，这个**旋转对称函数**一定是 **Gauss 函数**。

提示： 首先证明：$f(x,y)$ 是一个**旋转对称函数**的充分必要条件是：

$$\frac{1}{x}\frac{\partial f}{\partial x} = \frac{1}{y}\frac{\partial f}{\partial y} \tag{6.171}$$

然后，你就可以很容易地证明：存在常数 c，使得：

$$\frac{dg}{dx} = c\,x\,g(x) \quad \text{和} \quad \frac{dh}{dy} = c\,y\,h(y) \tag{6.172}$$

第 7 章　图像处理：离散图像

在上一章中，我们研究了：连续的**线性移不变系统**。连续的线性移不变系统所处理的是：定义在连续的二维空间上的函数。实际上，我们所处理的图像的尺寸是有限的，并且，图像被采样成了一个**离散点集**。因此，对于我们在上一章中所得到的方法，我们必须做特殊处理，并且，对其进行扩展和修改，以使之适用于这种新的情况。同时，我们必须仔细应对：**离散图像**处理中的一些新的问题。

采样定理告诉我们：在什么情况下，我们可以用：一个通过**均匀采样**而得到的**离散点集**，来精确地表示一幅**连续图像**。同时，我们也知道：如果**采样定理**所需要的条件没有得到满足，将会出现什么结果。这对于**成像系统**的设计有着非常重要的影响。

我们可以通过 **Fourier 变换**将图像变到**频率域**，然后，再对 Fourier 变换结果进行处理。这种方法现在变得非常普遍。在一定程度上，这是由于：出现了计算**离散 Fourier 变换**的快速算法。但是，我们在使用**频率域**来进行分析的时候必须小心，因为，这些方法都隐含着一个假设，即：所处理的信号具有**周期性**。我们将讨论：如何去满足这个条件，以及，当这个条件不满足时，将会出现什么问题。

7.1 有限的图像尺寸

在实际应用中，图像的尺寸总是有限的。考虑一张长方形的图像，它的长和宽分别为 W 和 H [①]。此时，**Fourier 变换**中的积分区域，不再是整个二维平面（即：$x-y$ 平面），而变为了

$$F(u,v)=\int_{-H/2}^{H/2}\int_{-W/2}^{W/2} f(x,y)e^{-i(ux+vy)}dxdy \tag{7.1}$$

令人感到惊奇的是，我们不需要知道：$F(u,v)$ 关于所有**频率** (u,v) 的值，就可以对 $f(x,y)$ 进行**重建**。这是由于：函数 $f(x,y)$ 必须满足一个很强约束条件，即：对于 $|x|>W/2$ 或 $|y|>H/2$ 的区域，$f(x,y)=0$。从另一个角度考虑，一个只在像平面中的有限区域内取非零值的函数，和其他一般函数比起来，它所包含的信息要少得多。

为了看出这一点，我们可以将像平面想象成：这张图像 $f(x,y)$ 经过**周期延拓**[②]所形成的一个新函数：

$$\widetilde{f}(x,y)=\begin{cases} f(x,y), & \text{如果 } |x|\le W/2 \text{ 且 } |y|\le H/2 \\ f(x-kW,y-lH), & \text{如果 } |x|>W/2 \text{ 或 } |y|>H/2 \end{cases} \tag{7.2}$$

其中，

$$k=\left\lfloor \frac{x+W/2}{W}\right\rfloor \qquad l=\left\lfloor \frac{y+H/2}{H}\right\rfloor \tag{7.3}$$

这里，$\lfloor x\rfloor$ 表示不超过 x 的最大整数。于是，我们可以计算：图像 $f(x,y)$ 经过**周期延拓**后所得到的**周期图像** $\widetilde{f}(x,y)$ 的 **Fourier 变换**，即：

$$\widetilde{F}(u,v)=\int_{-\infty}^{\infty}\int_{-\infty}^{\infty}\widetilde{f}(x,y)e^{-i(ux+vy)}dxdy \tag{7.4}$$

上式等于：

$$\sum_{k=-\infty}^{\infty}\sum_{l=-\infty}^{\infty}\int_{-H/2}^{H/2}\int_{-W/2}^{W/2} f(x,y)e^{-i(u(x-kW)+v(y-lH)}dxdy \tag{7.5}$$

---

①作者在书中使用的是宽（width）和高（height）。W 和 H 分别对应其首字母。我们这里为了通顺，将其译为：长和宽。— **译者注**

②所谓**周期延拓**是指：以这张图像为基本单元，然后，将这张图像的复制样本，像“铺瓷砖”一样，一块一块地拼接起来，从而“铺满”整个像平面（如图 7.1(a) 所示）。在这里，我们需要补充说明的是：周期延拓事实上是一个**卷积**过程，也就是说，我们可以将式(7.2)进一步写为：$\widetilde{f}=k\otimes f$，其中，卷积核 $k(x,y)$ 是一个**单位无限冲击阵列**，也就是说，$k(x,y)=\sum_{k=-\infty}^{\infty}\sum_{l=-\infty}^{\infty}\delta(x-kW,y-lH)$。从这个角度出发，我们不难理解后面所得到的一系列结论。— **译者注**

于是，我们可以得到：

$$\widetilde{F}(u,v)=\sum_{k=-\infty}^{\infty}\sum_{l=-\infty}^{\infty}e^{iukW}e^{iulH}F(u,v) \tag{7.6}$$

我们将通过习题7.1证明：使用合适的**收敛因子**，我们可以得到：

$$\sum_{k=-\infty}^{\infty}e^{ikx}=2\pi\sum_{k=-\infty}^{\infty}\delta(x-2k\pi) \tag{7.7}$$

因此，我们可以将式(7.6)进一步整理为：

$$\widetilde{F}(u,v)=4\pi^2\sum_{k=-\infty}^{\infty}\sum_{l=-\infty}^{\infty}\delta(uW-2\pi k)\delta(vH-2\pi l)F(u,v) \tag{7.8}$$

我们可以将上式进一步写为①：

$$\widetilde{F}(u,v)=4\pi^2\frac{1}{WH}\sum_{k=-\infty}^{\infty}\sum_{l=-\infty}^{\infty}\delta\left(u-\frac{2\pi}{W}k\right)\delta\left(v-\frac{2\pi}{H}l\right)F(u,v) \tag{7.9}$$

上式说明：函数 $\widetilde{F}(u,v)$ 的大部分值都为零，其**非零点集**为：

$$(u,v)=\left(\frac{2\pi}{W}k,\frac{2\pi}{H}l\right) \tag{7.10}$$

因此，为了得到**周期图像** $\widetilde{f}(x,y)$，我们只需要知道：$F(u,v)$ 在这些频率点（即：式(7.10)）上的取值。得到周期图像 $\widetilde{f}(x,y)$ 以后，我们只需要“截取”出：$\widetilde{f}(x,y)$ 中 $|x|<W/2$ 且 $|y|<H/2$ 的那一部分图像区域，就可以得到**有限尺寸的图像** $f(x,y)$。因此，我们只需要知道所有的

$$F_{k,l}=F\left(\frac{2\pi}{W}k,\frac{2\pi}{H}l\right) \tag{7.11}$$

就可以恢复出图像 $f(x,y)$。所有的点 $\{F_{k,l}\}$ 构成一个**可数集**（其中 k 和 l 为整数）。于是，我们得到了一个重要结论：

- **周期函数**的 **Fourier 变换**结果是**离散**的。

我们对：周期函数的 **Fourier 变换**结果 $\widetilde{F}(u,v)$，做 **Fourier 逆变换**，所得到的结果可以被表示为**级数**形式，这是因为：

$$\widetilde{f}(x,y)=\frac{1}{4\pi^2}\int_{-\infty}^{\infty}\int_{-\infty}^{\infty}\widetilde{F}(u,v)e^{+i(ux+vy)}dudv \tag{7.12}$$

$$=\frac{1}{WH}\sum_{k=-\infty}^{\infty}\sum_{l=-\infty}^{\infty}\int_{-\infty}^{\infty}\int_{-\infty}^{\infty}\delta\left(u-\frac{2\pi}{W}k\right)\delta\left(v-\frac{2\pi}{H}l\right)$$

$$\times F(u,v)e^{+i(ux+vy)}dudv \tag{7.13}$$

① 要得出式(7.9)，需要用到 Delta 函数的**尺度性质**：$\delta(kx)=(1/k)\delta(x)$. — **译者注**

$$= \frac{1}{WH} \sum_{k=-\infty}^{\infty} \sum_{l=-\infty}^{\infty} F_{k,l} e^{2\pi i((kx/W+ly/H))} \tag{7.14}$$

我们可以从另外一个角度来考虑这个问题，也就是说，将 $f(x,y)$ 看作是某个函数 $\widetilde{f}(x,y)$ 的**加窗形式**（即：$\widetilde{f}(x,y)$ 被一个**窗函数**所“截取”出来的结果），窗函数 $w(x,y)$ 的定义为：

$$w(x,y) = \begin{cases} 1, & \text{如果 } |x| \le W/2 \text{ 并且 } |y| \le H/2 \\ 0, & \text{如果 } |x| > W/2 \text{ 或者 } |y| > H/2 \end{cases} \tag{7.15}$$

在窗的内部，$\widetilde{f}(x,y) = f(x,y)$，也就是说，

$$f(x,y) = \widetilde{f}(x,y)w(x,y) \tag{7.16}$$

函数 $f(x,y)$ 的 **Fourier 变换**结果等于：周期函数 $\widetilde{f}(x,y)$ 的 **Fourier 变换**结果与窗函数 $\widetilde{w}(x,y)$ 的 **Fourier 变换**结果的**卷积**[①]。窗函数 $\widetilde{w}(x,y)$ 的 Fourier 变换结果为：

$$WH \frac{\sin(uW/2)}{uW/2} \frac{\sin(uH/2)}{uH/2} \tag{7.17}$$

因此，$f(x,y)$ 的 **Fourier 变换**结果是：对 $\widetilde{f}(x,y)$ 的 **Fourier 变换**结果进行**光滑滤波**所得到的结果。我们后面会看到：通过适当的**采样**结果，我们可以完全确定出：这种经过**光滑滤波**所得到的函数。通过使用给定**采样点**的函数值来进行**插值**运算，我们可以轻易地确定出：（除了**采样点**以外的）其他点的函数值。

7.2 离散图像采样

当图像被离散化以后，我们只知道一些离散点的亮度值。我们可以将图像的离散化结果想象为：定义在一些离散的**格栅点**上的**无限冲击函数**，也就是说，

$$f(x,y) = wh \sum_{k=-\infty}^{\infty} \sum_{l=-\infty}^{\infty} f_{k,l} \delta(x-kw, y-lh) \tag{7.18}$$

其中，w 和 h 分别表示：水平方向和竖直方向上的**采样间隔**。现在，我们可以计算式(7.18)的 **Fourier 变换**，即：

$$F(u,v) = wh \int_{-\infty}^{\infty} \int_{-\infty}^{\infty} \sum_{k=-\infty}^{\infty} \sum_{l=-\infty}^{\infty} f_{k,l} \delta(x-kw, y-lh) e^{-i(ux+vy)} dxdy \tag{7.19}$$

[①]在第 6 章中，我们证明了卷积定理：空间域的卷积对应于频率域的乘积。使用相同的方法，我们还可以证明：空间域的乘积对应于频率域的卷积。— **译者注**

对上式做进一步整理，我们可以得到①：

$$F(u,v)=\sum_{k=-\infty}^{\infty}\sum_{l=-\infty}^{\infty}f_{k,l}e^{-i(ukw+vlh)} \tag{7.20}$$

$F(u,v)$ 是一个**周期函数**，它关于 u 的周期为 $2\pi/w$，关于 v 的周期为 $2\pi/h$。于是，我们得到另一个重要结论：

- **离散函数**的 **Fourier 变换**结果是一个**周期函数**。

$F(u,v)$ 是一个**周期函数**，这意味着：我们可以忽略 $F(u,v)$ 中 $|u|>\pi/w$ 或 $|v|>\pi/h$ 的那部分频谱。事实上，对于恢复图像 $f(x,y)$ 的问题，我们不会用到 $F(u,v)$ 中 $|u|>\pi/w$ 或 $|v|>\pi/h$ 的部分频谱。

我们试图去恢复这样一个函数 $\widetilde{f}(x,y)$，在频率域上的一个**周期区间**内，它的 **Fourier 变换**结果 $\widetilde{F}(u,v)$ 等于 $F(u,v)$，而在该区间以外，$\widetilde{F}(u,v)$ 等于零，也就是说，

$$\widetilde{F}(u,v)=\begin{cases}F(u,v), & \text{如果 } |u|\le\pi/w \text{ 并且 } |v|\le\pi/h\\ 0, & \text{如果 } |u|>\pi/w \text{ 或者 } |v|>\pi/h\end{cases} \tag{7.21}$$

上式中的 $\widetilde{F}(u,v)$ 的 **Fourier 逆变换**为：

$$\widetilde{f}(x,y)=\frac{1}{4\pi^2}\int_{-\pi/h}^{\pi/h}\int_{-\pi/w}^{\pi/w}F(u,v)e^{+i(ux+vy)}dudv \tag{7.22}$$

函数 $\widetilde{f}(x,y)$ 对于所有的 x 和 y 都有定义，但是，我们特别感兴趣的是：函数 $\widetilde{f}(x,y)$ 在那些**格栅点** $(x,y)=(kw,lh)$（其中，k 和 l 为整数）上的值。将式(7.20)带入式(7.22)，我们可以得到：

$$\widetilde{f}(x,y)=\frac{wh}{4\pi^2}\int_{-\pi/h}^{\pi/h}\int_{-\pi/w}^{\pi/w}\sum_{k=-\infty}^{\infty}\sum_{l=-\infty}^{\infty}f_{k,l}e^{-i(ukw+vlh)}e^{+i(ux+vy)}dudv \tag{7.23}$$

上式等于：

$$\frac{wh}{4\pi^2}\sum_{k=-\infty}^{\infty}\sum_{l=-\infty}^{\infty}f_{k,l}\int_{-\pi/h}^{\pi/h}\int_{-\pi/w}^{\pi/w}e^{-i(ukw+vlh)}e^{+i(ux+vy)}dudv \tag{7.24}$$

于是，我们最终得到：

$$\widetilde{f}(x,y)=\sum_{k=-\infty}^{\infty}\sum_{l=-\infty}^{\infty}f_{k,l}\frac{\sin(\pi(x/w-k))}{\pi(x/w-k)}\frac{\sin(\pi(y/h-l))}{\pi(y/h-l)} \tag{7.25}$$

从式(7.25)中，我们可以看出：

- 对于**格栅点** $(x,y)=(kw,lh)$，函数 $\widetilde{f}(x,y)$ 的值等于：图像 $f(x,y)$ 在**采样点** (kw,lh) 处的采样值，也就是说，$f(kw,lh)=f_{k,l}$；

---

①这需要用到Delta函数的**移动性质**，即：$\iint\delta(x-x_0,y-y_0)g(x,y)dxdy=g(x_0,y_0)$。——**译者注**。

- 对于**格栅点**之间的点，函数 $\widetilde{f}(x,y)$ 的值是：用格栅点的值的**插值**结果，相应的**核函数**为：函数 $sin(x)/x$ 和 $sin(y)/y$ 的乘积。

我们也可以从另一个角度考虑这个问题，也就是说，将式(7.18)中的函数 $f(x,y)$ 看作是：连续函数 $f_0(x,y)$ 与**格栅采样函数**的乘积，即：$f(x,y)=f_0(x,y)g(x,y)$，其中，$g(x,y)$ 表示**格栅采样函数**，即：

$$g(x,y)=wh\sum_{k=-\infty}^{\infty}\sum_{l=-\infty}^{\infty}\delta(x-kw,y-lh) \tag{7.26}$$

根据**卷积定理**，$f(x,y)$ 的 **Fourier 变换**结果等于：$f_0(x,y)$ 的 **Fourier 变换**结果与**格栅采样函数** $g(x,y)$ 的 **Fourier 变换**结果的**卷积**，再乘以 $1/(4\pi^2)$。**格栅采样函数** $g(x,y)$ 的 **Fourier 变换**结果为：

$$G(u,v)=4\pi^2\sum_{k=-\infty}^{\infty}\sum_{l=-\infty}^{\infty}\delta\left(u-\frac{2\pi k}{w},v-\frac{2\pi l}{h}\right) \tag{7.27}$$

如果 $f_0(x,y)$ 的 **Fourier 变换**结果为 $F_0(u,v)$，那么，$f(x,y)$ 的 **Fourier 变换**结果 $F(u,v)$ 为：

$$F(u,v)=\frac{1}{4\pi^2}F_0(u,v)\otimes G(u,v) \tag{7.28}$$

$$=\sum_{k=-\infty}^{\infty}\sum_{l=-\infty}^{\infty}\iint F_0(u-u_1,v-v_1)\delta\left(u_1-\frac{2\pi k}{w},v_1-\frac{2\pi l}{h}\right)du_1dv_1$$

$$=\sum_{k=-\infty}^{\infty}\sum_{l=-\infty}^{\infty}F_0\left(u-\frac{2\pi k}{w},v-\frac{2\pi l}{h}\right) \tag{7.29}$$

从上式中，我们可以看出：$F(u,v)$ 是 $F_0(u,v)$ 的“副本”①经过**周期叠加**后所得到的结果。因此，存在如下两种情况：

- 当 $|u|>\pi/w$ 或 $|v|>\pi/h$ 时，$F_0(u,v)=0$。
  此时，当 $|u|\le\pi/w$ 且 $|v|\le\pi/h$ 时，$F(u,v)=F_0(u,v)$，因此，我们可以通过：将 $F(u,v)$ 在 $|u|>\pi/w$ 或 $|v|>\pi/h$ 的区域上函数值全部置为零，从而得到 $F_0(u,v)$，进而通过 $F_0(u,v)$ 的 **Fourier 逆变换**来复原出 $f_0(x,y)$；

- 当 $|u|>\pi/w$ 或 $|v|>\pi/h$ 时，$F_0(u,v)$ 不恒等于零。
  此时，当 $|u|\le\pi/w$ 且 $|v|\le\pi/h$ 时，$F(u,v)\ne F_0(u,v)$，因此，我们无法通过 $F(u,v)$ 来得到 $F_0(u,v)$，因此，我们无法复原出 $f_0(x,y)$。

---

① $F_0(u,v)$ 的“副本”是指：将 $F_0(u,v)$ 平移 $(2k\pi/w,2l\pi/h)$（其中，k 和 l 是整数）后所得到结果。— **译者注**

7.3 采样定理

从前面的讨论中，我们可以看出：对于一个**频带宽度有限**的函数（简称：带限函数），我们可以通过：其**矩形格栅**上的**采样点**，将其唯一地确定下来。这个结果也被称为**采样定理**。如果当 $|u| > \pi/w$ 或 $|v| > \pi/h$ 时，$F(u,v) = 0$，那么，我们可以通过：由所有**采样值** $f(kw,lh)$ 所形成的**点集**（其中，k 和 l 为整数），恢复出函数 $f(x,y)$。事实上，我们前面（即：式(7.25)）已经推导出了显式的**插值**公式：

$$f(x,y) = \frac{wh}{4\pi^2} \sum_{k=-\infty}^{\infty} \sum_{l=-\infty}^{\infty} f_{k,l} \frac{\sin(\pi(x/w-k))}{\pi(x/w-k)} \frac{\sin(\pi(y/h-l))}{\pi(y/h-l)} \tag{7.30}$$

注意：上式并不涉及 **Fourier 变换**。这是一个很重要的结果，因为它证明了：对图像进行**采样**是可行的。假设被**采样**的函数足够光滑，也就是说，该函数是一个**带宽有限**的函数，那么，**采样**就不会造成信息丢失。同时，我们还可以确定出：采样所需要的最小**采样间隔**，也就是说，如果使得函数的**频率响应**不为零的**频率范围**为 B，那么，采样间隔最大为 $\delta = \pi/B$。换句话说，采样间隔必须小于 $\lambda/2$，其中，λ 表示：在该函数所包含的所有**频率成分**中，最高频率分量所对应的**波长**。如果用 δ 表示**采样间隔**，那么，这个结果可以表示成：**Nyquist 频率** π/δ。如果要从采样结果中复原出被采样的信号，那么，信号所包含的**最高频率**不能超过 **Nyquist 频率**。

采样定理也清晰地说明了：在不满足上述条件时，如果我们用这种方法来对函数进行处理，会出现什么问题，也就是说，**采样**过程会造成**信息丢失**，从而使得原来的函数无法被复原出来。具体地说，如果信号所包含的**最高频率**超过了 **Nyquist 频率**，那么，将发生的情况是：当我们进行**采样**时，高于 **Nyquist 频率**的频率分量和相应的低于 **Nyquist 频率**的频率分量之间，是没有任何区别的[①]。这些超过 **Nyquist 频率**的频率分量，“看上去”似乎是在频率 π/B 处发生了“**向后折叠**”。这种现象也被称为**混叠**，因为频率为 ω 的波所产生的**采样结果**等同于：频率为 $2B-\omega$ 的波所产生的**采样结果**。

---

①这里的“没有任何区别”具体是指：这两个频率分量在经过**采样**以后，所得到的（离散）结果是完全一样的。让我们来考虑一个简单的例子，我们对 $\sin(x)$ 进行**采样**，并且，**采样间隔** $\Delta x = \pi/2$，那么，采样结果在一个周期内的值为：$[\cdots, \sin 0, \sin\frac{\pi}{2}, \sin\pi, \sin\frac{3\pi}{2}, \cdots] = [\cdots, 0, 1, 0, -1, \cdots]$；然后，我们对 $\sin(5x)$ 进行**采样**，并且，**采样间隔**同样为 $\Delta x = \pi/2$，那么，采样结果在一个周期内的值也为：$[\cdots, \sin 0, \sin\frac{5\pi}{2}, \sin 5\pi, \sin\frac{15\pi}{2}, \cdots] = [\cdots, 0, 1, 0, -1, \cdots]$，因此，我们无法通过采样结果 $[\cdots, 0, 1, 0, -1, \cdots]$ 来判断：被采样的函数到底是 $\sin x$ 还是 $\sin 5x$。— **译者注**

事实上，我们是将图像传感器的（基本）图像单元（即：像素点）设计为一个面积有限的小区域，然后，再使用该图像传感器来对图像进行**采样**。和直接使用**单位无限冲击函数** $\delta(x,y)$ 来进行**图像采样**相比，这样做有一个优点。在图像传感器中，如果每一个图像单元所对应的感知原件的**响应函数**为 $r(x,y)$，那么，经过该图像传感器采样所得到的图像，事实上等价于：1) 图像首先和 $r(x,y)$ 进行**卷积**，然后，2) 再对卷积结果进行采样。卷积过程是对图像进行“光滑化”处理，事实上，“光滑化”过程起到了抑制**高频分量**的作用。

例如，我们假设：将长方形的**传感器**放置在长方形**格栅**的内部，**传感器**的大小正好等于长方形格栅的大小，也就是说，

$$r(x,y)=\begin{cases}1, & \text{如果 } |x|\le w/2 \text{ 并且 } |y|\le h/2\\ 0, & \text{如果 } |x|>w/2 \text{ 或者 } |y|>h/2\end{cases} \tag{7.31}$$

那么，$r(x,y)$ 的**Furier变换**结果为：

$$R(u,v)=wh\frac{\sin(uw/2)}{uw/2}\frac{\sin(uh/2)}{uh/2} \tag{7.32}$$

从上式中，我们可以看出：对于 $u=\pm(2\pi/w)$ 和 $v=\pm(2\pi/h)$ 的点，滤波器 $R(u,v)$ 的值为0。$u=\pm(2\pi/w)$ 和 $v=\pm(2\pi/h)$ 正好是：**采样定理**所允许的**最高频率**的2倍。这个**滤波器**确实让一些高频分量得以通过，但是，它却极大地抑制了**高频分量**。要想得到更好的**滤波器**，相邻接的矩形**感知区域**之间将会有重叠部分，并且，对于每一个感知单元，沿着单元**中心**到单元**边缘**的方向，对光的感应灵敏度必须是衰减的。减轻**混叠**所造成的影响的另一种方式是：在成像系统中引入适当的**模糊**，从而对图像进行**低通滤波**。于是，整体的**点扩散函数**等于：光学系统的**点扩散函数**和感知单元的**点扩散函数** $r(x,y)$ 的**卷积**。

传感器之间的间隔应该和光学单元的**分辨率**相匹配。如果传感器之间的间隔太远，那么，将会违背**采样定理**；另一方面，如果把它们放得太近，又是一种浪费。例如，对于人类的视觉系统，在分辨率和传感器间隔之间，似乎有一种合理的匹配。至少，在瞳孔没有特别放大或缩小的情况下，是这样的。

当然，采用先**采样**再**滤波**的处理方式，是起不到任何作用的，因为，混叠所造成的损害已经形成了。这样做当然可以抑制高频分量，但是，由于混叠，采样前的（连续）图像中的**高频分量**，已经变成了：采样后的（离散）图像中的**低频分量**。这个错误结果是无法被复原的。**带宽有限**函数[①]是“光滑的”，这是由于：该函数的高阶导数

---

①所谓“带宽有限函数”是指：在该函数所包含的频率成分中，最高频率的大小是有限的。我们也将其简称为：**带限**函数。——**译者注**

的幅度是有界的。例如，下式：

$$f''(x,y)=\frac{\partial^2 f}{\partial x^2}+\frac{\partial^2 f}{\partial y^2} \tag{7.33}$$

的 **Fourier 变换**结果为：

$$F''(u,v)=-(u^2+v^2)F(u,v) \tag{7.34}$$

如果 $f(x,y)$ 是一个**带宽有限**函数，那么，当 $|u|>B$ 或 $|v|>B$ 时，频谱成分 $F(u,v)=0$。因此

$$|F''(u,v)|\leq B^2|F(u,v)| \tag{7.35}$$

由于信号 $f(x,y)$ 和 $f''(x,y)$ 的功率分别为：

$$P=\int_{-\infty}^{\infty}\int_{-\infty}^{\infty}f^2(x,y)dxdy=\frac{1}{4\pi^2}\int_{-\infty}^{\infty}\int_{-\infty}^{\infty}|F^2(u,v)|dvdv \tag{7.36}$$

$$P''=\int_{-\infty}^{\infty}\int_{-\infty}^{\infty}(f''(x,y))^2dxdy=\frac{1}{4\pi^2}\int_{-\infty}^{\infty}\int_{-\infty}^{\infty}|F''(u,v)|^2dvdv \tag{7.37}$$

因此，根据式(7.35)，我们可以得到：$P''\leq|B|^4P$。这个结果给出了一个关于 $f(x,y)$ 可以波动多快的约束条件。

到目前为止，我们一直假设：使用矩形的**格栅点**对图像进行**采样**。我们需要指出的是：使用其他的**采样**方式，可能会取得更大的“优势”。我们可以选择使用其他采样模式，例如：位于三角形**格栅**上的正六边形图像单元。当图像的最高频率大小 $\rho<B$ 时，使用这种剖分形式，只需要使用更少的**采样点**，即可达到相同的**精度**。这种采样方式所对应的频率域上的圆周形的**截止频率**，和使用矩形格栅**采样**所形成的频率域上的矩形的**截止频率**相比，其结果更加自然。

这两种（对**像平面**的）不同剖分方式之间的差别，对应于：**频率域**上不同的区域划分方式。这两种**频率域**上的区域划分方式需要满足一个共同的条件，即：**带宽有限**函数的 **Fourier 变换**结果在经过**周期叠加**以后，不会发生**混叠**，从而使得我们可以对信号进行有效复原。对于以正方形为基本单元的像平面剖分方式，其所对应的**频率域**上的基本区域单元也是正方形。要将半径为 $\rho<R$ 的圆盘填充进去，该正方形的面积至少为 $4R^2$。对于以正六边形为基本单元的像平面剖分方式，其所对应的**频率域**上的基本区域也是正六边形[①]。但是，要将半径为 $\rho<R$ 的圆盘填充进去，正六边形的最小面积仅为 $2\sqrt{3}R^2$。

[①]对于以正方形为基本单元的剖分方式，由采样点所组成的**格栅**函数为：$G(x,y)=\sum_k\sum_l\delta(x-kw)\delta(y-lw)$。对于以正六边形为基本单元的剖分方式，由采样点所组成的**格栅**函数为 $H(x,y)=\sum_k\sum_{2l}[\delta(x-kw)\delta(y-\sqrt{3}(2l)w/4)+\delta(x-(k+1/2)w)\delta(y-\sqrt{3}(2l+1)w/4)]$。对 $G(x,y)$ 和 $H(x,y)$ 做 **Fourier 变换**，我们可以得到这个的结论。— **译者注**

7.4 离散 Fourier 变换

离散图像的 **Fourier 变换**结果是一个**周期函数**。如果我们将图像想象成：一个**周期性**的无限图像中[①]的一部分（如图 7.1(a) 所示），那么，其 **Fourier 变换**结果也是**离散**的。此时，图像本身及其 **Fourier 变换**结果都既是**周期性**的也是**离散**的，并且，我们可以通过有限数目的点上的值，将它们完全确定下来。如果图像被具体指定为：函数 $f(x,y)$ 在所有点 (kw,lh) 上的采样值 $f_{k,l}$（其中$k=0,1,\cdots,M-1$；$l=0,1,\cdots,N-1$），那么，我们将**离散 Fourier 变换**（Discrete Fourier Transform (**DFT**)）定义为：

$$F_{mn}=\sum_{k=0}^{M-1}\sum_{l=0}^{N-1}f_{kl}e^{-2\pi i(km/M+ln/N)} \tag{7.38}$$

其逆变换（即**离散 Fourier 逆变换**）为：

$$f_{kl}=\frac{1}{MN}\sum_{m=0}^{N-1}\sum_{n=0}^{N-1}f_{kl}e^{+2\pi i(km/M+ln/N)} \tag{7.39}$$

再一次，我们看到：**离散 Fourier 变换**的正变换和逆变换具有有几乎对称的形式（除了前面的系数）。我们不用再去担心：离散 Fourier 变换及其逆变换是否存在的问题，因为，离散 Fourier 变换的正变换和逆变换都是：有限个（取值有限的）数的求和过程。

注意，**离散 Fourier 变换**所针对的“对象”是：图像的**双周期延拓**结果。除非：1) 原始图像左边的边界和右边的边界正好相同，并且，2) 上面的边界和下面的边界正好相同，否则，在周期严拓的过程中，在图像“副本”之间的邻接处（也就是说，图像“副本”的边界区域），其亮度会出现阶梯形的不连续（如图 7.1(a) 所示[②]）。即使原始图像本身非常光滑，图像经过周期延拓以后，在图像“副本”边界处的不连续，也将会引入高频分量。

有许多抑制这种效应的办法，其中一个办法是：在将图像“副本”拼接在某一图像的左右侧之前，先沿着：将这两张图像拼接在一起的边，对图像“副本”进行左右翻转，然后，再使用翻转后的结果进行拼接；类似地，在将图像“副本”拼接在某一图像的上下侧之

---

①我们前面已经解释过所谓“周期性的无限图像”的意义，即以某张有限图像作为基本单元，像铺瓷砖一样，用该基本单元“铺满”整个 $x-y$ 平面。这个过程也称为：函数的周期延拓，如图 7.1(a) 所示。— **译者注**

②原著中，本章并没有插图，我们觉得图 7.1 有助于读者理解：**周期延拓**的实现方式，以及，**离散 Fourier 变换**（**DFT**）和**离散余弦变换**（**DCT**）之间的区别。于是，在和 Horn 教授的商讨以后，我们在本章中加入了图 7.1。— **译者注**

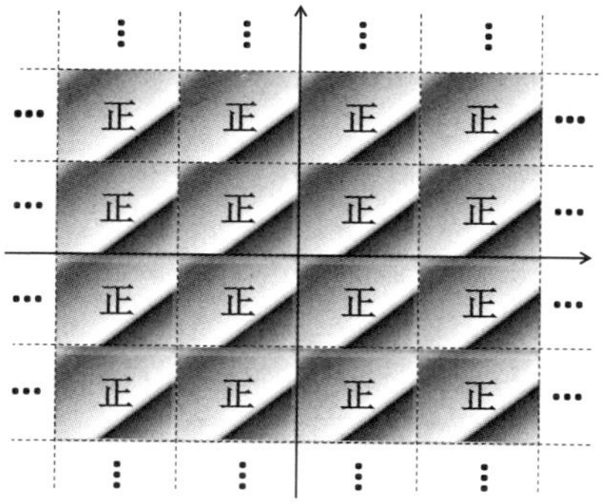

(a) **DFT**所对应的周期延拓

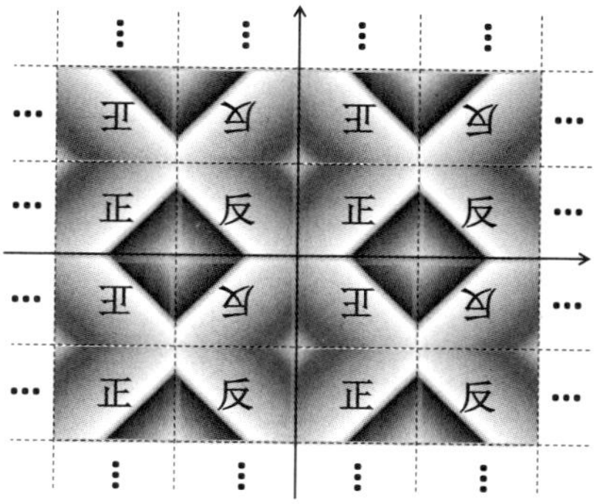

(b) **DCT**所对应的周期延拓

图 7.1 如果我们选择不同的**周期延拓**方式，将会产生不同的图像变换方法。(a) **离散 Fourier 变换**（**DFT**）所对应的**周期延拓**方式。经过**周期延拓**后，在图像的**边界**处，**亮度**值不连续。(b) **离散余弦变换**（**DCT**）采用特殊的**周期延拓**方式，即：将图像的“副本”经过**翻转**后再进行拼接，从而使得：经过**周期延拓**后，在图像的**边界**处，**亮度**值是连续的。图中带有“正”字的小块表示原始图像；带有“反”字的小块是：对原始图像进行**左右翻转**后得到的结果。

前，先沿着拼接的边，对图像副本进行上下翻转，然后，在进行拼接（如图 7.1(b) 所示）。用这种方式拼接出来的结果，也是一个**双周期函数**，该双周期函数的亮度在图像“副本”的边界处是连续的，但是，在图像“副本”的边界处，该双周期函数的亮度的一阶导数仍然是不连续的。因此，**虚假频率成分**（即频谱上的**伪影**）仍然是不可避免的，但是，和那些由亮度本身的不连续所引起的虚假频率成分相比，由于亮度一阶导数的不连续而引起的虚假的频率成分要小得多。

用图 7.1(b) 所示的周期延拓方式所产生的函数也是一个**周期函数**，其周期是：用如图 7.1(a) 所示的周期延拓方法所生成的函数的周期的两倍。另一方面，该函数关于 x 和 y 都是偶函数，因此，它的**离散 Fourier 变换**结果中只包含余弦项。在习题7.6 中，我们将探索这种变换。这种变换又被称为**离散余弦变换**（Discrete Cosine Transform (**DCT**)）。

消除图像边界上“潜在的”**不连续效应**的另一种方法是：将原函数乘以一个在边界上衰减为零的函数，从而对图像进行**调制**。经过调制后的的图像所产生的“副本”，在边界上的取值是零，因此，在图像“副本”的边界处，经过周期延拓所得到的图像是连续的。**调制函数**本身必须非常光滑，从而使得**调制函数**本身不会引入虚假的频率成分。这样的函数通常被称为**窗函数**，这是因为它为我们提供了一个“景象”，也就是说，通过一个**加权窗**“看过去”，潜在的无限图像是什么样子的。关于窗函数的一个简单例子是：

$$\frac{1}{2}\left(1+\cos\left(2\pi\frac{x}{W}\right)\right)\frac{1}{2}\left(1+\cos\left(2\pi\frac{y}{H}\right)\right)=\cos^2\left(\pi\frac{x}{W}\right)\cos^2\left(\pi\frac{y}{H}\right) \tag{7.40}$$

我们前面已经看到：如同空间域的**卷积**等价于频率域的**乘积**，空间域的**乘积**等价于频率域的**卷积**。因此，原始图像经过**加窗**以后，其结果的 **Fourier 变换**等于：原始图像的 **Fourier 变换**结果和**窗函数**的 **Fourier 变换**结果的**卷积**，再乘以 $4\pi^2$。因此，通过**加窗**，原函数的 Fourier 变换结果被“抹平”了[①]。式(7.40) 中的窗函的 **Fourier 变换**结果为：

$$\begin{aligned}&\frac{1}{2}\left(\frac{1}{2}\delta\left(\frac{2\pi}{W}-u\right)+\delta(u)+\frac{1}{2}\delta\left(\frac{2\pi}{W}+u\right)\right)\\&\times\frac{1}{2}\left(\frac{1}{2}\delta\left(\frac{2\pi}{H}-v\right)+\delta(v)+\frac{1}{2}\delta\left(\frac{2\pi}{H}+v\right)\right)\end{aligned} \tag{7.41}$$

因此，图像经过**加窗**以后，其 **Fourier 变换**结果等于：原始图像的 **Fourier 变换**结果在一个 3×3 的邻域内的平均值。该 3×3 邻域的**中心点**的权重为 1/4，和该中心点的四条**边**相连的四个点的权重为 1/8；和该中心点的四个**角**相连的四个点的权重为 1/16。

我们可以将**离散卷积**的**权重系数结构**表示为一个**模板**。**模板**是一种用于计算**卷积**的**权重模式**。模板中的**权重系数**是根据：和这些**权重系数**相乘的点所对应的空间位置，来进行排列的。式(7.41)中的**权重系数结构**所对应的**模板**为：

$$\frac{1}{16}\begin{array}{|c|c|c|}\hline 1&2&1\\\hline 2&4&2\\\hline 1&2&1\\\hline\end{array} \tag{7.42}$$

离散 Fourier 变换之所以引起人们的广泛关注，其中的一个原因是：人们找到了一种有效的方法来对其进行快速计算。直观的计算方式是：对 $f_{k,l}$ 单独进行计算。计算每一个 $f_{k,l}$都需要 MN 次乘法运算，而元素 $f_{k,l}$ 的总个数为 MN，因此，这种直接计算**离散 Fourier 变换**的方法，总共需要 M^2N^2 次乘法运算。通过巧妙地使用中间计

[①] 作者用了“smear out”，形象的动作就是：往面包上涂抹奶油。我们在上一章讨论过：**图像模糊**可以被看作是一个**卷积**过程。因此，我们也可以说：通过加窗，原函数的 **Fourier 变换**结果被“模糊”掉了，这就是这里的“smear out”的意思。— **译者注**

算结果，**快速 Fourier 变换**(**FFT**) 只需要进行 $4MN\log_2 MN$ 次乘法运算，即可得到结果。这使得通过利用**卷积定理**（即：1) 进行 **Fourier 变换**，2) 对变换结果相乘，3) 进行 **Fourier 逆变换**）来计算**卷积**变得更加合理①。但是，现代**并行计算**硬件的发展，往往更倾向于：直接计算**卷积**。

现在，让我们来考虑图像中的噪声。一幅噪声图像的**离散 Fourier 变换**结果，当然依赖于：每一个图像单元（即：像素点）的具体值。我们能否看出：噪声图像的**离散 Fourier 变换**是否有什么一般性的结果？我们真正感兴趣的是：在噪声图像的**离散 Fourier 变换**中，每一个值的**数学期望**是多少。我们有：

$$F_{mn} = \sum_{k=0}^{M-1}\sum_{l=0}^{N-1} f_{kl}e^{-2\pi i(km/M+ln/N)} \tag{7.43}$$

这里，每一个 f_{kl} 都是一个**独立**的**随机数**。暂时，我们允许 f_{kl} 的值为**复数**。注意：如果 f_{kl} 的**相位**是随机的，那么

$$f_{kl}e^{-2\pi i(km/M+ln/N)} \tag{7.44}$$

同样是一个具有**随机相位**的随机数。因此，每一个 F_{mn} 的值都是：MN 个相互**独立**的随机复数的和。

现在，如果我们假设 f_{kl} 服从：均值为 0 **标准差**为 σ 的**正态分布**，那么，我们可以推断：F_{mn} 的**均值**也为 0，并且，其**标准差**为 $\sqrt{MN}\sigma$。这是因为：MN 个**独立同分布**的**随机变量的和**的**标准差**，等于 $\sqrt{MN}$ 乘以某一个**随机变量**的**标准差**。我们可以进一步证明：f_{kl} 的**离散 Fourier 变换**结果 F_{mn} 相互之间是**独立**的。因此，除了相差一个**尺度因子**以外，噪声图像的**离散 Fourier 变换**结果具有和噪声图像完全相似的性质；也就是说，噪声图像的**离散 Fourier 变换**结果是：由一组均值为零、标准差为 $\sqrt{MN}\sigma$ 的独立随机数所构成的集合。

7.5 循环卷积

我们之所以对**离散 Fourier 变换**(**DFT**)感兴趣，很大程度上是源于这个事实：我们可以通过 **Fourier 变换**计算来计算**卷积**。离散 Fourier 变换所对应的**卷积**是**循环卷积**②，假设 $\{f_{i,j}\}$ 和 $\{h_{i,j}\}$ 是两个由 $M\times N$ 个点所构成的**二维阵列**，即：$i=1,2,\cdots,M$；$j=1,2,\cdots,N$。

---

①注意：直接计算卷积，参见式(7.45)，所需要 M^2N^2 次乘法运算，其计算复杂度等于：直接计算离散 Fourier 变换的计算复杂度。— **译者注**

②这一小节中，我们对原著做了较大的修改，包括：1) 增加了**循环卷积**的

那么，$\{f_{i,j}\}$ 和 $\{h_{i,j}\}$ 的**循环卷积**的结果 $\{g_{i,j}\}$ 也是一个由 $M \times N$ 个点所构成的**二维阵列**，并且，其元素 $g_{i,j}$ 为：

$$g_{i,j} = \sum_{k=0}^{M-1} \sum_{l=0}^{N-1} f_{i-k,j-l} h_{k,l} \tag{7.45}$$

上式中的 $f_{i-k,j-l}$ 的值是按照：其下标 $(i-k, j-l)$ 的**周期轮替**，在数组 $\{f_{i,j}\}$ 中进行查找的，也就是说，当 $i-k<0$ 时，$f_{i-k,j-l} = f_{i-k+M,j-l}$；类似的，当 $j-l<0$ 时，$f_{i-k,j-l} = f_{i-k,j-l+N}$。因此，**循环卷积**也被称为**周期卷积**或**圆周卷积**。

我们可以将**循环卷积**“想象”为：首先，对二维阵列 $\{f_{i,j}\}$ 和 $\{h_{i,j}\}$ 进行**周期延拓**（如图 7.1(a) 所示），从而得到**二维周期阵列** $\{\widetilde{f}_{i,j}\}$ 和 $\{\widetilde{h}_{i,j}\}$，其中，$\widetilde{f}_{i+kM,j+lN} = f_{i,j}$，$\widetilde{h}_{i+kM,j+lN} = h_{i,j}$（$k$ 和 l 为整数）；然后，再计算 $\{\widetilde{f}_{i,j}\}$ 和 $\{\widetilde{h}_{i,j}\}$ 的**卷积**，由于 $\{\widetilde{f}_{i,j}\}$ 和 $\{\widetilde{h}_{i,j}\}$ 是二维周期阵列，因此，它们的卷积结果 $\{\widetilde{g}_{i,j}\}$ 也是一个**二维周期阵列**；最后，选取**二维周期阵列** $\{\widetilde{g}_{i,j}\}$ 中的一个周期内的元素（即：$i = 0, 1, \cdots, M-1$；$j = 0, 1, \cdots, N-1$），作为**循环卷积**的结果 $\{g_{i,j}\}$。

我们可以计算：式(7.45) 中的**循环卷积**结果的**离散 Fourier 变换**。根据**离散 Fourier 变换**的定义（式(7.38)），即：

$$G_{m,n} = \sum_{p=0}^{q-1} \sum_{n=0}^{N-1} g_{p,q} e^{-2\pi i(pm/M+qn/N)} \tag{7.46}$$

将式(7.45)代入上式，我们可以进一步得到：

$$G_{m,n} = \sum_{p=0}^{M-1} \sum_{q=0}^{N-1} \left(\sum_{k=0}^{M-1} \sum_{l=0}^{N-1} f_{p-k,q-l} h_{k,l} \right) e^{-2\pi i(pm/M+qn/N)} \tag{7.47}$$

交换上式中的求和次序，并且，令 $s = p-k$、$t = q-l$，我们可以将上式进一步写为：

$$G_{m,n} = \sum_{k=0}^{M-1} \sum_{l=0}^{N-1} \left[\sum_{s=-k}^{M-k-1} \sum_{t=-l}^{N-l-1} f_{s,t} e^{-2\pi i\left(\frac{sm}{M}+\frac{tn}{N}\right)} \right] h_{k,l} e^{-2\pi i\left(\frac{km}{M}+\frac{ln}{N}\right)} \tag{7.48}$$

当 $s<0$ 或 $t<0$ 时，$f_{s,t}$ 的值将相应的取为：$f_{s+M,t}$ 或 $f_{s,t+N}$ 或 $f_{s+M,t+N}$。由于一个数列中所有元素的和，与这些元素的相加次序无关，因此，根据式离散 Fourier 的定义式(7.38)，我们可以看出：

公式(7.45)，以及，2) 关于**循环卷积**与**离散 Fourier 变换**之间关系的分析（即：式(7.38)到(7.51)）。在这一小节中，作者主要是想提醒读者：**离散 Fourier 变换**隐含一个前提假设，即：图像的**周期延拓**，因此，在使用**离散 Fourier 变换**来计算**卷积**时，所计算的是：**循环卷积**。原著并没有介绍循环卷积。经过和 Horn 教授的探讨，我们决定在中译版中加入关于**循环卷积**的简单分析和介绍。— **译者注**

式(7.48) 的中括号内部正好是**二维阵列** $\{f_{i,j}\}$ 的**离散 Fourier 变换**结果，即：

$$F_{m,n} = \sum_{s=-k}^{M-k-1} \sum_{t=-l}^{N-l-1} f_{s,t} e^{-2\pi i\left(\frac{sm}{M}+\frac{tn}{N}\right)} = \sum_{s=0}^{M-1} \sum_{t=0}^{N-l} f_{s,t} e^{-2\pi i\left(\frac{sm}{M}+\frac{tn}{N}\right)} \tag{7.49}$$

于是，我们可以将式(7.48)进一步写为：

$$G_{m,n} = F_{m,n} \left[\sum_{k=0}^{M-1} \sum_{l=0}^{N-1} h_{k,l} e^{-2\pi i\left(\frac{km}{M}+\frac{ln}{N}\right)}\right] = F_{m,n} H_{m,n} \tag{7.50}$$

其中，$H_{m,n}$ 是二维阵列 $\{h_{i,j}\}$ 的**离散 Fourier 变换**，即：

$$H_{m,n} = \sum_{k=0}^{M-1} \sum_{l=0}^{N-1} h_{k,l} e^{-2\pi i\left(\frac{km}{M}+\frac{ln}{N}\right)} \tag{7.51}$$

式(7.50)是离散形式的**卷积定理**，也就是说，

- 两个阵列的**循环卷积**的**离散 Fourier 变换**，等于这两个阵列的**离散 Fourier 变换**的**乘积**。

因此，当我们使用**离散 Fourier 变换**来计算卷积时，我们所得到的是**循环卷积**，也就是说，我们已经将图像和窗函数都进行了**周期延拓**（如图 7.1(a) 所示）。因此，使用这种方法来进行**图像处理**时，对于图像的**边界**，是存在问题的。由于图像的周期延拓，输出图像的左面**边界**部分，将会不可避免地受到：原图像右面**边界**附近区域的影响；类似的，输出图像的上面**边界**部分，也将不可避免地受到：原图像下面**边界**附近区域的影响。

在图像处理中，这种左右边界（以及上下边界）之间的相互影响，往往是我们所不希望出现的。解决这个问题的一种方法是：在图像周围加上一个值为零的**边界区域**。边界区域的大小需要和滤波器的**支撑集**一样大。滤波器的**支撑集**是指：使得该滤波器的**点扩散函数**取非零值的区域。许多滤波器的支撑集都是无限大的（这其中包含我们最喜欢用到的函数 **Gauss 滤波器**），因此，我们只有对滤波器的**点扩散函数**进行人工截取，从而得到一个具有**有限支撑集**的滤波器。

在图像的周围添加一个值为零的边界区域，这种方法本身就是有缺陷的，因为，输出图像的边界区域将受到**图像延伸**的影响。如果我们将**输入图像**看作是：一个未知的大图像中的一部分，那么，我们并不难理解这个现象。我们并不知道：输入图像在大图像中是如何进行延伸的。在输出图像中，受到这种现象影响的那部分区域，位于图像的**边界区域**中，其宽度等于滤波器的**支撑集**。只有在去除这个**边界区域**以后，所得到的结果才是可信的。当然，如果在后续任务

中，我们所需用到的、输出图像中的全部图像区域，都包含在输出图像的“内部”区域之中（也就是说，去除**边界区域**以后所剩下来的区域），那么，在输入图像的边界外面加上一圈值为零的区域，不会对我们的后续任务造成影响。

总之，我们已经看到了：如何用系统的**点扩散函数**（或**调制传递函数**）来对该系统进行**描述**。我们可以通过系统的**点扩散函数**来分析该系统的缺点。根据**采样定理**，我们可以将**图像传感器**和**成像系统**匹配起来。根据**最优滤波器**的理论和方法，我们可以设计出：一个用于从存在噪声的信号中提取出有用信号的系统。同时，对于**边缘检测**，**卷积**方法是很有用的。

7.6 一些有用的结果

我们可以用表 7.1 来总结我们已经得到的一些结论。

表 7.1　**空间域**与**频率域**之间的关系

空间域	**频率域**
周期的	离散的
对称的	取实数
两个函数的和	两个变换的和
两个函数的卷积	两个变换的乘积
周期采样	副本的周期延拓

在表 7.1 中，两列中的对应项之间的关系是“双向的”。例如，上表中第一行的意思是：**周期函数**的 **Fourier 变换**是**离散**的，并且，如果一个函数的 **Fourier 变换**是**离散**的，那么，该函数一定是一个**周期函数**。此外，表格中的两列可以“互换位置”，也就是说（还是以第一行为例），**离散函数**的 **Fourier 变换**具有**周期性**，并且，如果一个函数的 **Fourier 变换**具有**周期性**，那么，该函数一定是一个**离散函数**。此外，还有更多有用的关系。当一个空间的**尺度**被**压缩**时，另一个空间的**尺度**将以相同的比例**扩张**。因此，两个空间中的尺度的乘积是一个常数。例如，**空间域**的 **Gauss 函数**的宽度与其 **Fourier 变换**结果（也是一个 **Gauss 函数**）在**频率域**中的宽度的乘积，就是一个常数。当一个函数只在一个**有界**的区域中取得非零（函数）值时，该函数被称为：具有一个**有界的支撑集**。可以证明，如果一个函数具有**有界的支撑集**，那么，其 **Fourier 变换**不可能具有**有界的支撑集**。

7.7 本章参考文献

在上一章的末尾，我们给出了很多关于图像处理方面的参考文献。1962 年，Hamming 在他的书《*Numerical Methods for Scientists and Engineers*》[1962] 中，首次提出了：离散 Fourier 变换的快速计算方法。但是，这个方法并没有引起人们的关注。很多年以后，Hamming 在他的另外一本书《*Digital Filters*》[1977 年的第一版和 1983 年的第二版] 中，再次提到了这种方法。它所处理的向量很"短"，因为他当时处理的问题都是直接拿手进行计算的。对于其他人来说，似乎很难直接看出：如何推广他的方法来处理任意长度的向量。在 Blahut 所写的书《*Fast Algorithms for Digital Signal Processing*》[1985] 中，总结了：快速计算离散 Fourier 变换的已知方法，以及一些相关问题。

在什么情况下，离散采样结果中包含了用来描述一幅连续图像的全部信息？**采样定理**给出了一个判断条件。文献 Mersereau [1979] 展示了：对于表示二维信号来说，使用正六边形来对图像进行剖分的优势。恢复连续图像需要用到插值和卷积。通过对原始图像的插值结果进行采样，所得到的离散图像可能被增加或者减少。文献 Hou & Andrews [1974] 讨论了这个过程的一种实现方法。文献 Ahmed, Natarjan & Rao [1974] 讨论了离散余弦变换，而文献 Chen, Smith & Fralick [1977] 讨论了相应的快速计算方法。

图像复原是图像处理领域的一个重要研究课题。到目前为止，这方面的研究仍然很活跃。这方面的近期的论文有：文献 Ramakrishua, Mulick & Rathore [1985]。

7.8 习题

习题 7.1 证明：

$$\sum_{k=-\infty}^{\infty} e^{ikx} = 2\pi \sum_{k=-\infty}^{\infty} \delta(x - 2\pi k) \tag{7.52}$$

提示： 对于这个求和问题，**Gauss 函数**是一个合适的收敛因子。

习题 7.2 一个**二维离散系统**的特征表现在：它的**点扩散函数** $\{h_{ij}\}$。假设：一个系统的输出 $\{g_{ij}\}$ 和系统输入 $\{f_{ij}\}$ 之间的关系满足：

$$g_{i,j} = \sum_{k=-\infty}^{\infty} \sum_{l=-\infty}^{\infty} f_{i-k,j-l} h_{k,l} \tag{7.53}$$

求：系统的**调制传递函数**（即：$\{h_{ij}\}$ 的 **Fourier 变换**结果）。
提示： 系统的调制传递函数是离散的吗？系统的调制传递函数是周期函数吗？

习题 7.3 假设有一个离散二维系统，它的表现是一个**卷积**（正如我们在上一题中所看到的）。现在假设：系统的输入是噪声，也就是说，每一个 f_{ij} 都是：均值为 0 方差为 σ^2 的独立随机变量。

(a) 系统的输出 g_{ij} 的均值和方差是什么？

(b) 我们要求：所有的**点扩散函数**都必须满足下面约束条件，即：

$$\sum_{k=-\infty}^{\infty}\sum_{l=-\infty}^{\infty} h_{k,l} = 1 \tag{7.54}$$

那么，哪一个**点扩散函数**会使得系统的输出中所包含的噪声最小？
提示： 你可能会想要使用**Lagrang乘子**，将约束条件加入到优化表达式中。（参见附录A.5）。

(c) 对于满足约束条件

$$\sum_{k=-\infty}^{\infty}\sum_{l=-\infty}^{\infty} (k^2+l^2) h_{k,l} = 1 \tag{7.55}$$

的所有的**点扩散函数**，哪一个使得系统的输出中所含有的噪声最小？
提醒： 这一问比上一问要难。

习题 7.4 考虑 **Laplace 算子**的离散近似形式。我们使用如下的**模板**（即：权重系数模式）：

$$\frac{1}{6\epsilon^2}\begin{array}{|c|c|c|}\hline 1 & 4 & 1 \\ \hline 4 & -20 & 4 \\ \hline 1 & 4 & 1 \\ \hline \end{array} \tag{7.56}$$

其中，ϵ 是：图像单元（即：像素点）之间的距离。请将：式(7.56) 中的权重系数模式，写为：9 个**无限冲击函数**的和的形式。然后，请求出：其对应的 **Fourier 变换**。进一步，请证明：当 $\epsilon \to 0$ 时，式(7.56) 在原点附近（即：当 u^2+v^2 很小的时候）的 **Fourier 变换**结果趋近于：$-(u^2+v^2)$。

习题 7.5 考虑上一题中所使用的 **Laplace 算子**的离散近似形式。对（模板的）中心点处的图像亮度进行 **Taylor 展开**，并且，将(7.56)中的**权重系数模式**代入到 **Taylor 展开式**中。请证明：最终所得结果与**常数项**和**线性项**无关。并且，进一步证明：（上面的过程所得到的）结果是：（我们所）期望得到的二阶项的组合。同时，请求出：误差项的最小阶数。

习题 7.6 假设一张图像所在的区域范围是：$0 \le x \le W$ 且 $0 \le y \le H$。我们将图像**延拓**到整个 $x-y$ 平面，为了避免：延拓过程中所产生的、**图像边界**处的亮度不连续变化，我们使用“镜面成像”的延拓方式。例如，当 $W \le x \le 2W$ 时，令 $\widetilde{f}(x,y) = f(2W-x,y)$；而当 $H \le y \le 2H$ 时，令 $\widetilde{f}(x,y) = f(x,2H-y)$。

(a) 证明：延拓后的函数在 $x-$轴方向的周期为 $2W$，并且，在 $y-$轴方向的周期为 $2H$。同时证明：延拓后的函数关于 x 和 y 都是偶函数。

(b) 证明：延拓后的函数可以被表示为余弦序列，即：

$$\widetilde{f}(x,y) = \sum_{k=0}^{\infty}\sum_{l=0}^{\infty} C_{k,l}\cos\left(\frac{x}{W}\pi k\right)\cos\left(\frac{y}{H}\pi l\right) \tag{7.57}$$

(c) 证明：如果 $i \neq 0$ 且 $j \neq 0$，那么，式(7.57)中的**余弦序列**的系数为：

$$C_{i,j} = \frac{4}{WH}\int_0^{+H}\int_0^{+W} \widetilde{f}(x,y)\cos\left(\frac{x}{W}\pi i\right)\cos\left(\frac{y}{H}\pi j\right)dxdy \tag{7.58}$$

请求出，当 $i=0$ 或者 $j=0$ 时，式(7.57)中的**余弦序列**的系数。

(d) 我们应该如何修改上面的方法，使之适用于图像区域为：$-W/2 \le x \le W/2$ 并且 $-H/2 \le y \le H/2$ 的情况。

(e) 对于正六边形的区域，我们能否进行类似的“复制”延拓，从而使得：经过延拓后的亮度模式，在正六边形区域的**边界**处是连续的？

习题 7.7 请证明，至少在形式上，

$$1 + \left(\frac{\sigma^2}{2}\nabla^2\right) + \frac{1}{2!}\left(\frac{\sigma^2}{2}\nabla^2\right)^2 + \frac{1}{3!}\left(\frac{\sigma^2}{2}\nabla^2\right)^3 \tag{7.59}$$

是 **Gauss 卷积**所对应的**卷积逆**的**核函数**。Gauss 卷积的**核函数**为：

$$\frac{1}{2\pi\sigma^2}e^{-\frac{1}{2}\frac{x^2+y^2}{\sigma^2}} \tag{7.60}$$

提示： 使用 $e^{\sigma^2\omega^2}$ 的 **Taylor 展开**。

假设：我们使用式(7.59)中的前三项级数，来去除：由 **Gauss 卷积**所引起的图像模糊。假设：模糊图像为 $f(x,y)$，去模糊后的图像为 $g(x,y)$，请证明：我们可以使用下面的迭代算法来求得 $g(x,y)$，即：

- $g^0 = f$，
- for $k = 0, 1, 2, \cdots, n-1$
  $g^{k+1} = f + \frac{1}{n-k}\left(\frac{\sigma^2}{2}\nabla^2\right)g^k$

习题 7.8 我们可以使用：一个 2×2 的**均值滤波器**，来对图像进行"光滑化"处理。2×2 的均值滤波器的**点扩散函数**为：

$$h_{i,j} = \begin{cases} 1/4, & \text{如果 } i = 0,1 \text{ 并且 } j = 0,1 \\ 0, & \text{其他情况} \end{cases} \tag{7.61}$$

现在，让我们来考虑如下函数：

$$g_{i,j} = \begin{cases} 1, & \text{如果 } i = 0,1 \text{ 并且 } j = 0,1 \\ \text{even}(|i+\frac{1}{2}|-\frac{1}{2})\text{even}(|j+\frac{1}{2}|-\frac{1}{2}), & \text{其他情况} \end{cases} \tag{7.62}$$

其中，

$$\text{even}\,(z) = \begin{cases} +1, & \text{当}z\text{为偶数时} \\ -1, & \text{当}z\text{为奇数时} \end{cases} \tag{7.63}$$

证明：g_{ij} 是 h_{ij} 的**卷积逆**。（注意：除了在坐标轴附近，g_{ij} 是：一个由 +1 和 −1（相间隔）而组成的一个（国际象棋的）棋盘）。

请讨论：在实际应用中，使用式(7.63)会碰到什么问题？请设计一种合适的窗函数，来使得：g_{ij} 的值随着 i 和 j 的增大而衰减。和直接使用 g_{ij}（即：h_{ij} 的"准确无误"的卷积逆的**核**）比起来，使用：g_{ij} 与窗函数的乘积结果，来和模糊图像做**卷积**，所得到的结果有什么不同？

习题 7.9 这里，我们将建立一种：幂级数与**离散点扩散函数**之间的有用关系。同时，我们将展示一种：使用**离散滤波器**来逼近 **Gauss 滤波器**的方法。考虑两个多项式 $f(x,y)$ 和 $g(x,y)$。

(a) 证明：由多项式的乘积 $f(x)g(x)$ 的各项系数所组成的**系数序列**[①]等于：多项式 $f(x)$ 和 $g(x)$ 的（两个）系数序列之间的**卷积**。请将这个结论进一步扩展为：包含 x 的负幂项的情况。

---

①原著使用的是：the set of coefficients，直译应该是"系数集合"，我们将其译为"系数序列"，因为，"序列"中的元素是有顺序的。例如，如果 $f(x) = 1 + x^2 + 2x^3$，那么，其系数序列为：$\{1, 0, 1, 2\}$。注意：对于缺失的项，需要添上 0 来补充。— **译者注**

我们可以将上面的结果推广到二维情况，也就是说，乘积 $f(x,y)g(x,y)$ 的**系数序列**等于：多项式 $f(x,y)$ 和 $g(x,y)$ 的（这两个）系数序列之间的**二维离散卷积**。注意，此时的“系数序列”应该排列成一个矩阵。此外，还需注意的是：根据**二维离散卷积**的性质，我们可以直接得出如下结论，即：幂级数的乘法满足**结合律**和**交换律**。现在，让我们来考虑一个具体的例子，即问题**(b)**。

(b) 证明：如果在一个卷积过程中，滤波器的**权重系数模式**为：

$$\frac{1}{16}\begin{array}{|c|c|c|}\hline 1 & 2 & 1 \\ \hline 2 & 4 & 2 \\ \hline 1 & 2 & 1 \\ \hline \end{array} \tag{7.64}$$

那么，该卷积可以被分解为：两次卷积。并且，在这两次卷积过程中，滤波器的形式是相同的，其权重系数为：

$$\frac{1}{4}\begin{array}{|c|c|}\hline 1 & 1 \\ \hline 1 & 1 \\ \hline \end{array} \tag{7.65}$$

如果我们使用式(7.65) 中的 2×2 的**权重系数模式**来进行 3 次卷积，那么，我们可以通过一次卷积，来得到：这三次卷积所得到的结果，请问：这个等效的一次卷积的**权重系数模式**是什么？

(c) 证明：我们只需要将幂级数中的 x 换为 e^{-iuw}、将 y 换为 e^{-ivh}，就可以得到：（幂级数的系数所对应）的**离散滤波器**。

(d) 请问：和多项式 $1+x+y+xy$ 所对应的卷积滤波器的 **Fourier 变换**是什么？

通过 $(1+x)^n$ 的展开式，我们可以得到一个特别重要的多项式：

$$(1+x)^n = \binom{n}{0} + \binom{n}{1}x + \binom{n}{2}x^2 + \cdots \binom{n}{n-1}x^{n-1} + \binom{n}{n}x^n \tag{7.66}$$

其中，**二次项系数**为：

$$\binom{n}{r} = \frac{n!}{(n-r)!r!} \tag{7.67}$$

(e) 我们可以通过：(d) 中的滤波器和它自身**卷积** n 次，从而得到：一个二维的**二项式分布**，其通项为：

$$\begin{pmatrix} n \\ k \end{pmatrix}\begin{pmatrix} n \\ l \end{pmatrix} x^k y^l \quad (\text{其中 } 0 \le k \le n;\ 0 \le l \le n) \tag{7.68}$$

证明：上式的**调制传递函数**的幅度为：

$$4^n \cos^n\left(\frac{1}{2}uw\right)\cos^n\left(\frac{1}{2}vh\right) \tag{7.69}$$

请问：我们如何消除式(7.69)中的系数 4^n ？通过何种操作，我们可以使得：所得到的**调制传递函数**为实数（至少当 n 为奇数时）？

(f) n 阶**二项式分布**近似于：均值为 $(n-1)/2$、方差为 2^{n-1} 的 **Gauss 函数**。Gauss 函数的幅度为 2^{n-1}。n 阶二项式分布的**调制传递函数**，也近似于一个 **Gauss 函数**。请求出：式(7.69)所逼近的 **Gauss 函数**的幅度、均值和方差。

提示： 找到这两个函数（即式(7.69)和 **Gauss 函数**）的 **Taylor** 展开式中的前几项，然后，让它们的系数匹配起来。

当我们想用有限个离散滤波器，来近似表示 **Gauss 函数**时，上面的分析是很有用的。我们也可以通过对 **Gauss 函数**进行“截取”（即：“舍弃掉”值足够小的那部分)，从而得到有限大小的数组，但是，和(f) 中介绍的方法比起来，这种方法的效果要差得多。因为无论阈值取得多小，去除 **Gauss 函数**中的、小于阈值的“那部分”，都会引入高频分量。

习题 7.10 假设：我们的样本点不但包含图像的亮度，还包含：亮度的一阶偏导数。请证明：和使用只含有亮度（信息）的样本相比，使用这种多信息样本，只需要更少数量的样本，就可以获取**带限图像**的信息。请说明：如何通过（多信息）样本来复原出**带限图像**。

提醒： 这并不是一个简单的问题

习题 7.11 对于正六边形的格栅，如何使用**样本点**（的亮度值），来对一个**带限图像**进行插值？

提示： 考虑一个定义于频率域上的函数，它在（频率域中的）一个正六边形区域内部的值为1，在其他“地方”的值为0，那么，该函数的 **Fourier 逆变换**是什么？

第 8 章　边缘和边缘查找

本章中，我们将探讨：对**边缘**的检测和定位。边缘是指：图像中亮度（或亮度关于空间位置的导数）发生快速变化的（点所构成的）曲线。我们特别感兴趣的是这样一些图像亮度的变化，它们能反应出：关于被成像物体表面的一些重要信息。这些发生亮度快速变化的地方可能是：物体表面的**朝向**发生不连续变化的地方、物体之间相互**遮挡**的地方、产生**阴影线**的地方、物体表面的**反射性质**发生不连续变化的地方。对于每种情况，我们都希望定位出：图像亮度（或其导数）发生不连续变化的地方，从而了解被成像物体的相应特征。本章中，我们将展示：如何使用**微分算子**来突显出这些特征，进而帮助我们定位图像中的边缘片段。我们首先考虑连续情况，然后再将其应用到离散情况。

自然地，图像亮度测量结果中所包含的噪声，会制约我们对**边缘**信息的复原能力。因此，我们需要在**灵敏度**和**精确性**之间找到一个平衡。我们发现：相对于较长的边缘，较短的边缘必须具有更高的对比度，才能够被检测到。**边缘检测**可以被看作是**图像分割**的补充，因为我们可以使用边缘来将图像分割为：对应于场景中不同物体的各个区域。

8.1 图像中的边缘

直观上，一个简单的**边缘**是：两个图像区域的交界。每一个区域都有近似相同的亮度。大多数图像中的边缘是由物体的**封闭轮廓**产生的。对于这种情况，上面提到的两个图像区域是指：由两个不同物体的表面所生成的图像。物体表面的**朝向**发生突变，以及，物体表面的**反射性质**发生突变，都会产生**边缘**。如果我们沿着：垂直于**边缘**的方向，来截取图像**亮度**的“**横截面**”，那么，在理想情况下，我们将会看到：图像的亮度值发生“阶梯形”的突变。实际上，由于**图像模糊**以及成像系统的局限，图像亮度不会发生阶梯形突变。同样，对于一些边缘，如果我们将：其亮度的**一阶导数**（而不是亮度本身）随空间位置的变化率，描述为一个**阶梯函数**，将会取得更好的效果。

现在，我们将使用简单的模型来深入理解：那些通过将边缘附近的点乘以很大的数来实现**边缘增强**的方法。我们需要对：经过**边缘增强**的图像，做进一步处理，从而提取出直线和曲线。到目前为止，大部分工作都集中于**边缘增强**阶段；检测和定位边缘片段的研究相对较少；但是，最近这种情况发生了变化。相比起来，在将边缘片段“合并”成大的实体（即：闭合轮廓）这方面，所做的研究是最少的。

8.2 微分算子

对于图像中的**边缘**，一个简单的模型是：一条直线将两个相邻的区域分隔开来（如图 8.1 所示）。在对简单**边缘模型**的分析过程中，我们将会用到**单位阶梯函数**，其定义为：

$$u(z)=\begin{cases}1, & \text{如果}z>0\\ 1/2, & \text{如果}z=0\\ 0, & \text{如果}z<0\end{cases} \tag{8.1}$$

注意：$u(z)$ 是对一维**单位冲击函数** δ 的积分，即：

$$u(z)=\int_{-\infty}^{z}\delta(t)dt \tag{8.2}$$

假设：**边缘**所在的直线方程为

$$x\sin\theta-y\cos\theta+\rho=0 \tag{8.3}$$

那么，对于简单的**边缘模型**，图像的**亮度**可以被写为如下形式：

$$E(x,y)=B_1+(B_2-B_1)u(x\sin\theta-y\cos\theta+\rho) \tag{8.4}$$

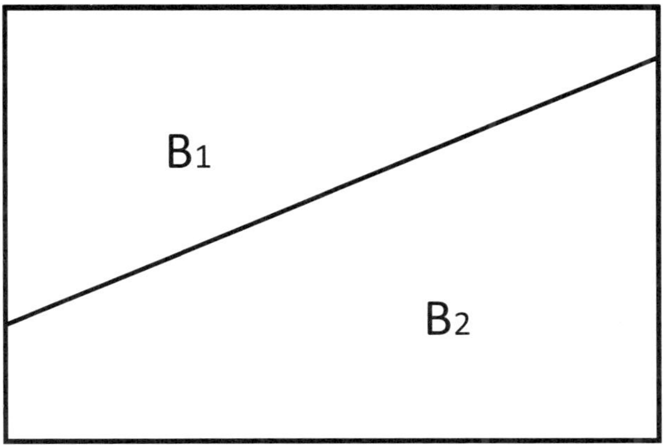

图 8.1 理想的边缘是：区分两个具有相同亮度的图像区域的一条线。

其中，B_1 和 B_2 分别为：两个不同区域的亮度。图像亮度 $E(x,y)$ 的（一阶）偏导数为：

$$\frac{\partial E}{\partial x} = +(B_2 - B_1)\delta(x\sin\theta - y\cos\theta + \rho)\sin\theta \tag{8.5}$$

$$\frac{\partial E}{\partial y} = -(B_2 - B_1)\delta(x\sin\theta - y\cos\theta + \rho)\cos\theta \tag{8.6}$$

这两个**微分算子**（即：$\partial E/\partial x$ 和 $\partial E/\partial y$）是和方向相关的，其结果依赖于边缘的**朝向**。向量 $(\partial E/\partial x, \partial E/\partial y)^T$ 被称为**图像亮度的梯度**。对于某种**亮度模式**[①]，当其发生平移或旋转时，图像亮度的**梯度**（包括大小和方向）和图像之间的对应关系，并不发生变化，从这个意义上说，图像亮度的梯度是一个**和坐标系的选取无关**的量。

现在，让我们来考虑**梯度模长的平方**，即：

$$\left(\frac{\partial E}{\partial x}\right)^2 + \left(\frac{\partial E}{\partial y}\right)^2 = (B_2 - B_1)^2\delta^2(x\sin\theta - y\cos\theta + \rho) \tag{8.7}$$

这个非线性算子是**旋转对称**的，因此，其检测结果与**边缘**的**朝向**无关。**单位冲击函数** δ 的**导数**被称为**偶极子**，记为 δ'。使用这个符号，我们可以得到：

$$\frac{\partial^2 E}{\partial x^2} = (B_2 - B_1)\delta'(x\sin\theta - y\cos\theta + \rho)\sin^2\theta \tag{8.8}$$

①注意，图像的定义就是：一种二维亮度模式，详见第 2 章。因此，在本书中，我们不对“图像”和“亮度模式”加以区别。— **译者注**

$$\frac{\partial^2 E}{\partial x \partial y} = -(B_2 - B_1)\delta'(x\sin\theta - y\cos\theta + \rho)\sin\theta\cos\theta \tag{8.9}$$

$$\frac{\partial^2 E}{\partial y^2} = (B_2 - B_1)\delta'(x\sin\theta - y\cos\theta + \rho)\cos^2\theta \tag{8.10}$$

图像 $E(x, y)$ 的 **Laplace 算子**处理结果为：

$$\frac{\partial^2 E}{\partial x^2} + \frac{\partial^2 E}{\partial y^2} = (B_2 - B_1)\delta'(x\sin\theta - y\cos\theta + \rho) \tag{8.11}$$

这也是一个**旋转对称**量。此外，**二次变分**：

$$\begin{aligned}&\left(\frac{\partial^2 E}{\partial x^2}\right)^2 + 2\left(\frac{\partial^2 E}{\partial x \partial y}\right)\left(\frac{\partial^2 E}{\partial x \partial y}\right) + \left(\frac{\partial^2 E}{\partial y^2}\right)^2 \\ &= ((B_2 - B_1)\delta'(x\sin\theta - y\cos\theta + \rho))^2\end{aligned} \tag{8.12}$$

也是**旋转对称**的。对于我们上面所讨论的**简单边缘模型**，**二次变分**正好等于 **Laplace 算子**处理结果的平方。

注意，对于上面提到的三种**旋转对称算子**，只有 **Laplace 算子**的处理结果中保留了：边缘两侧**亮度差**的“正负”信息，即 $B_2 - B_1$。这使得我们可以确定：在**边缘增强图像**中，边缘的哪一侧更亮。因此，**Laplace 算子**也是这三种算子中唯一的一个：有可能从**边缘增强图像**中复原出原始图像的算子。同时，在这三种**旋转对称算子**中，**Laplace 算子**也是唯一的**线性算子**。

8.3 离散近似

让我们来考虑：一个由 2×2 的图像单元所构成的区域，即：

$E_{i,j+1}$	$E_{i+1,j+1}$
$E_{i,j}$	$E_{i+1,j}$

我们可以用如下方法来估计：这个区域的**中心点**处的偏导数，即：

$$\frac{\partial E}{\partial x} \approx \frac{1}{2\epsilon}((E_{i+1,j+1} - E_{i,j+1}) + (E_{i+1,j} - E_{i,j})) \tag{8.13}$$

$$\frac{\partial E}{\partial y} \approx \frac{1}{2\epsilon}((E_{i+1,j+1} - E_{i+1,j}) + (E_{i,j+1} - E_{i,j})) \tag{8.14}$$

其中，ϵ 是：相邻两个**像素中心**之间的距离。上面的每一个估计值都是：对两个相邻的**有限差分近似值**取平均后得到的①。

有限差分近似常被用于：估计某一个特定点的**导数**。例如，我们所熟知的**一阶差分**公式给出了：对公式中所用到的两个点的**中点**的**无偏估计**②。我们使用式(8.13) 和(8.14) 来估计偏导数，是因为这两个公式提供了：对同一个点（即：四个像素点所共同拥有的公共角点）的偏导数的**无偏估计**。

现在，我们可以将**梯度模长的平方**近似表示为：

$$\left(\frac{\partial E}{\partial x}\right)^2+\left(\frac{\partial E}{\partial y}\right)^2\approx\frac{1}{2\epsilon^2}\left((E_{i+1,j+1}-E_{i,j})^2+(E_{i+1,j}-E_{i,j+1})^2\right)\qquad(8.15)$$

如果我们将这个简单的计算过程应用于整张图像，那么，在图像亮度发生快速变化的地方，所得到的计算结果会非常大；而对于图像亮度为常数的区域，其输出结果为零（如果图像中存在噪声，那么，输出结果不为零，但是非常小）。我们可以将：**梯度平方算子**的输出结果（即：亮度梯度模长的平方），保存为一张新的图像。在这张新的图像中，原图中的边缘区域得到了很大的增强，因此，我们将其称为**边缘增强图像**。

但是，**梯度平方算子**并没有提供关于边缘的**方向**信息。**梯度**本身包含了边缘的方向信息，**梯度**指向：图像亮度增加最快的方向。**边缘**方向和**梯度**方向是相互**垂直**的，这是因为③：

$$\left(\frac{\partial E}{\partial x},\frac{\partial E}{\partial y}\right)^T=(\sin\theta,-\cos\theta)^T(B_2-B_1)\delta(x\sin\theta-y\cos\theta+\rho)\qquad(8.16)$$

所以 $\partial E/\partial x$、$\partial E/\partial y$ 分别和 $\sin\theta$、$-\cos\theta$ 成正比。即使边缘处的亮度变化是“渐变”的（可能由于图像模糊），梯度仍然指向：和边缘垂直的方向。由于图像单元的亮度是该像素点区域内的亮度平均值，因此，对于边缘所经过的像素点，梯度的离散近似（即：式(8.13)和(8.14)）可能不会提供对**边缘方向**的精确估计。

现在，让我们来考虑：一个由 3×3 的图像单元（即：像素点）所构成的区域，即：

---

①所谓“有限差分”是指：使用相邻的离散点之间的差值来对导数进行近似估计。— **译者注**

②这里的“无偏估计”具体是指：具有关于 ϵ 的一阶精度。在点 $(i+1/2,j+1/2)$ 处分别对式(8.13)和(8.14)进行 Taylor 展开，我们可以验证这个结论。— **译者注**

③注意：在式(8.16)中，$(B_2-B_1)u(x\sin\theta-y\cos\theta+\rho)$ 是一个数，而 $(\sin\theta,-\cos\theta)^T$ 是一个向量。边缘的方向是：$(\cos\theta,\sin\theta)^T$，而**梯度**的方向 $(\sin\theta,-\cos\theta)^T$ 正好是：向量 $(\cos\theta,\sin\theta)^T$ 沿逆时针方向旋转 90° 所形成的。因此，梯度方向垂直于边缘。— **译者注**

$E_{i-1,j+1}$	$E_{i,j+1}$	$E_{i+1,j+1}$
$E_{i-1,j}$	$E_{i,j}$	$E_{i+1,j+1}$
$E_{i-1,j-1}$	$E_{i,j-1}$	$E_{i+1,j-1}$

为了估计**中心像素点**的 **Laplace 算子**计算结果，我们使用如下近似：

$$\frac{\partial^2 E}{\partial x^2} \approx \frac{1}{\epsilon^2}(E_{i-1,j} - 2E_{i,j} + E_{i+1,j}) \tag{8.17}$$

$$\frac{\partial^2 E}{\partial y^2} \approx \frac{1}{\epsilon^2}(E_{i,j-1} - 2E_{i,j} + E_{i,j+1}) \tag{8.18}$$

于是，我们可以将 **Laplace 算子**的处理结果近似表示为：

$$\frac{\partial^2 E}{\partial x^2} + \frac{\partial^2 E}{\partial y^2} \approx \frac{4}{\epsilon^2}\left(\frac{1}{4}(E_{i-1,j} + E_{i+1,j} + E_{i,j-1} + E_{i,j+1}) - E_{i,j}\right) \tag{8.19}$$

即：某一像素点的**近邻像素点**的亮度平均值与该像素点的亮度值之差。对于亮度值为常数的区域，这个结果显然为零。即使对于亮度值发生**线性变化**的区域，这个结果也是零。

在使用**有限差分**方法求解偏微分方程的过程中，我们常常会用到**微分算子**的这种离散近似方法。回顾前面关于模板的讨论[①]，在被处理的图像中，相应的图像单元（即：像素点）会被乘以一个系数，这个系数被称为**权重**。权重的排列模式被称为**模板**，或者**计算结构单元**[②]。所谓权重的排列模式是指：将权重放置在不同的空间位置上，其空间位置用于：指明该权重系数应该与哪个像素点的灰度值相乘。式(8.19)所对应的**模板**为：

$\frac{1}{\epsilon^2}$

	1	
1	−4	1
	1	

(8.20)

在上面的模板中，最左面的项（即：$1/\epsilon^2$）是：用于和所有**权重**相乘

[①] 关于模板的内容，详见：本书第 7 章 7.4 节。— **译者注**

[②] 原著直译应该是：计算“分子”。我们将其意译为：计算结构单元。— **译者注**

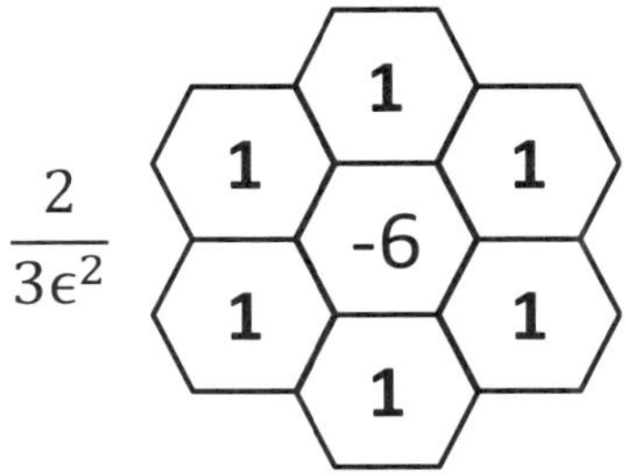

图 8.2 **Laplace 算子**的一种非常好的近似方法是：使用**正六边形格栅**的模式。其作用效果等于：从中心像素点周围的六个相邻像素点的灰度平均值中，减去中心像素点的灰度值；所得结果再乘以：一个依赖于**格栅**之间距离 ϵ 的常数。

的因子。注意，使用**Laplace 算子**对图像进行处理，相当于该图像和一个**广义函数**进行**卷积**。该**广义函数**的定义为：一组具有"中心点处朝下、中心点周围被一圈正值所包围"（即："**中心/环绕**"结构）特征的函数序列的极限。式(8.20)的**模板**会让你联想起：这个**函数序列**中的某一个函数。

对于**正方形**的**格栅**，我们难以得到一个**旋转对称**的模板，用来近似表示 **Laplace 算子**。在前面，我们曾经尝试：通过得到一种"一致的"方式，从而定义：**二值图像**中像素点之间的**连接**关系。要解决这个问题，我们首先必须确定：对于某一个像素点所在邻域中的所有像素点，哪些像素点应该被认为是和该像素点连接在一起的。现在，我们面对同样的问题，也就是说，和某一个像素点相连的像素点应该是：只包括和该像素点的四条边连接在一起的四个像素点，还是应该将和该像素点的四个角相连的四个像素点也算进去①？对于**正六边形**的**格栅**，就不存在这样的问题，因为和某一个像素点相邻的所有六个像素点，都具有相同的**权重**系数（如图 8.2 所示）。

对于正方形格栅，我们仍然可以继续进行处理。考虑：相对于原来的 $x-y$ 坐标系旋转 45° 后所得到的新坐标系。我们将新坐标系的坐标轴记为：x' 和 y'。在 $x'-y'$ 坐标系中，新的离散近似形式为：

$$\frac{\partial^2 E}{\partial x'^2} \approx \frac{1}{2\epsilon^2}(E_{i-1,j} - 2E_{i,j} + E_{i+1,j}) \tag{8.21}$$

$$\frac{\partial^2 E}{\partial y'^2} \approx \frac{1}{2\epsilon^2}(E_{i,j-1} - 2E_{i,j} + E_{i,j+1}) \tag{8.22}$$

①具体内容请参见第 4 章中的第 4.1.2 小节，在那里，我们讨论了：1)"**4–连通**"和"**8– 连通**"所存在的问题，2)"**6 – 连通**"和**正六边形格栅**之间的关系。— **译者注**

于是，在新的 $x' - y'$ 坐标系下，**Laplace 算子**的离散近似形式为：

$$\frac{\partial^2 E}{\partial x^2}+\frac{\partial^2 E}{\partial y^2}\approx\frac{2}{\epsilon^2}\left(\frac{1}{4}(E_{i+1,j+1}+E_{i+1,j-1}+E_{i-1,j+1}+E_{i-1,j-1})-E_{i,j}\right) \tag{8.23}$$

其对应的**模板**为：

$\frac{1}{2\epsilon^2}$ (8.24)

1		1
	−4	
1		1

显然，通过这两种**模板**（即：式(8.20)和(8.24)）的**线性组合**，我们可以得到：关于 **Laplace 算子**的多种近似估计形式。一种被广泛使用的形式为：

$\frac{1}{6\epsilon^2}$ (8.25)

1	4	1
4	−20	4
1	4	1

我们将通过习题8.8来说明：使用该形式来对 **Laplace 算子**进行估计，具有某一特定的精度。得到式(8.25)中**模板**的过程是：首先，将式(8.20)**模板**乘以 2/3；然后，再将式(8.24) 中**模板**乘以 1/3；最后，将这两个结果加在一起。我们将通过习题8.8说明：式(8.25)中的模板所对应的**算子**可以被写为如下形式：

$$\nabla^2+\frac{\epsilon^2}{12}\nabla^2(\nabla^2)+e \tag{8.26}$$

其中，∇^2 表示 **Laplace 算子**，误差项 e 中包含：六阶或六阶以上导数算子，并且，这些导数算子前面的系数是：ϵ^4 和 ϵ 的更高次幂。

最后，为了得到**二次变分**的离散近似形式，我们需要求得：混合偏导数 $\partial^2 E/(\partial x \partial y)$ 的离散近似形式。我们可以使用下面的**模板**形式：

$\frac{1}{4\epsilon^2}$ (8.27)

−1		1
1		−1

现在，如何计算**二次变分**已经变得非常清晰了，即：

$$\left(\frac{\partial^2 E}{\partial x^2}\right)^2 + 2\left(\frac{\partial^2 E}{\partial x \partial y}\right)\left(\frac{\partial^2 E}{\partial y \partial x}\right) + \left(\frac{\partial^2 E}{\partial y^2}\right)^2$$

$$\approx \frac{1}{\epsilon^4}\left((E_{i-1,j} - 2E_{i,j} + E_{i+1,j})^2 + (E_{i,j-1} - 2E_{i,j} + E_{i,j+1})^2\right)$$

$$+ \frac{1}{8\epsilon^4}(E_{i+1,j+1} - E_{i+1,j-1} + E_{i-1,j-1} - E_{i-1,j+1})^2 \tag{8.28}$$

8.4 局部算子和噪声

到目前为止，我们所引入的用于实现**边缘增强**的**局部算子**，并不能被直接用于实际应用之中。这主要是因为：这些算子的输出受图像中的噪声的影响非常大。噪声和图像中像素点的位置无关，其**频谱**包含各个频率成分，并且，幅度大致相同。正如我们前面在讨论图像处理时所提到的，简单的微分算子将会放大噪声中的**高频分量**，从而使得：对比度较低的边缘被经过放大的噪声所“淹没”。

我们可以应用：第6章中提到的**优化滤波**方法。通过前面的[①]讨论，我们知道，**Laplace 算子**所对应的**最优滤波器**为：

$$H' = -\rho^2 \frac{1}{1 + \Phi_{nn}/\Phi_{bb}} \tag{8.29}$$

为了估计功率谱 Φ_{bb}，我们需要对图像进行一些假设。如果一张图像的功率谱中，各成分的大小大致相同，那么，对于式(8.29)，我们将“无能为力”（因为此时，Φ_{nn}/Φ_{bb} 近似为常数），但是，正如我们在第 6 章中所讨论的，图像具有这样的性质：随着**频率**的增加，图像**频谱**的幅度不断衰减。例如，一个**阶梯函数**在经过 **Fourier 变换**以后，其**频谱**幅度的衰减速度为频率的倒数。如果各个图像区域内部的亮度相同，并且，区域之间通过清晰的**边缘**而分割开来，那么，该图像应该具有类似的**频谱衰减特性**。我们假设：$\Phi_{bb} = S^2/\rho^2$，并且，$\Phi_{nn} = N^2$，那么，式(8.29) 的具体形式为：

$$H' = -\frac{\rho^2 S^2}{S^2 + \rho^2 N^2} \tag{8.30}$$

对于低频分量（即：较小的 ρ），**最优滤波器**具有：和 **Laplace 算子**相似的响应特性（即：$-\rho^2$）；但是，对于高频分量（即：较大的

---

①注意，这里 $\rho^2 = u^2 + v^2$。$(u, v)^T$ 表示二维**频率**。Φ_{nn} 表示噪声的**功率谱**，Φ_{bb} 表示信号的**功率谱**。详见第 6 章 6.12 和 6.13 小节的内容。— **译者注**

ρ），**最优滤波器**的最大增益为 $-S^2/N^2$，也就是说，负的**信噪比**。

最优滤波器可以被分解为：两个滤波器的**级联**。第一个滤波器在**最小二乘**的意义下，尽可能好的对图像进行“恢复”①。这个过程是通过：将输入图像的 **Fourier 变换**结果乘以 $S^2/(S^2+\rho^2N^2)$ 来实现的。第二个滤波器从第一个滤波器的输出结果中，计算出我们所需要的结果（即：**边缘增强图像**）。对于我们这里所讨论的情况，第二个滤波器对应于 Laplace 算子的 Fourier 变换（即：$-\rho^2$）。显然，最优滤波器首先对图像进行**低通滤波**，然后，再对滤波结果做进一步的处理。如果图像的**频谱**在某些已知频率上迅速衰减，那么，**最优滤波器**也会在该频率附近迅速衰减。由于**卷积**满足**交换律**，因此，我们可以把**最优滤波器**看作：对 Laplace 算子的处理结果进行**低通滤波**。Laplace 算子的**最优估计**是一个**算子**，该算子的**支撑集**并不为零②，因为这个算子是：**Laplace 算子**作用于一个（用于去噪的）低通滤波器后所得到结果，也就是说，两个算子的**卷积**结果。这意味着这个算子不是**局部**的。事实上，这个算子所包含的具有**有效权重**的区域可以很大。

如果我们的目标是得到关于图像亮度梯度的**最优估计**，那么，我们应该：首先，用一个**低通滤波器**来估计“理想”图像（即：进行图像去噪），然后，再对所得到结果求梯度。另一种方法是③，首先，我们求出：用于进行图像去噪的**低通滤波器**所对应的**点扩散函数**；然后，再求**点扩散函数**关于 x 和 y 的**偏导数**；最后，直接用**点扩散函数**的偏导数和要处理的图像做**卷积**。例如，如果我们用于估计“理想”图像的**低通滤波器**是一个 **Gauss 函数**，并且，其对应的**点扩散函数**为:

$$h(x,y)=\frac{1}{2\pi\sigma^2}e^{-\frac{x^2+y^2}{2\sigma^2}} \tag{8.31}$$

那么，用于估计图像**梯度** E_x 和 E_y 的**最优滤波器**的**点扩散函数**为：

$$h_x(x,y)=-\frac{x}{2\pi\sigma^4}e^{-\frac{x^2+y^2}{2\sigma^2}} \quad 和 \quad h_y(x,y)=-\frac{y}{2\pi\sigma^4}e^{-\frac{x^2+y^2}{2\sigma^2}} \tag{8.32}$$

这两个算子的**支撑集**都是很大的，因此，它们并不像我们前面所讨论

---

①注意，这里的“恢复”具体是指：图像去噪。— **译者注**

②所谓**支撑集**是指：使得函数值不为零的所有的**自变量**所组成的集合。注意：**支撑集**为零并不是指**零元素**，而是指**零测集**。**Laplace 算子**的**支撑集**是一个**零测集**，因为，导数只在某一点的一个无穷小的邻域内有定义。但是 Laplace 算子的**最优估计**（即：**Laplace 算子**的**低通滤波**结果，更具体地说，就是式(8.30) 的 **Fourier 逆变换**的结果）将在整个 $x-y$ 平面上有定义。— **译者注**

③我们之所以能够这样做，是根据如下两个结论：1) 偏导数算子是一个**线性移不变算子**，也就是说，求导（以及求偏导）的运算实际上是一种特殊的**卷积**形式；2) 卷积满足结合律。— **译者注**

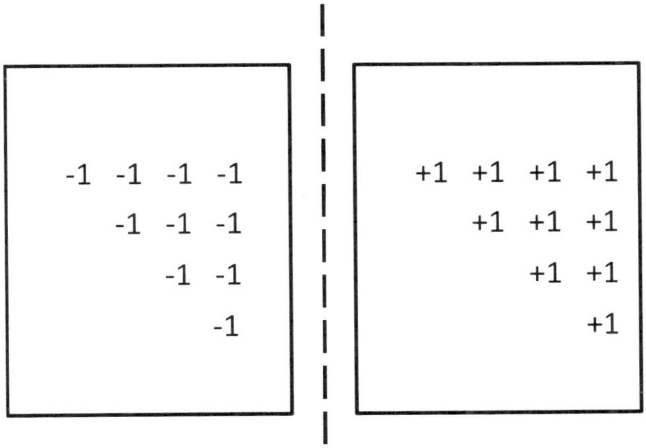

图 8.3 一个简单**边缘算子**的实现方式是：对某一个大的区域内的所有像素点的灰度值求和，再对与该区域相邻的另一个大的区域内的所有像素点的灰度值求和；然后再计算：这两个和的差。

的**局部算子**。它们计算的是：（图像中某一点周围的）一个大区域上所有像素点亮度的**加权平均值**。这样做的一个效果是：**噪声**的影响被削弱了，而**信号**（即：相邻区域之间的亮度差）却被保持住了。

我们可以通过考虑：一个估计**边缘**附近区域的亮度变化的简单方法（如图 8.3 所示），来感受这一点。这个简单方法的基本过程为：首先，计算边缘某一侧的、一个包含 N 个像素点的小图像块的平均亮度；然后，计算边缘另一侧的、一个包含 N 个像素点的小图像块的平均亮度；最后，计算这两个平均亮度的差。用该方法所得到的结果，其**均值**为①：边缘两侧的两个小图像块的**亮度差**。另一方面，如果每一个测量结果（即：每一个像素点的亮度值）的标准差为 σ，那么，用这种方法计算出来的结果，其**标准差**为 $\sigma/\sqrt{N/2}$。因此，在边缘两侧所取的小图像块的尺寸越大，所得到的结果就越不容易受到噪声的影响。但是，如果所取的小图像块的尺寸太大，那么，该小图像块可能包含：图像中的其他区域（如图 8.4 所示）。除非图像中只包含一条**边缘**，否则，将图像块的尺寸取得太大会得到错误的结果。

①注意：由于我们这里考虑了噪声，图像的亮度值是一个随机变量。因此，我们可以谈论其均值和标准差。— **译者注**

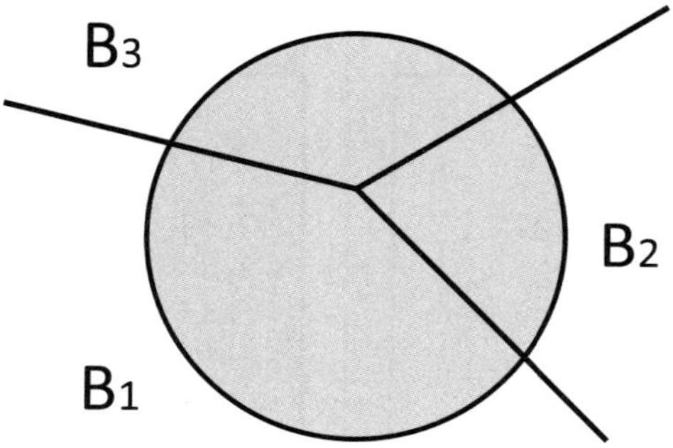

图 8.4　**边缘算子**的**支撑区域**的大小，受到**图像特征**之间的空间大小的制约。如果我们将**边缘算子**的**支撑区域**设置得太大，那么，其他图像细节也会被包含进去。在某些地方（例如，多面体物体的图像中的**顶点**处），任何有限（即：不等于零）大小的**支撑区域**，都会包含：我们所不想要的（图像）区域。

8.5 边缘的检测和定位

如果经过**边缘增强**以后的信号比噪声大得多，那么，我们可能会推断出：图像中的某一点是否位于**边缘**上。但是，这个推断并不一定可靠，因为，噪声可能恰巧使得：这一点和周围的点之间出现显著的差别。我们所能做的是：选择一个阈值来对**边缘增强图像**做二值化处理，从而减少“假的边缘点被接受”的情况所发生的概率。

如果阈值选得太大，那么，一些弱的边缘会被忽略掉。因此，我们需要在两种误差之间选择一个平衡。在**边缘检测**过程中，通过增加用来取平均值的小图像块的尺寸[1]，我们可以减小噪声的影响，从而使得“弱的”边缘更容易被检测处理。但是，我们又必须面对另一个取舍问题[2]。我们注意到：短的**边缘**必须具有更大的**对比度**，才能够被检测出来。

经过**边缘增强**的图像，并不是只有边缘上的点有很大的值，边缘附近的点也有很大的值。如果为了去噪，我们预先对图像进行了“光滑”处理，那么，这种现象会更加明显。因此，这就产生了**边缘定位**

[1]我们可以从频率域来考虑这个问题，小图像块的尺寸越大，对应的低通滤波器的截止频率就越低（参见式(6.151)和(6.152)），因此，增加用来取平均值的小图像块的尺寸，等价于：增加被抑制的频域范围。— **译者注**

[2]这里的“取舍问题”是指：上一小节末提到的问题，即：**抑制噪声**和**定位边缘**之间的平衡。因为，如果小图像块中包含多个边缘，那么，所得到的**边缘检测**结果是不可靠的（参见图 8.4）。— **译者注**

的问题。如果不考虑噪声，我们可以期望：（在**边缘增强图像**中）**边缘**上的点取得**局部最大值**。这些**局部最大值**可以被用于：抑制**边缘点**附近的“很大的”值的影响。

如果我们使用**梯度平方算子**进行**边缘检测**，那么，在经过**边缘增强**的图像中，每一条**边缘**处都有一个**“山脊状”突起**，其大小与该边缘两侧的**亮度差**成正比。对于 **Laplace 算子**和**二次变分**的情况，**边缘**处会有两条平行的**“山脊状”突起**，这两条**“山脊状”突起**分别位于边缘两侧。对于 **Laplace 算子**，这两条**“山脊状”突起**的方向是相反的（即：一条是**凸出**，一条是**凹陷**），我们可以将边缘定为：这两条**“山脊状”突起**的方向发生变化的地方。

8.6 结论和例子

最后，我们必须明确：引起**边缘**的物理原因。三维**场景**中的哪些“因素”会产生：被**边缘检测器**所检测出的图像亮度的快速变化？到目前为止，关于这方面我们还知之甚少。

我们可以将许多边缘检测研究的最新进展“融合”在一起，从而尝试建立一种“最优”的**边缘算子**，以及，更好地理解**边缘检测**和**边缘定位**之间的平衡。当然，这在很大程度上依赖于：1) 关于“最优”的定义，以及，2) 所选取的基本图像模型。人们已经意识到了**简单边缘模型**的局限性，并且，已经提出了很多更加符合实际情况的边缘模型。**简单边缘模型**将**边缘**看作是：理想**阶梯函数**加**噪声**。

许多**边缘检测**方法所共有的一个问题是：它们所基于的前提假设通常并不符合实际情况。尽管许多物体表面具有相同的**反射率**，但是，这些物体表面所形成的图像，却不一定具有相同的**亮度**。正如我们后面将会看到的，**图像亮度**受到许多因素的影响。相反的，对应于不同物体表面“小块”的像素点，其灰度值却可能非常相似。只有在极其特殊的情况下，我们才可以将图像看作是：由一组具有“一致亮度”的区域所组成的集合。

对**边缘检测**方法的评估是很困难的，这其中的一个原因是：我们缺乏对任务的明确定义。我们如何辨别：边缘是否被“漏掉了”，或者，“伪边缘”出现在什么地方？这些问题的答案依赖于：我们要用边缘检测的结果来做什么？

我们通过考虑：由前面所介绍的**边缘检测**方法所产生的结果，来说明上面所谈到的一些问题。图 8.5 所显示的是：一个用积木搭建起来的简单场景所生成的图像。图 8.6 显示的是：一个**边缘查找器**对该

图 8.5 一张关于由积木所搭建起来的简单结构的图像。

图像的输出结果。即使对于这种简单的情况，**边缘查找器**所检测到的边缘“碎片”也是不完美的，并且，要将这些边缘“碎片”组合成：用来描述物体轮廓的清晰的**线条图**，还有许多细致的处理工作要做。

8.7 本章参考文献

当下盛行的关于早期视觉问题的观点，在很大程度上是受到 Marr 的影响。他的观点被记录在他的书中，即：《*Vision: A computational Investigation into the Human Representation and Processing of Visual Information*》[1982]。另外两本基于类似方法来研究边缘提取的书籍是：Grimson 写的《*From Images to Surfaces: A Computational Study of Human Early Visual System*》[1981] 和 Hildreth 所写的《*The Measurement of*

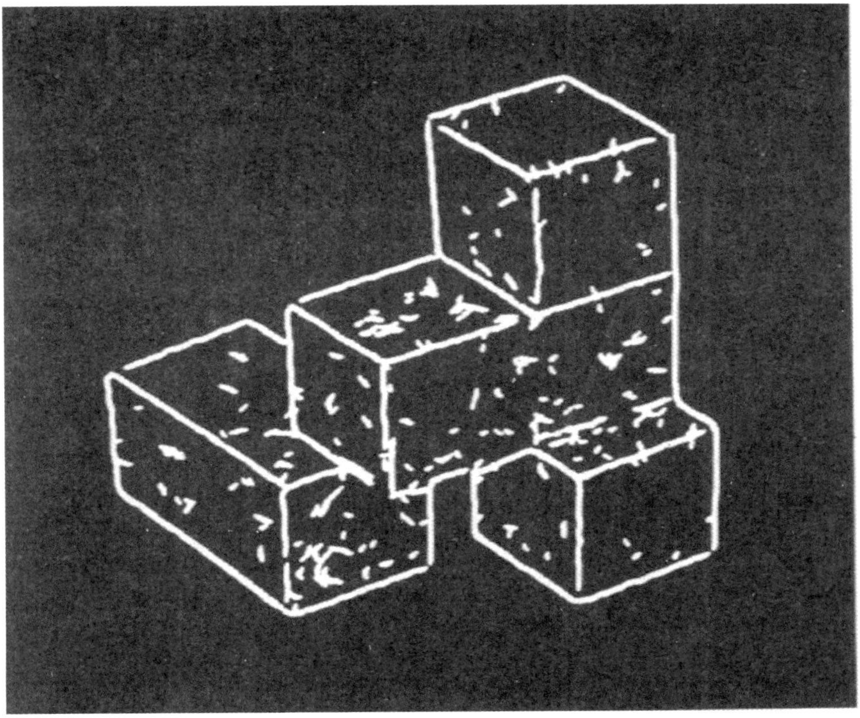

图 8.6 经过简单的边缘检测，从图 8.5中得到的边缘“碎片”。

Visual Motion》[1983]。

一直以来，边缘提取都是机器视觉中的一个非常活跃的领域。在经典论文 Roberts [1965] 中，我们可以看到：对应从滚筒打印机打印出来的图像，我们如何进行边缘提取，该图像是一个多面体物体的像。该文献所提出的方法之所以能取得很好的实验效果，是由于输入图像的清晰度很高，并且，使用了很巧妙的后处理方法。使用具有小的**支撑集**的算子，机器能够取得有用的结果。长期以来，这一直误导人们将注意力放在：设法寻找具有小的支撑集的算子上。Binford 发现：必须使用大的图像区域，才能获得足够的“证据”，从而判别噪声图像中的边缘；这方面的内容请参见文献 Horn [1971] 和 Binford [1981]。这个观点提出一段时间后，才得到大家的认可；但是，当人们认可了这个观点以后，这方面研究的重心就变成了：寻找具有大的支撑集和卷积结构的“最优”边缘增强算子。

并不是所有的边缘检测和定位的方法都是基于卷积的（我们在本章中只讨论了基于卷积的方法）。文献 Duda & Hart [1972] 考虑使用 **Hough 变换**来提取边缘，**Hough 变换**是一种：到所寻找的线所在的参数空间的映射（文献 Brown [1983] 讨论了 **Hough 变换**的缺点）。对于简单边缘查找器所产生的结果，还有许多“东西”有待进一步确定。这说明我们还需要引入其他知识。例如，文献 Griffith [1973a,b] 引入了：关于图像特征统计性质的假设；而文献 Shiral [1973] 探索了：我们对场景的关注程度与该场景所对应的区域中的线被发现的可能性之间的关系。文献 Hueckel [1971,1973] 开发了一种最小二乘拟合方法，该方法将某一区域的亮度函数表示成：一组正交函数的线性组合的形式。该方法的一大优点是：它使得我们不得不使用大的支撑区域。文献 Nevatia [1977a] 对该方法进行了简化。最近，文献 Haralick [1980] 提出：使用分片线性函数来作为亮度函数的近似形式。

一阶偏导数算子的应用一定“伴随”着：寻找极大值和极小值。为此，我们需要找到一种方法来：抑制局部极大值附近的很大的数。出于这个原因，基于二阶偏导数算子的方法变得更加“流行”；而边缘一定位于：使得二阶偏导数算子的输出为零的区域之中。一阶偏导数算子是具有方向性的，相比起来，二阶偏导数算子的一个优势是：它可以是旋转对称的。于是，**Laplace 算子**及其对应的几种离散形式就被用于边缘检测之中。例如，文献 Horn [1972] 证明了：在所有保存了足以用来恢复出原始图像的信息的算子中，Laplace 算子是最低阶的算子。随后，他使用 Laplace 算子来计算光照（参见文献 Horn [1974]）。文献 Modestino & Fries [1977] 得出了一个对 Laplace 算子的最优估计，这个最优估计具有很大的支撑区域。

Gauss 函数成为一种被大家广泛接受的“光滑化”算子是有原因的，其中一个原因是：在所有能够被分解为两个一维函数乘积的函数中，只有 Gauss 函数具有**旋转对称性**（参见文献 Horn [1972]）。关于 **Gauss 函数**的另一个性质是：它具有最小的空间域宽度和频率域宽度的乘积。文献 MacLeod [1970a,b] 使用：两个中心位置有一定偏差的 **Gauss 函数**，来进行边缘检测。在文献 Brady & Horn [1983] 中，给出了一些关于旋转对称算子的内容。文献 Blake [1985] 使用：**与坐标系无关的向量**这个概念，来讨论光照问题。

文献 Marr [1976] 首次提出将**方向导数算子**用来进行边缘检测。他后来断言：具有旋转对称性的算子是最优的。那些使得边缘检测算子的输出等于零，并且，在其邻域内正好“跨过”零的点被称为**“跳变零点”**。由“跳变零点”所组成的轮廓被称为：**“跳变零线”**。在文献 Marr & Hildreth [1980] 和 Hildreth [1980] 中，它们提出了一种新的方法，该方法基于：偶数阶导数算子所生成的**“跳变零线”**，来进行边缘检测。他们将 Laplace 算子和 Gauss 滤波器级联在一起，从而生成了一个旋转对称算子：**Laplace – Gauss 级联滤波器**。Gauss 滤波器被用来进行光滑滤波。理想情况下，**Laplace – Gauss 级联滤波器**的输出结果是闭合轮廓。这个优雅的新方法似乎完成了：图像分割与边缘提取的完美结合。不幸的是，**“跳变零线”**中的很大一部分是由：与重要的图像细节信息无关的“边缘碎片”所构成的。

文献 Rosenfeld & Thurston [1971] 提出：使用同一幅图像在不同尺度下的多个结果来进行分析。文献 Rosenfeld, Thurston & Lee [1972] 报告了这方面的进一步研究结果。文献 Marr & Hildreth [1980] 和文献 Hildreth [1980] 建立了早期的视觉处理模型，该模型基于4个不同尺寸的 **Laplace – Gauss 级联滤波器**所生成的输出结果。这方面仍然是一个研究热点，这方面的内容请进一步参考文献 Hartley [1985]。文献 Witkin [1983,1984] 通过追踪：**“跳变零线”**在发生连续尺度变化的图像序列中的演化过程，得出了一些有趣的性质。到目前为止，这些方法还主要是被应用于一维情况。文献 Yuille & Poggio [1983] 证明了：Gauss 函数是唯一不会在信号中产生“假的”**跳变零线**的光滑滤波器。

最近，人们更加关心：边缘增强算子的精度以及对噪声的灵敏度。这方面的内容可以参阅文献 Berzins [1984]。在这方面，方向算子有一定优势，正如我们在本章的习题中所指出的。文献 Haralick [1984] 研究了：沿着亮度梯度的二阶方向导数算子，以及它在边缘提取中的应用。在很早以前，分线性算子就被用于标注边缘（参见 Rosenfeld 和 Kak 所写的《*Digital Picture Processing*》 [1976, 1982]），但是，人们并没有在这方面仔细地进行分析。

文献 Canny [1983] 开发出了一种一维算子，该算子在边缘的检测和定位之间，取得了一种最优的平衡。他通过最小化两个误差项的和来设计他的算子，这两个误差项分别为：1) 没有检测出某一条边缘的概率（或者，检测出一条“伪边缘”的概率），以及，2) 检测出的边缘和真实边缘之间的距离。（所谓“伪边缘”是指：边缘检测器将本来不是边缘的像素区域（例如：噪声）“当作”边缘）。他所提出的第一个误差项事实上会强制使得：从单条边缘中获得多个响应的概率很小。Canny 给他的求解过程附加了一个约束条件，即：只在**线性移不变**空间进行求解。他提出并证实了：信噪比和边缘定位之间“此消彼长”的平衡关系，并且，证明了：**最优算子**可以被写为：四个复指数函数的和的形式。他所得到的结果中包含一个任意的空间尺度因子，因此，我们可以设计出不同尺度的边缘检测算子。

由于边缘的空间延伸很大，对边缘的定位精度可以远比一个图像单元（即：像素点）的宽度要“细”很多。不管是在机器视觉领域，还是在生物视觉领域，“超像素”分别率一直得到人们的广泛关注，这方面的内容可以参阅文献：Fahle & Poggio [1980], Fang & Huang [1984b] 和 Tabatabai & Mitchell [1984]。通过在时变图像中跟踪边缘，可以提高边缘检测的精度，文献 Haynes & Jain [1982] 讨论了这方面的内容。

关于边缘提取的其他方面内容，可以参考下列文献：Fram & Deutsch [1975], Gupta & Wintz [1975], Ramer [1975], O'Gorman & Clowes [1976], Nevatia [1977a,b], O'Gorman [1978], Nevatia & Babu [1980], Jacobus & Chien [1981] 和 Wojcik [1984]。文献 Davis [1975], Brooks [1978], Haralick [1980] 和 Peli & Malah [1982] 讨论了：边缘检测方面技术方面的综述，以及针对这些技术的新的优化方法。

边缘检测的另一类方法是基于图像的随机过程模型来实现的。这方面的一个例子是文献 Cooper, Sung, & Schencker [1980]，该文献提出了一种自适应的边缘查找方法。这方面的早期相关工作可以参阅文献 Habibi [1972] 和 Yakimovsky [1975]。一个和边缘检测相关的问题是**线段检测**。文献 Tafoya [1978]描述了一种用来进行**向量化**的系统，所谓向量化是指：从线条图中生成一个符号描述。

8.8 习题

在本习题中，有两个课题涉及：1) **Gauss 滤波器**和 **Laplace 算子**的性质，以及，2) 使用这些算子进行**边缘增强**。为了解决这方面的问题，你可能需要用到下面的这些积分结果：

$$\int_0^\infty e^{-pz^2}dz = \frac{1}{2}\sqrt{\frac{\pi}{p}} \quad (\text{对于}p>0) \tag{8.33}$$

$$\int_0^\infty z^{2n}e^{-pz^2}dz = \frac{(2n-1)!!}{2(2p)^n}\sqrt{\frac{\pi}{p}} \quad (\text{对于}p>0\text{并且}n\geq 0) \tag{8.34}$$

$$\int_0^\infty z^{2n+1}e^{-pz^2}dz = \frac{n!}{2p^{n+1}} \quad (\text{对于}p>0\text{并且}n\geq 0) \tag{8.35}$$

其中：

$$(2n)!! = 2\cdot 4\cdot 6\cdots(2n) \tag{8.36}$$

$$(2n+1)!! = 1\cdot 3\cdot 5\cdots(2n+1) \tag{8.37}$$

习题 8.1 我们为什么没有给出：二次变分的离散近似形式的模板？

习题 8.2 证明：在正六边形格栅所对应的 **Laplace 算子**的简单离散近似（即：模板）中，相应的常数为：$2/(3\epsilon^2)$ （参见图 8.2）。

习题 8.3 查找图像中的**边缘**的一种方法是：寻找**增强图像**中的极值。我们使用**一阶偏导数算子**对：经过“光滑化”（预处理）的图像，进行处理，从而得到**增强图像**。另一种方法是：寻找**二阶偏导数算子**输出结果中的**“跳变零”点**。**“跳变零”点**[①]是指：二阶偏导数算子的输出结果中符号发生变化的地方。

Laplace算子是一个旋转对称的二阶偏导数算子，但是，Laplace 算子的**信噪比**“表现”很差。因此，我们使用：沿着**亮度梯度**方向的二阶偏导数算子，来取代 **Laplace 算子**。

(a) 给定图像亮度的梯度方向（所在）的单位向量，请问：这个向量与 $x-$轴的夹角 θ 的正弦和余弦值是多少？
提示： 你可能需要使用到下面的恒等式：
$$1+\tan^2\theta=\sec^2\theta \quad \text{和} \quad \sin^2+\cos^2\theta=1 \tag{8.38}$$
使用哪个恒等式，取决于你解决这个问题时所采用的具体方法。

(b) 沿着图像的亮度梯度方向的一阶方向导数 E' 是什么？
提示： E' 和亮度梯度的模长之间有什么关系？

(c) 请使用：亮度关于 x 和 y 的偏导数，来表示：沿着亮度梯度方向的二阶方向导数 E''。

(d) 二阶方向导数算子是线性的吗？

(e) 二阶方向导数算子是旋转对称的吗？

(f) 对于图像中亮度梯度为零的点，E'' 是多少？

习题 8.4 连续图像上的噪声并不是一个非常简单的概念。但是，它对于分析：用于进行**边缘提取**的算子的连续形式，却是非常有用的。假设我们所处理的噪声的波形为 $n(x,y)$，其均值为 0，也就是说，对于整个图像区域 R，我们有：
$$\iint_R n(x,y)dxdy=0 \tag{8.39}$$

[①] 注意，**“跳变零”点**(zero-crossing)包含两层意思：1) 该点处的二阶偏导数算子的结果为零，2) 在以这个点为中心的小邻域内，二阶偏导数算子的结果不等于零，并且，符号发生变化。— **译者注**

同时，我们假设：噪声的波形在图像中不同点的值，可以被看作是：独立的随机变量；并且，在不同的图像区域中，噪声具有相同的“功率”。于是，我们假设：在给定的区域 R 中，噪声波形的**自相关**函数为：

$$\phi_R(x,y)=\iint\limits_R n(\xi-x,\eta-y)n(\xi,\eta)d\xi d\eta = AN^2\delta(x,y) \tag{8.40}$$

其中，A 为区域 R 的面积。注意，自相关函数和区域面积之间存在**线性**依赖关系。这个结果是合理的，因为，我们希望：在半个图像区域中所计算出的结果，独立于在另外半个图像区域中所计算出的结果。因此，当我们将这两个随机变量加在一起时，和的方差等于各个随机变量的方差的和。

式(8.40)中的 N^2 确定了：噪声在单位面积上的“功率”大小。注意，单位面积上的真实功率是无穷大的，这是因为我们所处理的“信号”，其频谱是“平的”，也就是说，噪声的带宽是无穷大。只有限制频带宽度，我们才能使得：噪声在单位面积上的“功率”是有限的。我们可以让噪声通过一个低通滤波器，来实现这个目的。

(a) 我们所感兴趣的是：噪声通过一个**点扩散函数**为 $h(x,y)$ 的滤波器后，其结果在单位面积上的功率。滤波后的噪声的平方的积分为：

$$\iint\limits_R o^2(x,y)dxdy \tag{8.41}$$

其中，$o(x,y)=n(x,y)\otimes h(x,y)$。证明：滤波器输出结果的平方的积分（即：式(8.41)）为

$$AN^2\int_{\infty}^{\infty}\int_{\infty}^{\infty} h^2(x,y)dxdy \tag{8.42}$$

注意：噪声的滤波结果不再是不相关的了，但是，这并不影响：我们计算噪声波形的平方的积分。

(b) 我们让一张图像通过一个 **Gauss 平滑滤波器**，该滤波器的**点扩散函数**为：

$$g(x,y)=\frac{1}{2\pi\sigma^2}e^{-\frac{1}{2}\frac{x^2+y^2}{\sigma^2}} \tag{8.43}$$

请问：输出结果中，单位面积上的噪声的功率是多少？随着 σ 的变化，这个结果将发生什么变化？请考虑：当 $\sigma\to 0$ 时的极限情况。

习题 8.5 在这个问题中，我们将比较：三种**边缘增强算子**的“表

现”。对于每一种情况，我们都先使用 **Gauss 函数**（即：式(8.43)）和图像做卷积，从而减小噪声的影响；然后，使用微分算子来“突出”高频分量。这三种算子分别为：1) 一阶方向导数，2) 二阶方向导数，3) Laplace 算子（它是一个旋转对称算子）。我们将探索：每一个算子对于阶梯函数（即：信号）和随机噪声的响应。我们使用：信号波峰值与噪声的均方根的比值（即：PSNR），来衡量每一种算子的“表现”。令：

$$G_x = \frac{1}{\sqrt{2\pi}\sigma} e^{-\frac{1}{2}\frac{x^2}{\sigma^2}} \quad \text{并且} \quad G_y = \frac{1}{\sqrt{2\pi}\sigma} e^{-\frac{1}{2}\frac{y^2}{\sigma^2}} \tag{8.44}$$

于是，旋转对称的 **Gauss 函数** G 可以表示为 G_x 和 G_y 的乘积，即：$G = G_x G_y$。或者，我们也可以令：

$$G'_x = \frac{1}{\sqrt{2\pi}\sigma} e^{-\frac{1}{2}\frac{x^2}{\sigma^2}} \delta(y) \quad \text{并且} \quad G'_y = \frac{1}{\sqrt{2\pi}\sigma} e^{-\frac{1}{2}\frac{y^2}{\sigma^2}} \delta(x) \tag{8.45}$$

此时，G 可以表示为 G'_x 和 G'_y 的卷积，即：$G = G'_x \otimes G'_y$。同时，我们还需要注意的是：对 Gauss 函数与图像的**卷积**结果进行求导运算，等价于：Gauss 函数的导数与图像的卷积。这是由于求导是一个：线性移不变算子，因此，这两个算子（即：求导和卷积）是可交换的。

我们可以使用：相应的**点扩散函数**，来表示三种算子，即：

$$O_1 = \frac{\partial}{\partial x} G, \quad O_2 = \frac{\partial^2}{\partial x^2} G \quad \text{和} \quad O_3 = \nabla^2 G \tag{8.46}$$

我们的测试函数选为：单位阶梯函数，它的边缘经过原点，即：

$$E(x, y) = u(x) \tag{8.47}$$

我们也可以将单位阶梯函数 $E(x, y)$ 看作：

$$E(x, y) = \int_{\infty}^{x} \delta(s) ds \tag{8.48}$$

其中 δ 是**单位无限冲击函数**。

(a) 对于**单位阶梯函数**，请判断：式(8.46)中的每一种算子的响应。

提示： 在第 6 章中，我们曾经介绍过：求导和积分可以看作：某一恰当的**广义函数**的卷积。注意：这些算子是可交换的！注意到这一点，可以大大简化我们的工作，例如，你可能不会想要去：求出式(8.46)中的三种算子所对应的**点扩散函数**的显式格式。

(b) 使用式(8.46)中的每一种算子，所得到的**边缘增强图像**中，最大值和最小值所对应的点各是什么？在这三张**边缘增强图像**中，有两张应该具有相同的极值点。

和上一题一样，我们使用如下积分：

$$\iint\limits_R n(\xi-x,\eta-y)n(\xi,\eta)d\xi d\eta = AN^2\delta(x,y) \tag{8.49}$$

来表征图像的噪声，那么，在**边缘增强**结果中，单位面积上噪声的功率为：

$$N^2\int_{\infty}^{\infty}\int_{\infty}^{\infty}O^2(x,y)dxdy \tag{8.50}$$

其中 $O(x,y)$ 是：算子的**点扩散函数**。

(c) 对于式(8.46)中的每一种算子，请计算：1) 它们各自所对应的噪声的方差，以及，2) 信号峰值和噪声的均方差的比值。在这里，均方差正好是方差的平方根。如果算子的“尺度” σ 是固定的，那么，在这三种算子中，哪一种表现最好？哪一种表现最差？

(d) 信噪比依赖于：算子的“尺度” σ。要使得式(8.46) 中的第一种算子的信噪比等于第三种算子的信噪比，那么，第一种算子的“尺度” σ，应该是第三种算子的多少倍？

习题 8.6 对于一张理想的、直的**单位阶梯边缘**的图像，使用 **Laplace – Gauss 级联滤波器**[①]对其作用以后，所得到的**“跳变零”点**，正好位于边缘上。这里，我们将探索：当边缘是一条曲线时，将发生什么情况？考虑一个理想的圆盘图像，即：

$$L(x,y)=\begin{cases}1, & \text{如果 } x^2+y^2\le R^2\\ 0, & \text{如果 } x^2+y^2> R^2\end{cases} \tag{8.51}$$

在该图像与 **Laplace – Gauss 级联滤波器**的卷积结果中，如果存在“跳变零”点，那么，这些“跳变零”点一定形成一个圆，这是因为：图像和算子都是旋转对称的。请判断：由“跳变零”点形成的圆，其半径是否为 R？如果不是，那么其半径是否接近于 R？是否存在由其他半径的**“跳变零”点**所形成的“假的”圆？

提示： 计算 **Gauss 函数**与圆盘的**卷积**，是非常困难的，但是，我们可以使用如下事实：**Laplace 算子**和 **Gauss 卷积**是可交换的。

习题 8.7 我们可以通过设计**边缘增强算子**，从而使得：当该算子的支撑区域中只含有一条边时，算子的处理效果很好。但是，对于其他图像，如果区域内的图像（正好）使得**卷积核**的系数和为零，那么，

[①] 关于 **Laplace – Gauss 级联滤波器**（即：式(6.82)）的介绍，请参见第 6 章 6.9 小节的内容。—**译者注**

我们所设计的算子的边缘增强效果将会很差。特别地，在灰度值的**角点**附近，其输出结果并不像我们所预想的那样。考虑一个“半无穷大”的**角点**，其定义为：

$$E(x,y)=\begin{cases}1, & \text{如果 } 0\le\theta\le\alpha\\ 0, & \text{其他情况}\end{cases} \tag{8.52}$$

其中 θ 是通过：

$$x=r\cos\theta \quad \text{和} \quad y=r\sin\theta \tag{8.53}$$

来定义的（r 是常数）。请问：对于 $\alpha=\pi/2$ 的情况，**角点**和 **Gauss 函数**的卷积是什么？我们用 **Laplace 算子**作用于：**角点**和 **Gauss 函数**的卷积结果，请求出“跳变零”点（如果 α 取其他值，那么，求卷积结果是很困难的，因此，我们这里只考虑 $\alpha=\pi/2$ 的特殊情况）。

习题 8.8 请使用 **Taylor 展开式**来证明：下面三个模板

$$\frac{1}{\epsilon^2}\begin{array}{|c|c|c|}\hline & 1 & \\ \hline 1 & -4 & 1\\ \hline & 1 & \\ \hline\end{array},\quad \frac{1}{2\epsilon^2}\begin{array}{|c|c|c|}\hline 1 & & 1\\ \hline & -4 & \\ \hline 1 & & 1\\ \hline\end{array},\quad \frac{1}{6\epsilon^2}\begin{array}{|c|c|c|}\hline 1 & 4 & 1\\ \hline 4 & -20 & 4\\ \hline 1 & 4 & 1\\ \hline\end{array}$$

所产生的结果分别为：

$$\nabla^2+\frac{\epsilon^2}{12}\left(\frac{\partial^4}{\partial x^4}+\frac{\partial^4}{\partial y^4}\right)+O(\varepsilon^4) \tag{8.54}$$

$$\nabla^2+\frac{\epsilon^2}{12}\left(\frac{\partial^4}{\partial x^4}+6\frac{\partial^4}{\partial x^2\partial y^2}+\frac{\partial^4}{\partial y^4}\right)+O(\varepsilon^4) \tag{8.55}$$

$$\nabla^2+\frac{\epsilon^2}{12}\nabla^2\left(\nabla^2\right)+O(\varepsilon^4) \tag{8.56}$$

其中 ∇^2 表示：**Laplace 算子**。

习题 8.9 证明：如果我们用一个**失焦**的成像系统对一条理想的边缘进行成像，那么，所得到的“模糊”边缘的亮度 $b(x)$ 为：

$$b(x)=\frac{1}{2}+\frac{1}{\pi}\left(\sin^{-1}\left(\frac{x}{R}\right)+\frac{x}{R}\sqrt{1-\left(\frac{x}{R}\right)^2}\right) \tag{8.57}$$

其中，$|x|<R$，并且，我们使用竖直朝向的**单位阶梯函数**作为输入，此外，我们假设模糊核（即：一个圆）的半径为 R。记住：模糊核的积分一定等于 1，这是因为：能量只是被分散了，并没有凭空产生或

消失。进一步，请证明：**边扩散函数**的最大斜率等于$b(x)$的高和宽的比值再乘以 $4/\pi$。
提示：边扩散函数是对**线扩散函数**的积分。

习题 8.10 如果我们要生成一个**独立于坐标系**的尺度输出，那么，**旋转对称算子**是非常有用的。我们已经介绍过一些旋转对称算子，包括：梯度的平方、二次变分和 Laplace 算子。另一个有用的概念是：**与坐标系无关的向量**。这种向量的模长与坐标系的选取无关；并且，向量所在的方向，相对于曲面来说是固定的。亮度梯度就是一个**与坐标系无关的向量**。

(a) 假设：从点 (x, y) 到点 (x', y') 之间的变换为：

$$\begin{pmatrix} x' \\ y' \end{pmatrix} = \boldsymbol{R} \begin{pmatrix} x \\ y \end{pmatrix} \tag{8.58}$$

其中，矩阵 $\boldsymbol{R}$ 是一个正交的**旋转矩阵**，即：

$$\boldsymbol{R} = \begin{pmatrix} c & s \\ -s & c \end{pmatrix} \tag{8.59}$$

并且，$c^2 + s^2 = 1$。请证明：

$$\begin{pmatrix} E_{x'} \\ E_{y'} \end{pmatrix} = \boldsymbol{R} \begin{pmatrix} E_x \\ E_y \end{pmatrix} \tag{8.60}$$

(b) 证明：$(E_x, E_y)^T$ 是一个**与坐标系无关的向量**。请从 $(E_x, E_y)^T$ 推导出：一个**旋转对称的尺度**。

(c) 现在证明：

$$\begin{pmatrix} E_{x'x'} \\ E_{x'y'} \\ E_{y'x'} \\ E_{y'y'} \end{pmatrix} = \boldsymbol{R} \otimes \boldsymbol{R} \begin{pmatrix} E_{xx} \\ E_{xy} \\ E_{yx} \\ E_{yy} \end{pmatrix} \tag{8.61}$$

其中，$\boldsymbol{R} \otimes \boldsymbol{R}$ 是：旋转矩阵 $\boldsymbol{R}$ 与其自身的 **Kronecker 积**①，即：

$$\boldsymbol{R} \otimes \boldsymbol{R} = \begin{pmatrix} c^2 & cs & sc & s^2 \\ -cs & c^2 & -s^2 & sc \\ -cs & -s^2 & c^2 & sc \\ s^2 & -cs & -sc & c^2 \end{pmatrix} \tag{8.62}$$

---

①注意，在本书中，符号 $\otimes$ 表示**卷积**。只有在这一个地方，我们用 $\otimes$ 来表示 **Kronecker 积**（也称**张量积**或 **Kronecker 张量积**）。—**译者注**

(d) 由此，我们可以进一步推断出：向量

$$\begin{pmatrix} \sqrt{\sqrt{(E_{xx}-E_{yy})^2+4E_{xy}^2}+(E_{xx}-E_{yy})} \\ \sqrt{\sqrt{(E_{xx}-E_{yy})^2+4E_{xy}^2}-(E_{xx}-E_{yy})} \end{pmatrix} \tag{8.63}$$

是一个**与坐标系无关的向量**。请通过该向量，推导出一个**旋转对称的尺度**。

(e) 请将：一阶和二阶**与坐标系无关的向量**组合在一起，推导出：两个**旋转对称的尺度**。

提示：使用**点积**，然后将其中一个向量旋转 90°，从而获得第二个尺度。

(f) 证明：如果 $(a,b)^T$ 和 $(c,d)^T$ 都是**与坐标系无关的向量**，那么，$(a^2-b^2)(c^2-d^2)+4abcd$ 和 $(a^2+c^2)(b^2+d^2)$ 都是**旋转对称的尺度**。

(g) 由此，我们可以得出：下面的两个量

$$\begin{aligned} &(E_x^2-E_y^2)(E_{xx}-E_{yy})-4E_xE_yE_{xy} \\ &(E_x^2-E_y^2)E_{xy}+E_xE_y(E_{xx}-E_{yy}) \end{aligned} \tag{8.64}$$

都是**旋转对称的尺度**。

习题 8.11 在某些情况下，我们希望检测图像中的直线，而不是边缘。例如，一个有趣的课题是：将工程图转化为符号形式，以便于**计算机辅助设计**（CAD）系统对其做进一步处理。这种情况下的“线”是指：具有低亮度的一维曲线。因此，不同于前面介绍的问题，即：寻找一阶导数的极值、或二阶导数的“跳变零”点，我们这里所寻找的是：亮度的极值、或一阶导数的“跳变零”点。

(a) 请解释：为什么对于这种情况，寻找 $E_x=0$ 和 $E_y=0$ 的**边缘检测器**无法取得好的效果？

提示：如果沿着直线方向，**亮度极小值**不是常数，会发生什么情况？

(b) 我们可以将 $E(x,y)$ 看作一个三维空间中的曲面。请证明：最速上升的方向为如下单位向量，即：

$$\frac{1}{\sqrt{E_x^2+E_y^2}}(E_x,E_y)^T \tag{8.65}$$

并且，沿着该方向的方向导数为：$\sqrt{E_x^2+E_y^2}$。

(c) 请求出：使得**二阶方向导数**取得极值的两个方向。你可以用两个单位向量来表示这两个方向。证明：这两个方向之间的夹角是 90°；并且，它们所对应的**二阶方向导数**的极值分别为：

$$\frac{1}{2}\left((E_{xx}+E_{yy})\pm\sqrt{(E_{xx}-E_{yy})^2+4E_{xy}^2}\right) \tag{8.66}$$

提示：在练习3.5中，我们求得了：2×2 的实对称矩阵的**特征值**和**特征向量**。

(d) 我们现在需要确定：我们所寻找的线的**中心点**。我们可以求出：1) 最速上升的方向，以及，2) **二阶方向导数**的最小值所对应的方向。使得这两个方向平行的点，就是我们所要找的**中心点**。请解释为什么我们可以这么做。

(e) 请设计一个非线性算子，用来检测问题 **(d)** 中所定义的中心点。

(f) 当图像区域的亮度为常数时，或者，当亮度随着 x 和 y 而发生线性变化时，你在上一问中所导出的算子将会有什么问题？请设法解决这个问题。

习题 8.12　一些检测**边缘片段**的方法依赖于**曲面拟合**方法，而不是**卷积**。假设我们想要找到一个理想的**阶梯函数**，用来最好地拟合：区域 R 中的图像亮度。令**理想阶梯函数**的边缘为：亮度为 a 的区域 A 与亮度为 b 的区域 B 之间的边界。在下面的讨论中，我们使用 $m=(a+b)/2$ 来表示：两个区域的亮度平均值；使用 $c=b-a$ 来表示：两个区域的亮度差。理想图像的亮度可以被写为：

$$P(x,y)=m+c(u(t)-1/2) \tag{8.67}$$

其中，$t=-x\sin\theta+y\cos\theta-\rho$ 表示：点 (x,y) 的到区域边界的垂直距离，而 $u(t)$ 表示单位阶梯函数，即：

$$u(t)=\begin{cases}0, & \text{如果 } t<0\\ 1/2, & \text{如果 } t=0\\ 1, & \text{如果 } t>0\end{cases} \tag{8.68}$$

为了便于进一步处理，我们引入沿着**边缘**的距离[①] $s=x\cos\theta+y\sin\theta$。我们想通过：选择合适的 m、c 以及**边缘**的位置，来最小化误差项：

$$J=\iint_R (E(x,y)-P(x,y))^2\,dx\,dy \tag{8.69}$$

其中 $E(x,y)$ 表示：所观测到的图像亮度。

[①] 事实上，我们应该将 $x\cos\theta+y\sin\theta$ 看作是 $(x,y)^T\cdot(\cos\theta,\sin\theta)^T$，也就是说，向量 $(x,y)^T$ 在 $(\cos\theta,\sin\theta)^T$ 方向（即：边缘方向）上的投影的"长度"。— **译者注**

(a) 证明：沿着边缘的平均亮度一定是 m。也就是说：

$$\int_L E(x,y)ds = ml \tag{8.70}$$

其中，L 是：落在区域 R 内的那一部分边缘；而 l 是 L 的长度。

(b) 证明，如果我们从 L 的中点开始测量，那么，所计算出的沿着边缘的亮度的**一阶矩**等于零。也就是说：

$$\int_L E(x,y)(s-s_0)ds = 0 \tag{8.71}$$

其中，s_0 是边缘的**中点**所对应的 s 值。

(c) 假设：区域 A 和 B 的面积分别为 A_a 和 A_b，并且，在两个区域中所观测到的亮度平均值分别为 E_a 和 E_b。那么，请证明：

$$\begin{aligned} A_aE_a + A_bE_b &= (A_a + A_b)m + (A_a - A_b)(c/2) \\ A_aE_a - A_bE_b &= (A_a - A_b)m + (A_a + A_b)(c/2) \end{aligned} \tag{8.72}$$

(d) 最终，我们可以证明：$m = (E_a + E_b)/2$ 以及 $c = E_a - E_b$。

第 9 章　光照与颜色

为了识别一个物体，或者，测量物体的某些属性，我们需要从一张图像中恢复出物体的形状信息。本章中，我们发现：通过图像的**亮度**来获得物体表面的**反射性质**并非易事。这是因为：图像**亮度**并不是单单依赖于物体表面的**反射率**，它还依赖于其他很多因素，例如：光照条件①。如果我们能从：一些使用事先选定好的滤光镜所拍摄的图像中，估计出物体表面的**反射率**，那么，我们就可以估计出物体表面的**颜色**。

我们这里所解决的问题是 **Mondrian 图**的一个特例。这个任务使得我们有机会运用：前面章节中所得到的一些工具，例如：关于**线性移不变系统**的一些分析方法，以及，用于进行**边缘检测**的**算子**。我们在本章中所推导出的迭代算法，和我们在第 11 和 12 章所得出的算法极为相似。在第 11 和 12 章中，我们将会分别讨论：1) **从明暗中恢复形状**，以及，2) 对**时变图像**进行分析。此外，在本章中，我们还会探讨：1) 一些有助于我们理解这些算法的物理模型，以及，2) 如何设计**并行计算结构**来高速执行这些算法。

---

①对于这一章，我们首先需要强调的是，题目中的“光照”使用的词为：Lightness，本句话中的“光照”使用的词是：Illumination。这两个“光照”有本质的不同。题目中的“光照”（Lightness）是指：人眼对光照的感知。更具体地说，是人眼对物体表面**反射率**的估计结果。本章中所谈论的**光照**指的都是：Lightness。— **译者注**

9.1 物体表面的反射率以及 Land 实验

对于物体识别问题，一个非常有用的信息是：物体表面的**反射率**。图像中某一点的**亮度**和：该点所对应的物体表面上的点的**反射率**，成正比。但是，**亮度**同样和：射入该点所对应的物体表面上的点的光的“总量”，成正比。此外，图像亮度还依赖于其他因素，例如：物体表面“小块”的朝向①。因此，我们不能直接使用**图像亮度**，来估计物体表面的**反射率**。

Edwin Land 做了一系列精巧的实验，来对这个问题进行研究。在他的其中一个实验中，他将一系列灰色的纸放在房间里的不同位置。每张纸都被仔细地放置在合适的位置上，较暗的纸被放置在光线较强的地方；而较亮的纸则被放置在光线较暗的位置（例如：阴影处）。Land 用**光度测量仪**进行了测量，以保证：观测者从每张纸上所接收到的光强是相同的。因此，房间中某一位置上的一张几乎是黑色的纸所反射出的光，和另一位置上一张白纸所反射出的光相比，其“强度”是完全相同的。尽管如此，观测者却可以毫不费力地判断出：不同的纸所具有的不同**反射率**。

我们可以使用具有不同**频谱分布**的光，来对物体表面进行照射，然后，测量物体表面在不同的光照射下的**反射率**。所得到的多个测量结果，对于物体的识别是非常有用的。我们可以通过使用多个**滤光镜**，来获得多张图像。事实上，这些图像是：物体表面亮度的多种**滤波结果**。根据这些图像，我们可以尝试：估计物体表面的“**颜色**”。要做到这一点，我们必须解决上面所讨论的问题，也就是说，根据图像的亮度来估计物体表面的反射率。入射光的光谱能量分布会影响到图像的**亮度**，因此，如果我们可以找到一种方法，来通过图像的**辐照强度**获取物体表面的**反射率**，那么，我们可以将该方法分别用于：由具有不同**光谱灵敏度**的多个传感器所生成的多张图像。也就是说，如果我们可以从单张图片中估计出**反射率**，那么，估计**颜色**的问题也就基本解决了。

在 Land 的另外一个实验中，他使用**有色光源**来照射：由多个具有不同颜色的物体所组成的场景，有色光的**强度**随空间位置的不同而发生很大变化。（这种**光强**随空间位置而发生很大变化的照射方式，有很多实现方法。例如，将光源放置在：靠近物体、但是远离物

---

①物体的表面是一个曲面，我们可以将曲面近似看成（或离散化为）一个多面体，多面体的每一个面被称为一个“小块”(surface patch)。小块的朝向是指：“小块”的**法向量**方向。— **译者注**

体**边缘**的位置，于是，照射在靠近光源处的物体表面上的光强，将远大于：照射在远离光源处的物体表面上的光强）。Land 使用了两个光源，一个光源发射的光以**长波长**的光为主，另一个光源所发射的光以**中波长**的光为主。Land 在实验中设置了一个非常特殊的情况：照射到场景中不同区域的光无论是在光强上、还是在颜色上都有很大的差异。他通过使用**光度测量仪**进行测量，从而保证：场景中各个区域（射向观测者）的光在各个**频带**上都是均衡的。但是，这些区域看上去却各不相同，观测者能够区分出各个区域的**颜色**，并且，区分效果几乎和在**自然光**照射下所得到的区分结果一样！

这说明：从**图像亮度**中恢复出物体表面的**反射性质**是可能的！Land 得出了：在一维情况下实现这个目标的方法。他将其称为：**retinex**[①]方法。对于我们将要研究的**简单场景**，该方法取得了很好的效果。

9.2 Mondrian 图

让我们来考虑一个简单的情况：场景由一组“小块”组成，每个“小块”内部的**反射率**都是一样的（如图 9.1 所示），并且，物体表面**朝向**的影响很小，因而可以被忽略。Land 将这种特殊**场景**称为 **Mondrian 图**（Piet Cornelis Mondrian 是 19 世纪末 20 世纪初的荷兰艺术家。他画了许多由相互重叠的多种颜色的小块所构成的油画）。

对于这里的简单情况，场景的**辐射强度**正比于：物体表面（所受到）的**辐照强度**与物体表面**反射率**的乘积。由于图像**辐照强度**和场景**辐射强度**成正比[②]，最终，我们得到：

$$b'(x,y) = r'(x,y)e'(x,y) \tag{9.1}$$

其中，$b'(x,y)$ 是指：**像平面**上某一点 (x,y) 处的**图像辐照强度**，$r'(x,y)$ 是指**反射率**，而 $e'(x,y)$ 是指：与像平面上的点 (x,y) 相对应的 **Mondrian 图**上的点的**辐照强度**[③]（我们在这里使用上标“$'$”，是为了在后面使用不带上标“$'$”的变量来表示：带有“$'$”的变量的**对数**值。在后面，我们会更多地谈到这些变量的对数值）。我们的任务是：将造成图像辐照强度随空间位置变化的两个因素 $r'(x,y)$ 和 $e'(x,y)$ 分离出来。

[①] retinex 是由“retina”（视网膜）和“cortex”（大脑皮层）这两个词组成的，因此，该方法又被称为：视网膜—大脑皮层处理机制。— **译者注**

[②] 我们会在第10章中证明这个结论，参见公式(10.8)。— **译者注**。

[③] 注意：**Mondrian 图**是一个场景，而不是一幅图像。— **译者注**

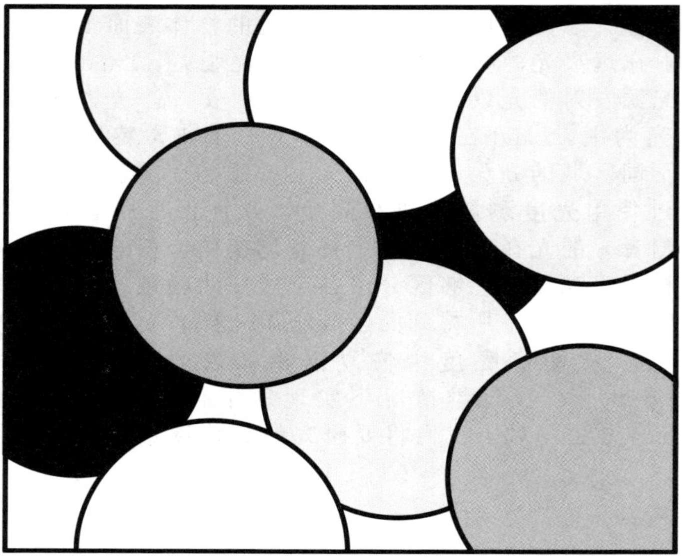

图 9.1 **Mondrian 图**是由许多小图像块组成的。在每一个小图像块内，其颜色都是一样的。光照的不均匀会导致：图像中的对应区域的亮度不是一个常数。

9.3 复原光照

给定 $r'(x,y)$ 和 $e'(x,y)$ 的乘积，我们如何将它们复原出来？如果没有进一步的假设，这个任务显然是无法实现的。对于**Mondrian 图**，在每一个“小块”的内部，$r'(x,y)$ 是一个常数；而在“小块”与“小块”之间相交的**边缘**处，$r'(x,y)$ 的值会发生突然变化。形成鲜明对比的是，我们可以假设：$e'(x,y)$ 的变化是光滑的，这是因为：入射光的亮度可能会随着场景位置的不同而发生变化，但是，不会发生如此“突然”的变化。当然，也有例外情况，例如：在点光源的照射下，由物体和物体的阴影所共同组成的场景，并且，物体和阴影之间的分界线是非常清晰的。

如果我们对 $e'(x,y)$ 做 **Fourier 变换**，其能量主要集中于**低频**区域。而 $r'(x,y)$ 中的陡峭边缘会使得：其 **Fourier 变换**结果中包含大量的**高频**成分。这提示我们：对图像进行**滤波**，从而得到图像的高频成分。处理这个问题的一个方法是：设法对**边缘**进行**增强**。正如我们在第 8 章中所看到的，**偏导数算子**可以用来完成这个任务。

我们的目标是：产生一个中间结果，在这个中间结果中，生成图像辐照强度的两个成分① 中的一个（相对于另一个）得到**增强**。从而使得我们可以忽略另一个成分的影响。当然，我们需要从所得到的结果中复原出剩下的那一个成分。这意味着：我们必须能够对第一步处理进行“去除操作”②。因此，**线性移不变算子**是（用于实现**边缘增强**的）一个合理的选择。因为我们知道如何对其进行求逆。

各种朝向的边缘应该得到相同的处理。因此，理论上，我们需要使用**旋转对称**算子。在所有通过**偏导数**算子的**线性组合**所生成的、具有**旋转对称性**的算子③中，阶数最低的是**Laplace 算子**，即：

$$\nabla^2 = \frac{\partial^2}{\partial x^2} + \frac{\partial^2}{\partial y^2} \tag{9.2}$$

为了易于：从**图像辐照强度**中复原出**反射率**的贡献，我们先对图像亮度取对数，于是，式(9.1)中的乘积（相应地）变成了求和，即：

$$b(x,y) = r(x,y) + e(x,y) \tag{9.3}$$

其中，$b = \log b'$, $r = \log r'$, $e = \log e'$（幸运的是：r' 和 e' 都是正数）。于是，我们可以得到：

$$d = \nabla^2 b = \nabla^2 r + \nabla^2 e \tag{9.4}$$

由于 e 的变化是光滑的，因此，$\nabla^2 e$ 的大小是有限的。事实上，如果 e 是关于 x 和 y 的线性函数，那么，$\nabla^2 e = 0$（另外，如果 e 是**调和函数**，那么，$\nabla^2 e = 0$。因为，**调和函数**是**Laplace 方程**的解）。

另一方面，$\nabla^2 r$ 的值几乎处处为零，但是，在“小块”之间的**边缘**处，其值为“无穷大”。每一个**阶梯形**的**边缘**都会产生出一个“**边对**”（如图 9.2 所示）。“**边对**”是由：空间位置非常接近、指向相反方向的两个**脉冲边**所构成的。在**边缘**的较暗的一侧有一个**正向脉冲**，而在边缘的较亮的一侧有一个**负向脉冲**。“边对”的幅度正比于：**边缘**两侧的两个区域的**反射率**的对数值 $r(x,y)$ 之间的差别。现在，我们可以使用非线性“**阈值**”**算子**，来去除式(9.4) 的结果中的有限值，而只留下“**边对**”。如果我们用 T 来表示“**阈值**”**算子**，那么

$$t = T(\nabla^2 r + \nabla^2 e) = \nabla^2 r \tag{9.5}$$

在去除 e 的影响之后，我们现在需要复原出 r。在图 9.2中，我们看到了：对于一维信号的情况，上面所介绍的方法的整个处理流程。

---

①这两个“成分”是：场景所受到的**辐照强度**和物体表面的**反射率**。— **译者注**

②“第一步处理”指的是：使用**边缘增强算子**来进行图像增强；而“去除操作”具体是指：求**边缘增强算子**所对应的**逆算子**。— **译者注**

③**旋转对称算子**又称为**各向同性算子**，具体内容请参见第 6 章 6.9 节。— **译者注**

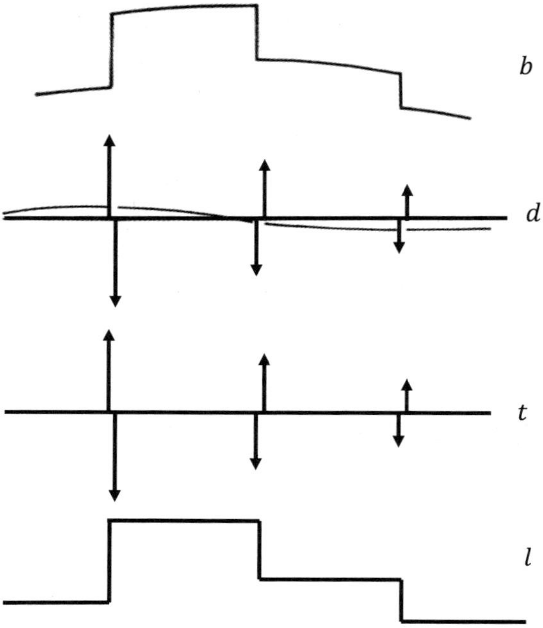

图 9.2　一维情况下，**光照**复原方法的处理流程。该处理步骤从**求导**开始，求导运算使得：**边缘**信号得到**增强**。然后，通过设置**阈值**，我们去除了：由照射不均匀所引起的（图像亮度的）缓慢波动。对于一维情况，**求导**运算的逆是**积分**。恢复出的**光照** l 是：对物体表面**反射率** r 的一个估计结果。

对于一维情况，**Laplace 算子**被简化为：**求导运算**。对经过阈值处理的信号 t 进行简单的**积分运算**，就能复原出 r。这就是 Land 提出的 **retinex 方法**。然而，正如我们将会看到的，我们无法复原出 r。因此，我们将最终计算结果称为“**光照**”（而不是“**反射率**”）是有意义的。**光照**是指：从图像中得到的对**反射率**的估计结果。（在后面，我们将会看到，在极其特殊的情况下，**光照**和**反射率**可能会有很大的不同）。我们将**光照**的对数记为：$l(x, y)$。

9.4 求解逆问题

我们需要求解下面的偏微分方程：

$$\left(\frac{\partial^2}{\partial x^2} + \frac{\partial^2}{\partial y^2}\right) l(x, y) = t(x, y) \tag{9.6}$$

该方程被称为**Poisson 方程**。这个方程形式是在对物理问题的分析中产生的。通过引入相应的**物理模型**，我们可以“看透”这个问题。考虑：在一张具有**电阻率**的纸上“注入”**电流**。如果在点 (x, y) 处注入的电流强度为 $t(x, y)$，那么，这张具有**电阻率**的纸上各个点的**电势**，将满足**Poisson 方程**。通常情况下，要求解这样的问题，需要给定：合适的**边界条件**。这里，我们没有合理的**边界条件**，因此，我们只有将这张具有**电阻率**的纸看作：一张无穷大的纸。

求解一个**椭圆偏微分方程**（例如：式(9.6)）的方法是：找到其相应的**Green 函数** $g(x, y, \xi, \eta)$。于是，该方程的解为如下的积分形式：

$$l(x, y) = \iint_R t(\xi, \eta) g(x, y, \xi, \eta) d\xi d\eta \tag{9.7}$$

对于具体的问题，其**Green 函数**依赖于区域 R 的**边界**。如果**边界**位于无穷远处，并且，对所有点的处理方式都是一样的，那么，式(9.7) 中的积分形式将被简化为一个**卷积**，即：

$$l(x, y) = \int_{-\infty}^{\infty} \int_{-\infty}^{\infty} t(\xi, \eta) g(x - \xi, y - \eta) d\xi d\eta \tag{9.8}$$

现在，我们需要找到**Poission 方程**（即：式(9.6)）的**Green 函数**。注意：$l = t \otimes g$。进行**Fourier 变换**，我们可以得到：

$$L = TG \tag{9.9}$$

其中，L、T 和 G 分别为：l、t 和 g 的**Fourier 变换**结果。回顾我们在第 6 章中所讨论过的一个结论：使用**Laplace 算子**对一个函数进行处理，可以被看作是：一个**广义函数**和被处理函数之间的**卷积**，并且，该**广义函数**的**Fourier 变换**结果为 $-\rho^2$。因此，经过**Fourier 变换**以后，式(9.6)中的函数关系 $t = \nabla^2 l$ 变为了 $T = -\rho^2 L$，于是：

$$G(\rho) = -1/\rho^2 \tag{9.10}$$

其中，$\rho = \sqrt{u^2 + v^2}$。我们必须对 $G(u, v)$ 做**Fourier 逆变换**，从而得到：$G(u, v)$ 所对应的**点扩散函数** $g(x, y)$，其结果为①：

$$g(r) = \frac{1}{2\pi} \int_0^{\infty} \rho\, G(\rho) J_0(r\rho) d\rho \tag{9.11}$$

$$= -\frac{1}{2\pi} \int_0^{\infty} \frac{1}{\rho} J_0(r\rho) d\rho \tag{9.12}$$

其中，$r = \sqrt{x^2 + y^2}$，J_0 表示**零阶 Bessel 函数**。式(9.7) 中的积分并不收敛，特别是：当 $r = 0$ 时，$g(0) = \infty$。使用合适的**收敛因子**，我们可

---

①由于 $G(u, v)$ 是一个旋转对称函数，因此，**Fourier 逆变换**可以被简化为**Hankel 逆变换**（即：式(9.11)），详细内容请参见第 6 章 6.9 节的内容。— **译者注**

以证明，除了 $r=0$ 以外，

$$g(r)=\frac{1}{2\pi}\log(r)+c \tag{9.13}$$

这里的 c 是任意常数。我们将在习题9.1中证明：

$$\left(\frac{\partial^2}{\partial x^2}+\frac{\partial^2}{\partial y^2}\right)\log\left(x^2+y^2\right)=4\pi\delta(x,y) \tag{9.14}$$

使用我们在讨论**广义函数**时所得到的方法①，我们可以得到式(9.14)。

9.5 光照的归一化

通过 $t(x,y)$ 与 $g(x,y)$ 的**卷积**（即：式(9.8)），我们复原出了**光照**的对数值 $l(x,y)$。（其中，$t(x,y)$ 表示式(9.5)中**阈值处理**结果）。但是，**反射率**还不能被完全复原出来。例如，我们知道：**Laplace 算子**消除了信号中的**直流分量**（因为，**Laplace 算子**等价于在**频率域**上乘以 $-\rho^2$），因此，信号加上一个常数后（作为一个整体）的 **Laplace 算子**处理结果等于：原信号的 **Laplace 算子**处理结果。$l(x,y)$ 加上一个常数对应于：$l'(x,y)$ 乘以一个常数。因此，我们只是在：相差一个**尺度因子**的意义下，对**反射率**进行了复原。这个结论也是很自然的，我们只需想想如下事实，就可以对其进行理解，即：如果我们将物体表面的反射率（整体）变为原来的一半，然后，把光照强度（整体）变为原来的两倍，那么，我们会得到相同的图像。因此，通过**图像**来确定**反射率**，所得到结果是不唯一的。所有的解之间相差一个**常数因子**。

通常，我们只关心**漫反射**表面。对于漫反射表面，不存在**镜面反射**。在这种情况下，**反射率**的大小存在**上极限**，即：物体表面反射全部的**入射光**，而没有以任何形式对**入射光**进行吸收。对于漫反射表面，其**反射率**一定小于等于 1，或者，等价地说，$r(x,y)\leq 0$。如果场景中有“白色”的物体（即：**反射率**等于 1 的物体），那么，**常数因子**是可以被复原出来的。我们可以通过：整体加上（或减去）一个常数，来对 $l(x,y)$ 的计算结果进行调节，从而使得：$l(x,y)$ 的最大值等于 0。注意，$l(x,y)=0$ 对应于：**反射率**等于 1。如果图像中碰巧没有白色小块，那么，我们经过**光照归一化后**所计算出的**光照**，和物体表面的**反射率**比起来，会被错误地进行**尺度放大**。

我们将复原**光照**的整个过程总结为：首先，对图像的**亮度**取对数；然后，再用 **Laplace 算子**进行**滤波**；接下来，对滤波得到结果进行**阈值处理**；最后，通过使用恰当的 **Green 函数**来和阈值处理结果

①关于**广义函数**的内容，请参见第 6 章 6.6 节。— **译者注**

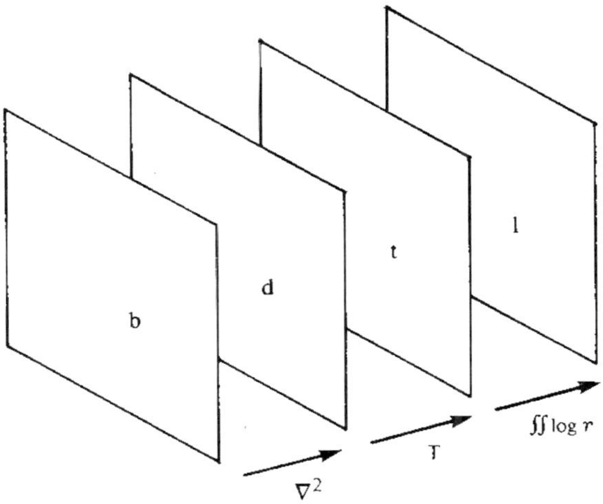

图 9.3　在二维情况下计算光照，包含几个基本步骤。计算过程中的中间结果是一个二维函数（类似于一张图像）。首先，我们对二维图像的**辐照强度**取对数；然后，再用 **Laplace 算子**进行**滤波**，以突出边缘；紧接着，对所得到的结果进行**阈值处理**，从而去除：由入射光分布在空间中的缓慢波动所造成的影响；最后，使用适当的 **Green 函数**和“经过阈值化处理的结果”做**卷积**，从而得到一个关于**光照**的对数值的估计结果。

进行**卷积**，从而对 **Laplace 算子**进行求逆（如图 9.3 所示）。在这以后，我们通过加上一个常数来实现：**对光照的归一化**，从而保证：计算结果的最大值为 0。最后，我们通过：对计算结果取指数，来计算**光照**。经过归一化处理后的**光照**被作为：对物体表面**反射率**的估计结果。注意：一旦我们估计出**反射率**，我们同时也就得到了**入射光强**①，因为，根据式(9.3)，我们可以得到：

$$e(x,y) = b(x,y) - r(x,y) \tag{9.15}$$

9.6 选择阈值

对于“区分有限值和无限值的**阈值算子**”这个说法，我们可能会

①入射光强即为场景的**辐照强度** $e(x,y)$。有些文献中，将“irradiance”（辐照强度）和“reflectance”（反射率）分别译为“入射分量”和“反射分量”。但是，使用“辐照强度”和“反射率”这种说法，能够更好地表明 $e(x,y)$ 和 $r(x,y)$ 这两个量的物理意义，因此，在本书中，我们并没有使用“入射分量”和“反射分量”这种译法。— **译者注**

感到有点不安。因为，在实际应用中，图像的**分辨率**是有限的，因此，边缘对应于**亮度**的快速变化（而不是“突然”变化）。因此，虽然图像在经过**Laplace 算子**作用以后，**边缘**两侧会产生很大的值，但是，其大小终究是有限的。我们所选取的阈值大小是有限的，它是在对“弱边”的不灵敏和对背景变化的灵敏之间的一个“折中”。在这种情况下，对于反射率的计算将不再是准确无误的，它会受到场景**辐照强度**分布的“波动变化”的影响。

我们为什么要使用这一系列复杂的正向和反向变换？我们难道不能使用**一维模型**，直接对图像中的某一条**曲线**进行处理？也就是说，我们只关注于图像中的某一条曲线，而忽略掉曲线以外所有的点。我们沿着这条曲线“走”，忽略掉：曲线上**亮度**值发生光滑变化的那些点，而只记录下：曲线上**亮度**值发生“跳变”的那些“地方”。然后，我们根据这些“地方”的亮度变化率，对**反射率**进行**归一化**处理，也就是说，我们通过乘以一个比例系数，从而使得：在计算得到的**反射率**中，最大值为1。我们之所以不这样做，是因为这种做法并不是利用图像中的所有信息的最好方法（特别是对于存在噪声的情况）。通过使用：沿着一条**边缘**的所有信息，而不是仅仅是使用：边缘上某一点的亮度变化率，会最小化噪声的影响。但是，即使我们使用：沿着一条**边缘**的所有信息，对**反射率**的估计仍然会受到噪声的影响。正如我们前面所看见的，除非噪声的**频谱分布特征**和信号的**频谱分布特征**有很大的区别，否则，我们很难对其进行处理。

9.7 离散情况下计算光照

为了使得：从图像**亮度**中估计**反射率**的方法，具有实用性，我们必须考虑离散图像的情况。此时，我们可以用如下**模板**：

$$\frac{1}{6\epsilon^2}\begin{array}{|c|c|c|}\hline 1 & 4 & 1 \\ \hline 4 & -20 & 4 \\ \hline 1 & 4 & 1 \\ \hline \end{array} \tag{9.16}$$

或者其他类似的**模板**，来对**Laplace 算子**进行近似估计。将上面的模板应用于：采样得到的离散图像，将会得到：和我们前面谈到的情况（即：连续图像的情况）很类似的结果。其不同之处只是：在对离散

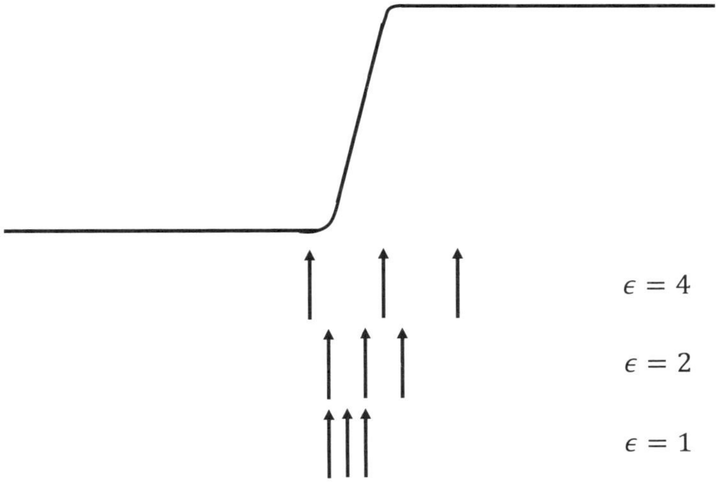

图 9.4 我们想要将：物体表面**反射率**的快速变化，和场景**辐照强度**的缓慢波动变化分离开来。如果图像单元（即：像素点）之间的空间距离很小，那么，将有助于解决这个问题。但是，当像素点的空间距离小于成像系统的**分辨率**时，继续调小像素点的空间距离，对于该问题没有任何帮助。正如本图所示，采用$\epsilon = 2$的空间间隔所得到的、对于这两种成分的区分效果，是采用$\epsilon = 4$ 的空间间隔所得到的区分效果的两倍；但是，如果我们将空间间隔减小到$\epsilon = 1$，却得不到更好的区分效果。

图像的处理结果中，边缘附近的值的大小是有限的。

剩下的一个问题是：图像需要被采样到何种精细程度？令ϵ表示：两个像素点之间的距离。图像在经过式(9.16)中的**模板**处理以后，对**背景**的平滑波动的处理结果，或多或少地独立于ϵ；但是，在边缘附近，其结果以$1/\epsilon^2$的趋势变化，这是因为：边缘处陡峭的不连续变化会产生一个固定的亮度差，而模板的权重系数之差的阶数为$1/\epsilon^2$。这意味着，图像**采样**越精细，所得到的结果越好，也就是说，**信噪比**越高。

但是，真实图像的**分辨率**是有限的，当使用式(9.16)中的**模板**作用于一个光滑变化的模糊边缘时，对于ϵ来说，将会存在一个“分界值”，当ϵ达到该值后，继续减小ϵ，在边缘附近，**模板**的处理结果将不再发生显著变化（如图 9.4 所示）。因此，当**采样**过程和图像的**分辨率**匹配起来时，我们得到了最好的结果。这和前面我们关于图像**采样**的讨论是一致的。看待这个问题的另一种方法是，我们注意到：对于光滑的图像变化，式(9.16) 中的**模板**提供了：对 **Laplace 算子**的一个很好的估计，但是，对于边缘附近的值，除非**采样**精细到：能够分辨出**边缘**的位置，否则，采用式(9.16) 中的**模板**所得到的估计结果将小于真实结果。下一个任务是：构建一个**算子**，来复原式(9.16)中**模板**的处理结果。我们可以让中间计算结果（即：经过**边缘增强**和**阈值化处理**所得到的结果）和 **Laplace 算子的逆**

$$\frac{1}{2\pi}\log\sqrt{x^2+y^2} \tag{9.17}$$

的离散近似形式做**卷积**。但是，需要弄清楚的一点是：**Laplace 算子的逆**的离散近似，并不是 **Laplace 算子的离散近似**的逆。我们需要找到一个**离散函数**，使得它和式(9.16) 中的**模板**做完**卷积**后，产生一个**单位冲击函数**，也就是说，我们需要找到函数 f，从而使得 $g\otimes f=\delta$。这个卷积的具体展开形式为：1) 对于$(i,j)\neq(0,0)$ 的情况，

$$\begin{aligned}-20f_{i,j}+&4(f_{i+1,j}+f_{i-1,j}+f_{i,j+1}+f_{i,j-1})\\&+(f_{i+1,j+1}+f_{i+1,j-1}+f_{i-1,j+1}+f_{i-1,j-1})=0\end{aligned} \tag{9.18}$$

2) 对于$(i,j)=(0,0)$ 的情况，

$$\begin{aligned}-20f_{0,0}+&4(f_{1,0}+f_{-1,0}+f_{0,1}+f_{0,-1})\\&+(f_{1,1}+f_{1,-1}+f_{-1,1}+f_{-1,-1})=6\epsilon^2\end{aligned} \tag{9.19}$$

这是一个关于未知量$\{f_{ij}\}$的**线性方程组**。对于每一个未知量，都有一个方程。不幸的是，由于有无穷多个未知量，因此，我们不能直接使用一些常用的方法来进行求解。我们可以设定一个有限的图像大小，从而得到一个关于所求的逆的有限**支撑集**。为了保证求解精度，我们应该使用大的图像尺寸。此时，我们可以用诸如 **Gauss – Seidel 迭代方法**进行求解，即：求解式(9.18) 和(9.19) 中的每一个方程中的**主导项**①，也就是说，1) 对于 $(i,j)\neq(0,0)$ 的情况，

$$\begin{aligned}f_{i,j}^{n+1}=&\frac{1}{5}(f_{i+1,j}^n+f_{i-1,j}^n+f_{i,j+1}^n+f_{i,j-1}^n)\\&+\frac{1}{20}(f_{i+1,j+1}^n+f_{i+1,j-1}^n+f_{i-1,j+1}^n+f_{i-1,j-1}^n)\end{aligned} \tag{9.20}$$

其中 n 表示迭代次数。2) 对于 $(i,j)=(0,0)$ 的情况，式(9.20)变为：

$$\begin{aligned}f_{0,0}^{n+1}=&\frac{1}{5}(f_{1,0}^n+f_{-1,0}^n+f_{0,+1}^n+f_{0,-1}^n)\\&+\frac{1}{20}(f_{1,1}^n+f_{1,-1}^n+f_{-1,1}^n+f_{-1,-1}^n)-\frac{3}{10}\epsilon^2\end{aligned} \tag{9.21}$$

---

①我们可以将式(9.18)和(9.19) 写成一个线性方程组的形式，其中，系数矩阵的主对角线所对应的项，就是这里所谓的“主导项”。— **译者注**

我们可以将迭代**初始值**选为：式(9.17)的离散近似。使用上面的迭代方法（即：式(9.20)和(9.21)），我们可以得到：式(9.16)中的模板的逆的近似结果。然后，我们需使用所得到的近似结果和中间结果[1]做**卷积**，从而得到**光照**估计结果。在做**卷积**之前，我们必须对中间结果进行“添零扩展”（即：在其周围添加一圈值为零的区域）。注意，“添零扩展”并不是一个“恰当”的操作，因为，该操作会在图像的边界处产生“虚假”边缘。我们也可以通过直接求解下式

$$\begin{aligned}-20r_{i,j}+&4(r_{i+1,j}+r_{i-1,j}+r_{i,j+1}+r_{i,j-1})\\&+(r_{i+1,j+1}+r_{i+1,j-1}+r_{i-1,j+1}+r_{i-1,j-1})=6\epsilon^2 t_{i,j}\end{aligned} \tag{9.22}$$

来得到**Laplace 算子的离散近似的逆**。其中，$\{t_{ij}\}$ 是经过**阈值化**处理后的中间结果。于是，我们可以得到迭代方法：

$$\begin{aligned}r_{i,j}^{n+1}=&\frac{1}{5}(r_{i+1,j}+r_{i-1,j}+r_{i,j+1}+r_{i,j-1})\\&+\frac{1}{20}(r_{i+1,j+1}+r_{i+1,j-1}+r_{i-1,j+1}+r_{i-1,j-1})-\frac{3}{10}\epsilon^2 t_{i,j}\end{aligned} \tag{9.23}$$

和前面一样，在图像的边界处，我们必须“小心”地进行处理。

9.8 一个物理模型

我们将给出：方程式(9.22)所对应的一个物理实现模型。我们注意到，我们要求解的方程（即式(9.22)）中包含：一个点和它周围**邻域**[2]内的所有点的**加权平均值**的差；这个差等于一个给定的**输入**。

通过一个**电阻网**，我们可以很容易地计算**加权平均值**（如图 9.5 所示）。考虑：一个由 n 个阻值为 R_i 的电阻所构成的**电阻网**，其中，在第 i 个电阻的一端，连接有一个电压为 V_i 的**电压源**，并且，所有的电阻的另一端都被连接在一起，那么，电阻**公共连接端**的电压值为：

$$\overline{V}=\frac{\sum_{i=1}^{n} V_i/R_i}{\sum_{i=1}^{n} 1/R_i} \tag{9.24}$$

我们很容易证明上式，因为，1) 流过第 i 个电阻的电流为 $(V_i-\overline{V})/R_i$，并且，2) 根据 **Kirchhoff 电流定律**，**公共节点**上的**电流**相互抵消。现在想象，在公共节点上接入：**电流**为 I 的电流源，根据 **Kirchhoff 电流定律**，加入电流源之后，所有支路上的**总电流**为 $-I$，因此，**公共**

---

[1] 所谓“中间结果”是指：对**边缘增强图像**的阈值化处理结果。— **译者注**

[2] 注意，这里所说的“邻域”是不包括这个点的，而只是指：这个点周围的“一圈”点。在整本书中，我们所说的“某一个点的邻域”并不包括这个点。— **译者注**

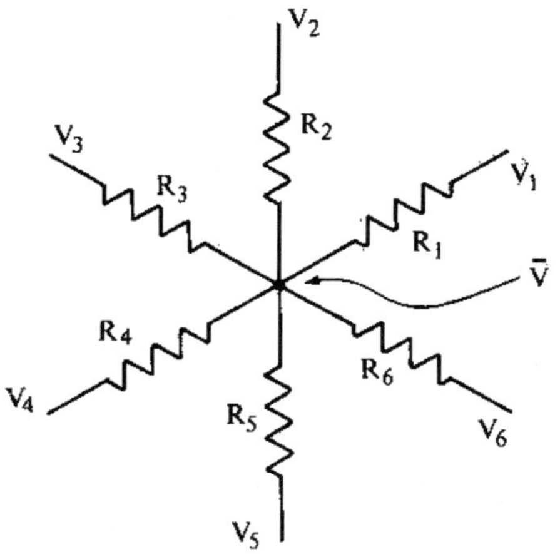

图 9.5　通过使用**电阻网络**，我们可以计算出：**电势**$V_1, V_2, \cdots, V_6$的**加权平均值**$\overline{V}$。

节点的电压值会增加：

$$\frac{I}{\sum_{i=1}^{n} 1/R_i} \tag{9.25}$$

现在考虑一个矩形的**电阻网络**（如图 9.6 所示），其中的每一个**节点**都和其上、下、左、右四个**节点**相连，相应支路上的电阻都为 R；同时，该节点还和其左上、左下、右上、右下四个**节点**相连，相应支路上的电阻都为 $4R$。每一个**节点**所接入的电流大小，和相应的**阈值化**处理结果成正比，也就是说，节点 (i, j) 处所接入的电流为 $(5/R)t_{ij}$。**节点**上的**电势**满足方程(9.22)，因此，这些**电势**就是我们所想要得到的输出结果。这里，我们再次提醒：需要对图像的**边界**特别留意！

注意，即使我们改变**权重系数**，上面介绍的求解隐式方程的方法，依然能够取得很好的效果。除了这种方法以外，还有许多用于求解这个问题的**并行**方法。其中一种方法通过：使用含有**运算放大器**的**反馈回路**，来实现 **Gauss − Seidel 迭代**（如图 9.7 所示）。**运算放大器**是一种对输入信号的常数倍进行求和的器件。对于每一种情况，我们都必须判断迭代是否收敛。

现在，我们要设计一种方法，用来估计：一组相互之间部分覆盖的“小块”的**反射率**。我们首先使用多个滤镜拍摄多张图像，然后，使用上面的方法，对每张图像单独进行处理。我们可以给每一个小图

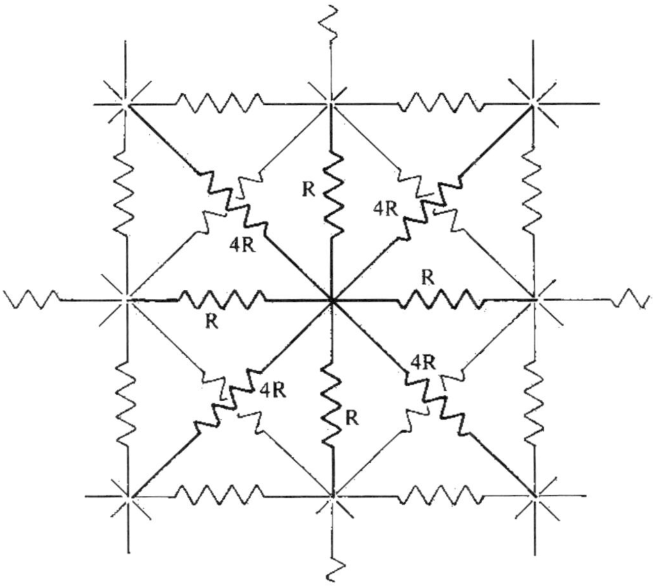

图 9.6 一个由**电阻**构成的简单**网络**，可以用于计算：恢复光照过程中的所用到的Laplace **算子**的**逆算子**的处理结果。

像块赋予一个"颜色"。在这种情况下，我们甚至不需要：用来进行**归一化**处理的白色小块。对于每一个**滤镜**所生成的图像，我们只需要场景中的某一个"小块"反射了：入射光在该**滤镜**的**频带**范围内的全部成分。对于不同的滤镜，具有最大反射率的"小块"可能不同。

当物体表面的**反射率**发生光滑变化时，上面介绍的方法将不再适用。这是因为：在**阈值化**的处理过程中，这些光滑变化会被抑制掉。当我们处理**表面弯曲**的物体时，我们会碰到这个问题，因为，正如我们在下一章中将会注意到的，**表面弯曲**的物体会产生一张**渐变**的图像。在这里，我们暂时不对这样的图像进行处理。同样的，如果在这些小图像块中，有一个小图像块是**光源**的话，那么，**归一化**方法将失效，因为**光源**所在的小块可能比白色小块还要亮。出于这个原因，对于发生镜面反射的物体表面，我们可以"去掉"**归一化**这个步骤。

本章中，我们想要说明的是：在从图像提取信息的过程中，我们并不是直接使用图像的**亮度**。只有在对被成像物体的一些属性（例如物体表面的**朝向**）进行估计时，我们才会直接使用图像的**亮度**。我们所面对的一个难题是：许多因素混淆在同一张图像中。通常，要去除

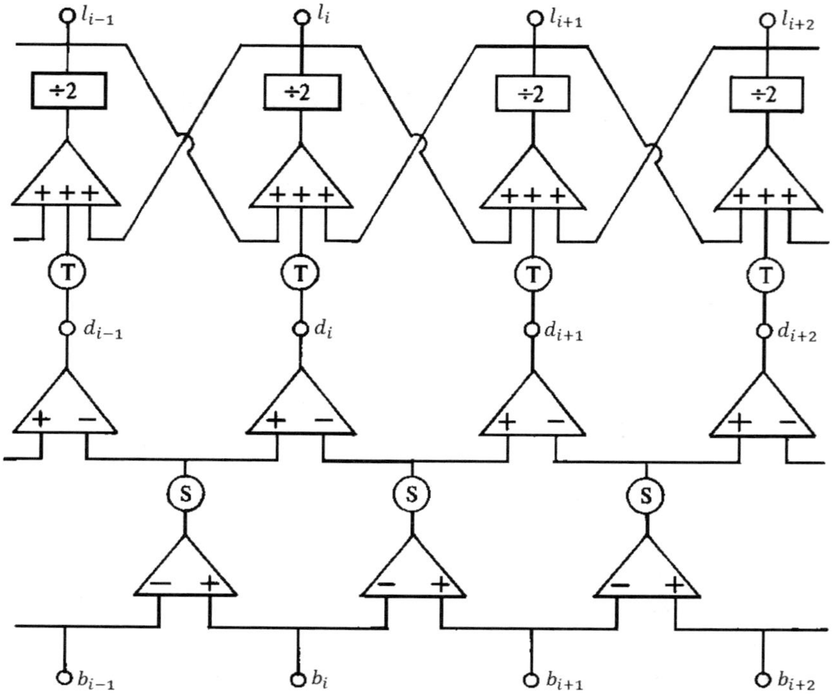

图 9.7　我们也可以使用：具有层次结构的**运算放大器**网络，来实现对**光照**的计算。本图所展示的是：求解一维**光照**问题的电路。在习题9.4中，我们将会用这个电路来作为基本单元，从而搭建出一个求解二维**光照**问题的电路。

多因素所引起的不确定性，我们需要使用一些附加的假设条件[①]。

9.9 本章参考文献

长期以来，人们都在不断思索颜色视觉问题。在 MacAdam 的书《*Sources of Color Science*》[1970] 中，收集了一些这方面的结果。在 Wasserman 的书《*Color Vision*》[1970] 中，也谈到了这个问题的研究历史。另外两本非常值得关注的这方面的书是：Evans 所写的《*The*

[①]这句话似乎难于理解。让我们来想一个例子：某一个物体所成的像，其**亮度**由：1) **光照**条件、物体表面的**反射率**、2) 物体与光源、3) 相机之间的相对**朝向**和位置，所共同决定。以上这些就是这句话中所谓的"因素"。— **译者注**

Perception of Color》[1974] 和 Frisby 所写的《*Seeing*》[1979]。

关于偏微分方程的书可谓是“汗牛充栋”，Carier 和 Pearson 所写的书《*Partial Differential Equations: Theory and Technique*》[1976]；Courant 和 Hilbert 所写的书《*Methods of Mathematical Physics*》(卷2) [1962]；John 所写的书《*Partial Differential Equation*》[1971] 以及 Moon 和 Spencer 所写的书《*Partial Differential Equation*》[1969] 就是其中的几本。

在 1959 年，Land 用他的关于颜色视觉的实验震惊了世界。他在 1964 年建立了 retinex 理论（即：“视网膜—大脑皮层”处理机制）。文献 Land & McCann [1971] 进一步将其发展成为**光照理论**①。文献 McCann, Land & Tatnall [1970] 比较了人类的视觉响应和他们的光照计算理论的早期版本。Land 一直致力于这个问题的研究，相关内容请参见文献 Land [1983]。文献 Horn [1974] 对 Land 的方法进行了拓展，用来处理二维情况，并且，它设计了相应的并行方法用来实现计算。这个想法的部分“灵感”来源于：使用 **Laplace 算子**来实现边缘标注的早期方法；文献 Horn [1972] 中提出了这种早期方法。文献 Marr [1974] 发现：在 Horn 的几篇文献中所提出的几种架构中，有一种和灵长类动物的视网膜的内部连接结构是一致的。（但是，现在似乎有证据显示：人类对光照的“计算”是在大脑皮层中的处理视觉的那部分区域中进行的）。Blake 对 Horn 的方法做了很大改进（参见文献 Blake [1985]），他改变了阈值算子的“位置”。

本文提出的这种大规模并行计算方法被首次用来计算光照，它引起了广泛的关注（另外一种并行结构请参见文献 Ballard, Hinton & Sejnowshi [1983]；文献 Chrisman [1984]讨论了：使用现代并行机进行编程的内容）。文献 Poggio & Koch [1984] 建立起了这些想法和正则化之间的关系，并且，提出了类似的计算模型。迭代求解椭圆偏微分方程的经典方法的不足之处在于：收敛速度太慢。最近，人们尝试使用多尺度方法来解决这个问题，这种方法大大节省了计算量。文献 Terzopoulos [1983, 1984a,b]将这些方法用于许多机器视觉算法，其中包括计算光照。

颜色视觉方面的文献太多，我们无法对其做一个总览。这里，我们只是随机地提到了一些相关文献。文献 Lettvin [1967] 的读者可能会“沉醉”于它对这个问题的分析，从而相信：我们看不到颜色。文献 Livingstone & Hubel [1984] 中给出了：关于灵长类动物视网膜表层的颜色系统的解剖学和生理性方的面最新信息

---

①正如我们在本章一开始时指出的，这里的“光照”(lightness) 并不是“光的照射”(illumination)；而是指：人类对物体表面反射率的感知和估计。— **译者注**

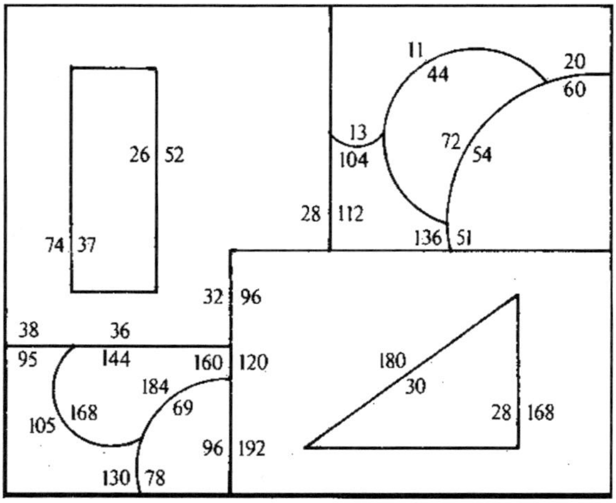

图 9.8　由许多对亮度测量结果所构成的 Mondrian 图，每一对亮度测量结果都标注在相应的边缘的两侧。

9.10 习题

习题 9.1　我们令：$r^2 = x^2 + y^2$，并且，

$$\nabla^2 = \frac{\partial^2}{\partial x^2} + \frac{\partial^2}{\partial y^2} \tag{9.26}$$

(a) 证明：除了在 $r = 0$ 处以外，$\nabla^2 \log r^2 = 0$；

(b) 现在，让我们来考虑 $\nabla^2 \log(r^2 + \sigma^2)$。请问：当 $\sigma \to 0$ 时，由函数序列 $\nabla^2 \log(r^2 + \sigma^2)$ 所定义的**广义函数**是什么？

提示：使用**极坐标**系下的积分形式，将会有助于解决这个问题。

习题 9.2　给定如下积分：

$$\int_0^\infty r\left(\log \frac{r}{a + \sqrt{a^2 + r^2}}\right) J_0(rz)dr = -\frac{1}{z^2}(1 - e^{az}) \tag{9.27}$$

其中，$z \neq 0$。为什么我们可以将 $-2\pi/\rho^2$ 看作是 $\log r$ 的 **Fourier 变换**？其中，$\rho^2 = u^2 + v^2$ 并且 $r^2 = x^2 + y^2$。

习题 9.3　图 9.8 所示的是一个亮度均匀变化的图像中的各个区域的边界。在区域边界的两边标注有：对应区域的图像亮度值。假设：最大

反射率等于1。要生成这个图像，物体表面（各个）小块的**反射率**应该是是多少？最小**反射率**是多少？所给定的数据是“相容”的吗？

习题 9.4 请说明：如何将图9.7中的网络扩展为二维形式，从而使得我们可以用它来：计算图像的光照？

提示：首先建立一个由：图9.7所示的网络结构（我们将其称为：“并行层”），作为基本单元的**“并行层”结构**；然后，再添加一个**“并行层”结构**，该结构是：第一个**“并行层”序列**旋转60° 所得到的；最后，再将第一个**“并行层”序列**旋转120°，并且，将其添加为第三个**“并行层”结构**。

需要注意的是，用来进行求和的放大器所接收的输入来自于：某一个图像单元（即：像素点）周围的6个图像单元。请说明：**求和放大器**的输出结果应该被除以6，而不是像一维情况那样被除以2。

第 10 章 反射图：光度立体视觉

现在，我们要开始仔细研究：图像**亮度模式**与被成像物体之间的依赖关系。本章中，我们将开发一种被称为**光度立体视觉**的方法，也就是说，从一组在不同光照条件下拍摄的图像中，恢复出物体的表面形状。在下一章中，我们会考虑一个更加困难的问题：如何从单张图像中恢复出物体的表面形状。**光度立体视觉**方法易于实现，但是，它需要对光照条件进行控制。对于某一个给定的图像单元（即：像素点），我们可以通过查表来得到：和它对应的物体表面“小块”的**朝向**。**查询表**是通过实验方式建立起来的，也就是说，我们在不同的光照条件下，测量（已知形状的）标准物体的图像亮度。通过使用**针状图**，我们可以很方便地表示：物体表面“小块”的**朝向**。

为了理解这种方法的工作原理，我们首先需要了解一些关于**辐射**的知识。我们需要给出：关于“亮度”这个术语的更精确的解释，并且，我们还需要了解：**图像辐照强度**和**场景辐射强度**之间的关系。**双向反射分布函数**给出了：物体表面对光的反射率与入射光和出射光之间的具体依赖关系。通过这个函数以及光源的分布，我们可以推导出**反射图**。反射图非常有用，因为它明确地给出了：物体表面**朝向**和该表面的图像亮度之间的关系。**反射图**对于解决：从图像的亮度测量结果中复原出物体表面的**朝向**的问题，是极其重要的！在实际应用中，我们并不是使用**双向反射分布函数**来计算**反射图**的，而是通过：对已知形状的标准物体进行实验，来确定**反射图**。如果读者对与辐射相关的内容没有太大兴趣，可以跳过本章的前几节，而直接进入：关于**反射图**的那部分内容。最后，我们将介绍**图像辐照方程**，这个方程将在下一章中发挥重要的作用。

10.1 图像亮度

一个三维物体所成的图像取决于：1) 物体的形状，2) 物体表面对光的反射特性，3) 光源的分布。图 10.1 中显示的是：三张火星表面部分区域的图像。这三张图像是同一个照相机在固定的位置拍摄的。它们之间的不同是由不同的光照条件所造成的。很明显，对于相同的物体表面，所拍摄的图像的**亮度模式**却相差很大。例如，在某一张图中**对比度**很明显的**边缘**，在另一张图中却根本看不见。这个例子展示了：**光源**的位置和分布对图像亮度模式的重要影响。

三维物体的图像还依赖于：1) 物体相对于成像系统的位置，以及，2) 物体在空间中的**姿态**。对于一个旋转对称的物体，其**姿态**只有两个**自由度**，因此，我们可以通过：给出旋转对称轴的方向，来定义物体的**姿态**。图 10.2 所展示的是：图钉的轮廓如何随着其**姿态**的改变而变化。更重要的是，注意观察：图钉的轮廓区域中的亮度模式的变化，特别需要注意观察的是：轮廓区域中，那些使得光线直接射向观测者的光滑表面。如果我们考虑的是一般的形状，那么，物体的**姿态**有三个**自由度**，物体的成像情况将变得更加复杂。很明显，前面所讨论的二值图像处理方法（参加第 3 和 4 章），并不适用于这种情况。

为了设法复原出物体的固有属性（例如：表面形状和反射率），我们必须先理解图像是如何形成的。但是，要理解图像上某一点的**亮度**由什么决定，我们必须先讨论**辐射**。

10.2 辐射

照射在物体表面上的光的强度被称为**辐照强度**。其物理意义为：照射到物体表面单位面积上的功率（单位：$W \cdot m^{-2}$，即：瓦特每平方米）。从物体表面发出的光的强度被称为**辐射强度**。其物理意义为：从物体表面的单位面积上射入单位立体角的功率（单位：$W \cdot m^{-2} \cdot sr^{-1}$，即：瓦特每平方米每立体弧度）。**辐射强度**的定义较为复杂，因为，从物体表面的一个微小区域所发出的光，其所有可能的（辐射）方向形成一个半球，沿着不同的方向，辐射出的能量

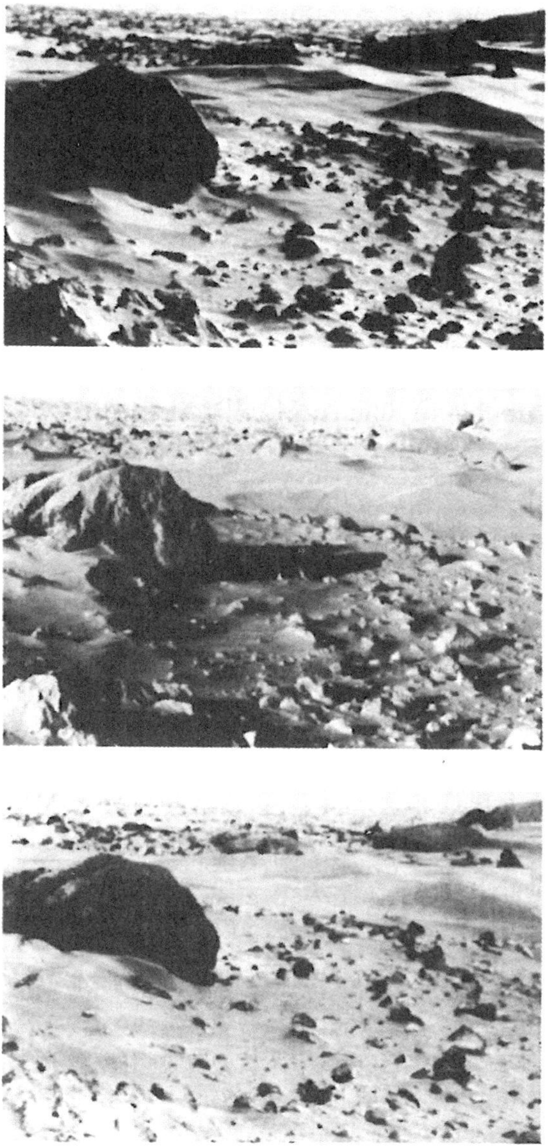

图 10.1 物体表面的外观依赖于光照条件。如果我们想要从一张或多张图片中，恢复出关于物体表面的信息，那么我们必须首先理解：图像是如何形成的。这里所展示的是：由 Viking Lander I（海盗1号）所拍摄的三张火星表面的图像。（图像：IPL PIC ID 77/03/06/134059、77/02/09/172643和77/02/05/042935 由位于马里兰洲格林贝尔特市的美国空间科学数据中心提供。）

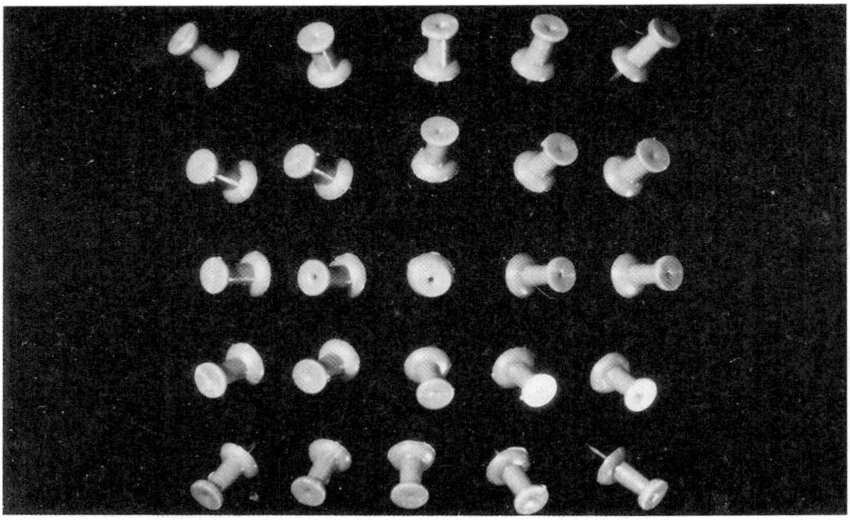

图 10.2　在很大程度上，物体表面的外观依赖于：物体在三维空间中（相对于观测者）的姿态。随着物体的空间姿态的变化，不仅物体的轮廓会发生变化，而且，物体轮廓内部的**亮度模式**也会发生相应的变化。

可能不同。

首先，让我们来定义**立体角**。在从某一点发出的光线中，和某一**辐射方向**相对应的小圆锥和**单位球**相交，所形成的球面区域的**面积**，被称为：这个圆锥所张成的**立体角**。考虑一个和原点之间距离为 R、面积为 A 的小平面块，并且，（连接原点和小平面块的）直线与（小平面块的）**法向量**之间的夹角为 θ，该小块所对应的立体角为：

$$\Omega = \frac{A\cos\theta}{R^2} \tag{10.1}$$

如图 10.3 所示，此外，半球的立体角为 2π。

亮度取决于：成像系统中，单位表面积上所接收到的能量大小。在关于**辐射强度**的定义中，“单位面积”指的是单位**透视面积**，即：表面积乘以 $\cos\phi$，而 ϕ 表示：物体表面的**法向量**和光线的射出方向之间的夹角。

10.3 图像的形成

下一步，我们来寻找：物体上某一点的**辐射量**（即：场景的**辐射**

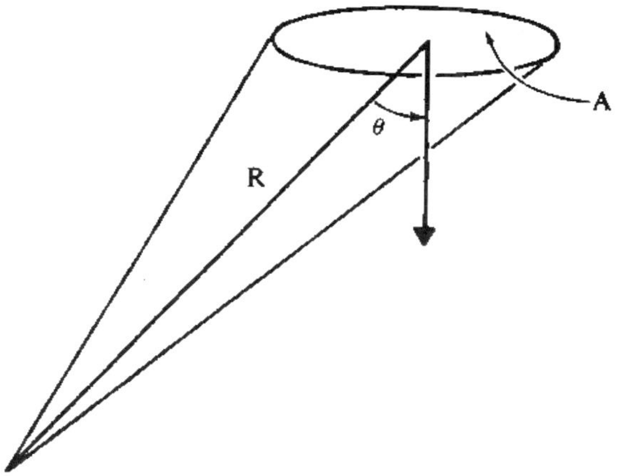

图 10.3 某一个“小块”所“占据”的**立体角**，和该小块的面积、以及该小块和入射光之间的夹角θ的余弦成正比；和该小块到原点的距离R的平方成反比。

强度）和其对应的图像点的**辐照量**（即：图像的**辐照强度**）之间的关系。让我们来考虑：一个直径为d、和像平面之间的距离为f的透镜（如图 10.4 所示）。在物体表面选取一块面积为$\delta\Omega$的小区域，它所对应的图像上的小区域的面积为δI。假设：从物体上的小区域“出发”、延伸到透镜中心的射线，与**光轴**和（该小区域的）**法向量**之间的夹角分别为α和θ，并且，物体位于透镜前方距离为$-z$的位置上。（由于在定义成像系统的坐标系时，我们所使用的约定是：z轴指向像平面，因此，z前面需要加上负号）。

物体上的某一个小区域的面积和它所对应的图像区域的面积之间的比值，取决于：1) 这两个小区域和透镜之间的距离，以及，2) 我们所使用的**成像投影**模型。经过**透视中心**的光线不发生折射，因此，由所有指向物体小区域的射线所张成的圆锥的**立体角**，等于：由所有指向其对应的图像区域的射线所张成的圆锥的**立体角**。从透镜中心看过去，图像区域的有效面积为：$\delta I\cos\alpha$，而图像区域和透镜中心之间的距离为：$f/\cos\alpha$，因此，由该图像区域所张成的**立体角**为：

$$\frac{\delta I\cos\alpha}{(f/\cos\alpha)^2}=\frac{\delta I\cos^3\alpha}{f^2} \tag{10.2}$$

类似的，由物体上的小区域所张成的**立体角**为：

$$\frac{\delta O\cos\theta}{(-z/\cos\alpha)^2}=\frac{\delta O\cos\theta\cos^2\alpha}{z^2} \tag{10.3}$$

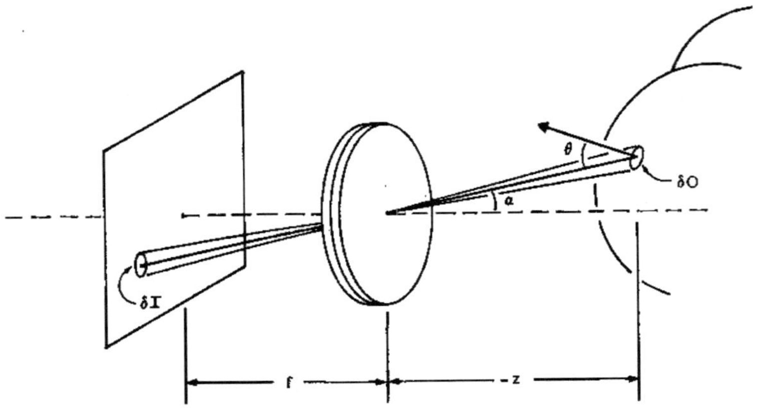

图 10.4　为了得到：图像**辐照强度**和物体表面**辐射强度**之间的关系，我们必须确定：物体表面“小块”所对应的图像区域的尺寸。

这两个立体角相等，因此，我们可以整理得到：

$$\frac{\delta O}{\delta I} = \frac{\cos\theta}{\cos\alpha}\left(\frac{z}{f}\right)^2 \tag{10.4}$$

下一步，我们需要确定：在从物体上的某一个小区域所发出的光线中，有多少能够穿过透镜（如图 10.5 所示）。从物体上的小区域看过去，透镜所张成的**立体角**为：

$$\Omega = \frac{\pi}{4}\frac{d^2\cos\alpha}{(-z/\cos\alpha)^2} = \frac{\pi}{4}\left(\frac{d}{z}\right)^2\cos^3\alpha \tag{10.5}$$

因此，从物体上的小区域“出发”、穿过透镜的光的功率为：

$$\delta P = L\Omega\delta O\cos\theta = L\delta O\frac{\pi}{4}\left(\frac{d}{z}\right)^2\cos^3\alpha\cos\theta \tag{10.6}$$

其中 L 是：物体上的小区域沿着透镜方向的**辐射强度**。这些光被全部汇聚在图像区域上（如果我们忽略透镜的缺陷的话）。再没有其他的光到达该图像区域，因此，该图像区域的辐照强度为：

$$E = \frac{\delta P}{\delta I} = L\frac{\delta O}{\delta I}\frac{\pi}{4}\left(\frac{d}{z}\right)^2\cos^3\alpha\cos\theta \tag{10.7}$$

将 $\delta O/\delta I$ 的表达式（即：式(10.4)）代入上式，于是，我们最终得到：

$$E = L\frac{\pi}{4}\left(\frac{d}{f}\right)^2\cos^4\alpha \tag{10.8}$$

因此，图像的**辐照强度**和场景的**辐射强度**成正比。这个关系是我们

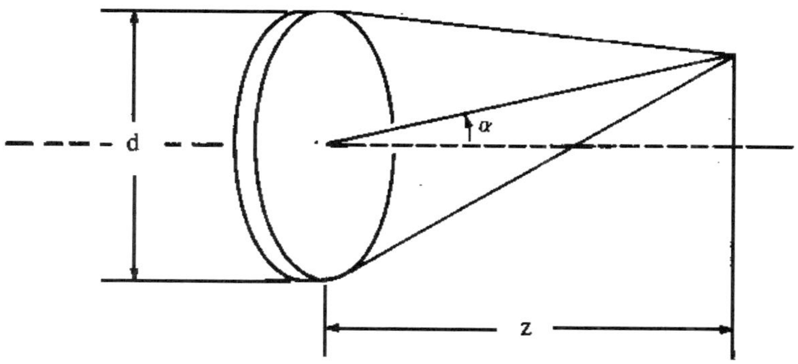

图 10.5 为了得到：图像的**辐照强度**和物体表面的**辐射强度**之间的关系，我们必须确定：从物体表面所发出的光，有多少被透镜汇聚到了图像上。这取决于：从物体表面上的某一点看过去，透镜所"占据"的**立体角**大小。

从图像中恢复出物体相关信息的基础！式(10.8)中的比例系数包括：1) 有效 **f–数**（即：f/d）的倒数的平方以及2) 一个衰减项。这个**衰减项**的衰减速率为：从图像上的点到透镜中心的射线与光轴的夹角的余弦的4次方。如果图像的**视野**范围很小，也就是说，这个夹角的取值范围非常小（例如：望远镜），那么，这个**衰减项**所起的作用并不是很大。

此外，通常的透镜系统是由：放置在**光轴**上的多个**光圈**所构成的，这种结构会阻挡：某些和**光轴**成一定夹角的光线，从而形成**光晕**①现象。通常情况下，**光晕**所造成的衰减比式(10.8)中的余弦项更加严重。使用多**光圈**系统是为了减小图像失真，如果不使用多光圈系统，图像将会产生严重的失真，随着像素点偏离光轴的角度 α 的增大，失真的程度将以指数形式增加。在任意一种情况下，对于给定的成像系统，不同位置的像素点对场景**辐射强度**的灵敏度，和角度 α 之间的关系是确定的，并且，我们可以求出具体的函数形式。

总结：本节中，我们得到了一个非常重要的结论。我们所得到测量的结果（**图像辐照强度** E）与我们所关心的结果（**场景辐射强度** L）成正比！从另一个方面看，我们已经定义了**辐射**，从而使得**辐射**对应于：我们在谈论"亮度"时所真正想表达的意思，而我们所谈论的"亮度"竟然是和图像的**辐照强度**有关系的。

①关于光晕的内容，请参见第2章2.3节内容（以及图2.4）。— **译者注**

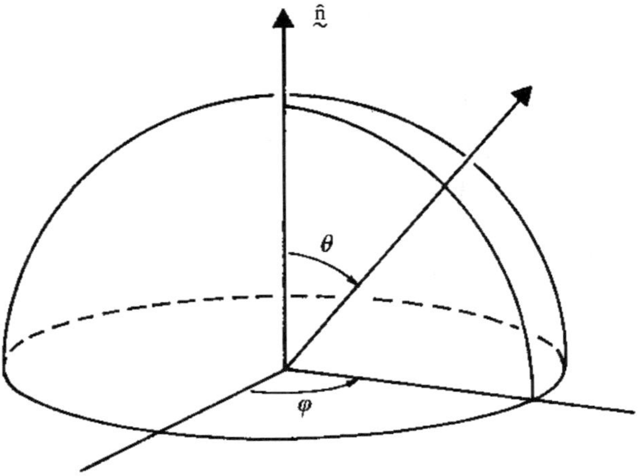

图 10.6　我们可以用：由**极角** θ 和**方位角** φ 所确定的局部坐标系，来表示：入射光线和出射光线的方向。

10.4 双向反射分布函数

是什么决定**场景**的**辐射强度**？**场景**的**辐射强度**依赖于：1)“落在”物体表面的光的强弱，以及，2) 物体表面对入射光的**反射率**，此外，它还依赖于：3) 光反射过程中的一些几何关系。当我们观察镜子对光的反射时，很容易理解这一点。通常情况下，物体表面的**辐射强度**同时依赖于：1)物体被观测的方向，以及，2) 物体被照射的方向。

我们可以用：“安放”在曲面①上的**局部坐标系**，来描述这两个方向（如图 10.6 所示）。通过：1) 曲面的**垂线**（即：曲面的**法向量** $\hat{\mathbf{n}}$），以及，2) 曲面上的任意一条**参考线**，我们可以用两个角 θ 和 ϕ 来表示：射入或射出该曲面的光线的方向。θ 表示：该方向和曲面**法向量**之间的夹角；而 ϕ 表示：该方向在曲面上的**投影**与我们所选的**参考线**之间的夹角。这两个角 θ 和 ϕ 分别称为**极角**和**方位角**。这使得我们可以将入射光的方向表示为 (θ_i, ϕ_i)，而将射向观测者的光的方向表示为 (θ_e, ϕ_e)，如图 10.7 所示。

我们可以定义**双向反射分布函数** $f(\theta_i, \phi_i, \theta_e, \phi_e)$。**双向反射分布**

①从数学上说，物体表面就是三维空间中的一张曲面。因此，为了表述的方便，我们不对“物体表面”和“曲面”做特意区分，两者对应于同一个单词：surface。当我们说“物体表面”或“曲面”时，通常指的是**微表面**或**微曲面**，即曲面上某一点附近的一个邻域，其离散形式是一个小平面，这个小平面也被称为：曲面“小块”。— **译者注**

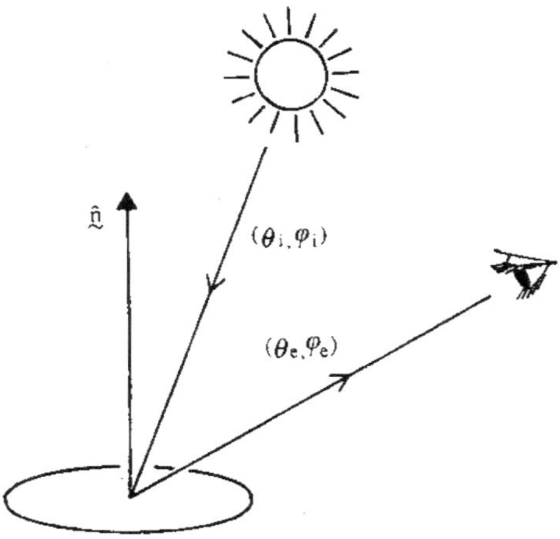

图 10.7 当物体表面的某一“小块”受到：沿着 (θ_i, φ_i) 方向的光的照射时，沿着方向 (θ_e, φ_e) 看过去，该小块的**辐射强度**与（该小块所受到的）**辐照强度**之间的比值，被称为**双向反射分布函数**。

函数告诉我们：当光从某一个方向射入物体表面、而我们从另一个方向对其进行观测时，物体表面的亮度是多少。如果沿着入射方向 (θ_i, ϕ_i) 射入物体表面的光的强度（**辐照强度**）为 $\delta E(\theta_i, \phi_i)$，而从物体表面沿着方向 (θ_e, ϕ_e) 射出的光的强度（**辐射强度**）为 $\delta I(\theta_e, \phi_e)$，那么，**双向反射分布函数**可以被表示为：**辐射强度**和**辐照强度**的比值，也就是说，

$$f(\theta_i, \phi_i, \theta_e, \phi_e) = \frac{\delta I(\theta_e, \phi_e)}{\delta E(\theta_i, \phi_i)} \tag{10.9}$$

在本章的后面，我们将研究：几种**理想曲面**的**双向反射分布函数**。直接使用一个四元函数来研究：**图像辐照强度**和**物体表面形状**之间的关系，显得有点笨拙。幸运的是，对于许多物体的**微表面**，如果将让该**微表面**绕着其**法线**旋转，那么，该**微表面**的**辐射强度**不会发生变化。在这种情况下，**双向反射分布函数**只依赖于：入射光和出时光的**方位角**之差 $\phi_e - \phi_i$，而不是单独依赖于 ϕ_e 和 ϕ_i。这对于**漫反射表面**和**镜面**都是成立的，但是，这并不适用于那些具有特殊朝向性质的微表面，例如：一种被称为“虎眼”的矿物，或者，一些鸟的有光泽的羽毛。

双向反射分布函数的形式必须满足一个有趣的约束条件。如果两个表面处于热平衡状态，那么，从一个表面辐射到另一个表面的

辐射量，必须和：从另一个表面沿着相反方向辐射过来的**辐射量**保持平衡，否则，接收到较多辐射量的表面将会被加热，而另一个表面将会被冷却，因此，**热平衡**将会被打破。这违背了**热力学第二定律**。容易证明，上面这个结论意味着：**双向反射分布函数**必须满足 **Helmholtz 相互性条件**，即：

$$f(\theta_i,\phi_i,\theta_e,\phi_e)=f(\theta_e,\phi_e,\theta_i,\phi_i) \tag{10.10}$$

10.5 连续光源

到目前为止，我们只考虑了：所有光都来自于同一个方向的情况。在实际情况中，可能存在多个光源，或者，甚至是**连续光源**（即：线光源或面光源），例如：天空。对于连续光源，我们必须考虑：沿着某个方向的非零**立体角**，以得到非零的**辐射强度**。考虑“天空”中的一个微小区域（如图 10.8 所示），该区域沿**极角**方向的大小为 $\delta\theta_i$；沿**方位角**方向的大小为 $\delta\phi_i$。这个区域所对应的**立体角**为：

$$\delta\omega=\sin\theta_i\delta\theta_i\delta\phi_i \tag{10.11}$$

如果用 $E(\theta_i,\phi_i)$ 表示：沿着 (θ_i,ϕ_i) 方向射入单位**立体角**的**辐射强度**，那么，从图 10.8 所示的“天空”中的小区域所发射出的**辐射强度**为：

$$E(\theta_i,\phi_i)\sin\theta_i\delta\theta_i\delta\phi_i \tag{10.12}$$

因此，物体表面“小块”上所受到的总的**辐照强度**为：

$$E_0=\int_{-\pi}^{\pi}\int_0^{\frac{\pi}{2}}E(\theta_i,\phi_i)\sin\theta_i\cos\theta_i d\theta_i d\phi_i \tag{10.13}$$

其中，积分号中的 $\cos\theta_i$ 这一项用来计算：从“天空”中的(θ_i,ϕ_i) 方向看过去，物体表面“小块”所对应的**透视伸缩**。

为了得到物体表面“小块”的**辐射强度**，我们必须对：（物体表面“小块”所受到的）**辐照强度**与**双向反射分布函数**的乘积，（在由所有可能的入射光方向所张成的半球上）进行积分，即：

$$I(\theta_e,\phi_e)=\int_{-\pi}^{\pi}\int_0^{\frac{\pi}{2}}f(\theta_i,\phi_i,\theta_e,\phi_e)E(\theta_i,\phi_i)\sin\theta_i\cos\theta_i d\theta_i d\phi_i \tag{10.14}$$

上式中，被积函数中的 $\cos\theta_i$ 这一项也是被用来计算**透视伸缩**的，而所得到的积分结果 $I(\theta_e,\phi_e)$ 是一个关于 θ_e 和 ϕ_e 的二元函数。参数 θ_e 和 ϕ_e 被用来指定：指向观测者的射线方向。

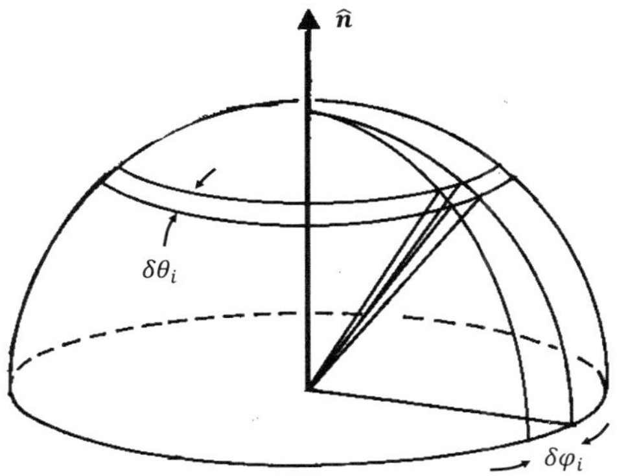

图 10.8 对于连续光源的情况，我们必须在所有的入射方向上，对**双向反射分布函数**与光源的**辐射强度**的乘积求积分。

10.6 物体表面的反射性质

理想 Lambert 表面是这样的一个表面：1) 从各个方向进行观测，物体表面的亮度都一样，并且，2) 物体表面对入射光进行完全反射（即：吸收率为0）。从这个定义中，我们可以推导出：**理想 Lambert 表面**的双向反射分布函数是一个常数。为了确定这个常数，我们对物体表面的**辐射强度**沿着各个方向进行积分，所得到的物体表面的总的**辐射强度**，应该等于：物体表面所接收到的总的**辐照强度**，也就是说，

$$\int_{-\pi}^{\pi}\int_{0}^{\frac{\pi}{2}} fE\cos\theta_i\sin\theta_e\cos\theta_e d\theta_e d\phi_e = E\cos\theta_i \tag{10.15}$$

等式两边约去 $E\cos\theta_i$，然后对 ϕ_e 积分，可以得到：

$$2\pi f\int_{0}^{\frac{\pi}{2}} \sin\theta_e\cos\theta_e d\theta_e = 1 \tag{10.16}$$

利用恒等式：$2\sin\theta_e\cos\theta_e = \sin 2\theta_e$。我们最终得到：$\pi f = 1$。因此，对于**理想 Lambert 表面**，其**双向反射分布函数**为：

$$f(\theta_i,\phi_i,\theta_e,\phi_e) = \frac{1}{\pi} \tag{10.17}$$

注意：由于**理想 Lambert 表面**的**双向反射分布函数**是常数，我们可以通过曲面的**辐照强度**计算出曲面的**辐射强度**，即：

$$L = \frac{1}{\pi}E_0 \tag{10.18}$$

当然，对于具有其他反射性质的物体表面，这个简单方法并不适用。

关于物体表面反射性质的另一个极端是：**理想镜面反射**。理想镜面反射将所有沿着 (θ_i, ϕ_i) 方向的入射光，沿着 $(\theta_i, \phi_i + \pi)$ 方向射出（如图 10.9 所示）。**理想镜面反射**的**双向反射分布函数**与 $\delta(\theta_e - \theta_i)\delta(\phi_e - \phi_i - \pi)$（即：两个**单位无限冲积函数**的乘积）成正比，但是，比例系数 k 是多少？我们再一次使用：在前面计算**理想 Lambert 表面**的**双向反射分布函数**时，所使用的方法。首先，对物体表面的**辐射强度**沿各个方向进行积分，从而得到物体表面的**总辐射强度**；然后，令物体表面的**总辐射强度**等于：物体表面所接收到的总的**辐照强度**。于是，

$$\int_{-\pi}^{\pi}\int_{0}^{\frac{\pi}{2}} k\delta(\theta_e - \theta_i)\delta(\phi_e - \phi_i - \pi)\sin\theta_e\cos\theta_e d\theta_e d\phi_e = 1 \tag{10.19}$$

根据**单位无限冲击函数**的定义，我们可以得到：

$$k\sin\theta_i\cos\theta_i = 1 \tag{10.20}$$

于是，我们可以得到**理想镜面**的**双向反射分布函数**，即：

$$f(\theta_i, \phi_i, \theta_e, \phi_e) = \frac{\delta(\theta_e - \theta_i)\delta(\phi_e - \phi_i - \pi)}{\sin\theta_i\cos\theta_i} \tag{10.21}$$

进而，我们可以立刻得出：对于**连续光源**，镜面的**辐射强度**为

$$I(\theta_e, \phi_e) = \int_{-\pi}^{\pi}\int_{0}^{\frac{\pi}{2}} \frac{\delta(\theta_e - \theta_i)\delta(\phi_e - \phi_i - \pi)}{\sin\theta_i\cos\theta_i} E(\theta_i, \phi_i)\sin\theta_i\cos\theta_i d\theta_i d\phi_i \tag{10.22}$$

再次地，根据**单位无限冲击函数**的定义，我们可以得到：

$$I(\theta_e, \phi_e) = E(\theta_e, \phi_e - \pi) \tag{10.23}$$

对于镜面，沿着 (θ_e, ϕ_e) 方向的**辐射强度**正好等于：连续光源所射出的光线中，沿着“与 (θ_e, ϕ_e) 对称的方向”射入镜面的那部分**辐射强度**。这和我们的实际观测结果极其一致，因为，我们通过镜面所看见的是：连续光源的**虚像**！对于具有其他反射性质的曲面，这种简单关系是不适用的。

我们可以通过实验的方式，来得到**双向反射分布函数**。用一个放置在**角度计**上的灯来照射：由某种特定材料做成的、表面平坦的样本，然后，用放置在另外一个**角度计**上的传感器来测量**辐照强度**。（**角度计**有两个旋转轴，因此，安放在**角度计**上的仪器可以精确地对准任意一个给定方向）。用实验方法来确定**双向反射分布函数**非常繁琐，因为它涉及四个变量。幸运的是，通常情况下，我们只需要处理三个变量 θ_i、θ_e 和 $(\phi_e - \phi_i)$ 即可。

另外一个获得**双向反射分布函数**的方法是：建立物体表面如何对

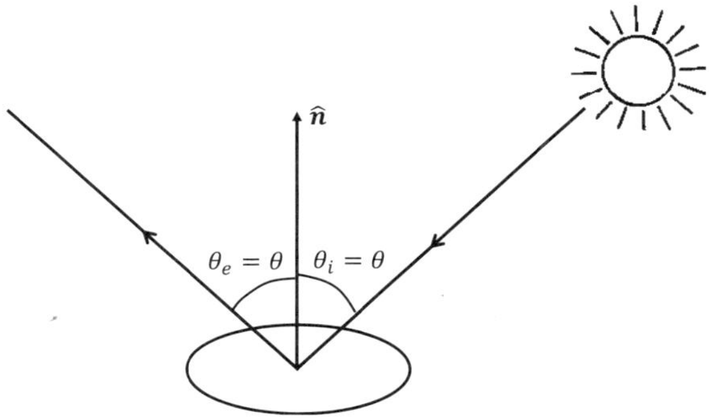

图 10.9 镜面反射将：沿着某一个方向的入射光，全部反射到：由入射光方向和曲面**法向量**所确定的平面中，并且，由反射光线和曲面法向量所确定的**反射角**，等于：由入射光线和曲面法向量所确定的**入射角**。

入射光进行**反射**的模型，然后，通过数学分析或数值模拟的方法，找到对应的物体表面反射特性。这种方法被用于：一些简单的物体表面微结构的模型。如果使用近似逼近方法，通常还有可能得到模型的解析解。我们这里不再对其做深入讨论。

10.7 物体表面的亮度

当 **Lambert 表面**被一个**辐射强度**为 E 的**点光源**照射时，它会有多亮？位于 (θ_s, ϕ_s) 方向的点光源的辐射强度为：

$$E(\theta_i, \phi_i) = E\frac{\delta(\theta_i - \theta_s)\delta(\phi_i - \phi_s)}{\sin\theta_i} \tag{10.24}$$

其中，$\sin\theta_s$ 这一项是为了保证上式的积分为 E。我们必须使得：

$$\int_{-\pi}^{\pi}\int_{0}^{\frac{\pi}{2}} E(\theta_i, \phi_i)\sin\theta_i d\theta_i d\phi_i = E \tag{10.25}$$

使用已知的 **Lambert 表面**的**双向反射分布函数**（即：式10.17)），容易算出，在这种情况下，

$$L = \frac{1}{\pi}E\cos\theta_i \qquad (\text{对于}\cos\theta_i \geq 0) \tag{10.26}$$

这就是我们所熟知的“**余弦准则**”，或者，也被称为：漫反射表面的 **Lambert 反射定律**。注意：在式(10.26)中，L 和入射角 θ_i 之间的余弦依赖关系，直接来自于：**辐照强度**和入射角之间的余弦依赖关

系。从本质上说，余弦项来自于：从光源看过去，物体表面的**透视面积**和物体表面积之间的比值。如果物体表面涂有：细微的粉末状材料，例如：硫酸钡或碳酸锰，那么，该物体表面对光的反射性质十分接近 **Lambert 反射定律**。对于其他材料，例如：纸张、雪、无光泽的颜料等，用 **Lambert 反射定律**去模拟也是合理的。

现在，我们来考虑一个特殊情况：用布满整个“天空”的均匀光源，去照射一个 **Lambert 表面**，假设：光源的**辐射强度**为 E，那么，

$$L = \int_{-\pi}^{\pi} \int_{0}^{\frac{\pi}{2}} \frac{E}{\pi} \sin\theta_i \cos\theta_i d\theta_i d\phi_i = E \tag{10.27}$$

物体表面“小块”的**辐射强度**等于：光源的**辐射强度**！

这启发我们去“想象”一个有趣的实验：假设我们做一个任意形状的瓶子，在瓶子的内部涂上 Lambert 材料，然后，通过一个小孔放进一些光，那么，瓶子（内）表面上的任意一个小区域都会具有相同的亮度。于是，当我们从另一个小孔看进去时，我们无法辨别瓶子内表面的形状，因为，瓶子内表面上的每一个“小块”都具有相同的亮度。出于同样的原因，在阴天下雪的环境中，你会觉得周围各个物体的对比度很低，很难看清楚周围的环境。这被称为**白化**条件。当然，产生这个现象并不是由于物体表面是白色的，因为，在**点光源**照射的条件下，我们很容易辨别曲面的形状。回顾：均匀连续光源照射下的镜面反射，镜面的**辐射强度**和连续光源的**辐射强度**相同。因此，**Lambert 反射**并不是产生**白化**效果的必要条件。

让我们来考虑一个更复杂、但可能更符合实际情况的例子，即：在一个 **Lambert 表面**的“小区域”上，有一个半球形的“天空”（即：均匀分布的**连续光源**）。我们将在习题10.3 中证明：在这种情况下，**Lambert 表面**总的**辐射强度**为：

$$\frac{E}{2}(1 + \cos\alpha) = E \cos^2 \frac{\alpha}{2} \tag{10.28}$$

其中，α 是：**Lambert 表面**的**法向量**与竖直方向之间的夹角。相比于**点光源**照射的情况，在均匀**连续光源**的照射下，物体表面因**朝向**不同而产生的亮度变化要小很多。

10.8 物体表面的朝向

对于理解物体表面对光的反射，**双向反射分布函数**起着决定性的作用。但是，对于理解图像的形成，它并不是我们真正需要的。首先，为了囊括所有光源的贡献，我们需要：在所有可能的入射方向

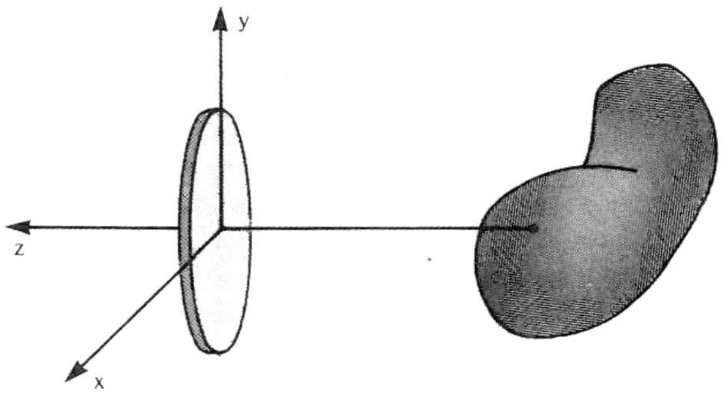

图 10.10 描述曲面形状的一种简便方法是：使用曲面上的点到参考平面的垂直距离 $z(x,y)$。通常，我们让参考平面平行于像平面。

上，对**双向反射分布函数**进行积分。这个过程将会产生：一个只依赖于两个参数的函数。我们可以将这两个参数和曲面的**朝向**联系起来（曲面的**朝向**是被成像的曲面的一个非常重要的特征）。为了成功地做到这一点，我们必须抛弃：定义**双向反射分布函数**时所使用的**局部坐标系**，而使用：以观测者为中心的坐标系。

让我们首先设计一种关于曲面**朝向**的合理表示方法。一个光滑曲面在每一点都有一个**切平面**。我们使用**切平面**的**朝向**来表示：曲面在该点的朝向。曲面的**法向量**（即：一个垂直于切平面的单位向量）适合被用来：描述这个切平面的**朝向**。法向量含有三个元素，此外，还有一个约束条件：法向量的长度为1，因此，法向量的自由度是2。

另一方面，我们可以想象：将法向量的尾部放在一个单位球的球心，这个单位球被称为：**Gauss 球**。法向量的头部位于 **Gauss 球**上的某一点，我们也可以用这个点来表示曲面的**朝向**。我们可以用两个参数（比如说：极角和方位角，或者，经度和纬度）来描述 **Gauss 球**上的点的位置。

我们必须固定一个坐标系，然后，在这个坐标系中，对这两个参数进行测量。选取坐标系的一种比较方便的方法是：让该坐标系的一个轴（z–轴）和成像系统的**光轴**对齐，将坐标系的原点放在透镜中心，并且，让坐标系的另外两个轴平行于像平面。由于我们习惯使用右手坐标系，因此，我们将 z 轴的方向选为：指向像平面的方向。

我们可以通过：曲面“小块”和透镜所在平面（或者，任何一个平行于像平面的平面）之间的距离 $-z$，来对该曲面“小块”进行描述。这个距离依赖于：该曲面“小块”的侧向位移 (x, y)（如图 10.10

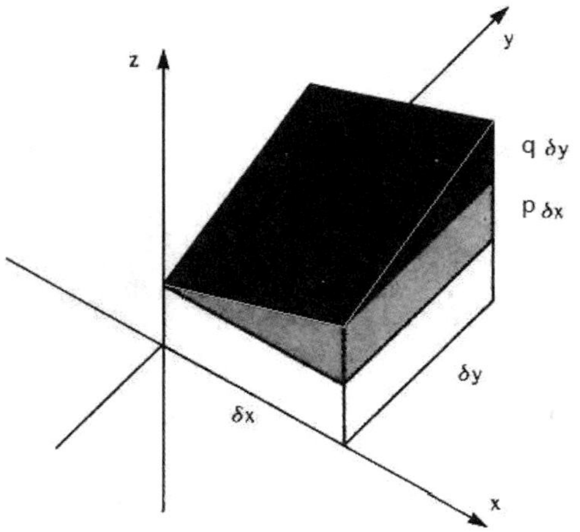

图 10.11　我们可以将：表示曲面**朝向**的参数，选为：曲面高度 z 的一阶偏导数 p 和 q。

所示）。我们下一步要做的是：将曲面**法向量**写成：z 关于 x 和 y 的偏导数的形式。曲面**法向量**垂直于：**切平面**上的所有直线。因此，我们可以通过：**切平面**内的任意两条（不平行的）直线的**叉积**（或**向量积**），来计算曲面法向量（如图 10.11 所示）。考虑：从一个给定点 (x, y) 出发，朝着 x–轴方向“迈出”一小步 δx，使用 **Taylor 级数**展开形式，我们可以得到z 的变化量：

$$\delta z = \frac{\partial z}{\partial x}\delta x + e \tag{10.29}$$

其中，e 包含高阶无穷小项。我们分别用 p 和 q 来表示 z 关于 x 和 y 的偏导数。因此，p 表示：曲面沿着 x–轴方向的斜率；而 q 表示：曲面沿着 y–轴方向的斜率。(p, q) 和曲面**朝向**之间的关系如图 10.12 所示。

如果我们朝 x–方向“迈出”一小步 δx，那么，曲面高度的变化为 $p\delta x$；类似的，如果我们朝 y–方向“迈出”一小步 δy，那么，曲面高度的变化为 $q\delta y$。

我们可以将：朝 x–轴方向“迈出”的一小步，写成向量的形式 $(\delta x, 0, p\delta x)^T$。因此，平行于这个向量的直线方向为：

$$r_x = (1, 0, p)^T \tag{10.30}$$

这条线位于**切平面**内。类似的，朝 y–轴方向“迈出”一小步所对应的向量为 $(0, \delta y, q\delta y)^T$，平行于该向量的直线方向为：

$$\boldsymbol{r}_y = (0, 1, q)^T \tag{10.31}$$

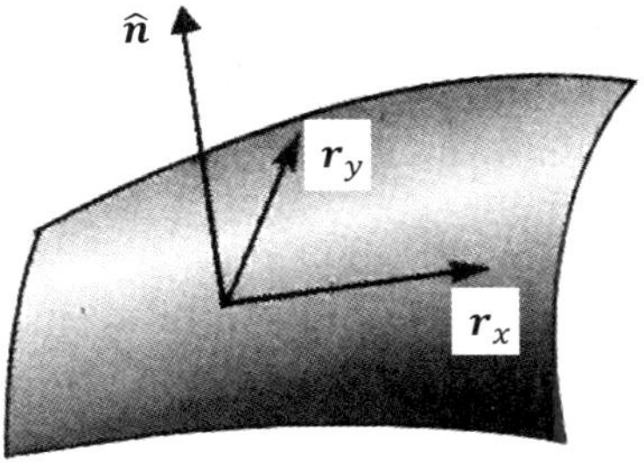

图 10.12 在曲面的**切平面**中，我们选取两个不在同一条直线上的向量；这两个向量的**叉积**，平行于曲面的**法向量**。

这条直线也位于**切平面**内。我们可以通过：这两个方向的**叉积**，来求得曲面的**法向量**。剩下的一个问题是，我们应该将**法向量**的方向选为朝向观测者，还是远离观测者？如果我们将**法向量**的方向选为朝向观测者，那么，我们通过叉积算得的**法向量**方向为：

$$\boldsymbol{n} = \boldsymbol{r}_x \times \boldsymbol{r}_y = (-p, -q, 1)^T \tag{10.32}$$

那么，将 (p,q) 称为曲面的**梯度**是非常合适的，因为，其分量 p 和 q 分别为：曲面沿着 x 和 y 方向的斜率。曲面的**单位法向量**为：

$$\widehat{\boldsymbol{n}} = \frac{\boldsymbol{n}}{\|\boldsymbol{n}\|} = \frac{(-p,-q,1)^T}{\sqrt{p^2+q^2+1}} \tag{10.33}$$

假设：我们所考虑的曲面“小块”和光轴之间的距离，相对于：其到参考平面（一般选为透镜所在平面）的距离来说很小。在这种情况下，我们可以立刻算出 θ_e，即：从曲面“小块”指向透镜的方向与曲面**法向量**之间的夹角。此时，观测方向[①] $\widehat{\boldsymbol{v}}$ 近似为 $(0,0,1)^T$，因此

$$\cos\theta_e = \widehat{\boldsymbol{n}}^T\widehat{\boldsymbol{v}} = \frac{1}{\sqrt{p^2+q^2+1}} \tag{10.34}$$

通过单位向量 $\widehat{\boldsymbol{n}}$ 和 $\widehat{\boldsymbol{v}}$ 的**点积**（**标量积**），我们可以求得这个结果。

我们如何确定光源的位置？假设相对于物体的尺寸，光源和物体之间的距离很远，那么，我们可以将：光源射向物体表面各个点的方向，看作是一个固定的向量（即：平行光的情况）。相对于入射光的方向，曲面存在一个特殊的**朝向**，使得：该曲面垂直于入射光的方向。此时，如果曲面的法向量为 $(-p_s,-q_s,1)^T$，那么，我们可以通过曲面的**梯度** (p_s,q_s) 来确定入射光的方向（假设入射光和观测者位于物

①本书中，“观测方向”始终指的是：从物体指向透镜的方向。— **译者注**

体表面的同一侧，否则，观测者将看不见从物体表面反射出的光）。

从现在开始，我们假设观测者和光源都远离物体，下面的分析都是基于这个假设而得到的。

10.9 反射图

反射图明确地表示出了：曲面**朝向**和图像**亮度**之间的关系。它包含了：曲面反射性质和光源分布的信息。对于设计从图像中恢复曲面形状的方法，反射图是一种重要的表示工具。

假设：一个**辐射强度**为 E 的光源照射在 **Lambert 表面**上，那么，场景的**辐射强度**为：

$$L = E\cos\theta_i \qquad (\text{对于}\cos\theta_i \geq 0) \tag{10.35}$$

θ_i 表示：曲面**法向量** $\boldsymbol{n} = (-p, -q, 1)^T$ 和光源方向 $\boldsymbol{s} = (-p_s, -q_s, 1)^T$ 之间的夹角。通过这两个单位向量的**点积**运算，我们可以得到:

$$\cos\theta_i = \frac{\boldsymbol{n}^T\boldsymbol{s}}{\|\boldsymbol{n}\|\|\boldsymbol{s}\|} = \frac{pp_s + qq_s + 1}{\sqrt{p^2+q^2+1}\sqrt{p_s^2+q_s^2+1}} \tag{10.36}$$

这给我们提供了一个好的方法，用来描述：图像**亮度**是如何依赖于曲面**朝向**的。这个结果被称为：**反射图**，记为 $R(p,q)$。**反射图**依赖于：物体表面材料的性质和光源的分布。注意：**辐射强度**不能为负，因此，严格的说，我们因该加上约束条件 $0 \leq \theta_i \leq \pi/2$，对于：$\theta_i$ 超出这个范围的情况，我们应该令**辐射强度**等于 0。

图像**辐照强度**和场景**辐射强度**成正比，其比例因子由一些常数构成，例如：**f－数**的倒数的平方、以及光源的亮度。考虑到这些比例因子，**反射图**通常被以某种方法进行**归一化**处理，例如：令其最大值等于 1。对于单点光源照射下的 **Lambert 表面**，我们可以使用：

$$R(q,p) = \frac{pp_s + qq_s + 1}{\sqrt{p^2+q^2+1}\sqrt{p_s^2+q_s^2+1}} \tag{10.37}$$

因此，如果忽略固定的比例因子的影响，**反射图**给出了：场景的**辐射强度**和曲面**朝向**之间的关系。

将**反射图** $R(p,q)$ 看作**梯度** (p,q) 的函数，并且，将 $R(p,q)$ 的图像（即：一个二维曲面）画出来，会对我们的讨论和研究提供方便。我们将 $p-q$ 平面称为**梯度空间**。梯度空间上的每一个点都对应一种曲面**朝向**（即：曲面的**法向量**）。例如，梯度空间的原点表示：曲面朝向平行于观测方向（即：指向像平面的方向）的情况。我们可以用：**梯度空间**上的**等值线图**，来描述**反射图**（如图 10.13 所示）。对于具有

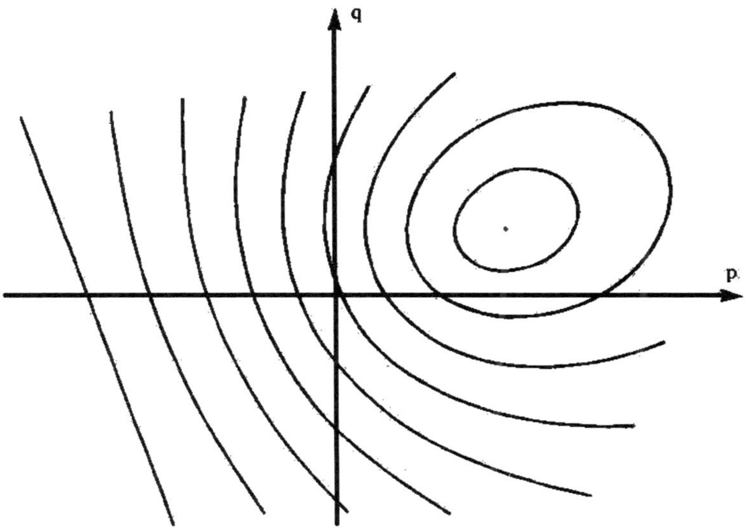

图 10.13 **反射图**是一个：将**亮度**作为曲面**朝向**的函数的图。我们可以通过：**梯度空间**中的**亮度等值线图**的形式，来将**反射图**"画"出来。对于：单点光源照射下的 **Lambert 表面**的情况，这些亮度等值线都是**圆锥曲线**。函数 $R(p,q)$ 在 $(p,q)=(p_s,q_s)$ 处取得最大值，该点位于圆锥曲线族的内部。沿着本图中最左边的直线（以及，该直线再往左的区域），$R(p,q)=0$。

Lambert 表面的材料，**梯度空间**上的亮度等值线为：$p-q$ 平面上的**圆锥曲线**。因为，$R(p,q)=c$ 意味着：

$$(pp_s+qq_s+1)^2=c^2(p^2+q^2+1)(p_s^2+q_s^2+1) \tag{10.38}$$

当 $(p,q)=(p_s,q_s)$ 时，$R(p,q)$ 取得最大值，我们将通过习题10.11来说明这一点。

作为另外一个例子，让我们来考虑一个表面，它朝各个方向的**辐射强度**都是相同的（这在物理上似乎是不可行的，但是，我们后面会描述：如何对其进行"可行性"修改）。这种表面斜着看会更亮一些，因为从每一个**单位透视面积**所辐射出的功率都是相同的。显然，这种曲面的反射性质和 **Lambert 表面**不同。对于这种曲面，其亮度依赖于：出射角（即观测方向和曲面**法向量**之间的夹角）的余弦的倒数。考虑到：从光源看过去的**透视面积**，我们发现①：这种表面的辐

①注意，观测方向是**光轴**（即：指向像平面的方向），也就是说，$\widehat{v}=(0,0,1)^T$，因此，$\cos\theta_e=\widehat{v}^T\widehat{n}=1/\sqrt{1+p^2+q^2}$。— **译者注**

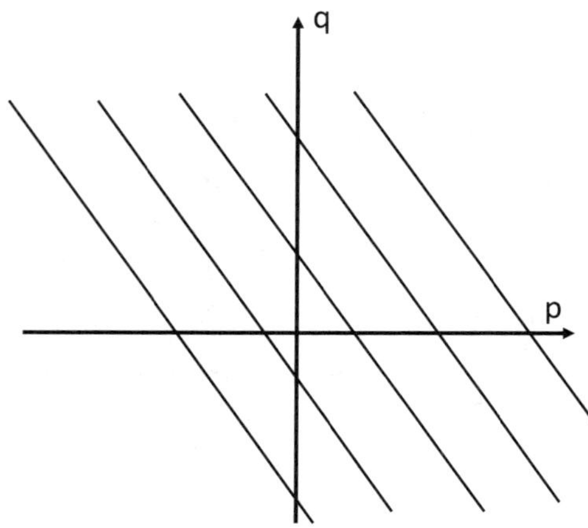

图 10.14　某些物体表面的**反射图**可以近似地表示为：一个关于梯度分量 p 和 q 的**线性组合**的函数。对于这种情况，**反射图**的亮度等值线是：**梯度空间**中的一组平行直线。

射强度和 $\cos\theta_i/\cos\theta_e$ 成正比。因为 $\cos\theta_e = 1/\sqrt{1+p^2+q^2}$，于是，我们可以得到：

$$R(q,p) = \frac{pp_s + qq_s + 1}{\sqrt{p_s^2 + q_s^2 + 1}} \tag{10.39}$$

此时，$p-q$ 平面上的亮度等值线为一组平行直线（如图 10.14 所示）。这是因为 $R(p,q) = c$ 意味着：

$$pp_s + qq_s = c\sqrt{p_s^2 + q_s^2 + 1} - 1 \tag{10.40}$$

这些线都是垂直于方向 $(p_s, q_s)^T$ 的。

事实上，现实世界中不存在：**辐射强度**和 $\cos\theta_i/\cos\theta_e$ 成正比的物体表面，因为，这样的物体表面违背了 **Helmholtz 相互性条件**。但是，正如 Minnaert 所发现的：这个表达式的平方根 $\sqrt{\cos\theta_i/\cos\theta_e}$ 却满足 **Helmholtz 相互性条件**。我们所感兴趣的是：**梯度空间**中的**亮度等值线**的形状。对于 $\cos\theta_i/\cos\theta_e$ 的任何函数形式（当然，包括平方根），其**亮度等值线**都是直线。令人感到好奇的是，我们可以用 $\cos\theta_i/\cos\theta_e$ 的函数来很好地模拟：月球表面物质对光的反射特性。

作为最后一个例子，我们考虑光滑的物体表面。从许多物体表面反射的光都由两部分组成，一部分是由：光在空气和物体表面材料之间的交界面发生**反射**而产生的；另一部分是由：射入物体表面层的光在表面的“内部”发生**散射**而产生的。如果物体的外表面足够光滑，那么，第一部分的光的反射模型近似为**镜面反射**。第二部分的光将发生**漫反射**。如果物体表面不够光滑，那么第一部分的（反射）光将被射向各个方向，因此，对于**点光源**照射的情况，**反射图**中将产生一个**峰值区域**，而不是一个**无限冲击函数**。这种现象被称为**光滑反射**。

物体表面层的粒子对光的吸收，将改变：发生**漫反射**的那部分光的亮度，而发生**光滑反射**的那部分光的亮度，则主要依赖于材料的**反射系数**。（虽然材料由这些粒子构成，但是，在谈到光滑反射时，我们不考虑：光和粒子之间的相互作用，因此，我们可以形象地将这些粒子想象为："深埋"于材料表面之下）。因此，通常情况下，**光滑反射**所得到的光的**光谱**成分和入射光的**光谱**成分非常接近；而**漫反射**所得到的光，会受到：物体表面层对光的**选择性吸收**的影响。

使得：**漫反射**所产生的那部分光取得最大值的曲面**朝向**，往往是：曲面的**法向量**正对光源的情况。使得：**光滑反射**所产生的那部分光取得最大值的曲面**朝向**，通常是，曲面的**法向量**指向：由指向光源的方向和指向观测者的方向所成的角的**角平分线**的情况。相应的，在**反射图**中，会出现两个极值（如图 10.15 所示）。一般情况下，全局最大值位于：**光滑反射**的峰值区域。

10.10 图像中的明暗

记录在图像中的**亮度模式**是如何受到物体形状的影响的？我们以一个**多面体**为例，来考虑这个问题。理想情况下，一个**多面体**的图像是：由一些**多边形区域**所构成的。在每一个**多边形区域**中，所有点的亮度都相同，这是因为：在**多面体**的每一个面上，所有点的**朝向**都相同，图像中的**多边形区域**的亮度依赖于：该区域所对应的**多面体**上的面的**朝向**。现在，我们来考虑一个光滑的弯曲物体。由于物体表面具有不同朝向的"曲面小块"会有不同的亮度①，因此，物体所成的像将产生空间上的亮度变化。这个亮度变化被称为**明暗**。不幸的是，**明暗**不止依赖于物体的形状。物体表面的反射特性和光源的分布也会对其产生重要影响。

反射图描述了：亮度和物体表面的**朝向**之间的依赖关系。对于图像中的某一点，我们测量的是其**图像辐照强度** $E(x,y)$。某一图像点的**辐照强度**和该点所对应的被成像物体表面上的点的**辐射强度**成正

---

①注意：这里的亮度指的是**场景辐射强度**，也就是说，由于各个曲面"小块"的**朝向**不同，因此，它们朝着透镜方向所辐射出的光的强度不同。各个曲面"小块"的**辐射强度**的不同，最终会导致：其所对应的各个图像"小区域"所受的**辐照强度**的不同。——**译者注**

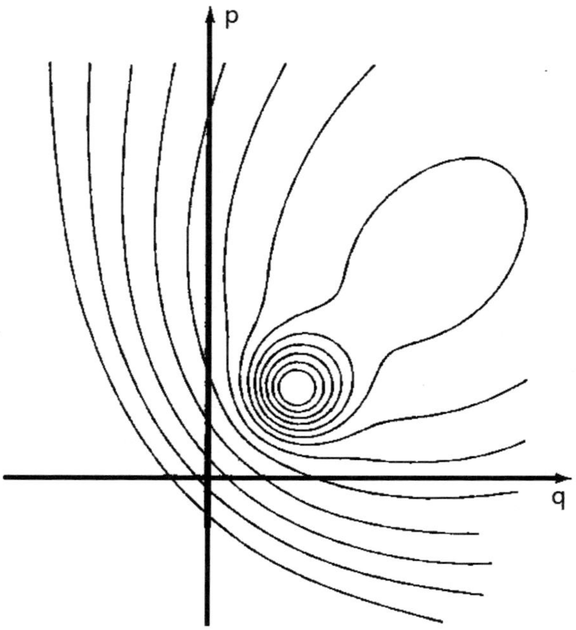

图 10.15　许多实际物体的表面，可以看作**漫反射**和**镜面反射**的一种组合。**镜面反射**发生于：空气与物体表面的交界处；而**漫反射**"成分"是由于：射入到物体表面"内部"一定距离的光，不断地发生反射直到射出物体表面，而产生的。当这种材料被一个**点光源**照射时，其对应的**反射图**中有两个峰值。这两个峰值分别对应于：使得这两种反射中的每一种取得最大值的曲面**朝向**。

比。这个比例关系由**投影方程**所决定。如果曲面在点 (x, y) 处的**梯度**为 (p, q)，那么，该点处的**辐射强度**为 $R(p, q)$。如果我们对其进行**归一化**处理，使得相应的比例系数等于1，那么，我们可以得到：

$$E(x, y) = R(p, q) \tag{10.41}$$

对于本章和下一章中所讨论的、复原物体表面形状的方法，这个**图像辐照方程**是基础。

作为**明暗**效果的一个说明，我们考虑：一个被点光源照射的、具有 **Lambert 表面**的球，并且，入射光线和观测方向共线（如图 10.16 所示）。在这个例子中，我们让 $\theta_e = \theta_i$，并且，令 $(p_s, q_s) = (0, 0)$，于是，我们可以得到：

$$R(p, q) = \frac{1}{\sqrt{p^2 + q^2 + 1}} \tag{10.42}$$

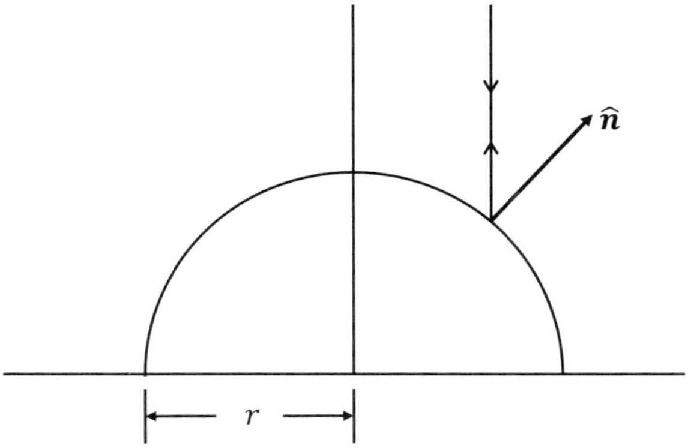

图 10.16 当光源照射方向和观测者的观测方向相同时，反射图是圆周对称的。对于 **Lambert 球**，当入射光逐渐移向：球的横截半圆的边缘时，观测者观测到的亮度将光滑地衰减到零。我们可以依据这种**明暗**效果，来估计物体的形状。

如果**光轴**“穿过”球面，那么，我们可以写出球面的表达式：

$$z = z_0 + \sqrt{r^2 - (x^2 + y^2)} \qquad (\text{对于}: x^2 + y^2 \le r^2) \tag{10.43}$$

其中 r 是球的半径，$-z_0$ 是球心到透镜的距离。因此，

$$p = -\frac{x}{z - z_0} \quad \text{并且} \quad q = -\frac{y}{z - z_0} \tag{10.44}$$

于是，我们可以求得：

$$R(p, q) = \frac{1}{\sqrt{p^2 + q^2 + 1}} = \frac{z - z_0}{r} \tag{10.45}$$

最后，我们得到：

$$E(x, y) = R(p, q) = \sqrt{1 - \frac{x^2 + y^2}{r^2}} \qquad (\text{其中 } x^2 + y^2 \le r^2) \tag{10.46}$$

球的图像为一个圆，在圆心处，图像亮度取得最大值，从圆的中心到边缘，亮度值逐渐衰减为0。正是这种亮度值的变化，使得我们可以推测出：这是一个圆形的光滑物体（可能是球形物体）所成的像。

如果这个球的表面具有不同的反射性质，那么，它可能会生成一张不同的图像。例如，如果它的**反射图**为：

$$R(p, q) = \frac{1 + p_s p + q_s q}{\sqrt{p_s^2 + q_s^2 + 1}} \tag{10.47}$$

同样，入射光的方向仍然是 $(p_s, q_s) = (0, 0)$。此时，我们在图像中会看到：一个具有均匀亮度的圆盘。我们很容易看出这个结果：由于这种

.58	.71	.81	.86	.91	.98	.99	
.53	.70	.79	.85	.88	.97	.98	
.43	.51	.70	.80	.83	.87	.90	
.32	.42	.51	.71	.80	.84	.85	q
.18	.29	.41	.50	.70	.78	.80	
.08	.13	.28	.40	.50	.66	.67	
.01	.06	.11	.26	.39	.49	.51	

q: +.35, +.25, +.15, +.05, —.05, —.15, —.25, —.35

—.35 —.25 —.15 —.05 +.05 +.15 +.25 +.35

p

图 10.17　为了产生**明暗图**，我们需要对**反射图**进行量化编码，从而生成一个**查找表**。

情况下，图像亮度是 $\cos\theta_i/\cos\theta_e$ 的函数[①]，又因为 $\theta_i = \theta_e$，因此，在图像上的圆盘的亮度为常数。因此，如果光源从：距离观测者很近的位置，来照射这样的一个球，那么，对于那些习惯于 **Lambert 表面**的观测者来说，会觉得这个球是平的。这也是为什么**满月**看上去是：一个有一些斑点的平的圆盘的原因。**满月**上的斑点是由：月球表面不同区域上的不同反射率，所引起的亮度变化。通常，反射特性可以被表示为两个因子的乘积，一个几何项被用于描述：和反射角之间的依赖关系；而另一项表示：该表面的反射光和入射光之间的比值。后一项被称为：**反射率**。我们后面将讨论：从图像中同时恢复出物体形状和反射率的方法。

10.11 明暗图

使用**反射图** $R(p,q)$，我们可以方便地用图表的方式来描绘一个形状。要计算：由一个给定曲面 $z(x,y)$ 所生成的图像上，某一点的灰度值，我们首先找到：从图像点出发的射线通过透镜后和曲面的交点，然后找到：曲面在该点的梯度 (p,q)，最后，通过**反射图** $R(p,q)$ 算出相应的亮度值。

[①]详见本章第9节中的第二个例子。—— **译者注**

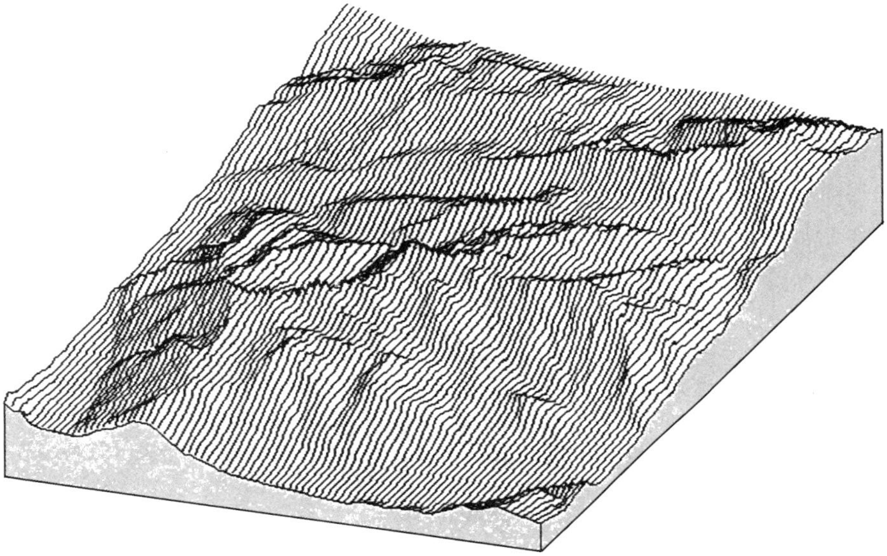

图 10.18 根据：地球上某一山区表面的高度图，所生成的一个**块状图**。（本图的数字地理模型由Kert Brassel友情提供）。

但是，显示设备只能显示：有限数目的灰度值，人眼也只能分辨出相对较少的亮度等级。因此，我们不需要很精确地知道 $R(p,q)$。这使得我们可以使用**查找表**，根据 p 和 q 的量化值来估计 $R(p,q)$，如图 10.17 所示。那么，经过一个简单的计算，我们就可以判断出：图像上每一个点的亮度。这些信息可以被存储在：一个位于**帧缓存**和**显示器**之间的**查找内存**中。**帧缓存**是一个**寄存器**，通常用于存储图像的灰度值。在这种方法中，我们所存储的是：经过编码的曲面**朝向**，当物体表面的反射性质或光源分布发生变化时，我们不需要其他的复杂操作，只需要换一个查找表，就可以得到相应的显示结果。

图 10.18 所显示的是：根据瑞士西南部 Dent de Morcles 地区的数字地形模型而生成的一个**块状图**。**块状图**的制作方法为：首先，用一组平行的竖直平面，从东到西逐一地和曲面相交，从而得到一组**轮廓**；然后，再将这一组**轮廓**沿着某个斜线方向，投影到二维平面上。

图 10.19 中显示的是：在两种不同的光照条件假设下，使用上述方法，对图 10.18 中的曲面进行计算，从而生成的**明暗图**。

(a) 光从右下方照过来　　(b) 光从左下方照过来

图 10.19　由图 10.18 中的曲面所生成的**明暗图**。这里，我们从上往下“俯视”物体表面。对于左边的图，光源是从右下方照射过来的；而对于右边的图，光源是从左下方照射过来的。如果我们假设：这个山区（图 10.18 中的曲面）位于北半球，那么，左边的图相当于早晨的情况；而右边的图则相当于下午的情况。

10.12 光度立体视觉

反射图在计算机图形学中极其有用。它主要被用于：通过关于物体**形状**的描述来生成**图像**。但是，我们这里想要解决的是一个相反的问题：给定一张图像，如何从**图像**中恢复物体的**形状**？曲面**朝向**（用 p 和 q 来表示）和**辐射强度**之间有一个唯一的映射关系：**反射图** $R(p,q)$，但是，其**逆映射**并不唯一。有无穷多种可能的曲面**朝向**会产生相同的图像**亮度**。事实上，所有这些产生相同亮度的曲面**朝向**，正好对应于 $p-q$ 平面上的某一条等值线[①]。

通常，对于一些特殊的点（例如，亮度为使得 $R(p,q)$ 取得最大值或最小值的点），其曲面**朝向**是确定的。例如，对于 **Lambert 表面**，

[①]即：所有使得反射图 $R(p,q)$ 等于同一个常数的 (p,q)。— **译者注**

只有当 $(p,q)=(p_s,q_s)$ 时，才有 $R(p,q)=1$。但是，由于亮度只有一个自由度，而曲面的**朝向**却有两个自由度，因此，通常情况下，从**亮度**到曲面**朝向**的映射不是唯一的。

为了恢复曲面“小块”的**朝向**，我们需要引入附加信息。为了判定两个变量 p 和 q，我们需要两个方程。我们可以使用在不同光照条件下所拍摄的两张图像，此时，对于图像上的每一个点，我们都可以得到两个方程（如图 10.20 所示），即：

$$R_1(p,q)=E_1 \qquad \text{并且} \qquad R_2(p,q)=E_2 \tag{10.48}$$

如果这两个方程是线性独立的，那么 p 和 q 将有唯一解。例如：

$$R_1(p,q)=\sqrt{\frac{1+p_1p+q_1q}{r_1}} \quad \text{并且} \quad R_2(p,q)=\sqrt{\frac{1+p_2p+q_2q}{r_2}} \tag{10.49}$$

其中：

$$r_1=\sqrt{1+p_1^2+q_1^2} \quad \text{和} \quad r_2=\sqrt{1+p_2^2+q_2^2} \tag{10.50}$$

那么，如果 $p_1/q_1\neq p_2/q_2$，我们可以求出：

$$p=\frac{(E_1^2r_1-1)q_2-(E_2^2r_2-1)q_1}{p_1q_2-q_1p_2} \tag{10.51}$$

$$q=\frac{(E_2^2r_2-1)p_1-(E_1^2r_1-1)p_2}{p_1q_2-q_1p_2} \tag{10.52}$$

因此，给定不同光照条件下的两张图像，我们可以唯一地确定出：曲面上每一个点的**朝向**。这种方法被称为[1]**光度立体视觉**。

顺便指出：由于需要满足条件：$p_1/q_1\neq p_2/q_2$，因此，我们无法通过这种方法来对：从地球上使用望远镜所拍摄的月球表面图像，进行分析。月球绕地球旋转的轨道和地球绕太阳旋转的轨道几乎在同一个平面内。当月球（表面的某一固定区域）出现在这个平面中的不同位置时，所有入射光的方向（即：从月球表面的该固定区域指向太阳的方向）位于：**梯度空间**中过原点的一条直线上，也就是说，$p_1/q_1=p_2/q_2$。

从 p 和 q 的表达式(10.51)和(10.52)中，我们可以看出，通过亮度 (E_1,E_2) 来对梯度 (p,q) 进行估计，所产生的误差依赖于：$p_1q_2-q_1p_2$ 的倒数。因此，为了取得最佳效果，两个光源的方向在梯度空中应该尽可能地彼此远离（即：两个方向之间的夹角尽可能地大）。

---

[1]原文是：photometric stereo，直译应该是：立体地对光度（即：图像亮度）进行测量。这里，我们沿用前人的译法：光度立体视觉。但是，需要注意的是：“视觉”两个字是为了语句通顺而强加上去的，而“光度立体测量”或“多角度地测量光度”才是它原本的意思。— **译者注**

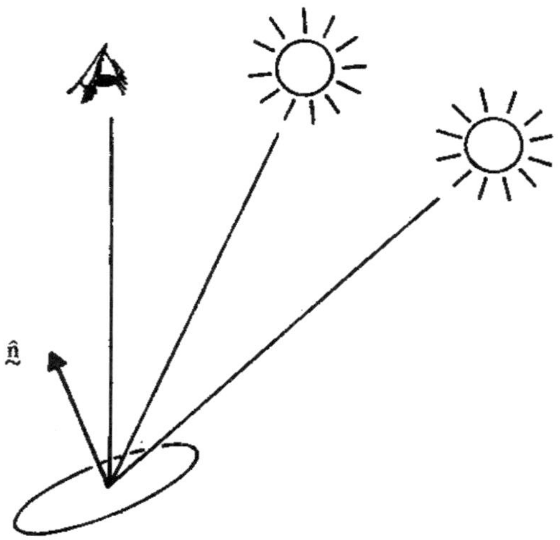

图 10.20　在**光度立体视觉**方法中，我们通过改变光照条件，从而生成：从同一视角拍摄的多张图像。在两种不同的光照条件下，物体表面“小块”的亮度会发生变化。

如果两个**图像辐照方程**是非线性方程，那么，联立这两个方程进行求解，其结果可能是无解，或者，有多个解（如图 10.21 所示）。例如，我们假设：

$$R_1(p,q)=\frac{1+p_1p+q_1q}{\sqrt{1+p^2+q^2}\sqrt{1+p_1^2+q_1^2}}=E_1 \tag{10.53}$$

$$R_2(p,q)=\frac{1+p_2p+q_2q}{\sqrt{1+p^2+q^2}\sqrt{1+p_2^2+q_2^2}}=E_2 \tag{10.54}$$

我们将在习题10.13中说明，对于不同的 R_1 和 R_2，解 (p,q) 的情况可能为：两个解、一个解或无解。在病态情况下（例如：$(p_1,q_1)=(p_2,q_2)$），甚至可能有无穷多个解。

通常，和使用两种不同的光照条件相比，使用三种不同的光照条件可能会得到更好的结果。在一些情况下，使用三种光照条件会使得：待求方程组变为一个线性方程组。更重要的是，使用三种光照条件可以提高精度，并且，可以增加：曲面**朝向**的解空间的范围。最后，三种光照条件可以使我们恢复出另一个参数：**反射率**。我们将在下一节对其进行讨论。

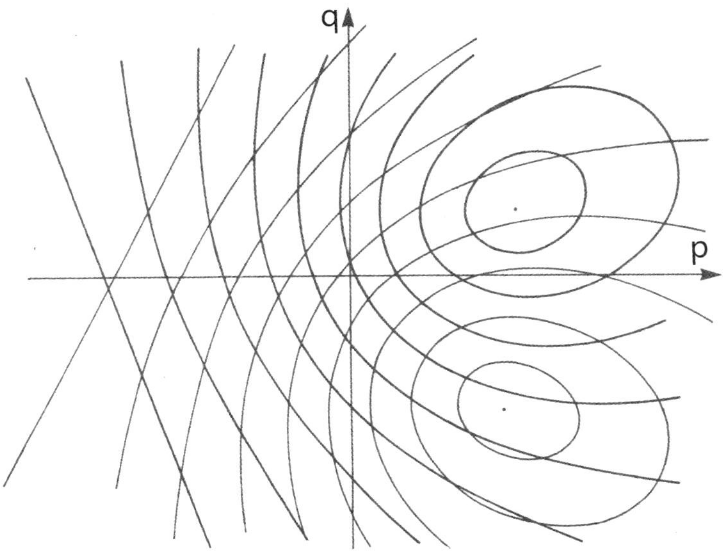

图 10.21 对于：使用两个不同方向的点光源来照射 Lambert 表面的情况，最多存在两种可能的曲面朝向，从而产生出：和我们测量结果相同的两组亮度模式。我们将反射图“叠加”在一起中，然后，通过相应的**亮度值曲线**，来找到这两种可能的曲面朝向。

10.13 估计反射率

通常，物体表面各部分对光的反射性质并不是相同的。最简单的处理方式是：将物体表面的辐射强度表示为：**反射因子**（或**反射率**）和一个只关于物体表面**朝向**的函数的乘积。这里，**反射率**表示：相对于具有和该曲面相同的**几何结构**和**反射性质**（即：具有相同的**双向反射分布函数**）的理想曲面，被考虑的曲面的反射效率，因此，反射率取值范围为从 0 到 1。例如，假设一个**漫反射表面**具有：和 **Lambert 表面**相似的反射性质，只是它要“暗”一些，也就是说，该表面并没有对入射光进行完全反射。那么，该表面的亮度为 $\rho\cos\theta$，其中，ρ 表示**反射率**，该表面各个部分的 ρ 值可能不同。为了得到**反射率**和**梯度** (p,q)，我们需要三条信息，我们可以通过：三个图像测量结果，来获得这三条信息。

和前面一样，我们可以得出：直接用**法向量**的分量的形式来表示的解；或者，我们可以使用更加“紧凑”的形式来进行表达。我们引入三个单位向量，来分别表示：指向三个不同光源的方向，即：

$$\widehat{\mathbf{s}}_i = \frac{(-p_i, -q_i, 1)^T}{\sqrt{p_i^2 + q_i^2 + 1}} \qquad (\text{其中 } i = 1, 2, 3) \tag{10.55}$$

于是，我们可以得到：

$$E_i = \rho(\widehat{\mathbf{s}}_i \cdot \widehat{\mathbf{n}}) \qquad (\text{其中 } i = 1, 2, 3) \tag{10.56}$$

其中，

$$\widehat{\mathbf{n}} = \frac{(-p, -q, 1)^T}{\sqrt{p^2 + q^2 + 1}} \tag{10.57}$$

是曲面的**单位法向量**。于是，我们有了三个：关于**单位法向量** $\widehat{\mathbf{n}}$ 和**反射率** ρ 的方程，即：

$$E_1 = \rho(\widehat{\mathbf{s}}_1 \cdot \widehat{\mathbf{n}}), \quad E_2 = \rho(\widehat{\mathbf{s}}_2 \cdot \widehat{\mathbf{n}}), \quad E_3 = \rho(\widehat{\mathbf{s}}_3 \cdot \widehat{\mathbf{n}}) \tag{10.58}$$

我们可以将这三个方程合并在一起，写成向量方程的形式，即：$\mathbf{E} = \rho \mathbf{S} \widehat{\mathbf{n}}$，其中，矩阵 $\mathbf{S}$ 的三个**行向量**，分别是：指向源方向的三个**单位向量** $\widehat{\mathbf{s}}_1$、$\widehat{\mathbf{s}}_2$ 和 $\widehat{\mathbf{s}}_3$。向量 $\mathbf{E}$ 中的三个元素，分别是：三个亮度测量值。因此，如果矩阵 $\mathbf{S}$ 可逆，那么，$\rho\widehat{\mathbf{n}} = \mathbf{S}^{-1}\mathbf{E}$。我们将在习题10.16中证明：

$$\rho\widehat{\mathbf{n}} = \frac{1}{[\widehat{\mathbf{s}}_1\ \widehat{\mathbf{s}}_2\ \widehat{\mathbf{s}}_3]}\left(E_1(\widehat{\mathbf{s}}_2 \times \widehat{\mathbf{s}}_3) + E_2(\widehat{\mathbf{s}}_3 \times \widehat{\mathbf{s}}_1) + E_3(\widehat{\mathbf{s}}_1 \times \widehat{\mathbf{s}}_2)\right) \tag{10.59}$$

其中，$[\widehat{\mathbf{s}}_1\ \widehat{\mathbf{s}}_2\ \widehat{\mathbf{s}}_3]$ 是：向量 $\widehat{\mathbf{s}}_1$、$\widehat{\mathbf{s}}_2$ 和 $\widehat{\mathbf{s}}_3$ 的**三重积** $\widehat{\mathbf{s}}_1 \cdot (\widehat{\mathbf{s}}_2 \times \widehat{\mathbf{s}}_3)$。因此，曲面**法向量**的方向为：三个向量的**线性组合**的倍数。这三个向量中的每一个，都垂直于：指向三个点光源的三个方向中的两个。相应的**线性组合系数**是：当剩下的那个点光源（即：照射方向不和这个向量垂直的那个点光源）照射时，所得到的亮度测量结果。通过求：所得向量（即：式(10.59)中的 $\rho\widehat{\mathbf{n}}$）的**模长**，我们可以得到**反射率** ρ。在这种情况下，计算是很直接的，并且，结果也是唯一的。

10.14 曲面朝向的查询表

反射图通常是由实验得到的，在这种情况下，我们无法得到：**光度立体视觉**问题的解析解。此外，即使可以得到解析解，求解过程通常也会包含大量的计算。按照亮度观测结果所编写的**查找表**（如图10.22所示），解决了这个难题。假设我们所得到的亮度测量结果的精度是有限的，这种方法可以快速求得结果，并且，保障了解的精度。

我们可以通过**显式表达式**来求得的**反射图**；或者，通过实验的方式，来建立**查找表**。我们对：一个具有已知形状的标准物体（例如：

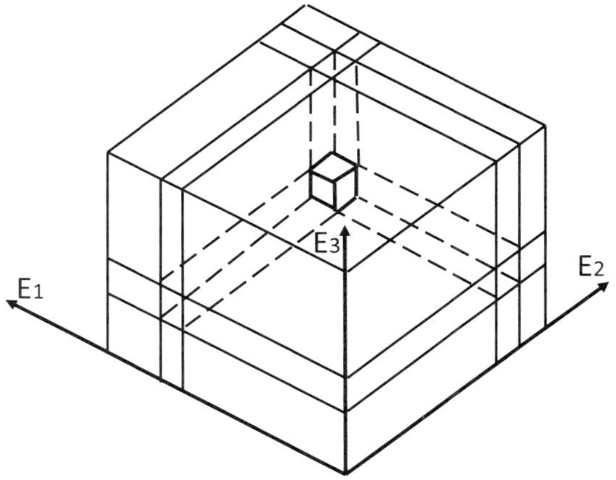

图 10.22 **光度立体视觉**是恢复曲面形状的一种快速而稳定的方法。我们可以将计算结果编排成一个**查找表**。该查找表是基于图像亮度的量化结果而编写出来的。

球）进行成像。我们根据：某一特定点在不同的光照条件下的灰度值，来“查找”表中的某一个元素。我们可以根据已知的物体形状，来计算曲面的**朝向**。这些计算结果会被放在查询表中的适当位置①。我们可以通过**插值**的方式，计算出那些表中的缺省值。这些缺省值的产生，是由于：在对标准物体的**采样**结果中，没有包含：该缺省值所对应的、标准物体的某一特定朝向②。

当我们将**光度立体视觉**技术应用于图像时，对于每一个图像单元，我们都能得到：一个关于其相对应的曲面**朝向**的估计。这个结果被称为：**针状图**。我们可以用图像化的方式，将**针状图**显示出来。其方法是：首先，在曲面上加上格栅；然后，在每一个格栅上，加上该曲面“小块”的**法向量**；最后，我们可以得到：带有格栅和格栅上的**法向量**的曲面的**俯视图**。这个**俯视图**就是**针状图**，图中的每一根“针”是：和某一个图像单元（即：像素点）相对应的某一个曲面“小块”的**法向量**在 $x-y$ 面上的投影。在**针状图**中，“针”的方向

①注意，**查找表**所查询的实际上是：当在三种不同光照条件下，图像的亮度分别是 E_1、E_2 和 E_3 时，曲面的梯度分量 p 和 q 到底是什么？查询表的“索引”（或者叫做“坐标”）是：三个亮度值 (E_1, E_2, E_3)，而查询表中内容是：曲面的梯度 (p, q)。— **译者注**

②对标准物体的“采样”是指：在物体表面取一系列的“点”，然后，用这些“点”所在的切平面“小块”来代替：这些点所在的曲面小块。实际上，这是用：物体表面所对应的外切多面体，来代替该标准物体。经过**采样**后，原来标准物体的（所有）表面**朝向**，变成了一个只包含有限个元素的集合。— **译者注**

是：曲面上对应点的**最速下降方向**；而“针”的长度是：曲面上该点的**单位法向量**的**透视投影**长度，该长度等于：曲面**法向量**方向与指向观察者的方向之间的夹角的正弦值。**针状图**实际上是：对曲面形状的一种**编码**，它可以被用来：1) 识别一个物体，以及，2)恢复物体在空间中的**朝向**。在第18章中，当我们讨论：从容器中抓取零件的问题时，我们将展示一个使用**针状图**的例子。在从容器中抓取零件的问题中，**针状图**被用于：判断已知形状的物体在空间中的**姿态**。

当然，我们也可以用其他方法来对物体的表面形状进行**编码**，例如，我们可以使用**深度图**。从**深度图**中获取**针状图**是非常简单的。我们可以通过：求**深度图**的**一阶差分**，来获得**梯度**的估计值。但是反过来，从**针状图**中获取**深度图**，却是一个**不定问题**（即：解不唯一），我们需要使用**最小二乘方法**。我们将这个问题预留在下一章的后半部分。在第 11 章中，当我们介绍完**变分法**以后，会详细讨论这个问题。

10.15 本章参考文献

在 Moon 和 Spencer 所写的书《*The Photic Field*》[1981] 中，讨论了辐射以及计算光通量的方法。这些方法部分是基于 Moon 的早期著作《*The Scientific Basis of Illumination Engineer*》[1961]，书中大部分处理的是建筑物里面的光通量。

在 Hilbert 和 Cohn-Vossen 的著作《*Geometry and Imagination*》[1952] 中，讨论了 Gauss 球和球极投影的内容。关于 Gauss 映射和 Gauss 曲率的内容，可以在 Do Carmo 的书《*Differential Geometry of Curves and Surfaces*》[1976] 中找到。Shafer 使用梯度空间来分析阴影和闭合轮廓线，这些内容可以在他的书《*Shadows and Silhouettes*》[1985] 中找到。

辐射学中所使用的术语一直在变，直到最近才统一成一套标准化术语。当我们谈到“反射”的时候，这是一个很大的问题。幸好国家标准局解决了这个问题，在文献 Nicodemus [1977] 中，我们可以查找到相关内容。

文献 Horn [1977][①]引入了**反射图**的概念，并将其用于解决一些机器视觉问题。不久以后，文献 Horn & Sjoberg [1979] 建立起了反射图与**双向反射分布函数**之间的关系。Nicodemus 最早提出了**双向反射分布函数**这个概念。自动生成山区的图像的明暗模式，是一个有很长研

[①] 文献Horn [1977]需要在从本书最后的“本书参考文献”中查找。— **译者注**

究历史的课题，文献 Brassel [1974] 介绍了这方面的内容。文献 Horm [1981] 通过引入**反射图**的概念，使用统一的符号对这些方法进行了解释。文献 Horn & Bachman [1978] 使用类似的方法，生成了带有海拔信息的卫星图像。

文献 Brown [1979] 和 Bass [1981] 中介绍了：使用大的视频查找表来存储反射图的量化结果。在计算机图形学中，我们通常需要使用启发式的方法，来利用图像明暗信息生成物体的三维结构。但是，在一些情况下，我们需要使用大量的关于物体表面结构的物理模型。这方面的内容可以参考文献 Tuong-Phong [1975]。在下一章末尾的“本章参考文献”中，我们还会介绍其他一些更好的物理模型。

文献 Woodham [1978b, 1980] 中提出了光度立体视觉模型，文献 Horn, Woodham & Silver [1978] 对其进行了深入分析。文献 Silver [1980] 开发出了一种方法，将广度立体视觉的方法用于物体表面反射率依赖于多个参数的情况；而文献 Ikeuchi [1981b] 来处理连续光源照射下的镜面反射的情况。从那以后，光度立体视觉方法不断地被使用和研究，这方面的内容可以参见：文献 Coleman & Jain [1982]；文献 Ray, Birk & Kelley [1983]；文献 Horn & Ikeuchi [1984]。

Horn 在 1979 年做了一个报告，他详细介绍了：使用针状图来描述物体表面的形状结构。在第 18 章中，我们还要讨论：应用光度立体视觉方法来解决零件抓取问题。

10.16 习题

习题 10.1 本章中，我们用梯度 p 和 q 来表示：入射角 θ_i 和出射角 θ_e 的余弦值。为了精确地计算角度，我们必须同时知道余弦值和正弦值。请证明：

$$\sin\theta_e = \sqrt{\frac{p^2+q^2}{1+p^2+q^2}};\quad \sin\theta_i = \sqrt{\frac{(p-p_s)^2+(q-q_s)^2+(q_sp-p_sq)^2}{(1+p^2+q^2)(1+p_s^2+q_s^2)}} \tag{10.60}$$

习题 10.2 让我们来考虑一些关于图像和场景亮度的明显“悖论”。

(a) 物体所成的像的**辐照强度**，为什么与透镜到物体表面的距离无关？毕竟，当透镜和物体之间的距离变为原来的两倍时，透镜所收集到的、从物体表面某一小块发出的光，只有原来的 1/4。

(b) 证明：物体表面在一个“理想”的**镜面**中所成的像的**辐射强度**，始终等于物体表面的**辐射强度**，而与镜子的形状无关。

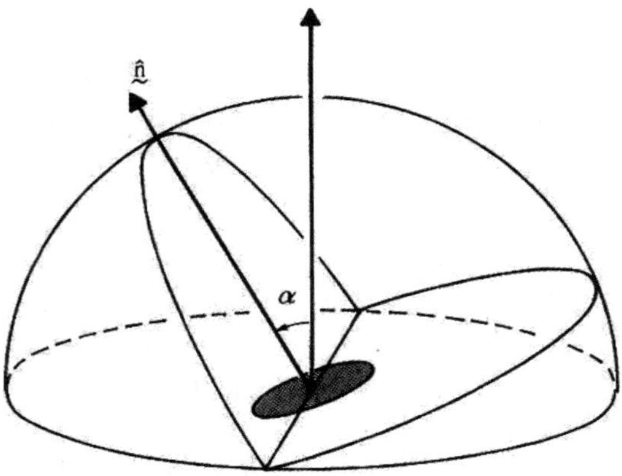

图 10.23　一个相对于水平面发生倾斜的物体表面小块，所受到的辐射只来自于：上半球面的一部分区域。

(c) 术语**光强**经常被误用。**强度**是指：光源在单位**立体角**内所发射出的功率（单位：$W \cdot sr^{-1}$ —瓦特每立体角）。证明：点光源经过凸面镜所成的虚像的强度，比点光源的强度小。虚像的强度和凸面镜的**曲率**之间存在着什么关系？

(d) (b)和(c)“似乎”存在着明显的矛盾，请设法进行“调和”。

习题 10.3　考虑一个倾斜的 **Lambert 表面**上方的半球面“天空”（如图 10.23 所示）。假设：**Lambert 表面**的法向量和半球面“天空”的顶点之间夹角为 $\alpha < \pi/2$。**Lambert 表面**上方的半球面并不是闭合的，通过本章中关于 **Lambert 表面**的分析结果，我们知道：**Lambert 表面**所产生的**辐射强度**等于 $E/2$。剩下的半个球面是“黑暗”区域。只有和“天空”的顶点方向夹角小于 θ' 的那部分 **Lambert 表面**才是可见的。

(a) 通过考虑相应的球面三角形，请证明：

$$\sin\theta' \sin\alpha \cos\phi = \cos\theta' \cos\alpha \tag{10.61}$$

通过上式，我们可以进一步整理得到：

$$\tan\left(\frac{\pi}{2} - \theta'\right) = \tan\alpha \cos\phi \tag{10.62}$$

提示： 参见附录A.1中关于球面三角几何的有用公式。

(b) 半球中的“明亮”区域对于**Lambert 表面**的**辐射强度**的贡献为：

$$\int_{-\pi/2}^{\pi/2}\int_{0}^{\theta'}\frac{E}{\pi}\sin\theta\cos\theta d\theta d\phi \tag{10.63}$$

证明：上式可以被进一步写为：

$$\frac{E}{2\pi}\int_{-\pi/2}^{\pi/2}\sin^2\theta' d\phi = \frac{E}{2\pi}\int_{-\pi/2}^{\pi/2}\frac{1}{1+\tan^2\alpha\cos^2\phi}d\phi \tag{10.64}$$

提示： $\int\sin\theta\cos\theta d\theta = (1/2)\sin^2\theta$。

(c) 根据积分公式：

$$\int\frac{1}{1+c^2\cos^2\phi}d\phi = \frac{1}{\sqrt{1+c^2}}\tan^{-1}\left(\frac{\tan\phi}{\sqrt{1+c^2}}\right) \tag{10.65}$$

我们可以进一步求解：积分式(10.64)，其结果为 $(E/2)\cos\alpha$。由此，我们可以算出**总的辐射强度**，其结果为：

$$\frac{E}{2}(1+\cos\alpha) = E\cos^2\frac{\alpha}{2} \tag{10.66}$$

习题 10.4 请判断：单点光源照射下的镜面的反射图，也就是说，找到1) 恰当的**双向反射分布函数**，以及，2) 点光源的分布。

提示： 这个问题看起来似乎有点“棘手”，因为积分中包含：两个**无限冲击函数**的乘积。但是，利用无限冲击函数的“移动”性质，我们可以很容易地对其进行处理。

习题 10.5 **Minnaert 表面**的双向反射分布函数为：

$$f(\theta_i,\phi_i;\theta_e,\phi_e) = \frac{k+1}{2\pi}(\cos\theta_i\cos\theta_e)^{k-1} \tag{10.67}$$

其中，$0\le k<1$。对于一个准确定位的、方向为 (θ_s,ϕ_s) 的单点光源，我们令点光源的辐射强度为：

$$E_i(\theta_i,\phi_i) = E_0\frac{\delta(\theta_i-\theta_s)\delta(\phi_i-\phi_s)}{\sin\theta s} \tag{10.68}$$

那么，物体表面所受到的**辐照强度**为 E_0。请证明：如果 $-\pi/2\le\theta_i\le\pi/2$，那么，物体表面的**辐射强度**为：

$$L_r = E_0\frac{k+1}{2\pi}cos^{k-1}\theta_e\cos^k\theta_i \tag{10.69}$$

当 k 取何值时，辐射强度和观测方向无关？

习题 10.6 **球心投影**可以用于：将中心位于原点的**Gauss 球面**投射到：经过 Gauss 球面的**北极**的切平面。**球心投影**的实现过程为：1)从原点发射出：一条穿过**Gauss 球面**上某一点的射线；2)这条射线“穿过”平面 $z=1$ 上的某一点。于是，**Gauss 球面**上的一个点 $\widehat{\boldsymbol{n}}$ 就被映射为：切平面 $z=1$ 上的一点，其坐标为：

$$\frac{\widehat{\boldsymbol{z}}}{\widehat{\boldsymbol{n}}\cdot\widehat{\boldsymbol{z}}} \tag{10.70}$$

切平面 $z=1$ 正好就是：我们在本章中所使用的**梯度空间**。

(a) **球极投影**提供了：将 **Gauss 球面**映射到一个平面上去的另一种方法。这里，我们所构建的是：一条从**南极**射出的、经过球面上一点的射线，该射线和平面 $z=1$ 相交于一点。请问：**Gauss 球面**上的一点 $\widehat{\boldsymbol{n}}$ 对应于切平面 $z=1$ 上的哪一个点？
提示：具体图形参见图11.9。

(b) 如果从场景到观测者的方向平行于：贯穿球的“南极”和“北极”的那条轴，那么，一个物体的**闭合边界**在球面上所形成的**闭合轮廓**是什么样子的？这个**闭合轮廓**被映射到**立体图平面**后，又是什么样子的？
提示：对于物体的**闭合边界**上的点，观测方向和物体表面相切。

习题 10.7 我们可以使用不同的参数形式来表示**反射图**。本章中，我们关注于：使用梯度 (p,q) 来表示曲面的**朝向**。在一些情况下，用 **Gauss 球**来表示曲面的**朝向**可能更加合适。**Gauss 球面**上的每一个点，都对应于一个特殊的方向，即：从球心指向该点的方向。我们可以用：曲面法向量的方向，来表示：物体表面“小块”的**朝向**。因此，每一个给定的**朝向**都对应于 **Gauss 球面**上的一个点。

(a) 对于单点光源照射下的 **Lambert 表面**的情况，**Gauss 球**上的**亮度等值线**是什么？**提示：**见图 10.24(a)

(b) 现在，我们将**光度立体视觉**方法应用于：一个 **Lambert 表面**的情况。请证明：对于一对给定的图像亮度模式，最多存在两种可能的曲面**朝向**。**提示：**见图 10.24(b)

习题 10.8 一个单点光源照射下的**理想镜面**，将产生出一个简单的**反射图**。我们可以用一个 **Gauss 球面**上的**无限冲击函数**，来表示这个反射图。这个**无限冲击函数**位于：由**指向光源的方向**和**指向观察者的方向**所构成的角的角平分线所在的方向（即：该平行线与 **Gauss 球面**的交点）。

(a) 现在考虑一个光滑的物体表面，其微结构可以被模拟为：围绕着一个局部均值的、关于曲面**朝向**的随机变量。假设：曲面法向

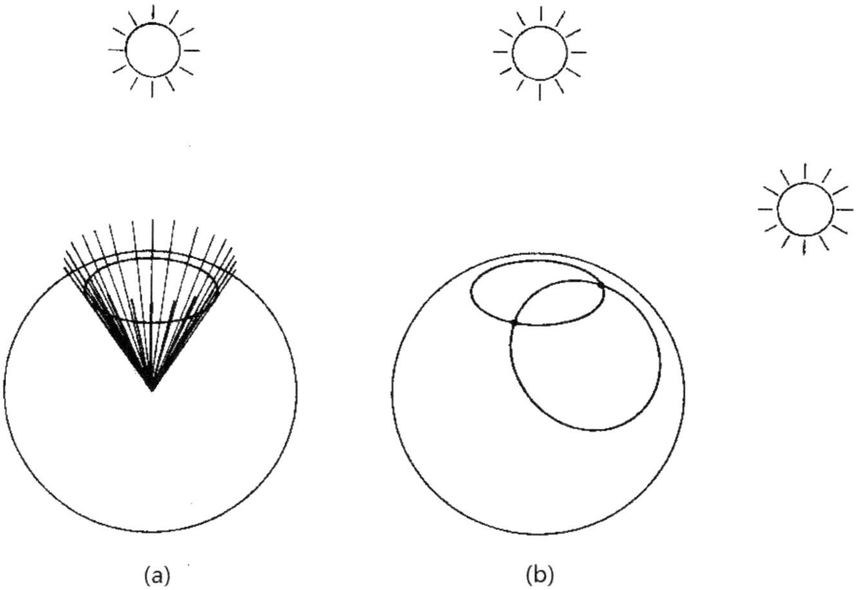

图 10.24 我们可以在 **Gauss 球**上画出反射图。(a) 对于：单点光源照射下的 **Lambert 表面**的情况，**亮度等值线**非常简单。(b)这使得我们很容易证明：在这种情况下，对于由两个光源所产生的**光度立体图**，最多存在两个解。

量和局部平均法向量之间的偏差，存在着一个极限。请描述：这个表面在 **Gauss 球**上的**反射图**是什么样子的？

(b) 接下来，我们来考虑：在圆周对称的光源照射下的一个**理想镜面**的情况，并且，我们假设：光源的直径是有限的。这种情况下，其**反射图**是什么样子的？
提示： 尽管这种情况和(a)中的情况很相似，但是，它们并不完全一样。

(c) 比较这两种**反射图**。在实际应用中，这两种情况又有什么不同？

习题 10.9 证明：对于具有 **Lambert 反射性质**的物体表面，物体表面所成的图像在区域 R 中的平均亮度，等于：曲面的**平均法向量** $\overline{\boldsymbol{n}}$ 与光源方向 $\widehat{\boldsymbol{s}}$ 的内积。这里，

$$A\overline{\boldsymbol{n}} = \iint_R \widehat{\boldsymbol{n}} dA \tag{10.71}$$

其中 A 是指：图像区域的面积。如果区域中的某一部分有 **“自遮**

挡”，那么，会发生什么情况？这对于从**明暗恢复形状**的问题，又有什么启示？

提示： 注意，通常情况下，$\boldsymbol{n}$ 并不是一个单位向量。

现在，让我们来模拟物体表面的微结构。我们假设：物体表面“起伏波动”的尺度，远远超出了仪器的分辨能力。同时假设：在尺度足够小的情况下，物体表面的“起伏”使得物体表面成为：一个 **Lambert 反射表面**。请问，在较大的尺度下（即：无法对物体表面的“起伏”形状进行分辨的情况下），物体表面是否还是一个 **Lambert 反射表面**？分别考虑两种极限情况，即：入射光线和观测方向分别“贴近”曲面的**切平面**的情况。

习题 10.10 对于 **Lambert 表面**的情况，请证明：1) 外加的**连续光源**可以被等效地换作一个**点光源**，并且，2) 要确定点光源的亮度和位置，我们只需要沿着：（所有）入射光方向所形成的单位球，对连续光源的亮度进行积分，也就是说，

$$\overline{E}\overline{\boldsymbol{s}} = \iint_S E(\widehat{\boldsymbol{s}})\widehat{\boldsymbol{s}}dS \tag{10.72}$$

其中，$E(\widehat{\boldsymbol{s}})$ 是指：光源沿着 $\widehat{\boldsymbol{s}}$ 方向的**辐射强度**。对于**从明暗恢复形状**的问题，这个结论有什么启示？

我们可以将这个想法用于：（**连续光源**为）上半球面的例子①。请证明：**等效点光源**的方向和“天空顶部”的方向之间的夹角为 $\alpha/2$；并且，其亮度和 $\cos(\alpha/2)$ 成正比。

提示： 从物体表面“小块”看过去，连续光源中的有些部分是看不见的。

习题 10.11 对于单点光源照射 **Lambert 表面**的情况，其**反射图**具有如下形式：

$$R(p,q) = \frac{1 + p_s p + q_s q}{\sqrt{1 + p_s^2 + q_s^2}\sqrt{1 + p^2 + q^2}} \tag{10.73}$$

其中，点光源的方向为：$(-p_s, -q_s, 1)^T$。

(a) 使得式(10.73)取得最大值的**梯度** (p,q) 是什么？你所得到的最优解是全局最优解吗？最优解是唯一的吗？

(b) 当**梯度** (p,q) 取何值时，式(10.73)中的 $R(p,q) = 0$？在**梯度空间**中，**亮度等值线** $R(p,q) = 0$（的形状）是什么？

---

①注意，这里的 α 是指：物体表面“小块”与竖直方向之间的夹角。参见图 10.23。— **译者注**

习题 10.12 假设：物体表面的亮度为 $\sqrt{\cos\theta_i/\cos\theta_e}$，或者

$$R(\widehat{\boldsymbol{n}})=\sqrt{\frac{\widehat{\boldsymbol{n}}\cdot\widehat{\boldsymbol{s}}}{\widehat{\boldsymbol{n}}\cdot\widehat{\boldsymbol{v}}}} \tag{10.74}$$

其中，$\widehat{\boldsymbol{n}}$ 是曲面的**单位法向量**；而 $\widehat{\boldsymbol{v}}$ 是：指向观测者的方向。我们可以测量：曲面上某一点在两种不同光照条件下的亮度。使用光源 $\widehat{\boldsymbol{s}}_1$ 所得到的图像亮度为 E_1；而使用光源 $\widehat{\boldsymbol{s}}_2$ 所得到的图像亮度为 E_2。请证明：

$$\widehat{\boldsymbol{n}}\cdot(E_1^2\widehat{\boldsymbol{v}}-\widehat{\boldsymbol{s}}_1)=0 \quad 和 \quad \widehat{\boldsymbol{n}}\cdot(E_2^2\widehat{\boldsymbol{v}}-\widehat{\boldsymbol{s}}_2)=0 \tag{10.75}$$

由此，我们可以推出平行于 $\widehat{\boldsymbol{n}}$ 的向量，即：

$$\boldsymbol{n}=\pm\Big(E_1^2(\widehat{\boldsymbol{s}}_2\times\widehat{\boldsymbol{v}})-(E_2^2(\widehat{\boldsymbol{s}}_1\times\widehat{\boldsymbol{v}})+(\widehat{\boldsymbol{s}}_1\times\widehat{\boldsymbol{s}}_2)\Big) \tag{10.76}$$

我们可以通过条件 $\widehat{\boldsymbol{n}}\cdot\widehat{\boldsymbol{z}}>0$，来判断式(10.76)中的正负号。
提示： 通过计算式(10.76)中的 $\boldsymbol{n}$ 分别与：$\widehat{\boldsymbol{s}}_1$、$\widehat{\boldsymbol{s}}_2$ 和 $\widehat{\boldsymbol{n}}$ 的**内积**，你可以检验结果的正确性。

习题 10.13 **理想 Lambert 表面**所对应的**图像辐照强度**为：

$$E=\frac{1+p_sp+q_sq}{\sqrt{1+p_s^2+q_s^2}\sqrt{1+p^2+q^2}} \tag{10.77}$$

当点光源的方向为 $(-p_s,-q_s,1)^T$ 时，对于某一亮度测量结果 E，其所有可能的曲面梯度 (p,q) 位于：**梯度空间**（即：$p-q$ 平面）中的一条**圆锥曲线**（即：双曲线、抛物线或者椭圆）上。在**光度立体视觉**中，我们通过移动光源的位置，得到两个测量结果 E_1 和 E_2。于是，曲面**梯度** (p,q) 将位于：**梯度空间**中的两条**圆锥曲线**的交点上。通常情况下，两条**圆锥曲线**相交，最多有 4 个交点。证明：如果 E 的表达式为式(10.77)，那么，对于 p 和 q，最多有两组解。
提示： 首先，需要证明：所有的解都必须位于一条直线上。

习题 10.14 **理想 Lambert 表面**在单点光源照射的情况下，其**图像辐照强度**为 $\cos\theta_i$，我们可以将其写为：两个单位向量的**内积**，即：

$$E=\widehat{\boldsymbol{n}}\cdot\widehat{\boldsymbol{s}} \tag{10.78}$$

其中，$\widehat{\boldsymbol{n}}$ 是：曲面的单位法向量；而 $\widehat{\boldsymbol{s}}$ 是：指向点光源的单位方向向量。正如上一题中所提到的方法，我们使用两个不同的点光源方向 $\widehat{\boldsymbol{s}}_1$ 和 $\widehat{\boldsymbol{s}}_2$，分别得到两个亮度测量结果 E_1 和 E_2。请求出：两个可能的**曲面法向量**方向。在什么情况下，曲面的**单位法向量**有唯一解？
提示： 使用附录A.2中所介绍的、关于求解向量方程的方法；或者，使用附录A.1中所介绍的、关于求解球面三角形的方法。

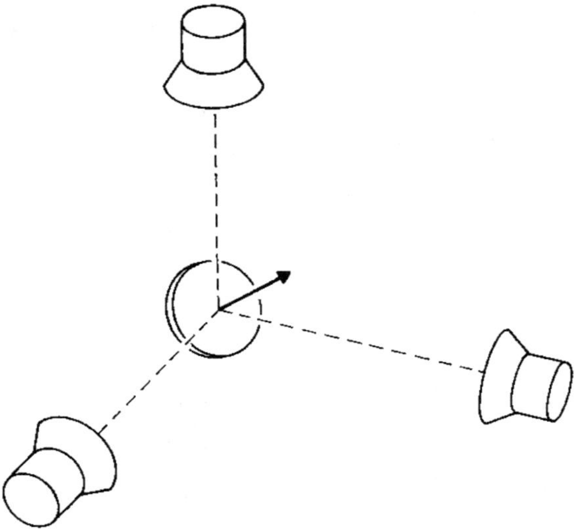

图 10.25　如果有三个点光源，其入射光线的方向两两正交，并且，用这三个点光源去照射一个 **Lambert 表面**，那么，所得到的亮度测量值，将正比于：观测方向与曲面法向量的夹角的余弦，而与具体的观测角度无关。

习题 10.15 假设有三个点光源，我们可以控制每一个点光源的开和关。我们将这三个光源放置在：远离某一个 **Lambert 表面**“小块”的地方。从物体表面的“小块”看过去，小块到三个光源有三个方向。这三个方向两两之间的夹角都是 90°（如图 10.25 所示）。证明：如果我们使用：由该“小块”到三个光源的三个方向所形成的坐标系，那么，我们所观测到的亮度正比于：指向观测者的方向和“小块”法向量之间的夹角的余弦，因此，我们可以得到：

$$\rho\widehat{\boldsymbol{n}} = \boldsymbol{Re} \tag{10.79}$$

其中，ρ 表示**反射率**；$\widehat{\boldsymbol{n}}$ 是：物体表面“小块”的单位法向量；$\boldsymbol{e}$ 是：由三个亮度测量值所组成的向量；$\boldsymbol{R}$ 是一个旋转矩阵，用来表示两个坐标系之间的（旋转）转换，这两个坐标系分别是：1) 有指向三个光源的（三个）方向所形成的坐标系，2)“观测者”（所在的“世界”）坐标系。

提示： 这个特殊例子比本章中所讨论的一般情况要简单得多。

习题 10.16 现在，我们来看一个例子，即：三个点光源照射下的一个 **Lambert 表面**。此时，**光度立体视觉**问题变为：求解如下三个方程：

$$E_1 = \rho(\widehat{\boldsymbol{s}}_1 \cdot \widehat{\boldsymbol{n}}), \quad E_2 = \rho(\widehat{\boldsymbol{s}}_2 \cdot \widehat{\boldsymbol{n}}) \quad 和 \quad E_3 = \rho(\widehat{\boldsymbol{s}}_3 \cdot \widehat{\boldsymbol{n}}) \tag{10.80}$$

我们所要求的未知量是：单位向量 $\widehat{\boldsymbol{n}}$ 和**反射率** ρ。

(a) 证明：对式(10.80)中的三个方程进行两两消元，我们可以得到：

$$\rho\widehat{\boldsymbol{n}} \cdot (E_1\widehat{\boldsymbol{s}}_2 - E_2\widehat{\boldsymbol{s}}_1) = 0 \quad 和 \quad \rho\widehat{\boldsymbol{n}} \cdot (E_2\widehat{\boldsymbol{s}}_3 - E_3\widehat{\boldsymbol{s}}_2) = 0 \tag{10.81}$$

(b) 现在，使用如下事实：$\widehat{\boldsymbol{n}}$ 垂直于向量 $(E_1\widehat{\boldsymbol{s}}_2 - E_2\widehat{\boldsymbol{s}}_1)$ 和 $(E_2\widehat{\boldsymbol{s}}_3 - E_3\widehat{\boldsymbol{s}}_2)$，我们可以证明：$\widehat{\boldsymbol{n}}$ 平行于向量

$$\begin{aligned}&(E_1\widehat{\boldsymbol{s}}_2 - E_2\widehat{\boldsymbol{s}}_1) \times (E_2\widehat{\boldsymbol{s}}_3 - E_3\widehat{\boldsymbol{s}}_2)\\ =&E_2(E_1(\widehat{\boldsymbol{s}}_2 \times \widehat{\boldsymbol{s}}_3) + E_2(\widehat{\boldsymbol{s}}_3 \times \widehat{\boldsymbol{s}}_1) + E_3(\widehat{\boldsymbol{s}}_1 \times \widehat{\boldsymbol{s}}_2))\end{aligned} \tag{10.82}$$

(c) 于是，我们可以找到某一常数 k，使得：

$$\rho\widehat{\boldsymbol{n}} = k(E_1(\widehat{\boldsymbol{s}}_2 \times \widehat{\boldsymbol{s}}_3) + E_2(\widehat{\boldsymbol{s}}_3 \times \widehat{\boldsymbol{s}}_1) + E_3(\widehat{\boldsymbol{s}}_1 \times \widehat{\boldsymbol{s}}_2)) \tag{10.83}$$

(d) 令式(10.83)中的等号两端分别与 $\widehat{\boldsymbol{s}}_1$ 做内积，（注意，使用式(10.80)中的等式 $E_1 = \rho(\widehat{\boldsymbol{s}}_1 \cdot \widehat{\boldsymbol{n}})$），我们可以证明：

$$\rho(\widehat{\boldsymbol{n}} \cdot \widehat{\boldsymbol{s}}_1) = kE_1[\widehat{\boldsymbol{s}}_1\ \widehat{\boldsymbol{s}}_2\widehat{\boldsymbol{s}}_3] \tag{10.84}$$

其中，$[\widehat{\boldsymbol{s}}_1\ \widehat{\boldsymbol{s}}_2\widehat{\boldsymbol{s}}_3]$ 表示**向量三重积**，即：$[\widehat{\boldsymbol{s}}_1\ \widehat{\boldsymbol{s}}_2\widehat{\boldsymbol{s}}_3] = \widehat{\boldsymbol{s}}_1 \cdot (\widehat{\boldsymbol{s}}_2 \times \widehat{\boldsymbol{s}}_3)$。

(e) 证明：$k = 1/[\widehat{\boldsymbol{s}}_1\ \widehat{\boldsymbol{s}}_2\widehat{\boldsymbol{s}}_3]$，于是，我们最终得到：

$$\rho\widehat{\boldsymbol{n}} = \frac{E_1(\widehat{\boldsymbol{s}}_2 \times \widehat{\boldsymbol{s}}_3) + E_2(\widehat{\boldsymbol{s}}_3 \times \widehat{\boldsymbol{s}}_1) + E_3(\widehat{\boldsymbol{s}}_1 \times \widehat{\boldsymbol{s}}_2)}{[\widehat{\boldsymbol{s}}_1\ \widehat{\boldsymbol{s}}_2\widehat{\boldsymbol{s}}_3]} \tag{10.85}$$

习题 10.17 本章中，我们讨论了：使用三个光源来恢复 **Lambert 表面**的**朝向**和**反射率**的方法，这种方法的适用条件是：曲面的**朝向**使得三个点光源都能照射到曲面上。

(a) 这里，我们来研究：曲面的**朝向**要满足什么条件，我们才能成功地对其进行复原。证明：曲面**朝向**的范围正好构成一个单位球面上的**球面三角形**，并且，该球面三角形的三个顶点分别为 $\widehat{\boldsymbol{s}}_1$、$\widehat{\boldsymbol{s}}_2$ 和 $\widehat{\boldsymbol{s}}_3$。

提示： 如果一个曲面“小块”能够被远处的点光源照射到，那么，该“小块”的法向量应该位于一个“半球”之内。

(b) 这个**球面三角形**的三个顶角的度数是多少？使得**光度立体视觉**方法起作用的曲面**朝向**的范围所对应的**立体角**的度数是多少？

提示： 如果一个球面三角形的三个角分别为 α、β 和 γ，那么，

这个球面三角形的面积等于：

$$A = R^2(\alpha + \beta + \gamma - \pi) \tag{10.86}$$

即：球的半径的平方乘以**球面盈角**。球面盈角等于：球面三角形的三个顶角的和再减去 π。

(c) 要使得**光度立体视觉**方法起作用，曲面的**朝向**需要在一定的范围内。我们如何最大化这个范围？

提示：受到光源照射的**球面三角形**的面积，其大小不会超过一个**半球**。

(d) 此外，我们还需要考虑一些附加的约束条件。在上面所讨论的**球面三角形**中，我们还应该去除所谓的“盲区”，即：由所有和观测方向之间夹角大于 90° 的曲面法向量所“构成”的那部分球面区域。证明：“盲区”是一个由向量 $\widehat{\boldsymbol{s}}_1$、$\widehat{\boldsymbol{s}}_2$ 和 $\widehat{\boldsymbol{s}}_3$ 所确定的**球面三角形**，即：

$$\widehat{\boldsymbol{v}} = a\widehat{\boldsymbol{s}}_1 + b\widehat{\boldsymbol{s}}_2 + c\widehat{\boldsymbol{s}}_3 \quad (\text{其中 } a \geq 0, b \geq 0, c \geq 0) \tag{10.87}$$

我们并不能按照自己的意愿，随意地放置光源。例如，我们知道，如果我们将两个光源放置在同一位置，那么，我们将无法从：使用第二个光源所得到的图像中，获得新的信息。同样，如果这两个光源距离非常近，那么，它们所对应的两张图像之间的差别将会非常小。在这种情况下，噪声会对**光度立体视觉**方法的结果产生极大的影响。

(e) 让我们来考虑：当亮度测量结果发生很小变化时，会对**曲面法向量**的估计结果产生什么影响？

提示：求 $\rho\widehat{\boldsymbol{n}}$（即：式(10.85)）对于向量 $\boldsymbol{E} = (E_1, E_2, E_3)^T$ 微分。

(f) 所求结果的**标准差**等于：上一问中所求的导数乘以亮度测量值的**标准差**。我们如何最小化：关于噪声的灵敏度？

提示：向量三重积 $[\widehat{\boldsymbol{s}}_1\ \widehat{\boldsymbol{s}}_2 \widehat{\boldsymbol{s}}_3]$ 是一个平行六面体的体积，这个平行六面体是由三个单位向量 $\widehat{\boldsymbol{s}}_1$、$\widehat{\boldsymbol{s}}_2$ 和 $\widehat{\boldsymbol{s}}_3$ 所张成的。

(g) 请讨论：上面得到的**光源放置方式**中存在的矛盾。请考虑：如何使用**连续光源**来解决这些局限性？

习题 10.18　为了提高**光度立体视觉**方法的精度，我们可能会希望使用：两个以上的亮度测量结果。现在假设：我们使用 n 个光源，从而得到 n 张图像，并且，物体表面是一个 **Lambert 表面**。我们用单位向量 $\widehat{\boldsymbol{s}}_i$ 来表示：从物体表面指向第 i 个点光源的方向。这一次，我们假设物体表面的**反射率** ρ 不等于 1。在图像中的每一个点上，我们都希望找到一个对应的**单位曲面朝向** $\widehat{\boldsymbol{n}}$，来最小化：

$$\sum_{i=1}^{n}(\rho\widehat{\boldsymbol{n}}\cdot\widehat{\boldsymbol{s}}_i - E_i)^2 \tag{10.88}$$

其中，E_i 表示：该点上的第 i 个亮度测量结果。

(a) 证明：使得总误差（即：式(10.88)）取得最小值的向量为：

$$\rho\widehat{\boldsymbol{n}} = \left[\sum_{i=1}^{n}\widehat{\boldsymbol{s}}_i\widehat{\boldsymbol{s}}_i^T\right]^{-1}\left(\sum_{i=1}^{n}E_i\widehat{\boldsymbol{s}}_i\right) \tag{10.89}$$

其中，$[\ \ ]^{-1}$ 表示**矩阵的逆**，而 $\boldsymbol{a}\boldsymbol{b}^T$ 表示 $\boldsymbol{a}$ 和 $\boldsymbol{b}$ 的**并向量积**，即：

$$\boldsymbol{a}\boldsymbol{b}^T = \begin{pmatrix} a_x b_x & a_x b_y & a_x b_z \\ a_y b_x & a_y b_y & a_y b_z \\ a_z b_x & a_z b_y & a_z b_z \end{pmatrix} \tag{10.90}$$

(b) 要保证式(10.89)中的矩阵可逆，测量结果的数目 n 至少要是多少？
提醒： 这个问题并不简单。

(c) 如果我们假设**反射率**是 1，那么，上面的结论将发生什么变化？
提示： 你可能会需要使用**Lagrang 乘子**法，从而将约束条件加入目标函数之中。关于**Lagrang 乘子**法的内容请参见附录 A.5。

第 11 章 从明暗恢复形状

上一章中，我们介绍了：**反射图**和**图像辐照方程**，并且，将它们用于：从不同光照条件下产生的一组图像中，恢复出：被成像物体的表面**朝向**。本章中，我们关注于：从单张图像中恢复出物体表面的形状。这是一个更加困难的问题，因此，需要用到更加“先进”的工具。我们首先考虑**线性反射图**的情况。在单点光源照射的情况下，月球和其他一些由岩石组成的星球的表面材料的**反射图**，可以表示为：它们表面的梯度的两个分量（即：p 和 q）的**线性组合**的函数。然后，我们可以考虑：当**反射图**旋转对称时，**从明暗恢复形状**的问题[①]，它可以被用于：电子扫描显微镜所得到的图像。然后，我们解决了：一般情况下，**从明暗恢复形状**的问题。

图像辐照方程可以被看作是：一个一阶非线性偏微分方程。传统方法依靠：生成**特征曲线**[②]，来对方程进行求解，这是一种**序列处理**

[①] 注意，这里的**明暗**（shading）是名词，而不是形容词。**明暗**具体是指：图像亮度模式的（空间）变化。详见：第 10 章中的第 10.10 小节。物体的形状（或表面**朝向**）是决定**明暗**的一个重要因素。而“从明暗恢复形状”就是指：根据图像的**亮度模式**来推测物体的形状。— **译者注**

[②] 对于一个描述：函数随着空间和时间而变化的偏微分方程，我们把空间分解成许多的点，每一个点随着时间的变化会生成一条曲线（即：一个关于时间 t 的一元函数）。在这些曲线上，方程的解具有一些特殊性质，例如，曲线上的点的函数值不变，或者，以某种已知的方式变化，这样的曲线被称为**特征曲线**。**特征曲线**方法是：先将偏微分方程转化为一组常微分方程，然后，再对常微分方程进行求解。— **译者注**

方法。我们更感兴趣的是：能够最终导出**并行算法**的方法。最终，我们将该问题（即：求解**图像辐照方程**）归结为：一个最小化问题，并且，推导出了：一个基于**格点**（即：曲面的离散**采样**结果）的松弛算法。我们选择最小化：两个亮度的差的平方的积分。这两个亮度分别是：1)观测到的亮度，2)根据被估计出的形状所计算出的亮度。

当然，知道：问题是否有解、以及解是否唯一，是非常重要的。不幸的是，除非有：关于**反射图**的很具体的假设，否则，我们很难确定：方程的解是否存在、以及解是否唯一。我们简略地介绍了一些这方面的已知结果。最后，我们展示了：如何使用本章提出的方法，来提高：使用上一章中所介绍的**光度立体视觉**方法所得到的结果。

11.1 从明暗中恢复形状

我们如何能从一张图像中恢复出物体表面的形状？物体表面的不同部分具有不同的**朝向**，因此，会生成：具有不同亮度的像。我们可以利用：图像中亮度的空间变化模式（也被称为**明暗**），来估计物体表面小区域的**朝向**。图像上某一点的亮度值，只给我们提供了一个约束条件，而物体表面小区域的朝向却有两个**自由度**。如果没有附加信息，仅仅根据**图像辐照方程**：

$$E(x,y) = R(p,q) \tag{11.1}$$

我们无法恢复出：某一物体表面“小块”的**朝向**。在上一章中，我们已经讨论过增加约束条件的一种方法，即：使用在不同光照条件下所拍摄的另一张图像。

11.1.1 生成一个解

如果我们只有一张图像，那么怎么办呢？人可以通过杂志中的图像估计出：图像中某人的面部形状特征。这说明：这张图像中包含有足够的信息，或者，我们“暗自”加上了一些附加的假设条件。许多曲面都是光滑的，曲面的高度很少发生不连续的变化。同样，曲面的偏导数通常也是连续变化的。即使是那些很奇怪的物体，它的表面也是“分片光滑”的，只有在**边缘**处，物体表面才会变得不光滑。**光滑性假设**提供了一个很强的约束条件：物体表面上的邻近小区域不能有任意的**朝向**。这些小区域必须能被**拟合**成为一个连续光滑的曲面。因此，我们可以去探寻一种使用**光滑性**作为约束条件的全局方法。

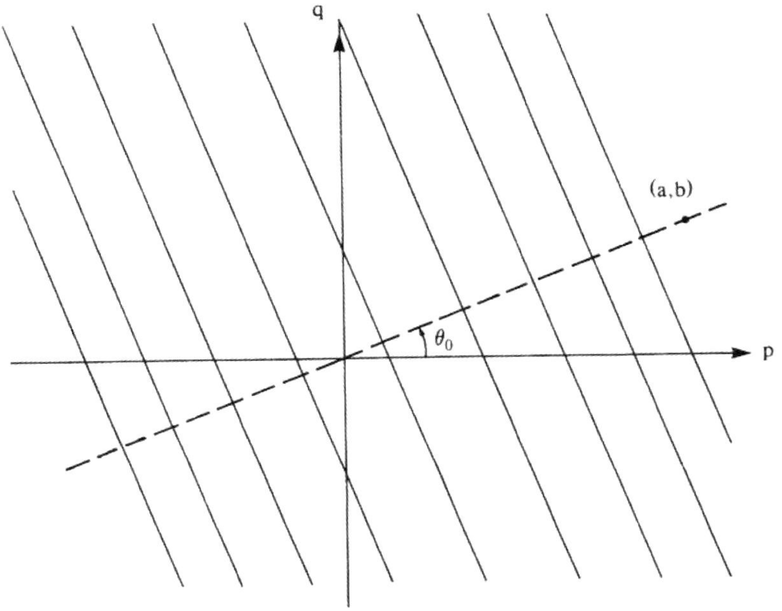

图 11.1 如果一个**反射图**是：**梯度**的两个分量的**线性组合**的函数，那么，这样的**反射图**是非常简单的，并且，该**反射图**的亮度等值线，是**梯度空间**中的一组平行直线。

11.1.2 线性反射图

作为开始，我们先考虑一些特殊的情况。假设：

$$R(p,q)=f(ap+bq) \tag{11.2}$$

其中 a 和 b 为常数，如图 11.1 所示。式(11.2)中的 f 是一个**严格单调函数**（如图 11.2 所示），因此，f^{-1} 存在。根据**图像辐照方程**，我们可以得到：

$$ap+bq=f^{-1}(E(x,y)) \tag{11.3}$$

仅仅根据图像上某一点的亮度值 $E(x,y)$，我们无法判断**梯度** (p,q)，但是，我们还有另外一个方程，这个方程对：**梯度** (p,q) 的所有可能情况，提供了另外一个约束。曲面沿着和 x 轴成 θ 角的方向的斜率为：

$$m(\theta)=p\cos\theta+q\sin\theta \tag{11.4}$$

这个斜率被称为：（曲面）沿着 $(\cos\theta,\sin\theta)$ 方向的**方向导数**。现在，

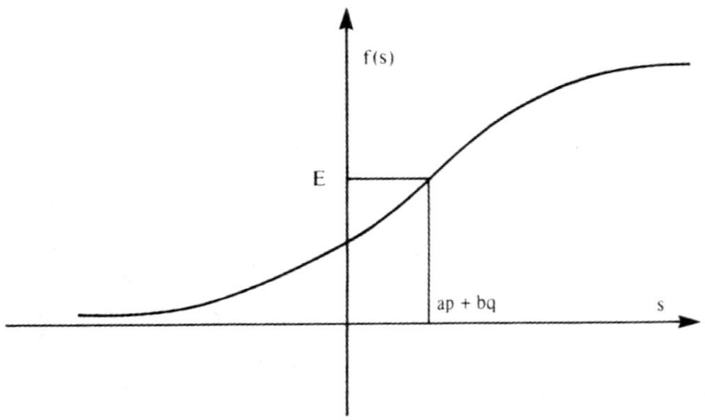

图 11.2　如果函数 f 是连续的**严格单调函数**，那么，我们可以求出它的反函数，并且，可以从：图像的亮度测量结果 $E(x,y)$ 中，恢复出：$s = ap + bq$。

我们选定某一个方向 θ_0（如图 11.1 所示），其中 $\tan\theta_0 = b/a$，那么，

$$\cos\theta_0 = \frac{a}{\sqrt{a^2+b^2}} \quad 并且 \quad \sin\theta_0 = \frac{b}{\sqrt{a^2+b^2}} \tag{11.5}$$

于是，沿着 $(\cos\theta_0, \sin\theta_0)$ 方向的**方向导数**为：

$$m(\theta_0) = \frac{ap+bq}{\sqrt{a^2+b^2}} = \frac{1}{\sqrt{a^2+b^2}} f^{-1}(E(x,y)) \tag{11.6}$$

因此，我们可以判断出：曲面上某一点沿着 $(\cos\theta_0, \sin\theta_0)$ 的**方向导数**。但是注意，该点沿着 $(\sin\theta_0, -\cos\theta_0)$（即：$(\cos\theta_0, \sin\theta_0)$ 的垂直方向）的**方向导数**，我们是不知道的。

如果从图像上的某一点出发，沿着 $(\cos\theta_0, \sin\theta_0)$ 方向迈出长度为 $d\xi$ 的一小步，那么，在对应的曲面上，在 z 方向产生的变化为 $\delta z = m\delta\xi$，因此

$$\frac{dz}{d\xi} = \frac{1}{\sqrt{a^2+b^2}} f^{-1}(E(x,y)) \tag{11.7}$$

其中，

$$x(\xi) = x_0 + \xi\cos\theta_0 \quad 并且 \quad y(\xi) = y_0 + \xi\sin\theta_0 \tag{11.8}$$

假设：我们从曲面上的某一点 $(x_0, y_0, z_0)^T$ 出发，对式(11.7) 中关于的 z 的微分方程进行积分，那么，我们可以得到：

$$z(\xi) = z_0 + \frac{1}{\sqrt{a^2+b^2}} \int_0^{\xi} f^{-1}(E(x,y))d\xi \tag{11.9}$$

上式中，积分号里面的 x 和 y 都是：关于 ξ 的线性函数（即：

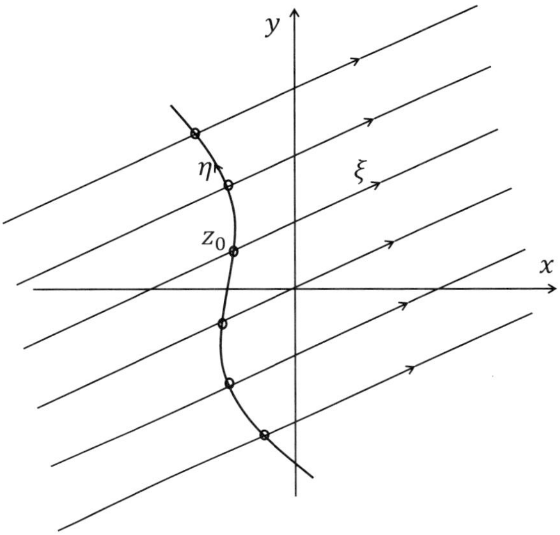

图 11.3 如果一个**反射图**是：梯度的两个分量的**线性组合**的函数，那么，其**特征基**是：一组平行直线。如果已知：**初始曲线**上的各个点的高度 $z_0(\eta)$，那么，我们就能够求出：物体表面的形状。

式(11.8)）。通过这种方法，我们得到了：沿着某一个方向的曲面**轮廓**（这个方向取决于 θ，即图 11.3 中的某一条直线）。由此而得到的曲面**轮廓**被称为**特征曲线**。当然，在实际应用中，我们并不知道：式(11.9)中被积函数的具体表达式，因此，我们需要使用一些数值积分方法。我们并不能确定：从曲面到透镜所在平面的绝对距离，因为，绝对距离对曲面的形状没有影响。如果我们想要得到绝对距离，那么，我们需要知道：某一个点的 z_0 值。但是，在不知道 z_0 的情况下，我们仍能复原出物体表面的形状。

现在假设：我们所给定的**初始条件**不是一个点，而是物体表面上沿着某一条曲线的**轮廓** $z(\eta)$，并且，该曲线中的任何一“小段”，都不平行于 (a, b) 方向（如图 11.3 所示）。那么，我们可以沿着：从这条**初始曲线**上的点出发的线，做积分。如果这条**初始曲线**伸展得足够长，那么，通过这种方式，我们可以得到整个曲面的形状。对于我们后面将要探索的一般情况，求解曲面形状所使用的方法，和这里所使用的方法是极其相似的。只是在一般情况下，我们需要沿着：像平面上的**特殊曲线**做积分，而不是沿着**直线**做积分。

我们这里所讨论的特殊情况有着及其重要的应用，因为，正如我们前面所提到的，对于月球表面的月海①，我们可以将其反射特性近似表示为：$\cos\theta_i/\cos\theta_e$ 的某一函数形式。在这种情况下，其**反射图**是 p 和 q 的**线性组合**的函数。针对这种情况的研究，使得**从明暗中恢复形状**这个问题第一次受到人们的关注。这里，为了简单，我们使用**正射投影**，但是，这个方法可以被扩展到**透视投影**的情况。

11.1.3 旋转对称的反射图

如果相对于观测者来说，光源的分布是旋转对称的，那么，**反射图**也是旋转对称的。也就是说，我们可以将反射图写成：

$$R(p,q) = f(p^2+q^2) \tag{11.10}$$

一种产生旋转对称**反射图**的情况是：光源为半球形的天空，并且，观测者从物体表面的正上方看下去。另一种情况是：光源为单点光源，并且，观察者和光源基本上在同一条直线上。

现在假设：f 是一个可微的严格单调函数，并且，其逆为 f^{-1}，那么，通过**图像辐照方程**（即：式(11.10)），我们可以得到：

$$p^2+q^2 = f^{-1}(E(x,y)) \tag{11.11}$$

假设曲面“上升”最快方向和 x 轴的夹角为 θ_s，其中 $\tan\theta_s = p/q$，因此，

$$\cos\theta_s = \frac{p}{\sqrt{p^2+q^2}} \quad 并且 \quad \sin\theta_s = \frac{q}{\sqrt{p^2+q^2}} \tag{11.12}$$

那么，沿着曲面上升最快的方向的**方向导数**为：

$$m(\theta_s) = \sqrt{p^2+q^2} = \sqrt{f^{-1}(E(x,y))} \tag{11.13}$$

因此，这种情况下，给定图像上某一点的亮度值，我们可以确定：其对应的曲面小区域（沿着上升最快方向）的斜率，但是，我们无法确定：曲面上升最快的方向（即：梯度方向 (p,q)）。

现在假设：我们知道曲面上升最快的方向 (p,q)，那么，我们可以沿着这个方向迈出长度为 $\delta\xi$ 的一小步，于是，x 和 y 的变化为：

$$\delta x = \frac{p}{\sqrt{p^2+q^2}}\delta\xi \quad 并且 \quad \delta y = \frac{q}{\sqrt{p^2+q^2}}\delta\xi \tag{11.14}$$

z 的变化将为：

$$\delta z = m\delta\xi = \sqrt{f^{-1}(E(x,y))}\delta\xi \tag{11.15}$$

①所谓“月海”（maria of the moon）是指：月球表面的低洼平原，用肉眼看过去，这些低洼平原对应于大面积的阴暗区域，因而得名“月海”。— **译者注**

为了简化这些方程，我们可以将步长选为：$\sqrt{p^2+q^2}\delta\xi$，来代替 $\delta\xi$，于是，我们可以得到：

$$\begin{cases} \delta x = p\delta\xi \\ \delta y = q\delta\xi \\ \delta z = (p^2+q^2)\delta\xi = f^{-1}(E(x,y))\delta\xi \end{cases} \tag{11.16}$$

用这种方式进行求解所“伴随”的一个问题是：从某一个初始点出发，到了新的点以后，我们还需要确定新的 p 和 q 的值，以使得迭代过程可以不断进行下去。因此，我们需要找到：δp 和 δq（即：p 和 q 的变化量）所需满足的方程。

在我们进一步研究这个问题之前，让我们先来看看：图像的亮度**梯度** $(E_x, E_y)^T$。我们知道：如果物体表面的小区域是一个平面，那么，它将在图像中形成一个具有均匀亮度的小区域。因此，只有当物体表面发生弯曲时，它才会产生一个：**梯度**不为零的图像亮度模式[①]。为了计算图像亮度的梯度，我们对图像辐照方程：

$$E(x,y) = f(p^2+q^2) \tag{11.17}$$

的等式两边（分别关于 x 和 y）求导。令 r、s 和 t 分别表示 z 关于 x 和 y 的二阶偏导数，即：

$$r = \frac{\partial^2 z}{\partial x^2}; \quad s = \frac{\partial^2 z}{\partial x \partial y} = \frac{\partial^2 z}{\partial y \partial x}; \quad t = \frac{\partial^2 z}{\partial y^2} \tag{11.18}$$

那么，根据求导的链式法则，我们可以得到：

$$E_x = 2(pr+qs)f' \quad 和 \quad E_y = 2(ps+qt)f' \tag{11.19}$$

其中，f' 是指 $f(w)$ 对单变量 w 的导数。

现在，我们回过头来确定：从图像上“迈出一小步” $(\delta x, \delta y)$ 所引起的曲面**梯度**变化 δp 和 δq。通过简单求导，我们可以得到：

$$\delta p = r\delta x + s\delta y \quad 和 \quad \delta q = s\delta x + t\delta y \tag{11.20}$$

对于我们所讨论的情况，$\delta x = p\delta\xi$，并且，$\delta y = q\delta\xi$，因此，我们可以将式(11.20)进一步写为：

$$\delta p = (pr+qs)\delta\xi \quad 和 \quad \delta q = (ps+qt)\delta\xi \tag{11.21}$$

或者（将式(11.19)代入上式），

$$\delta p = \frac{E_x}{2f'}\delta\xi \quad 和 \quad \delta q = \frac{E_y}{2f'}\delta\xi \tag{11.22}$$

---

①注意：这里有两个“**梯度**”：1) 图像亮度的**梯度** (E_x, E_y): 2) 物体表面的**梯度** (p,q)。我们需要注意对它们进行区分。— **译者注**

令 $\delta\xi \to 0$，我们得到了如下的**常微分方程组**：

$$
\begin{cases}
\dot{x} = p \\
\dot{y} = q \\
\dot{z} = p^2 + q^2 \\
\dot{p} = E_x/(2f') \\
\dot{q} = E_y/(2f')
\end{cases}
\tag{11.23}
$$

式(11.23)中，符号上的“点”表示：对 ξ 求导。给定初始值以后，通过求解这五个常微分方程所组成的方程组，我们可以得到：一条曲面上的曲线。通过这种方式生成的曲线被称为：**特征曲线**。在某些特殊情况下，这些**特征曲线**恰好是最速上升曲线。这些曲线始终和曲面上的**等高线**垂直。对于前面讨论的情况，即：曲面的**反射图**为 p 和 q 的线性组合的函数，我们所得到**特征曲线**是：一组平行平面和曲面的交线。

分别在等式 $\dot{x} = p$ 和 $\dot{y} = q$ 的两边对 ξ 求导，我们可以得到另外一组微分方程，即：

$$
\begin{cases}
\ddot{x} = E_x/(2f') \\
\ddot{y} = E_y/(2f') \\
\dot{z} = f^{-1}(E(x, y))
\end{cases}
\tag{11.24}
$$

当然，我们只能通过数值方法，来对这个方程组进行求解，因为，E_x 和 E_y 是通过图像的亮度值计算出来的，而不是以解析形式给出的关于 x 和 y 的函数。

上面讨论的这种特殊情况也有很重要的实际应用，因为，**电子扫描显微镜**所生成的图像，和光源在观测者周围呈**旋转对称**方式分布的**成像系统**所生成的图像及其相似。在这种器件中，电子束被聚焦从而对：物体表面的某一位置，进行“击打”。仪器通过两个偏振线圈，来控制“击打”的位置。入射电子和材料内原子的碰撞结果，会激发出：**二次电子**（也成为：次级电子）。和材料表面生成的**二次电子**相比，在材料里面生成的**二次电子**“逃逸”出物体表面的概率要小得多。因此，当电子束沿着垂直方向射向物体表面时，所产生的**二次电子**流最小；而当电子束发生**掠入射**（即：电子束沿着非常靠近切平面的方向入射）时，所产生的**二次电子**流最大。电子“探针”扫描输出一个显示结果，我们通过调制，从而使得：以这种方式扫描输出的阴极射线管的亮度，和二次电子流的强度成正比。最后，我们所得到的结果是：一张（经过高倍放大的）关于物体表面的图像。人们发现：这样的图像是很容易对其进行解释的，因为，产生图像**明暗**的根据是：亮度和物体表面**朝向**之间的依赖关系。唯一让人感觉奇怪的

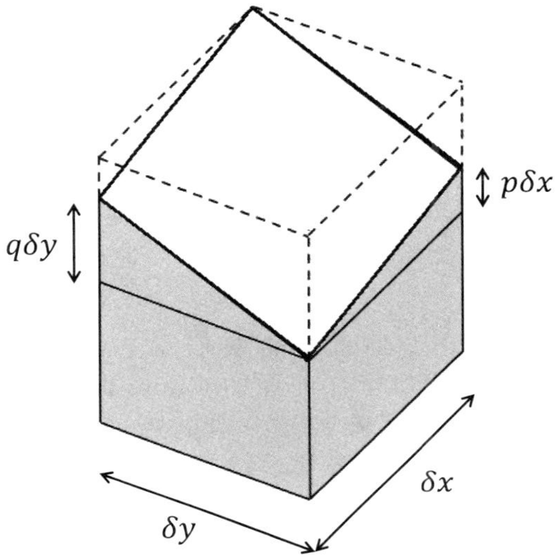

图 11.4 高度的变化 δz 是：在 $x-$ 方向“迈出”一小步所引起的高度变化 $p\delta x$，与在 $y-$ 方向“迈出”一小步所引起的高度变化 $q\delta y$ 的和，即：$\delta z = p\delta x + q\delta y$。

是：当物体表面小块正对观测者时，电子扫描显微镜所生成的图像最暗，而不是最亮。

11.1.4 一般情况

假设我们已知物体表面上某一点的坐标，我们希望：从这一点开始求解**特征曲线**。我们再一次注意到：从这一点“迈出一小步”$(\delta x, \delta y)$，场景深度（简称为：景深）的变化为：

$$\delta z = p\delta x + q\delta y \tag{11.25}$$

其中，p 和 q 分别表示：z 关于 x 和 y 的偏导数（如图 11.4 所示）。除非知道 p 和 q，否则，我们无法进行处理。不幸的是，**图像辐照方程**只提供了一个约束条件，因此，它不足以被用来求解出 p 和 q。

我们暂时先假设：我们知道给定点 (x, y) 处的 p 和 q，那么，我们可以将在点 (x, y) 处的解，扩展到点 $(x + \delta x, y + \delta y)$ 处。但是，为了继续求解下去，我们需要知道：点 $(x + \delta x, y + \delta y)$ 处的 p 和 q（如图 11.5 所示）。我们可以通过：

$$\delta p = r\delta x + s\delta y; \quad 和 \quad \delta q = s\delta x + t\delta y \tag{11.26}$$

来计算 p 和 q 的变化。其中，r、s 和 t 是：z 关于 x 和 y 的二阶偏导数。我们可以将式(11.26)写成一种更加“紧凑”的形式，即：

$$\begin{pmatrix} \delta p \\ \delta q \end{pmatrix} = \boldsymbol{H} \begin{pmatrix} \delta x \\ \delta y \end{pmatrix} \tag{11.27}$$

其中，$\boldsymbol{H}$ 是：二阶偏导数（所构成）的 **Hesse 矩阵**，即：

$$\boldsymbol{H} = \begin{pmatrix} r & s \\ s & t \end{pmatrix} \tag{11.28}$$

Hesse 矩阵提供了：曲面的**曲率**信息。对于一个小的倾斜曲面，**Hesse 矩阵**的行列式等于：曲面的 **Gauss 曲率**。我们后面还要详细对其进行介绍。**Hesse 矩阵**的**迹**（即：矩阵对角线上元素的和）是：景深 $z(x, y)$ 的 **Laplace 算子**处理结果。对于一个小的倾斜曲面，这个量正好等于：曲面的**平均曲率**的两倍。在第 16 中，我们要讨论：**扩展 Gauss 图**，那时，我们会探索：曲面的**曲率**。

为了用 **Hesse 矩阵**来计算 p 和 q 的变化，我们需要知道 **Hesse 矩阵**的元素，即：z 的二阶偏导数。为了得到它们，我们需要更高阶的偏导数。我们可以继续求导，直到无穷。但是注意，我们一直都还没有使用**图像辐照方程**！在**图像辐照方程**中，等式两边分别对 x 和 y 求偏导，然后，使用链式求导法则，我们可以得到：

$$E_x = rR_p + sR_q \quad \text{和} \quad E_y = sR_p + tR_q \tag{11.29}$$

我们可以将上式进一步写为：

$$\begin{pmatrix} E_x \\ E_y \end{pmatrix} = \boldsymbol{H} \begin{pmatrix} R_p \\ R_q \end{pmatrix} \tag{11.30}$$

这里，再次出现了 **Hesse 矩阵 $\boldsymbol{H}$**。我们可以看出，在这里，**Hesse 矩阵 $\boldsymbol{H}$** 所描述的是：图像的**梯度** $(E_x, E_y)^T$ 和**反射图**的**梯度** $(R_p, R_q)^T$ 之间的关系。我们无法求出 **Hesse 矩阵 $\boldsymbol{H}$**，因为，我们只有两个方程（即：式(11.30)），但是却有三个未知数 r、s 和 t。但是，幸运的是，我们不需要求出 $\boldsymbol{H}$ 中的各个元素。虽然我们无法：沿着任意方向进行连续求解，但是，沿着某一特定的方向，我们却可以进行连续求解。这是解决这个问题的关键！我们令：

$$\begin{pmatrix} \delta x \\ \delta y \end{pmatrix} = \begin{pmatrix} R_p \\ R_q \end{pmatrix} \delta\xi \tag{11.31}$$

其中，$\delta\xi$ 是一个很小的量，于是：

$$\begin{pmatrix} \delta p \\ \delta q \end{pmatrix} = \boldsymbol{H} \begin{pmatrix} \delta x \\ \delta y \end{pmatrix} = \boldsymbol{H} \begin{pmatrix} R_p \\ R_q \end{pmatrix} \delta\xi \tag{11.32}$$

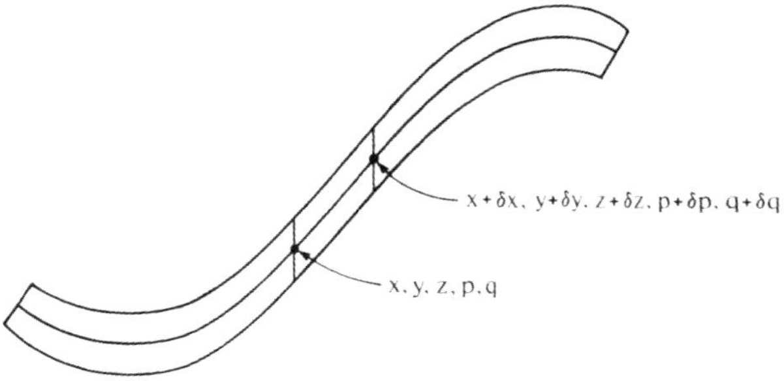

图 11.5 我们可以通过求解：关于 x、y、z、p 和 q 的五个常微分方程组，来得到：从**明暗恢复形状**（shape-from-shading）的问题的解。其结果是一个**特征“带子”**，即：空间中的一条“附带”着已知曲面**朝向**的曲线。

进一步，将式(11.30)代入上式，我们可以得到：

$$\begin{pmatrix} \delta p \\ \delta q \end{pmatrix} = \begin{pmatrix} E_x \\ E_y \end{pmatrix} \delta\xi \tag{11.33}$$

因此，如果我们让：像平面上的（位置）变化方向平行于**反射图**的**梯度**方向，那么，(p, q) 的变化就可以被计算出来。反过来，梯度空间中的变化方向，也平行于：图像亮度的**梯度**方向（如图 11.6 所示）。我们可以将这五个常微分方程总结为：

$$\dot{x} = R_p, \qquad \dot{y} = R_q, \qquad \dot{z} = pR_q + qR_q \qquad \dot{p} = E_x, \qquad \dot{q} = E_y, \tag{11.34}$$

上式中，字符“头上”的点表示：对 ξ 求导。这组微分方程的解，是曲面上的一条曲线。沿着这条曲线，参数 ξ 会发生变化。对式(11.34)中的方程进行**尺度缩放**，我们很容易将 ξ 变为曲线的弧长的函数。

11.2 特征曲线与初始曲线

由式(11.34)中的五个方程的解所得到的曲线，被称为：**特征曲线**。**特征曲线**在图像上的投影，被称为：**特征基**。式(11.34)的解（即：向量 $(x, y, z, p, q)^T$）实际上形成了一个**特征“带子”**①（如图 11.5 所示），因为，这五个量不但定义了：空间中的曲线（即：向量 $(x, y, z)^T$），还定义了：曲线上的点所对应的曲面朝向（即：向量

①想象你在山坡上走路，你走过的轨迹是一条曲线。假设你的肩上抗着一根竿子，那么，在你走路的过程中，竿子所“扫过”的区域就是这里所谓的“带子”。— **译者注**

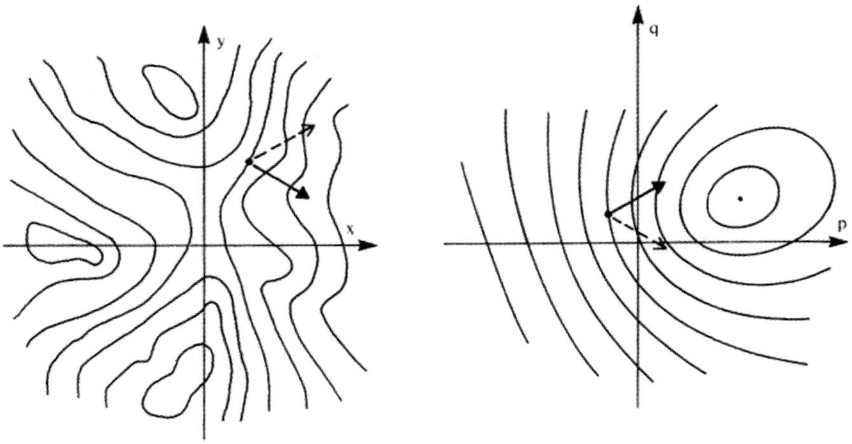

图 11.6　令人感到奇怪的是，在迭代求解过程中，$p-q$ 空间中所"迈出去"的一小步的方向，平行于：图像 $E(x,y)$ 的**梯度**；而 $x-y$ 空间中所"迈出去"的一小步的方向，平行于：**反射图** $R(p,q)$ 的**梯度**。

$(p,q)^T$）。

为了得到整个曲面，我们必须将所有的**特征"带子"**合并在一起。（要得到）每一个**特征"带子"**，我们都必须给定一个起始点，作为：式(11.34)中的常微分方程组的初始条件。如果我们给定一条**初始曲线**，并且，这条**初始曲线**上的任意"一小段"，都不和任意一条**特征曲线**平行，那么，我们可以得到一个关于曲面的解。在初始曲线上，我们可以通过**图像辐照方程**：

$$E(x,y)=R(p,q), \tag{11.35}$$

以及，z 沿着曲线的（已知的）**方向导数**，来求得 p 和 q 的初始值。例如，我们假设：**初始曲线**是以参数 η 的形式给出的，即：$x(\eta)$、$y(\eta)$ 和 $z(\eta)$，那么，沿着这条曲线，我们有：

$$\frac{\partial z}{\partial \eta}=p\frac{\partial x}{\partial \eta}+q\frac{\partial y}{\partial \eta} \tag{11.36}$$

我们所导出的是：求解一阶偏微分方程的**特征"带子"扩充方法**[①]。

[①] 我们通过一个简单的例子来说明这个问题，考虑：一个关于函数 $f(x,t)$ 的偏微分方程 $\partial f/\partial t=-k\partial f/\partial x$。我们现在来考虑一个特殊的情况：求函数 $f(x,t)$ 沿着：$x-t$ 空间中的某一条特殊直线 $x=kt+C$ 的值 $f(kt+C,t)$。于是，我们可以得到：$df/dt=\partial f/\partial t+(\partial f/\partial x)(dx/dt)=\partial f/\partial t+k\partial f/\partial x=0$。因此，沿着直线 $x=kt+C$，函数 $f(kt+C,t)$ 的值为常数，这个值由初始值 $f(C,0)$ 所确定。常数 C 取不同的值，我们得

在我们的情况中，相应的偏微分方程为：**图像辐照方程**，它是一个一阶偏微分方程（可能是一个非线性的偏微分方程）。

图 11.7 所示的是：一张人脸的数字图像（图 11.7(a)），带有**特征基**的人脸图像（图 11.7(b)），以及，带有被恢复出的（曲面）形状的**等高线**图的人脸图像（图 11.7(c)）。

11.3 奇异点

通常情况下，我们只有物体的图像，而并没有被给定**初始曲线**。在缺失这个附属信息的情况下，我们还能获得多少关于物体形状的信息呢？是否存在：可以直接判断出曲面**朝向**的点？假设：$R(p,q)$ 在点 (p_0,q_0) 处有唯一的孤立最大值，也就是说：对于所有的点 $(p,q)\neq(p_0,q_0)$，都有：

$$R(p,q) < R(p_0,q_0) \tag{11.37}$$

同时假设：在图像中的某一点 (x_0,y_0) 处，$E(x_0,y_0)=R(p_0,q_0)$，那么显然，在点 (x_0,y_0) 处，曲面的**梯度**值 (p,q) 等于 (p_0,q_0)，并且，只有该点处的**梯度**值等于 (p_0,q_0)。于是，我们似乎可以从这个点开始，进行求解过程。这个点被称为：**奇异点**。不幸的是，在 $R(p,q)$ 的最大值处，其偏导数 R_p 和 R_q 都等于零，因此，$\dot{x}$ 和 $\dot{y}$ 都等于零，这使得：解始终“停留”在**奇异点**处而无法向前移动。解决这个问题的一种方法是：在奇异点处“放置”一个“小帽子”，然后，从这个“小帽子”的边缘处，开始求解过程。我们将在下一节中展示这种方法。

11.4 奇异点附近的幂级数

为了观察**奇异点**附近的情况，首先让我们来考虑如下的**反射图**：

$$R(p,q)=\frac{1}{2}(p^2+q^2) \tag{11.38}$$

对于这种情况，我们有唯一的孤立最小值。假设：在（像平面上的）原点处有一个**奇异点**，使得 $E(0,0)=0$，那么，在原点处，$(p,q)=$

到一组直线，这组直线“组成了”了整个 $x-t$ 空间。因此，我们可以将**特征线**（或**特征“带子”**）方法总结为：将一个偏微分方程分解为一组（无穷多个）常微分方程；每一个常微分方程只在：原空间中的某一个子空间上（例如：平面中的直线）进行求解；所有这些子空间“拼合”在一起，构成了原空间；因此，所有这些常微分方程的解“拼合”在一起，就构成了偏微分方程的解。— **译者注**

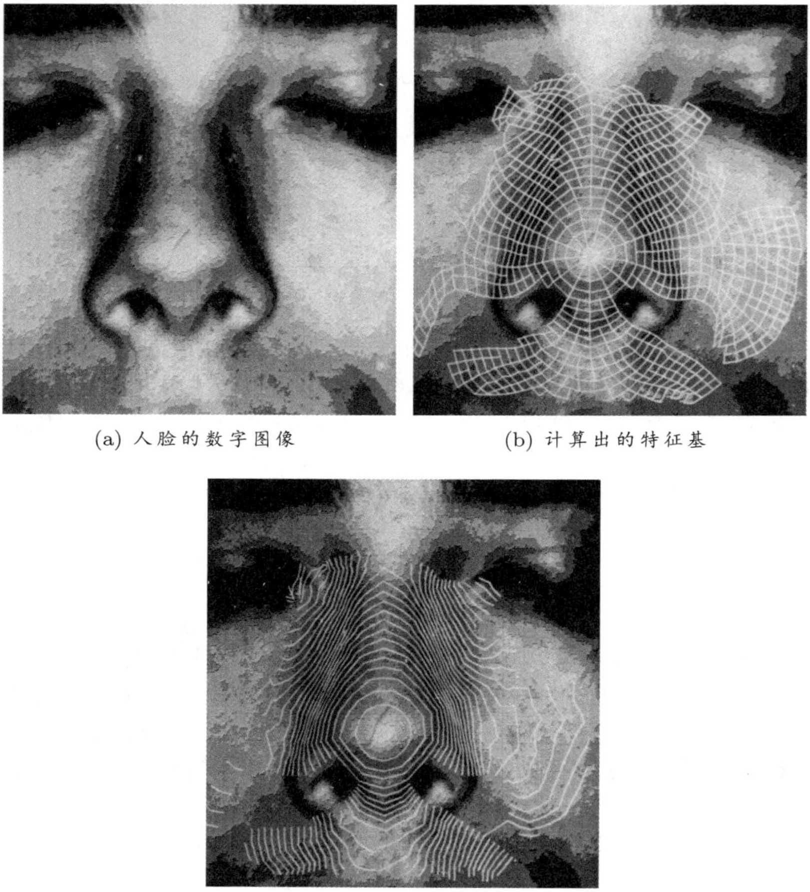

(a) 人脸的数字图像　　(b) 计算出的特征基

(c) 计算出的等高线

图 11.7　这里，我们用：从明暗恢复形状（shape-from-shading）的方法，来恢复鼻子的形状。(a) 是一张（经过粗略的量化处理后的）灰度图像，作为程序的输入；(b) 所显示的是：灰度图像以及计算出的特征基；(c) 所显示的是等高线，它是依据特征曲线上各个点的“高度”而计算出来的。

(0,0)。假设曲面足够光滑，我们将 z 展开成：关于 x 和 y 的幂级数（注意，该幂级数中不包含：关于 x 和 y 的一阶项，因为 $(p,q)=(0,0)$）。如果我们同时忽略原点附近的更高阶项，那么，我们可以得到：

$$z = z_0 + \frac{1}{2}(ax^2 + 2bxy + cy^2) \tag{11.39}$$

因此，

$$p = ax + by \quad \text{并且} \quad q = bx + cy \tag{11.40}$$

将上式带入反射图的公式（即：式(11.38)）中，我们可以得到：

$$E(x,y) = \frac{1}{2}(a^2 + b^2)x^2 + (a+c)bxy + \frac{1}{2}(b^2 + c^2)y^2 \tag{11.41}$$

我们的任务是，根据：所给定的原点附近的图像亮度、以及图像亮度的**梯度**，确定出：相应的参数 a、b 和 c。在我们进行求解之前，首先，我们观察到：曲面

$$z = z_0 - \frac{1}{2}(ax^2 + 2bxy + cy^2) \tag{11.42}$$

所产生的**明暗模式**，和式(11.39)所产生的**明暗模式**完全相同。因此，我们知道：至少存在两组关于曲面形状 $z(x,y)$ 的解。

图像亮度的梯度为：

$$\begin{aligned} E_x &= (a^2 + b^2)x + (a+c)by \\ E_y &= (a+c)bx + (b^2 + c^2)y \end{aligned} \tag{11.43}$$

因此，正如我们所预料的，在原点（即：$(x,y) = (0,0)$）处，图像亮度的**梯度** $(E_x, E_y)^T = (0,0)^T$。因此，我们无法使用图像亮度的梯度，来恢复出：原点处的物体表面的形状。对式(11.43)再次求导，我们可以得到：关于三个未知数 a、b 和 c 的三个方程，即：

$$E_{xx} = a^2 + b^2, \quad E_{xy} = (a+c)b, \quad E_{yy} = b^2 + c^2 \tag{11.44}$$

含有三个未知数的三个二次多项式方程，最多有 8 组解。但是，式(11.44)中的三个方程具有特殊的形式，正如我们在习题11.10中将证明的，式(11.44)共有 4 组解。

在任何一种情况中，给出这些局部解中的其中一个，我们都能够构建出一个小的“帽子”。“帽子”区域的**边界**就形成了：**特征“带子”扩充方法**中的初始“带子”，因为，在“帽子”的边界上，p、q 和 z 都是已知的。同时注意：由于在“帽子”的边界上，R_p 和 R_q 不为零，因此，求解过程可以顺利地进行下去。

我们可以将上面的分析推广到如下情况：1) **奇异点**不在原点，2) 具有旋转对称性的其他形式的**反射图**。这提供了一种：以**奇异点**附近的点作为初始点的求解方法。一个可能存在的问题是：可能存在多个不同的形状，它们会产生相同的**明暗**，因为，关于**奇异点**附近的幂级数系数的非线性方程组（即：式(11.44)），可以有多个解。

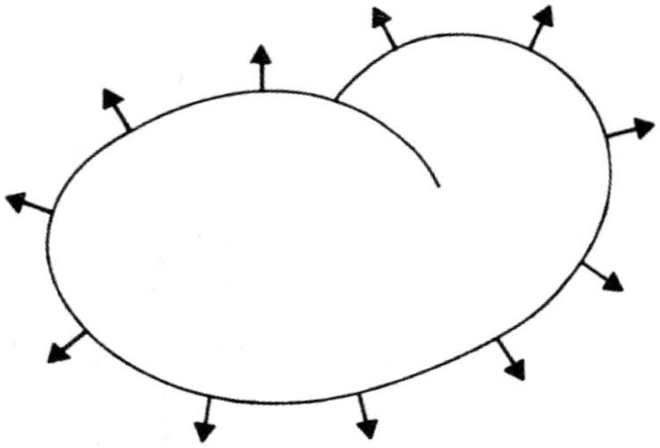

图 11.8　对于**从明暗恢复形状**（shape-from-shading）问题的解，**闭合边界**提供了一个非常重要的约束条件，也就是说，所求得的解的曲面**朝向**，必须和（物体）**轮廓**处的曲面**朝向**匹配起来。

11.5 闭合边界

曲面上，除了**奇异点**以外，还有其他什么点，其曲面**朝向**是已知的？如果曲面是光滑的，那么，其**轮廓**同样提供了非常有用的信息（如图 11.8 所示）。**闭合边界**是曲面上的曲线，它在像平面上的投影，就是物体的**轮廓**。闭合边界上的点的**朝向**是已知的，这是因为，对于**闭合边界**上的某一个点，其切平面包含：1) 指向观测者的方向，以及，2)图像轮廓上的对应点的切线。换句话说，**闭合边界**上的点的**法向量**平行于像平面，并且，垂直于图像的**轮廓**。

对**闭合边界**所提供的信息，所存在的唯一问题是：在**闭合边界**处，曲面的斜率为无穷大。因此，我们无法使用**闭合边界**来作“**初始曲线**”，进而使用**特征“带子”扩充方法**进行求解。但是，可以证明，如果**反射图**是：一个关于 p 和 q 二次函数的严格单调函数，那么，对于某一包含简单**闭合轮廓**的**明暗图**，它所对应的物体表面形状是唯一的。反过来，如果反射图是关于 p 和 q 的线性函数，那么，有无穷多个曲面可以生成同一个**明暗图**。在很多情况下，**明暗**及其辅助信息可以被用来：唯一地判定物体表面的形状；但是，不幸的是，在一些情况下，**明暗**及其辅助信息还不足以：唯一地确定物体的表面形状。例如，在没有其他信息的情况下，仅根据物体表面某一个“小块”的**明暗**，我们无法判定物体表面的局部形状。

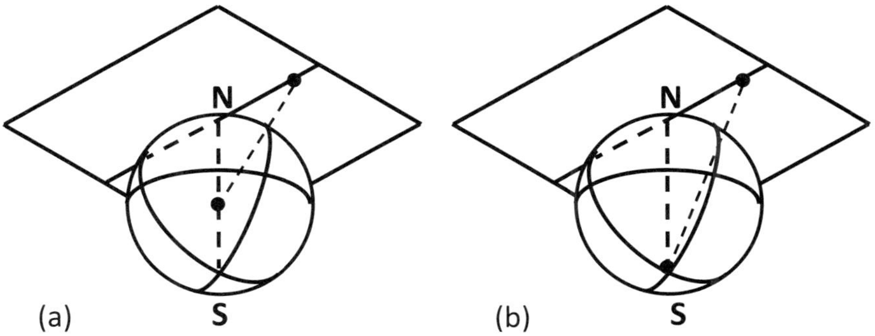

图 11.9 由于 Gauss 球上的一个点，确定了空间中的一个方向，因此，我们可以将**反射图**“画”在 Gauss 球上。(a) 通常，我们将 Gauss 球的上半球面，投影到一个无穷大的平面上，这个平面被称为：**梯度空间**。如果我们想要处理物体的**闭合边界**，另一种投影方式将会更有用一些。(b) 这里，除了球面上的一个点以外，整个球面都被投影到了一个平面上。这个平面被称为：**立体图平面**。（本图取自：S. Ullman 和W. Richards 所编辑的、由Ablex出版公司出版的书籍《*Image Understanding*》[1984] 中由 Woodham 所写的章节。本图的使用得到了原书出版社的许可）

11.6 球极投影

曲面“小块”的**朝向**有两个自由度。给定梯度 (p,q) 以后，我们可以确定曲面的**朝向**。此外，我们还可以使用**单位向量** $\widehat{\boldsymbol{n}}$，来表示曲面的**朝向**。在前面的章节中，我们曾经使用 Gauss 球来表示：曲面**法向量**所指的方向。使用 Gauss 球本身并不是很方便，因为它的表面是弯曲的。这正是为什么我们通常要将它投影到一个平面，从而得到**梯度空间**的原因（如图 11.9(a)所示）。

考虑：一条平行于 z 轴，并且，贯穿整个 Gauss 球的轴，我们可以用球心作为投影中心，将球的上半球面（即：“北半球”）投影到：经过球的“北极”的切平面上。这种投影方法被称为：**球心投影**。容易证明：球面上的点被投影到切平面上以后，投影点的坐标为[①]：$(-p,-q)$。**梯度空间**（即：球心投影中的切平面）的不足之处在于：如果我们想避免“混淆”，那么，我们只能对“北半球”进行投影。通常，我们只关注：朝向观测者的**曲面元**（即：曲面“小块”），它们对应于：“北半球”上的点。但是，在有些情况下，我

①参见习题10.6。投影点的坐标应该为 $(-p,-q,1)$，$z-$ 轴坐标恒为 1，因此，我们只需使用前两个坐标 $(-p,-q)$ 即可。注意：切平面和我们前面提到的**梯度空间**之间的对应关系。— **译者注**

们还需要用到"南半球"。例如，在一个场景中，光源从物体的后方照过来，那么，我们需要使用"南半球"上的点，来表示光源的方向。这个例子使我们看到了：使用**梯度空间**方法所面对的另一个难题。闭合边界上的曲面小块的朝向对应于 **Gauss 球**的"赤道"，而"赤道"在**梯度空间**中的投影为无穷远。

避免这些难题的一种方法是使用：**球极投影**[1]。这里，我们仍然将球面投影到：过"北极"的切平面上，但是，我们将投影中心选为：南极（如图 11.9(b)所示）。除了南极以外，球面上所有的点都被（唯一地）投影到了切平面上。"赤道"被投影为：切平面上的一个半径为 2 的圆。我们用 f 和 g 来表示：（通过**球极投影**所得到的）**立体图空间**的坐标。在习题11.13 中，我们将证明：

$$f = \frac{2p}{1+\sqrt{1+p^2+q^2}} \quad \text{并且} \quad g = \frac{2q}{1+\sqrt{1+p^2+q^2}} \tag{11.45}$$

反过来，

$$p = \frac{4f}{4-f^2-g^2} \quad \text{并且} \quad q = \frac{4g}{4-f^2-g^2} \tag{11.46}$$

球极投影是 **Gauss 球**的**共形映射**，也就是说，**Gauss 球面**上的角被映射为：**立体图平面**上的、相同大小的角。这是**球极投影**的一大优点，但是，**球极投影**的一个缺点是：当我们使用**立体图坐标**来表述有些公式时，公式的形式会变得非常复杂。

11.7 松弛方法

特征"带子"扩充方法的实现过程存在很多问题，其中包括：对测量噪声的**灵敏度**很高。在对微分方程进行数值积分的过程中，由于微小误差的积累，可能会使得：相邻的**特征曲线**相交在一起。因此，我们必须使用一些特殊的方法，来防止出现这种情况。同样，**特征"带子"扩充方法**使得我们很难利用：关于闭合边界上的曲面**朝向**的已知信息。最后，该方法既没法导出相应的生物学机制，也没有并行化的实现方法。（求解**图像辐照方程**的）一种更好的方法是：使

---

[1] 术语stereographic projection 直译应为：立体图投影，词缀stere的意思是solid（立体的）。但是，这个术语被更广泛地译为：球极投影。结合这里的内容，将其称为："南极"投影，显得更为贴切。但是，将stereographic projection直译应为：立体图投影，容易和后面的术语：立体图空间（stereographic space）和立体图坐标（stereographic coordinates）联系在一起的。本书中，我们使用术语：球极投影，但是，需要注意的是，后面的术语**立体图空间**和**立体图坐标**指的是：球极投影中，过"北极"的切平面，以及该切平面中的坐标系。— **译者注**

用迭代方法，这种迭代方法非常类似于：用于求解二阶椭圆偏微分方程的有限差分法。这种迭代算法将立刻提供出：一种使用**闭合边界**以及其他附加信息的方法。

11.7.1 连续情况下的最小化

我们的目标是：找到两个函数 $f(x,y)$ 和 $g(x,y)$，这两个函数应该使得：**图像辐照方程**

$$E(x,y) = R_s(f,g) \tag{11.47}$$

成立，其中 R_s 是：用**立体图坐标**表示的**反射图**。此外，我们还想要：让 $f(x,y)$ 和 $g(x,y)$ 成为两个光滑曲面。在许多“测量”光滑性的方法中，我们选择：抑制 f 和 g 发生过快变化的那一种。因此，我们尝试最小化下面的积分：

$$e_s = \iint_I ((f_x^2 + f_y^2) + (g_x^2 + g_y^2))dxdy \tag{11.48}$$

其中，f_x、f_y 和 g_x、g_y 分别表示：f 和 g 分别关于 x 和 y 的偏导数。我们也可以使用其他的方法，来度量曲面的“不光滑”程度。这些方法可能会导出不同的算法。

到目前为止，我们试图在 f 和 g 严格满足**图像辐照方程**的约束下，尽可能地最小化 e_s。但是，在测量**图像辐照强度**，以及，确定**反射图**的过程中，都会产生误差。因此，我们并不要求 $E(x,y) = R_s(f,g)$，而是尝试：最小化误差

$$e_i = \iint_I (E(x,y) - R_s(f,g))^2 dxdy \tag{11.49}$$

于是，我们将要最小化 $e_s + \lambda e_i$，其中，参数 λ 调节着：1) 图像**辐照强度**的测量误差，2) 解的“光滑”程度之间的相对权重关系。如果**图像辐照强度**的测量结果非常精确，那么，我们应该选择大的 λ 值，反之，如果在**图像辐照强度**的测量结果中，包含很大的噪声，那么，我们应该选择小的 λ 值。最小化如下形式的积分：

$$\iint_I F(x,y,f_x,f_y,g_x,g_y)dxdy \tag{11.50}$$

是一个**变分问题**（参见附录A.6）。其对应的 **Euler 方程**为：

$$F_f - \frac{\partial}{\partial x}F_{f_x} - \frac{\partial}{\partial y}F_{f_y} = 0 \tag{11.51}$$

$$F_g - \frac{\partial}{\partial x}F_{g_x} - \frac{\partial}{\partial y}F_{g_y} = 0 \tag{11.52}$$

其中，F_f 是指：F 关于 f 的偏导数，在我们的具体问题中，

$$F = (f_x^2 + f_y^2) + (g_x^2 + g_y^2) + \lambda(E(x, y) - R_s(f, g))^2 \tag{11.53}$$

而我们的目标是：最小化关于 F 的积分式(11.50)。对于我们的问题，**Euler 方程**（即：式(11.51)和(11.52)）被具体化为：

$$\nabla^2 f = -\lambda(E(x, y) - R_s(f, g))\frac{\partial R_s}{\partial f} \tag{11.54}$$

$$\nabla^2 g = -\lambda(E(x, y) - R_s(f, g))\frac{\partial R_s}{\partial g} \tag{11.55}$$

其中，

$$\nabla^2 = \frac{\partial^2}{\partial x^2} + \frac{\partial^2}{\partial y^2} \tag{11.56}$$

表示 **Laplace 算子**。我们所得的结果（即：式(11.54) 和(11.55)）是一对**二阶椭圆偏微分方程**。一旦给出了：f 和 g 在**轮廓**上的值，我们就可以使用迭代方法，对式(11.54)和(11.55)进行求解。

11.7.2 离散情况下的最小化

我们可以通过两种方式，来得到相应的数值算法：

(1) 对上一节中得到的偏微分方程组（即：式(11.54)和(11.55)），进行离散近似求解。

(2) 直接对积分（即：式(11.50)）所对应的离散形式，进行优化。

对于不习惯**变分法**的读者，方法**(2)**可能更容易被接受。我们可以假设：在点 (i, j) 处，函数的“不光滑”程度为：

$$\begin{aligned} s_{i,j} = \frac{1}{4}((f_{i+1,j} - f_{i,j})^2 + (f_{i,j+1} - f_{i,j})^2 \\ +(g_{i+1,j} - g_{i,j})^2 + (g_{i,j+1} - g_{i,j})^2 \end{aligned} \tag{11.57}$$

而在点 (i, j) 处，**图像辐照方程**的误差为：

$$r_{i,j} = (E_{i,j} - R_s(f_{i,j}, g_{i,j}))^2 \tag{11.58}$$

其中，$E_{i,j}$ 表示：在像平面上的**格栅**点 (i, j) 处，**图像辐照强度**的测量结果。我们所要寻找的是：使得整体误差

$$e = \sum_i \sum_j (s_{i,j} + \lambda r_{i,j}) \tag{11.59}$$

最小的数集 $\{f_{i,j}\}$ 和 $\{g_{i,j}\}$。整体误差 e 关于 $f_{k,l}$ 和 $g_{k,l}$ 的偏导数分别为：

$$\frac{\partial e}{\partial f_{k,l}} = 2(f_{k,l} - \overline{f}_{k,l}) - 2\lambda(E_{k,l} - R_s(f_{k,l}, g_{k,l})\frac{\partial R_s}{\partial f} \tag{11.60}$$

$$\frac{\partial e}{\partial g_{k,l}} = 2(g_{k,l} - \overline{g}_{k,l}) - 2\lambda(E_{k,l} - R_s(f_{k,l}, g_{k,l})\frac{\partial R_s}{\partial g} \tag{11.61}$$

其中，$\overline{f}$ 和 $\overline{g}$ 分别表示：f 和 g 的**局部平均值**，即：

$$\overline{f}_{i,j} = \frac{1}{4}(f_{i+1,j} + f_{i-1,j} + f_{i,j+1} + f_{i,j-1}) \tag{11.62}$$

$$\overline{g}_{i,j} = \frac{1}{4}(g_{i+1,j} + g_{i-1,j} + g_{i,j+1} + g_{i,j-1}) \tag{11.63}$$

在求导过程中，我们要小心！因为，在式(11.59)中，包含 $f_{k,l}$ 的表达式有四项，同样，包含 $g_{k,l}$ 的表达式也有四项。我们引入新的下标 k 和 l，是为了避免：和式(11.59)中的下标 i 和 j 发生混淆。我们通过：令 e 的偏导数（即式(11.60)和(11.61)）等于零，来寻找极值。对所得结果做进一步整理，我们可以得到如下的迭代求解方法：

$$f_{k,l}^{n+1} = \overline{f}_{k,l}^{n} + \lambda(E_{k,l} - R_s(f_{k,l}^n, g_{k,l}^n)\frac{\partial R_s}{\partial f} \tag{11.64}$$

$$g_{k,l}^{n+1} = \overline{g}_{k,l}^{n} + \lambda(E_{k,l} - R_s(f_{k,l}^n, g_{k,l}^n)\frac{\partial R_s}{\partial g} \tag{11.65}$$

在迭代过程中，对于每一个**格栅**点，使用：1) f 和 g 的旧的值，以及，2) 根据这些旧的值所求得的 $R_s(f,g)$、$\partial R_s/\partial f$ 和 $\partial R_s/\partial g$，我们可以计算出：f 和 g 的新的值。

可以证明，如果满足下面三个条件，即：1) λ 足够小；2) 使用合适的边界条件；3) 使用局部平均值 $\overline{f}$ 和 $\overline{g}$ 来估计 $R_s(f,g)$ 的两个偏导数；那么，我们可以得到一个稳定的求解过程。

我们可以使用其他不同的方式，来对上面所给出的简单迭代方法（即：式(11.64) 和11.65）进行改进和提高。例如，我们可以使用更加精确的公式，来逼近：**Laplace 算子**对 f 和 g 的处理结果（即：$(f_{k,l} - \overline{f}_{k,l})$ 和 $(g_{k,l} - \overline{g}_{k,l})$）。此外，我们还可以使用：

$$\begin{aligned}\overline{f}_{i,j} =& \frac{1}{5}(f_{i+1,j} + f_{i-1,j} + f_{i,j+1} + f_{i,j-1}) \\ &+ \frac{1}{20}(f_{i+1,j+1} + f_{i-1,j-1} + f_{i-1,j+1} + f_{i+1,j-1})\end{aligned} \tag{11.66}$$

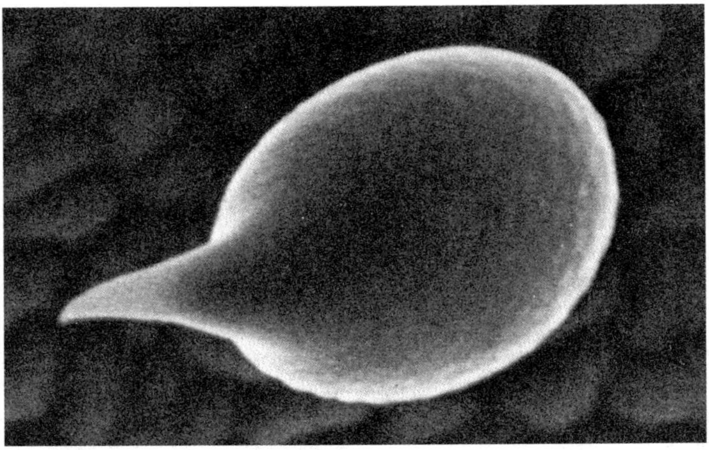

图 11.10　大麻的花中的一滴很小的油脂粒。（本图取自：David Scharf 所写的、由 Schocken 图书公司 1977 年出版的书籍《*Magnification—Photography with the Scanning Electron Microscope*》。本图的使用得到了原书出版社的许可）

和

$$\overline{g}_{i,j} = \frac{1}{5}(g_{i+1,j} + g_{i-1,j} + g_{i,j+1} + g_{i,j-1}) + \frac{1}{20}(g_{i+1,j+1} + g_{i-1,j-1} + g_{i-1,j+1} + g_{i+1,j-1}) \tag{11.67}$$

来计算 f 和 g 的**局部平均值**。根据式(11.66)，我们可以得到下面的（用来计算**局部平均值**的）**模板**：

$$\frac{1}{20}\begin{array}{|c|c|c|}\hline 1 & 4 & 1 \\ \hline 4 & & 4 \\ \hline 1 & 4 & 1 \\ \hline \end{array} \tag{11.68}$$

图 11.10 所示的是：通过电子扫描显微镜所得到的、一滴很小的油脂粒的图像。为了使用：**从明暗中恢复形状**的迭代算法，我们必须知道**反射图**。对于经过二次激发的电子所生成的图像，一个常用模型是：亮度和入射角的正割 $\sec\theta_i$ 成比例。使用这个模型，我们计算出的物体表面的形状（即："小块"的**朝向**）如图 11.11 所示。

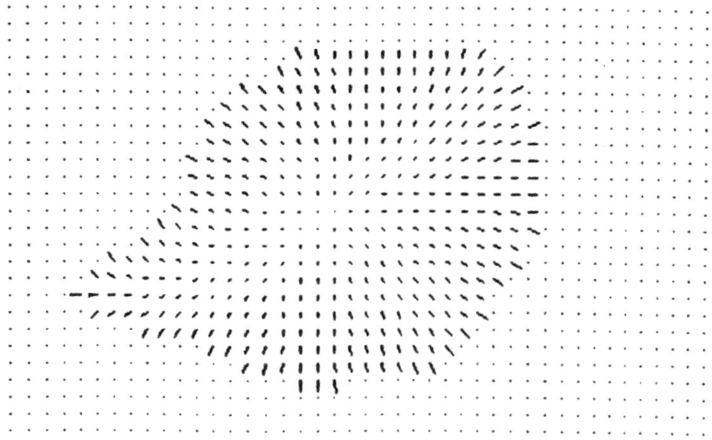

图 11.11 通过迭代方法得到的**针状图**，我们假设**反射图**为 $\sec\theta_i$（事实上，我们是在更加精细的**格栅**上，来求解曲面的**朝向**的。在这里，为了显示的清楚，我们对计算结果进行了从新采样）。本**针状图**是：对图 11.10中的油滴粒的表面形状的估计（本图由 Katsushi Ikeuchi 友情提供）。

11.7.3 应用于：光度立体视觉

使用**光度立体视觉**方法所计算出的、（曲面上的）相邻点上的梯度值，可能并不一致。即使是在物体表面是一个平面的情况下，由于测量误差，所估计出来的物体表面的**朝向**，也可能发生波动。如果我们知道物体表面是光滑的，那么，我们可以使用：这一章中所提出的方法，来提高：**光度立体视觉**方法所得到结果①。

如果通过**光度立体视觉**方法，总共生成了 n 张图像，那么，我们可以通过最小化下式中的总误差，即：

$$e = \iint_I ((f_x^2 + f_y^2) + (g_x^2 + g_y^2))dxdy + \sum_{i=1}^{n} \lambda_i \iint_I (E_i(x,y) - R_i(f,g))^2 dxdy \tag{11.69}$$

来求解该问题。其中，E_i 是第 i 张图的亮度测量结果；而 R_i 是其对应的**反射图**。常数 λ_i 是权重系数，用来调节：**图像辐照方程**的误差和

①**光度立体视觉**是指：根据同一场景在不同光照条件下（或者，光照条件相同，观测角度不同）所得到的多张图像，来推测：被成像物体的表面朝向。详见：第 10 章的内容。— **译者注**

物体“不光滑”程度之间的平衡。如果在不同的光照条件下，所得到的图像亮度值的可靠性不同，那么，式(11.69) 中的这些 λ_i 也不相同。

求解式(11.69)的最小值是一个**变分问题**（参见附录A.6），我们所得到 **Euler 方程**为：

$$\nabla^2 f = -\sum_{i=1}^{n} \lambda_i (E_i(x,y) - R_i(f,g)) \frac{\partial R_i}{\partial f} \tag{11.70}$$

$$\nabla^2 g = -\sum_{i=1}^{n} \lambda_i (E_i(x,y) - R_i(f,g)) \frac{\partial R_i}{\partial g} \tag{11.71}$$

通过其对应的离散方程，我们得出如下的迭代算法：

$$f_{k,l}^{n+1} = \overline{f}_{k,l}^{n} + \sum_{i=1}^{n} \lambda_i (E_{i;k,l} - R_i(f_{k,l}^n, g_{k,l}^n) \frac{\partial R_i}{\partial f} \tag{11.72}$$

$$g_{k,l}^{n+1} = \overline{g}_{k,l}^{n} + \sum_{i=1}^{n} \lambda_i (E_{i;k,l} - R_i(f_{k,l}^n, g_{k,l}^n) \frac{\partial R_i}{\partial g} \tag{11.73}$$

我们可以用：上一章所讨论的**光度立体视觉**方法所得到的结果，来作为：求解 $\{f_{k,l}\}$ 和 $\{g_{k,l}\}$ 的迭代初始值。使用这组初始值可以保证算法很快收敛。

11.8 从针状图中恢复景深

很多机器视觉方法，包括：**光度立体视觉**，都使用**针状图**来表示曲面的形状信息。**针状图**所给出的是：每个图像单元（即：像素点）所对应的曲面“小块”的**朝向**。在一些情况下，我们可能想用不同的方法来表示曲面。通常情况下，**深度图**是一个不错的选择。**深度图**所给出的是：曲面相对于某一参考平面的高度。

一旦给定：$z(x,y)$ 关于 x 和 y 的偏导数 p 和 q，我们就可以通过：沿着平面内任意一条曲线的积分

$$z(x,y) = z(x_0,y_0) + \int_{(x_0,y_0)}^{(x,y)} (pdx + qdy) \tag{11.74}$$

来恢复出 $z(x,y)$。在实际应用中，p 和 q 是从含有噪声的图像数据中复原出来的，并且，复原方法也并不“完美”。因此，积分式(11.75) 可能依赖于：对积分路径的选取。事实上，沿着闭合路径（如图 11.12 所示）的积分有可能不为零。既然 p 和 q 都为已知，那么，我们所得到的信息，比我们所需要的多。这提示我们应该使用：**最小二乘方**

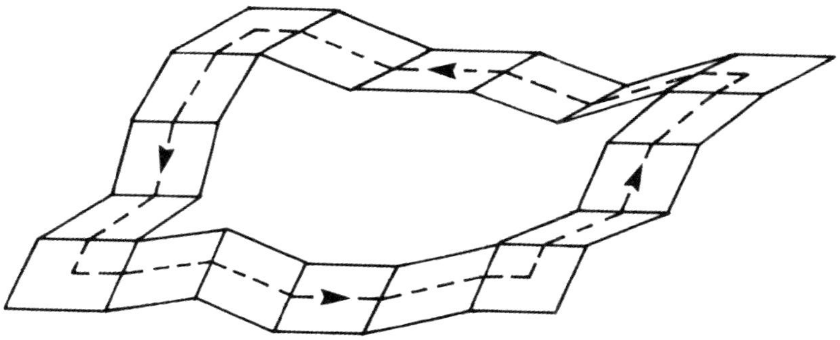

图 11.12 如果已知物体表面的**朝向**，那么，我们可以通过：沿着图像上的曲线做积分，来确定：物体表面相对于某一参考面的高度。出于一致性的约束，曲面的**梯度**沿着任意一条闭合曲线的积分，都应该为零。这是因为：沿着单值曲面上的某一条闭合曲线"走一圈"，回到出发点后，所走过的高度的总的变化量为零。

法，来得到这个曲面。该曲面最好地拟合了：关于曲面梯度的"不完美"的估计值。例如，我们可以让我们所选择的曲面，最小化下面的误差（能量）：

$$\iint_I (z_x - p)^2 + (z_y - q)^2 dxdy \tag{11.75}$$

其中，p 和 q 为给定的关于**梯度**分量的估计值；而 z_x 和 z_y 为：最佳拟合曲面的偏导数。同样，这个问题也是一个**变分问题**。我们需要最小化如下的积分形式：

$$\iint F(z, z_x, z_y)dxdy \tag{11.76}$$

相应的 **Euler 方程**为：

$$F_z - \frac{\partial}{\partial x}F_{z_x} - \frac{\partial}{\partial x}F_{z_y} = 0 \tag{11.77}$$

对于我们的问题（即：式(11.75)），F 的表达式为：

$$F = (z_x - p)^2 + (z_y - q)^2 \tag{11.78}$$

将上式代入式(11.77)，我们可以得到：

$$-2\frac{\partial}{\partial x}(z_x - p) - 2\frac{\partial}{\partial x}(z_y - q) = 0 \tag{11.79}$$

我们可以将上式进一步整理为：

$$\nabla^2 z = p_x + q_y \tag{11.80}$$

上式和我们的"直觉"是相符的，因为，对于我们所希望得到的曲面，其 **Laplace 算子**处理结果一定等于[1]：$p_x + q_y$，而这正是：给定数据所提供的对 **Laplace 算子**处理结果的一个估计。通常，我们还需要知道：待求解区域的边界情况。对于下面的积分形式：

$$\iint F(z, z_x, z_y)dxdy \tag{11.81}$$

其**自然边界条件**（参见附录 A.6）为：

$$F_{z_x}\frac{dy}{ds} - F_{z_y}\frac{dx}{ds} = 0 \tag{11.82}$$

其中，s 是沿着边界的弧长参数。注意：$(dx/ds, dy/ds)^T$ 正好是边界点上的切向量。对于我们的情况，式(11.82)被具体化为：

$$(z_x - p)\frac{dy}{ds} - (z_y - q)\frac{dx}{ds} = 0 \tag{11.83}$$

我们可以将上式进一步写为：

$$(z_x, z_y)^T \cdot \left(\frac{dy}{ds}, -\frac{dx}{ds}\right)^T = (p, q)^T \cdot \left(\frac{dy}{ds}, -\frac{dx}{ds}\right)^T \tag{11.84}$$

其中，“·”表示两个向量的**内积**，而向量：

$$\left(\frac{dy}{ds}, -\frac{dx}{ds}\right)^T \tag{11.85}$$

正好是：边界曲线上的点 $(x(s), y(s))^T$ 处的**法向量**。式(11.84) 是非常合理的，因为它描述的是：对于我们所希望得到的曲面，其边界上的点的**法向导数**应该等于：从数据中计算出来的**法向导数**。

我们可以用迭代方法来求解这个方程（即：式(11.80)）。同样的，我们可以使用如下两种方法：

(1) 使用方程（即：式(11.80)）的离散近似形式，例如有限差分；

(2) 直接对：原始的、关于误差能量的积分式(11.75)，使用离散近似形式，然后，对其进行最小二乘分析。

方法**(2)**可以避免使用**变分法**。我们可以使用一些简单的方法来生成边界值。例如，我们首先沿着 $x-$ 轴对 $p(x, 0)$ 做积分，从而得到一条边界；然后，再从 $x-$ 轴上的某一个点 x_0 开始，沿着 $y-$ 轴方向对 $q(x_0, y)$ 做积分（当然，这种粗糙方法并不会产生一个非常好的曲面）。

[1]注意：(p, q) 为梯度，也就是说，$p = z_x$，$q = z_y$，因此，$p_x + q_y = z_{xx} + z_{yy}$。这提供了：一个关于最佳拟合曲面的约束条件。— **译者注**

11.9 本章参考文献

在 Wells 的书《*Scanning Electron Microscopy*》[1974] 中，讨论了电子扫描显微镜。在由 Kessel 和 Kardon 所编著的《*Tissues and Organs: a Text–Atlas of Scanning Electron Microscopy*》[1979] 以及由 Scharf 所编著的《*Magnifications—Photography with the Scanning Electron Microscope*》[1977] 中，我们可以找到许多由电子扫描显微镜所生成的有趣图片。

介绍偏微分方程的书籍也有很多，其中包括：Carrier 和 Pearson 所写的《*Partial Differential Equation: Theory and Technique*》[1976]；Courant 和 Hilbert 所写的著作《*Methods of Mathematical Physics*》(卷2) [1962]。但是，在 Garabedian 的著作《*Partial Differential Equations*》[1964] 中包含了：和本章所讨论的一阶偏微分方程最相关的内容。

在很多书籍中，我们都可以找到关于变分法的详细介绍，这其中包括：Courant 和 Hilbert 的著作《*Methods of Mathematical Physics*》(卷1) [1953]，以及，Weinstock 的著作《*Calculus of Variations: With Applications to Physics & Engineering*》[1974]。在本章的一些练习题中，我们使用**正则化**技术，将一个“病态问题”变成了一个“良态问题”。在 Tikhonov 和 Arsenin 所写的书《*Solutions of Ill–Posed Problems*》[1977] 中，讨论了**正则化**问题。

一直以来，人们希望通过：从地球表面的天文望远镜中所看到的月球图像，来确定月球的表面形状。至少是在我们发送探测器（后来运送人）到月球上去之前，人们非常关注这个问题。相对于地球和月球之间的距离，月球的半径和地球的半径很小，因此，我们是从同一个方向来对月球进行观测的。出于这个原因，在这种情况下，我们无法采用**双目立体视觉**方法来估计月球的表面形状。天文学家使用阴影来估计：月球表面火山口的凸起部分。文献 Van Digellen [1951] 首次提出了使用阴影来进行估计的可能性，但是，他只在曲面倾斜方向和光源方向相同的情况下，做了一些启发式的估计。文献 Rindfleisch [1962] 开发了一个复杂的积分方法，用以估计（月球的）轮廓形状，这些轮廓就是本章中所说的**特征线**。Rindfleisch 用到了 Fesenkov 等人所开发的光度测量模型（参见文献 Fesenkov [1962]）。

文献 Horn [1970,1975a] 给出了**从明暗复原形状**（shape-from-shading）问题的通解。后来，文献 Horn[1977] 使用**反射图**重新给出了这个问题的解。文献 Woodham [1979, 1981, 1984] 使用 **Hesse 矩阵**作为工具，对这个问题进行了杰出的分析和讨论。

文献 Horn [1970] 提出了一种方法，该方法通过格栅上的并行迭代算法，来求解这个问题。这个方法和 Horn 后来计算光照的方法（参见文献 Horn [1974]）非常相似。Strat 直到 1979 年才首次提出这种方法（参见文献 Strat [1979]），但是，这种方法无法处理遮挡边界，因为，该方法用到了曲面朝向参数的梯度。文献 Ikeuchi & Horn [1981] 回顾了该问题，并且，引入了立体图坐标系；他们通过引入"不光滑项"作为约束，从而解决了遮挡边的问题，该方法现在又被称为：**正则化**方法。要了解视觉中的其他并行计算方法，请参阅文献 Ballard, Hinton & Sejnowshi [1983]。要解决使用正则化方法来处理病态问题的内容，请参阅文献 Poggio & Torre [1984]。

不幸的是，Ikeuchi 和 Horn 的方法最终并不能保证：所得到的针状图是可积的。文献 Horn & Brooks [1985] 通过：使用曲面法向量来表示曲面的朝向，弥补了这个缺陷。在 Horn 和 Brooks 的工作中，他们避免了使用正则化项。

我们也可以通过：纹理的梯度或者其他一些规则的模式，来计算物体表面的形状。这方面的内容请参阅文献 Horn [1970]；Bajcsy & Lieberman [1976]；Witkin [1981] 和 Ikeuchi [1984]。和使用图像的明暗比起来，使用纹理的方法要简单一些，因为，对于每一个像素点来说，使用纹理的方法获取了更多的信息。

绝大多数从明暗复原形状（shape-from-shading）需要给定反射图。人们做了一些尝试，希望在没有具体给出反射图的详细信息的情况下，复原出物体的表面形状。例如，文献 Pentland [1984] 试图提取出局部信息。不可避免地，这样做需要很强的假设，例如：曲面是一个球面。局部方法所得到的解并不是唯一的，因为，根据文献 Bruss [1981, 1982, 1983] 和 Brooks [1982]，我们知道：奇异点和闭合边提供了很强的约束条件，只通过考虑图像小区域中的明暗，是无法得到这些约束条件的。完全了解反射图的全部信息和完全不知道反射图之间的一种折中是：使用受参数控制的反射图。例如，在使用某些特定的假设条件下，从图像中复原出光源的位置是可能的。这方面的文献请参阅 Pentland [1982]；Lee [1983] 和 Brooks & Horn [1985]。

在不知道图像辐照方程的细节信息的情况下，我们也能够看出：明暗和物体表面形状之间的一些联系。这方面的内容，请参阅文献 Koenderink & van Doorn [1980]。图像中，物体的轮廓提供了大量的信息。文献 Marr [1977] 考虑了：只通过闭合轮廓来复原物体表面的形状信息。文献 Stevens [1981] 考虑了：通过物体表面的一些轮廓来复原出物体表面的形状。

关于光在物体表面层的相互反射的问题，人们进行了大量的研究。经典的物体表面模型要么过于复杂，从而使得我们只能求得数值解；要么过于简单，从而使得其没有太大实际用途。文献 Minnaert [1961]改善了：月球表面的光度立体视觉模型。在习题 11.1 中，我们使用了 Minnaert 提出的反射函数。在文献 Torrance & Sparrow [1967] 和 Trowbridge & Reitz [1975] 中，给出了有用的光滑反射模型

11.10 习题

习题 11.1 考虑一个具有**Lambert表面**的球，其球心位于相机的**光轴**上。假设我们所使用的光源是：一个具有单位强度的点光源，并且，（从球心指向光源的）方向为 $(-p_s, -q_s, 1)^T$。

(a) **图像辐照强度** $E(x, y)$ 是多少？我们假设：球的半径为 R：并且，成像过程使用的是**正射投影**模型。

(b) 证明：图像上的**亮度等值线**是由具有相同离心率的椭圆所构成的。
提示： 球面上的**亮度等值线**是什么？

(c) 如果我们假设：球面物质的漫反射性质与月海[1]的漫反射性质相同，那么，图像上的**亮度等值线**将会是什么样子？
提示： 这种情况下，球面上的**亮度等值线**是什么？

习题 11.2 证明：沿着与 $x-$ 轴夹角为 θ 的方向，曲面的切平面的斜率为：

$$m(\theta) = p\cos\theta + q\sin\theta \tag{11.86}$$

请问：上升最快的方向是什么？进一步，我们可以证明：沿着上升最快的方向，其斜率为：

$$m(\theta_s) = \sqrt{p^2 + q^2} \tag{11.87}$$

习题 11.3 证明：如果我们使用旋转对称的**反射图**，那么，在原点附近，下面两个曲面：

$$z_1 = 2(x^2 + xy + y^2) \quad \text{和} \quad z_2 = x^2 + 4xy + y^2 \tag{11.88}$$

将生成相同的**明暗**。

---

[1] 月海（maria of moon）是一个天文术语，即：月球表面的阴影部分，组成该部分的轻质沙土和黑暗熔岩被称为：maria。— **译者注**

习题 11.4 在什么条件下，像平面上的**特征基**是一组平行线？也就是说，哪一类**反射图**会产生具有这种特征的结果（不论物体表面是什么形状）？
提示： 要使**特征基**是**直线**，那么，关于**特征“带子”**的方程中的 $\dot{x}$ 和 $\dot{y}$，需要满足什么条件？

习题 11.5 假设**反射图**关于 p 和 q 是线性的，即：

$$R(p,q) = ap + bq + c \tag{11.89}$$

我们有一个关于：简单的、凸的物体表面 $z(x,y)$ 的图像。证明：对于任意可微函数 $g(s)$，曲面：

$$\overline{z} = f(x,y) + g(bx - ay) \tag{11.90}$$

将生成一张相同的图像。曲面 $\overline{z}$ 是否具有相同的**轮廓**？假设：g 的导数是有界的。

习题 11.6 电子扫描显微镜图像有些“特殊性”，因为，和垂直于观测者方向的物体表面“小块”比起来，相对于观测者倾斜的物体表面“小块”要更亮一些。你可能会想：我们只需要对所得到的图像进行“取反”，然后，再将结果“打印”出来，就可以使得所得到的图像更容易被理解。但是，这种想法是不对的。请解释其原因。
提示： 在电子扫描显微镜的图像中，“阴影”部分是暗的。

习题 11.7 这里，我们将探索：**奇异点**的重要作用。**奇异点**可以用来减少**从明暗复原形状**（shape from shading）问题中的不确定性。假设我们有一个**抛物面**，其表达式为：

$$z(x,y) = z_0 + \frac{1}{2}(x^2 + y^2) \tag{11.91}$$

并且，其**反射图**为：

$$R(p,q) = p^2 + q^2 \tag{11.92}$$

(a) 证明：图像的**辐照强度**为：

$$E(x,y) = x^2 + y^2 \tag{11.93}$$

并且，在原点处有一个**奇异点**。

(b) 现在，我们想要说明的是：这里的**图像辐照方程**可以被表示为**极坐标**形式，即：

$$z_r^2 + \frac{1}{r^2} z_\theta^2 = r^2 \tag{11.94}$$

其中，z_r 和 z_θ 分别是：z 关于 r 和 θ 的偏导数。

(c) 现在假设 $z_\theta = 0$，请证明：式(11.94)的解是：一个**抛物面**（例如：式(11.91)）。当然，我们无法确定：解是一个**凸的**抛物面，还是**凹的**抛物面，以及，抛物面和观测者之间的距离。

(d) 现在假设：$z_\theta = k$，证明：在这种情况下，式(11.94) 的解是：

$$z(r) = z_0 \pm \int_{r_0}^{r} \sqrt{t^2 - \frac{k^2}{t^2}}\, dt \tag{11.95}$$

要使上式成立，r 的取值范围是什么？

(e) 求解积分式(11.95)，证明：当 $r_0 = \sqrt{k}$ 时，积分结果为：

$$z(r) = z_0 \pm \frac{1}{2}\left(\sqrt{r^4 - k^2} - k\cos^{-1}\frac{k}{r^2}\right) \tag{11.96}$$

(f) 如果图像中只含有一个**奇异点**，那么，解是唯一的。如果我们只是给出：**奇异点**周围的一个**圆环**上的一部分图像，那么，解是否是唯一的？如果我们所给出的是：不包含**奇异点**的简单连通区域的图像，那么，解是否是唯一的？

习题 11.8 对于倾斜度很小的曲面（即：z_x 和 z_y 都很小），**Gauss 曲率**和**平均曲率**可以被表示为：

$$\kappa_1\kappa_2 \approx z_{xx}z_{yy} - z_{xy}z_{yx} \quad 和 \quad \kappa_1 + \kappa_2 \approx \frac{1}{2}(z_{xx} + z_{yy}) \tag{11.97}$$

请使用 **Hesse 矩阵 H** 来表示：式(11.97)中的两个近似表达式。

习题 11.9 我们可以将曲面 $z(x, y)$ 的 **Gauss 曲率**写为如下形式：

$$\kappa = \frac{z_{xx}z_{yy} - z_{xy}z_{yx}}{(1 + z_x^2 + z_y^2)^2} \tag{11.98}$$

请将上式写为：关于本章中所定义的 p、q、s、r 和 t 的表达式。

直纹面是：由直线在空间中“扫过”的区域所形成的曲面。该直线被称为：**生成（直）线**。过直纹面上的每一个点，我们都能找到：一条位于该直纹面上的切线。该切线就是过这个点的**生成直线**。**（单叶）双曲面**是直纹面的一个典型例子。**可展曲面**是直纹面的一个子类。直观上，对于一个可展曲面，我们可以将它“剪开”，然后，将其“展平”。对于一个可展曲面，其上的一条切线上的所有的点，具有相同的法向量。**柱面**和**锥面**都是可展曲面的例子（如图 11.13 所示）。可展曲面上的每一个点，其 **Gauss 曲率**都为零。

假设：我们所观测的曲面，正好是一个**可展曲面**，证明：我们可以使用局部**明暗**分析，来恢复出曲面的二阶导数。特别地，请证明：

$$r = \frac{E_x^2}{R_pE_x + R_qE_y}, \quad s = \frac{E_xE_y}{R_pE_x + R_qE_y}, \quad t = \frac{E_y^2}{R_pE_x + R_qE_y} \tag{11.99}$$

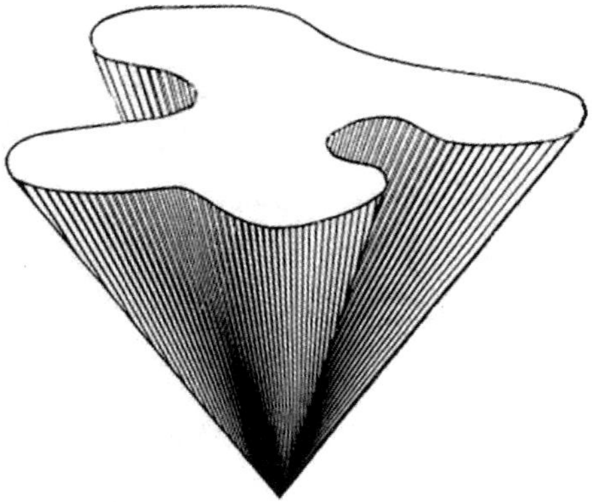

图 11.13　可展曲面（例如：锥面）的 Gauss 曲率处处为零。

习题 11.10 这里，让我们来仔细研究：在一个简单的**反射图**中，**奇异点**附近的情况。假设曲面在原点附近的形状近似为：

$$z = z_0 + \frac{1}{2}(x\ \ y)\begin{pmatrix} a & b \\ b & c \end{pmatrix}\begin{pmatrix} x \\ y \end{pmatrix} \tag{11.100}$$

并且，假设其**反射图**为：

$$R(p,q) = \frac{1}{2}\left(p^2 + q^2\right) \tag{11.101}$$

我们想要严格地确定：1) 关于曲面局部形状的解到底有多少个，以及，2) 这些解之间的相互关系。

(a) 证明：

$$E(x,y) = \frac{1}{2}(x\ y)\begin{pmatrix} a & b \\ b & c \end{pmatrix}^2\begin{pmatrix} x \\ y \end{pmatrix} \tag{11.102}$$

(b) 证明：

$$\begin{pmatrix} E_{xx} & E_{xy} \\ E_{yx} & E_{yy} \end{pmatrix} = \begin{pmatrix} a & b \\ b & c \end{pmatrix}^2 = \begin{pmatrix} a^2+b^2 & (a+c)b \\ (a+c)b & b^2+c^2 \end{pmatrix} \tag{11.103}$$

下一步，我们将在：一个经过旋转后的坐标系中，计算二阶偏导数。假设：

$$\begin{pmatrix} x' \\ y' \end{pmatrix} = \begin{pmatrix} \cos\theta & \sin\theta \\ -\sin\theta & \cos\theta \end{pmatrix}\begin{pmatrix} x \\ y \end{pmatrix} \tag{11.104}$$

为了方便起见，我们将上式中的**旋转矩阵**记为 $\boldsymbol{R}(\theta)$，同时，我们使用简写形式，也就是说，令 $c=\cos\theta$ 和 $s=\sin\theta$。

(c) 证明：

$$\begin{pmatrix} E_{x'x'} & E_{x'y'} \\ E_{y'x'} & E_{y'y'} \end{pmatrix} = \boldsymbol{R}(\theta) \begin{pmatrix} E_{xx} & E_{xy} \\ E_{xy} & E_{yy} \end{pmatrix} \boldsymbol{R}^T(\theta)$$
$$= \begin{pmatrix} c^2E_{xx}+2scE_{xy}+s^2E_{yy} & (c^2-s^2)E_{xy}-sc(E_{xx}-E_{yy}) \\ (c^2-s^2)E_{xy}-sc(E_{xx}-E_{yy}) & s^2E_{xx}-2scE_{xy}+c^2E_{yy} \end{pmatrix} \tag{11.105}$$

提示： 使用链式求导法则。

(d) 证明：式(11.105) 中，矩阵中的非对角线元素 $E_{x'y'}$ 和 $E_{y'x'}$ 等于零的条件为：

$$\tan 2\theta = \frac{2E_{xy}}{E_{xx}-E_{yy}} \tag{11.106}$$

求：$\sin 2\theta$ 和 $\cos 2\theta$ 的表达式。

(e) 证明：

$$\cos^2\theta = \frac{1}{2}\frac{\sqrt{(E_{xx}-E_{yy})^2+4E_{xy}^2}+(E_{xx}-E_{yy})}{\sqrt{(E_{xx}-E_{yy})^2+4E_{xy}^2}} \tag{11.107}$$

$$\sin^2\theta = \frac{1}{2}\frac{\sqrt{(E_{xx}-E_{yy})^2+4E_{xy}^2}-(E_{xx}-E_{yy})}{\sqrt{(E_{xx}-E_{yy})^2+4E_{xy}^2}} \tag{11.108}$$

由此，我们可以进一步得到：

$$E_{x'x'} = \frac{1}{2}\left(E_{xx}+E_{yy}+\sqrt{(E_{xx}-E_{yy})^2+4E_{xy}^2}\right) \tag{11.109}$$

$$E_{y'y'} = \frac{1}{2}\left(E_{xx}+E_{yy}-\sqrt{(E_{xx}-E_{yy})^2+4E_{xy}^2}\right) \tag{11.110}$$

提示： 在第 3 章的习题 3.5中，我们研究过：关于 2×2 的实对称矩阵的**特征值**和**特征向量**的问题。

(f) 证明：在旋转后的坐标系中，我们可以找到一个：不含“交叉项”的二阶多项式，也就是说，我们可以将 z 表示为：

$$z=a'(x')^2+b'(y')^2 \tag{11.111}$$

请问：a' 和 b' 的表达式是什么（请使用：a、b 和 c 来表示）？

(g) 我们想要根据：图像亮度的二阶导数的观测值，来确定曲面的形状。请证明：恰好有四个不同形状的曲面，它们的图像符合我们所得到的观测值。请问：它们之间的关系是什么？

提示：解的 **Gauss 曲率**是什么？

习题 11.11　一个具有二阶连续偏导数的曲面 $z(x,y)$，必须满足**可积分条件**，即：

$$\frac{\partial^2 z}{\partial x \partial y} = \frac{\partial^2 z}{\partial y \partial x} \tag{11.112}$$

或者，$p_y = q_x$。本章所提出的**从明暗恢复形状**的迭代算法，并没有保证这一点。假设你想要通过：选择两个合适的函数 $p(x,y)$ 和 $q(x,y)$，来最小化亮度误差：

$$\iint_I (E(x,y) - R(p,q))^2 dxdy \tag{11.113}$$

同时，满足**可积分条件** $p_y = q_x$。

(a) 证明：式(11.113)以及约束条件 $p_y = q_x$，所对应的 Euler 方程为：

$$\begin{cases} (E(x,y) - R(p,q))R_q = -\lambda_x \\ (E(x,y) - R(p,q))R_p = +\lambda_y \end{cases} \tag{11.114}$$

其中，λ 是 **Lagrange 函数**，并且，

$$R_p = \frac{\partial R}{\partial p}, \quad R_q = \frac{\partial R}{\partial q}, \quad \lambda_x = \frac{\partial \lambda}{\partial x}, \quad \lambda_y = \frac{\partial \lambda}{\partial y} \tag{11.115}$$

(b) 根据式(11.114)，我们可以进一步推导出：函数 $p(x,y)$ 和 $q(x,y)$ 必须满足下式，即：

$$\begin{aligned} &((E-R)R_{pp} - R_p^2)p_x + ((E-R)R_{pq} - R_pR_q)(p_y + q_x) \\ &+ ((E-R)R_{qq} - R_q^2)q_y = E_xR_p + E_yR_q \end{aligned} \tag{11.116}$$

以及约束条件 $p_y = q_x$。

提示：为了消去**Lagrange乘子**，我们让式(11.114)中的两个等式，分别对 y 和 x 求偏导数。

(c) 证明：如果我们通过选择合理的函数 $z(x,y)$ 最小化下式：

$$\iint_I (E(x,y) - R(z_x, z_y))^2 dxdy \tag{11.117}$$

那么，我们所得到的 **Euler 方程**和式(11.116)相同。

习题 11.12　现在，让我们从另一个角度来探索上一题。我们想要通过：选择两个合适的函数 $p(x,y)$ 和 $q(x,y)$，来最小化亮度误差能量与

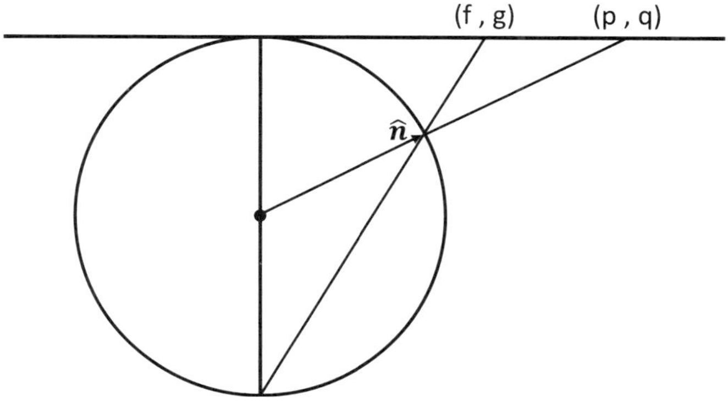

图 11.14 球面的**横截图**，原图包括：Gauss 球以及经过 Gauss 球的**北极**的切平面，用一个经过**球心**、**南极**和**北极**的平面与原图相交，就得到了这个**横截图**。**球心投影**通过：连接球心和球面上的点的射线来实现；而**球极投影**通过：连接球的“南极”和球面上的点的射线来实现。

导数项（即：由**可积分条件**所得到的约束项）的和，即：

$$\iint_I \left((E(x,y) - R(p,q)^2 + \lambda(p_y - q_x)^2\right) dxdy \tag{11.118}$$

(a) 这种方法与上一题的方法有什么不同？

提示：注意，本题中的 λ 是一个常数。

(b) 证明：式(11.118)所对应的 **Euler 方程**为：

$$\begin{aligned}(E(x,y) - R(p,q))R_q &= \lambda(q_{xy} - p_{yy}) \\ (E(x,y) - R(p,q))R_p &= \lambda(p_{xy} - q_{xx})\end{aligned} \tag{11.119}$$

(c) 请根据：关于二阶偏导数 p_{yy} 和 q_{xx} 的**中心差分**方法，设计出：求解式(11.119)的数值算法。

习题 11.13 本题中，我们将探索Gauss 球的**立体图投影**。图 11.14 所示的是 Gauss 球的横截面。我们通过图 11.14 来理解**球心投影**和**球极投影**。

(a) 证明：**球极投影**和**球心投影**之间的关系为：

$$f = \frac{2p}{1 + \sqrt{1 + p^2 + q^2}} \quad 和 \quad g = \frac{2q}{1 + \sqrt{1 + p^2 + q^2}} \tag{11.120}$$

(b) 证明：

$$p = \frac{4f}{4 - f^2 - g^2} \quad 和 \quad q = \frac{4g}{4 - f^2 - g^2} \tag{11.121}$$

(c) 进一步，我们用**球极投影**来表示**可积分条件** $p_y = q_x$。证明：

$$f_y(4 + f^2 - g^2) - g_x(4 - f^2 + g^2) + 2fg(g_y - f_x) = 0 \tag{11.122}$$

习题 11.14 证明：

$$\nabla \times (-p, -q, 1)^T = \mathbf{0} \tag{11.123}$$

其中，$\nabla \times \boldsymbol{n}$ 被称为：向量 $\nabla \times \boldsymbol{n}$ 的**旋度**。

提示： 首先证明：

$$(-p, -q, 1)^T = \nabla(z_0 - z(x, y)) \tag{11.124}$$

其中，$\nabla f(x, y, z)$ 是函数 $f(x, y, z)$ 的**梯度**，即：

$$\nabla f = \left(\frac{\partial f}{\partial x}, \frac{\partial f}{\partial y}, \frac{\partial f}{\partial z}\right)^T \tag{11.125}$$

习题 11.15 假设：通过使用**从明暗恢复形状**的方法，我们已经计算出了**离散针状图** $\{(p_{ij}, q_{ij})\}$。现在，我们希望通过**针状图**来复原出曲面的形状 $\{z_{i,j}\}$。为了实现这个目的，我们通过：选择合适的 $\{z_{i,j}\}$，来最小化：

$$\sum_{i=1}^{n}\sum_{j=1}^{m}(z_x - p_{ij})^2 + (z_y - q_{ij})^2 \tag{11.126}$$

我们使用如下的差分格式：

$$z_x = \frac{1}{2h}(z_{i,j+1} - z_{i,j} + z_{i+1,j+1} - z_{i+1,j}) \tag{11.127}$$

$$z_y = \frac{1}{2h}(z_{i+1,j} - z_{i,j} + z_{i+1,j+1} - z_{i,j+1}) \tag{11.128}$$

来对偏导数进行近似估计。注意，这种估计方法是对：连接在一起的 4 个相邻像素点的**公共角点**的（一阶偏导数的）无偏估计，而不是对：某个像素点的**中心点**的（一阶偏导数的）无偏估计。证明：式(11.126)取得极值的必要条件是

$$\frac{1}{h}(4z_{k,l} - (z_{k+1,l-1} + z_{k-1,l+1} + z_{k+1,l+1} + z_{k-1,l-1})) =$$

$$(p_{k,l-1} - p_{k,l} + z_{k-1,l-1} - p_{k-1,l}) + (q_{k,l-1} - q_{k,l} + q_{k-1,l-1} - q_{k-1,l}) \tag{11.129}$$

请将这个结果和：本章第 11.8 节中用变分法得到的连续情况的结果，进行比较。

习题 11.16 到目前为止，我们的前提假设是：光源的位置是已知的，而物体表面的形状是未知的。有时候，我们可能会遇到这样的情况：我们知道物体的表面形状，但是，不知道光源的位置（或方向）。现在假设：1) 被成像物体的表面是一个 **Lambert 表面**，并且，2) 该表面被远处的单点光源所照射。我们如何找到：点光源的方向 $\boldsymbol{s}$？

(a) 我们可以最小化：观测到的图像亮度与预测出的图像亮度之差的平方的积分，即：

$$\iint_I (E(x,y) - \boldsymbol{n}(x,y)\cdot \boldsymbol{s})^2 dxdy \tag{11.130}$$

(b) 证明：式(11.130)的最优解 $\boldsymbol{s}$ 满足：

$$\iint_I E\boldsymbol{n}dxdy = \left[\iint_I \boldsymbol{n}\boldsymbol{n}^T dxdy\right]\boldsymbol{s} \tag{11.131}$$

其中，$\boldsymbol{n}\boldsymbol{n}^T$ 是一个 3×3 的矩阵，被称为向量 $\boldsymbol{n}$ 和它自身的**并向量积**。

(c) 由此，我们可以求得：未知的光源位置，即：

$$\boldsymbol{s} = \left[\iint_I \boldsymbol{n}\boldsymbol{n}^T dxdy\right]^{-1}\left(\iint_I E\boldsymbol{n}dxdy\right) \tag{11.132}$$

(d) 请根据上面的分析，设计出合理的离散求解方法。

提示： 将上式中的积分变为求和。

(e) 要保证：通过**并向量积**求得的矩阵①是一个**非奇异矩阵**，我们（至少）需要对物体表面上的多少个点进行测量？

提醒： 这个问题比本题中的其他问题要难。

(f) 如果一个曲面的图像亮度和 $\sqrt{\cos\theta_i/\cos\theta_e}$ 成正比，那么，我们是否能够使用本题中的方法来进行求解？

提示： 这种情况下，最小化：观测到的图像亮度与预测出的图像亮度的差，可能不是很方便。我们可以换一个方法，即：最小化一个“相关的”量，从而使得我们易于对所得到的方程做进一步处理。

---

①即：式(11.131)中的矩阵 $\left[\iint_I \boldsymbol{n}\boldsymbol{n}^T dxdy\right]$。此外，对于这一问，你可能会用到线性代数中的一个重要结论：当且仅当矩阵 $\mathbf{A}$ 中所有的行**线性无关**时，矩阵 $\mathbf{A}\mathbf{A}^T$ 才是可逆的（也称**非奇异的**）。— **译者注**

第 12 章　运动场和光流

从**时变图像**中，我们可以提取出很多信息。对一张图像进行解释已经是一个很困难的任务了，因此，在一开始的时候，对于处理**图像序列**，我们可能会感到望而却步。尽管如此，奇怪的是，有些信息却更容易从**图像序列**中提取出来。当相机和被成像物体之间存在相对运动时，在物体所成的图像的序列中，我们所观测到的亮度模式的明显的运动，被称为**光流**。本章中，我们将介绍：对于给定的图像序列，如何计算光流。我们将**光流**和**运动场**（一个纯粹的几何学的概念）进行对比，然后，我们推导出了：一个关于光流的约束方程，这个方程描述了：**图像梯度**和**光流速度**之间的关系。注意：**图像梯度**是针对图像中的某一点（或该点附近的**局部小区域**）而言的，因此，这里所讨论的光流速度是一个**局部量**。我们发现：恢复出局部光流速度是不可能的！因此，要恢复光流速度，我们需要添加附加信息。提供附加信息的一种方法是：给出关于被成像物体的表面性质的假设。在满足“光流的变化是光滑的”这个假设条件的情况下，我们推导出了求解**光流**速度的迭代方法。

即使是在物体表面发生形变的情况下，**光流**仍然是一个有用的概念。在一些特殊的情况下（例如物体做**刚体运动**），**光流**具有非常明显的特点。在第17章中，我们将探索**无源导航**，在这个问题中，我们需要同时恢复出：1) 相机与固定环境之间的相对运动，2) 被成像物体的表面形状。我们在讨论**无源导航**时，会将**光流**作为中间结果。

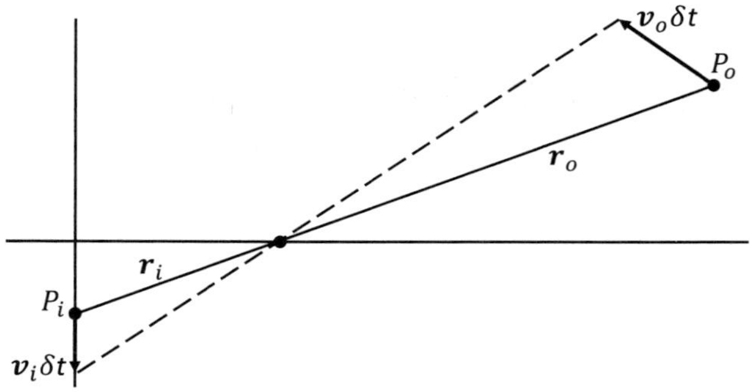

图 12.1　环境中某一点的移动，将会导致：其对应的图像上的点发生移动。对**透视投影**公式求导，我们可以得到：环境中的点和其对应的图像上的点之间的速度关系。

12.1 运动场

当物体在相机前面运动，或者，相机在固定环境中运动时，在物体所成的图像上，会出现相应的变化。这些变化可以被用于：恢复物体和相机之间的相对运动，以及物体的形状。

我们首先定义**运动场**：对于图像中的每一个点，都赋予一个速度向量。在某一个时刻，图像上的一个点 P_i 对应于：物体表面的某一个点 P_o。这两个点之间的关系由投影方程所确定。对于**透视投影**，一条从图像上某一点出发的、经过透镜的射线，将一直延伸到不透明物体的表面（如图 12.1 所示）。

假设物体表面的点 P_o 以速度 $\boldsymbol{v}_o$ 相对相机运动。P_o 的运动会引起：其对应的图像上的点 P_i 以速度 $\boldsymbol{v}_i$ 在像平面上运动。假设在时间段 δt 内，物体表面的点 P_o 运动了 $\delta \boldsymbol{r}_o = \boldsymbol{v}_o \delta t$，那么，它所对应的图像上的点 P_i 运动了 $\delta \boldsymbol{r}_i = \boldsymbol{v}_i \delta t$。因此，它们的运动速度为：

$$\boldsymbol{v}_o = \frac{d\boldsymbol{r}_o}{dt} \quad \text{和} \quad \boldsymbol{v}_i = \frac{d\boldsymbol{r}_i}{dt} \tag{12.1}$$

其中，$\boldsymbol{r}_o$ 和 $\boldsymbol{r}_i$ 之间的关系可以通过**透视投影**方程确定，即：

$$\frac{1}{f'}\boldsymbol{r}_i = \frac{1}{\boldsymbol{r}_o^T \widehat{\boldsymbol{z}}}\boldsymbol{r}_o \tag{12.2}$$

透视投影方程两边对 t 求导，可以得到：

$$\frac{1}{f'}\boldsymbol{v}_i = \frac{(\boldsymbol{r}_o^T \widehat{\boldsymbol{z}})\boldsymbol{v}_o - (\boldsymbol{v}_o^T \widehat{\boldsymbol{z}})\boldsymbol{r}_o}{(\boldsymbol{r}_o^T \widehat{\boldsymbol{z}})^2} = \frac{(\boldsymbol{r}_o \times \boldsymbol{v}_o) \times \widehat{\boldsymbol{z}}}{(\boldsymbol{r}_o^T \widehat{\boldsymbol{z}})^2} \tag{12.3}$$

本章中，我们不会再用到上式[1]。我们给出式(12.3)的一个重要的目的，是想要说明：对于图像上的每一个点，我们都可以通过式(12.3)赋予该点一个**速度向量**。所有这些速度向量就构成了**运动场**。

物体上的邻近点具有相近的速度，因此，我们可以预测：1) 在图像中的大部分区域上，通过式(12.3)所得到的**运动场**是连续的；2) 只有在和物体的轮廓相对应的图像区域上，才会发生例外的情况，也就是说，**运动场**在这些区域上是不连续的。

12.2 光流

当物体运动时，物体在图像上所产生的**亮度模式**也会发生运动。这种**亮度模式**的明显的运动，被称为**光流**。在我们的想象中，**光流**会对应于某一**运动场**，但是，正如我们接下来要说明的，其实，并不是一定非得这样！

首先，让我们来考虑一个特殊的情况：在成像系统的前面，放置着一个理想的均匀球面，并且，球面在不停地转动着（如图 12.2(a) 所示）。球面是弯曲的，因此，球面所成的图像的亮度（或**明暗**）会发生变化，但是，图像上的这种**亮度**（或**明暗**）的模式，并不会随着球面的转动而发生变化，因此，图像不会随时间而发生变化。在这种情况下，尽管运动场不为**0**（注意，运动场是根据球的运动速度，通过式(12.3) 计算得到的），但是，**光流**却处处为**0**。接下来，让我们来考虑另一种情况：球面是固定的，而光源绕着球面运动（如图 12.2(b) 所示）。图像中的**明暗**会随着光源的移动而变化，因此，**光流**显然不为**0**，但是，**运动场**却为**0**（因为球面的运动速度为**0**）。此外，**虚像**和**阴影**也会导致：**光流**和**运动场**不一致的情况。

对我们来说，我们能（从图像序列中）得到的信息是**光流**，而不是**运动场**。因此，我们不得不依赖于下面的这个事实：除了像我们上面所讨论的特殊情况以外，**光流**和**运动场**的区别并不是很大。这将使得我们可以利用图像的变化，来估计：物体和相机之间的相对运动。

我们上面所说的“图像亮度模式的明显运动”是什么意思？考虑：t 时刻图像上亮度为 E 的某一点 P (如图 12.3 所示)，在 $t+\delta t$ 时刻，它将对应于图像上的哪一点 P'？也就是说，在时间段 δt 内，图像亮

[1] 这里需要指出的是，**光流**被用于：通过图像亮度模式的变化，来反推物体和相机之间的相对运动（参见第 17 章）；而**运动场**（即：式(12.3)）则是：通过物体和相机之间的相对运动，来计算像素点的运动，这和光流要解决的问题正好相反，因此，本章不会再用到式(12.3)。— **译者注**

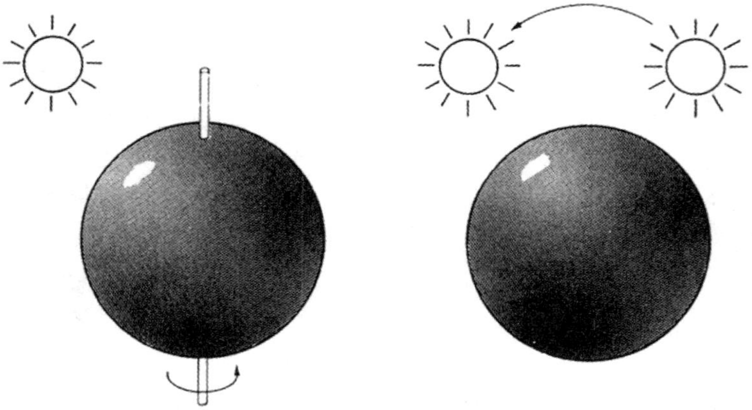

(a) 旋转的球面　　(b) 移动的光源

图 12.2　**光流**并不总是等于**运动场**。图(a)中，光源是固定的，一个光滑的球在不断的转动，在这种情况下，图像并不发生变化，但是，**运动场**却并不为零。图(b) 中，球面是固定的，但是，光源在不断地运动，在这种情况下，图像的**明暗**在不断的变化，但是，**运动场**却为零。

度模式如何运动？通常情况下，P 点附近会有许多：具有相同亮度值的点。如果在图像中的相关区域内，亮度值的变化是连续的，那么点 P 会位于亮度值为 E 的**亮度等值线** C 上。在 $t+\delta t$ 时刻，在 C 的附近，会有一条：亮度值也为 E 的**亮度等值线** C'。但是，点 P 和 P' 分别对应于 C 和 C' 上的哪一点？这个问题是很难回答的，因为，通常情况下，这两条**亮度等值线**甚至连形状都不一样。

因此，我们注意到：我们不能通过变化的图像的**局部**信息，唯一地确定出**光流**。我们也可以通过另一个例子，来将这一个观点说清楚。考虑图像中的一个“小块”，该“小块”的亮度是一个常数，并且，其亮度不随时间而变化，我们可能会认为：这个“小块”的光流“最可能”是处处为0，但是，事实上，这个“小块”内的点可以在这个“小块”内任意自由移动。可见，尽管有多种可能，但是，我们会选择最简单的解释，来对：我们观察到的**变化的图像**（或者，在这个例子中，图像是不变的）进行说明。

令 $E(x,y,t)$ 为：t 时刻点 (x,y) 处的**辐照强度**；令 $u(x,y)$ 和 $v(x,y)$ 分别为：这一点上所对应的**光流**向量在 $x-$轴和 $y-$轴方向的分量，那么，我们期望：在 $t+\delta t$ 时刻，图像上 $(x+\delta x, y+\delta y)$ 处的点具有相同的**辐照强度**，其中，$\delta x = u\delta t$，$\delta y = v\delta t$。这意味着，对于一个很小的

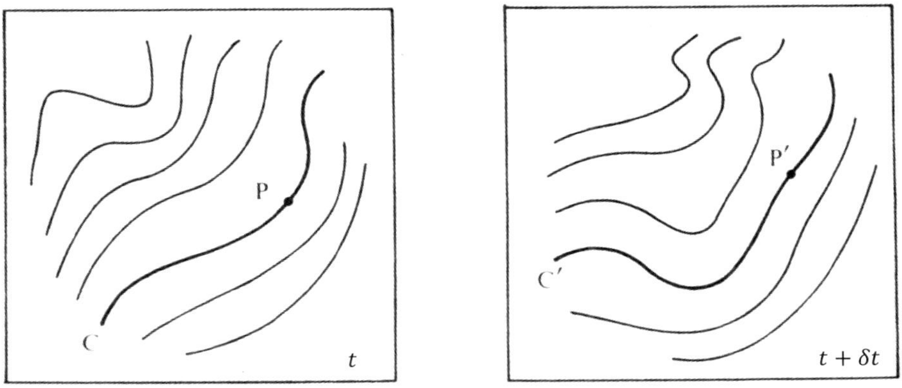

图 12.3 图像亮度模式的明显的运动，是一个很“别扭”的概念。要确定：第二张图像中的**亮度等值线** C' 上的某一点 P' 对应于：第一张图像中的**亮度等值线** C 上的哪一个点 P，并不是一件容易的事。

时间段 δt，如下关系成立：

$$E(x+\delta x, y+\delta y, t+\delta t) = E(x,y,t) \tag{12.4}$$

这一个约束条件并不足以唯一地确定 u 和 v。显然，我们需要用到如下事实①：**向量场**是几乎处处连续的。

如果图像的亮度值关于 x、y 和 t 的变化是光滑的，那么，我们可以将 $E(x+\delta x, y+\delta y, \delta t)$ 展开成 **Taylor 级数**的形式，于是，我们得到：

$$E(x,y,t) + \frac{\partial E}{\partial x}\delta x + \frac{\partial E}{\partial y}\delta y + \frac{\partial E}{\partial t}\delta t + e = E(x,y,t) \tag{12.5}$$

其中，误差项 e 包含：关于 δx、δy 和 δt 的二阶以及高阶误差。消掉式(12.6) 中的 $E(x,y,t)$，然后，等式两边再除以 δt，最后，令 $\delta t \to 0$，于是，我们可以得到：

$$\frac{\partial E}{\partial x}\frac{dx}{dt} + \frac{\partial E}{\partial y}\frac{dy}{dt} + \frac{\partial E}{\partial t} = 0 \tag{12.6}$$

上式正好是：E 关于 t 的全微分方程，即：

$$\frac{dE}{dt} = 0 \tag{12.7}$$

的展开式。我们可以将式(12.6)简写为：

$$E_x u + E_y v + E_t = 0 \tag{12.8}$$

①事实上，这不并不是一个“事实”，而只是一个假设条件。— **译者注**

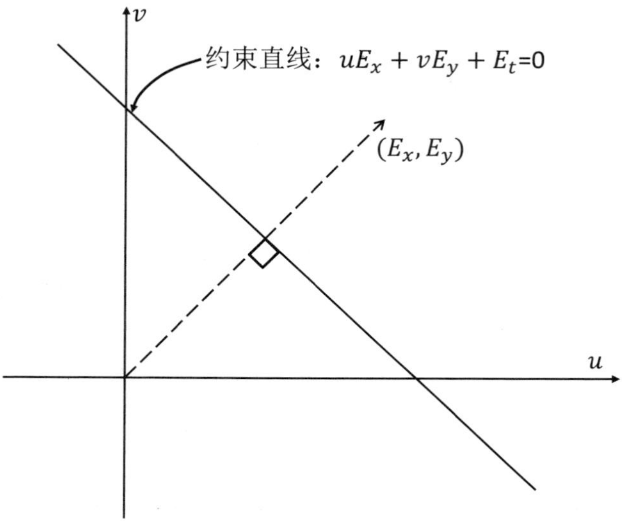

图 12.4　亮度**梯度**的局部信息，以及亮度关于时间的变化率，只提供了：关于**光流**向量的一个约束条件。**光流**向量必须位于：一条和亮度**梯度**垂直的直线上。我们只能确定出：**光流**向量在亮度**梯度**方向上的分量成分；而无法确定出：光流向量在亮度**梯度**的垂直方向上的分量。

式(12.8)被称为：**光流约束方程**。它提供了一个关于**光流** $(u,v)^T$ 的约束条件。偏导数 E_x、E_y 和 E_t 可以从图像中估计出来。式(12.8) 中，

$$u = \frac{dx}{dt}, \quad v = \frac{dy}{dt}, \quad E_x = \frac{\partial E}{\partial x}, \quad E_y = \frac{\partial E}{\partial y} \quad 和 \quad E_t = \frac{\partial E}{\partial t} \tag{12.9}$$

考虑一个由 u 轴和 v 轴所张成的二维空间，我们称这个空间为**速度空间**，如图 12.4 所示。满足**光流约束方程**的光流向量 (u,v) 位于：**速度空间**中的一条直线上。通过对：E_x、E_y 和 E_t 的局部测量结果，我们只能确定出这条直线。我们可以进一步把**光流约束方程**写成如下形式：

$$(E_x, E_y)\cdot(u,v) = -E_t \tag{12.10}$$

其中，“·”表示：两个向量的内积。从上式中，我们可看出：沿着亮度**梯度**方向（即：$\nabla E = (E_x, E_y)^T$）的光流分量的大小为:

$$E_t/\sqrt{E_x^2 + E_y^2} \tag{12.11}$$

但是，我们不能确定**光流**在垂直于图像**梯度**的方向（即**亮度等值线**方向）上的分量的大小。**光流**的这种不确定性也被称为**孔径问题**。

12.3 光流的光滑性

现在，我们要引入附加信息。在第 17 章中，当我们讨论**无源导航**时，我们将假设：我们所处理的物体是**刚体**，那时，我们所需要从**图像序列**中恢复的主要的信息是：相机的**平动**速度和**转动**速度。**刚体运动**是一个很有约束性的假设，它提供了：一个关于解的很有效的约束。但是，在这里，我们希望我们的假设稍微宽泛一些，以使得我们可以对更一般的情况（例如：可以发生形变的弹性物体）进行讨论，

通常，**运动场**在图像中的大部分区域中是均匀变化的。我们将尝试最小化：（所求得的光流的）“不光滑”程度①，即：

$$e_s = \iint \left[(u_x^2 + u_y^2) + (v_x^2 + v_y^2)\right] dxdy \tag{12.12}$$

即：对**光流的梯度的模**的平方的积分。同时，**光流约束方程**的误差：

$$e_c = \iint (E_x u + E_y v + E_t)^2 \, dxdy \tag{12.13}$$

也应该尽可能地小。那么，总的来说，我们应该最小化 $e_s + \lambda e_c$，其中，**权重**系数 λ 用来调节：（所求得的光流估计结果）对于**光流约束方程**的满足程度和对于“光滑性”的符合程度之间的平衡。如果对图像亮度的测量结果很精确，那么参数 λ 应该比较大；如果对图像亮度测量结果中包含很大的噪声，那么，参数 λ 应该比较小。最小化某一积分形式：

$$\iint F(u, v, u_x, u_y, v_x, v_y) \, dxdy \tag{12.14}$$

是一个**变分问题**（参见附录A.6），其对应的 **Euler 方程**为：

$$F_u - \frac{\partial}{\partial x} F_{u_x} - \frac{\partial}{\partial y} F_{u_y} = 0 \tag{12.15}$$

$$F_v - \frac{\partial}{\partial x} F_{v_x} - \frac{\partial}{\partial y} F_{v_y} = 0 \tag{12.16}$$

对于我们所讨论的情况：

$$F = (u_x^2 + u_y^2) + (v_x^2 + v_y^2) + \lambda (E_x u + E_y v + E_t)^2 \tag{12.17}$$

因此，**Euler 方程**的具体形式为：

$$\nabla^2 u = \lambda (E_x u + E_y v + E_t) E_x \tag{12.18}$$

---

①原著中使用的是：a measure of departure from smoothness，直译应该为：“对偏离光滑性的测量结果”，这句话有一点生涩，但是，其想法是明确的，即：我们希望所得到的结果尽可能地光滑。— **译者注**

$$\nabla^2 v = \lambda (E_x u + E_y v + E_t) E_y \tag{12.19}$$

其中 ∇^2 是指 **Laplace 算子**，即：

$$\nabla^2 = \frac{\partial^2}{\partial x^2} + \frac{\partial^2}{\partial y^2} \tag{12.20}$$

我们可以用**迭代方法**来求解这个**二阶椭圆偏微分方程组**。

12.4 填充光流信息

通过观察这个偏微分方程组（即：式(12.18)和(12.19)），我们可以得出一些关于方程组的解的信息。例如，在亮度的梯度为零的地方，偏微分方程组的右边也为零。在这些区域内，u 必须满足 **Laplace 方程**；同样 v 也必须满足 **Laplace 方程**。因此，在不能通过局部测量结果（即：E_x、E_y 和 E_t）来确定**光流**速度的区域内（也就是说，具有相同亮度的区域内），我们可以用：其周围区域的**光流**速度，通过**插值**[①]的方法来确定其**光流**速度。类似的，对于某一条边上的点，我们无法得到：该点上的光流在沿着这条边的方向上的速度分量大小；我们只能使用：该点周围的、沿这条边的方向上的邻近点上的光流速度，通过**插值**的方法，来得到：该点的光流速度。但是，对于这种情况，边的移动本身至少提供了：对**光流**速度在亮度**梯度**方向上的分量的约束。

对于图像中的**角点**（即：两条边的交点），当我们从一个图像单元（即：像素点）变到另一个图像单元时，亮度的**梯度**方向会发生快速变化，因此，**角点**的**光流**能够通过角点的**邻域**完全确定下来。因此，在图像中，**角点**处的**运动信息**是最可靠的，其次，是边上的**运动信息**，最难确定的是：具有相同亮度的图像块的运动信息。让我们来考虑：具有相同**亮度**的矩形区域在某一背景中移动的情况，区域内部的光流信息是通过**角点**和**边**的**光流**填充出来的。

12.5 边界条件

如果一个问题的解存在并唯一，那么这个问题被称为**良性问题**。对于**偏微分方程**来说，除非受到合适的**边界条件**的约束，通常情况

[①] 式(12.18)和(12.19)中含有 **Laplace 算子**，即：某一点和它周围的点之间的关系，因此，我们可以从另一个角度来看待式(12.18)和(12.19)，某一点的光流是通过：周围点的光流，以及，其他一些给定值计算出来。这本身就是一个插值过程。— **译者注**

下，解的个数是无穷多的。因此，只有当给定**边界条件**，从而使得**解唯一**时，由**偏微分方程**所描述的问题才是一个**良性问题**。对于**二阶椭圆线性偏微分方程**，例如：**Poisson 方程**①，如果求解区域是：由一条简单闭合曲线所围成的，那么，给定**边界点**的函数值，是确保**偏微分方程**具有**唯一解**的一种方法。另一种使得解唯一的方法是：给定**边界点**的**法向导数**，即：方程的解在"和边界垂直的方向上"的**方向导数**。高阶微分方程通常需要更多的约束条件，例如，同时给定：**边界点**的函数值和**法向导数**。

当我们使用**变分法**时，我们所给定的**边界条件**，可能是关于：解在**边界**上的变化情况，或者，我们让解在**边界**上自由变化，这种情况称为**自然边界条件**（更多的细节参见附录 A.6）。

在最小化如下积分形式：

$$\iint F(u, v, u_x, v_x, v_x, v_y)dxdy \tag{12.21}$$

的过程中，**自然边界条件**将被转化为：

$$F_{u_x}\frac{dy}{ds} = F_{u_y}\frac{dx}{ds} \quad 和 \quad F_{v_x}\frac{dy}{ds} = F_{v_y}\frac{dx}{ds} \tag{12.22}$$

其中 s 表示：沿着**边界曲线**的**弧长**。垂直于**边界**的**单位向量**为：

$$\widehat{\boldsymbol{n}} = \left(\frac{dy}{ds}, -\frac{dx}{ds}\right)^T \tag{12.23}$$

因此，我们可以将式(12.22)写成：

$$(F_{u_x}, F_{u_y})^T \cdot \widehat{\boldsymbol{n}} = 0 \quad 和 \quad (F_{v_x}, F_{v_y})^T \cdot \widehat{\boldsymbol{n}} = 0 \tag{12.24}$$

的形式。对于我们讨论的情况（即式(12.17)），上式具体为：

$$(u_x, u_y)^T \cdot \widehat{\boldsymbol{n}} = 0 \quad 和 \quad (v_x, v_y)^T \cdot \widehat{\boldsymbol{n}} = 0 \tag{12.25}$$

上式说明：u 和 v 的**法向导数**都为零。

12.6 离散情况

现在，我们可以用**有限差分法**来对式(12.18)和(12.19)进行近似求解。对于不熟悉**变分法**的读者，下面所给出的直接通过**离散情况**进行推导的方法，可能更容易被理解。我们使用格点 (i, j) 及其近邻点的光

①这里的 **Poisson 方程**指的是：式(12.18)和(12.19)。上一小节所介绍的**光流填充算法**的具体实现过程为：**角点**处的光流是可以直接确定下来的，然后，用**角点**的光流来填充：**边**上的点沿着**边**的方向的光流信息，最后，再对图像区域内部的光流信息就行填充。这个过程实际上是：以**角点**和**边上**的光流作为边界条件，来求解偏微分方程组（即：式(12.18) 和(12.19)）的过程。— **译者注**

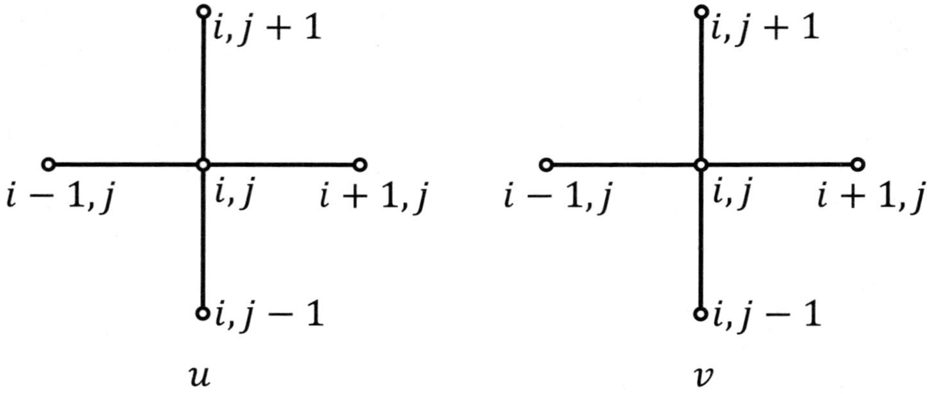

图 12.5　通过近邻点的光流分量的差分，我们可以估计：u 和 v 的一阶偏导数。

流，来进行近似计算（如图 12.5 所示）。我们可以用如下方式：

$$\begin{aligned} s_{i,j} = \frac{1}{4}[(u_{i+1,j} - u_{i,j})^2 + (u_{i,j+1} - u_{i,j})^2 \\ + (v_{i+1,j} - v_{i,j})^2 + (v_{i,j+1} - v_{i,j})^2] \end{aligned} \tag{12.26}$$

来测量：**光流**的“不光滑”程度。而**光流约束方程**的误差为：

$$c_{i,j} = \left(E_x^{i,j} u_{i,j} + E_y^{i,j} v_{i,j} + E_t^{i,j}\right)^2 \tag{12.27}$$

其中，$E_x^{i,j}$、$E_y^{i,j}$ 和 $E_t^{i,j}$ 表示：对**格点** (i,j) 处的**亮度**分别关于 x、y 和 t 的变化率的估计值。我们的目标是：寻找一组 $\{u_{i,j}\}$ 和 $\{v_{i,j}\}$，使得:

$$e = \sum_i \sum_j (s_{i,j} + \lambda c_{i,j}) \tag{12.28}$$

取得**最小值**。上式中的 e 分别对 $u_{k,l}$ 和 $v_{k,l}$ 求偏导，可以得到：

$$\frac{\partial e}{\partial u_{k,l}} = 2\left(u_{k,l} - \overline{u}_{k,l}\right) + 2\lambda\left(E_x^{k,l} u_{k,l} + E_y^{k,l} v_{k,l} + E_t^{k,l}\right) E_x^{k,l} \tag{12.29}$$

$$\frac{\partial e}{\partial v_{k,l}} = 2\left(v_{k,l} - \overline{v}_{k,l}\right) + 2\lambda\left(E_x^{k,l} v_{k,l} + E_y^{k,l} v_{k,l} + E_t^{k,l}\right) E_y^{k,l} \tag{12.30}$$

其中，$\overline{u}$ 和 $\overline{v}$ 分别表示 u 和 v 的局部平均值，即：

$$\overline{u}_{k,l} = \frac{1}{4}\left(u_{k-1,l} + u_{k+1,l} + u_{k,l-1} + u_{k,l+1}\right) \tag{12.31}$$

$$\overline{v}_{k,l} = \frac{1}{4}\left(v_{k-1,l} + v_{k+1,l} + v_{k,l-1} + v_{k,l+1}\right) \tag{12.32}$$

当上式中关于 e 的**偏导数**等于零时，e 取得**极值**。于是，我们可以整理得到：求解**极值**所对应的**方程组**①，即：

$$\left(1+\lambda\left(E_x^{k,l}\right)^2\right)u_{k,l}+\lambda E_y^{k,l}E_x^{k,l}v_{k,l}=\overline{u}_{k,l}-\lambda E_x^{k,l}E_t^{k,l} \tag{12.33}$$

$$\lambda E_y^{k,l}E_x^{k,l}u_{k,l}+\left(1+\lambda\left(E_y^{k,l}\right)^2\right)v_{k,l}=\overline{v}_{k,l}-\lambda E_y^{k,l}E_t^{k,l} \tag{12.34}$$

式(12.33)和(12.34)是一个关于 $u_{k,l}$ 和 $v_{k,l}$ 的**方程组**，该方程组的 2×2 的**系数矩阵**的**行列式**为：

$$1+\lambda\left(\left(E_x^{k,l}\right)^2+\left(E_y^{k,l}\right)^2\right) \tag{12.35}$$

因此，该方程组（即：式(12.33)和(12.34)）的解为：

$$u_{k,l}=\frac{+\left(1+\lambda\left(E_y^{k,l}\right)^2\right)\overline{u}_{k,l}-\lambda E_x^{k,l}E_y^{k,l}\overline{v}_{k,l}-\lambda E_x^{k,l}E_t^{k,l}}{1+\lambda\left(\left(E_x^{k,l}\right)^2+\left(E_y^{k,l}\right)^2\right)} \tag{12.36}$$

$$v_{k,l}=\frac{-\lambda E_y^{k,l}E_x^{k,l}\overline{u}_{k,l}+\left(1+\lambda\left(E_x^{k,l}\right)^2\right)\overline{v}_{k,l}-\lambda E_y^{k,l}E_t^{k,l}}{1+\lambda\left(\left(E_x^{k,l}\right)^2+\left(E_y^{k,l}\right)^2\right)} \tag{12.37}$$

根据上面两式，我们可以立即设计出如下的迭代方法：

$$u_{k,l}^{n+1}=\overline{u}_{k,l}^{n}-\lambda\frac{E_x^{k,l}\overline{u}_{k,l}^{n}+k,lE_y^{k,l}\overline{v}_{k,l}^{n}+E_t^{k,l}}{1+\lambda\left(\left(E_x^{k,l}\right)^2+\left(E_y^{k,l}\right)^2\right)}E_x^{k,l} \tag{12.38}$$

$$v_{k,l}^{n+1}=\overline{v}_{k,l}^{n}-\lambda\frac{E_x^{k,l}\overline{u}_{k,l}^{n}+E_y^{k,l}\overline{v}_{k,l}^{n}+E_t^{k,l}}{1+\lambda\left(\left(E_x^{k,l}\right)^2+\left(E_y^{k,l}\right)^2\right)}E_y^{k,l} \tag{12.39}$$

来进行求解。对于式(12.38)和(12.39)，图 12.6 给出了一个有趣的解释。在某一点 (k,l) 处②，新的**光流**速度 (u,v) 等于：该点周围的点的光流平均值 $(\overline{u},\overline{v})$ 减去一个**调节项**，在**速度空间**中，该调节项沿着：图像亮度的**梯度**方向。

为了实现这个迭代过程，我们需要顾及亮度在空间和时间上的变化。使用格点上的一阶差分，我们可以很容易地计算出这些量（如图 12.7 所示）。在图 12.7 中，指标 i、j 和 k 分别对应于：x、y 和 t 的离散量，我们可以用如下形式来估计**一阶偏微分**，即：

---

①在原著中，本小节的公式中的 E_x，E_y，E_t 并不带有上标，我们将其相应地写为：$E_x^{k,l}$，$E_y^{k,l}$，$E_t^{k,l}$，是想强调：对于每个像素点，都有一个不同的约束方程组。— **译者注**

②事实上，(k,l) 只是一个“索引”，该点的物体位置为$(k\delta x,l\delta y)$。— **译者注**

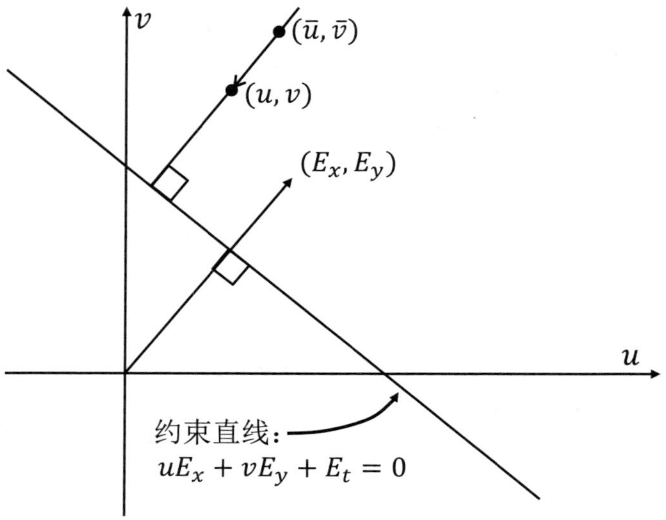

图 12.6　在估计光流的迭代算法中，某一点的新的光流值 (u,v) 等于：该点邻域内的光流平均值 $(\overline{u},\overline{v})$ 减去一个朝着**约束直线**方向的**调节项**。

$$
\begin{aligned}
E_x =&\frac{1}{4\delta x}\left(E_{i+1,j,k}+E_{i+1,j,k+1}+E_{i+1,j+1,k}+E_{i+1,j+1,k+1}\right)\\
&-\frac{1}{4\delta x}\left(E_{i,j,k}+E_{i,j,k+1}+E_{i,j+1,k}+E_{i,j+1,k+1}\right)
\end{aligned}
\tag{12.40}
$$

$$
\begin{aligned}
E_y =&\frac{1}{4\delta y}\left(E_{i,j+1,k}+E_{i,j+1,k+1}+E_{i+1,j+1,k}+E_{i+1,j+1,k+1}\right)\\
&-\frac{1}{4\delta y}\left(E_{i,j,k}+E_{i,j,k+1}+E_{i+1,j,k}+E_{i+1,j,k+1}\right)
\end{aligned}
\tag{12.41}
$$

$$
\begin{aligned}
E_t =&\frac{1}{4\delta t}\left(E_{i,j,k+1}+E_{i,j+1,k+1}+E_{i+1,j,k+1}+E_{i+1,j+1,k+1}\right)\\
&-\frac{1}{4\delta t}\left(E_{i,j,k}+E_{i,j+1+1,k}+E_{i+1,j,k}+E_{i+1,j+1,k}\right)
\end{aligned}
\tag{12.42}
$$

这意味着：要估计图像上某一像素点的**光流速度**，我们需要：该像素点附近邻域内的像素点的亮度值。注意，这里的“附近领域”是针对视频而言的，也就是说，我们所考虑的是：（视频中的）这张图像以及（和这张图像邻接的）下一张图像。

图 12.8 所显示的是：某段一视频中相互邻接的四帧图像，这几张图像记录的是：一个表面覆盖有光滑变化的亮度模式的转动着的球。

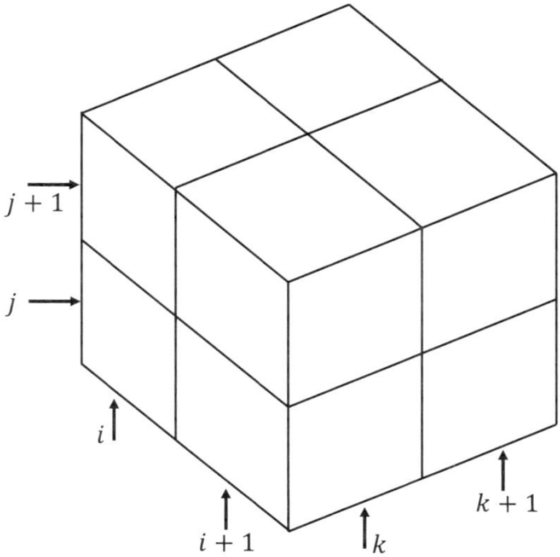

图 12.7 我们可以使用：$2 \times 2 \times 2$ 的**立方体**中的亮度值的**一阶差分**，来近似估计：迭代方法中所需要的**一阶导数**。我们使用：空间上连接在一起的四个图像单元（像素点）在相邻的两帧图像中的**亮度**值，来形成这个 $2 \times 2 \times 2$ 的立方体。

亮度关于空间和时间的变化率的估计结果，被作为输入提供给上面提到的光流迭代算法（即式(12.38)和(12.39)）。

经过 1 步、4 步、16 步和 64 步迭代后的结果如图 12.9 所示。第 1 步迭代的结果受球表面亮度模式的影响很大，经过几步迭代之后，除了球的轮廓部分，估计出的**光流**向量逐渐逼近正确的结果。

作为对比，图 12.10(b)给出了**运动场**[①]。除了球的轮廓部分以外，估计出的**光流**（如图 12.10(a) 所示）和**运动场**之间只有微小的差别。

12.7 光流的不连续

在相互**遮挡**的物体的**轮廓**处，会出现**光流**的不连续（变化）。但是，通过我们前面所讨论的方法（即式(12.38)和(12.39)）所得到的解，在这些**轮廓**区域处会发生**连续**的变化。为了克服这个缺陷，我们必须先将这些**轮廓**区域找出来。这似乎是一个**鸡和蛋的问题**：如果我们

①注意：**运动场**是根据球的运动情况“计算”出来的（参见式(12.3)），而**光流**是根据图像亮度模式的变化**估计**出来的。— **译者注**

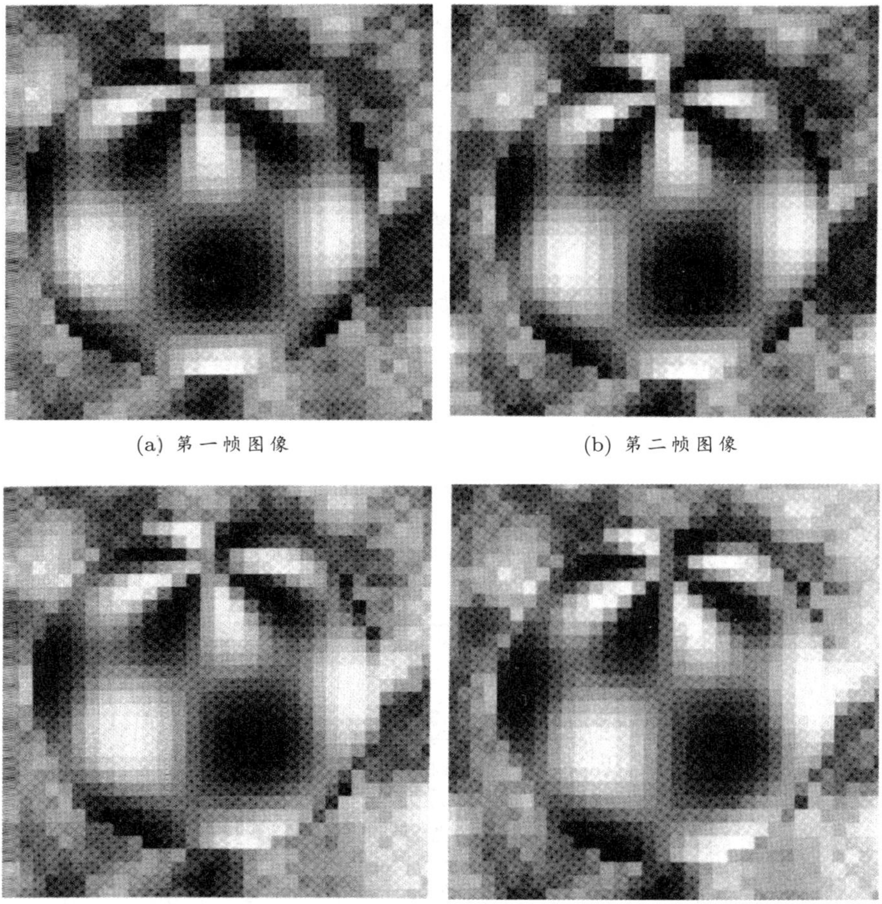

(a) 第一帧图像　(b) 第二帧图像

(c) 第三帧图像　(d) 第四帧图像

图 12.8　**图像序列**中相邻的四帧图像。这个**图像序列**所记录的是：在固定的随机噪声背景下，一个缓慢转动的球。球上覆盖有：光滑变化的亮度模式。我们用**光流**算法来处理像这样的**图像序列**。

有一个好的**光流**估计结果，那么，我们可以通过：查找图像中光流发生快速变化的地方，来实现对图像的分割；另一方面，如果我们可以对图像进行很好的分割，那么，我们将可以得到一个更好的光流估计结果。解决这个问题的方法是：将**图像分割**和**光流**的迭代求解过程结合在一起，也就是说，在每次迭代以后，我们先查找：图像中光流发

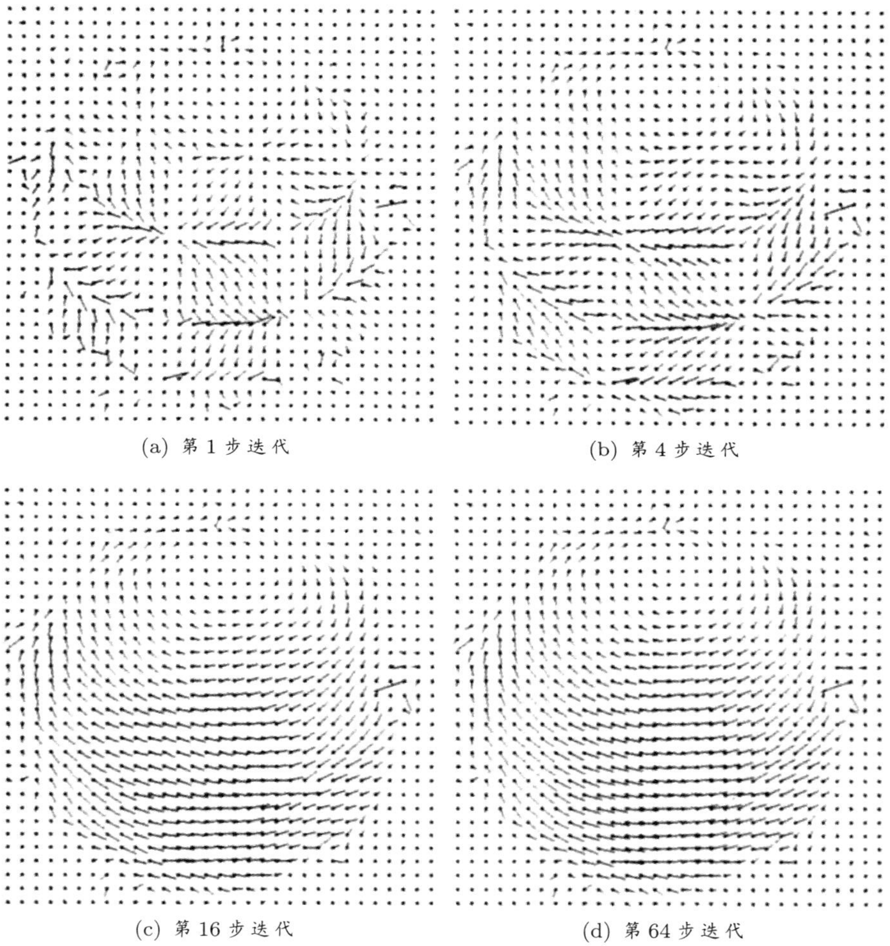

(a) 第 1 步迭代 (b) 第 4 步迭代 (c) 第 16 步迭代 (d) 第 64 步迭代

图 12.9 用针状图表示的光流估计结果。(a)、(b)、(c) 和 (d)所对应的算法迭代次数分别为：1、4、16 和 64。

生快速变化的地方；然后，我们在这些地方做上标记，以避免在下次迭代时，将这些“光流不连续区域”的解光滑地连接在一起。刚开始时，我们将：判断不连续区域的阈值，设得很高，以避免对图像过早地进行分割①；随着光流估计结果越来越好，我们逐渐减小阈值。

①为什么要避免过早地对图像进行分割？这是因为：对图像过早地分割是基于图像

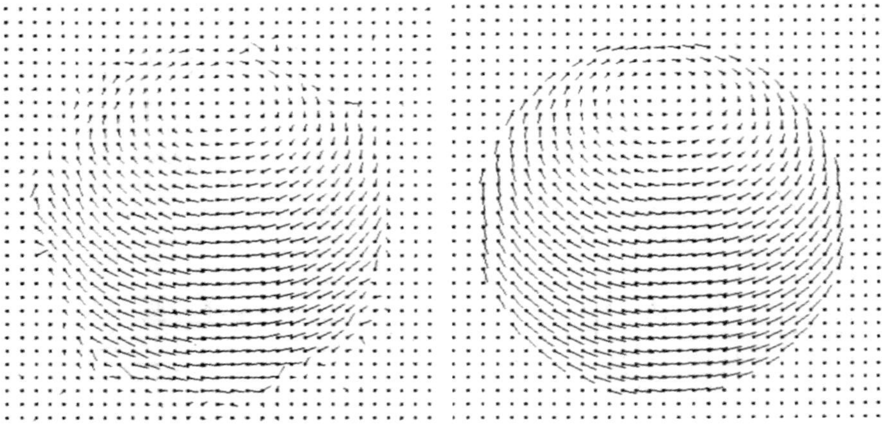

(a) 光流估计结果　　(b) 计算出的运动场

图 12.10　(a) 迭代算法所得到的**光流**估计结果。(b) 根据物体运动计算出来的**运动场**。

对于某些特殊的情况，我们可以分析：关于**光流连续性**的假设的合理程度。一个常见情况是：物体做**刚体运动**，包括：**平动**和**转动**。为了简单，我们这里使用**正射投影**模型。对于做**平动**（并且，我们假设速度方向平行于像平面）的物体，在物体所对应的图像区域中，各个点的光流是相同的。因此，在该区域中，光流的变化是（极其）光滑的。正如我们所预料的，在区域的边界（即：物体"遮挡"背景的地方）上，**光流**将发生不连续变化。

对于**转动**的理解要稍难一些。首先，我们这里只考虑**瞬间量**，也就是说，我们只关心：物体坐标在某一时刻的变化率；我们并不去"跟踪"物体在一段时间内的运动。在习题12.6中，我们证明了：物体绕着某一轴转动的过程等价于如下两种运动的"合并"，即：1) 物体绕着和这个轴平行并且经过物体中心的轴转动，2) 再加上一个平动。这个平动等于：一个从原点到转动轴的向量和旋转向量的叉积。因此，不失一般性，我们可以将**转动**限制为绕着过原点的轴转。

的亮度模式的，而不是基于场景中的不同物体的。同一个物体，其表面的亮度模式可能不同，正如我们前面所谈到的（参见图 12.9(a)），刚开始迭代时，光流的估计受物体表面亮度模式的影响很大，这时利用光流计算结果进行分割，会将同一个物体中的不同区域分割出来。这是我们所不希望看到的。我们所希望得到的分割是针对场景中的不同物体的。随着迭代次数的增加，光流估计结果逐渐逼近真实的物体运动，这时再利用光流进行分割，可以比较理想地实现对不同物体的分割。— **译者注**

假设物体的**转动**（速度）由向量 $\boldsymbol{w}=(\alpha,\beta,\gamma)^T$ 所确定，其中，向量的长度表示旋转的角速度，并且，旋转轴和该向量的方向一致。物体上某一点的速度等于：从旋转轴指向该点的向量 $\boldsymbol{r}=(x,y,z)^T$ 与给定的转动向量 $\boldsymbol{w}$ 的**叉积**。我们使用正射投影，因此，图像坐标 x' 和 y' 分别等于物体的坐标 x 和 y。光流中的分量 u 和 v 分别等于：物体上的点在 x-轴和 y-轴方向上的速度分量，即：

$$u=\beta z-\gamma y \quad \text{和} \quad v=\gamma x-\alpha z \tag{12.43}$$

现在，判断光流的“不光滑”程度就变得十分简单了，我们可以得到：

$$\left(u_x^2+u_y^2\right)+\left(v_x^2+v_y^2\right)=\left(\alpha^2+\beta^2\right)\left(z_x^2+z_y^2\right)-2\gamma(\alpha z_x+\beta z_y)+2\gamma^2 \tag{12.44}$$

对于光滑弯曲的物体表面，在其轮廓附近，曲面的**斜率**（即：向量 $(z_x,z_y)^T$）趋于无穷大，因此光流将不再光滑。此外，绕着**光轴**的旋转（即：$\boldsymbol{w}=(0,0,\gamma)^T$），会增加光流的“光滑性”。

光流计算方法的一个重要应用是**无源导航**。在**无源导航**问题中，我们必须根据从环境中收集的信息，来控制某种交通工具的**路径**和**姿态**变化。并且，在收集信息的过程中，我们并没有从交通工具中发射辐射信号。我们将在第 17 章中详细讨论这个课题。

12.8 本章参考文献

在 Hildreth 的书《*The Measurement of Visual Motion*》[1983] 以及 Ullman 的书《*The Interpretation of Visual Motion*》[1979] 中，讨论了运动视觉的相关内容。Huang 编辑了一本会议论文集，其名称为《*Image Sequence Processing and Dynamic Scene Analysis*》[1983]。

在很多书中都有关于变分法的详细介绍，其中包括：Courant 和 Hilbert 的著作《*Methods of Mathematical Physics*》(卷1) [1953] 以及 Weinstock 的著作《*Calculus of Variations: With Applications to Physics & Engineering*》[1974]。

介绍偏微分方程的书籍也有很多，包括：Carrier 和 Pearson 所写的《*Partial Differential Equation: Theory and Technique*》[1976]；Courant 和 Hilbert 所写的《*Methods of Mathematical Physics*》(卷2) [1953]；John 所写的《*Partial Differential Equation*》[1971]；Moon 和 Spencer 所写的《*Partial Differential Equations*》[1969]。在 Tikhonov 和 Arsenin 所写的书《*Solutions of Ill-Posed Problems*》[1977]中，讨论了**正则化**问题。

关于时变图像研究的一些早期工作，其动机是：对含有大量冗余信息的视频信号进行压缩。通常，这些视频信号中都包含：缓慢变化的场景。关于这些早期工作，请参见下面的文献：Limb & Murphy [1975]①；Netravali & Robbins [1979]；Stuller, Netravali & Robbins [1980]。其他的早期工作还有 Fennema & Thompson [1979]。

Gibson 最早提出了“光流”这个术语，如果想要进一步了解他的一些想法，请参阅文献 Gibson [1959]。在最近5年，这个领域成为了一个研究热点。文献 Horn & Schunck [1981] 开发了一种估计光流的简单迭代算法，文献 Schunck & Horn [1981] 对该算法进行了拓展，并且，探索了一些其他的方法。不同尺度下的边缘包含了一幅图像中绝大部分的信息，出于这个原因，文献 Hildreth [1983, 1984] 从：判断曲线的运动（例如，跳变零点所组成的闭合轮廓）这个角度，来探索解决光流估计问题，而不是直接使用图像的亮度模式的变化。文献 Nagel[1982, 1983a] 开发出了：通过跟踪角点来估计光流的方法。事实上，Nagel 开发的两种方法中，其中一种是对 Horn & Schunck [1981] 方法的“复杂化”修改，即：只在一些特定的方向上使用光滑性约束。

此外，解决这个问题还可以通过另外一个途径，我们需要对图像亮度模式中的“特征点”进行“跟踪”。我们似乎可以选择图像中的边缘来作为合适的“跟踪目标”，文献 Haynes & Jain [1982] 和文献 Hildreth [1983,1984] 都对其进行了研究。其他相关的论文还包括：Thompson [1981]；Marr & Ullman [1981]；Ullman [1981]；Schalkoff & McVey [1982]；Paquin & Duboisp [1983]；Wohn,Davis & Thrift [1983]；Longuet-Higgins & Prazdny [1980]。

12.9 习题

习题 12.1 对于一个亮度为常数的局部图像区域，由于亮度的梯度为零，因此，我们无法判断：该区域的**光流**。因此，我们需要使用本章中提出的方法，使用 **Laplace 方程**，从（该区域的）边界向区域内部填充**光流信息**。这里，我们要研究的情况是：所填充的光流信息，正好是我们所希望得到的结果。

(a) 我们让图像的亮度模式以速度 (u_0, v_0)（在像平面上）进行运动。假设：在某一个图像区域 R 的内部，图像亮度为常数；并且，

---

①在本书最后的“本书参考文献”中，我们可以查找到：文献 Limb & Murphy [1975] 的详细信息。— **译者注**

在区域边界 ∂R 上的光流是精确的。证明：给定**边界条件**以后，通过求解 **Laplace 方程**：

$$\nabla^2 u = 0 \quad \text{和} \quad \nabla^2 v = 0 \tag{12.45}$$

所得到的结果正好等于：区域 R 上的光流。

提示：当且仅当光流同时满足下面两个条件，即：1) 区域内的**光流**的 **Laplace 算子**处理结果为零，并且，2) 光流满足**边界条件**，我们所得到的光流才是该问题的唯一解。

(b) 对于相机沿着平行于像平面（也就是说，垂直于**光轴**）的方向移动的情况，**光流**填充方法总是能够得到正确的光流吗？

(c) 假设图像的"亮度模式"绕着像平面上一点 (x_0, y_0) 转动，其角速度 ω。这种情况下的**光流**是什么？假设对于图像中的某一个区域 R，我们得到了：区域边界 ∂R 上的**光流**速度的精确值，那么，给定边界条件以后，根据 **Laplace 方程** $\nabla^2 u = 0$ 和 $\nabla^2 v = 0$ 所得到的解，是否等于区域 R 上的**光流**？

(d) 让我们来考虑：相机绕着**光轴**转动的情况。此时，光流填充方法所得到的结果总是"正确"的吗？

习题 12.2 假设：相机沿着**光轴**"撞"向一个平面物体，并且，该平面物体垂直于光轴。

(a) 证明：这情况下的**光流**为

$$u = \frac{W}{Z}x \quad \text{和} \quad v = \frac{W}{Z}y \tag{12.46}$$

其中，W 表示：相机的运动速度；而 Z 表示：相机到平面物体的距离（注意：**光流**和透镜的**焦距**无关）。

(b) 光流是静态的吗？（所谓"静态"是指：与时间无关）

(c) 光流的 **Laplace 算子**处理结果是否为零？

(d) 你如何预测**碰撞时间**[1]？（注意：即使我们不能恢复出：景深 Z 和速度 W 的绝对值，我们仍然能够解决这个问题。）

习题 12.3 这里，我们来考虑一些**光流**模式。这些光流模式并不是由：物体（或相机）的刚体运动所产生的。

---

[1] 关于这一题的结果以及进一步的结论，可以参考论文：Berthold K. P. Horn, Yajun Fang, and Ichiro Masaki. "Time to contact relative to a planar surface." Intelligent Vehicles Symposium, 2007 IEEE. — **译者注**

(a) 假设，你从上往下观察：一个圆形容器中的某种液体的表面。容器底部是平的，并且，在容器底部的正中央有一个洞。如果我们假设液体的高度不发生变化（尽管液体在不断地往外流），那么，**光流**是什么样子的？假设：**光轴**和液体表面垂直，并且，穿过容器底部的那个洞。

提示：我们将容器中的液体看作是一个圆柱体。该圆柱体的**旋转对称轴**为：经过容器底部的洞、并且垂直于容器底部的轴。我们以这个轴为公共轴，将圆柱体剖分为许多圆柱面，那么，流过每一个圆柱面的（液体）流量大小都是相同的。

(b) 对于上面这种情况，**光流**的 **Laplace 算子**处理结果是什么？是否存在**奇异点**？（也就是说，液体流量的大小为无穷大的地方。）

(c) 考虑三维空间中绕着某一个轴旋转的漩涡，这个漩涡的横截面是圆形对称的，既没有物质流出来，也没有物质流进去。同样，我们将这个圆面剖分成许多**同心圆**，同心圆的公共圆心为：漩涡的旋转轴与横截面的交点。现在假设：这些圆的“厚度”都是一样的，并且，不同半径的圆具有相同的**角动量**，那么，**光流**是什么样子的？

(d) 对于上面这种情况，**光流**的 **Laplace 算子**处理结果是什么？是否存在**奇异点**？

习题 12.4 现在，我们来考虑一个关于 x 和 y 的二阶多项式。如果（该多项式中）x^2 和 y^2 前面的系数是：大小相等、符号相反的两个数，那么，请证明：该多项式的 **Laplace 算子**处理结果为零。请将这个结论应用于上一题。

习题 12.5 假设我们使用下式：

$$e_s = \iint (\nabla^2 u)^2 + (\nabla^2 v)^2 dxdy \tag{12.47}$$

来测量**光流**速度的“不连续程度”的大小，而不是使用：

$$e_s = \iint ((u_x^2 + u_y^2) + (v_x^2 + v_y^2))dxdy \tag{12.48}$$

那么，其相应的 **Euler 方程**是什么？

习题 12.6 证明：物体绕着任意一条轴旋转，等价于下面两个过程的“组合”：1) 绕着过原点的轴旋转；2) 再加上一个**平移**运动。并且，相应的平移运动等价于两个向量的**叉积**，这两个向量分别是：1) 从原点到转动轴的向量、2) 旋转向量。

习题 12.7 一个**刚体**绕着一条经过原点的轴转动，并且，旋转轴平行于向量 $\boldsymbol{w}$。旋转的**角速度**大小等于：向量 $\boldsymbol{w}$ 的模长。物体上的一个点 $\boldsymbol{r}$ 的速度等于**叉积** $\boldsymbol{w}\times\boldsymbol{r}$，其中，$\boldsymbol{r}=(x,y,z)^T$，$\boldsymbol{w}=(\alpha,\beta,\gamma)^T$。假设我们所使用的是**正射投影**模型。请证明：**光流**的光滑性对应于旋转物体的光滑性。请问：在**轮廓**处会怎么样？
提示： $\nabla^2 u$、$\nabla^2 v$ 与 $\nabla^2 z$ 之间存在什么关系？

习题 12.8 本题中，我们将研究：**明暗**和**运动**之间的关系。当一个物体在相机前面运动时，图像上给定点的亮度会发生变化。这是由于在不同的时刻，图像上的同一个点，对应于物体表面上的不同“小块”。这些“小块”可能具有：1) 不同的**反射性质**，2) 不同的**朝向**。我们现在假设：物体表面上所有的点具有相同的反射性质。因此，我们只考虑物体表面**朝向**的变化。现在，当一个新的“小块”进入**视野**时，在考虑“小块”的运动之前，我们首先必须考虑：新的“小块”的朝向和旧的“小块”有什么不同。但是，这还不够，我们必须考虑：如何通过旋转，将旧的小块“转成”新的小块。

(a) 假设物体表面某一部分的移动，使得其所对应的图像“小块”在像平面（即 $x-y$ 平面）上的移动速度为 (u,v)。那么，这个运动所产生的 p 和 q 的变化是什么？证明：亮度的变化结果为：

$$\frac{dE}{dt}=\frac{dR}{dt}=-\begin{pmatrix} u & v \end{pmatrix}\begin{pmatrix} r & s \\ s & t \end{pmatrix}\begin{pmatrix} R_p \\ R_q \end{pmatrix} \tag{12.49}$$

其中，r、s 和 t 分别为：z 的二阶偏导数。请将上式重新写为：**图像梯度** $(E_x,E_y)^T$ 的形式。
提示： 注意，和图像中某一个像素点相对应的、物体表面上的点的 x–坐标，如何随时间而变化？

(b) 一个**刚体**绕着经过原点的轴转动，并且，旋转轴平行于向量 $\boldsymbol{w}$。旋转的**角速度**大小等于：向量 $\boldsymbol{w}$ 的模长。物体表面上的一个点的坐标为 $\boldsymbol{r}=(x,y,z)^T$。转动向量的分量为 $\boldsymbol{w}=(\alpha,\beta,\gamma)^T$。证明：

$$\frac{d\boldsymbol{r}}{dt}=\begin{pmatrix} \beta z-\gamma y \\ \gamma x-\alpha z \\ \alpha y-\beta x \end{pmatrix} \tag{12.50}$$

现在，我们假设使用**正射投影**，也就是说，$x'=x$ 和 $y'=y$。在这种情况下，由物体的运动所产生的**运动场** (u,v) 是什么？

(c) 当物体转动时，物体表面的某一个“小块”的**朝向**会发生变化。

请用 $\boldsymbol{w}$ 和 $\widehat{\boldsymbol{n}}$ 来表示 $d\widehat{\boldsymbol{n}}/dt$。下一步，通过对方程：

$$\widehat{\boldsymbol{n}}=\frac{\boldsymbol{n}}{|\boldsymbol{n}|} \tag{12.51}$$

两边求导，我们可以得到：用 dp/dt 和 dq/dt 表示的 $d\widehat{\boldsymbol{n}}/dt$。请写出其具体表达式。在式(12.51) 中，

$$\boldsymbol{n}=(-p,-q,1)^T \quad 并且 \quad |\boldsymbol{n}|=\sqrt{p^2+q^2+1} \tag{12.52}$$

这两种关于 $d\widehat{\boldsymbol{n}}/dt$ 的表示方式是相等的，请证明下面两式：

$$\frac{\partial p}{\partial t}=pq\alpha-(1+p^2)\beta-q\gamma \tag{12.53}$$

$$\frac{\partial q}{\partial t}=(1+q^2)\alpha-pq\beta+p\gamma \tag{12.54}$$

(d) 正如前面提到的，一个物体在成像系统前面旋转，图像上某一点的亮度变化，包含如下两个原因：

1) 物体表面上具有不同朝向的曲面“小块”进入视野；

2) 进入视野的“小块”在运动过程中发生旋转，从而不断改变朝向。

假设**运动场**为 (u,v)，在问题**(a)**中，我们计算了：原因1)对图像亮度变化的“贡献”。在问题**(b)**中，我们计算了：物体表面上某一点的像（在像平面上）的运动速度。为了简单，我们使用了**正射投影**模型，因此，图像中的点的坐标 $(x',y')^T$ 等于：物体表面上的点 $\boldsymbol{r}=(x,y,z)^T$ 的前两个坐标。在问题**(c)** 中，我们计算了：原因2)对图像亮度变化的“贡献”。现在，请将这两个原因合并在一起，将 dp/dt 和 dq/dt 分别表示成：向量 $\boldsymbol{w}=(\alpha,\beta,\gamma)^T$ 的分量 α, β, γ 的函数形式。

(e) 作为这些结果的一个应用，让我们来考虑：一个中心在原点、半径为 R 的球。请证明：

$$p=-\frac{x}{z} \quad 和 \quad q=-\frac{y}{z} \tag{12.55}$$

同时，请进一步证明：

$$r=-\frac{1}{z}\left(1+\left(\frac{x}{z}\right)^2\right);\quad s=-\frac{xy}{z^3};\quad t=-\frac{1}{z}\left(1+\left(\frac{y}{z}\right)^2\right) \tag{12.56}$$

请问：**Hesse 矩阵**的行列式是什么？

(f) 将问题**(e)**中关于 z 的一阶和二阶导数的表达式，代入问题**(d)**中的关于 dp/dt 和 dq/dt 的表达式，证明：对于任意 $\boldsymbol{w}$，都有

$$\frac{dE}{dt}=0 \tag{12.57}$$

这和我们对于具有相同反射率的转动球面的预测是一致的。

习题 12.9 在机器视觉算法的设计过程中，我们通常在一开始的时候，首先考虑一些可控的情况，在这些情况中，答案是已知的。这通常需要使用**合成图像**，合成图像是基于：1) 曲面形状的模型、反射率以及已知的运动情况而生成的。假设你需要：根据已知的**光流**算法，生成一个合成图像序列。假设：物体表面形状是两个参数 ξ 和 η 的函数，并且，物体表面的辐射强度为 $L(\xi,\eta)$。物体表面相对于观测者的**平动速度**为 $\boldsymbol{t}$、**转动角速度**为 $\boldsymbol{w}$。请描述：你如何生成**合成图像**序列，并且，进一步确定：其关于空间和时间的导数。请编程实现并提供实验结果。

习题 12.10 在这里，我们研究：一个旋转的球所产生的**光流**。球的表面的**反射率**是：随着球面上的点的位置而变化的。我们的目的是：判断**光流约束方程**是否成立。

考虑一个半径为 R、球心位于原点的球。这个球绕着 y–轴转动，角速度为 ω。我们使用**正射投影**模型来得到球的图像，并且，将**光轴**选为 z–轴，也就是说，$x' = x$ 和 $y' = y$。其中，(x', y') 是：物体表面上的点 $(x, y, z)^T$ 的像的坐标。

通过**经度** ξ 和**维度** η，我们可以确定 $t = 0$ 时刻球面上的一个点。坐标系随着球一起转动，因此，某一特定的曲面对应于：一个固定的 (ξ, η)。我们需要求出：**图像坐标系**与**球面坐标系**之间的转换关系。

(a) 请使用 ξ 和 η 来表示 x 和 y。请使用 x、y 和 t 来表示 ξ 和 η。

(b) 请确定：**运动场**中的分量 u 和 v。**运动场**是静态的吗？（所谓“静态”是指：对于时间而言是常数，也就是说，u 和 v 的函数表达式中不包含 t）。

(c) 证明：从 (x', y') 到 (ξ, η) 之间的**坐标变换**所对应的 **Jacobi 矩阵**为：

$$J = \begin{pmatrix} \frac{\partial \xi}{\partial x'} & \frac{\partial \xi}{\partial y'} \\ \frac{\partial \eta}{\partial x'} & \frac{\partial \eta}{\partial y'} \end{pmatrix} = \begin{pmatrix} \frac{1}{\sqrt{R^2-x^2-y^2}} & \frac{xy}{(R^2-y^2)\sqrt{R^2-x^2-y^2}} \\ 0 & \frac{1}{\sqrt{R^2-y^2}} \end{pmatrix} \tag{12.58}$$

提示： 如果令：$\tan\theta = a/b$，那么

$$\frac{d\theta}{dx} = \frac{1}{1+(a/b)^2}\frac{d}{dx}\left(\frac{a}{b}\right) = \frac{b\frac{da}{dx} - a\frac{db}{dx}}{a^2+b^2} \tag{12.59}$$

现在假设，球面上的反射率为 $R(\xi, \eta)$，也就是说，它是一个关于经度

ξ 和维度 η 的函数。假设：各个方向的光对球面的照射是均匀的，因此，图像亮度和**反射率**成正比。

(d) 请用 R_ξ 和 R_η 来表示：E_x、E_y 和 E_t。
提示： 使用链式求导法则，以及 **Jacobi 矩阵**中的偏导数。

(e) 是否无论球面**反射率** $R(\xi,\eta)$ 是什么，**光流约束方程**：

$$uE_x + vE_y + E_t = 0 \tag{12.60}$$

对于图像中的每一点都成立？如果不是，如何对其进行修正？
提醒： 这个问题可能需要使用一些技巧。

第 13 章　摄影测量和立体视觉

当有人问：我们如何能看出物体在场景中的深度（因为我们的视觉是“三维的”）？最通常的回答是：我们的左眼和右眼所看见的像是不同的，我们根据两个像之间的差别来判断深度。当然，**双目立体视觉**只是众多判断物体在场景中的深度的线索之一，但是至少从表面上看，它是最容易被理解的。物体表面上的点被投射到像平面上不同的**相对位置**，该**相对位置**依赖于点到观测者的距离。

本章开始于对**摄影测量**的探索，其目的是理解：1) 环境中的点是如何被不同距离，2) 不同朝向的照相机所成像的。为了解释**立体视觉对**，我们开始于：恢复两个不同的照相机系统[1]之间的关系。我们从一个简单的例子开始，在这个例子中，两个系统之间的距离和相对方向都是已知的。然后，我们探索稍微难一点的问题：只知道两个照相机系统之间距离的情况。我们也可以将这些技术用于：机器视觉坐标系和机器制造坐标系之间的转换关系，即：判断**眼**和**手**（的坐标系）之间的变换。

自动立体视觉系统的关键是：判定一张图片中的某一个给定点，和另一张图片中的哪一个点相对应。我们将这个最具挑战性的问题留在最后。本章中，我们讨论了许多不同的方法，包括：**相对关系**方

[1] 本章中，我们约定，照相机系统是指：以照相机为中心的坐标系。这个坐标系以镜头的位置为原点；光轴方向为 z 轴；x 轴和 y 轴都和像平面平行；x– 轴、y 轴和 z– 轴相互垂直，并且满足右手准则。— **译者注**

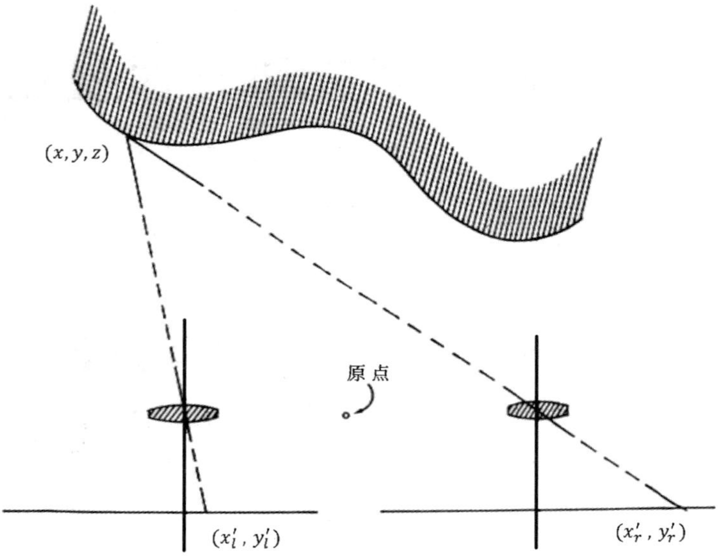

图 13.1　关于立体**摄影测量**的简单几何模型。两个照相机的**光轴**是平行的，并且，两个**光轴**都垂直于：连接两个照相机的**基准线**。

法，**灰度匹配**方法和基于**边缘**的方法。在这些方法中，基于**边缘**的方法似乎最成功。但是，它只提供了稀疏的深度信息，为了填充其他的部分，我们必须进行**插值**。本章结束于对**光滑插值**方法的讨论。

13.1 两张图像之间的差异

我们可以用一个简单的例子，来解释：**立体视觉**的基本几何模型。假设：我们将两个相机放在一起，使得这两个相机的**光轴**彼此平行，并且，两条平行**光轴**之间的距离为 b（如图 13.1 所示）。连接两个镜头的线段被称为：**基准线**。假设：**基准线**垂直于**光轴**。我们可以转动 x 轴，使得它平行于**基准线**。我们将坐标系的原点选为**基准线**的中点，对于**场景**中一个坐标为 $(x, y, z)^T$ 的点①，其在原点左边和右边

①在这里，我们需要注意坐标系，场景中的点位于“世界坐标系”中，即：以基准线的中点为原点；像平面上的点位于“相机坐标系”中，即以各自相机的透镜中心为原点，因此，当我们计算环境中的点和像平面上的点的关系时，需要考虑到这两种坐标系之间的差别。—— **译者注**

的照相机中所成的像分别为：(x'_l, y'_l) 和 (x'_r, y'_r)，那么：

$$\frac{x'_l}{f} = \frac{x + b/2}{z} \quad 并且 \quad \frac{x'_r}{f} = \frac{x - b/2}{z} \tag{13.1}$$

而：

$$\frac{y'_l}{f} = \frac{y'_r}{f} = \frac{y}{z} \tag{13.2}$$

其中 f 是透镜中心到像平面的距离。通过式(13.1)和(13.2) 中的三个方程，我们可以求得三个未知量 x、y 和 z。首先，注意：

$$\frac{x'_l - x'_r}{f} = \frac{b}{z} \tag{13.3}$$

图像的坐标差 $x'_l - x'_r$ 被称为**像位差**①。我们最终求得：

$$x = b\frac{x'_l + x'_r}{2(x'_l - x'_r)}; \qquad y = b\frac{y'_l + y'_r}{2(x'_l - x'_r)}; \qquad z = b\frac{f}{x'_l - x'_r} \tag{13.4}$$

我们可以看出：物体到**基准线中点**的距离和**像位差**成反比。使用这种方法，我们可以精确测量近处物体的距离，但却无法精确测量远处物体的距离。同时注意：**像位差**和两个相机之间的距离 b 成正比。因此，如果像位差的误差是固定的，那么，随着**基准线**长度的增加，对**景深**的判断精度也将增加。不幸的是，随着两个相机之间距离的增加，两张图像相差越来越大。例如，一张图像中的某些物体甚至不出现在另一张图像中。同时，**像位差**也和有效**焦距** f 成正比，因为，随着**焦距**的增加，图像会被放大。

在两个相机中都会被成像的“场景点”，会生成一对**像点**，这一对像点被称为**共轭点对**。注意，右面图像上的点对应于：左面图像中某一条线上的点，因为，这两个点具有相同的 y 值。这条线被称为**极线**。左边图像中的特征，有可能会（也有可能不会）在右边图像中产生一个副本，这取决于相机的**视野**大小；但是，如果在右边的图像中产生了一个副本，那么，副本一定出现在**极线**上，而不可能出现在其他地方。注意，对于我们所讨论的简单例子，所有的**极线**都和 x 轴平行。但是，对于我们后面讨论的一般情况，这个结论并不成立。

图 13.2 所展示的是：由 Viking Lander I②所拍摄的、关于火星表面的一个**立体视对**。两个相机之间的距离正好能放下一个袖珍立体摄影

①原著使用的是 disparity，不少文献将其译作**视差**。事实上，在本书的第一版中，我们也将其译作像位差。但是，专业术语“像位差”指的是：两个相机的光轴和基线所形成的两个夹角的差。事实上，这里的 disparity 指的是：物体点所产生的两个像点在像平面上的位置之间的差别。我们的好友王胜春建议将其译为**像位差**，即：像点位置之差。我们认为这个译法用在这里是极其贴切的。— **译者注**

②美国的第一个火星探测车：海盗 1 号。— **译者注**

图 13.2　由安装在 Viking Lander I 上的两个照相机所拍摄的火星表面的图像。对于从"地平线"到相机附近的岩石，**像位差**变得越来越大。（这两张图像的编号为：IPL PIC ID 78/10/19/171012 和 78/10/19/175118，它们由位于马里兰洲格林伯格市的美国空间科学数据中心提供）

仪器。我们所感兴趣的是：对**像位差**的测量。从"地平线"开始，到离相机最近的岩石，**像位差**的变化是非常显著的。这是因为：**基准线**很长（约 0.8 米），而最近的岩石和照相机之间的距离只有几米远。测量这两张图像中靠近相机（即：图像下部）的对应点对之间的距离；并且，将这些距离与：靠近"地平线"（即：图像上部）的对应**点对**之间的距离，进行比较，将有助于我们理解这个问题。

13.2 摄影测量

在实际应用中，用来获取**立体视对**的两个相机，并不是严格对齐的。（到目前为止，我们的分析都是基于：两个相机严格对齐，这个基本假设的）。要使得：1) 两个相机的**光轴**正好平行，并且，2) **基准线**正好和光轴垂直，是很不容易做到的。事实上，如果要让两个相机对物体的同一部分进行成像，我们必须调整这两个相机的**位置**和**姿态**，从而使得在物体所在的区域内，两条**光轴**尽可能地"靠拢"。

立体视觉最重要的一个实际应用，是被用于**摄影测量**中。在**摄影测量**领域中，我们使用：一组经过仔细标定的相机，来对同一物体表面进行成像，从而判断物体表面的形状。例如，我们在沿着预定航线飞行的飞机上安装相机，从而获取用于生成（地球表面的）地形图

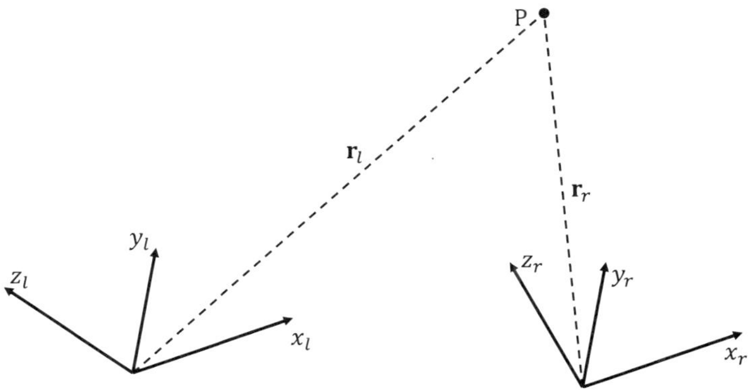

图 13.3 从一个相机的状态（包括：位置和朝向）到另一个相机的状态之间的转换，包括：旋转和平移。我们可以通过：一个**旋转矩阵**和一个**平移向量**，来确定：同一个点 P 在两个相机坐标系下的坐标 $\boldsymbol{r}_l$ 和 $\boldsymbol{r}_r$ 之间的关系。

所需要的信息。如果卫星图像具有足够高的分辨率，那么，我们甚至可以通过卫星图像来生成地形图。通过一种被称为**立体视觉比较器**的仪器，我们可以得到：仪器的“左眼”和“右眼”所观测到的一对图像，并且，观测者还可以通过它来对：物体表面上的一些确定的点在两张图像中的**位置差别**，做进一步的精确测量。使用人工测标的方法（即：选择曲面上某些固定高度的点），我们可以进一步得到曲面的等高线图。

在拍照时，我们让像平面位于事先设置好的位置，同时，让**光轴**沿着竖直方向。但是，一般情况下，在实际操作中，相机的位置和姿态，都会“偏离”理想情况。因此，在我们使用这些成像结果之前，我们必须首先判断：在曝光时，两个相机之间的位置和朝向的关系。这个过程被称为**相对朝向**，也就是说，确定两个曝光状态的（二维）相机坐标系之间的转换关系。

同样，我们有时需要建立：由立体视觉系统（或者，由其他距离测量系统，例如：激光测距仪）所得到的三维坐标和由另一个系统所得到的（三维）坐标之间的关系。这个问题被称为**绝对朝向**。由于**绝对朝向**比**相对朝向**更容易被理解，因此，我们首先讨论**绝对朝向**。

两个相机状态（即：相机的**位置**和**朝向**）之间的转换，可以被看作是一个**刚体运动**，因此，它可以被分解为：一个**平移运动**（简称**平动**）和一个**旋转运动**（简称**转动**），如图 13.3 所示。如果空间中的一点 P 在左边的相机坐标系中的坐标为 $\boldsymbol{r}_l=(x_l,y_l,z_l)^T$、在右边的相机

坐标系中的坐标为 $\boldsymbol{r}_r = (x_r, y_r, z_r)^T$，那么，$\boldsymbol{r}_l$ 和 $\boldsymbol{r}_r$ 之间的关系满足：

$$\boldsymbol{r}_r = \boldsymbol{R}\boldsymbol{r}_l + \boldsymbol{r}_o \tag{13.5}$$

其中，$\boldsymbol{R}$ 是 3×3 的**正交矩阵**，用来表示**旋转**；而 $\boldsymbol{r}_o$ 是一个**向量**，用来表示**平移**。$\boldsymbol{R}$ 的列向量是相互垂直的，并且，其**模长**都等于 1，因此，

$$\boldsymbol{R}^T\boldsymbol{R} = \boldsymbol{I} \tag{13.6}$$

其中，$\boldsymbol{I}$ 表示：一个 3×3 的**单位矩阵**。

13.3 绝对朝向

在本章中，我们假设：三维坐标 $\boldsymbol{r}_l$ 和 $\boldsymbol{r}_r$ 是已知的。恢复出两个坐标系之间关系的问题，被称为**绝对朝向**。如果我们已经用：立体视觉系统中的一个带有坐标系的相机，对空间中的一些点进行了测量；同时，我们还知道：这些点在另一个系统（可以是一个视觉系统，也可以是机械操作系统）中的坐标，那么我们可以使用**绝对朝向**，来求解：两个坐标系之间的转换关系。我们可以把向量方程 $\boldsymbol{r}_r = \boldsymbol{R}\boldsymbol{r}_l + \boldsymbol{r}_o$ 展开为如下形式：

$$\begin{cases} r_{11}x_l + r_{12}y_l + r_{13}z_l + r_{14} = x_r \\ r_{21}x_l + r_{22}y_l + r_{23}z_l + r_{24} = y_r \\ r_{31}x_l + r_{32}y_l + r_{33}z_l + r_{34} = z_r \end{cases} \tag{13.7}$$

上面的方程组中，系数的前三列（即：$r_{11} \cdots r_{31}$; $r_{12} \cdots r_{32}$; $r_{13} \cdots r_{33}$）是**旋转矩阵 $\boldsymbol{R}$** 中的三个列向量；而第四列 $r_{14} \cdots r_{41}$ 是**平移向量 $\boldsymbol{r}_o$**。通常情况下，我们将式(13.7)看作是：通过给定的向量 $\boldsymbol{r}_l = (x_l, y_l, z_l)^T$ 来计算出新的向量 $\boldsymbol{r}_r = (x_r, y_r, z_r)^T$。这里，我们考虑另一个问题，也就是说，在给定相应的值 x_l、y_l、z_l、x_r、y_r 和 z_r 以后，我们如何确定未知系数 $r_{11}, r_{12}, \cdots, r_{34}$?

显然，只根据式(13.7)中的三个方程，我们无法求出共 12 个未知数（即：式(13.7) 中的 $r_{11}, \cdots, r_{14}; r_{21} \cdots, r_{24}; r_{31} \cdots, r_{34}$）。我们如何得到更多的约束条件？如果我们能够得到：多组**共轭点对**，那么，我们就可以得到多个方程组，例如，使用 4 组**共轭点对**，我们就能得到 12 个方程，这些方程足以求出 12 个未知数。这些方程是线性的，因此，正如我们将在习题13.4中说明的，通常情况下，方程组的解是唯一的。

13.3.1 旋转矩阵的正交性

在上面的方法中（即式(13.7)），我们并没有要求：**旋转矩阵 $\boldsymbol{R}$** 是一个**正交矩阵**。测量结果的不精确会使得：通过式(13.7)所求得的矩阵并不是一个**正交矩阵**。解决这个问题的一个方法是：找到一个**正交矩阵**，使得它最"接近"于：通过式(13.7)所求得的矩阵。这里的"接近"是在**最小二乘**的意义下而言的。一个更好的方法是：直接加入关于**正交矩阵**的6个约束条件。这6个约束条件为：

$$r_{11}^2 + r_{12}^2 + r_{13}^2 = 1 \tag{13.8}$$

$$r_{21}^2 + r_{22}^2 + r_{23}^2 = 1 \tag{13.9}$$

$$r_{31}^2 + r_{32}^2 + r_{33}^2 = 1 \tag{13.10}$$

以及

$$r_{11}r_{21} + r_{12}r_{22} + r_{13}r_{23} = 0 \tag{13.11}$$

$$r_{21}r_{31} + r_{22}r_{32} + r_{23}r_{33} = 0 \tag{13.12}$$

$$r_{11}r_{31} + r_{12}r_{32} + r_{13}r_{33} = 0 \tag{13.13}$$

式(13.8)到(13.13)是根据：正交性条件 $\boldsymbol{R}^T\boldsymbol{R} = \boldsymbol{I}$ 的对应元素之间的关系，所确定的6个方程。我们"似乎"只需要使用两组**共轭点对**，就可以求出这12个未知数：$r_{11}, r_{12}, \cdots, r_{34}$。这是由于：式(13.8) 到(13.13)已经提供了6个约束条件，因此，我们只需要另外的6个约束条件，就可以求出这12个未知量，而每组**共轭点对**可以提供3个约束条件。但是不幸的是，这是不对的，因为，这6个约束条件（即：式(13.8)到(13.13)）都是非线性的，因此，解是不唯一的。

除此之外，这些方程所提供的信息有冗余，因此，这个方法（即：只是用两组**共轭点对**）根本不可行。所谓"冗余的信息"是指：在两组坐标系下，任意两个点之间的距离必须相等，也就是说，

$$\begin{aligned}&(x_{l,1} - x_{l,2})^2 + (y_{l,1} - y_{l,2})^2 + (z_{l,1} - z_{l,2})^2 \\ &= (x_{r,1} - x_{r,2})^2 + (y_{r,1} - y_{r,2})^2 + (z_{r,1} - z_{r,2})^2\end{aligned} \tag{13.14}$$

这由于：旋转矩阵 $\boldsymbol{R}$ 是一个**正交矩阵**[①]。因此，第二组**共轭点对**只提供了：两个约束条件，而不是三个约束条件。

---

①任意两个向量 $\boldsymbol{v}_1$ 和 $\boldsymbol{v}_2$ 的差为 $\boldsymbol{v}_2 - \boldsymbol{v}_1$。它的长度的平方为：$\|\boldsymbol{v}_2 - \boldsymbol{v}_1\|_2^2 = \boldsymbol{v}_2^T\boldsymbol{v}_1$。经过旋转以后，$\boldsymbol{v}_2 - \boldsymbol{v}_1$ 变为 $\boldsymbol{R}\boldsymbol{v}_2 - \boldsymbol{R}\boldsymbol{v}_1$，它的长度的平方为 $\|\boldsymbol{R}\boldsymbol{v}_2 - \boldsymbol{R}\boldsymbol{v}_1\|_2^2 = \boldsymbol{v}_2^T(\boldsymbol{R}^T\boldsymbol{R})\boldsymbol{v}_1$。由于 $\boldsymbol{R}$ 是一个**正交矩阵**（即：$\boldsymbol{R}^T\boldsymbol{R} = \boldsymbol{I}$），因此，$\|\boldsymbol{v}_2 - \boldsymbol{v}_1\|_2^2 = \|\boldsymbol{R}\boldsymbol{v}_2 - \boldsymbol{R}\boldsymbol{v}_1\|_2^2$ —— **译者注**

此外，由于测量误差，第二个点所提供的是不一致的信息。因此，在新的方程中，我们必须去除一个，以防止发生“冲突”。因此，我们需要使用第三组**共轭点对**。而第三组**共轭点对**只提供了：一个独立的附加约束条件，这是由于，我们必须去除：第三组**共轭点对**所提供的三个约束条件中的两个，以避免出现不一致的情况。这个例子很好地说明了：盲目地加入方程可能会使我们误入歧途。我们必须保证：所加入的方程是**独立**的和**一致**的。

我们需要一个好的初始值，以便于通过迭代算法来求解非线性方程。如果我们已知：关于这两个坐标系的**相对朝向**的近似信息，那么，我们很容易得到这个初始值。在**摄影测量**问题中，我们通常都会遇到这种情况。

13.3.2 绝对朝向的几何解释

要得到一种“直观感觉”，去理解由方程所描述的问题，是一件很困难的事情。为了弄清楚这些基本问题，考虑：满足这些方程的物理模型，是非常有用的。例如，我们可以通过考虑一个简单的模型，来确定：到底需要多少个条件，我们才能建立起两个坐标系之间的相互对应关系。

考虑两个**刚体**，它们之间存在：相互**旋转**和**平移**。现在，在每一个刚体上选择一个点，然后，移动其中的一个刚体，使得这两个点重合（如图 13.4(a)所示）。此时，其中的一个**刚体**可以（以三种不同的方式）相对于另一个**刚体**转动，并且，在**转动**的过程中，这两个点始终保持重合。

现在，我们在每一个物体上，都分别再选取一个点，并且，在每一个物体上，两个点之间的距离相等。我们可以移动其中的一个物体，使得两个物体上的这两对点分别重合（如图 13.4(b) 所示）。此时，其中一个物体可以相对于另一个物体转动，并且，在转动的过程中，这两对点始终重合。在这种情况下，物体只能绕着过这两个点的轴旋转。

最后，我们在每个物体上，都分别再选取第三个点。如果在每个物体上，新选择的点到原来的两个点的距离，分别对应相等，那么，我们可以将这三对点对齐（如图 13.4(c)所示）。除非这三个点在同一条直线上，否则，这两个物体是牢固地连接在一起的。

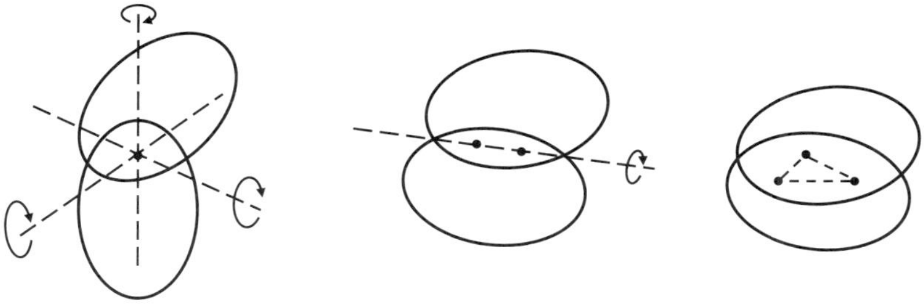

图 13.4 如果我们可以测量出：物体上的一些点在两个坐标系中的坐标，那么，我们可以很容易地判断出：两个坐标系之间的关系。三个点就可以唯一地确定出：这两个坐标系之间的关系。(a) 如果只有关于一个点的测量结果，那么，运动的自由度为3。(b) 如果我们再加入一个点的测量结果，那么，运动的自由度减少为1。(c) 如果我们再加入一个点的测量结果，那么，我们就唯一地确定了：两个坐标系之间的关系。

13.3.3 求解超定方程组

正如我们上面所提到的，三个点提供了“太多”的信息。例如，当我们加入第二个点的时候，我们所需要的只是这个点的方向（因为只有两个未知数）。因此，我们所求解的是一个**超定方程**。对于这种情况，最好的处理方法是**最小二乘法**。我们知道：由于存在测量噪声，方程式(13.5)无法严格成立。因此，我们尝试：最小化误差的平方和。令 $\boldsymbol{e}=(e_x,e_y,e_z)^T$ 表示误差向量，那么，对于第 i 个样本点，其误差向量为：

$$\boldsymbol{e}_i=(\boldsymbol{R}\boldsymbol{r}_{l,i}+\boldsymbol{r}_o)-\boldsymbol{r}_{r,i} \tag{13.15}$$

使用记号 $|\boldsymbol{e}_i|^2=\boldsymbol{e}_i\cdot\boldsymbol{e}_i$，我们可以把：我们想要最小化的表达式，进一步写为：

$$\sum_{i=1}^{3}|\boldsymbol{e}_i|^2 \tag{13.16}$$

同时，解还需满足约束条件，也就是说，**旋转矩阵 $\boldsymbol{R}$** 是一个**正交矩阵**（即：式(13.8)到(13.13)）。

最小化问题是关于参数：$r_{11},r_{12},\cdots,r_{34}$ 的。这并不是一个简单的问题，因为约束条件（即：式(13.8)到(13.13)）都是非线性方程。我们可以引入 **Lagrange 乘子**，从而求得最优解（参见附录A.5中，关于：含有约束条件的最小化方法，那部分的内容）。当然，我们可以使用更多（即：多于3个）测量值，来进一步提高精度（我们只需要在

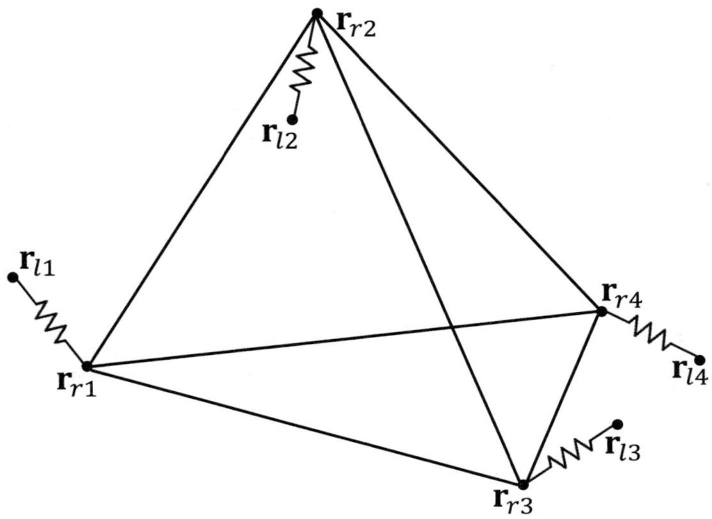

图 13.5　我们可以使用一个力学系统，来对**最小二乘方法**进行建模。在该力学系统中，我们使用弹簧将两个坐标系中的对应点连接起来。最小二乘法的解，对应于：弹簧系统的稳定状态，即：使得所有弹簧的总弹性势能最小的状态。

式(13.16) 中加入新的测量值所对应的误差平方）。

我们可以通过考虑：该最小二乘模型所对应的力学系统，来加深对最小二乘模型的认识。现在考虑：在某一个坐标系中，物体上的某一个点。这个点在另一个坐标系中，对应于一个新的点。根据：两个坐标系之间的转换关系，我们可以将这个新的点转换到原来的坐标系中，那么，原来的点和转换过来的点就构成了一个**点对**。现在假设：在每一个这样的**点对**之间，都连接有一个弹簧（如图 13.5 所示），那么，这个力学系统最终会达到一个稳定状态。由于弹簧的**能量**与弹簧的“伸长”的平方成正比，因此，该力学系统的**稳定状态**将使得：所有弹簧的“伸长”的平方和最小。

13.4 相对朝向

我们想要确定：两个**相机坐标系**之间的相互关系，但是，我们并不知道：空间中的点 P 在两个坐标系中的坐标 $\boldsymbol{r}_l = (x_l, y_l, z_l)^T$ 和 $\boldsymbol{r}_r = (x_r, y_r, z_r)^T$；我们只知道：这个点（即：$\boldsymbol{r}_l$ 和 $\boldsymbol{r}_r$）在两张图像上

的投影。给定相机的焦距 f，我们可以得到：x 和 y 与 z 之间的比例，即：

$$\frac{x_l'}{f} = \frac{x_l}{z_l} \quad \text{和} \quad \frac{y_l'}{f} = \frac{y_l}{z_l} \tag{13.17}$$

同理，我们可以得到关于 x_r' 和 y_r' 的方程，即：

$$\frac{x_r'}{f} = \frac{x_r}{z_r} \quad \text{和} \quad \frac{y_r'}{f} = \frac{y_r}{z_r} \tag{13.18}$$

我们可以将 z_l 和 z_r 作为新加入的未知量。现在，每一组**共轭点对**只提供了一个约束条件，而不是三个。我们“似乎”需要 12 组**共轭点对**，来确定这 12 个未知数，但是，不幸的是：方程是非线性的。因此，我们很难对其进行求解，并且，可能存在解不唯一的情况。对于某一组给定的**共轭点对**，我们有如下 3 个方程：

$$r_{11}x_l' + r_{12}y_l' + r_{13}f + r_{14}f/z_l = x_r'z_r/z_l \tag{13.19}$$

$$r_{21}x_l' + r_{22}y_l' + r_{23}f + r_{24}f/z_l = y_r'z_r/z_l \tag{13.20}$$

$$r_{31}x_l' + r_{32}y_l' + r_{33}f + r_{34}f/z_l = fz_r/z_l \tag{13.21}$$

上面的 3 个方程中共包含 14 个未知数：$r_{11}, r_{12}, \cdots, r_{34}$ 和 z_l, z_r。每增加一组**共轭点对**，会增加 3 个约束方程，但是，同时增加了 2 个未知数。

注意：未知数 r_{14}、r_{24}、r_{34}、z_l 和 z_r 是以比例的形式出现的。因此，对这 5 个未知量进行相同的尺度变换，不会影响到式(13.19)到(13.21)。也就是说，如果在式(13.19)到(13.21)的解中，平移向量为 $\boldsymbol{r}_o = (r_{14}, r_{24}, r_{34})^T$，并且，在左边的相机坐标系和右边的相机坐标系中，第 i 个点在 z 轴方向的距离分别为 $z_{l,i}$ 和 $z_{r,i}$，那么，如果我们将平移向量变为 $k\boldsymbol{r}_o$（其中，$k \neq 0$），同时，将点在 z 轴方向的距离变为 $kz_{l,i}$ 和 $kz_{r,i}$，此时，我们所得到的结果仍然是式(13.19)到(13.21)的解。

这个结论是合理的，因为，如果我们将：1) 两个相机之间的**基准线**的长度，以及，2) 所有的点（包括原点在内）之间的距离间隔，同时变为原来的两倍，那么，经过这个操作（即：调整间隔）以后，（点所在的）方向以及（点与点之间的）夹角都不发生变化。因此，这些点在像平面上的投影也不变。为了使得解唯一，我们需要附加的约束条件。我们可以选用一个简单的约束条件，即：

$$\boldsymbol{r}_o \cdot \boldsymbol{r}_o = 1 \tag{13.22}$$

13.4.1 由正交性得出的约束条件

在上面关于**相对朝向**的讨论中，我们并没有使用如下事实：**旋转矩阵 $\boldsymbol{R}$** 应该是一个**正交矩阵**。如果使用这个结论，那么我们可以得到 6 个约束条件，即：式(13.8) 到(13.13)。给定 n 组**共轭点对**，我们共有 $12+2n$ 个未知数、以及 $7+3n$ 个约束条件[①]。因此，如果我们有 5 组**共轭点对**，并且，这些方程相互之间是独立的，那么，我们就有可能求得一组解。可以证明：除非点选得不好（例如，所有的点都位于：平面中的同一条直线上），否则，这些方程确实是相互独立的。

求解**相对朝向**问题最少需要多少组**共轭点对**？这个问题的答案（即：5 组）只具有理论意义。在实际应用中，我们总是使用更多的**共轭点对**。这是因为测量结果并不精确，通过增加数据，我们可以提高所求结果的整体精度。此外，我们可以通过：使用更多的**共轭点对**，来检验所求得的结果是否存在大的错误。我们使用 $n-1$ 个点来计算：两个坐标系之间的转换，如果第 n 个点经过该转换后所得到的结果，和给定数据之间的匹配效果不好，那么，我们应该怀疑给定数据的正确性。

对于**相对朝向**问题，不存在闭合形式的解（即：解析解）。但是，我们可以使用迭代方法，求得出使得误差的平方和最小的解。

13.4.2 相对朝向的几何解释

在**相对朝向**问题中，要确定两个坐标系之间的转换，需要多少个约束条件？对于这个问题，再一次地，我们可以通过：考虑相应的物理模型，来加深对该问题的认识。在**相对朝向**问题中，我们所知道的（即：式(13.19)到(13.21)）是：从一个坐标系的原点发出的一条射线，与从另一个坐标系的原点发出的另一条射线相交。

考虑两个直角坐标系，它们之间存在相互**旋转**和**平移**。现在，从每个坐标系中，分别任意找到一条从原点发出的固定射线。然后，对其中的一个坐标系进行旋转，使得这两条射线相交于一点，并且，在两条射线的交点处，“套上”一个可以自由移动的“环”（如图 13.6(a) 所示）。其中一个坐标系的原点可以“自由地”运动，而不改变交点在图像中的投影位置，并且，该运动具有很大的自由度。

现在，在两个坐标系中，分别添加一条过原点的射线，使得这两

[①]注意：正交矩阵提供了 6 个约束条件，即：式(13.8)到(13.13)，此外，式(13.22)提供了第 7 个约束条件。— **译者注**

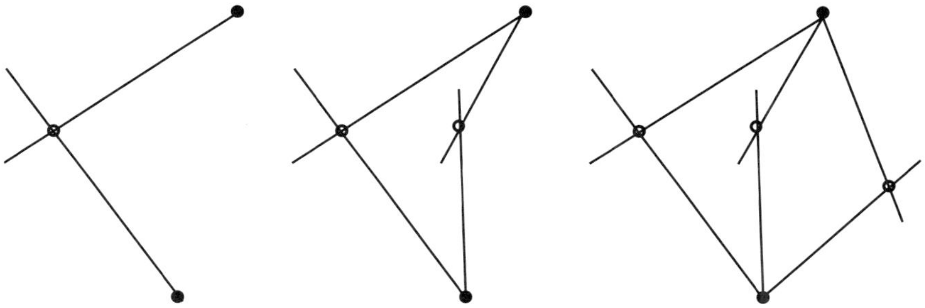

图 13.6 当我们只知道点的方向的时候，情况变得更加复杂。即使得到3组测量结果，也是不够的。当我们使用：3个可以自由移动的“环”，将两组射线（每组包含3条射线）“套”在一起后，仍然还剩余3个自由度。

组射线，分别相交于两个点，然后，在这两个交点处，分别“套上”两个“环”（如图13.6(b)所示）。我们仍然可以让其中的一个原点，绕着：经过两个交点的直线，进行转动，这并不会不改变：两个交点在图像中的投影位置；此外，我们还可以让其中的一个原点，在经过两个交点的圆上自由地运动，这并不会改变：两个交点在图像中的投影位置，这是因为同一圆弧所对的**圆周角**都相等。事实上，如果我们“固定住”这两个交点，那么，每一个坐标系的原点都可以在一个**超环面**上自由移动。这个**超环面**是由：（经过两个交点的）圆绕着经过两个交点的直线旋转，而生成的（顺便说一下，超环面有两个顶点，即：这两个交点）。

即使有三个交点，也不足以将：两个坐标系之间的变换，完全确定下来（如图13.6(c)所示）。考虑从某一个坐标系的原点发出的三条射线，用一个平面和这三条射线相交，会得到三个交点，我们将这三个交点作为：这两组射线（每组包含3条射线）相交所得的三个交点。这三个交点可以确定三个**超环面**（将三个交点两两组对，共三对，过每对交点，都有一条：**超环面**的旋转对称轴）。如果我们让第一个坐标系的原点位置保持不变，那么，第二个坐标系的原点将位于：这三个**超环面**的交点（注意：这是一个固定的点，其自由度为0）。但是，我们可以任意选择：和从某一个坐标系的原点发出的三条射线相交的平面，因此，我可以得到无数个解。相交平面具有3个自由度：平面的朝向具有2个自由度；平面和原点之间的距离具有1个自由度。如果我们再加入更多的点，那么，我们很难直观地看到会发生什么情况。在实际应用中，我们使用**最小二乘法**来对：使用四个或更多点的情况，进行求解。

13.5 使用已知的相对朝向

从现在开始，我们假设：两个相机之间的相对朝向是已知的。左边图像中的一点 (x'_l, y'_l) 对应于：一条经过坐标系原点的射线，即

$$x_l = x'_l s, \qquad y_l = y'_l s, \qquad z_l = fs \tag{13.23}$$

在右边相机的坐标系中，该射线上的点的坐标为：

$$\begin{cases} x_r = (r_{11}x'_l + r_{12}y'_l + r_{13}f)s + r_{14} \\ y_r = (r_{21}x'_l + r_{22}y'_l + r_{23}f)s + r_{24} \\ z_r = (r_{31}x'_l + r_{32}y'_l + r_{33}f)s + r_{34} \end{cases} \tag{13.24}$$

点 $(x_r, y_r, z_r)^T$ 在右边相机的像平面上的投影 $(x'_r, y'_r)^T$ 满足：

$$\frac{x'_r}{f} = \frac{x_r}{z_r} \quad 和 \quad \frac{y'_r}{f} = \frac{y_r}{z_r} \tag{13.25}$$

假设：对于这两个相机，像平面和透镜之间的距离都是 f。如果我们对式(13.24)使用简写形式，即：

$$x_r = as + u, \qquad y_r = bs + v, \qquad z_r = cs + w \tag{13.26}$$

那么，根据式(13.25)，我们可以得到：

$$\frac{x'_r}{f} = \frac{a}{c} + \frac{cu - aw}{c}\frac{1}{cs + w} \tag{13.27}$$

$$\frac{y'_r}{f} = \frac{b}{c} + \frac{cv - bw}{c}\frac{1}{cs + w} \tag{13.28}$$

这是图像上的一条：连接点 $(uf/w, vf/w)^T$ 和 $(af/c, bf/c)^T$ 的线段。令式(13.27)和(13.28)中的 $s = 0$，我们就得到了点 $(uf/w, vf/w)$。令式(13.27)和(13.28)中 $s \to \infty$，我们就得到了点 $(af/c, bf/c)$。注意，这两个点中的第一个是：左边相机的镜头在右面相机的像平面上的投影；而第二个点是：该射线（即：式(13.24)）所对应的消失点。事实上，点 $(af/c, bf/c, f)^T$（和透镜中心）所“描述”的是：在右边相机的坐标系中，和式(13.23)所表示的射线平行的线。

我们用图 13.7来说明这个问题。我们暂时先考虑左边的相机，其透镜中心位于 S_l。场景中的一点 P 在像平面上所成的像为 P'_l。右边相机的透镜中心，在左边相机的像平面上所成的像为 S'_l。从右边相机的

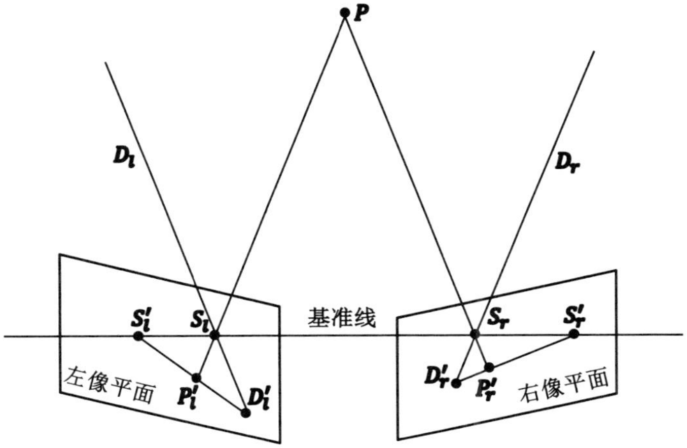

图 13.7 场景中的某一点 P 在左右两个相机中的像 P'_l 和 P'_r，一定会位于相应的**极线**上。右边的图像中的所有**极线**，都经过 S'_r，即：左边相机的透镜中心 S_l 在右边相机的像平面上的投影。反过来，左边的图像中的所有**极线**，都经过 S'_l，即：右边相机的透镜中心 S_r 在左边相机的像平面上的投影。

透镜中心指向点 P 的射线，在左边相机的像平面上的**消失点**①为 D'_l。点 S'_l、P'_l 和 D'_l 位于同一条直线上。这条直线是：由点 P 与两个透镜的中心 S_l 和 S_r 所确定的平面，与左边的像平面相交所得到的直线。在右面的像平面上，我们也有类似的结果。这些线被称为：**极线**。如果物体上的点在左边相机的像平面上所成的像，位于（左边相机的）**极线**上，那么，这个点在右边相机的像平面上所成的像，一定位于对应的**极线**上。当然，我们假设：物体出现在右边相机的“视野”范围之内。**极线**是像平面与**极平面**的交线。**极平面**包含了两个透镜的中心。图像中的所有**极线**都相交于同一点，这个点被称为：另一个相机的像。当然，在实际应用中，像平面的大小是有限的，因此，（有限的）像平面中不一定会包含另一个相机的像。

①所谓**消失点**，是指：当 $s \to \infty$ 时，式(13.27)和(13.28)中的 (x'_r, y'_r)。**消失点**的几何意思是：当图 13.7 中的点 P 位于无穷远处时，该点所成的像的位置。此时，直线 PS_l 和 PS_r 是近似平行的。— **译者注**

13.6 计算景深

一旦知道：**旋转矩阵 $\boldsymbol{R}$** 和**平移向量 $\boldsymbol{r}_o$**，我们就可以根据：场景中的某一个点在左右像平面上的坐标，计算出该点在空间中的位置。假设：该点在左右像平面上的坐标分别为 (x'_l, y'_l) 和 (x'_r, y'_r)，那么，根据式(13.19)到(13.21)，我们可以进一步整理得到：

$$\left(r_{11}\frac{x'_l}{f}+r_{12}\frac{y'_l}{f}+r_{13}\right)z_l+r_{14}=\frac{x'_r}{f}z_r \tag{13.29}$$

$$\left(r_{21}\frac{x'_l}{f}+r_{22}\frac{y'_l}{f}+r_{23}\right)z_l+r_{24}=\frac{y'_r}{f}z_r \tag{13.30}$$

$$\left(r_{31}\frac{x'_l}{f}+r_{32}\frac{y'_l}{f}+r_{33}\right)z_l+r_{34}=z_r \tag{13.31}$$

我们可以使用上面三个方程（即：式(13.29)到(13.31)）中的任意两个，来求出 z_l 和 z_r。进一步，我们可以计算出：

$$\boldsymbol{r}_l=(x_l,y_l,z_l)^T=\left(\frac{x'_l z_l}{f},\frac{y'_l z_l}{f},z_l\right)^T \tag{13.32}$$

$$\boldsymbol{r}_r=(x_r,y_r,z_r)^T=\left(\frac{x'_r z_r}{f},\frac{y'_r z_r}{f},z_r\right)^T \tag{13.33}$$

13.7 外部朝向

到目前为止，我们所考虑的都是：两个相机的坐标系之间的关系。确定两个相机的坐标系之间的关系，是为了确定**极线**的位置；从而对两张图像中的特征，进行有效的匹配。在后面，我们还会详细讨论这个匹配过程。这个匹配过程还给我们提供了：**以观测者为中心**的坐标系中的场景深度（简称：景深）信息。通常，我们需要将该信息与外部的、**以物体为中心**的坐标系联系起来。例如，当我们需要使用视觉信息来指导一个移动平台（或者机器人）来和空间中的物体进行交互时，我们都需要用到两个坐标系之间的关系。在**摄影测量**中，这被称为**外部朝向**；而在机器人学科中，这被称为**“眼 — 手”校准**。

在这里，我们所要考虑的问题，是我们前面所考虑的两个问题（即**绝对朝向**和**相对朝向**）的综合：在一个坐标系中，我们知道距离；而在另一个坐标系中，我们只知道射线的方向。我们用下标 a 来表示：点在外部坐标系中的坐标；而用下标 c 来表示：点在相机坐标系中的坐标。我们在前面建立两个相机坐标系之间的关系时，已经推导出了相应的转换关系，也就是说，这两个坐标系中的坐标，需要满足如下关系：

$$\begin{cases} r_{11}x_a + r_{12}y_a + r_{13}z_a + r_{14} = x_c \\ r_{21}x_a + r_{22}y_a + r_{23}z_a + r_{24} = y_c \\ r_{31}x_a + r_{32}y_a + r_{33}z_a + r_{34} = z_c \end{cases} \tag{13.34}$$

我们可以将上式简写为[①]：$\boldsymbol{r}_c = \boldsymbol{R}\boldsymbol{r}_a + \boldsymbol{r}_o$，其中，矩阵 $\boldsymbol{R}$ 是一个 3×3 的正交矩阵。在相机坐标系中，我们只知道 x_c 和 y_c 与 z_c 的比值，即：

$$\frac{x'}{f} = \frac{x_c}{z_c} \quad 和 \quad \frac{y'}{f} = \frac{y_c}{z_c} \tag{13.35}$$

综合式(13.34)和(13.35)，我们可以得到：

$$\frac{x'}{f} = \frac{r_{11}x_a + r_{12}y_a + r_{13}z_a + r_{14}}{r_{31}x_a + r_{32}y_a + r_{33}z_a + r_{34}} \tag{13.36}$$

$$\frac{y'}{f} = \frac{r_{21}x_a + r_{22}y_a + r_{23}z_a + r_{24}}{r_{31}x_a + r_{32}y_a + r_{33}z_a + r_{34}} \tag{13.37}$$

我们要确定：式(13.36)和(13.37)中的12个未知数 $r_{11}, r_{12}, \cdots, r_{34}$。当然，由于矩阵 $\boldsymbol{R}$ 是一个正交矩阵，因此，只有6个自由度。求解这些未知数的一种方法是：使用一些标定点。这些标定点在外部坐标系中的坐标是已知的，我们可以通过：测量这些标定点在图像中的位置，来确定：两个坐标系之间的变换。每个标定点提供了两个约束条件，因此，如果我们所选取的标定点是线性无关的，那么我们只需要三个标定点，就可以得到：求解式(13.36)和(13.37)中的12个未知数所需的足够信息。每一个图像坐标 (x', y') 提供了两个约束方程：

$$x'(r_{31}x_a + r_{32}y_a + r_{33}z_a + r_{34}) - f(r_{11}x_a + r_{12}y_a + r_{13}z_a + r_{14}) = 0 \tag{13.38}$$

$$y'(r_{21}x_a + r_{22}y_a + r_{23}z_a + r_{24}) - f(r_{31}x_a + r_{32}y_a + r_{33}z_a + r_{34}) = 0 \tag{13.39}$$

式(13.38)和(13.39)中的两个方程是：关于未知量 $r_{11}, r_{12}, \cdots, r_{34}$ 的线性方程，但是，由于正交矩阵所提供的6个约束方程是关于 $r_{11}, r_{12}, \cdots, r_{34}$ 的非线性方程（即：式(13.8)到(13.13)），因此，整个方程系统是非线性的。非线性所产生的一个直接结果是：可能存在多个解。前面讨论相对朝向时，我们说过：相机一定位于三个超环面的交点，对于这里（即：**外部朝向**）的情况，这个结论仍然成立。因此，整个方程系统存在8个解。如果我们知道：相机的大致**位置**和大致**朝向**，那么，我们就能舍弃其他的7个解，从而得到唯一的答案。

---

①这里需要补充的是，$\boldsymbol{r}_o = (r_{14}, r_{14}, r_{14})^T$ 表示平移向量。— **译者注**

如果我们使用 4 个标定点，并且，所选择的这 4 个标定点不是“太坏”的话，那么，这 4 个标定点就足以将这个问题确定下来。实际应用中，为了提高精度，以及，对测量误差进行检验，我们通常使用更多的点，然后用**最小二乘法**进行求解。问题的非线性使得我们难以求得其解析解，因此，我们必须使用迭代方法进行求解。

13.8 内部朝向

在上面的讨论中，我们忽略了一个细节：我们“暗中”假设：我们已经知道透镜的有效焦距[①]（即：从透镜到像平面的距离），以及光轴和像平面之间的交点。在计算某一点从相机坐标系下的坐标 $(x_c, y_c, z_c)^T$ 到像平面上的点的坐标 (x', y') 之间的变换时，我们需要用到这些信息。我们“暗中”假设：图像坐标系的原点位于**光轴**上。我们当然可以通过旋转，使得**相机坐标系**的坐标轴平行于**图像坐标系**中相应的坐标轴；从而使得这两个坐标系之间不存在相对旋转。但是，要做到这一点，我们必须知道**焦距** f，同时，还必须将图像坐标系的原点“放在”**光轴**上。我们可以通过**内部朝向**，来获取我们所需要的信息。如果透镜沿着半径方向的失真足够大，以至于对结果造成影响，那么，**内部朝向**问题还包括对失真的测量；此时，失真是一个函数，其自变量为：图像上的点到原点的距离。

令人感到惊奇的是，通过将**外部朝向**和**内部朝向**结合在一起，我们可以绕过：求**焦距**、以及**光轴**和像平面的交点的问题。使用这个方法，我们需要：1) 默认图像坐标的测量结果是不精确的，并且，2)“淡化”假设条件：$\boldsymbol{R}$ 是一个**正交矩阵**。这大大地简化了我们的问题，因为，剩下的方程全部都是线性的。

到目前为止，我们假设：对图像坐标 x' 和 y' 的测量结果是准确无误的，但是，在生成光学图像的电子系统中，我们很难保证：1) 测量系统中的两个坐标轴是完全垂直的，以及，2) 两个坐标轴的基本尺度完全相同。我们可以将这些缺陷考虑成：一个从“理想坐标系”到“实际使用的坐标系”之间的线性变换。平面上的**仿射变换**是一个线性变换，并且，仿射变换包含了：尺度变换、平移、旋转、偏斜和剪切，这五种情况。因此，仿射变换包括了我们所讨论的偏离理想坐标系的所有情况，即：

[①]注意，对于**透镜模型**和**小孔成像模型**，**焦距**（focal length）的定义是不一样的。小孔成像模型中的“焦距”实际上是透镜模型中的“像距”。详见第 2 章的内容。作者并没有刻意区分这两者，因为我们在本书中一直使用的是**小孔成像模型**。— **译者注**

- **尺度误差**：由对 f 的估计误差所产生的；
- **平移误差**：由对原点位置的估计误差所产生的；
- **旋转误差**：由对图像感知器的旋转角度的估计误差所产生的；
- **偏斜误差**：由图像坐标轴的不完全垂直所产生的；
- **剪切误差**：由图像坐标轴的基本尺度不相同所产生的。

仿射变换具有6个参数，它可以被写为如下形式[①]：

$$x' = a_{11}\frac{x_c}{z_c} + a_{12}\frac{y_c}{z_c} + r_{13} \tag{13.40}$$

$$y' = a_{21}\frac{x_c}{z_c} + a_{22}\frac{y_c}{z_c} + r_{23} \tag{13.41}$$

将式(13.40)和(13.41)代入式(13.34)，于是，我们得到了：

$$\frac{x'}{f} = \frac{s_{11}x_a + s_{12}y_a + s_{13}z_a + s_{14}}{s_{31}x_a + s_{32}y_a + s_{33}z_a + s_{34}} \tag{13.42}$$

$$\frac{y'}{f} = \frac{s_{21}x_a + s_{22}y_a + s_{23}z_a + s_{24}}{s_{31}x_a + s_{32}y_a + s_{33}z_a + s_{34}} \tag{13.43}$$

根据系数 $\{s_{i,j}\}$，我们可以计算出式(13.34)中的系数 $\{r_{i,j}\}$ 以及式(13.40)和 (13.41)中的系数 $\{a_{i,j}\}$，其具体表达式为[②]：

$$\begin{aligned}
&s_{11} = r_{11}a_{11} + r_{21}a_{12} + r_{31}a_{13}, \qquad s_{12} = r_{12}a_{11} + r_{22}a_{12} + r_{32}a_{13}\\
&s_{13} = r_{13}a_{11} + r_{23}a_{12} + r_{33}a_{13}, \qquad s_{14} = r_{14}a_{11} + r_{24}a_{12} + r_{34}a_{13}\\
&s_{21} = r_{11}a_{21} + r_{21}a_{22} + r_{31}a_{23}, \qquad s_{22} = r_{12}a_{11} + r_{22}a_{12} + r_{32}a_{13}\\
&s_{23} = r_{13}a_{21} + r_{23}a_{22} + r_{33}a_{23}, \qquad s_{24} = r_{14}a_{11} + r_{24}a_{12} + r_{34}a_{13}\\
&s_{31} = r_{31}, \quad s_{32} = r_{32}, \quad s_{33} = r_{33}, \quad s_{34} = r_{34}
\end{aligned} \tag{13.44}$$

---

①注意：$(fx_c/z_c, fy_c/z_c)$ 是：空间中的点 $(x_c, y_c, z_c)^T$ 在像平面上的**透视投影**结果。仿射变换所针对的是：像平面上的点 $(fx_c/z_c, fy_c/z_c)$。我们可以提出公因子 f，从而得到式(13.40)和(13.41)。— **译者注**

②在这里，我们的表述和原著稍有不同，对于这些系数（即：$\{s_{i,j}\}$、$\{r_{i,j}\}$ 和 $\{a_{i,j}\}$）之间的关系，原著说得比较"含糊"。为了便于理解，我们添加了关于这些系数之间关系的具体表达形式，即：式(13.44) 到(13.46)。— **译者注**

如果我们将式(13.44)中的系数写成矩阵形式，即：

$$\widetilde{\boldsymbol{A}} = \begin{pmatrix} a_{11} & a_{12} & a_{13} \\ a_{21} & a_{22} & a_{23} \\ 0 & 0 & 1 \end{pmatrix}; \qquad \widetilde{\boldsymbol{R}} = \begin{pmatrix} r_{11} & r_{12} & r_{13} & r_{14} \\ r_{21} & r_{22} & r_{23} & r_{24} \\ r_{31} & r_{32} & r_{33} & r_{34} \end{pmatrix}$$

$$\widetilde{\boldsymbol{S}} = \begin{pmatrix} s_{11} & s_{12} & s_{13} & s_{14} \\ s_{21} & s_{22} & s_{23} & s_{24} \\ s_{31} & s_{32} & s_{33} & s_{34} \end{pmatrix} \tag{13.45}$$

那么，从式(13.44)中不难看出，系数矩阵之间存在着如下关系：

$$\widetilde{\boldsymbol{S}} = \widetilde{\boldsymbol{A}}\widetilde{\boldsymbol{R}} \tag{13.46}$$

方程式(13.42)和(13.43)与方程式(13.36)和(13.37)具有相同的形式。不同的是，这里，3×3 的系数矩阵：

$$\boldsymbol{S} = \begin{pmatrix} s_{11} & s_{12} & s_{13} \\ s_{21} & s_{22} & s_{23} \\ s_{31} & s_{32} & s_{33} \end{pmatrix} \tag{13.47}$$

并不一定非要是一个**正交矩阵**。因此，我们不必考虑：由**正交矩阵**所导出的 6 个非线性约束方程。对于每一个测量结果，我们只需考虑下面的一对线性方程，即：

$$x'(s_{31}x_a + s_{32}y_a + s_{33}z_a + s_{34}) - f(s_{11}x_a + s_{12}y_a + s_{13}z_a + s_{14}) = 0 \tag{13.48}$$

$$y'(s_{21}x_a + s_{22}y_a + s_{23}z_a + s_{24}) - f(s_{31}x_a + s_{32}y_a + s_{33}z_a + s_{34}) = 0 \tag{13.49}$$

从表面上看，为了求解 12 个未知数 $s_{11}, s_{12}, \cdots, s_{34}$，我们似乎只需要 6 个测量结果即可。但是，这个方程组是一个**齐次线性方程组**，也就是说，将方程组中所有的系数同时乘以一个（不等于零的）常数，并不改变该方程组的形式。因此，事实上，我们只有 11 个自由度。在这种情况下，如果没有其他的附加条件，那么，5 个测量结果并不够，但是，6 个测量结果又“太多”。在实际应用中，我们会使用更多的测量结果，然后，用**最小二乘法**来得到：两个坐标系之间的变换的最佳拟合结果。由于所有的方程都是线性的，因此，求解**最小二乘**问题将变得非常简单。我们将在习题13.11中，对其做进一步的探讨。

为了建立“工业机器人坐标系”与“图像坐标系”之间的联系，我们需要用到上面所讨论的方法。在本章的习题中，我们将探索一些：更容易进行处理的近似方法。在第 18 章中，我们将看到这些方法的具体应用。在第 18 章中，我们会将本书中的许多方法结合在一起，用来构建一个从容器中抓取零件的系统。

13.9 寻找共轭点对

现在，我们将处理**立体视觉**中的核心问题：如何在两张图像中定位**相关点对**？**相关性问题**是指：在两张图像中确定出对应于三维空间中同一个物体的特征。一旦解决了这个问题，我们就能计算出：相机和物体之间的距离。物体表面上的某一点，并不一定在两个相机中都能被“看见”；但是，如果该点同时出现在两张图像中，那么，正如我们前面已经证明的，这两个像点一定位于相应的**极线**上。

我们如何确定**共轭点对**？一种思路是：我们首先应该单独对每张图像进行分析，然后提取出“**特征**”。这些特征可能是：被确定出来的物体，或者，灰度模式发生明显变化的地方。这些特征应该使得我们“有信心”将其用来进行匹配。为了实现这个目的，一个“方便使用”的特征是**边缘**；还有，我们也可以寻找图中的**角点**，在**角点**处，**Gauss 曲率**不等于零。

我们将在后面讨论基于**边缘**的方法。现在，我们先来考虑另一种方法。我们可能会希望：对于**共轭点对**，在其对应的图像点的一个小邻域内，亮度模式是相同的，或者，至少是相似的。一个极端的想法是：空间中的某一点所对应的两张图像中的两个点的灰度值，应该是相同的。但是，在对应的**极线**上，通常会有多个点的灰度值都可以被匹配上，我们如何对它们进行区分？

13.9.1 灰度值匹配

考虑物体表面的一小部分，假设：它是光滑的，并且，相对于连接两个相机的线，它倾斜得不是很厉害。于是，物体表面的某一点附近的邻域，在两个相机中所成的像，也将是：像平面上对应点的邻域。因此，一张图像上某一个邻域内的点的灰度值，按照我们的预期，应该和另一张图像上相应邻域内的点的灰度值匹配上。于是，我们可以将该问题看作：在对应的**极线**上，进行**灰度模式**的匹配。两个（相对应的）**灰度模式**之间的关系，并不只是：一个相对于另一个发生了“移动”。由于相机是从不同的角度“看”过去，因此，曲面的**透视面积**并不相同，这会使得灰度模式被压缩或拉伸。

考虑一个简单的情况，假设：相机的几何位置和本章刚开始时所考虑的例子相同（如图 13.1 所示）。其中，

$$\frac{x_l'}{f} = \frac{x + b/2}{z} \quad \text{并且} \quad \frac{x_r'}{f} = \frac{x - b/2}{z} \tag{13.50}$$

我们想要找到的是：使得

$$E_l(x_l', y_l') = E_r(x_r', y_r') \tag{13.51}$$

的函数 $z(x, y)$。将式(13.50)代入式(13.51)，我们可以进一步得到：

$$E_l\left(f\frac{x+b/2}{z(x,y)}, y'\right) = E_r\left(f\frac{x-b/2}{z(x,y)}, y'\right) \tag{13.52}$$

此时，我们进行换元，从而使得：我们可以使用图像坐标 $(x', y')^T$，而不是照相机坐标 $(x, y, z)^T$。我们令：

$$\frac{x'}{f} = \frac{x}{z} \quad 和 \quad d(x', y') = \frac{bf}{z} \tag{13.53}$$

现在，我们的问题变为：寻找一个 **"不一致" 函数** $d(x', y')$，使得：

$$E_l\left(x' + \frac{1}{2}d(x', y'), y'\right) = E_r\left(x' - \frac{1}{2}d(x', y'), y'\right) \tag{13.54}$$

我们希望 z 是非常光滑的，因此，d 也应该是非常光滑的。我们应该求解："不光滑" 程度最小的 d。我们可以使用

$$e_s = \iint (\nabla^2 d)^2 dx' dy' \tag{13.55}$$

来测量 d 的 "不光滑" 程度。我们这里选用：**Laplace 算子**处理结果的平方，来作为光滑项，是因为基于一阶导数（即：**梯度**）的平方和的方法会使得解过于 "平坦"。图像亮度的测量结果中存在误差，因此，我们不应该要求条件 $E_l = E_r$ 严格成立，而是选择最小化：

$$e_i = \iint (E_l - E_r)^2 dx' dy' \tag{13.56}$$

于是，结合式(13.55)和(13.56)，我们的最小化问题的目标函数为：$e_s + \lambda e_i$。其中，λ 是一个权重系数，如果亮度测量值很精确，那么，我们应该选择较大的 λ；如果亮度测量值不精确，那么，我们应该选择较小的 λ。最小化 $e_s + \lambda e_i$ 是一个**变分问题**，其 **Euler 方程**为：

$$F_d - \frac{\partial}{\partial x'}F_{d_{x'}} - \frac{\partial}{\partial y'}F_{d_{y'}} + \frac{\partial}{\partial x'x'}F_{d_{x'x'}} + \frac{\partial}{\partial y'y'}F_{d_{y'y'}} = 0 \tag{13.57}$$

其中，

$$F = (\nabla^2 d)^2 + \lambda\left(E_l\left(x' + \frac{1}{2}d(x', y'), y'\right) - E_r\left(x' - \frac{1}{2}d(x', y'), y'\right)\right)^2 \tag{13.58}$$

于是，我们可以得到 **Euler 方程**式(13.57)的具体形式，即：

$$\nabla^2(\nabla^2 d) = \lambda(E_l - E_r)\frac{1}{2}\left(\frac{\partial E_l}{\partial x'} + \frac{\partial E_r}{\partial x'}\right) \tag{13.59}$$

上式中的 E_l 和 $\partial E_l/\partial x'$ 是：左面图像中，点 $(x' + \frac{1}{2}d(x', y'), y')$ 处的测量结果；而 E_r 和 $\partial E_r/\partial x'$ 是：右面图像中，点 $(x' - \frac{1}{2}d(x', y'), y')$ 处的测量

结果。算子：

$$\nabla^2(\nabla^2) = \frac{\partial^4}{\partial x'^4} + 2\frac{\partial^4}{\partial x'^2 \partial y'^2} + \frac{\partial^4}{\partial y'^4} \tag{13.60}$$

被称为**双调和算子**。我们用 $\kappa(d_{ij} - \overline{d}_{ij})$ 来表示式(13.59) 中的 $\nabla^2(\nabla^2 d)$ 的离散形式。其中，$\overline{d}_{ij}$ 是：d 与由**双调和算子**所导出的适当的**模板**之间的**卷积**①。例如，如果我们用模板：

$L = \dfrac{1}{\epsilon^2}$ (13.61)

0	1	0
1	–4	1
0	1	0

作为 **Laplace 算子** ∇^2 的离散形式，那么，**双调和算子**（即：式(13.60)）的离散近似形式所对应的**模板**为：

$H = L \otimes L = \dfrac{1}{\epsilon^4}$ (13.62)

0	0	1	0	0
0	2	–8	2	0
1	–8	20	–8	1
0	2	–8	2	0
0	0	1	0	0

通过式(13.62)中的**模板**，我们可以得到②：$\kappa = 20/\epsilon^4$；以及，

$$\begin{aligned}\overline{d}_{ij} = &-\frac{8}{20}(d_{i-1,j} + d_{i+1,j} + d_{i,j-1} + d_{i,j+1}) \\ &+ \frac{2}{20}(d_{i-1,j-1} + d_{i+1,j-1} + d_{i-1,j+1} + d_{i+1,j+1}) \\ &+ \frac{1}{20}(d_{i-2,j} + d_{i+2,j} + d_{i,j-2} + d_{i,j+2})\end{aligned} \tag{13.63}$$

于是，我们得到了式(13.59)的离散迭代求解形式，即：

$$d_{i,j}^{n+1} = \overline{d}_{i,j}^{n} - \frac{\lambda}{\kappa}(E_l - E_r)\frac{1}{2}\left(\frac{\partial E_l}{\partial x'} + \frac{\partial E_r}{\partial x'}\right) \tag{13.64}$$

①从本质上说，这个结论出自于：卷积满足结合律，即 $a \otimes (b \otimes c) = (a \otimes b) \otimes c$（参见第 6 章的内容）。因此，$\nabla^2(\nabla^2 d) = (\nabla^2(\nabla^2))d$。— **译者注**

②式(13.61)到(13.63)是我们加上的内容，原著只是将其“隐约”地一笔带过。此外，我们没有对式(13.63) 中的系数进行约减，是为了便于和**模板**式(13.62)中的系数进行对比，从而发现其中的规律。— **译者注**

我们可以使用一阶差分，来近似计算上式中 E_l 和 E_r 的一阶偏导数 $\partial E_l/\partial x'$ 和 $\partial E_r/\partial x'$。如果在某一个估计的匹配点上，该点在左边图像上的亮度值比在右边图像上的亮度值大，那么，该点的不一致程度 d_{ij} 将会增加或减少，这依赖于：亮度的**梯度**为正还是为负。由此，我们可以看出，式(13.64)会使得亮度之间的差别不断减小。

同时还需要注意，式(13.64)中的算法将使得：空间位置相邻的**“不一致”函数** $d(x',y')$ 的值，逐渐变得相似。尽管这个算法（式(13.64)）有很多我们所希望的性质，但是，当两张图像中的**对应点对**的灰度值不匹配时，该算法是有问题的。在物体相互**遮挡**的地方，**“不一致”函数**也会发生快速的变化。更严重的是，该算法（即：式(13.64)）需要一个好的初始值。如果初始值选择不好，那么，该算法将会不收敛。受到估计**亮度梯度**时所产生的误差的影响，**“不一致”函数**的值可能向着错误的“方向”变化。此外，由于错误的匹配，可能会使得**“不一致”函数**的值被“固定住”，而不随着迭代过程进行调整变化。当（估计结果中）有多个像素点偏离正确的匹配结果时，就会发生这种情况。当图像灰度值大小的“波动”太快时，对**亮度梯度**的估计结果将会出现很大的偏差。

使用经过**“光滑化”**或者**模糊化**处理的图像作为输入，有助于减轻上面谈到的种种问题，这是因为，**高频分量**被除去了。这启发我们：首先在（一对）经过“光滑化”处理的图像上进行匹配，然后，使用匹配结果作为初始值，再在更精细的“尺度”上进行匹配。为了得到更好的初始值，用来在“光滑的图像”上进行匹配，我们可以将“光滑的图像”进一步“光滑化”。（出于计算效率的考虑）我们不必对：经过“光滑化”处理的图像，进行精细采样。用这种方法，我们可以得到一个图像序列，图像序列中的每一张图像，都是前一张图像的“光滑化”结果。在每一张“光滑的图像”上的匹配结果，将被作为初始值，用于在“更精细的”图像上进行的迭代计算。

通过迭代算法来调节**“不一致”函数**的类似方法，已经被用于一些自动立体视觉系统。如果可以得到好的初始值，这个方法的效果很好。对于**“不一致”函数**发生快速变化的地方，这个方法的效果并不好。在某些尺度下，图像中的某些地方缺乏细节信息，或者，**共轭点对**没有匹配上，都会引起**“不一致”函数**的快速变化，

通常，**共轭点对**的灰度值并不完全一样，这是由于两个照相机从不同的方向观测曲面。镜面反射是一个极端的例子。我们可以调整镜面，从而使得：镜面对光源的反射光只照射到其中的一个相机，而另一个相机却完全感受不到光。通常情况下，两张图像中的**共轭点对**的

灰度值会有小的（但是，足以起到影响的）差别。

13.9.2 使用相关关系的方法

如果两张图像中的**共轭“小块”**具有相似的**亮度模式**，那么，我们可以通过：这两张图像中的“小块”之间的**相关关系**，来定位这两个**共轭“小块”**。给定某一张图像中的一个“小块”，我们可以计算：该小块和（另一张图像中的）对应**极线**上的所有“小块”之间的**相关系数**；然后，我们选取：使得**相关系数**最大的小块。

“小块”的大小应该选为多少？如果“小块”取得太小，那么，**亮度模式**没有足够的区分度，也就是说，我们会找到许多错误的匹配结果；如果小块太大，那么，我们会失去空间**分辨率**，因为，图像中（许多）具有各自特有的**“不一致”函数**的小邻域，会被“合并”在测量结果中。更糟糕的是，除非**“不一致”函数**是常数，否则，两个“小块”无法被很好地匹配上。再一次，这启发我们使用**多分辨率**的方法，也就是说，首先，在被“光滑”过的图像中进行匹配；然后，用所得到的匹配结果作为初始值，在具有更高分辨率的**图像对**中进行查找匹配。

尽管通常情况下，我们首先想到的方法是：使用**相关关系**的方法，但是，其效果却并不好。使用**相关关系**方法的最大缺陷，可能来自于：该方法对于**透视面积**的变化非常灵敏（如图 13.8 所示）。如果物体表面是一个相对于**基准线**倾斜的平面，那么，在一张图像中，该平面的**透视面积**可能会小于：它在另一张图像中的**透视面积**。在这种情况下，（该平面在两张图像中所对应的）两个**灰度模式**，无法被很好地匹配上。

我们不应该将**相关关系**方法直接应用于原始图像。当图像经过**边缘增强**以后，再使用**相关关系**方法，其效果会得到提高。尽管如此，这仍然无法克服**相关关系**方法的基本缺点，也就是说，1) 这个方法对于不同**透视面积**的灵敏性，以及，2) 这个方法无法确定：缺失图像细节（信息）的区域上的**“不一致”函数**。

一种可以得到有用结果的对**相关关系**方法的改进方式是：对图像进行扭曲，从而去除透视效应。我们可以通过：将左边和右边的两张图像换算成某一张假想的中间图像，从而实现**透视补偿**。这张假想的透视图像是：将相机放在左右两个相机的中间位置所拍摄的。此外，我们也可以将左边的图像换算成右边的图像（或者反过来）。在上面的两种方法中，我们都需要：去除物体表面形状的**透视效应**。这就产

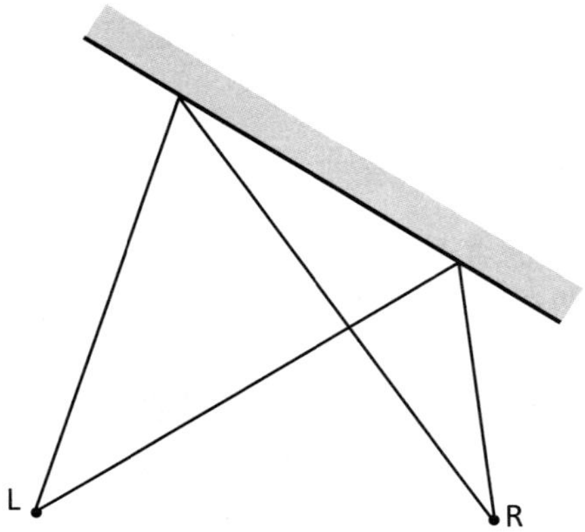

图 13.8　在两张不同的图像上，同一个斜面将会产生两个不同的**透视面积**。这极大地影响到了：直接使用**相关关系**方法的效果。

生了一个“鸡和蛋”的问题，因为，要得到物体表面的形状，我们需要用到对**相关性**的匹配结果。实际应用中，我们可以使用交叉迭代来解决这个问题。在这个迭代方法中，某一步所得到的、关于**“不一致”函数**的估计结果，在被用于建立**相关关系**之前，首先被用于对图像进行扭曲；然后，我们再使用：由相关性“峰值”查找器所得到的结果，去更新对**“不一致”函数**的估计结果。

上面所谈到的迭代算法不能保证收敛。事实上，使用类似方法的机器，对于该方法失效的区域，需要依赖于其他辅助操作的帮助。

13.9.3 边缘匹配的方法

如果图像中某部分的灰度值，在某种程度上是常数，那么，我们很难找到**共轭点对**。如果**相关关系**方法中所使用的图像块的大小，小于灰度值为常数的区域的大小，那么，将不存在最大匹配值；这会使得**相关关系**方法失效。在这样的区域中，前面讨论的**灰度值匹配**方法，将通过使用：相邻区域的（合适的）灰度值变化模式，来对该区域进行填充，从而使得该区域的亮度变得不相同。

但是，更加合理的一种做法是：只在灰度值发生剧烈“波动”的地方，例如：图像中两个区域的**边缘**处，对**“不一致”函数**进行估计。现在，匹配是在两张图像所对应的两个粗略的**符号描述**上进行的，而不是在图像本身进行的。但是，这两种方法中的一些问题，却

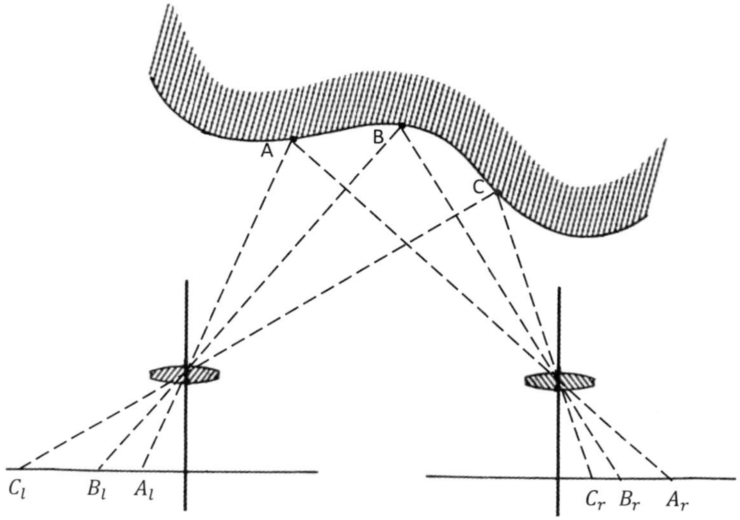

图 13.9 如果我们所观测的物体表面是一个连续曲面，那么，在某一张图像上，**边缘点**沿着某一条**极线**的排列顺序，和在另一张图像上，相应的**边缘点**沿着对应的**极线**的排列顺序，应该是相同的。对于**特征匹配**问题，这个结论提供了一个有效的约束。

是相关的。首先，可能存在错误的匹配，这是由于：在每一张图像上，沿着给定的**极线**，可能存在许多不同的**边缘点**。因此，我们需要一些附加信息，来对这些边缘点进行区分。例如，我们可以在每一条**边缘**上，都加上附加信息，从而得到一个**边缘描述**；这些附加信息可以是：边缘两侧区域的灰度值。只有当**边缘描述**匹配得足够好时，**边缘**之间的匹配才是可以被接受的。此外，如果物体表面是连续的，那么，沿着（两张图像中）对应的**极线**，边缘的排列顺序一定是相同的（如图 13.9 所示）。只有当一个物体挡在另外一个物体前面时，在两张图像中，边的排列顺序才有可能不同。

在特别简单的情况下，一张图像中的所有**可见边缘**，将全部出现在另一张图像中。如果这个条件不满足，那么，许多自动匹配方法都无法取得好的效果。城市的航拍图像是不满足这个条件的，因为一些建筑物的某一个“侧面”，可能会只出现在某一张图像中。

即使使用上面谈到的有效的约束条件，并且假设：我们可以只在对应的**极线**上进行匹配，匹配结果仍然存在很大的不确定性。我们注意到：在相邻**极线**上的匹配通常是不太困难的。再次地，使用**多尺度**成为了最有效的方法。

当我们对图像进行“光滑化”处理以后，我们丢失了细节信息。和比较小的图像特征相对应的**边缘**将会消失。通过减少要匹配的边缘的数目，我们可以大大简化：沿着**极线**的匹配过程。我们首先对：图像中经过严重“光滑化”后（仍然被保持住）的边缘，进行匹配；然后，用这些匹配结果来约束和指导：在更高分辨率的图像中的匹配查找。根据光滑度（我们将其作为一个已知量，或先验知识），我们有可能估计出：边缘之间（沿着**极线**）的区间大小的分布。通过这个分布，我们最终可以确定出：将不相关的边缘（无意间）匹配到一起的概率。在该区间上执行的**边缘匹配**方法，要使得这个“错误匹配”的概率尽可能地小。我们可以根据这个要求，来设计算法。

我们知道：在**边缘**处，亮度的变化要比其他地方的亮度变化快。因此，在**边缘**处：亮度的一阶导数的绝对值为（局部）最大值；而且，亮度的二阶导数为零。我们可以通过：查找二阶导数的**“跳变零”点**[①]，来寻找“潜在”的边缘位置。在第8章中，我们讨论过**边缘检测**，我们探索过：将**Laplace 算子**应用于光滑图像的方法。我们可以通过：使用**Gauss 滤波器**进行**卷积**的方法，来实现图像的“光滑化”。我们可以使用不同“宽度”的**Gauss 函数**，来得到不同**尺度**的滤波结果。

在关于**边缘检测**的讨论中（参见第 8 章），**旋转对称算子**引起了我们的研究兴趣，因为它可以找到所有**朝向**的边缘。我们这里最感兴趣的是：和**极线**之间夹角很大的边缘。因为，平行于**极线**的边缘无法提供关于**“不一致”函数**的有用信息。因此，我们应该考虑使用：沿着**极线**方向的二阶**方向导数**。和使用**旋转对称**的边缘检测器比起来，这样做具有明显的优势，这是由于：和只针对固定朝向的边缘检测器比起来，对于噪声，相同尺寸的旋转对称的边缘检测器具有更高的**灵敏度**。

13.9.4 插值

对亮度快速变化的点进行匹配的一个缺点是：我们只知道**“不一致”函数**在这些点上的值。如果想要知道：**“不一致”函数**在每一点上的值，那么，我们必须使用**插值**方法。我们如何从已知的点，来对一个光滑曲面进行**插值**？这是一个在很多应用领域中都会碰到的问

---

①原著使用的是：zero-crossings，它包含两层意思：1) 在该点处，（二阶导数）为零；2) 在该点两侧的邻域中，（二阶导数）不为零，并且异号，也就是说，左边邻域的二阶导数为正、右边为负，或者反过来。因此，我们将其译为“跳变零”点，而不是“零点”。— **译者注**

题。在一个规则**格栅**上进行的**插值**方法，大家都能很好地理解。但是，我们这里所给出的数据，是沿着一些等值线的点，而不是在我们事先选定的位置上的点。

在选择**插值**方法的过程中，产生了很多问题。除了要生成一个光滑曲面以外，我们还希望解是唯一的。此外，解应该不依赖于坐标轴的朝向。这启发我们使用**旋转对称**算子。设计一种合适方法的一个途径是考虑类似的物理模型。例如，我们将沿着**边缘**的“不一致”函数的值，想象成一堵“墙”；“墙”的高度和**“不一致”函数**的值成正比。这堵“墙”是沿着图像中**边缘**所在的曲线“修筑”起来的。我们在“墙”上面“铺上”覆盖整个区域的（具有弹性的）“橡胶带”，然后，用“钉子”将这些“橡胶带”固定在“墙头”上，然后再尽可能地“拉紧”这些“橡胶带”。最后，我们可以根据“橡胶带”的“高度”来实现插值。

用这种方式所生成的曲面是连续的，并且，其形状不依赖于坐标轴的方向。除了“墙”所在的地方，这个曲面还是光滑的。只有在“墙”所在的地方，曲面的**法向量**才会发生不连续的变化。“橡胶带”的最终形状会使得：“橡胶带”所储存的能量最小。对于小的扭曲，“橡胶带”所储存的能量正比于：

$$\iint \left(z_x^2 + z_y^2\right)^2 dxdy \tag{13.65}$$

考虑式(13.65)所对应的 **Euler 方程**[①]，我们得到了如 **Laplace 方程**:

$$\nabla^2 z = 0 \tag{13.66}$$

除了“墙”以外的区域，上式都是成立的。而“墙”的高度，将作为：**Laplace 方程**（即：式(13.66)）的**边界条件**。我们可以通过：对式(13.65) 使用**变分法**，来验证式(13.66)。

为了避免曲面的**法向量**在“墙”所在地方发生不连续变化。我们可以使用“薄铁皮”来代替“橡胶带”。“薄铁皮”的最终形状也会使得其存储的能量最小。对于小的扭曲，“薄铁皮”所存储的能量正比于：

$$\iint (\nabla^2 z)^2 dxdy \tag{13.67}$$

上式所对应的 **Euler 方程**，是一个**双调和方程**:

$$\nabla^2(\nabla^2 z) = 0 \tag{13.68}$$

---

① **Euler 方程**的表达式参见附录 A.6 中的式(A.154)，根据式(13.65)，我们可以直接计算得到式(13.66)。— **译者注**

上式的具体形式为：

$$\frac{\partial^4 z}{\partial x^4}+2\frac{\partial^4 z}{\partial x^2\partial y^2}+\frac{\partial^4 z}{\partial y^4}=0 \tag{13.69}$$

同样的，上式对于除了“墙”以外的区域都是成立的。而“墙”的高度将作为：**双调和方程**（即：式(13.69)）的**边界条件**。我们可以通过：对式(13.67) 使用**变分法**，来验证式(13.68)。

上面的这些方法，对于连续的曲面，将产生很好的结果。但是，对于相互**遮挡**的物体，这些方法会产生问题，这是因为：在物体相互**遮挡**的地方，**“不一致”函数**并不是连续的。因此，我们必须先将图像分割为一些区域，在这些区域上，**“不一致”函数**是连续的；然后，我们再在这些区域上，单独应用**插值**方法。

13.10 本章参考文献

在 Julesz 的书《*Foundations of Cyclopean Perception*》[1971] 中，花了大量的篇幅来介绍：生物视觉系统中的双目立体视觉。他使用随机点所构成的立体图来说明：在识别之前先进行匹配。Grimson 在他的书《*From Images to Surfaces: A computational Study of the Human Early Visual System*》[1981] 中，详细讨论了基于边缘的自动化立体视觉。Moravec在他的书《*Robot Rover Visual Navigation*》[1981] 中讨论了他在斯坦福大学的工作，即：一个用于汽车上的运动立体视觉系统。Wolf 所写的《*Elements of Photogrammetry*》[1974] 是一本关于摄影测量的优秀教材。对于最小二乘法所导出的问题，我们通常都可以使用伪逆方法来进行求解，这方面的内容我们推荐参阅 Albert 的著作《*Regression and the Moor–Penrose Pseudoinverse*》[1972]。

机器视觉在摄影测量方面的应用被认为过于“平凡”，以至于没有必要进行正式报告；而只是在一些内部报告中对其进行讨论。这方面的内容可以参见文献 Sobel [1970]、Horn [1972] 和 Ganapathy [1984]。但是，需要指出的是，对于任何“眼 — 手”系统和移动机器人系统，这方面的内容起着非常重要的作用。Longuet–Higgins 在《*Nature*》上发表了一篇文章，报告了通过一张或多张图像来重建场景的内容。文献 Fischler & Bolles [1981] 证明如下结论：对于确定相机位置的问题，如果知道的点的个数正好等于所需的最少点数，那么，我们正好得到四个不同的解。

在 60 年代末 70 年代初，人们花了很大的精力来开发一些方法，用于根据图像对来复原出曲面的拓扑结构。这些方法中的大部分都依赖于相关关系及其简化形式，这是因为当时人们主要关注于运行速度，但是，我们应该首先关注的是：求解匹配问题。在发现本章提到的一些困难以后，很多项目都被“截止”了，但是，对于一些简单的情形，一些仪器的表现还是较为理想的，尽管这些仪器需要用到大量的交互算子。文献 Bertram [1969] 介绍了这类仪器的一个早期版本：UNAMACE。文献 Kelly, McConnell & Mildenberger [1977] 描述了 Gestalt 影像地图系统，该系统可能是到目前为止最成功的商用系统。文献 Konecny & Pape [1981] 回顾了 1981 年以前建造的多种仪器。在 1983 年 4 月出版的专刊《*Photogrammetric Engineering and Remote Sensing*》中，可以找到关于立体视觉自动匹配的 5 篇文章。

文献 Levine, O'Handley & Yagi [1981] 开发出来一种立体视觉系统，该系统使用自适应的相关关系窗来实现立体视觉，它已经被用在火星探测器上了。文献 Mori, Kidode & Asada [1973] 使用迭代方法来消除由透视投影所引起的“扭曲”；后来的基于相关关系的方法都“融合”了这种方法。文献 Gruen [1985] 所提出的方法就包括了：进行透视投影矫正的迭代方法。Keating, Wolf & Scarpace [1975] 探索了利用**极线**来约束匹配查找过程。

文献 Sutro & Lerman [1973] 开发了一种简单的灰度匹配方法，它使用一个不一致阵列和相应的方法来去除“假的”匹配。文献 Dev [1975] 使用了不一致阵列，并且，提出了外部和内部交互。在 Marr 和 Poggio 所设计的第一个立体视觉系统（参见文献 Marr & Poggio [1976]）中，用到了这些概念和方法；详细内容请参见文献 Marr, Palm & Poggio [1978]。这些工作都和 Julesz 所最先提出的随机点立体图有关。Marr & Poggio [1979] 后来提出了一种新的方法，该方法基于“跳变零点”的匹配。Grimson 在这方面做了很多工作，例如，文献 Grimson [1982,1983b,1984]，他开发了一种方法，用来根据稀疏数据对曲面进行解释；这些稀疏数据是根据“跳变零点”的匹配而生成的。文献 Marroquin [1984] 讨论了景深不连续的情况，那些简单解释方法无法对这种情况进行处理。

文献 Grimson [1983a] 证明了：基于合理的曲面反射性质的假设，通过“跳变零点”可以找到曲面发生扭曲的地方。本文中所提到的这两种被广泛使用的立体视觉方法，被发表在《*Scientific American*》上，参见文献 Poggio [1984]。

文献 Barnard & Thompson [1980] 提出了一种方法，该方法使用一种“兴趣”算子定位出一些“兴趣点”，然后，对“兴趣点”进行匹配。文献 Mayhew & Frisby [1981] 质疑了：只使用“跳变零点”来进行匹配的充分性，并且，开发出了其自己的方法，用来进行立体视觉匹配。要了解这方面的最近工作，请参阅文献 Mayhew [1982] 和 Mayhew & Longuet–Higgins [1984]。文献 Baker & Binford [1981,1982] 开发了另外一种立体图匹配方法，这项工作是他们在斯坦福大学完成的。最近，卡内基— 梅隆大学的 Ohta和Kanade 将动态规划算法用于立体图的匹配，参见文献 Ohta & Kanade [1983]。

文献 Nishihara [1983] 提出了一种方法，该方法将**二值化相关关系方法**应用于：边缘增强滤波器的输出结果，从而非常快速地判断不一致量。Nishihara 是出于实际应用（例如，从容器中抓取零件）的需要而设计的这种方法。文献 Ikeuchi [1984] 中报告了这方面的一些实验结果。文献 Brady & Horn [1983] 研究了旋转对称算子，这些旋转对称算子可以用于诸如：1) 对曲面的解释、2) 边缘增强算子。由 Grimson 所开发的曲面解释方法，需要对椭圆偏微分方程进行数值迭代求解。正如我们在计算光照中所碰到的情况，求解椭圆偏微分方程的经典数迭代算法的收敛速度很慢。这是一个很严重的问题，因此，人们提出了**多尺度**的方法，该方法似乎极大地减少了计算量。文献 Terzopoulos [1983] 探索了：多尺度方法在一些机器视觉算法中的应用（其中包括**插值**问题）。

除了使用**正交矩阵**以外，我们还可以使用别的方法来表示旋转。例如，在文献 Korn & Korn [1968] 中，列举了 7 种方法。在第 18 章中，我们开发了一个系统，用于从容器中抓取零件，在那里，我们将研究**单位四元数**，并且，会讨论用**单位四元数**来表示旋转的优势。使用本章所引入的表示方法，一些朝向问题并没有闭合形式的解（即：解析解），但是，如果我们使用**单位四元数**，却可以得到解析解。在文献 Thompson [1959] 和 Schut [1960] 中，我们可以找到这样的例子。

13.11 习题

习题 13.1 在这里，我们将探索：距离与角度差之间的关系。令 b 为：**基准线**（即：连接两个相机的线段）的长度。假设：物体同时出现在两个相机的“视野”范围之内。对于左右两个相机，物体相对于**基准线**的角度分别为 θ_l 和 θ_r（如图 13.10 所示）。

(a) 证明：物体到**基准线**的垂直距离为：

$$h = b\frac{\sin\theta_r \sin\theta_l}{\sin(\theta_r - \theta_l)} \tag{13.70}$$

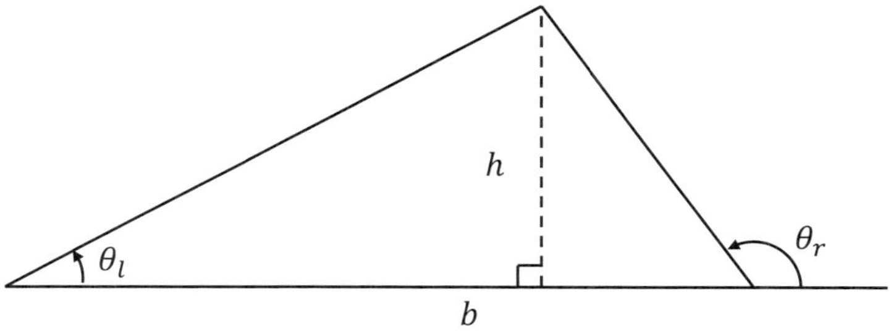

图 13.10 在如图 13.1 所示的简单**立体视觉**照相机几何中，我们很容易建立起：距离 h 与角度差 $\theta_r - \theta_l$ 之间（以及，与本图中其他量之间）的关系。

注意：h 和角度差 $\theta_r - \theta_l$ 之间的关系。

(b) 如果角度 θ_r 和 θ_l 的测量值的**方差**都为 σ^2，那么，距离 h 的**方差**是多少？

提示： 令 h 分别对 θ_r 和 θ_l 求偏导。

(c) 随着距离的增加，这个**立体视觉模型**的精度将如何变化？

习题 13.2 在这个练习中，我们将对上一题中的问题做进一步分析。在上一题中，我们使用**几何方法**进行了求解。假设：空间中的点在左右相机中所成的像的坐标分别为 (x'_l, y'_l) 和 (x'_r, y'_r)，并且，在以连接左右两个透镜中心的线段的中点为原点的坐标系中，空间中的对应点的坐标为 $(x, y, z)^T$。此外，我们还假设：连接两个镜头中心的直线（即：**基准线**）垂直于两个镜头的光轴，并且，两个镜头的光轴相互平行。我们选取**基准线**作为 x 轴，请证明：

$$\frac{\delta z}{z} = -\frac{\delta(x'_l - x'_r)}{(x'_l - x'_r)} \tag{13.71}$$

也就是说，距离测量的**相对误差**正比于：点在两个坐标系下的坐标的差的**相对误差**。

习题 13.3 本题所探索的是：当两个坐标系中包含许多**点对**的坐标时，（数据中）所包含的冗余信息。令两个相机的状态（包括**位置**和**朝向**）之间的变换为：

$$\boldsymbol{r}_r = \boldsymbol{R}\boldsymbol{r}_l + \boldsymbol{r}_o \qquad (\text{其中：} \boldsymbol{R}^T\boldsymbol{R} = \boldsymbol{I}) \tag{13.72}$$

证明：在左面相机的坐标系中，两个**点对**之间的距离等于：其在右面

相机的坐标系中的距离，也就是说，

$$|\boldsymbol{r}_{l,1}-\boldsymbol{r}_{l,2}|^2=|\boldsymbol{r}_{r,1}-\boldsymbol{r}_{r,2}|^2 \tag{13.73}$$

其中，我们使用标准简写形式：$|\boldsymbol{r}|^2=\boldsymbol{r}\cdot\boldsymbol{r}$。

习题 13.4 在这里，我们来开发一种发现两个坐标系之间变换的方法，也就是说，我们将求解：**绝对朝向**问题。我们使用如下公式：

$$\boldsymbol{r}_{r,i}=\boldsymbol{M}\boldsymbol{r}_{l,i}+\boldsymbol{r}_o \qquad (\text{其中：}i=1,2,3,4) \tag{13.74}$$

其中，未知数是：矩阵 $\boldsymbol{M}$ 以及向量 $\boldsymbol{r}_o$ 中的参数，即：$r_{11},r_{12},\cdots,r_{34}$。系数矩阵 $\boldsymbol{M}$ 是一个**方阵**。这里，我们并不要求：系数矩阵 $\boldsymbol{M}$ 是一个**正交矩阵**。证明：如果这四个点位于同一条直线上，那么，矩阵 $\boldsymbol{M}$ 是一个**奇异矩阵**①。并且证明：一般情况下，使用四个点就可以唯一地确定**绝对朝向**。

习题 13.5 这里，我们来探索求解**绝对朝向**问题的另外一种方法。我们用 $\boldsymbol{a}_{i,j}=\boldsymbol{r}_{l,i}-\boldsymbol{r}_{l,j}$ 来表示：在左边的图像坐标系中，第 i 个点 $\boldsymbol{r}_{l,i}$ 和第 j 个点 $\boldsymbol{r}_{l,j}$ 之间的坐标差。类似地，我们用 $\boldsymbol{b}_{i,j}=\boldsymbol{r}_{l,i}-\boldsymbol{r}_{l,j}$ 来表示：在右边的图像坐标系中，第 i 个点 $\boldsymbol{r}_{r,i}$ 和第 j 个点 $\boldsymbol{r}_{r,j}$ 之间的坐标差。给定四个点，我们可以从中选择三个**点对**的差，来建立一个集合。使用这三个**差**，我们可以建立矩阵 $\boldsymbol{A}$ 和 $\boldsymbol{B}$，即：

$$\boldsymbol{A}=(\boldsymbol{a}_{1,2}\ \boldsymbol{a}_{2,3}\ \boldsymbol{a}_{3,4}) \quad \text{和} \quad \boldsymbol{B}=(\boldsymbol{b}_{1,2}\ \boldsymbol{b}_{2,3}\ \boldsymbol{b}_{3,4}) \tag{13.75}$$

证明：如果矩阵 $\boldsymbol{B}$ 是**非奇异**的，那么，旋转矩阵 $\boldsymbol{M}=\boldsymbol{A}\boldsymbol{B}^{-1}$。在什么情况下，矩阵 $\boldsymbol{B}$ 是**奇异**的？什么条件下，矩阵 $\boldsymbol{M}$ 是**正交矩阵**？

习题 13.6 本题中，我们考虑一个新的情况。我们所得到的测量结果的数目，多于：求解**绝对朝向**问题所需的最小的测量结果数目。在这种情况下，我们应该使用**最小二乘**方法。

(a) 求矩阵 $\boldsymbol{M}$ 和平移向量 $\boldsymbol{r}_o$，使得误差总能量：

$$\sum_{i=1}^{n}|\boldsymbol{e}_i|^2 \tag{13.76}$$

取得最小值。其中，$\boldsymbol{e}_i=\boldsymbol{r}_{r,i}-(\boldsymbol{M}\boldsymbol{r}_{l,i}+\boldsymbol{r}_o)$。注意，这里我们并没有使用约束条件：矩阵 $\boldsymbol{M}$ 是一个**正交矩阵**。

(b) 求使得误差总能量：

$$\sum_{i=1}^{n}|\boldsymbol{e}_i|^2 \tag{13.77}$$

---

①如果一个方阵是奇异的，那么其行列式等于零。要证明一个矩阵 $\boldsymbol{M}$ 是**奇异矩阵**，最常用的方法是：寻找一个非零向量 $\boldsymbol{v}$，使得 $\boldsymbol{M}\boldsymbol{v}=\boldsymbol{0}$。— **译者注**

最小的矩阵 $\boldsymbol{R}$ 和平移向量 $\boldsymbol{r}_o$。其中，$\boldsymbol{e}_i = \boldsymbol{r}_{r,i} - (\boldsymbol{R}\boldsymbol{r}_{l,i} + \boldsymbol{r}_o)$。注意，这里我们要求：矩阵 $\boldsymbol{R}$ 是一个**正交矩阵**。

注意：这一个问题比上一个问题要难很多。

习题 13.7 再一次，假设我们有两个仪器，它们可以测量出：点在空间中的位置。这两个仪器具有很高的精度，但是，在其他方面，它们却没有什么理想的性能。特别是，它们的坐标系中的两个坐标轴，并不一定是相互垂直的。并且，不同坐标轴上的基本长度单位也不一定相同。为了有效地使用这两个仪器，我们必须找到：这两个仪器的测量结果之间的关系。假设：对于空间中的同一个点，从一个仪器的测量结果 $(a, b, c)^T$ 到另一个仪器的测量结果 $(d, e, f)^T$ 之间的变换为：

$$\begin{pmatrix} d \\ e \\ f \end{pmatrix} = \boldsymbol{M} \begin{pmatrix} a \\ b \\ c \end{pmatrix} + \begin{pmatrix} x \\ y \\ z \end{pmatrix} \tag{13.78}$$

其中，

$$\boldsymbol{M} = \begin{pmatrix} m_{11} & m_{12} & m_{13} \\ m_{21} & m_{22} & m_{23} \\ m_{31} & m_{32} & m_{33} \end{pmatrix} \tag{13.79}$$

而向量 $(x, y, z)^T$ 表示**平移向量**。

为了判断这两个仪器之间的空间位置关系，我们必须使用这两个仪器同时对：空间中的一些样本点，进行测量。假设，第 i 个样本点在这两个仪器中的坐标分别为 $(a_i, b_i, c_i)^T$ 和 $(d_i, e_i, f_i)^T$。

(a) 要确定两个坐标系之间的变换系数，我们最少要对多少个样本点进行测量？

提示：首先确定有多少个未知量；然后确定：每一个测量结果所提供的**独立约束条件**的数目。

(b) 证明：两个坐标系之间的变换也可以被写为：

$$\begin{pmatrix} d \\ e \\ f \end{pmatrix} = \boldsymbol{N} \begin{pmatrix} a \\ b \\ c \\ 1 \end{pmatrix} \tag{13.80}$$

请问：矩阵 $\boldsymbol{N}$ 是什么形状的？矩阵 $\boldsymbol{N}$ 中的系数与矩阵 $\boldsymbol{M}$ 的系数（即：式(13.79)）之间，有什么关系？

(c) 现在，将所有的列向量 $(a_i, b_i, c_i, 1)^T$ “放在”一起，形成一个矩阵 $\boldsymbol{A}$。向量 $(a_i, b_i, c_i, 1)^T$ 是：在第一个仪器对第 i 个点的测量

结果后面，再“添上”一个“1”。同时，将所有的列向量 $(d_i, e_i, f_i)^T$ “放在”一起，形成一个矩阵 $\boldsymbol{D}$。向量 $(d_i, e_i, f_i)^T$ 是第二个仪器对第 i 个点的测量结果。显然，$\boldsymbol{NA} = \boldsymbol{D}$。请问：要保证未知矩阵 $\boldsymbol{N}$ 的解唯一，那么，需要测量的点的数目 n、矩阵 $\boldsymbol{A}$ 以及矩阵 $\boldsymbol{D}$ 必须满足什么条件？

(d) 证明：如果点 $\boldsymbol{x}$ 位于：由三个点 $\boldsymbol{u}$、$\boldsymbol{v}$ 和 $\boldsymbol{w}$ 所张成的平面之中，那么，其充分必要条件为：存在三个常数 α、β 和 γ，使得

$$\boldsymbol{x} = \alpha\boldsymbol{u} + \beta\boldsymbol{v} + \gamma\boldsymbol{w} \qquad (\text{其中 } \alpha + \beta + \gamma = 1) \tag{13.81}$$

提示：你可能会想要使用如下事实：

- 如果一个**平行六面体**三条边分别为 $\boldsymbol{k}$、$\boldsymbol{l}$ 和 $\boldsymbol{m}$，那么，该**平行六面体**的体积为：$[\boldsymbol{k}\,\boldsymbol{l}\,\boldsymbol{m}] = (\boldsymbol{k} \times \boldsymbol{l}) \cdot \boldsymbol{m}$。

(e) 请问：要使未知矩阵 $\boldsymbol{N}$ 的解存在且唯一，样本点 $(a_i, b_i, c_i)^T$ 之间的相对位置需要满足什么条件？

提示：请考虑下面几个问题，

1) 在什么条件下，**平行六面体**的体积为零？

2) 从矩阵中的某一行（或列），减去矩阵中的另一行（或列），矩阵的行列式是否发生变化？

3) 如果我们将：一个 3×3 的矩阵中的每一行，都看作是一个**行向量**，那么，这三个行向量的**向量三重积**和该 3×3 矩阵的**行列式**之间存在什么关系？

习题 13.8 在前面的题目中，对于每一个点，我们在两个坐标系中所测量的都是：该点（在空间中）的**三维坐标**。现在，让我们来考虑**相对朝向**的问题。在**相对朝向**问题中，我们所测量的是：（从透镜中心，指向该）点的方向，而无法确定点的具体位置。

考虑如下三个方程：

$$r_{11}x_l' + r_{12}y_l' + r_{13}f + r_{14}\frac{f}{z_l} = x_r'\frac{z_r}{z_l} \tag{13.82}$$

$$r_{21}x_l' + r_{22}y_l' + r_{23}f + r_{24}\frac{f}{z_l} = y_r'\frac{z_r}{z_l} \tag{13.83}$$

$$r_{31}x_l' + r_{32}y_l' + r_{33}f + r_{34}\frac{f}{z_l} = f\frac{z_r}{z_l} \tag{13.84}$$

请从上面三个方程中消掉 z_l 和 z_r，从而得到一个关于 $r_{11}, r_{12}, \cdots, r_{34}$ 的方程。根据这个方程，我们可以通过代入：从图像中直接得到的多个测量结果，从而对这些未知量进行求解。

习题 13.9 式(13.82)到(13.84)可以被进一步写为：关于 z_l 和 z_r 的**线性方程组**，由于只有两个未知量，因此，这三个方程所提供的信息，比我们“所需要的”信息要多。由于测量误差的影响，这三个方程可能**不“相容”**，即：可能不存在解 (z_l, z_r)。

(a) 请求出：空间中的最优点，从而使得“误差能量”取得最小值。也就是说，在空间中寻找一点 P^*，使得 P^* 到两条直线的距离的平方和最小。这两条直线是由：图像上的两个点 (x_l', y_l') 和 (x_r', y_r')，所分别确定的。

(b) 请求出：图像上的最优点，从而使得误差取得最小值。也就是说，在空间中寻找一点 P^*，然后，将 P^* 投影到图像上，使得投影点到两个点 (x_l', y_l') 和 (x_r', y_r') 的距离的平方和最小。
提醒： 这个问题可能比上一个问题要难。

习题 13.10 假设：我们想要确定一个**“手—眼”变换**。也就是说，一个从**“机器人”坐标系**到**“电子照相机”坐标系**之间的变换。这是一个**外部朝向**问题。假设照相机系统可以判断出：机器臂“爪子”上的一些特殊标定点在图像中的位置。你可以让机器臂在工作区域内自由移动，正如前面所讨论的，**“手—眼”变换**可以被分解为**平移**和**旋转**。证明：要确定**“手—眼”变换**，至少需要四个标定点。

习题 13.11 本章中，我们介绍了用于确定**外部朝向**的校准方法。每一个测量结果都提供了：两个关于未知系数的约束方程，即式(13.38)和(13.39)。假设：外部系统中的点 $(x, y, z)^T$ 所成的像的坐标为 (x', y')，我们想通过：使用一些这样的测量结果，来获取足够的信息，从而确定出：两个坐标系之间的变换。

(a) 证明：我们可以将：由某一个测量结果所得到的两个约束方程式(13.38)和(13.39)，写为向量形式 $\boldsymbol{u}\cdot\boldsymbol{c}=\boldsymbol{0}$ 和 $\boldsymbol{v}\cdot\boldsymbol{c}=\boldsymbol{0}$，其中，

$$\boldsymbol{u} =(-fx, -fy, -fz, -f, 0, 0, 0, 0, x'x, x'y, x'z, x')^T \tag{13.85}$$

$$\boldsymbol{v} =(0, 0, 0, 0, -fx, -fy, -fz, -f, y'x, y'y, y'z, y')^T \tag{13.86}$$

$$\boldsymbol{c} =(r_{11}, r_{12}, r_{13}, r_{14}, r_{21}, r_{22}, r_{23}, r_{24}, r_{31}, r_{32}, r_{33}, r_{34})^T \tag{13.87}$$

(b) 现在假设：我们累积了足够数量的测量向量 $\boldsymbol{u}_i$ 和 $\boldsymbol{v}_i$。我们要用这些测量结果来求解位置向量 $\boldsymbol{c}$。证明：5 个测量结果①不足以提供足够多的约束方程，但是，6 个测量结果又太多了。

①注意，每一个测量结果，可以提供两个向量，即：$\boldsymbol{u}_i$ 和 $\boldsymbol{v}_i$。—**译者注**

(c) 我们从：由 6 个测量结果所提供的 12 个**约束向量**中，删除掉一个，从而得到 11 个**约束向量**。求与这 11 个约束向量都垂直的向量 $\boldsymbol{c}$。

提示： 由一组测量结果所提供的**约束向量**，会张成一个**线性空间**。我们可以使用 **Gram – Schmidt 正交化**方法，来得到一组新的正交向量。这两组向量所张成的**线性空间**是完全相同的。

(d) 现在，我们换一个角度来考虑这个问题。我们在未知向量 $\boldsymbol{c}$ 中，任意选取一个元素（例如 r_{34}），令其等于 1。这样做是合理的，因为，我们知道：将所有的系数同时乘以一个相同的常数，两个坐标系之间的变换不发生任何变化。请写出：用来求解**位置向量**的 11 个方程的具体形式。

(e) 假设我们使用更多（即：多于 6 个）的测量结果，来提高求解精度。此时，我们无法找到：一组满足所有约束方程的参数。因此，我们将最小化误差的平方和，即：

$$\sum_{i=1}^{n}(\boldsymbol{w}_i \cdot \boldsymbol{c})^2 \tag{13.88}$$

其中，$\boldsymbol{w}_i$ 是根据测量结果得出的**约束向量**。为了避免平凡解 $\boldsymbol{c} = 0$，我们需要加入附加的约束条件，例如：$|\boldsymbol{c}| = 1$。请求出：最优的未知向量 $\boldsymbol{c}$ 的表达式。

提示： 我们可以使用 **Lagrange 乘子**法，将约束条件加到：优化问题的目标函数中[①]（参见附录 A.5）。

(f) 最后，除了上一问中所使用的加入**非线性约束条件**的方法以外，我们还可以通过：将未知向量中的某一个参数（例如 r_{34}）设置为常数，来进行求解。请写出：具体的求解方法，以及，解的形式。

提示： 建立一个矩阵，该矩阵中的每一行只包含：测量向量中的前 11 个元素。

习题 13.12 我们可以通过：对两个坐标系的坐标轴进行近似对齐，从而避免：在求解外部坐标系（例如："机器人"坐标系）与相机坐标系之间的一般变换时所遇到的困难。这里，我们将要探索一个这样的方法。我们用下标 a 来表示**外部坐标系**中的坐标；而用下标 c 来表示**相机坐标系**中的坐标。于是，我们可以建立起两个坐标之间的关

[①] 本题也可以使用 **Rayleigh 商**来进行求解。这会使得求解过程更加简洁，并且，求解思路也更加直观。— **译者注**

系，也就是说，

$$\begin{cases} r_{11}x_a + r_{12}y_a + r_{13}z_a + r_{14} = x_c \\ r_{21}x_a + r_{22}y_a + r_{23}z_a + r_{24} = y_c \\ r_{31}x_a + r_{32}y_a + r_{33}z_a + r_{34} = z_c \end{cases} \tag{13.89}$$

其中，3×3 的系数子矩阵 $\boldsymbol{R}$ 是一个**正交矩阵**。$\boldsymbol{R}$ 为：

$$\boldsymbol{R} = \begin{pmatrix} r_{11} & r_{12} & r_{13} \\ r_{21} & r_{22} & r_{23} \\ r_{31} & r_{32} & r_{33} \end{pmatrix} \tag{13.90}$$

我们先来探索一个简单的情况。

(a) 假设：**外部坐标系**中的 $x-y$ 平面和**相机坐标系**中的 $x-y$ 平面之间是严格平行的。那么，在两个坐标系之间的变换中，哪些系数[1]为零？现在，让我们来考虑：**外部坐标系**中的一个平面 $z_a = z_0$。请证明：**外部坐标系**中的点 $(x, y, z_0)^T$ 在像平面上的坐标 $(x', y')^T$ 满足：

$$\frac{x'}{f} = \frac{1}{z_0 + r_{34}}(r_{11}x + r_{12}y + r_{14}) \tag{13.91}$$

$$\frac{y'}{f} = \frac{1}{z_0 + r_{34}}(r_{21}x + r_{22}y + r_{24}) \tag{13.92}$$

从式(13.91)和(13.92)中，我们可以得到这样的结论：

- 对于这一问中所讨论的情况，从外部平面到像平面之间的变换，包括：**平移**、**旋转**和**尺度伸缩**。

提示： $x'/f = x_c/z_c$ 和 $y'/f = y_c/z_c$。

(b) 假设：像平面相对于**外部坐标系**中的 $x-y$ 平面，有一个非常小的倾斜角度。也就是说：r_{31} 和 r_{32}（以及 r_{13} 和 r_{23}）非常小，证明：

$$\frac{x'}{f} \approx \frac{r_{11}x + r_{12}y + (r_{13}z_0 + r_{14})}{r_{33}z_0 + r_{34}} \left(1 - \frac{r_{31}x + r_{32}y}{r_{33}z_0 + r_{34}}\right) \tag{13.93}$$

$$\frac{y'}{f} \approx \frac{r_{21}x + r_{22}y + (r_{23}z_0 + r_{24})}{r_{33}z_0 + r_{34}} \left(1 - \frac{r_{31}x + r_{32}y}{r_{33}z_0 + r_{34}}\right) \tag{13.94}$$

提示： 当 $|\epsilon| \ll 1$ 时，$1/(1+\epsilon) \approx 1 - \epsilon$。

(c) 由此，我们可以得到结论：

---

[1] 这里的系数是指：式(13.89) 中的 $r_{11}, r_{12}, \cdots, r_{34}$。— **译者注**

- 从**外部坐标系**中的平面到像平面之间的变换，可以被近似看作一个**仿射变换**。也就是说，存在一个**线性变换**：

$$\begin{cases} x' = a_{11}x + a_{12}y + a_{13} \\ y' = a_{21}x + a_{22}y + a_{23} \end{cases} \tag{13.95}$$

请问：式(13.95)中的系数 a_{ij} 的表达式是什么（使用系数 r_{ij} 以及焦距 f 来进行表示）？为了得到近似形式(13.95)，是否需要使用：关于场景中的物体（或者，关于视野）的额外的附加假设？

提示： 忽略二阶以及二阶以上的高阶项。

(d) 注意：坐标轴之间可能存在**歪斜**；并且，不同方向的放大尺度也可能不同。证明：在这种情况下，从外部平面到像平面的变换，不再仅仅包括：平移、旋转和尺度伸缩。

提示： 证明：式(13.95)中的 2×2 的系数矩阵 $\boldsymbol{A}$，不再（必须）是一个**正交矩阵**。其中，矩阵 $\boldsymbol{A}$ 为：

$$\boldsymbol{A} = \begin{pmatrix} a_{11} & a_{12} \\ a_{21} & a_{22} \end{pmatrix} \tag{13.96}$$

(e) 请设计一种标定方法，用于确定：**仿射变换**（即：式(13.95)）中的 6 个系数。请问：至少需要测量多少个测试点？

提示： 每一个测试点提供了 2 个独立的约束条件。

(f) 求：由式(13.95)所确定的**仿射变换**的逆，从而确定：像平面上的某一点所对应的**外部坐标系**中的（平面上的）点的位置。

提示：仿射变换的逆，仍然是一个**仿射变换**。

(g) 请说明：你如何利用由**外部坐标系**中的两个平面（例如：$z = z_1$ 和 $z = z_2$）所确定的两个**仿射变换**，来确定：**外部坐标系**中的一条射线，从而使得：像平面上的某一点 $(x', y')^T$ 所对应的物体表面上的点，一定位于这条射线之上？

习题 13.13 现在，你想要精确判断：一个物体在空间中的**位置**和**姿态**，并且，假设：这个物体的**位置**和**姿态**都非常接近于某一个标准的**位置**和**姿态**。你可以使用多个相机，每一个相机都可以对：物体表面的一些明显特征，进行精确定位。证明：要判断物体的**位置**和**姿态**，你至少需要三个相机。你如何对相机系统进行**校准**？也就是说，你如何确定一些必要的参数？这些参数将被用于：恢复物体的**位置**和**姿态**的算法。

习题 13.14 现在，让我们来关注：**立体视觉中**的匹配问题。请证明：如果我们对一个连续的物体表面进行成像，那么，在两张图像中，**共轭点对**的顺序保持不变。也就是说，如果在一张图像中，点 A 的像在点 B 的像的左边，那么，在另一张图像中，点 A 的像仍然在点 B 的像的左边。请问：在什么情况下，**共轭点对**的顺序有可能发生变化？

习题 13.15 在基于**边缘**的**立体视觉**方法中，我们用左边图像中的边缘，去和右边图像中的边缘进行匹配，从而得到对 **"不一致" 量**的测量结果。这里，我们只考虑沿着一条**极线**的情况，因此，我们可以将原来的匹配问题简化为一维匹配问题。

(a) 假设在每一张图像中，沿着**极线**共有 n 条边。如果每一条边在另一张图中，都只有唯一的一个匹配，那么，总共有多少种不同的映射形式？这里，我们暂时不考虑如下的约束条件：在两张图中，**共轭点对**的排列顺序必须一致。

(b) 现在，我们加上约束条件：在两张图中，**共轭点对**的排列顺序必须一致。如果每一条边都只有唯一的匹配，那么，总共有多少种不同的匹配方式？

(c) 现在，假设右边的图像中总共有 m（其中 $m < n$）条边，那么，在左边图像中，将有 $n-m$ 条边无法被匹配上（我们可以将其想象为：左边图像中的这 $n-m$ 条边，被匹配到右边图像中的一条 **"虚边"** 上）。如果我们不考虑约束条件（即：在两张图中，**共轭点对**的排列顺序必须一致），那么，总共有多少种不同的映射方式？

(d) 如果我们要求：在两张图中，**共轭点对**的排列顺序必须一致，那么，对于问题(c)，总共有多少种映射方式？

(e) 现在假设：左边的图像中有 n 条边，而右边的图像中有 m 条边，并且，每一条边都可能和另一张图像中的边匹配上，或者匹配不上。那么，在使用或者不使用约束条件（即：在两张图中，**共轭点对**的排列顺序必须一致）的情况下，其对应的映射方式分别为多少？

提醒： 我们并不知道这个问题的答案。

通过本题你会发现，加入约束条件：两张图中共轭点对的排列顺序必须一致，会大大地简化问题。但是，对于一些情况，这个约束条件并不成立（正如我们在上一题中所看到的）。要去除这些情况中的不确定性，对于人类来说，似乎也是很困难的。

习题 13.16 考虑如下的**立体视觉**问题中的**灰度值匹配**方法。我们通过调节相机的位置，使得：

$$\frac{x'_l}{f} = \frac{x + b/2}{z} \quad \text{和} \quad \frac{x'_r}{f} = \frac{x - b/2}{z} \tag{13.97}$$

我们希望找到：使得 $E(x'_l, y'_l) = E(x'_r, y'_r)$ 的函数 $z(x, y)$。我们可以通过：最小化**泛函**形式 $e_s + \lambda e_i$，来求得函数 $z(x, y)$，其中，

$$e_s = \iint (\nabla^2 z)^2 dxdy \quad \text{和} \quad e_i = \iint (E_l - E_r)^2 dxdy \tag{13.98}$$

$\nabla^2(\nabla^2 z)$ 应该等于什么？在本章第 13.9.1 节中，我们建立了类似的模型，和我们这里的模型所不同的是：在前面的模型中，“光滑”项是关于**“不一致”量**的，而不是关于**景深** z 的。和本章第 13.9.1 节中的模型所导出的结果相比，这个模型的结果有什么不同？如果已知习题 13.1(c) 的结果，那么，这两种方法中哪一种更好？

第14章　模式分类

到目前为止，本书所讨论的方法都属于**图像分析**或**早期视觉**领域，也就是说，都是从图像本身提取有用数据的过程。从图像中导出的信息可以生成一个**素描图**，即：一个关于图像内容的、详细的符号描述。在本书的剩下部分中，我们将要讨论的是**场景分析**，也就是说，我们可以用这些符号描述信息来干什么。本章将讨论其中一个最简单的应用，也就是说，基于从图像中获取的测量结果，来对物体进行**分类**。

机器视觉系统必须实现的一个任务是**识别**。在完成对物体各种特性（例如：物体表面的反射率和颜色等）的估计以后，系统需要找到一种方法，来将该物体归于某一个已知类，即：赋予该物体一个代表该已知类的数。**模式分类**领域提供了完成这个任务的方法。**模式分类**的基本想法是提取**特征**。所谓**特征**，是指对某些量的测量结果，这些测量结果对于区分不同类型的物体是有用的。我们可以将：对不同特征的测量结果，组合在一起，从而形成一个**特征向量**。利用这种方法从某一个物体的图像中所得出的信息，可以被表示为高维空间中的一个点[①]。本章中，我们将讨论：将此高维空间划分为不同区域的一些方法。每一个区域对应一个**类**。对于某一个新得到的**特征向量**，我们

[①]在几何上，特征向量可以看作是空间中的一个点，空间的维数等于特征的种类。所有这些点所形成的空间就是这里所说的“高维空间”，**分类**就是对这个高维空间进行“划分”。— **译者注**

根据：该**特征向量**所对应的高维空间中的点属于哪一个区域，从而将其归为：该区域所对应的**类**。我们假设：1) 不同的**类**的成员所对应的特征向量趋近于不同的**聚点**，并且，2) 这些**聚点**是彼此分离的。

我们还将讨论：如何基于概率分布模型来形成这些聚点。本章最后，我们强调：一个分类方法的效果好坏受制于所选取的**特征**。

14.1 由一个例子引入

模式分类的目的是：测量我们想要分类的物体的**特征**，并且，根据特征测量结果来判断物体的所属类别。例如，如果所有的猫的重量都小于 10 千克，而所有狗的重量都大于 10 千克，那么，我们可以用这个信息来对给定的一组动物进行**分类**。通过这个例子，我们可以看到**模式分类**过程的优点和缺点。由于一些猫的重量大于 10 千克，而许多狗的重量小于 10 千克，因此，我们的标准并没有很好的辨别力。我们的方法尽管简单，但是，分类效果并不好。为了得到更好的分类结果，我们可以加入其他的标准，但是，这样做同时会使得分类过程变得更加复杂。

继续考虑我们的简单例子，首先，我们可以尝试选择关于重量的更好的**阈值**。为了做到这一点，我们需要得到关于猫和狗的重量的**概率分布**的统计信息。通过观察这两个概率分布，我们可以期望：能够得到一个重量标准，来对猫和狗进行更好的区分。此外，知道**测试样本**中猫和狗的比例，对我们也是有帮助的。

这里，我们可以得到两种误差：1) 一只猫被错误地判断成狗，或者反过来，2) 一只狗被错误地判断成猫。一个好的**阈值**可能是：使得**期望误差**最小的阈值。通常情况下，分类结果会导致一些后续的行为，我们可以将这些后续行为和误差结合起来，计算出误差所造成的代价。我们可以通过调整阈值，来使得这个**代价**最小，而不是使得总的**期望误差**最小。

14.2 特征向量

考虑到：只使用一个测量结果无法取得很好的**分类**效果，我们可能会引入其他的测量结果。例如，由于猫的寿命比狗稍微长一些，我们可能会去获得这些动物的年龄，然后选择第二个阈值用来区分猫和狗。我们可以用逻辑运算（例如，**与**（∧）、**或**（∨）），将不同类型的测试结果组合在一起。

使用这些数据的一个更“聪明”的方法是：假设年龄和重量是相关的。这两种测量结果可能以：重量除以年龄的方式，结合在一起；或者，使用其他一些更加复杂的方式，例如，重量除以该年龄的该种动物的平均重量。根据两种测量结果的商来进行辨别，其效果似乎比单独根据某种测量结果来进行判别的效果要好。

我们可以通过考虑：关于重量和年龄的有标记的**散点图**，来进一步改进判别方法。**散点图**显示的是**特征空间**中的点，这些点对应于：从不同的**类**中抽样出的已知**样本**。随着**样本**数量的增加，对于某一个**类**来说，属于该**类**的点的密度将逐渐趋近于：该类的**二维概率密度分布**。如果幸运的话，我们可能找到一条光滑曲线，用来区分：所有被标记为“猫”的点和所有被标记为“狗”的点。但是，我们很可能做不到这一点。这种情况下，我们至少可以找到一条光滑曲线，以很小的误差，将被标记为“猫”的点和被标记为“狗”的点区分开来。

为了得到更好的**分类**效果，我们需要用到更多的测量结果，于是，特征空间的维数也会进一步增加。**分类**就是：将**特征空间**划分为对应于不同的**类**的一些区域。通常情况下，随着特征的不断加入，对**分类**效果的增效逐渐减弱，也就是说：新的特征测量结果常常是和已有的特征测量结果**相关**的，因此，新的特征测量结果几乎没有提供新的信息。这样的测量结果不能提高辨别效果。此外，一些特征测量结果可能和所做的决策无关。

为了使用统计信息来指导我们选择**决策边界**[①]，我们必须导出**多元概率分布**。我们也可以构造其他复杂的决策方法，但是，通常情况下，这些方法要么难以实现，或者，需要更多的计算量。

当然，如果你了解动物的话，你会知道：猫具有可以伸缩的爪子，而狗没有。因此，对于这个特例，我们可以用一个二值特征（即：爪子的特点）来对猫和狗进行辨别。这告诉我们：不应该盲目地选择模式分类方法，还有，分类结果的好坏与**特征**的选取有关。没有什么复杂的算法可以弥补：由于选择不合适的**特征**所造成的缺陷。

14.3 基本方法

分类模型的基本模式是：对被分类的物体进行 n 种测量；然后，

---

①**分类**是将特征空间划分为（和各个类相对应的）一些区域，这些区域的边界就是**决策边界**。—**译者注**

将测量结果看作 n 维**特征空间**中的一个点。我们将探索使用各种算法，将**特征空间**划分为不同的区域。这些区域就是**分类**的依据，我们根据物体的**特征向量**落在哪个区域，来赋予物体相应的类别。对被分类物体的每一种测量结果被称为一个**特征**；将这 n 个特征测量结果"放在一起"，就构成了一个**特征向量**；特征向量所在的 n 维空间被称为**特征空间**。

这些和机器视觉又有什么关系呢？一旦图像被分割以后，我们可以对各个图像区域进行测量。然后，我们可以尝试通过：基于这些测量值的**分类**结果，来识别图像区域所对应的物体。一些简单的特征包括：二值图像区域的**面积**、**周长**、最小以及最大**转动惯量**。

对于这些方法，一个很重要的问题是：如何获取足够的信息，来智能地确定**决策边界**。如果我们可以得到"潜在的"**概率分布**，那么，我们可以通过：最小化某种误差标准，来确定边界的位置。尽管通常情况下，我们可以通过：从各个**类**采样出的有限个样本，来估计出这些**概率分布**，但是，我们通常的做法是：直接利用这些信息，而不是估计概率密度。

这里，我们使用的一个基本假设是：属于同一个类的**特征点**会聚集在一起，而属于不同类的**特征点**会相互分离。有时，这个假设是不成立的，例如：**模式分类**方法无法很好地区分**有理数**和**无理数**，或者，（国际象棋的）棋盘上的黑色方块和白色方块。

在机器视觉的应用中，一个很严重的问题是：图像是三维实体的二维投影。因此，直接从图像中获得的简单的特征测量结果，会受到**物体的空间姿态**、**光照**以及**距离**等因素的影响。只有当模式分类方法是：基于那些不随**成像条件**的改变发生变化的特征时，才会取得好的结果。所谓"基于不随**成像条件**的改变而变化的特征"是指：我们能够通过图像得到对物体真实属性（例如：反射率和形状）的估计。当然，如果能做到这一点，我们的问题其实已经基本解决了。

14.4 最近邻分类

假设我们已经得到了从各个**类**中抽取出的**样本**。我们用 $\boldsymbol{x}_{i,j}$ 表示：第 i 个类中的第 j 个**特征向量**。对向量 $\boldsymbol{x}$ 进行分类的一种方法是：找到和 $\boldsymbol{x}$ 最近的**样本**，然后，将 $\boldsymbol{x}$ 归于该**样本**所属的**类**。也就是说，对于某一 k 和 l，如果下式：

$$\|\boldsymbol{x}_{k,l} - \boldsymbol{x}\| < \|\boldsymbol{x}_{i,j} - \boldsymbol{x}\| \tag{14.1}$$

对于任意的 i 和 j 都成立，那么，$\boldsymbol{x}$ 被分为第 k 类。

这种简单方法有两个问题。首先，各个**类**的样本通常会形成**聚类**。这些聚类之间可能有重叠的部分。如果某一个**特征向量**落在重叠部分中，那么，它会被分到：碰巧与它邻近的点所属的那一类。因此，在重叠区域内，**分类**基本上是随机的。这可能是这种方法能够取得的最好结果，但是，我们更希望能够得到一个**简单边界**。

一个改进的方法是：使用多个**邻近点**。例如，我们可以统计：在**特征向量**周围的 k 个近邻点中，哪一类的点的数目最多。这种方法在重叠区域会得到更好的**分类**效果，因为，这种方法提供了：一个对重叠区域中哪一个**类**的**概率密度**最大的估计。

最近邻分类方法的第二个问题出现在计算上。如果给定很多样本，我们需要很大的存储量。此外，除非我们事先找到某种方法来划分**特征空间**，否则，我们需要计算：要被分类的**特征向量**和所有样本之间的距离。**最近邻分类方法**是一种直接的计算方法，它不需要对各个类的分布有太多的假设。

在某些情况下，不同的**聚类**①会形成：彼此之间没有重叠的区域。如果聚类的**凸包**没有交集，那么，用**凸包**所形成的区域来代替**聚类**中的所有样本点，可以节省计算量和存储空间。

最近邻分类的一个很大的优点是：聚类可以有很复杂的形状。聚类的形状可以不必是旋转对称的，甚至不必是凸的。

14.5 最近中心分类

现在假设：每一个**类**的样本都形成一个很好的圆形**聚类**，不同类型的**聚类**区域的形状很相似，并且，**聚类**之间彼此没有太多的重叠。那么，在这种情况下，保存每一个**类**中所有的**样本点**就显得太浪费了，相应的，我们可以使用每个**类**的**中心**来表示该**类**。对于一个要被分类的**特征向量**，我们将其归为：**中心**距离它最近的那一类。

这种方法大大地节省了计算量和存储空间。此外，**类**和**类**之间也通过光滑边界划分开来了。事实上，每一个**类**所对应的空间区域是：由**超平面**分割出来的**凸多面体**（**凸多面体**是：**凸多边形**在三维及三维以上空间中的推广，它们是由**超平面**相交而形成的）。为了说明**类**所对应的空间区域的**边界**是超平面，假设点 $\mathbf{x}$ 位于：**聚类中心**分别为

①在本章中，我们所提到的“聚类”（clusters）都是名词，也就是说，聚集在一起的一堆（样本）点；而不是动词（即：将样本点聚合成“几堆”不同的点）。— **译者注**

$\overline{\boldsymbol{x}}_1$ 和 $\overline{\boldsymbol{x}}_2$ 的**类**所对应的空间区域的边界上，那么：

$$\|\overline{\boldsymbol{x}}_1 - \boldsymbol{x}\| = \|\overline{\boldsymbol{x}}_2 - \boldsymbol{x}\| \tag{14.2}$$

上式中，等号两边同时取平方，我们可以得到：

$$\|\overline{\boldsymbol{x}}_1 - \boldsymbol{x}\|^2 = \|\overline{\boldsymbol{x}}_2 - \boldsymbol{x}\|^2 \tag{14.3}$$

我们可以将上式进一步写为：

$$(\overline{\boldsymbol{x}}_1 - \boldsymbol{x})^T(\overline{\boldsymbol{x}}_1 - \boldsymbol{x}) = (\overline{\boldsymbol{x}}_2 - \boldsymbol{x})^T(\overline{\boldsymbol{x}}_2 - \boldsymbol{x}) \tag{14.4}$$

将上式展开，我们可以得到：

$$\overline{\boldsymbol{x}}_1^T\overline{\boldsymbol{x}}_1 - 2\overline{\boldsymbol{x}}_1^T\boldsymbol{x} + \boldsymbol{x}^T\boldsymbol{x} = \overline{\boldsymbol{x}}_2^T\boldsymbol{x}_2 - 2\overline{\boldsymbol{x}}_2^T\boldsymbol{x} + \boldsymbol{x}^T\boldsymbol{x} \tag{14.5}$$

对上式做进一步整理，我们可以得到：

$$(\overline{\boldsymbol{x}}_1 - \overline{\boldsymbol{x}}_2)^T\boldsymbol{x} = \frac{1}{2}(\overline{\boldsymbol{x}}_1 - \overline{\boldsymbol{x}}_2)^T(\overline{\boldsymbol{x}}_1 + \overline{\boldsymbol{x}}_2) \tag{14.6}$$

这是一个关于 $\boldsymbol{x}$ 的线性方程。它描述了一个**法向量**为 $\overline{\boldsymbol{x}}_1 - \overline{\boldsymbol{x}}_2$、并且经过点 $(\overline{\boldsymbol{x}}_1 + \overline{\boldsymbol{x}}_2)/2$ 的平面①。因此，这个**边界**是连接两个**聚类中心**的线段的**垂直平分面**。

如果**聚类**是旋转对称的，并且其区域形状相似，或者这些**聚类**在空间中是彼此分离的，那么，这种简单的空间划分方法是合适的。

14.6 实例：白血球分类

图 14.1 所示的是：由从显微镜图像中获得的两种**特征测量结果**所形成的**散点图**。数据是从五种普通类型的白细胞样本中得到的。我们用不同的字母表示不同类型的白细胞样本，加下划线的字母表示：该类白细胞的**聚类中心**。图中虚线表示：区分这五类白细胞的最好的线性边界。

显然，只用这两种**特征**无法进行可靠的**分类**，因此，我们需要其他测量结果。例如，我们可以测量：被染色的细胞中，细胞质和细胞核在具有不同**频谱分布**的光的照射下的**亮度**。这些测量结果本身并没有提高**分类**的可靠性（如图 14.2 所示），但是，我们可以同时使用这四个特征，来构造一个四维空间，在这个四维空间中，我们可以用**超平面**将这五类样本很好地区分开来。

---

①注意：曲面的**法向量** $\overline{\boldsymbol{x}}_1 - \overline{\boldsymbol{x}}_2$ 从一个聚类中心 $\overline{\boldsymbol{x}}_2$ 指向另一个聚类中心 $\overline{\boldsymbol{x}}_1$；而点 $(\overline{\boldsymbol{x}}_1 + \overline{\boldsymbol{x}}_2)/2$ 正好是：两个**聚类中心** $\overline{\boldsymbol{x}}_1$ 和 $\overline{\boldsymbol{x}}_2$ 的**中点**。— **译者注**

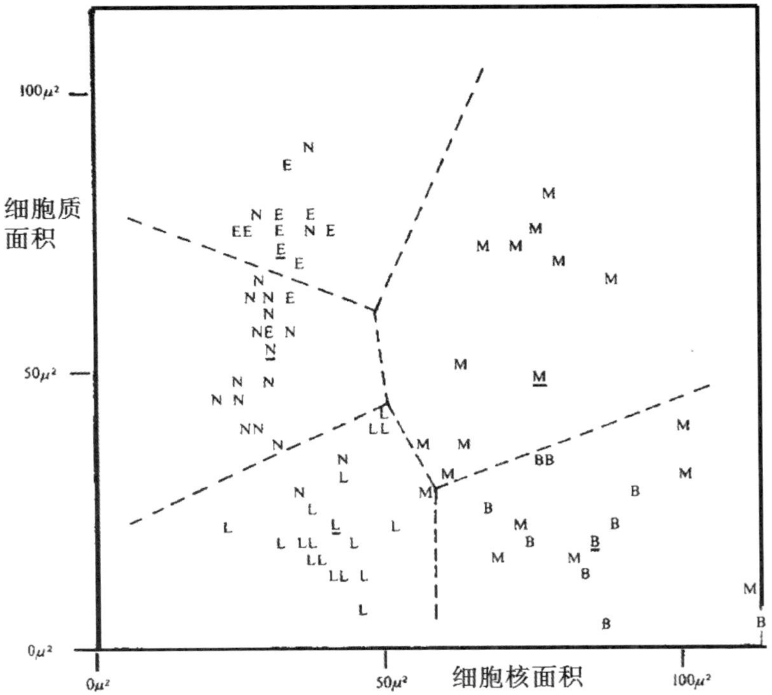

图 14.1　由五种常见白细胞的细胞质面积和细胞核面积所构成的**散点图**。图中字母表示：不同的白细胞种类，带有下划线的字母表示：该类白细胞的**聚类中心**。虚线表示：最佳分类方式所对应的线性边界。我们可以看出：有一些**样本**被错分了。（本图根据 I.T. Young 的博士毕业论文《*Automated Leukocyte Recognition*》[MIT，1969 年] 中的数据绘制而成）

14.7 使用概率密度模型设计分类方法

如果两个邻近的**聚类**中，其中一个**聚类**的区域比另一个小，那么，我们应该将它们的边界移向（区域）较小的那个**聚类**的中心。类似的，如果**聚类**沿着某个方向（除了连接两个**聚类中心**的方向以外）被拉长，那么，边界应该朝着被拉长的方向偏转。实现上述边界调节过程的最好方法是：使用**概率分布模型**。

一般情况下，我们常常使用 n **维 Gauss 分布**：

$$\frac{1}{(2\pi)^{\frac{n}{2}}\sigma^n}e^{-\frac{1}{2}\frac{\|x-\bar{x}\|^2}{\sigma^2}} \tag{14.7}$$

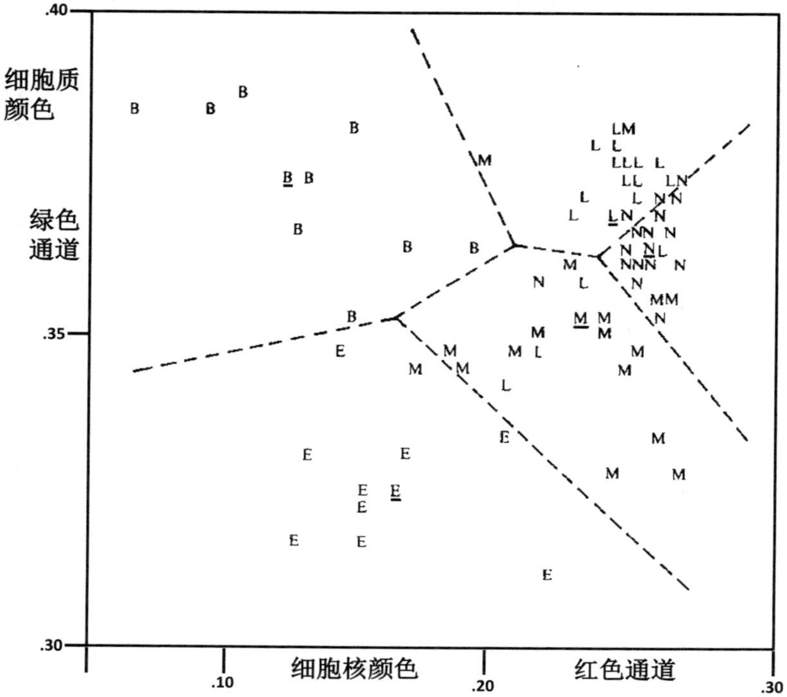

图 14.2　由：五种常见白细胞的细胞质和细胞核，在两种不同光源照射下的亮度，所构成的**散点图**。图中的字母表示：不同的白细胞种类，带有下划线的字母表示：该类白细胞的**聚类中心**。虚线表示：最好的分类方式所对应的线性边界。很显然，只依靠这两种特征，我们无法得到一个可靠的分类结果。（本图根据 I.T. Young 的博士毕业论文《*Automated Leukocyte Recognition*》[MIT，1969 年] 中的数据绘制而成）

其中，$\bar{\boldsymbol{x}}$ 表示**均值**，σ 表示**标准差**。我们常常使用 n 维 Gauss 分布，不但因为它和实际应用中的**概率分布**很接近，而且因为其在数学上也易于处理。我们首先考虑：两个具有相同**分散度**[①] σ、并且中心分别为 $\bar{\boldsymbol{x}}_1$ 和 $\bar{\boldsymbol{x}}_2$ 的 n 维 Gauss 分布。我们可以将它们的边界设为：使得这两个**概率密度**取得相同值的地方，也就是说，

$$\frac{1}{(2\pi)^{\frac{n}{2}}\sigma^n}e^{-\frac{1}{2}\frac{\|\boldsymbol{x}-\bar{\boldsymbol{x}}_1\|^2}{\sigma^2}}=\frac{1}{(2\pi)^{\frac{n}{2}}\sigma^n}e^{-\frac{1}{2}\frac{\|\boldsymbol{x}-\bar{\boldsymbol{x}}_2\|^2}{\sigma^2}} \tag{14.8}$$

①这里的“分散度”指的就是**标准差**，作者选用了一种更加“形象”的方式来进行表述。— 译者注

或者，更简单地说：

$$\|\boldsymbol{x}-\overline{\boldsymbol{x}}_1\|^2=\|\boldsymbol{x}-\overline{\boldsymbol{x}}_2\|^2 \tag{14.9}$$

这里，我们又得到了一个关于连接两个**聚类中心**点 $\overline{\boldsymbol{x}}_1$ 和 $\overline{\boldsymbol{x}}_2$ 的线段的**垂直平分面**的方程。我们找到了一个理论模型，用以证明：我们在前面通过探索式推理所引入的方法的正确性。这样设置**边界**位置，可以使得：两种不同类型的误差取得相同的值。

14.8 不同形状的聚类

现在，我们假设：一个**类**比另一个**类**更常见。使用（连接两个**聚类中心**的线段的）**垂直平分面**作为**边界**，会导致相同的相对误差。也就是说，每一个**类**中都有相同比例的成员可能被错分。这可能是（也可能不是）我们想要的结果。显然，如果将**边界**移向：不常见的那一**类**的**中心**，那么，我们可以减小**总误差**。这是因为：这个调节过程虽然增加了罕见错误的发生概率，但是，减小了常见错误的发生概率。我们分别用 p_1 和 p_2 来表示：某一个要被分类的量分别属于第一类和第二类的概率[①]，我们希望：

$$\frac{p_1}{(2\pi)^{\frac{n}{2}}\sigma^n}e^{-\frac{1}{2}\frac{\|\boldsymbol{x}-\overline{\boldsymbol{x}}_1\|^2}{\sigma^2}}=\frac{p_2}{(2\pi)^{\frac{n}{2}}\sigma^n}e^{-\frac{1}{2}\frac{\|\boldsymbol{x}-\overline{\boldsymbol{x}}_2\|^2}{\sigma^2}} \tag{14.10}$$

或者，对上式中等号两边的项分别取对数，从得到：

$$\log p_1-\frac{\|\boldsymbol{x}-\overline{\boldsymbol{x}}_1\|^2}{2\sigma^2}=\log p_2-\frac{\|\boldsymbol{x}-\overline{\boldsymbol{x}}_2\|^2}{2\sigma^2} \tag{14.11}$$

也就是说，

$$(\overline{\boldsymbol{x}}_1-\overline{\boldsymbol{x}}_2)^T\boldsymbol{x}=\frac{1}{2}(\overline{\boldsymbol{x}}_1-\overline{\boldsymbol{x}}_2)^T(\overline{\boldsymbol{x}}_1+\overline{\boldsymbol{x}}_2)+\sigma^2(\log p_2-\log p_1) \tag{14.12}$$

这里，我们又一次得到了一个**法向量**为 $\overline{\boldsymbol{x}}_1-\overline{\boldsymbol{x}}_2$ 的超平面，但是，这一次，该**超平面**所经过的点（即：式(14.12)的解）为[②]：

$$\boldsymbol{x}=\frac{1}{2}(\overline{\boldsymbol{x}}_1+\overline{\boldsymbol{x}}_2)+\frac{\sigma^2\log(p_2/p_1)}{\|\overline{\boldsymbol{x}}_1-\overline{\boldsymbol{x}}_2\|}\frac{\overline{\boldsymbol{x}}_1-\overline{\boldsymbol{x}}_2}{\|\overline{\boldsymbol{x}}_1-\overline{\boldsymbol{x}}_2\|} \tag{14.13}$$

也就是说，**超平面**从 $\overline{\boldsymbol{x}}_1$ 和 $\overline{\boldsymbol{x}}_2$ 的**中点**$(\overline{\boldsymbol{x}}_1+\overline{\boldsymbol{x}}_2)/2$ 开始，沿着**法向量**方向（即：$(\overline{\boldsymbol{x}}_1-\overline{\boldsymbol{x}}_2)/\|\overline{\boldsymbol{x}}_1-\overline{\boldsymbol{x}}_2\|$）平移了一段位移。**超平面**的平移方向为：

---

①注意：p_1 和 p_2 与特征测量结果无关！p_1 和 p_2 两个量实际反映的是：对应的两个**类**中，哪一个**类**更加常见！也就是说，它们是人为赋予的一种“先验假设”。— **译者注**

②注意：我们所说的“超平面所经过的点”指的是：超平面所经过的、连接两个聚类中心 $\overline{\boldsymbol{x}}_1$ 和 $\overline{\boldsymbol{x}}_2$ 的线段上的点，因此，我们令 $\boldsymbol{x}=\overline{\boldsymbol{x}}_2+\lambda(\overline{\boldsymbol{x}}_1-\overline{\boldsymbol{x}}_2)$，然后，将其代入式(14.12)，可以求得 λ，最终，我们可以得到 $\boldsymbol{x}$ 的表达式(14.13)。— **译者注**

指向概率 p_1 和 p_2 中的较小值所对应的**聚类中心**；平移量的大小为：

$$\frac{\sigma^2}{\|\overline{\boldsymbol{x}}_1-\overline{\boldsymbol{x}}_2\|}\left|\log\frac{p_2}{p_1}\right| \tag{14.14}$$

注意：如果 σ 足够大，并且，p_2 和 p_1 的比例也足够大，那么，**超平面**的移动量可能会超出：连接两个**聚类中心**的线段的长度范围。

下一步，我们考虑：一个**聚类**比另一个**聚类**更"紧凑"的情况。**边界**应该更靠近：更"紧凑"的聚类的中心。假设两个 n 维 Gauss 分布的**标准差**分别为 σ_1 和 σ_2。如果我们要求：在两个**聚类**的边界上，两个 n 维 Gauss 分布的概率密度的大小相同，那么，我们可以得到：

$$\frac{1}{(2\pi)^{\frac{n}{2}}\sigma_1^n}e^{-\frac{1}{2}\frac{\|\boldsymbol{x}-\overline{\boldsymbol{x}}_1\|^2}{\sigma_1^2}}=\frac{1}{(2\pi)^{\frac{n}{2}}\sigma_2^n}e^{-\frac{1}{2}\frac{\|\boldsymbol{x}-\overline{\boldsymbol{x}}_2\|^2}{\sigma_2^2}} \tag{14.15}$$

对上式中的等号两边取对数，我们可以进一步得到：

$$-n\log\sigma_1-\frac{\|\boldsymbol{x}-\overline{\boldsymbol{x}}_1\|^2}{2\sigma_1^2}=-n\log\sigma_2-\frac{\|\boldsymbol{x}-\overline{\boldsymbol{x}}_2\|^2}{2\sigma_2^2} \tag{14.16}$$

这回，我们无法消掉：（上式的进一步整理结果中的）$\boldsymbol{x}^T\boldsymbol{x}$ 这一项，因此，边界曲面不再是一个**超平面**，而是一个**抛物面**。尽管我们无法"看见"高维**抛物面**，但是，仍然可以通过式(14.16)来进行决策。

我们可以将上述方法和结果推广到多个**类**的情况。**概率密度相等**并不是确定边界位置的唯一准则。我们也可以使用：**最大似然估计**或者最小化某一目标函数[①]，来确定边界的位置，但是，这些方法在数学上更难以处理。

到目前为止，我们所使用的**简单概率分布模型**无法处理：**聚类**形状很复杂的情况，例如：香蕉形、轮胎形、螺旋管形的聚类。有时，一个**聚类**甚至会是由好几个分散的聚类所组成的，在这种情况下，我们上面使用的**分类**方法可能会：将这个聚类的各个组成部分作为单独的**聚类**来进行处理。

通常情况下，如果我们所选取的**特征**很合理的话，那么，简单**分类**方法是有效的。相反的，如果我们所选取的**特征**不合理，那么，即使是复杂的**分类**方法也于事无补。

14.9 聚类的自动形成

通常情况下，**特征点**会形成多个不同的**聚类**。我们可以通过自动

[①] **概率模型**所考虑的只是：分错类的可能性。我们可以同时将：分错类所需要付出的"代价"，也考虑进去。— **译者注**

的方法去发现：应该将哪些点结合在一起来形成**聚类**。这个过程被称为**无监督学习**。这类方法的工作原理是：不断地合并已有的聚类。一开始的时候，我们将每一个数据点看作一个独立的初始聚类；然后，在每一步的迭代过程中，我们找到：距离最小的两个聚类，并且，将这两个聚类合并为一个聚类；当聚类的种类等于我们所期望得到的数目时，或者，当聚类之间的最小距离大于某一阈值时，我们停止迭代。现在已经有许多启发式的方法用于指导这个迭代过程。

另外一个相反的方法是：将已有的聚类沿着某些合理的线分开。一开始的时候，所有的点被看作是一个大的**聚类**；在每一步迭代中，找到一个聚类将其分为两个聚类；当已经得到足够多的**聚类**种类，或者，如果继续分下去，不会使得某些我们提前设置的**指标**有很大提高时，我们停止迭代。但是，对于绝大多数我们感兴趣的情况，我们实际上是知道哪些点是属于同一类的。

14.10 一个童话

很久以前，有两个农夫，他们的名字是 Jed 和 Ned，他们住在一起。他们每人都有一匹马，这两匹马都喜欢在他们两个的农场之间的栅栏跳来跳去。显然，这两个农夫需要找到某个方法来确认各自的马匹。于是，Jed 和 Ned 经过商量，找到了一种判别他们各自马匹的方法。Jed 在他的马的耳朵上剪了一个小缺口，这个缺口不大，但是，却足以让人一眼就认出来。让你料想不到的是：Jed 刚将他的马的耳朵剪了个缺口，就在第二天，Ned 的马被栅栏上带刺的铁丝剐了一下，在自己的耳朵上留下了一个一模一样的缺口！

于是，他们必须找别的方法来区分这两匹马。Ned 在他的马的尾巴上粘了一个很大的蓝色蝴蝶结。但是第二天，Jed 的马跳过栅栏，冲到 Ned 的马正在吃草的地方，将它尾巴上的蝴蝶结咬下来吃掉了！

最后，Jed 建议，并且 Ned 也同意，他们需要找到一种不容易改变的特征。高度似乎是一个很好的特征。但是，这两匹马的高度是否不同呢？每个农夫都去量了一下各自的马。你猜怎么着？棕色的那匹马竟然比白色的那匹马足足高了两英尺（约合 5.1 厘米）！

每一个童话故事都会告诉我们一个道理。通过这个童话故事，我们应该记住：

- **当你在分类问题中遇到困难时，不要去寻找更加深奥的数学技巧；而是去寻找更好的特征！**

14.11 本章参考文献

关于模式分类的文献可以说是“汗牛充栋”。在 Duda 和 Hart 所写的经典著作《*Pattern Classification and Scene Analysis*》[1973] 中，包含了关于模式分类和早期机器视觉方面的内容。在生物学中，分类器的自动生成是一个引起人们广泛关注的问题，在 Sokal & Sneath 的书《*Principles of Numerical Taxonomy*》[1963] 中对其进行了讨论。关于这方面的另外一本书是：Everitt 所写的《*Cluster Analysis*》[1980]。关于概率和统计，一本极具代表性的教材是 Drake 所写的《*Foundamentals of Applied Probability Theory*》[1967]。

长期以来，聚类以及分类标准的自动生成问题得到了大量的研究，人们希望使用自动化技术来去除：人类在制定分类标准时所造成的不可避免的偏差。文献 Michalski & Stepp [1983] 是关于这方面的最近工作。在 60 年代末 70 年代初，白细胞的自动分类是一个热点问题。那时候，白细胞的分类都是通过手动完成的。这样做不但成本很高，而且，结果也不总是可靠的。文献 Young [1969] 描述了一个系统，该系统可以对五种不同类型的细胞进行区分。文献 Ingram & Preston [1970] 讨论了相同的问题，这是一篇引起广泛关注的文章。

总体来说，对于生物医学图像的处理，机器视觉方法还没有产生重大影响。这是由于我们很难将机器视觉方法直接应用于生物医学图像，因为，生物医学图像大部分是通过：光学显微镜、电子显微镜、层析成像仪器、放射性同位素扫描等方式生成的。人们发现：这些图像中有很多是很难对其进行解释的，并且，我们常常难以根据这些图像来得出可靠的判断。让机器视觉方法去解决：强大的人类视觉系统都“感觉”及其困难的问题，是很不现实的。关于生物医学图像处理方面的一些工作，可以参考文献：Preton [1976]；Savol, Li & Hoy [1980]；Selfridge & Prewitt [1981] 和 De Souza [1983]。人们发现：可以先对细胞进行染色，然后使用简单的“颗粒计数方法”来产生精确结果。上面提到的方法就变得“不那么重要”了。但是，人们后来发现：这些化学方法（即：对细胞进行染色）不能处理病变细胞，而机器视觉技术却有可能起作用。这方面的内容请参阅文献 Brenner 等 [1974]。

模式识别方法的经典应用是：字符识别。如果字符是以固定的字体被打印出来的，并且，没有受到“损坏”，那么，这些字符可以被快速地识别出来。现在，已经出现了读取具有固定字体的字符的商用系统；这些系统的花费取决于：速度和可靠性。直到最近，才出现了一些处理受到“损害”的字符的可行方法。对手写体字符的识别是另外一个值得去解决的问题。在一些“很好的”条件下，单个手写体字符现在已经可以被识别出来了。在日本，手写体自动识别系统已经被用于信件的分检工作。这方面的内容请参见文献：Mori 等 [1970]；Yamamoto & Yasuda [1984]。文献 Duerr等 [1980] 给出了很多用于处理手写体数字的其他系统。在对手写的“草书”的识别中，仍然有许多技巧问题有待于解决，其中的一些问题和语音识别问题很相似。

本章最后的童话故事是 Michael Gennert 讲给我听的。他说，这个童话是 PAR 科技公司的 Kermit Klingbail 讲给他听的。这家科技公司位于纽约的 Hartford 市。

14.12 习题

习题 14.1 我们想把向量 $\boldsymbol{x}$ 归为：c 个类中的某一个。我们用 $P_r(C_i|\boldsymbol{x})$ 来表示：向量 $\boldsymbol{x}$ 属于类 C_i 的概率，那么，一种合理的分类方法是：将向量 $\boldsymbol{x}$ 赋予“最可能”的一类 C_m，也就是说，对于 $i = 1, 2, \cdots, c$，都有：

$$P_r(C_m|\boldsymbol{x}) \geq P_r(C_i|\boldsymbol{x}) \tag{14.17}$$

(a) 证明：

$$P_r(C_m|\boldsymbol{x}) \geq \frac{1}{c} \tag{14.18}$$

(b) 误差的平均概率为：

$$P_e = 1 - \int P_r(C_m|\boldsymbol{x}) p(\boldsymbol{x}) d\boldsymbol{x} \tag{14.19}$$

证明：

$$P_e \leq \frac{c-1}{c} \tag{14.20}$$

请问：上式中的等号什么时候成立？

习题 14.2 含有 n 个变量的**多元正态分布**的一般形式为：

$$p(\boldsymbol{x}) = \frac{1}{(2\pi)^{n/2}\|\boldsymbol{\Sigma}\|^{1/2}} e^{-\frac{1}{2}(\boldsymbol{x}-\overline{\boldsymbol{x}})^T \boldsymbol{\Sigma}^{-1}(\boldsymbol{x}-\overline{\boldsymbol{x}})} \tag{14.21}$$

其中，$\overline{\boldsymbol{x}}$ 被称为：**均值向量**；而 $\boldsymbol{\Sigma}$ 被称为**协方差矩阵**。如果向量 $\boldsymbol{x}$ 中的元素相互独立，那么，协方差矩阵 $\boldsymbol{\Sigma}$ 中的元素为：

$$\sigma_{i,j} = \begin{cases} \sigma_i^2, & \text{如果 } i = j; \\ 0, & \text{如果 } i \neq j \end{cases} \tag{14.22}$$

假设：向量 $\boldsymbol{x}$ 中的元素是**相互独立**的，请证明：式(14.21)中的 $p(\boldsymbol{x})$ 可

以被进一步写为

$$p(\boldsymbol{x}) = \prod_{i=1}^{n} p_i(x_i) \tag{14.23}$$

请问：$p_i(x_i)$ 的形式是什么样的？

习题 14.3 在这里，我们来探索：高维空间中的两个类的**分界面**的形状。在本章的第 14.8 节中，我们已经对其进行过讨论。我们假设：1) 第 i 个类的**均值向量**为 $\overline{\boldsymbol{x}}_i$、**协方差矩阵**为 $\sigma_i\mathbf{I}$（其中，$i=1,2$），并且，2) 每个类中的样本都服从**正态分布**，即：

$$p_i(\boldsymbol{x}) = \frac{1}{(2\pi)^{n/2}\sigma_i^n} e^{-\frac{1}{2}\frac{|\boldsymbol{x}-\overline{\boldsymbol{x}}_i|^2}{\sigma_i^2}} \tag{14.24}$$

证明：两个类的分界面是**旋转对称**的。请问：其**旋转对称轴**是什么？

提示：待分类的点到每一个类的**中心**都有一个的距离。我们可以将：由这两个"距离"组形成的向量，分解为：两个**正交分量**。也就是说，将这个向量分解为：相互正交的两个向量的**线性组合**。

习题 14.4 我们可以使用多种不同的方法来估计：**最近邻分类**的误差率。在这个问题中，对于我们所探索的情况，其基本假设是：对于每一个**类**，我们都有很多已知的样本。令 $p_{e,i}(\boldsymbol{x})$ 为：将向量 $\boldsymbol{x}$ 错分到第 i 类的概率；而 $p_{c,i}(\boldsymbol{x})$ 为：将向量 $\boldsymbol{x}$ 正确地分到第 i 类的概率。

(a) 如果第 i 类的**先验概率**为 P_i，那么，请证明：将向量 $\boldsymbol{x}$ 正确地分到第 i 类的概率为：

$$p_{c,i}(\boldsymbol{x}) = \frac{P_i p_i(\boldsymbol{x})}{\sum_j P_j p_j(\boldsymbol{x})} \tag{14.25}$$

其中，$p_i(\boldsymbol{x})$ 是第 i 个类（所对应）的概率分布。请问：$p_{e,i}(\boldsymbol{x})$ 的表达式是什么？

(b) 现在假设只有两个类，并且，这两个类的可能性是相同的。证明：将一个向量正确地分给第 i 类的平均概率为：

$$P_{c,i} = \int \frac{p_i^2(\boldsymbol{x})}{p_1(\boldsymbol{x}) + p_2(\boldsymbol{x})} d\boldsymbol{x} \tag{14.26}$$

证明：$P_{c,i}$ 与 i 无关。证明：错分的平均概率 $P_{e,i}$ 同样与 i 无关，并且，其形式为：

$$P_e = P_{e,i} = \int \frac{p_1(\boldsymbol{x})p_2(\boldsymbol{x})}{p_1(\boldsymbol{x}) + p_2(\boldsymbol{x})} d\boldsymbol{x} \tag{14.27}$$

(c) 现在，令第 i 类的**概率分布**为：

$$p_i(\boldsymbol{x}) = \frac{1}{(2\pi)^{n/2}\sigma^n} e^{-\frac{1}{2}\frac{|\boldsymbol{x}-\overline{\boldsymbol{x}}_i|^2}{\sigma^2}} \tag{14.28}$$

证明：误差的概率为：

$$P_e = \frac{1}{2\sqrt{2\pi}} e^{-\frac{1}{8}d^2} \int e^{-\frac{1}{2}z^2} \left(\cosh \frac{zd}{2}\right)^{-1} dz \tag{14.29}$$

其中，$d = |\overline{\boldsymbol{x}}_1 - \overline{\boldsymbol{x}}_2|/\sigma$。由此，我们可以得到：$P_e \leq \frac{1}{2}e^{-\frac{1}{8}d^2}$。请问：什么时候 $P_e = \frac{1}{2}e^{-\frac{1}{8}d^2}$ ？

注意：我们最好在数据服从**正态分布**的情况下，使用**最近中心分类**。然而，当类的中心之间的距离大于 σ 时，即使是使用**最近邻分类**方法，我们也能取得很低的误差率。

习题 14.5 我们通常使用：已知分类结果的**样本向量**，来估计**分类器**中的参数。这个过程被称为：**训练**（或者**有监督学习**）。本题中，我们要探索的问题是：要对分类器进行训练，最少需要使用多少个样本。假设：总共有 c 个类，各个类的“可能性”是相同的，并且，**特征空间**的维数是 n。此外，我们假设：选取样本的过程是“智能的”，也就是说，同一个样本不会被“挑选”两次。

(a) 要建立一个**最近邻分类器**，最少需要多少个样本点？（注意，严格地说，**最近邻分类器**并不是被“训练”出来的。）

每一个类都被：均值向量 $\overline{\boldsymbol{x}}_i$ 和协方差矩阵 $\boldsymbol{\Sigma}_i$，所唯一确定。其中，$\boldsymbol{\Sigma}_i$ 是一个**半正定的实对称矩阵**。

(b) 假设：**协方差矩阵** $\boldsymbol{\Sigma}_i = \sigma^2\mathbf{I}$ 与 i 无关。那么，要对**最近中心分类器**进行训练，至少需要多少个样本点？

通过 s 个样本点，我们可以估计出：服从正态分布的单个随机变量 x 的方差 σ^2。我们可以使用**无偏估计**：

$$\sigma^2 = \frac{1}{s-1}\sum_{j=1}^{s}(x_j - \overline{x})^2 \tag{14.30}$$

其中，$\overline{x}$ 是：估计出的随机变量 x 的**均值**。

(c) 假设：**协方差矩阵**

$$\boldsymbol{\Sigma}_i = \begin{pmatrix} \sigma_1^2 & & 0 \\ & \ddots & \\ 0 & & \sigma_n^2 \end{pmatrix} \tag{14.31}$$

和 i 无关，那么，要对**分类器**进行**训练**，至少需要多少个样本点？

(d) 如果 $\boldsymbol{\Sigma_i} = \sigma_i^2\mathbf{I}$，那么，要对分类器进行训练，至少需要多少个样本点？

(e) 假设：协方差矩阵 $\boldsymbol{\Sigma_i}$ 为**对角矩阵**，即：

$$\boldsymbol{\Sigma_i} = \begin{pmatrix} \sigma_{i,1}^2 & & 0 \\ & \ddots & \\ 0 & & \sigma_{i,n}^2 \end{pmatrix} \tag{14.32}$$

那么，要对分类器进行训练，至少需要多少个样本点？

一般情况下，**协方差矩阵** $\boldsymbol{\Sigma_i}$ 并不一定是一个对角矩阵。我们可以使用下面的**无偏估计**方法：

$$\boldsymbol{\Sigma_i} = \frac{1}{s-1}\sum_{j=1}^{s}(\boldsymbol{x}_{i,j} - \overline{\boldsymbol{x}}_i)(\boldsymbol{x}_{i,j} - \overline{\boldsymbol{x}}_i)^T \tag{14.33}$$

来估计出：随机变量 $\boldsymbol{x}$ 的**协方差矩阵** $\boldsymbol{\Sigma_i}$。其中，$\boldsymbol{x}_{i,j}$ 是第 i 个**类**中的第 j 个**样本**。式(14.33) 是：对单个随机变量的**方差**进行**无偏估计**的方法（即：式(14.30)）的直接推广。

(f) 请证明：我们所需要估计的参数总共有 $cn(n+3)/2$ 个。

(g) 上一问的结论可能会“提示我们”：只需要使用 $cn(n+3)/2$ 个样本点，就可以对分类器进行训练。但是，这个数目太少了，这是因为：协方差矩阵 $\boldsymbol{\Sigma_i}$ 必须是一个**正定矩阵**。证明：我们至少需要使用 $cn(n+1)$ 个样本点，来对分类器进行**训练**。

提示： 我们可以首先证明：当我们使用式(14.33)来进行估计时，如果 $s \leq d$，那么，$\boldsymbol{\Sigma_i}$ 是**奇异的**（因此，$\boldsymbol{\Sigma_i}$ 不是一个**正定矩阵**）；而当 $s > n+1$ 时，$\boldsymbol{\Sigma_i}$ 是**非奇异的**。

提醒：（后面）这部分的证明是很难的。

提请注意： 在实际应用中，训练集的大小至少要是：对**分类器**的参数进行有效估计所需的**最小样本数**的三到四倍。

第 15 章　多面体物体

理想情况下，**多面体物体**的图像是由一些具有相同**亮度**的区域所组成的。这些具有相同亮度的区域对应于多面体物体的**面**。对于这样的图像，其信息是冗余的。我们可以用：一个由线段组成的**素描图**，来表示这样的图像的全部信息。我们可以用：第 8 章所谈到的**边缘检测**方法，来得到**素描图**。在这一章中，我们要讨论如何对：由包含一个或多个多面体物体的场景所生成的**素描图**，来进行“解读”。这个问题包括两个部分。第一部分是：判断图像中的哪些区域应该被组合在一起，也就是说，哪些区域对应于：同一个多面体的不同的面。我们开发了一种**标注**技术，该技术利用**预编译表**，来对**素描图**中的线段连接处进行有效标注。

这个问题的第二个部分是：恢复物体上的**顶点**[①]、**边**和**面**的三维信息。我们使用**梯度空间**来实现这个任务。在前面关于**明暗**的讨论中，我们已经介绍了**梯度空间**的概念。我们发现：**素描图**本身所提供的约束条件并不足以用来恢复三维形状。本章结束于：对一个具有封

[①]注意：本章中，我们说到“多面体”，始终指的是一个三维物体。对于多面体，只需要使用边的信息，就可以将多面体的形状完全描述出来。多面体的每一条**边**都对应于：像平面上的一条**线段**，这些线段所构成的图，就是**素描图**。当然，在实际情况中，**素描图**是通过：对多面体所成的图像进行**边缘检测**而得到的。我们将：**素描图**中的线段的交点，译为**结点**(conjunction)；而将：多面体上的边的交点，译为**顶点**(vertex)，以便于读者对二者进行区分。— **译者注**

闭回路的 **“眼 — 手” 系统**的简单讨论。该 **“眼 — 手” 系统**通过控制一个机器臂，来复制出一个由积木搭建而成的简单结构。

15.1 多面体场景的素描图

假设我们知道：场景中只有由平面组成的物体，而没有曲面，那么，在这种情况下，问题会被大大地简化。对于**多面体**，最重要一点可能是：我们可以很方便地在计算机中将它表示出来。例如，我们可以给**多面体**的每一个**顶点**一个坐标，然后，注明哪些**顶点**是连接在一起的。另一方面，我们也可以给出：描述（多面体的面所在）平面的方程，并且注明：在这些面的**交点**中，哪些位于物体上，从而来描述一个**多面体**。对于多面体，存在很多种使用**顶点**、**边**和**面**来对其进行表示的方法。重要的一点是：不同于**曲面**的情况，对于**多面体**，我们不需要使用近似。

平面上的各个点具有相同的**朝向**，因此，平面所对应的图像区域具有相同的亮度。物体的边缘，即：物体的表面**朝向**不连续的地方，会导致图像亮度的变化。图像亮度发生变化的地方是：物体的**边缘**投影在图像上所形成的**线段**。因此，多面体物体的图像是由一些具有相同亮度的**多边形区域**所构成的。

我们可以用**边缘检测**或**线查找**方法，来从图像中生成一个好的**素描图**。在实际应用中，图像区域很少具有相同亮度，并且，两个区域之间的亮度变化可能会被噪声所“淹没”。出于这些原因，**素描图**可能不够完美。但是，我们现在暂时不考虑这些问题。

让我们先暂时稍稍转换一下话题，来考虑我们在前面的章节中所刻意回避的一个问题：我们很难对**图像分割**和**边缘检测**的效果进行评价，也就是说，对于任意一张（输入）图像，我们很难对：两个**图像分割系统**所输出的两种结果，进行比较和评估，因为，我们缺乏：关于理想的图像分割结果的清晰认识。但是，对于由**多面体**所构成的**场景**，却不存在这个问题，因为我们知道：1) 图像的分割结果应该是一些区域，这些**区域**对应于多面体的**面**，并且，2) 这些区域的**边界**应该是一些**线段**，这些**线段**对应于多面体的**边**。如果场景不是由**多面体**所构成的，那么，我们很难明确知道：**图像分割**或**边缘检测**的结果应该是什么。

15.2 恢复三维结构

给定一个多面体的**素描图**，我们可能会问：它所对应的三维结构是什么？奇怪的是，已经有很多很好的方法可以解决这个问题，我们所努力想去解决的，是这个问题的前提条件：如何得到一个好的**素描图**。多面体的每一个**顶点**都位于：由**素描图**中对应的**结点**和透镜中心所确定的一条射线上。但是，我们并不知道：位于这条射线上的**顶点**和透镜中心之间的距离。因此，要确定：**顶点**在三维空间中的具体位置，我们需要找到：每一个**顶点**和透镜中心之间的距离。

如果所有的**面**都是三角形，那么，我们无法解决这个问题，因为，我们可以沿着射线方向任意移动**顶点**的位置，而不影响**素描图**的形状。如果一个面有四条边（因此，也有四个**顶点**），那么，我们可以得到一个约束条件，以保证这四个顶点**共面**。我们用 $\boldsymbol{v}_1$, $\boldsymbol{v}_2$, $\boldsymbol{v}_3$, $\boldsymbol{v}_4$ 来表示这四个**顶点**的位置，那么，$\boldsymbol{v}_1$ 必须位于由 $\boldsymbol{v}_2$, $\boldsymbol{v}_3$, $\boldsymbol{v}_4$ 所张成的平面内。这个条件等价于：由 $\boldsymbol{v}_2-\boldsymbol{v}_1$, $\boldsymbol{v}_3-\boldsymbol{v}_1$, $\boldsymbol{v}_4-\boldsymbol{v}_1$ 所张成的平行六面体的体积为0，也就是说，

$$[(\boldsymbol{v}_2-\boldsymbol{v}_1)\ (\boldsymbol{v}_3-\boldsymbol{v}_1)\ (\boldsymbol{v}_4-\boldsymbol{v}_1)]=0 \tag{15.1}$$

或者：

$$[\boldsymbol{v}_4\ \boldsymbol{v}_1\ \boldsymbol{v}_2]+[\boldsymbol{v}_2\ \boldsymbol{v}_3\ \boldsymbol{v}_4]=[\boldsymbol{v}_1\ \boldsymbol{v}_2\ \boldsymbol{v}_3]+[\boldsymbol{v}_3\ \boldsymbol{v}_4\ \boldsymbol{v}_1] \tag{15.2}$$

其中，**向量三重积**的定义为：$[\boldsymbol{a}\ \boldsymbol{b}\ \boldsymbol{c}]=\boldsymbol{a}^T(\boldsymbol{b}\times\boldsymbol{c})$。假设：我们所使用的成像模型为**正射投影**，那么：

$$\boldsymbol{v}_1=z_1\overline{\boldsymbol{v}}_1,\qquad \boldsymbol{v}_2=z_2\overline{\boldsymbol{v}}_2,\qquad \boldsymbol{v}_3=z_3\overline{\boldsymbol{v}}_3,\qquad \boldsymbol{v}_4=z_4\overline{\boldsymbol{v}}_4 \tag{15.3}$$

其中，z_1, z_2, z_3, z_4 分别表示：四个**顶点**到透镜所在平面的距离（即：沿着**光轴**方向的距离）；$\overline{\boldsymbol{v}}_1$, $\overline{\boldsymbol{v}}_2$, $\overline{\boldsymbol{v}}_3$, $\overline{\boldsymbol{v}}_4$ 分别表示：**素描图**上的4个**结点**。于是，我们可以将上面的约束条件（即：式(15.2)）进一步写成：

$$\frac{[\overline{\boldsymbol{v}}_4\ \overline{\boldsymbol{v}}_1\ \overline{\boldsymbol{v}}_2]}{z_3}+\frac{[\overline{\boldsymbol{v}}_2\ \overline{\boldsymbol{v}}_3\ \overline{\boldsymbol{v}}_4]}{z_1}=\frac{[\overline{\boldsymbol{v}}_1\ \overline{\boldsymbol{v}}_2\ \overline{\boldsymbol{v}}_3]}{z_4}+\frac{[\overline{\boldsymbol{v}}_3\ \overline{\boldsymbol{v}}_4\ \overline{\boldsymbol{v}}_1]}{z_2} \tag{15.4}$$

这个方程是一个关于“距离的倒数”的线性方程，并且，其系数取决于：**素描图**上的**结点**的坐标。因此，由四个**顶点**所构成的**面**提供了：一个关于这个**面**中的四个**顶点**（到透镜所在平面）的距离的约束条件。类似的，由 p_i 个**顶点**所构成的**面**提供了：对**面**中**顶点**的 p_i-3 个约束条件。因此，约束条件的总个数为：

$$\sum_{i=1}^{m}(p_i-3) \tag{15.5}$$

其中m表示**面**的个数，p_i表示：第i个面所包含的**顶点**个数。未知数的个数为p，即：多面体的**顶点**总数。注意，顶点总数并不等于：

$$\sum_{i=1}^{m} p_i \tag{15.6}$$

因为，一些**顶点**会在多个**面**中重复出现。

作为一个例子，让我们来考虑一个正方体。假设观测方向为：连接正方体的中心和其中一个顶点的直线。那么，我们可以看见三个**面**，每一个**面**都包含4个**顶点**。因此，总共有3个约束条件。但是，不幸的是，这三个**面**总共包含7个**顶点**，也就是说，有7个未知量。我们已经知道：通过单张图像，我们无法确定相机和正方体之间的绝对距离。因此，我们可以将某一个**顶点**的距离设定为常数，但是，我们仍然缺少3个约束条件。

我们不禁会问：图像信息是否可能提供足够的约束条件？答案是：不可能！我们有如下结论：

$$p - 3 \geq \sum_{i=1}^{m} (p_i - 3) \tag{15.7}$$

对于（具有p个顶点的）单个多边形来说，上式无疑是正确的。如果我们将：两个**顶点数**分别为p_1和p_2的多边形，沿着：它们的（等长的）公共边，将它们“拼接”在一起，那么，新得到的多边形的**顶点**个数，比原来两个多边形的**顶点**总个数少2。显然，下面的不等式是成立的，即：

$$(p_1 + p_2 - 2) - 3 \geq (p_1 - 3) + (p_2 - 3) \tag{15.8}$$

将上述过程重复下去，我们就证明了式(15.7)。

因此，未知数的个数至少比约束条件的个数多3个。如果没有附加信息，例如：边的长度、边与边之间的夹角、某些顶点共面等，那么，我们无法得到唯一的解。

顺便说一下，系统方程是一个**不定方程**，这并不能保证系统的**相容性**[①]。例如，如果在（由求解出的顶点所形成的）多面体中，某两个**面**有两条公共边，那么，存在两对**不相容**的方程（除非这两条边共线）。因为，除此之外唯一的可能是：这两个**面**在同一个平面上，但是，这种情况下，我们无法看出这两个面之间的亮度差别。有些线并不是和多面体的边相对应的（例如：物体之间的相互遮挡）；在对这些线的匹配过程中，将会出现更加“微妙”的**不相容**。

[①] 这里所谓“相容性”（consistent）是指：没有矛盾的，也就是说，系统方程的解（即：素描图所对应的多边形物体）是真实存在的。— **译者注**

15.3 梯度空间

如果我们知道**顶点**的坐标，那么，我们可以确定：多面体的某个**面**所在平面的方程。反过来，我们也可以先估计多面体的**面**所在平面的方程，然后再计算**顶点**的坐标。这里，我们使用**正射投影**模型。我们所需要做的是：确定每一个**面**的**朝向**。如果平面方程为：

$$ax + by + cz = d \tag{15.9}$$

那么：

$$\frac{\partial z}{\partial x} = -\frac{a}{c} \quad 和 \quad \frac{\partial z}{\partial y} = -\frac{b}{c} \tag{15.10}$$

我们可以用**梯度** $(-a/c, -b/c)$ 来定义平面的**朝向**。因此，多面体的每一个**面**都对应于：**梯度空间**中的一个点。我们需要确定：这些点在**梯度空间**中的位置分布。在**梯度空间**中，这些点的位置要满足有什么约束条件呢？结论是：图像中的线起着非常重要的作用。如果两个平面的**法向量**分别为 $\boldsymbol{a}$ 和 $\boldsymbol{b}$，那么，它们的交线平行于：这两个**法向量**的**叉积**，即：

$$\boldsymbol{v} = \boldsymbol{a} \times \boldsymbol{b} \tag{15.11}$$

向量 $\boldsymbol{v}$ 在像平面上的**正射投影**为：

$$\boldsymbol{v} - (\boldsymbol{v}^T \widehat{\boldsymbol{z}})\widehat{\boldsymbol{z}} \tag{15.12}$$

其中，$\widehat{\boldsymbol{z}}$ 表示：沿着**光轴**方向的**单位向量**。我们可以将式(15.12)进一步写为：

$$(\boldsymbol{z}^T \widehat{\boldsymbol{z}})\boldsymbol{v} - (\boldsymbol{v}^T \widehat{\boldsymbol{z}})\widehat{\boldsymbol{z}} \tag{15.13}$$

由于 $(\boldsymbol{a} \times \boldsymbol{b}) \times \boldsymbol{c} = (\boldsymbol{a}^T \boldsymbol{c})\boldsymbol{b} - (\boldsymbol{b}^T \boldsymbol{c})\boldsymbol{a}$，因此，上式可以被进一步写为：

$$(\widehat{\boldsymbol{z}} \times \boldsymbol{v}) \times \widehat{\boldsymbol{z}} \tag{15.14}$$

因此，多面体的**边**所对应的图像中的**线段**平行于：

$$(\widehat{\boldsymbol{z}} \times (\boldsymbol{a} \times \boldsymbol{b})) \times \widehat{\boldsymbol{z}} \tag{15.15}$$

这两个平面所对应的**梯度空间**中的点 $\boldsymbol{A}$ 和 $\boldsymbol{B}$ 分别为①：

$$\boldsymbol{A} = -\frac{\boldsymbol{a}}{\boldsymbol{a}^T \widehat{\boldsymbol{z}}} - \widehat{\boldsymbol{z}} \quad 和 \quad \boldsymbol{B} = -\frac{\boldsymbol{b}}{\boldsymbol{b}^T \widehat{\boldsymbol{z}}} - \widehat{\boldsymbol{z}} \tag{15.16}$$

---

①这里需要注意的是：**梯度空间**是一个**二维**空间，因此，$\boldsymbol{A}$ 和 $\boldsymbol{B}$ 都是二维向量，但是，$\boldsymbol{a}$，$\boldsymbol{b}$ 和 $\widehat{\boldsymbol{z}}$ 都是**三维**向量，因此，式(15.16)和(15.17)“似乎”是不对的。事实上，使用式(15.16)和(15.17)只是为了表述的方便。对于式(15.16)和(15.17)中等号右端的项，其第三维（即：沿着**光轴**的方向）分量恒为0，因此，我们可以将其“忽略掉”，而只考虑：等号两端的向量在前两个维度上的关系。— **译者注**

连接梯度空间上 $\boldsymbol{A}$ 和 $\boldsymbol{B}$ 两点的线平行于：

$$\boldsymbol{B}-\boldsymbol{A}=\frac{(\boldsymbol{b}^T\widehat{\boldsymbol{z}})\boldsymbol{a}-(\boldsymbol{a}^T\widehat{\boldsymbol{z}})\boldsymbol{b}}{(\boldsymbol{a}^T\widehat{\boldsymbol{z}})(\boldsymbol{b}^T\widehat{\boldsymbol{z}})}=\frac{\widehat{\boldsymbol{z}}\times(\boldsymbol{a}\times\boldsymbol{b})}{(\boldsymbol{a}^T\widehat{\boldsymbol{z}})(\boldsymbol{b}^T\widehat{\boldsymbol{z}})} \tag{15.17}$$

我们在前面已经说明了（参见式(15.16)）：和多面体的**边**相对应的图像中的**线段**平行于 $(\widehat{\boldsymbol{z}}\times(\boldsymbol{a}\times\boldsymbol{b}))\times\widehat{\boldsymbol{z}}$。因此，**梯度空间**中连接 $\boldsymbol{A}$ 和 $\boldsymbol{B}$ 两点的线垂直于：多面体的**边**所对应的图像中的**线**。

图像中的每一条**区域分割线**都需要满足这个约束条件。对于前面讨论过的正方体的例子，我们有三个约束条件，从正对观测者的**顶点**所成的像（即**素描图**的**中心点**）出发，有三条放射状的线段，每条线段对应一个约束条件。我们用 $\boldsymbol{A}$、$\boldsymbol{B}$ 和 $\boldsymbol{C}$ 来分别表示：三个可见区域所对应的**梯度空间**中的点，于是，这三个点将形成一个三角形，它的形状取决于：由从**素描图**中心点出发的三条射线之间的夹角。这三个约束条件只确定了：三角形 $\boldsymbol{ABC}$ 的形状，但是，无法决定：该三角形的大小和位置。

再一次，对于一张**素描图**，如果没有任何多面体与之相对应，那么，也不会有合适的**梯度空间**中的图像与之相对应。例如，如果某一个多面体的两个面有两条公共边，那么，除非这两个面有相同的梯度，否则，这两条公共边一定共线[①]。

15.4 明暗和梯度空间

这里，我们使用了**梯度空间**，这或许会让你联想起**反射图**。**反射图**告诉我们：对于给定的曲面“小块”的**朝向**，该曲面“小块”的图像亮度应该是多少。这提供了**素描图**所缺失的信息。假设我们能够保存：各个图像区域的亮度，那么，对于每一个图像区域，**图像辐照方程**都提供了一个约束条件，即：图像区域所对应的**梯度空间中**的点，必须落在**反射图**中的某一条**亮度等值线**上。

让我们来再一次考虑：正方体所成的图像。由于**梯度空间**中的（三条）**线**必须垂直于：从图像的**中心点**“出发”的（三条）线段，因此，我们得到了三个约束条件。通过**图像辐照方程**，我们又得到了三个约束条件。这足以求解六个未知数，也就是说，**梯度空间**中的三个点。事实上，对于更复杂的**多面体**，求解多面体的形状变成了一个

[①]每一个面对应于梯度空间中的一个点，两个面的公共边对应于：连接梯度空间中的两个点的线段。如果某一个多面体的两个面有两条公共边，这意味着：存在连接两个点的两条不同的线段。产生这种情况的唯一可能是：这两个点重合，也就是说，这两个面具有相同的梯度。— **译者注**

超定问题，也就是说，约束条件的数目多于未知数的数目。我们可以对多面体中的每一个孤立的**三面角**进行局部求解。显然，**明暗**提供了有效的附加信息。

15.5 图像分割与多个物体的情况

到目前为止，我们所处理的都是一个**多面体**的情况。图像中的**线**是：物体上的**面**与**面**之间的**边**的投影。有些情况下，（**边**两侧的）两个**面**都是可见的，有些情况下，却只有一个**面**是可见的。后一种情况所对应的**边**被称为：**遮挡边**。对于单个**凸多边形**的情况，只有形成**素描图**的**轮廓**的线段所对应的**边**，才是**遮挡边**。其他**线段**所对应的**边**，都位于两个可见的**面**之间。因此，所有内部的线段给出了：对相邻的**面**的**梯度**的一组约束条件。

如果场景中有多个物体，那么，情况就会变得复杂得多。因为，**素描图**中的一些内部的**线段**会对应于：当一个物体遮挡另一个物体时所形成的**边**。这里的问题是：确定图像中的哪些区域是“归属”在一起的，也就是说，这些区域所对应的**面**属于同一个多面体。我们如何将图像分割为：由对应于（场景中的）不同物体的（图像）区域所组成的集合？

如果我们允许：物体可以彼此接触，那么，这个问题是不可解的。这是由于我们无法从图像中区分：在物体接触的地方，他们是牢固地连接在一起，还是可以被分离的（即：仅仅是靠在一起）？例如，我们在一个平放的长方体物体尾部的上面放上一个正方体，我们无法区分：这是一个 L 形物体，还是两个物体。

图像中的**遮挡线**并不是：该**遮挡线**两边的两个（图像）区域所对应的两个**面**相交而生成的。相反的，它是由被“挡住”的那个**面**与：两个可见的**面**中的某一个，相交所产生的；而另一个可见的**面**和这条边没有关系。显然，**梯度空间**约束条件并不适用于这两个可见的**面**。

假设：所有的线都对应于**连接边**，即：两个可见的**面**之间的边，那么，我们可以尝试确定场景的三维结构。我们很快就会发现：通常情况下，所得到的方程是**不相容**的。

这时，我们可以移除一个约束条件，然后再进行尝试。如果方程变得不再**不相容**，那么，我们有可能通过：（空间中有哪些形状的）多面体（如何）组合的方式，来解释**素描图**。这并不意味着：（所给出的）解释（结果）是唯一的。例如，我们可以假设：所有的边都是**遮挡边**，那么，每一个**面**中的**顶点**都可以：沿着过这个**顶点**的射线任意移动，从而形成新的**面**。

图像中的一条线，要么对应于一条“伪边”（即：由于物体间相互**遮挡**而形成的边），要么对应于：某一个多面体物体上的两个相邻的面之间的**连接边**。我们很容易系统地探索：关于图像中的这些**线段**的所有可能的解释。通常，“最好的”解释是：和人类对某一个**素描图**的最可能的判断相一致的解释。当然，如果已知图像区域的亮度，那么，这些考虑都是没有实际意义的，因为，此时解是唯一确定的。

将图像分割为：和环境中的不同实体相对应的区域，是一个普遍存在的问题。许多用于**图像分析**的技术，只有在针对图像中的某些区域时，才是适用的；如果不加约束条件，它们并不适用于整张图像。例如，如果数据是根据：具有不同运动速度的两个物体，所得到的混合信息，那么，被用于：从**光流**中估计物体的**平动**和**转动**的方法，将不再适用。正如我们前面所看到的：**光流**的计算结果会因为缺乏**图像分割**而受到很显著的影响。

15.6 标记素描图

通常，根据我们得到的信息，无法完全对三维结构进行判断。但是，从已经获得的信息中，我们可以推测出一些新的信息。这些信息可以被用于：将对应于**连接边**的线段与图像中的其他线段区分出来。

如果一条**线段**是和一个**遮挡边**相对应的，那么，知道：在这条**边**两边的区域中，哪一个区域对应于**遮挡面**[①]，是非常有帮助的。我们将使用一种方便的图像符号，即：用箭头来对**遮挡线**进行标注。箭头的方向用于描述：哪一个区域对应于**遮挡面**；当我们沿着箭头的方向看过去，**遮挡面**所对应的区域位于我们的右边。

如果线段对应于：两个可见的**面**的**边缘**，那么，我们仍然能够区分：两种性质不同的情况。其中一种情况是：边缘是**凸的**，也就是说，两个**面**的**梯度**在**梯度空间**中的相对位置，和两个面所对应的图像区域之间的相对位置关系是一致的。另一种情况是：边缘是**凹的**，也就是说：两个**面**的**梯度**在**梯度空间**中的相对位置，和两个面所对应的图像区域之间的相对位置关系正好相反。我们用“＋”号来表示**凸的边缘**；用“－”号来表示**凹的边缘**。

总而言之，**线条图**中的每一条线，必须具有：四种不同类型的**标**

[①]注意，这里的遮挡面（occluding face）指的是：遮挡别的面的面，而不是：被遮挡住的面。— **译者注**

注（即：↑, ↓, +, −）中的某一个。我们的任务是去发现这个**标注**。正如我们将要看到的，这些**标注**的某些组合是不可能出现的。

我们只处理：三个**面**相交于一个**顶点**的情况（其他类型的**顶点**会使得分析很复杂）。此外，我们假设：图像中相交于某一点的所有直线，都对应于：某一物体上的相交于同一个**顶点**的一些**边**。这样可以避免出现**意外对齐**的情况，也就在说，当我们从某一个特殊的方向看过去，某一条边变成了一个点（这个点正好和顶点重合）。同时，我们假设：**线条图**最外面的线（即：**线条图**的**轮廓**），对应于将"背景"封闭起来的**边**。

由三个面相交而形成的**顶点**，只有从某些特殊的方向看过去，才能被看见。因此，在其对应的图像中，相交在一起的**线段组**只对应于：少数几种可能的标注情况。首先，考虑一个立方体。相交于（正方体的）一个**角点**的三个平面，将空间分为8个**卦限**。从不包含这个立方体的七个**卦限**中的每一个看过去，都可以看到这个**角点**。从立方体中心指向角点的射线上的某一点看过去，我们所看见的是：相交于一点的三条线段。每一条线都被标注为：**凸的**。从这条射线所在的**卦限**中的每一个点看过去，三条线的排列顺序保持不变，并且，它们之间的夹角总是小于180°。因此，我们可以将这种模式标注为：三条线都是凸的**Y－连接**。所谓Y－连接是指：三条线相交于一点，并且，它之间的夹角都小于180°。

剩下的6个**卦限**可以被分为两组，每组包含三个。其中的一组的情况是：我们也能看见三条直线，但是其中的一个角大于180°。形成这个角的两条边是"**遮挡边**"。对于这种"**箭头**"－**连接**，一种标注方式是：一条线被标注成**凸的**，剩下的两条线被标注为"**遮挡**"。含有"箭头"的两条边所确定的区域，对应于立方体的"隐藏面"。

从其他的**卦限**看过去，我们只能看到两条边，这两条边都是**遮挡边**。因此，对于这种**L－连接**，一种可行的标注方式是：两条线都被标注为"遮挡"。遮挡面对应于：两个**遮挡边**之间夹角小于180°的那一侧。考虑清楚了：第一**卦限**被物体占据的情况，我们可以重复上面的过程，继续考虑：第3、第5和第7**卦限**被物体占据的情况。例如，对于第7**卦限**被物体占据的情况，我们发现，只多了一种可能的**Y－连接**的情况，即：所有的边都被标注为**凹的**。我们发现：总共有5种可能的**Y－连接**类型的标注；3种可能的"**箭头**"－**连接**类型的标注；6种可能的**L－连接**类型的标注（如图15.1所示）。和使用四种标记类型来对三条线或两条线进行**标注**的所有可能情况比起来，上面提到的这几种标注情况的数目是非常少的！

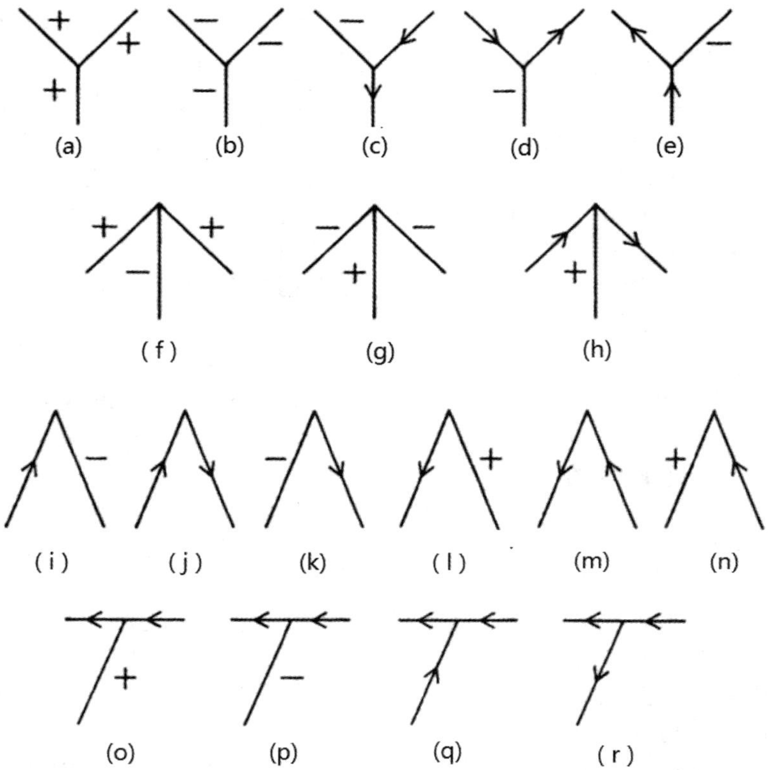

图 15.1　对于立方体，每一个顶点都和三个面相连。由于只有 4 种连接方式（即：Y－连接、“箭头”－连接、L－连接和 T－连接），我们可以很容易地建立一个：由所有可能的**标注**方式所组成的“**字典**”。

如果物体之间存在相互遮挡，那么，我们还会看到 **T－连接**，即：一个物体的某一条**边**部分地挡住另一个物体的另一条**边**。图中这些**线**的交点，并不对应于：物体上的某一个**顶点**。因此，“T”中的“竖线”有四种不同的标注方法。但是，“T”中的“横线”却必须被标注为：**遮挡**。因此，对于 **T－连接**，共有四种标注方法。

现在，我们得到了一个由：所有可能的连接方式所对应的标注结果，所组成的“**字典**”（如图 15.1 所示）。我们如何应用这个字典，来对**线条图**进行标注？我们所使用的标注，必须和字典里的基本标注模式一致。**线条图**中的每一条线只能有一个**标注**；并且，每条线的两端必须具有相同的**标注**。作为一个例子，图 15.2 中所展示的是：对一

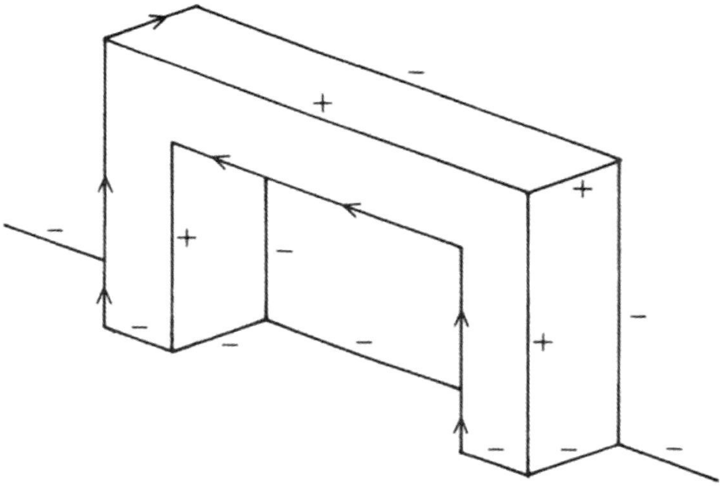

图 15.2 **线条图**中的每一条线都可以被赋予一个**标注**。在线条图中的每一个**结点**处，和该**结点**相连的所有线段的**组合标注方式**，必须存在于“**字典**”当中。如果不存在**相容**的标注，那么，这个场景就是“不可能（真实存在）的”，也就是说，不存在会产生出该线条图的、每一个顶点都和三个面相连的多面体。另一方面，对于同一个线条图，可能存在几种不同的标注方式。

个**线条图**（对应于一个壁炉）的一种可行的**标注**方式。

解决这个问题的一种方法是：尝试所有的标注方式，然后，检查这些标注方式是否和字典一致。如果一个线条图中包含 n 条直线，那么，总共有 4^n 种可能的标注方式，因此，除了一些简单的情况，这并不是一个好的方法。

一个合理的方式是：将算法组织成一个**树查询**结构。我们选择一个**结点**，使用一种“可以接受”的方法对其进行标注；然后沿着一条边，移到下一个**结点**，选择一个和**字典**一致的标注方式；这样不断重复下去；当碰到无法进行标注的**结点**时，我们往回“走”一步，然后，尝试将上一步中的标注方式换成其他可行的标注方式。对于复杂场景来说，这种**深度优先**的查询方法仍然太慢。

如果我们的算法开始于：消除“明显有错误”的标注方式，那么，它将有助于：避免重复尝试那些“明显有错误”的标注方式。实现这个任务的其中一个方法是：只检查局部一致性。在每一个**结点**，首先对：和字典一致的可行标注方式，进行制表。然后，系统地去除那些**不相容**的标注方式。例如，如果结点 A 和 B 通过一条直线相连，

在 B 点处，只允许：和 B 相连的线被标注为**凹**或**凸**，那么，在 A 点处，所有要求线段 AB 被标注为**遮挡**的标注方法，都可以被剔除掉。

这是一个迭代过程，因为，A 结点处被约减的可行标注集合，可能会进一步影响到 B 结点和其他结点。尽管这是一个迭代过程，但是，这个**约束传播**过程是非常快的。尽管（理论上）无法保证：将所有的错误标注方式全部消除，从而只留下正确的标注方式。但是，通常情况下，我们确实会得到这样的结果果，尽管有时，对于一些复杂的情况，我们需要使用**树查询**方法，对所得到的结果做进一步处理。

我们可以对这些标注方法做进一步扩展，从而将其用来处理阴影。事实上，阴影反而会减少“歧义”性（即：素描图所对应的可行的标注方式的种类）。除了处理立体物体以外，这些标注方法还可以被用来处理平面。平面会增加“歧义”性。对于具有弯曲表面的物体，情况将会变得更加复杂，因为在这种情况下，一条边的两端可能会有两种不同的标注方式。

15.7 演示：复制一个积木结构

在 1970 年，Patrick Winston，Berthold Horn 和 Eugene Freuder 使用本章介绍的标注方法，构建了一个进行“结构复制”的演示系统（如图 15.3 所示）。该系统使用一个**边缘查找器**（Thomas Binford 开发了该边缘查找器的一部分）来对：由积木搭建起来的简单几何结构的图像，进行分析。边缘查找器得到的**线条图**被用于：生成一个关于场景的**符号描述**。通过这个符号描述，物体被确定下来了，并且，物体之间的空间位置关系也变得清晰明确。基于这个符号描述，我们可以得到一个算法，进而，将这个简单几何结构一步步地拆解成：一些积木（即：基本结构单元）的组合结果。

独立的**校正**程序被用于确定：图像的“扭曲”以及**“眼 — 手”变换**（即：相机坐标系与机械操作坐标系之间的转换）。校正程序使用**最小二乘**方法，该方法和我们在第 13 章中所讨论的方法及其相似。机械操作系统的装配过程是：我们前面得到的**拆解步骤**的逆过程。于是，机械系统使用“仓库”中多余的积木，搭建起一个和原来的简单几何结构相同的结构（如图 15.4 所示[①]）。

① 需要指出的是：英文原著中并没有图 15.4，Horn 教授建议加入图 15.4 来进一步说明“复制演示”系统的具体操作过程，于是，我们加入了图 15.4。— **译者注**

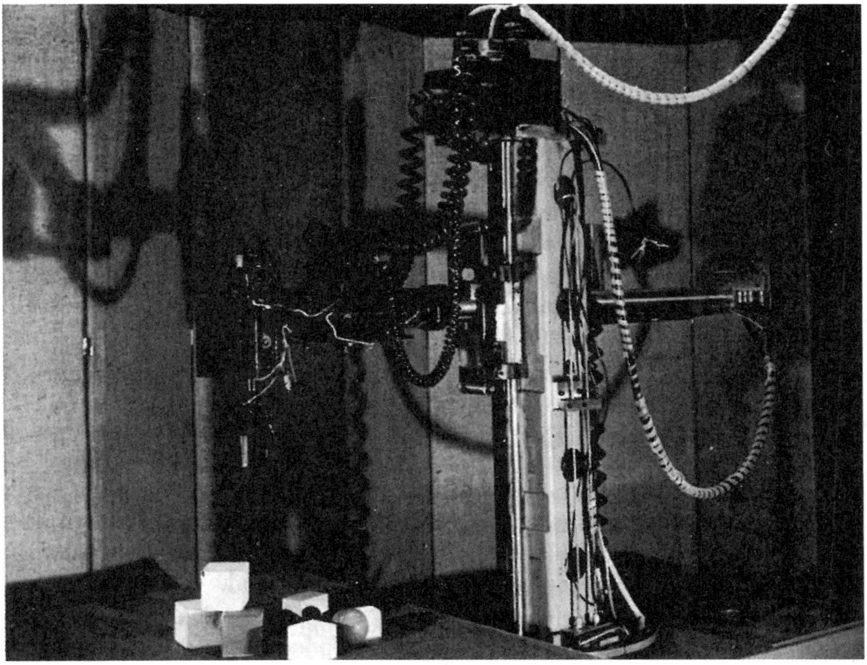

图 15.3 用来实现“复制演示”的机械操作系统。在这个工程中，视觉信息被用于：指导工业机器臂的运动（本图由 Steve Slesinger 拍摄）。

15.8 本章参考文献

文献 Roberts [1965] 不但开发出了一种“直线查找器”，还首次对线条图进行解释。对于给定的线条图，他编写的程序可以用于判断：在所存储的物体模型中，哪个物体模型和该线条图的匹配效果最好。Guzmán-Arenas [1968a, b] 开发了一种启发式方法，该方法不需要提供物体的显式模型。在一段时间内，这些成果鼓励了人工智能领域的启发式方法的研究和发展。但是好景不长，人们发现：只有在某些特定情况下，这些方法才是有效的，因此，它们无法达到人们对其抱有的巨大预期。最终的结果是：直线查找器的结果并不十分可靠；这些简单的方法常常会将某些直线“漏掉”，或者，找到一些“假的”直线。Freuder 设计了一个启发式的方法，并且，将其用于 MIT 在 1970 年搭建起来的“复制演示”系统。这方面的内容请参见文

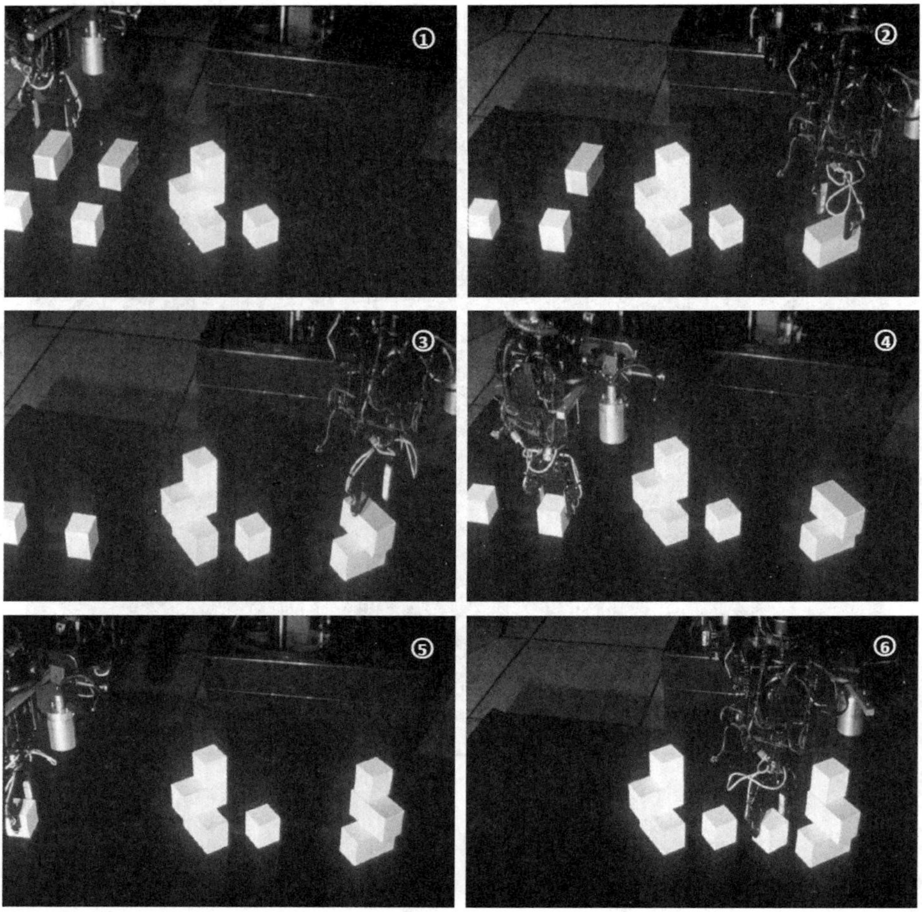

图 15.4　“复制演示”系统的工作过程。场景是由几个积木搭建起来的简单几何结构；而“复制演示”系统在机器视觉算法的指导之下，选取基本积木单元，搭建起一个和场景相同的几何结构。

献 Winston [1972] 和 Freuder [1976, 1980]。文献 Falk [1972] 讨论了同样的问题，当时，他在 Stanford 大学搭建一个“眼—手”系统。他发明了另外一种方法，来处理由线条图的“不完美”所引起的问题。其他的早期工作请参见文献 Barrow & Popplestone [1971]。

对线条图的解释方面所取得的进一步进展，是由 Clowes [1971] 和 Huffman [1971] 独立完成的。他们所提出的对线条图的新的标注方法，考虑到了：哪些标注方法是由真实场景与其对应的，而哪些标注方法在现实中是不存在的。然后，他们设法去避免那些在现实中“不可能出现”的标注方法。这类方法存在两个问题：1) 即使是对于简单的场景，可能存在的不同标注方法也太多了；2) 算法的效率不够高。文献 Wlatz [1972] 提出：加入阴影信息以后，尽管“标注字典”（即：由所有可能的基本标注单元所组成的集合）变大了，但是，不确定性变小了；同时，Wlatz 还开发出了“约束传播”算法。使用“约束传播”算法，我们可以快速地找到所有可行的标注结果，在标注的过程中，就已经对标注结果的“正确性”进行了检查。文献 Rosenfeld, Hummel & Zucker [1976] 将“松弛算法”应用于场景标注问题。文献 Ullman [1979] 通过：迭代求解一个带有约束条件的优化问题，来实现松弛方法。文献 Davis & Rosenfeld [1980] 总结了协同处理过程；而文献 Hummel & Zucker [1980] 研究了基本的松弛标注算法。

Huffman 和 Clowes 的工作在很多方面都得到了扩展。首先，人们研究了一些更复杂的情况，即：场景中的物体不再仅仅局限于儿童玩的积木玩具。例如，文献 Kanade [1980b, 1981, 1983] 处理了任意形状的物体表面，他将其称为“折纸”（所组成的）场景。自从线条图分析开启了人工智能领域中视觉应用的一扇“大门”以后，出现了许多和这个话题相关的文章。这方面的具有代表性的文献包括：Sankar [1977] 和 Barrow & Tenenbaum [1981b]。

几乎是在人们刚开始研究如何对线条图进行标注的时候，就出现了量化分析。文献 Mackworth [1973] 引入了**梯度空间**的概念，用来对线条图进行“度量”。当时，人们发现，除非给出量化信息，否则，对于一些没有真实存在的物体与之对应的线条图，使用现有的标注算法可以给出一个“合理的”标注结果。受此启发，Mackworth 提出了梯度空间的概念。文献 Horn [1977] 采纳了梯度空间的概念和想法来建立**反射图**。文献 Mackworth [1977] 是一篇非常值得一读的评论文章，它讨论和总结了场景分析中这方面的很多工作。文献 Huffman [1975] 将 Gauss 球和 Gauss 曲率的概念用于“折纸问题”。文献 Huffman [1975a, b] 中探索了**对偶空间**，当时 Huffman 正在研究：如何区分空间中可能出现的物体和不可能出现的物体。文献 Draper [1981] 继续使用**梯度空间**和**对偶空间**来对线条图进行解释。文献 Shafer, Kanade & Kender [1983] 对上面的方法进行了拓展，他们使用梯度空间来研究透视投影的情况。文献 Shafer & Kanande [1983] 发现：阴影对于判断曲面的朝向是有帮助的。

文献 Sugihara [1982a, b;1984a, b] 导致了量化分析方面最终的突破性进展。文献 Shapira [1984] 中提出了一个问题，其实，只需要直接使用 Sugihara 的结果，就已经解决了这个问题。Sugihara 的工作并没有得到应有的关注，这是由于：1) 他的工作与当时已有的模式“格格不入”；2) 他所基于的数学工具非常难于理解。

人们还考虑了：对光滑弯曲物体所生成的线条图进行解释。这方面的工作包括：文献 Turner [1974]；文献 Shapira & Freeman [1979]；文献 Jain & Aggarwal [1979] 和文献 Draper [1981]。最近，文献 Malik [1985] 提出了一套严格的方法，用于对：由多个具有“分片光滑”的表面性质的不同物体所生成的线条图，进行分析和解释。

15.9 习题

习题 15.1 对于图15.2所示的一个关于“壁炉”的**线条图**，是否存在其他可行的**标注方法**？如果存在的话，那么，对于所有可行的标注方法，图中的哪些线的标注结果是始终不变的？

习题 15.2 想象你现在处于一个由光滑的**凸的**物体所组成的世界中，这里的“**光滑**”是指：一阶导数连续；也就是说，曲面**朝向**没有发生不连续变化的地方，因此，不存在**边缘**。假设：1) 我们可以用一个图像处理系统来生成：关于相机前面场景的没有瑕疵的**线条图**；2) 我们的观测点位于“**一般位置**”，也就是说，不需要考虑出现**意外对齐**的情况。

(a) 对于场景中的一条线，请列举出：所有可能的**标注**情况。
　　提示： 注意，这条线只能出现在和曲面相切的位置。

(b) 请列举出：1) 所有可能的**结点**的种类，以及，2) 对于每一种连接方式，所有可行的**标注方法**。
　　提示： 只存在一种连接方式。

(c) 为了处理光滑的非凸物体，我们需要做什么拓展？
　　提示： 考虑一条线的末端没有和另一条线相交的那种“结点”。

习题 15.3 假设：在一个包含 n 条线段的**线条图**中，每一条线段都有四种不同的标注方法，请比较下面三种**标注方法**，即：

- **遍历** — 尝试所有的可能性；

- **树查询** — 例如，深度优先方法；
- **约束传播** — 在迭代过程中，消除不一致的标注结果。

的计算复杂度。对于每一种方法，请预计：需要多少步迭代？假设：1) 在**树查询**算法中，平均的**分叉因子**为2；2) 通常情况下，在每一次**滤波**的过程中，约束条件被传播给2.5个相邻的**结点**。请添加其他的假设条件，使得我们更容易对这三种方法进行比较。

习题 15.4 在讨论空间中的点、线和面的时候，通常，使用一种被称为**对偶空间**的结构，对于分析和解决问题，是非常有用的。物体空间中的一个点 a对应于：对偶空间中的一个平面 $\boldsymbol{a}\cdot\boldsymbol{v}=1$；对称地，物体空间中的一个平面 $\boldsymbol{a}\cdot\boldsymbol{v}=1$，被映射为：对偶空间中的一个点 $\boldsymbol{a}$。注意：一个点（或平面）的对偶的对偶，还是这个点（或平面）。

(a) 证明：平面 $\boldsymbol{a}\cdot\boldsymbol{v}=1$ 的**单位法向量**为：$\boldsymbol{a}/|\boldsymbol{a}|$，而原点到该平面的距离为：$1/|\boldsymbol{a}|$。其中，$|\boldsymbol{a}|=\sqrt{\boldsymbol{a}\cdot\boldsymbol{a}}$ 而“·”表示两个向量的**内积**。

(b) 我们可以通过两种方式来定义一条线，即：1) 这条线所经过的两个点；2) 包含这条线的两个平面的交集。对于一条连接两个点（即：$\boldsymbol{a}_1$ 和 $\boldsymbol{a}_2$）的线，它的对偶是什么？如果一条线是由两个平面 $\boldsymbol{a}_1\cdot\boldsymbol{v}=1$ 和 $\boldsymbol{a}_2\cdot\boldsymbol{v}=1$ 相交所得，那么，它的对偶又是什么？
提示： 由两个平面相交所得到的直线，同时垂直于：这两个平面的**法向量**。

(c) 现在将物体空间和（它的）对偶空间“叠加”（或“重合”）在一起。证明：直线和它的**对偶**相互垂直。
提示： 这两条线并不一定相交，因此，我们只需证明：这两条线所对应的两个**方向向量**的内积等于零。

我们可以通过**正射投影**，将物体空间投影到像平面上，也就是说，物体空间上的一个点 $\boldsymbol{v}$，被映射为像平面上的一个点：

$$\boldsymbol{v}'=\boldsymbol{v}-(\boldsymbol{v}\cdot\widehat{\boldsymbol{z}})\widehat{\boldsymbol{z}} \tag{15.18}$$

向量 $\boldsymbol{v}'$ 的第三个分量为零，因此，我们可以将 $\boldsymbol{v}'$ 中的第三个分量“丢掉”。另一方面，我们可以使用**透视投影**，将**对偶空间**投影到**梯度空间**，也就是说，**对偶空间**上的一点 $\boldsymbol{v}$，被映射为**梯度空间**中的一点：

$$\boldsymbol{v}'=\frac{\boldsymbol{v}}{\boldsymbol{v}\cdot\widehat{\boldsymbol{z}}}-\widehat{\boldsymbol{z}} \tag{15.19}$$

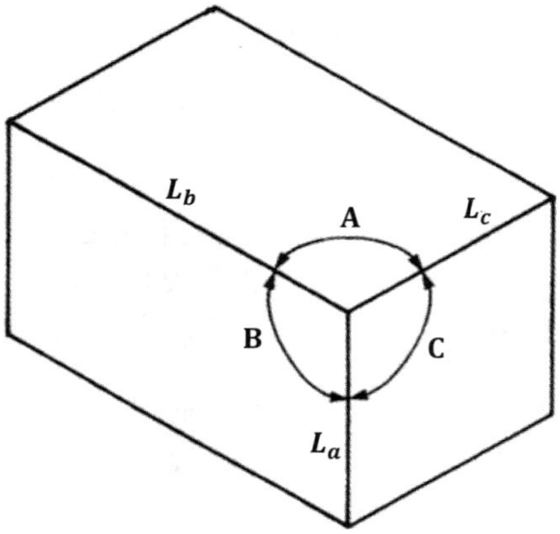

图 15.5　长方体物体在空间中的**朝向**，可以通过其**正射投影**恢复出来。假设长方体的图像是通过**正射投影**模型所得到的。我们首先图中测量夹角 A、B 和 C，然后，用它们来估计：在长方体物体中，张成这三个角的边与像平面之间的夹角。

再次，我们发现：向量 $\boldsymbol{v}'$ 的第三个分量等于零，因此，我们可以将：向量 $\boldsymbol{v}'$ 中的第三个分量“丢掉”。

(d) 将**物体空间**中的一条线投影到**像平面**上；同时，将这条线的**对偶**投影到**梯度空间**中。请证明：这两个**投影**互相垂直。

提示：通过我们上面所得到的结论，即：直线和它的对偶相互垂直，无法直接推导出这个结论。

习题 15.5 假设：场景中的物体是一个长方体（即：一块砖）。那么，在长方体的某一个**顶角**所成的像中，这个顶角所对应的三条线会形成三个夹角（如图 15.5 所示）。我们想要根据这三个夹角，来确定长方体在空间中的**姿态**。我们令：图像中的三条线分别为 L_a、L_b 和 L_c；它们分别对应于：长方体上的三条边 E_a、E_b 和 E_c。我们知道：长方体上的这三条边是相互垂直的。

假设：L_b 与 L_c 之间的夹角（也就是说，线 L_a 所对的角）为 A；线 L_b 所对的角为 B；线 L_c 所对的角为 C。此外，假设：我们使用**正射投影**模型，并且，令 a 表示：长方体的边 E_a 与像平面之间的夹角；b 和 c 分别表示：长方体的边 E_b 和 E_c 与像平面之间的夹角。一旦我们知道：这三个角 a、b 和 c，那么，我们就完全确定了：这个长方体在空间中的姿态。请证明：

$$\sin a = \sqrt{\frac{\cos B \cos C}{\sin B \sin C}} \quad \text{并且} \quad \cos a = \sqrt{-\frac{\cos A}{\sin B \sin C}} \tag{15.20}$$

通过对式(15.20)进行**周期置换**①，我们可以得到关于另外两个角 b 和 c 的公式，即：

$$\sin b = \sqrt{\frac{\cos C \cos A}{\sin C \sin A}} \quad \text{并且} \quad \cos b = \sqrt{-\frac{\cos B}{\sin C \sin A}} \tag{15.21}$$

$$\sin c = \sqrt{\frac{\cos A \cos B}{\sin A \sin B}} \quad \text{并且} \quad \cos c = \sqrt{-\frac{\cos C}{\sin A \sin B}} \tag{15.22}$$

它们和式(15.20) 很类似。

提示： 你可能会用到：**球面三角形**中的角和边之间的关系（相关内容请参见附录 A.1）。

①所谓“周期置换”是指：将 a 换作 b、b 换作 c、c 换作 a；同理，对于 A、B 和 C 也进行相同的操作。—**译者注**

第 16 章　扩展 Gauss 图

表示问题是机器视觉领域中的一个非常重要的问题。在这一章中，我们要探索一种用来表示物体形状的特殊方法。**扩展 Gauss 图**被用于：识别和判断一个物体在空间中的**姿态**。根据：1) 由**光度立体视觉**方法所得到的**针状图**，或者，2) 由**双目立体视觉**方法所得到的**深度图**，我们可以方便地计算出**扩展 Gauss 图**。为了介绍这一概念，我们首先描述了 **Gauss 图**，并且，定义了 **Gauss 曲率**。当我们用计算机处理这些信息时，必须先将其离散化。**朝向统计直方图**是扩展 Gauss 图的离散形式。我们讨论了对球面进行“精细”剖分的几种不同方法。球面的剖分结果被用来作为：**朝向统计直方图**的基本统计单元。

我们设计了一些**扩展 Gauss 图**的例子，那些关于旋转体的例子是很容易被推导出来的。在练习题中，我们探索了**扩展圆图**（即：**扩展 Gauss 图**的二维类似形式）。**扩展圆图**对于分析和处理平面中的曲线很有用。我们也介绍了：1) **支撑函数**，以及，2) 两个物体的混合。这是两个新的概念，当我们使用：从实验中获取的**朝向统计直方图**，来和（已知的）**物体模型**进行匹配时，这两个概念发挥着重要的作用。在第18章中，我们将更加详细地讨论：1) **匹配问题**，以及，2) 如何用**朝向统计直方图**来判断物体的**姿态**。那时，我们将介绍：如何设计一个从容器中抓取零件的系统。

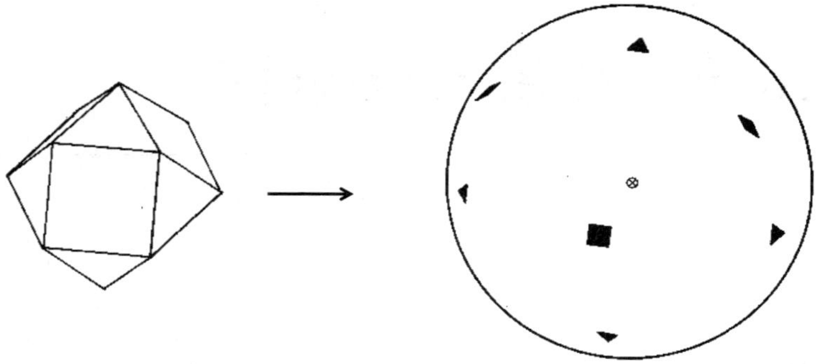

图 16.1　多面体的**扩展 Gauss 图**是：单位球上的一些**冲击函数**。多面体的每一个**面**，对应于一个**冲击函数**，其权重系数等于：这个面的面积，并且，经过该冲击函所在位置（即：**单位球**上的一个点）的**切平面**，平行于该多面体的这个**面**。为了便于说明，我们在球面上相应的位置，画上了：对应的多面体（立方八面体）上相应的**面**的形状。我们只画出了多面体中可见的**面**所对应的**冲击函数**。

16.1 凸多面体

为了识别物体，以及判断物体在空间中的**姿态**，我们需要一种表示物体表面形状的方法。一种可能的方法是：给出各个图像单元（即：像素点）所对应的曲面“小块”和像平面之间的距离。这种表示方法称为**深度图**。测距仪用这种形式来描述曲面。不幸的是，当物体发生旋转时，我们并不能找到一种简单方式，来计算这些距离的变化。另一方面，我们也可以给出：每一个像素点所对应的曲面“小块”的**朝向**。这种方法被称为**针状图**。**光度立体视觉**就是通过这种方法来描述曲面的。要比较旋转前后物体表面的关系，**针状图**也不是一种特别有效的表示方法。

另一方面，通过使用**扩展 Gauss 图**，我们可以有效地处理：物体在空间中的**姿态**变化。当我们使用**扩展 Gauss 图**（来表示物体）时，一些信息似乎消失了，但是，令人感到惊奇的是：至少对于**凸**的物体，这种表示方法是唯一的。也就是说，对于同一个**扩展 Gauss 图**，不存在两个不同的**凸的**物体与之相对应。

我们从多面体物体开始讨论。Minkowski 证明了：对于一个**凸多面体**，我们可以通过：它的各个面的**朝向**和**面积**，唯一地确定出这个**凸多面体**。我们首先回顾 **Gauss 球**的定义。我们在第 10 章和第 11 章中讨论**反射图**时，已经引入了这个定义：想象我们对多面体上的

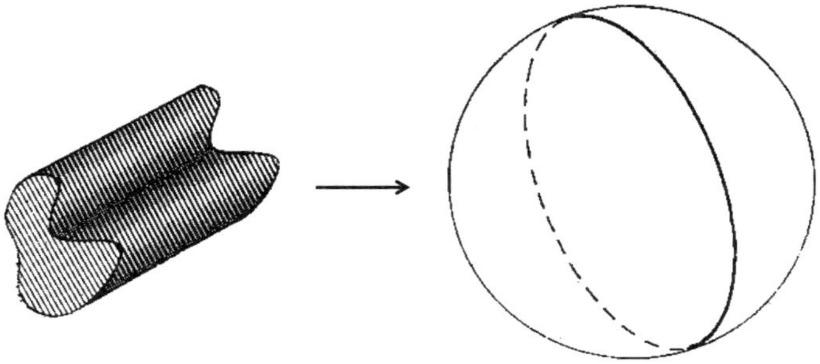

图 16.2 球上的某一个大圆内的质量分布，并不是对应于：一个有界的封闭物体。该大圆上的质量分布可以被看作：柱面物体的**扩展 Gauss 图**的极限。在取极限的过程中，柱面物体变得越来越长，同时，也变得越来越"细"。

每一个面所对应的**单位法向量**（即：一个长度为1的"箭头"）进行平移，使得：所有箭头的"尾部"都连接在同一个点上，这个点就是单位球的球心；于是，箭头的"头部"就落在单位球面上，这个球被称为 **Gauss 球**①。**Gauss 球**上的每一个点都对应于一种曲面**朝向**。赋予**Gauss球**上的每一个点一个"质量"，于是，我们就得到了**扩展 Gauss 图**（如图 16.1 所示）。这个"质量"等于：**Gauss 球**上的点所对应的多面体的**面**的面积。

一开始的时候，我们可能会觉得：**扩展 Gauss 图**损失了信息，因为，在这个过程中，曲面法向量的空间位置信息丢失了。从另一个方面看，面与面之间的邻接关系也丢失了。但是，我们可以证明：除了相差一个（整体）平移之外，**扩展 Gauss 图**可以唯一地确定一个**凸多面体**。最近，人们已经开发出了一些从**扩展 Gauss 图**中恢复出凸多面体的算法。

球面上某一个**大圆**上的**质量分布**对应于：一个无限长、无限窄的柱面（如图 16.2 所示）。本章中，我们将不考虑这种病态情况。

扩展 Gauss 图的一些性质非常重要。首先注意，**扩展 Gauss 图**的总质量等于多面体的表面积。其次，如果一个多面体是闭合的，那么，我们分别从两个正对着的方向看过去，多面体具有相同的**投影面积**。可以证明：这意味着**扩展 Gauss 图**的**质心**在**球心**。一个等价的表示方法被称为**"尖峰"模型**，它是由：平行于**法向量**的向量，所

①为了便于理解，我们从正多面体入手，曲面可以看作是：正多面体的极限；而正多面体也可以看作是：曲面的一种近似。正多面体对应于 **Gauss 球上**的一个离散点集。随着正多面的逐步细化，这个离散点集逐渐变成Gauss球上的一些区域。— **译者注**

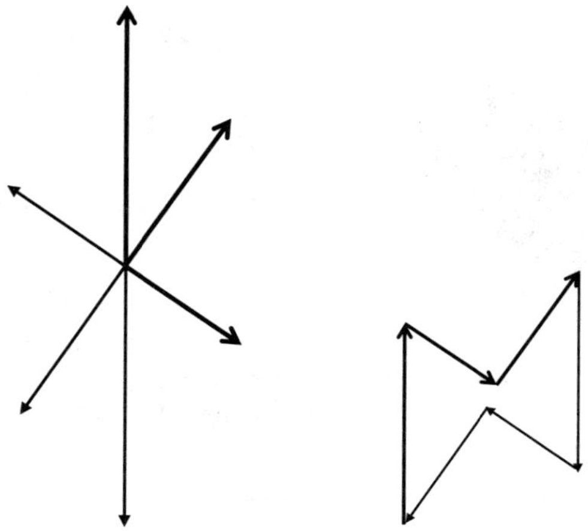

(a) 尖峰模型　　(b) 闭合回路

图 16.3　(a) 多面体的**扩展 Gauss 图**，可以被表示为一个**“尖峰”模型**。在“尖峰”模型中，某一个向量的长度等于：多面体中相应的**面**的面积；而向量的方向平行于：多面体中相应的面的**法向量**。(b) 多面体的表面是闭合的，因此，将这些向量首尾相连，必然会形成一个**闭合回路**。

组成的集合，向量的长度等于该向量所对应的**面**的面积（如图 16.3 所示）。对于**尖峰模型**，前面谈到的关于**质心**的结论等价于：所有向量的和等于零。现在，我们要拓展这个方法来对**光滑曲面**进行处理。

16.2 Gauss 图

我们可以将曲面上给定的一个点映射到单位球面上，这个映射过程为：在球面上找到一个点，并且，使得这两个点（即：曲面上的点和球面上的点）具有相同的**法向量**方向（如图 16.4 所示）。用这种方法，我们可以将曲面上的点所附带的信息映射到 **Gauss 球面**上。

如果物体是**凸的**（即：物体上每一个点的 **Gauss 曲率**都为正），那么，物体上不存在：两个或两个以上具有相同的**法向量**方向的点。从物体到 **Gauss 球**的映射是可逆的。也就是说，曲面上不同的点对应着 **Gauss 球**上不同的点。如果曲面中有平坦的小块，那么，这个小块对应于 **Gauss 球**上的一个点。但是，映射方式是相同的。

Gauss 图的一个有用的性质是：它随着物体的转动而转动。当曲

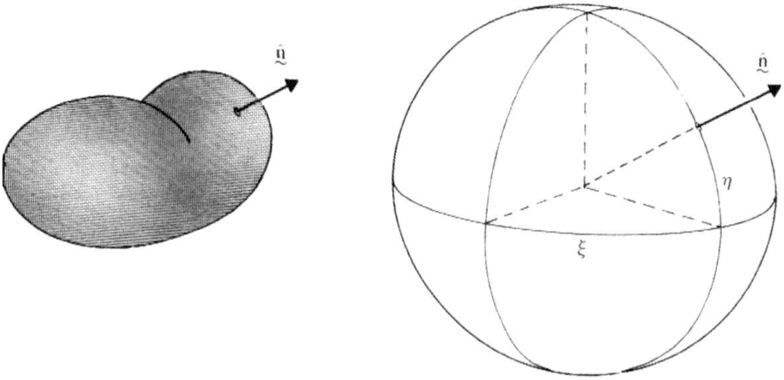

图 16.4 通过 **Gauss 映射**，物体上的一个点被映射为**单位球**（也称 Gauss 球）上的一个点，这两个点所在的曲面“小块”具有相同的**朝向**。

面和 Gauss **图**经过相同的旋转后，其**法向量**之间的对应关系保持不变。因此，物体的旋转对应于 Gauss **球**上相同的旋转。

16.3 Gauss 曲率

考虑物体表面上一个面积为δO的“小块”（如图16.5所示）。这个小块上的每一个点对应于 Gauss **球**上的一个点。于是，物体表面的小块被映射为：Gauss **球**上的一个面积为δS的小块。如果曲面的弯曲程度很大，那么，物体小块的**法向量**的变化范围就会很大，因此，它所对应的 Gauss **球**上的点就会被“铺得很开”。相反的，如果这个小块是一个小平面，那么，小块上各个点的法向量都平行，因此，这些法向量被映射为 Gauss **球**上的同一个点。上面的想法给出了①：一种关于 Gauss **曲率**的合理定义方法。Gauss **曲率** K 的定义为：当这两个“小块”（即：球面“小块”和曲面“小块”）的面积趋于0时，它们之间的面积比，也就是说，

$$K = \lim_{\delta O \to 0} \frac{\delta S}{\delta O} = \frac{dS}{dO} \tag{16.1}$$

从上面这个微分关系中，我们可以得到两个有用的积分。首先考虑：

①这种“想法”又被称为 Gauss **映射**。准确地说，式(16.1)只给出了 Gauss **曲率**的大小，而不包括 Gauss **曲率**的正负（参见图16.5）。— **译者注**

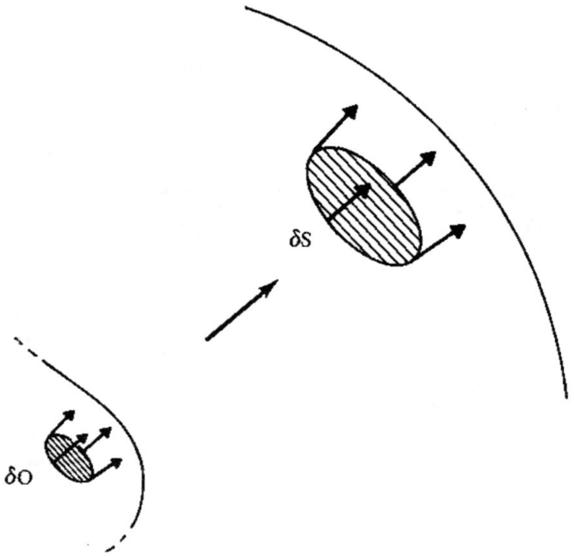

图 16.5　一个物体表面"小块"的 **Gauss 图**是该小块上的所有点的 **Gauss 映射**结果的集合。**Gauss 曲率**的大小等于：单位球上的"小块"面积 δS 与物体表面的"小块"面积 δO 的比值。如果这两个小块的边界具有相同的"转向"，那么，**Gauss 曲率**为正；否则，**Gauss 曲率**为负。

对物体表面上的有限区域 O 的积分，即：

$$\iint_O K dO = \iint_S dS = A(S) \tag{16.2}$$

其中，S 是 **Gauss 球**上与 O 相对应的区域，$A(S)$ 表示区域 S 的面积。上式左边的积分被称为**总曲率**。通过这个关系，我们可以对：**法向量**不连续的曲面，进行处理。

现在，考虑对 Gauss 球面上的区域 S 的积分，即：

$$\iint_S \frac{1}{K} dS = \iint_O dO = A(O) \tag{16.3}$$

其中，O 表示曲面上与 S 相对应的区域，$A(O)$ 表示区域 O 的面积。这个关系提示我们：在**扩展 Gauss 图**中使用 **Gauss 曲率**的倒数。此外，式(16.3) 还说明：

- 在 **Gauss 球面**上对 $1/K$ 的积分，等于物体的表面积。

这是一个非常有用的结论。

16.4 扩展 Gauss 图

在定义从曲面上的点到（其对应的）**Gauss 球**上的点的映射时，我们可以“附加”上 **Gauss 曲率**的倒数。我们令 u 和 v 为：用于确定曲面上的点的一组参数。类似的，令 ξ 和 η 为：确定 **Gauss 球面**上的点的一组参数（例如，**经度**和**纬度**）。我们将**扩展 Gauss 图**定义为：

$$G(\xi,\eta)=\frac{1}{K(u,v)} \tag{16.4}$$

其中，$(\xi,\eta)^T$ 是 **Gauss 球面**上的点，它和曲面上的点 $(u,v)^T$ 相对应[1]。可以证明：对于凸的物体，在相差一个（整体）平移的意义下，这个映射是唯一的。也就是说，对于某一个**扩展 Gauss 图**，只有唯一的一个凸的物体与它相对应。不幸的是，对于实际应用，这个问题的证明并没有太大意义，也就是说，我们无法根据这个证明设来计出：从**扩展 Gauss 图**中直接恢复出物体形状的方法。

现在考虑：我们从远处沿着方向 $\widehat{\boldsymbol{v}}$（即：一个单位向量）来观察一个凸的物体。假设物体表面“小块”的**单位法向量**为 $\widehat{\boldsymbol{s}}$，在这些小块中，只有当 $\widehat{\boldsymbol{s}}^T\widehat{\boldsymbol{v}}>0$ 时，该小块才是可见的。假设该小块的面积为 δO，根据透视原理，从方向 $\widehat{\boldsymbol{v}}$ 看过去，其有效面积的大小为 $(\widehat{\boldsymbol{s}}^T\widehat{\boldsymbol{v}})\delta O$（如图 16.6 所示）。我们用 $H(\widehat{\boldsymbol{v}})$ 表示 $\widehat{\boldsymbol{s}}^T\widehat{\boldsymbol{v}}>0$ 所对应的半球，从方向 $\widehat{\boldsymbol{v}}$ 看过去，物体可见表面的有效面积（即**透视面积**）为：

$$\iint(\widehat{\boldsymbol{s}}^T\widehat{\boldsymbol{v}})dO=\iint\limits_{H(\widehat{\boldsymbol{v}})}G(\widehat{\boldsymbol{s}})(\widehat{\boldsymbol{s}}^T\widehat{\boldsymbol{v}})dS \tag{16.5}$$

显然，从相反方向 $-\widehat{\boldsymbol{v}}$ 看过去，物体可见表面的有效面积

$$\iint\limits_{H(-\widehat{\boldsymbol{v}})}G(\widehat{\boldsymbol{s}})(\widehat{\boldsymbol{s}}^T(-\widehat{\boldsymbol{v}}))dS \tag{16.6}$$

也应该（和从 $\widehat{\boldsymbol{v}}$ 看过去时的物体表面的有效面积）一样。因此[2]，

$$\iint\limits_{S}G(\widehat{\boldsymbol{s}})(\widehat{\boldsymbol{s}}^T\widehat{\boldsymbol{v}})dS=\widehat{\boldsymbol{v}}^T\left(\iint\limits_{S}G(\widehat{\boldsymbol{s}})\widehat{\boldsymbol{s}}dS\right)=0 \tag{16.7}$$

---

[1] 这里需要指出的是：不管是曲面上的点，还是 **Gauss 球面**上的点，都是三维空间中的点。因此，其坐标应该包括 3 个分量，例如 $(x,y,z)^T$。但是，曲面和球面都是三维空间中的二维**流形**，这意味着：只需要两个参数就可以确定这个三维空间中的点。也就是说，存在一个从 $u-v$ 平面到 $x-y-z$ 空间中的曲面的映射：$(u,v)^T\to(x,y,z)^T$。类似的，对于球面而言，存在从 $(\xi,\eta)^T$ 到球面上的点 $(x',y',z')^T$ 的映射：$(\xi,\eta)^T\to(x',y',z')^T$。注意：$(u,v)^T$ 和 $(\xi,\eta)^T$ 是用于确定曲面和球面上的点的参数，而并非曲面和球面上的点！为了表述的方便，有时我们也说：“点 $(u,v)^T$ ......”，但这实际上是指：“由参数 $(u,v)^T$ 所确定的点 $(x,y,z)^T$ ......”。— **译者注**

[2] 注意：式(16.7) 和(16.8)中的 $\iint_S G(\widehat{\boldsymbol{s}})\widehat{\boldsymbol{s}}dS$ 是一个向量。— **译者注**

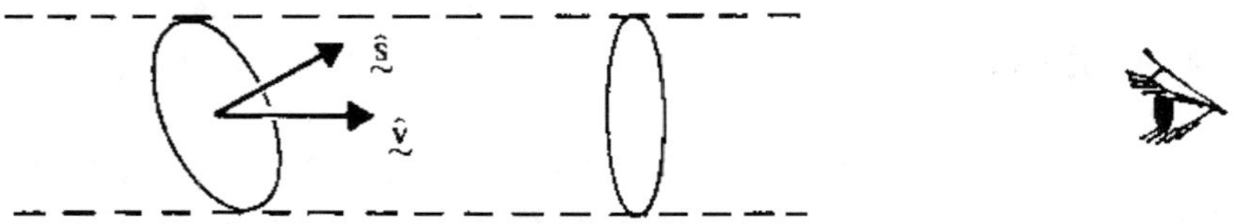

图 16.6　我们对：一个相对于观测方向倾斜的小块，进行**透视投影**。投影面积和小块真实面积的比值等于：小块所在曲面的**单位法向量**$\widehat{\boldsymbol{s}}$与观测方向$\widehat{\boldsymbol{v}}$之间夹角的余弦值。

这里的积分是对整个 Gauss **球面**的积分。由于这个结果对于所有的观测方向$\widehat{\boldsymbol{v}}$都成立，因此，我们可以得到：

$$\iint_S G(\widehat{\boldsymbol{s}})\widehat{\boldsymbol{s}}dS = \mathbf{0} \tag{16.8}$$

也就是说，**扩展 Gauss 图的质心在球心**。顺便说一下，这个结果对于实际应用没有什么帮助，因为我们通常只能看见物体的一部分。

扩展Gauss 图的另一个性质是：**扩展 Gauss 图**的质量等于物体的表面积。这一点也是非常容易看出来的。我们可以对**扩展 Gauss 图**进行归一化处理，也就是说，通过除以**扩展 Gauss 图的**总质量，来对：具有相同形状、不同尺寸的物体，进行处理。

我们可以将**扩展 Gauss 图**看作是一个单位球面上的**密度分布**。这使得我们可以找到一种“一致”的方法①，也就是说，使用对 $1/K$ 的积分，来对：曲面中 Gauss **曲率**为 0 的部分，进行处理。例如，一个平面区域对应于：**扩展 Gauss 图**中的一个质点，也就是说，**Gauss 球面**上的一个**无限冲击函数**，这个**无限冲击函数**的“质量”等于该平面的面积（一个函数在球面上的“质量”的定义为：这个函数在球面上的积分）。如果曲面不是**凸**的，那么，将会发生三件事情：

- 有些点的 Gauss **曲率**为负；
- 对于 Gauss **球面**上的一个给定点，在物体表面上，可能有两个或两个以上的点与它相对应；
- 物体表面的某一部分可能被物体的其他部分遮挡住。

此时，我们将**扩展 Gauss 图**定义为：所有具有相同**朝向**的点的 Gauss **曲率**的倒数的绝对值的和。这种定义方式受到了：用于计算**扩展 Gauss 图**的离散近似方法的启发。我们一会儿会谈到这些方法。

①这里的“一致”也称为“相容”，也就是说，这种方法所产生的结果，不会和我们的定义（以及，我们的“感觉”）相矛盾。— **译者注**

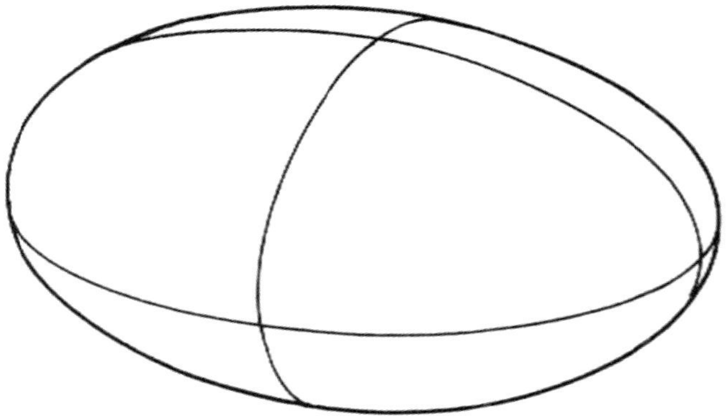

图 16.7 一个有趣的、并且具有挑战性的问题是：计算（三个半轴的长度各不相同的）椭球面的**扩展 Gauss 图**。

16.5 扩展 Gauss 图的例子

半径为 R 的球面的**扩展 Gauss 图**为：

$$\iint_S G(\xi,\eta)=\frac{1}{R^2} \tag{16.9}$$

我们可以看出，从球心看过去，球面上面积为 δO 的小块所占据的立体角为：$\omega=\delta O/R^2$。显然，该小块所对应的单位球上的小块的面积为：$\delta S=\omega$。

更有意思的是**椭球面**的情况。假设：椭球面的三个轴分别为三个坐标轴，并且，其三个半轴的长度分别为：a，b 和 c（如图 16.7 所示）。椭球面的方程可以被写为：

$$\left(\frac{x}{a}\right)^2+\left(\frac{y}{b}\right)^2+\left(\frac{z}{c}\right)^2=1 \tag{16.10}$$

对于我们的问题（即：求**扩展 Gauss 图**），使用如下的参数形式：

$$x=a\cos\theta\cos\phi,\quad y=b\sin\theta\cos\phi,\quad z=c\sin\phi \tag{16.11}$$

会更有帮助一些。椭球面上某一点：

$$\boldsymbol{r}=(a\cos\theta\cos\phi,b\sin\theta\cos\phi,c\sin\phi)^T \tag{16.12}$$

的**法向量**为[①]：

$$\boldsymbol{n}=(bc\cos\theta\cos\phi,ca\sin\theta\cos\phi,ab\sin\phi)^T \tag{16.13}$$

[①] 注意，$\boldsymbol{r}$ 是关于 θ 和 ϕ 的函数。我们可以通过 $\boldsymbol{n}=\boldsymbol{r}_\theta\times\boldsymbol{r}_\phi$ 得到式(16.13)。— **译者注**

在习题16.5中，我们将说明：使用本章后面所介绍的方法，我们可以求得：椭球面上该点的 **Gauss 曲率**为：

$$K=\left(\frac{abc}{(bc\cos\theta\cos\phi)^2+(ca\sin\theta\cos\phi)^2+(ab\sin\phi)^2}\right)^2 \tag{16.14}$$

如果 ξ 和 η 分别表示**经度**和**纬度**。那么，球面上的点 $(\xi,\eta)^T$ 所对应的**单位法向量**为：

$$\widehat{\boldsymbol{n}}=(\cos\xi\cos\eta,\sin\xi\cos\eta,\sin\eta)^T \tag{16.15}$$

对比椭球面以及 **Gauss 球面**上的点的**法向量**的表达式（即：式(16.13)和式(16.15)），最终，我们可以得到：

$$G(\xi,\eta)=\frac{1}{K}=\left(\frac{abc}{(a\cos\xi\cos\eta)^2+(b\sin\xi\cos\eta)^2+(c\sin\eta)^2}\right)^2 \tag{16.16}$$

在这种情况下，**扩展 Gauss 图**的变化是光滑的，并且，在椭球面的三个顶点（即：点 $(1,0,0)^T$、$(0,1,0)^T$ 和 $(0,0,1)^T$）取得极值，三个极值的大小分别为：$(bc/a)^2$、$(ac/b)^2$ 和 $(ab/c)^2$。

后面，我们将推导出：**圆环面**（即“轮胎”）的**扩展 Gauss 图**。**圆环面**并不是一个**凸的**物体。

16.6 离散情况

我们可以将一个曲面分割为许多大小相同的小块，假定：单位面积上的“小块”数目为 ρ，每一个“小块”都有一个**法向量**。垂直于这些**法向量**的切平面彼此相交，会生成一个多面体。随着“小块”的面积逐渐减小（也就是说，ρ 变得越来越大），用多面体来逼近曲面的效果会越来越好。

我们可以用：这些“小块”所对应的（Gauss 球面上的）**无限冲击函数**，来逼近：光滑弯曲的、凸的物体的**扩展 Gauss 图**。每一个**无限冲击函数**的“质量”为 $1/\rho$，即：该**法向量**所对应的“小块”的面积。如果物体表面某一区域的弯曲程度很大，那么，该区域所对应的（所有）**无限冲击函数**将：在**Guass 球面**上散布得很开；相反地，如果物体表面的另一区域接近于平面，那么，该区域所对应的（所有）**无限冲击函数**将：集中在 **Gauss 球面**上的一个很小的区域内。事实上，在 **Gauss 球面**上，单位面积内的**无限冲击函数**的个数接近于：ρ 乘以**绝对 Gauss 曲率**（即：**Gauss 曲率**的绝对值）的倒数。从前面给出的对 $1/K$ 的积分中（即：式(16.3)），我们可以看出这一点。

只要保证：**Gauss 球面**上的**无限冲击函数**的“质量”正比于其所

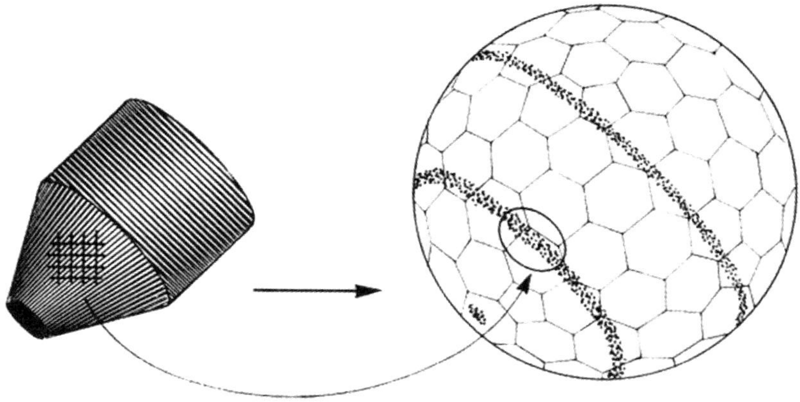

图 16.8 在将图像信息映射到**扩展 Gauss 球**上的过程中，我们必须处理：1) 图像的量化、2) 对球面的剖分。对于上图左边的每一个像素点，我们都可以找到一个曲面**朝向**，该朝向对应于：上图右边的对球面的离散表示形式（即：球面的剖分结果）中的一个单元。**扩展 Gauss 图**的离散近似，被称为**朝向统计直方图**。

对应的平面“小块”的面积。我们可以用任意的方式将曲面分割为一组小平面块。我们选择：根据图像单元（即：像素点）来对曲面进行分割（如图 16.8 所示）。在这种情况下，我们必须考虑：曲面“小块”的图像所“占据”的**透视面积**。曲面的实际面积正比于 $\sec e$，其中 e 是指：曲面法向量和观测方向之间的夹角（如图 16.6 所示）。我们很容易确定这个夹角，因为曲面**法向量**是已知的。

在亮度测量过程中会产生噪声，此外，图像的灰度值是不连续的，因此，我们从图像中估计出的曲面**朝向**并不十分精确。这会使得：**Gauss 球**上的**无限冲击函数**偏离其真实位置。但是，**Gauss 球**上的密度的期望值，却趋向于和 **Gauss 曲率**的倒数相等。在实际情况中，平面所对应的并不是：位于 **Gauss 球**上某一点的一个**无限冲击函数**，而是 **Gauss 球面**上的一个很小的聚集区域。

要计算一个典型物体模型的**扩展 Gauss 图**，我们最好能找到一种方便的方法来：1) “参数化”地表示一个曲面，以及，2) 将曲面分割成许多“小块”。曲面上的点由参数 u 和 v 所确定，记为：$\boldsymbol{r}(u,v)$（如图 16.9 所示）。于是，偏导数 $\boldsymbol{r}_u$ 和 $\boldsymbol{r}_v$ 都是：点 $\boldsymbol{r}(u,v)$ 处的曲面**切向量**。这两个**切向量**的**叉积**就是曲面的**法向量**，我们可以将其归一化为**单位法向量**，即：

$$\widehat{\boldsymbol{n}} = \frac{\boldsymbol{r}_u \times \boldsymbol{r}_v}{\|\boldsymbol{r}_u \times \boldsymbol{r}_v\|} \tag{16.17}$$

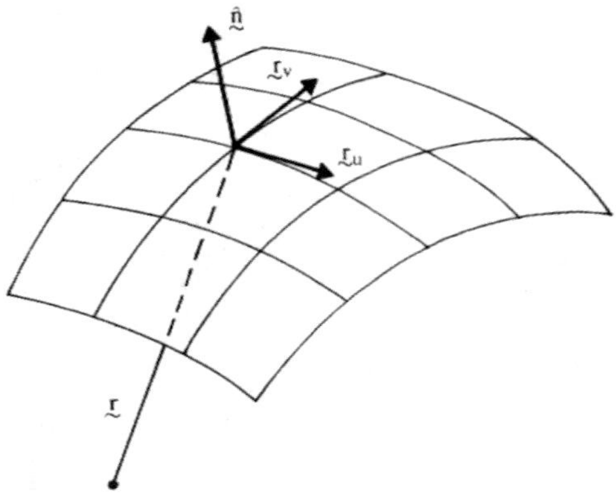

图 16.9　使用恰当的曲面参数，有助于计算：某一曲面的**扩展 Gauss 图**。我们可以用两个参数 u 和 v 来确定曲面上的点；通过求偏导数，我们可以很容易地找到：曲面的**切向量**。根据**切向量**，我们可以（继续）求出：曲面的**法向量**。通过对参数方程求导，我们可以很快地求出：曲面上每一个“小块”的面积。

知道了这个**单位法向量**（即：式(16.17)），我们就可以确定出：给定的曲面“小块”所对应的**Gauss 球面**上的点。我们将参数 u 和 v 的取值范围划分为许多小区间，小区间的长和宽分别为 δu 和 δv。于是，曲面“小块”的面积 δA 为：

$$\delta A = \|\boldsymbol{r}_u \times \boldsymbol{r}_v\| \delta u \delta v \tag{16.18}$$

根据曲面“小块”的面积，我们可以确定 **Gauss 球面**上的**无限冲积函数**的“质量”。注意：我们不必直接计算 **Gauss 曲率**或求二阶导数。

16.7 圆环面的扩展 Gauss 图

我们将要通过一些简单推导，来得出**圆环面**的**扩展 Gauss 图**（如图 16.10所示）。如果一个平面经过环面的**旋转对称轴**，那么，我们称这个平面为**轴平面**。轴平面和**圆环面**相交，会形成两个圆。这两个圆中的每一个都被映射成为：**Gauss 球面**上的同一个**大圆**[1]。如果我们选择另外一个**轴平面**，这个**轴平面**会在**圆环面**上“切出”两个新的圆。这两个圆会被映射成为：**Gauss 球面**上的另外一个大圆。

---

[1]所谓“**大圆**”，就是指：“球面上最大的圆”，**大圆**的圆心就是球心，**大圆**的半径等于球的半径。— **译者注**

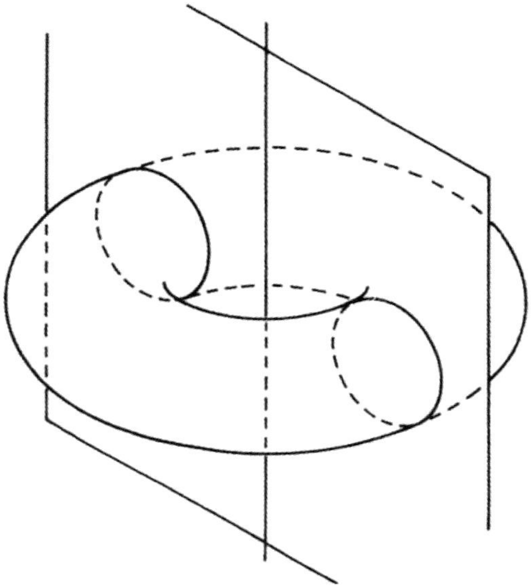

图 16.10 经过旋转对称轴的平面，会从**圆环面**中“切出”两个圆。

经过 Gauss 球的球心并且平行于**圆环面**的旋转对称轴的直线与 Gauss 球的两个交点，被称为：Gauss 球的**极点**。注意：所有由**圆环面**和**轴平面**相交所产生的圆，它们所对应的 Gauss 球面上的**大圆**，都经过 Gauss 球的**极点**。因此，Gauss 球面上的这些**大圆**是“子午圈”，也就是说：它们是球面上的**等经度线**①。同时，我们观察到，除了**极点**以外，Gauss 球面上的每一个点都对应于：**圆环面**上的两个点。我们期望：扩展Gauss图在**极点**附近有较大的取值，因为，所有的“子午圈”都在这里相交。为了得到一个量化结果，我们必须观察：圆环面上的已知面积的“小块”，并且，看看它们被映射到了Gauss**球面上**的哪些区域。考虑两个接近于平行的**轴平面**（如图 16.11 所示）。这两个平面将会在**圆环面**上“切出”两块很窄的、正对着的“小切片”。这两块“小切片”被依次映射到：Gauss **球面**的“**经度带**”上。“经度带”②是指：用两个平面在 Gauss **球面**上“切

①为了描述的方便，我们借用地理学中“经线”和“纬线”的概念来定位球面上的点。但是需要注意的是：经线是连接球面两个极点的半圆，我们这里所说的“等经度线”实际是“子午圈”（即：由两条正对的经线所组成的**大圆**）。— **译者注**

②作者使用的是 lune，直译应该是：月牙形，这种说法比较形象，但是在这里，根据其定义，我们将它译为“经度带”。— **译者注**

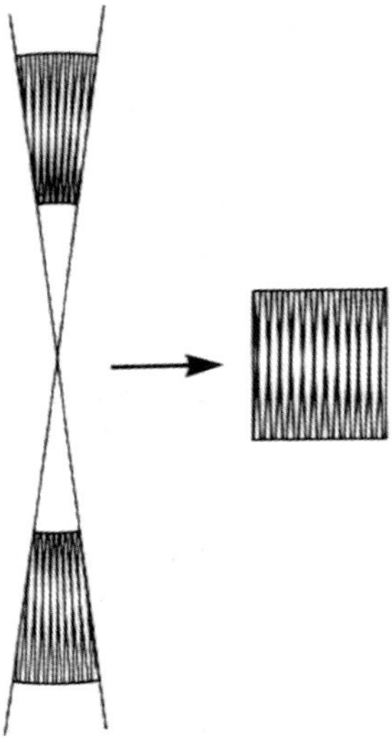

图 16.11　经过**圆环面**的旋转对称轴的两个**轴平面**，会“截取”出：**圆环面**中正对的两个“小切片”。为了将这两个“小切片”映射到 **Gauss 球**上，我们可以先将这两个“小切片”合在一起。这两个“小切片”合在一起后，近似等价于一个小圆柱面。

出来”的区域，并且，这两个平面都必须经过：连接球面两个**极点**的轴（如图 16.12(a) 所示）。“**经度带**”的宽度随着纬度而变化。因此，我们很难直接计算出：这两个“小切片”中的某一个曲面“小块”被映射到 **Gauss 球面**上的什么区域。但是，如果我们将这两个正对的“小切片”合在一起。此时，我们将得到：一个等宽度的圆柱面，这是因为，**圆环面**上的“小切片”的横向宽度，是它到**圆环面**的**旋转对称轴**的距离的**线性**函数。于是，被“合”在一起的两个“小切片”对于：**Gauss 球面**上的（该“经度带”内的）不同的“纬度带”区域，具有相同的“贡献”。

越靠近极点，Gauss 球面上的“**经度带**”就越窄；事实上，其宽度正比于 $\cos\eta$，其中，η 是指纬度。因此，当**圆环面**上固定大小的曲面“小块”被映射到 **Gauss 球面**上的相应“区域”时，随着该“区域”逐渐靠近**极点**，“区域”面积将越来越小。我们推断：**扩展 Gauss 图**正比于 $\sec\eta$。从另一个方面，我们也可以看出这个结果，我们使用经线和纬线来对 **Gauss 球面**进行剖分（如图 16.12(b) 所示）。球面经过剖分（所得到）的每一个小区域，都对应于：**圆环面**上的一个固定区域。对于 **Gauss 球面**上被剖分出来的每一个小区域，我们都

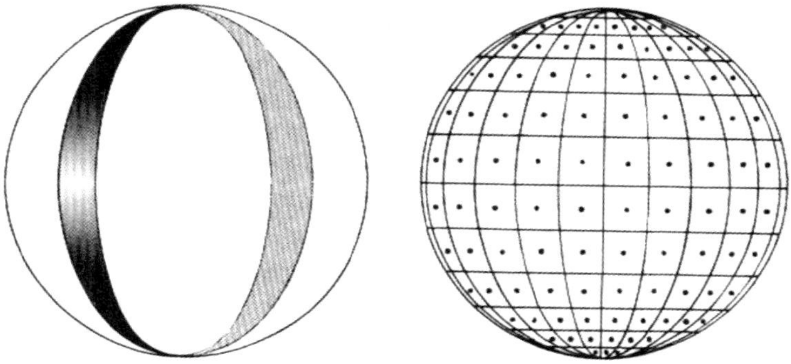

(a) “经度带”　　(b) 球面的“经纬”剖分

图 16.12　**圆环面**中正对的两个“小切片”（如图 16.11 所示）所对应的 **Gauss 球**上的区域是：一对“**经度带**”。(a) **圆环面**中两个正对的“小切片”被映射为：球面上的一个小的“**经度带**”；其**扩展 Gauss 图**的值随着“纬度”的增加而增加。(b) 如果我们用“经线”和“纬线”对球面进行剖分，在剖分后的每一个单元上，放置一个单位质量，我们发现，**扩展Gauss 图**的密度与：纬度的**正割**成正比。

赋予它一个单位“质量”①，我们可以看出：随着小区域不断靠近**极点**，区域面积不断变小，因此，密度不断增加。

现在，我们知道：**圆环面**的**扩展 Gauss 图**正比于纬度的**正割**。为了确定比例系数，我们考虑：**Gauss 球面**上“赤道”附近（即：$\eta \approx 0$）的一个小区域。这个小区域在经度和纬度方向的长度分别为：$\delta\eta$ 和 $\delta\xi$。**Gauss 球面**上的该区域所对应的**圆环面**的区域面积为：

$$(R-\rho)\delta\xi(\rho\delta\eta)+(R+\rho)\delta\xi(\rho\delta\eta)=2R\rho\delta\xi\delta\eta \tag{16.19}$$

其中，R 和 ρ 分别是**圆环面**的**主半径**和**次半径**（参见图 16.20）。因此，

$$G(\xi,\eta)=2R\rho\sec\eta \tag{16.20}$$

另外一种确定比例系数的方法是根据：**圆环面**的面积 $4\pi^2R\rho$ 应该等于 $G(\xi,\eta)$ 在整个单位球面上的积分。

---

①注意，该“质量”等于**圆环面**上的对应“小块”的面积。**圆环面**上两个正对的“小切片”合起来是一个圆柱面，因此，图 16.12(b)中的每一个小区域所对应的（圆柱面上的）小块的面积都是相同的。— **译者注**

图 16.13　我们可以用"经线"和"纬线"，将球面剖分为许多小的单元，但是，这种剖分方法，并不满足：**朝向统计直方图**的存储所需要的一些性质。

16.8 对单位球面的剖分

为了在计算机中表示 **Gauss 球**上的信息，我们需要将球面剖分为小区域。每一个小区域对应一个值，这个值的大小等于：由这个小区域所确定的**锥**与曲面相交所得到的"小块"的面积。这种**扩展 Gauss 图**的离散近似形式，被称为：**朝向统计直方图**。理想的小区域应该满足如下 6 个准则：

- 所有的小区域应该具有相同的面积；
- 所有的小区域应该具有相同的形状；
- 这些小区域应该形成一种规则化的模式；
- 这些小区域应该是圆形的；
- 这些小区域对球面的分割应该足够细密，以保证**角度分辨率**；
- 存在一些旋转，使得这些小区域的模式经过旋转后保持不变。

我们要尽量避免使用"被拉长"的区域，因为和：相同面积的圆形区域相比，"被拉长"的区域所包含的具有不同**朝向**的小曲面块的数目更多。同时，如果这些小区域的排列形成一种规则模式，那么，某一个"小区域"和其邻近"小区域"之间的关系，对于所有的小区域来说都是一样的。我们希望能得到这样的"小区域"排列方式。不幸的是，这些准则无法同时满足。

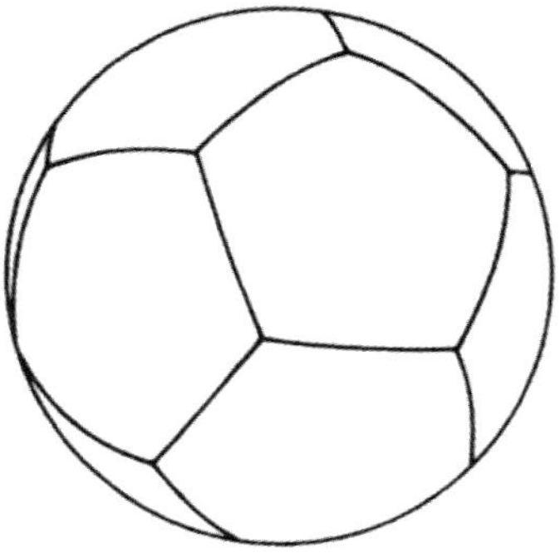

(a) 正十二面体“剖分”

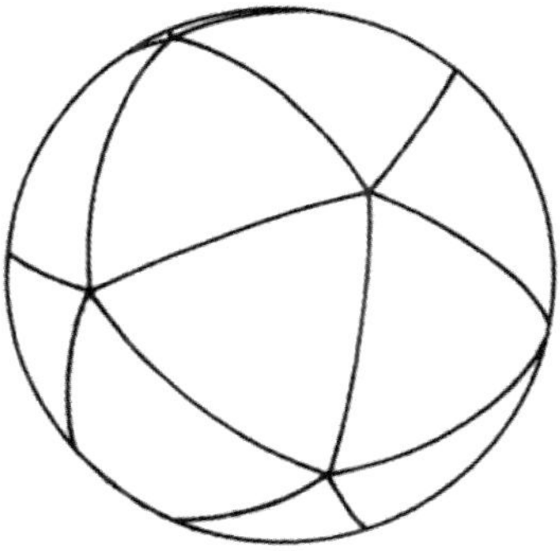

(b) 正二十面体“剖分”

图 16.14 我们可以将正十二面体和正二十面体投影到球面上，从而产生两种球面剖分结果。这两种方法，分别将球面分割成12个和20个**基本单元**。

一种可能的剖分方法是：首先，将球面剖分成“纬度带”，然后，再沿着“经线”对“纬度带”做进一步剖分（如图16.13所示）。通过使用：纬度越高，对纬度带的剖分越稀疏的方法，我们可以将球面剖分为：面积近似相等的小区域。这种方法的一个优点是：给定的曲面**法向量**后，容易计算出：与该**法向量**相对应的球面小区域。但是，这种剖分方法仍然和我们上面提到的标准相差甚远。例如，我们无法找到一种旋转，使得：这些小区域的模式经过该旋转后不发生变化（除非绕着经过极点的轴旋转）。

更好的剖分方法是：先将一个正多面体的中心放在球心；然后，将这个正多面体投影到球面上。一个**正多面体**的表面是由：具有相同形状的**正多边形**，所构成的。因此，通过**正多面体**的投影所得到的球面剖分结果，每一个小区域都具有相同的形状和面积。同样，所有小区域和其邻近小区域之间的几何关系都相同。不幸的是，只存在五种正多面体，即：正四面体、正六面体、正八面体、正十二面体和正二十面体。对于正十二面体的情况，其小区域已经非常圆（如图16.14(a)所示）。但是，正十二面体只有12个小区域，即使是正二十面体，也只能提供：对曲面**朝向**的粗糙的采样（如图16.14(b)所示）。此外，这20个小区域并不足够圆。

我们可以进一步考虑：**半规则多面体**。它们的面也是正多边形，但是，不一定具有相同的形状，也不一定有相同的面积。有些时候，我们可以得到一些新的**多面体**，它的面与面之间的邻接关系和某一给

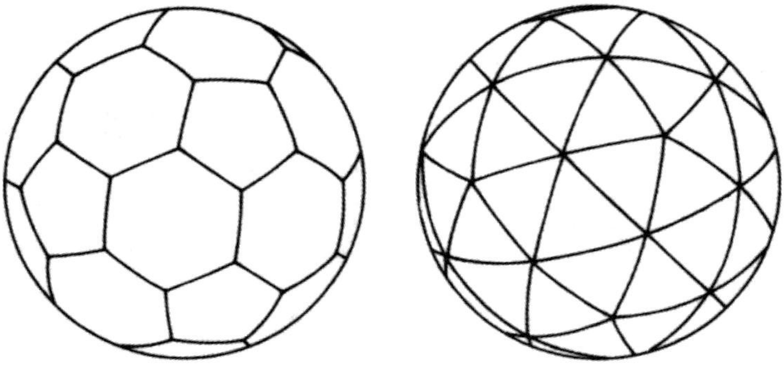

(a) 截角二十面体　　(b) 五角化十二面体

图 16.15　截角正二十面体（“足球”）是：一个具有 32 个面的半规则多面体。五角化十二面体拥有 60 个三角形的面。基于这些半规则的多面体，我们可以对单位球面进行进一步的细分。

定的**半规则多面体**相同，但是，该多面体的每一个面都具有相同的面积，这些面不再是正多边形。使用**半规则多面体**进行剖分的一个例子是“足球”（如图 16.15(a) 所示）。“足球”是对正二十面体做进一步的“切割”而得到的[①]，它具有 12 个正五边形的面和 20 个正六边形的面。不幸的是，即使加上半规则多面体，总共也只有 13 种（5 种正多面体，以及，8 种半规则多面体：立方八面体；截角二十面体；扭棱立方体；扭棱三十二面体；大斜方截半立方体；小斜方截半立方体；截顶三十二面体；小斜方截半二十面体）。并且，这些多面体也不足以提供：对球面足够精细的剖分。

如果需要更精细的剖分，那么，我们可以考虑：将给定的剖分结果中的每一个面分割为许多小三角形。例如，如果我们将：正十二面体的每个面，分割为 5 个相同的三角形，就得到了一个由 60 个面所构成的五角化十二面体（如图 16.15(b) 所示）。五角化十二面体正好是截角二十面体的**对偶图**。

进一步，根据著名的**“线状圆顶结构”**（如图 16.16 所示），我们可以将：所得到的每一个三角形，进一步分为 4 个更小的三角形。

①所谓进一步“切割”是指：将正多面体的顶点全部切掉，从而形成新的面。例如，对正二十面体来说，它有 12 个顶点和 20 个面，每一个面都是正三角形，并且每一个顶点和 5 个面相邻接。因此，每“切掉”一个顶点，将得到一个正五边形，这样，经过切割以后，我们共得到了 12 个正五边形。原来的 20 个正三角形的面变成了 20 个正六边形的面（想象：将正三角形的三个顶点切掉）。因此，总共有 32 个面。— **译者注**

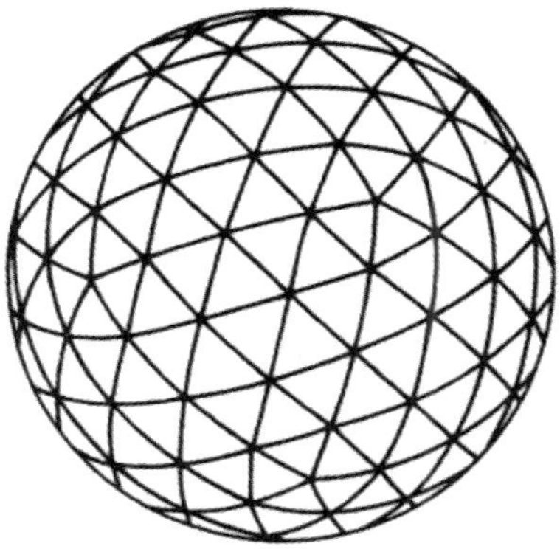

图 16.16 我们可以基于：正多面体或半规则多面体，对单位球进行**“测地”分割**。正多面体或半规则多面体中的每一个面被分割为许多小三角形，然后，我们继续将这些三角形“小面”分割为：更小的三角形“小面”。本图所展示的是：基于正二十面体的进一步精细剖分，该多面体中，有十二个顶点是由：五个相邻的面相交而形成的；其他的顶点都是由六个相邻的面相交而形成的。

通过放宽：上面提到的六条标准，我们得到了更高的角度分辨率。事实上，“线状圆顶结构”的**对偶图**会有更好的效果。因为，对偶图中绝大部分的面都是六边形，也包含一些五边形（参见图 16.8）。通过这种方式，我们可以实现：对球面的任意精细（程度）的剖分。

为了使用这种方法，我们还要能够有效地计算：某一个曲面**法向量**对应于球面上的哪一个小区域。对于由正多面体所生成的**球面剖分**，我们可以轻易地计算出：给定的单位向量与正多面体的面的中心之间夹角的余弦。（正多面体的面的中心对应于：该正多面体的**对偶多面体**的顶点）。我们将给定的单位向量“分配”到：中心距离该单位向量“最近”的那个面。对于“线状圆顶结构”的剖分方法，我们可以进行：**层次化处理**。“线状圆顶结构”是基于正多面体而生成的。我们可以首先找到：给定的单位向量属于正多面体的哪一个面；然后，再找到该单位向量属于：对这个面进行第一次剖分所产生的三角形中的哪一个；然后，再找到该单位向量属于：对该三角形进一步剖分所产生的四个更小的三角形中的哪一个，重复上述过程，直到找到“最小”的三角形为止。在实际应用中，我们使用**查找表**来进行搜索，这种方法不是非常精确，但是非常快速。

假设：球面上某一个小区域所占据的**立体角**为 ω（例如，对于正二十面体的情况，$\omega = 4\pi/20$）。对于凸的物体，球面上每一个小区域

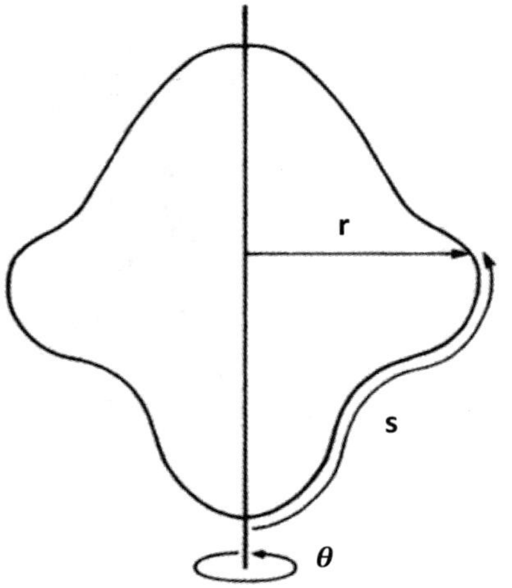

图 16.17　旋转体是由：一条**平面曲线**绕着一个轴旋转而生成的。这条**平面曲线**被称为：旋转体的“**生成曲线**”。旋转轴位于：该**平面曲线**所在的平面内。

所对应的曲面**法向量**的个数的**期望**值为：$\rho\omega|G(\xi,\eta)|$。

显然，**朝向统计直方图**（即：**扩展 Gauss 图**的离散近似）可以被“局部地”计算出来。我们可以数出：球面上每一个小区域所对应的曲面**法向量**的数目。另一方面，**Gauss 曲率**的表达式包含：关于曲面函数的一阶和二阶偏导数。在实际应用中，由于噪声的干扰，对导数的估计是不可靠的。因此，避免：通过使用对导数的估计结果来计算**扩展 Gauss 图**，是非常重要的。

16.9 旋转体的扩展 Gauss 图

如果我们处理的物体是一个**旋转体**，那么，其**扩展 Gauss 图**是很容易确定的。**旋转体**是由：一条曲线绕着某一个轴旋转而生成的（如图 16.17 所示）。我们使用：曲线上的点到旋转轴的距离 $r(s)$，来对曲线进行“描述”。其中，s 表示弧长参数，即：从曲线的初始点出发，沿着曲线所“走过”的“路程”。θ 表示：曲线绕着旋转轴所转过的角度。现在考虑一个 **Gauss 球**，我们将：连结 **Gauss 球**的两个**极点**的轴，和旋转面的**旋转轴对称**对齐。令 ξ 和 η 分别表示：Gauss 球面上的经度和纬度（如图 16.18 所示）。

我们可以用参数 ξ 来表示旋转角 θ 的信息，也就是说，$\theta=\xi$。曲线绕着**旋转轴**转过角度 θ 以后，会形成一个曲面。曲线上的某一点经过旋转以后，变成了该曲面上的一个点。与这个点的**法向量**相对应的 **Gauss 球面**上的点的经度为：$\xi = \theta$。考虑：（Gauss 球面上）经度位于 ξ 和 $\xi + \delta\xi$ 之间、纬度位于 η 和 $\eta + \delta\eta$ 之间的一个"球面小块"，其面积为：$\cos\eta\delta\xi\delta\eta$。我们需要确定：该"球面小块"所对应的"物体表面小块"的面积。该面积为：$r\delta\theta\delta s$，其中，δs 是指：曲面**朝向**的微小变化 $\delta\eta$ 所对应的**生成曲线**（也称：**"母线"**）上的**微弧长**。**Gauss 曲率**是指：当这两个"小块"的面积趋于 0 时，它们的面积的比值，即：

$$K = \lim_{\delta\eta\to 0;\delta\xi\to 0} \frac{\cos\eta}{r}\frac{\delta\xi}{\delta\theta}\frac{\delta\eta}{\delta s} \tag{16.21}$$

$$= \lim_{\delta\eta\to 0} \frac{\cos\eta}{r}\frac{\delta\eta}{\delta s} \tag{16.22}$$

$$= \frac{\cos\eta}{r}\frac{d\eta}{ds} \tag{16.23}$$

曲线的**曲率** κ_G 为：**曲线方向**相对于**曲线弧长**的变化率，即：

$$\kappa_G = \frac{d\eta}{ds} \tag{16.24}$$

因此，我们可以得到：

$$K = \frac{\kappa_G\cos\eta}{r} \tag{16.25}$$

如果我们注意到：$\sin\eta = -r_s$，其中 r_s 表示：r 对 s 的偏导数（如图 16.19 所示），那么，我们可以将上式写为另外一种形式，即：

$$\cos\eta\frac{d\eta}{ds} = \kappa_G\cos\eta = -r_{ss} \tag{16.26}$$

于是，我们得到了一个简单的公式：

$$K = -\frac{r_{ss}}{r} \tag{16.27}$$

例如，对于半径为 R 的球，我们知道：$r = R\cos(s/R)$，并且，$-\pi R/2 < s < \pi R/2$。因此，$r_{ss} = -r/R$，进一步，$K = 1/R^2$，而这正是我们所希望得到的结果。

对于某些特殊的用途，将 r 表示为：沿着旋转轴方向的长度的函数（而不是曲线弧长的函数），会更加有用。我们用 z 表示沿着旋转轴方向的长度，于是，我们可以得到 $\tan\eta = -r_z$，等式两边同时对 s 求导，我们可以进一步得到：

$$\sec^2\eta\frac{d\eta}{ds} = \frac{d}{ds}(-r_z) = -r_{zz}\frac{dz}{ds} \tag{16.28}$$

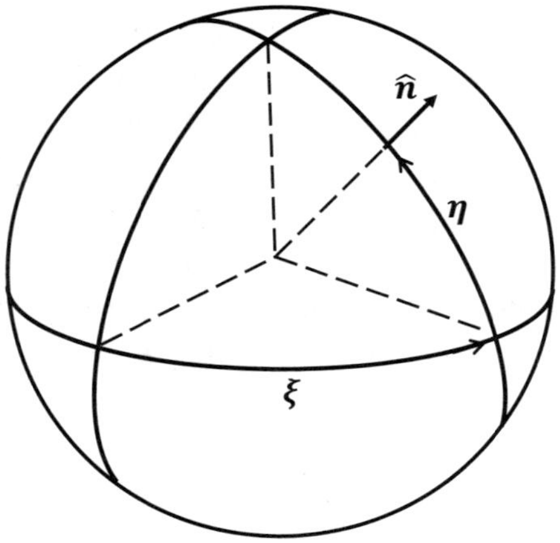

图 16.18 我们可以用“经度”ϵ和“纬度”η，来确定：Gauss 球面上的点。

其中：

$$\frac{dz}{ds} = \cos\eta \tag{16.29}$$

现在，我们可以看出；

$$\kappa_G \cos\eta = \frac{dz}{ds}\cos\eta = -r_{zz}\cos^4\eta \tag{16.30}$$

由于：

$$\sec^2\eta = 1 + r_z^2 \tag{16.31}$$

最终，我们得到：

$$K = -\frac{r_{zz}}{r(1+r_z^2)^2} \tag{16.32}$$

在习题16.2中，我们会用这种方法来计算**圆环面**的扩展 Gauss 图，从而检验：我们前面用几何方法所求得的结果。

16.10 一般情况下的 Gauss 曲率

我们用 $x = x(u,v)$、$y = y(u,v)$ 和 $z = z(u,v)$ 来表示：曲面的方程；用 $\boldsymbol{r} = (x,y,z)^T$ 来表示曲面上的点。曲面的两个**切向量**为：

$$\boldsymbol{r}_u = \frac{\partial \boldsymbol{r}}{\partial u}; \quad 和 \quad \boldsymbol{r}_v = \frac{\partial \boldsymbol{r}}{\partial v} \tag{16.33}$$

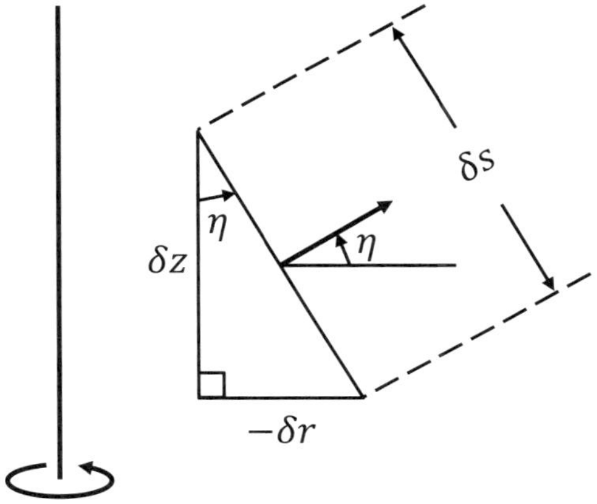

图 16.19 本图所给出的是三个**微分**之间的关系，即：1) 沿着“生成曲线”的弧长 s 的微分；2) 到旋转轴的距离 r 的微分；3) 相对某一参考平面的高度 z 的微分。这些关系使得我们可以计算出：**Gauss 球面**上相应点的纬度。

这两个**切向量**的**叉积**为：

$$\boldsymbol{n} = \boldsymbol{r}_u \times \boldsymbol{r}_v \tag{16.34}$$

切向量的**叉积**垂直于**切平面**，因此，我们可以将它作为：曲面的**法向量**，这个**法向量**的长度的平方为：

$$\|\boldsymbol{n}\|^2 = \boldsymbol{n}\cdot\boldsymbol{n} = (\boldsymbol{r}_u\cdot\boldsymbol{r}_u)(\boldsymbol{r}_v\cdot\boldsymbol{r}_v) - (\boldsymbol{r}_u\cdot\boldsymbol{r}_v)^2 \tag{16.35}$$

这是由于：$(\boldsymbol{a}\times\boldsymbol{b})\cdot(\boldsymbol{c}\times\boldsymbol{d}) = (\boldsymbol{a}\cdot\boldsymbol{c})(\boldsymbol{b}\cdot\boldsymbol{d})-(\boldsymbol{a}\cdot\boldsymbol{d})(\boldsymbol{b}\cdot\boldsymbol{c})$。其中，“$\cdot$”表示：两个向量的**内积**，也就是说，$\boldsymbol{a}\cdot\boldsymbol{b} = \boldsymbol{a}^T\boldsymbol{b}$。通过式(16.34) 和(16.35)，我们可以计算得到一个**单位法向量**，即：$\widehat{\boldsymbol{n}} = \boldsymbol{n}/\|\boldsymbol{n}\|$。

Gauss 曲率为：当曲面上的某个“小块”的面积趋于零时，（该曲面“小块”所对应的）**Gauss 球面**上的“小区域”的面积和该曲面“小块”的面积的比值（的极限）。考虑一个由：(u,v)、$(u+\delta u,v)$ 和 $(u,v+\delta v)$（所确定的曲面上的三个点）所构成的一个“微观”三角形，该三角形的两条边的长度分别为 $|\boldsymbol{r}_u|du$ 和 $|\boldsymbol{r}_v|dv$；这两条边的夹角的正弦为：

$$\frac{|\boldsymbol{r}_u\times\boldsymbol{r}_v|}{|\boldsymbol{r}_u||\boldsymbol{r}_v|} \tag{16.36}$$

因此，指向（曲面）外侧的、长度等于该三角形面积的**法向量**为：

$$\frac{1}{2}(\boldsymbol{r}_u\times\boldsymbol{r}_v)\delta u\delta v = \frac{1}{2}\boldsymbol{n}\delta u\delta v \tag{16.37}$$

为了确定：该三角形所对应的 **Gauss 球**上的三角形“小区域”的面积。我们需要找到：曲面在“微观”三角形的三个**顶点**处的**单位法向量**。如果我们忽略高阶无穷小量，那么，这三个法向量分别为：$\widehat{\boldsymbol{n}}$、$\widehat{\boldsymbol{n}}+\widehat{\boldsymbol{n}}_u\delta u$ 和 $\widehat{\boldsymbol{n}}+\widehat{\boldsymbol{n}}_v\delta v$（在这里，向量 $\widehat{\boldsymbol{n}}_u$ 和 $\widehat{\boldsymbol{n}}_v$ 分别是：$\widehat{\boldsymbol{n}}$ 关于 u 和 v 的偏导数。注意：$\widehat{\boldsymbol{n}}_u$ 和 $\widehat{\boldsymbol{n}}_v$ 都垂直于 $\widehat{\boldsymbol{n}}$[①]）。因此，使用和前面求“微观”三角形的面积相似的方法，我们可以求得：**Gauss 球面**上对应“小块”的面积为：

$$\frac{1}{2}(\widehat{\boldsymbol{u}}_u\times\widehat{\boldsymbol{n}}_v)\delta u\delta v \tag{16.38}$$

为了计算式(16.38)，我们必须求出：$\widehat{\boldsymbol{n}}_u$ 和 $\widehat{\boldsymbol{n}}_v$。首先，

$$\widehat{\boldsymbol{n}}_u=\frac{\partial}{\partial u}\left(\frac{\boldsymbol{n}}{\|\boldsymbol{n}\|}\right)=\frac{\|\boldsymbol{n}\|\boldsymbol{n}_u-\boldsymbol{n}|\boldsymbol{n}|_u}{\|\boldsymbol{n}\|^2} \tag{16.39}$$

由于 $\|\boldsymbol{n}\|^2=\boldsymbol{n}\cdot\boldsymbol{n}$，等式两边同时对 u 求偏导，我们可以得到：

$$\|\boldsymbol{n}\||\boldsymbol{n}|_u=\boldsymbol{n}\cdot\boldsymbol{n}_u,\qquad \left(\text{其中, }|\boldsymbol{n}|_u=\frac{\partial}{\partial u}\|\boldsymbol{n}\|\right) \tag{16.40}$$

因此，式(16.39) 可以写为：

$$\widehat{\boldsymbol{n}}_u=\frac{(\boldsymbol{n}\cdot\boldsymbol{n})\boldsymbol{n}_u-(\boldsymbol{n}\cdot\boldsymbol{n}_u)\boldsymbol{n}}{\|\boldsymbol{n}\|^3}=\frac{(\boldsymbol{n}\times\boldsymbol{n}_u)\times\boldsymbol{n}}{\|\boldsymbol{n}\|^3} \tag{16.41}$$

类似的，我们可以得到：

$$\widehat{\boldsymbol{n}}_v=\frac{(\boldsymbol{n}\cdot\boldsymbol{n})\boldsymbol{n}_v-(\boldsymbol{n}\cdot\boldsymbol{n}_u)\boldsymbol{n}}{\|\boldsymbol{n}\|^3}=\frac{(\boldsymbol{n}\times\boldsymbol{n}_v)\times\boldsymbol{n}}{\|\boldsymbol{n}\|^3} \tag{16.42}$$

在上面两式中，我们用到了公式：$(\boldsymbol{a}\times\boldsymbol{b})\times\boldsymbol{c}=(\boldsymbol{a}\cdot\boldsymbol{c})\boldsymbol{b}-(\boldsymbol{b}\cdot\boldsymbol{c})\boldsymbol{a}$。最终我们可以得到：

$$\widehat{\boldsymbol{n}}_u\times\widehat{\boldsymbol{n}}_v=\frac{\|\boldsymbol{n}\|^2}{\|\boldsymbol{n}\|^6}\left((\boldsymbol{n}\cdot\boldsymbol{n})(\boldsymbol{n}_u\times\boldsymbol{n}_v)+(\boldsymbol{n}\cdot\boldsymbol{n}_u)(\boldsymbol{n}_v\times\boldsymbol{n})+(\boldsymbol{n}\cdot\boldsymbol{n}_v)(\boldsymbol{n}\times\boldsymbol{n}_u)\right) \tag{16.43}$$

根据等式：$[\boldsymbol{a}\,\boldsymbol{b}\,\boldsymbol{c}]\boldsymbol{p}=(\boldsymbol{a}\cdot\boldsymbol{p})(\boldsymbol{b}\times\boldsymbol{c})+(\boldsymbol{b}\cdot\boldsymbol{p})(\boldsymbol{c}\times\boldsymbol{a})+(\boldsymbol{c}\cdot\boldsymbol{p})(\boldsymbol{a}\times\boldsymbol{b})$，我们可以将上式进一步写为：

$$\widehat{\boldsymbol{n}}_u\times\widehat{\boldsymbol{n}}_v=\frac{1}{\|\boldsymbol{n}\|^4}[\boldsymbol{n}\,\boldsymbol{n}_u\,\boldsymbol{n}_v]\boldsymbol{n} \tag{16.44}$$

其中，和前面一样，$[\boldsymbol{a}\,\boldsymbol{b}\,\boldsymbol{c}]=(\boldsymbol{a}\times\boldsymbol{b})\cdot\boldsymbol{c}$ 表示：$\boldsymbol{a}$、$\boldsymbol{b}$、$\boldsymbol{c}$ 的**向量三重积**。

式(16.44) 说明，**Gauss 球面**上的“小块”具有：和它所对应的曲面“小块”相同的**朝向**。一个指向曲面外部的、长度等于该“小块”

---

①这是由于 $\widehat{\boldsymbol{n}}$ 的模长等于 1，也就是说，$\widehat{\boldsymbol{n}}\cdot\widehat{\boldsymbol{n}}=1$，等式两边同时对 u 求偏导，我们可以得到 $\widehat{\boldsymbol{n}}_u\cdot\widehat{\boldsymbol{n}}=0$，因此，向量 $\widehat{\boldsymbol{n}}_u$ 与向量 $\widehat{\boldsymbol{n}}$ 垂直。同理，我们可以证明：向量 $\widehat{\boldsymbol{n}}_v$ 与向量 $\widehat{\boldsymbol{n}}$ 垂直。— **译者注**

面积的曲面**法向量**为：

$$\frac{1}{2}\frac{1}{\|\boldsymbol{n}\|^4}[\boldsymbol{n}\,\boldsymbol{n}_u\ \boldsymbol{n}_v]\boldsymbol{n}\delta u\delta v \tag{16.45}$$

因此，两个“微观”三角形的面积（即式(16.45) 和(16.37)）的比值（也就是 **Gauss 曲率**）为：

$$K=\frac{[\boldsymbol{n}\,\boldsymbol{n}_u\ \boldsymbol{n}_v]}{\|\boldsymbol{n}\|^4} \tag{16.46}$$

等式 $\boldsymbol{n}=\boldsymbol{r}_u\times\boldsymbol{r}_v$ 的两端分别对 u 和 v 偏导，我们可以得到：

$$\boldsymbol{n}_u=\boldsymbol{r}_{uu}\times\boldsymbol{r}_u+\boldsymbol{r}_u\times\boldsymbol{r}_{uv} \tag{16.47}$$

$$\boldsymbol{n}_v=\boldsymbol{r}_{uv}\times\boldsymbol{r}_u+\boldsymbol{r}_u\times\boldsymbol{r}_{vv} \tag{16.48}$$

使用公式：$(\boldsymbol{a}\times\boldsymbol{b})\times(\boldsymbol{c}\times\boldsymbol{d})=[\boldsymbol{a}\,\boldsymbol{b}\,\boldsymbol{d}]\boldsymbol{c}-[\boldsymbol{a}\,\boldsymbol{b}\,\boldsymbol{c}]\boldsymbol{d}$，或者，$(\boldsymbol{a}\times\boldsymbol{b})\times(\boldsymbol{c}\times\boldsymbol{d})=[\boldsymbol{a}\,\boldsymbol{c}\,\boldsymbol{d}]\boldsymbol{b}-[\boldsymbol{b}\,\boldsymbol{c}\,\boldsymbol{d}]\boldsymbol{a}$，我们得到：

$$\begin{aligned}\boldsymbol{n}_u\times\boldsymbol{n}_v=&-[\boldsymbol{r}_{uu}\ \boldsymbol{r}_v\ \boldsymbol{r}_{uv}]\boldsymbol{r}_v+[\boldsymbol{r}_{uu}\ \boldsymbol{r}_v\ \boldsymbol{r}_{vv}]\boldsymbol{r}_u\\&-[\boldsymbol{r}_{uu}\ \boldsymbol{r}_v\ \boldsymbol{r}_u]\boldsymbol{r}_{vv}+[\boldsymbol{r}_u\ \boldsymbol{r}_{uv}\ \boldsymbol{r}_v]\boldsymbol{r}_{uv}+[\boldsymbol{r}_u\ \boldsymbol{r}_{uv}\ \boldsymbol{r}_{vv}]\boldsymbol{r}_u\end{aligned} \tag{16.49}$$

因此，我们可以得到：

$$[\boldsymbol{n}\,\boldsymbol{n}_u\ \boldsymbol{n}_v]=\boldsymbol{n}\cdot(\boldsymbol{n}_u\times\boldsymbol{n}_v)=[\boldsymbol{r}_u\ \boldsymbol{r}_v\ \boldsymbol{r}_{uu}][\boldsymbol{r}_u\ \boldsymbol{r}_v\ \boldsymbol{r}_{vv}]-[\boldsymbol{r}_u\ \boldsymbol{r}_v\ \boldsymbol{r}_{uv}]^2 \tag{16.50}$$

最终，我们得到了：

$$K=\frac{[\boldsymbol{r}_u\ \boldsymbol{r}_v\ \boldsymbol{r}_{uu}][\boldsymbol{r}_u\ \boldsymbol{r}_v\ \boldsymbol{r}_{vv}]-[\boldsymbol{r}_u\ \boldsymbol{r}_v\ \boldsymbol{r}_{uv}]^2}{|\boldsymbol{r}_u\times\boldsymbol{r}_v|^4} \tag{16.51}$$

根据这个结果，我们可以推导出：关于**旋转体**的 **Gauss 曲率**的“更严密”的表达式。通常，我们用**点积**：

$$E=\boldsymbol{r}_u\cdot\boldsymbol{r}_u;\qquad F=\boldsymbol{r}_u\cdot\boldsymbol{r}_v;\qquad G=\boldsymbol{r}_v\cdot\boldsymbol{r}_v \tag{16.52}$$

来表示：曲面的**第一基本形式**；而用**向量三重积**：

$$L=\frac{[\boldsymbol{r}_u\ \boldsymbol{r}_v\ \boldsymbol{r}_{uu}]}{\sqrt{EG-F^2}};\qquad M=\frac{[\boldsymbol{r}_u\ \boldsymbol{r}_v\ \boldsymbol{r}_{uv}]}{\sqrt{EG-F^2}};\qquad N=\frac{[\boldsymbol{r}_u\ \boldsymbol{r}_v\ \boldsymbol{r}_{vv}]}{\sqrt{EG-F^2}} \tag{16.53}$$

来表示：曲面的**第二基本形式**。于是，我们可以将 **Gauss 曲率**的表达式(16.51) 进一步写为：

$$K=\frac{LN-M^2}{EG-F^2} \tag{16.54}$$

如果曲面方程是以 $z(x,y)$ 的形式给出的，那么，式(16.54) 就简化为我们熟知的 **Gauss 曲率**的表达式，即：

$$K=\frac{z_{xx}z_{yy}-z_{xy}^2}{(1+z_x^2+z_y^2)^2} \tag{16.55}$$

16.11 扩展 Gauss 图的应用

如果在我们所处理的**场景**中，包含已知形状的物体，那么，我们可以事先得到：用**朝向统计直方图**表示的这些物体形状的**原型模式**。我们可以用：从实验中得到的**朝向统计直方图**，来和这些**原型模式**进行比较，从而对未知物体进行**分类**。在这个过程中，我们必须找到：物体的**朝向**与所存储的原型模式的**朝向**之间的相互关系，因为，**扩展 Gauss 图**对于旋转很敏感。在一些应用中，恢复出物体在空间中的**姿态**是一个最主要的目标。在第 18 章中，我们将对这个问题及其相关问题进行详细讨论。

16.12 本章参考文献

在 Hilbert 和 Cohn 的书《*Geometry and Imagination*》[1952] 中，讨论了 Gauss 球和球极投影。在 Do Carmo 的书《*Differential Geometry of Curves and Surfaces*》[1976] 中，详细介绍了 Gauss 映射和 Gauss 曲率的内容。关于凸多面体的内容，请参见 Lysternik 的书《*Convex Figures and Polyhedra*》[1963]，以及，Grünbaum 的书《*Convex Polytopes*》[1967]。

关于微分几何的书非常多，Pogorelov 所写的《*Differential Geometry*》[1956] 和 O'Neil 所写的《*Elementary Differential Geometry*》[1966] 就是其中的两本。关于多面体的内容，可以参阅下列参考文献：Fejes Toth 所写的《*Regular Figure*》[1964]；Coxeter 所写的《*Regular Polyhedra*》[1973]；Pugh 所写的《*Polyhedra—A Visual Approach*》[1976]；Pearce 所写的《*Polyhedra Primer*》[1978]。在 Kenner 的著作《*Geodesic Math—and How to Use It*》[1976] 中，讲述了如何构建**测地线剖分**的内容。另外两本非常值得去读的书，是 Wenninger 所写的《*Polyhedron Models*》[1971] 和《*Spherical Models*》[1979]。

在文献 Minkowski [1897] 中，证明了如下的结论：根据多面体物体的各个面的面积和朝向，可以"唯一"地确定该多面体的形状。当然，"唯一"是在相差一个平移运动的意义下而言的。在文献 Alexandroff [1942] 中，将这个结论拓展到一般曲面的情况。关于这个课题，最"容易"获得的文献可能是 Pogorelov 所写的书《*Differential Geometry*》(第二版) [1956]。

文献 Huffman [1975] 通过引入 Gauss 球和 Gauss 曲率，来分析折纸问题。Horn 对 Gauss 图进行了拓展，即：加入了 Gauss 曲率的信息。

这方面的内容请参见：Horn [1979] 和 Bajcsy [1980]。在 Horn 的综述性论文 Horn [1984b] 中，对这方面的内容进行了总结。文献 Smith [1979] 尝试了构建一个重建算法，用于根据：凸多面体各个面的面积和朝向信息，来复原出凸多面体的形状。文献 Ikeuchi [1981a] 继承和发展了这个工作，尽管他的方法没有太大的实用性。文献 Little [1983] 提出了一种极具创造性的迭代方法，该方法探索了**混合体积**，而 Minkowski 的原始证明之中提出和使用混合体积这个概念。文献Smith [1979] 描述了一种**二阶矩匹配**的方法，我们在第 18 章中还将提到该方法。如果能够获得完整的**扩展 Gauss 图**，那么，我们可以使用该方法来对物体进行匹配。文献 Brown [1977] 使用朝向统计直方图来研究：神经元处理过程中的方向分布。最近，文献 Ballrd & Sabbah [1981a] 直接使用曲面法向量来检测物体的朝向。

文献 Dane & Bajcsy [1981] 使用扩展 Gauss 图来进行三维物体的分割。在文献 Ikeuchi [1981a,1983] 和文献 Horn & Ikeuchi [1984] 中，扩展 Gauss 图被用于：识别和复原物体在空间中的姿态。Brou [1983,1984] 开发了一种方法，用于在旋转空间[①]中均匀地放置一些点，在第 18 章中，我们还要对这个问题做进一步讨论。此外，Brou 还对他的基本方法进行了扩展，用于处理非凸物体的情况。文献 Little [1985] 说明了：基于扩展 Gauss 图来使用**相关关系**（这一类）的匹配方法存在着严重的缺陷，并且，他提出了一种新的匹配方法。该匹配方法基于以下事实：旋转以后的物体和原来的物体的**混合体积**，总是大于物体不发生旋转时所算出来的混合体积。在习题16.9中，我们讨论了这个课题。顺便说一下，文献 Lozano-Pérez [1983] 中所谓的**“配置空间”中的障碍物**，实际指的就是混合体积；文献 Lozano-Pérez [1983] 将其用于：机器人的运动规划问题。

和圆环面（即：轮胎）具有相同的扩展 Gauss 图的凸的物体一定是一个旋转体，并且，这个旋转体是由一条具有最小能量的曲线（绕着某一个轴旋转）所生成的。文献 Horn [1983] 中给出了：这个具有最小能量的曲线的显式表达式。

正如我们在习题16.7中所讨论的，类似于考虑：空间中的闭合曲面所对应的扩展 Gauss 图，我们可以考虑：平面上的闭合曲线所对应的**扩展圆图**。文献 Nahin [1974] 开发了一种方法，来并行地得到一种和扩展圆图相似的曲线属性。文献 Horn & Weldon [1985] 探索了：对扩展圆图和Nahin[1974]所得到曲线属性进行滤波的方法。文献 Van Hove & Verly [1985] 提出了球面冗余表示的方法，使用这种方法，我们可以很

[①] 所谓“旋转空间”就是指一个单位球面。— **译者注**

容易地得到：图像区域轮廓的扩展圆图。

通常情况下，使用测距仪器可以大大简化：复原物体表面形状信息的问题。事实上，对于某些问题，使用深度信息可以大大简化问题，但是，对于另外一些问题，使用深度信息反而会使得问题变得更复杂。使用有限差分法，我们可以从深度信息中估计出曲面朝向。因此，我们可以应用本章中所介绍的方法来进行分析。关于查找深度信息的方法以及结果数据的使用，请参见文献 Nitzan, Brain & Duda [1977]；Duda, Nitzan & Barrett [1979] 和 Jarvis [1983a,b]。关于深度图方面的最新研究，请参见 Besl & Jain [1984]。

要表示一个物体表面的形状，还有许多别的方法。文献 Boyse [1979] 所提出的几何方法，对于推断物体和从紧特别有用。文献 Binford [1971] 提出了将**广义圆柱面**用于机器视觉中。同时，请参阅论文 Agin & Binford [1973] 和 Nevatia & Binford [1977]，这两篇文献描述了：识别弯曲的物体。文献 Marr & Nishihara [1978] 和 Nishihara [1981] 提出了一种结构化方法，广义圆柱面作为该方法的一部分，被用来表示一个三维结构的空间组织形式。同时，请参阅文献 Ballard & Sabbah [1981b]。

Freeman [1961] 开发了一种链式编码方法，来对离散的平面曲线进行编码。Blum [1967] 开发了一种方法，用来描述一个二维形状。文献 Hoffman [1983] 尝试将对二维曲线的分类，扩展到对三维曲面的分类。这方面的近期工作请参见 Asada & Brady [1984]。

16.13 习题

习题 16.1　在习题11.9中，我们讨论了：**从明暗中恢复光照**。我们引入了**直纹曲面**和**可展曲面**的概念。我们让一条直线绕着一个轴转动，直线在空间中所“扫过”的区域会形成的一个曲面，该曲面被称为**直纹面**，相应的直线被称为：**生成直线**。对于**直纹曲面**中的每一个点，我们都可以找到一条过该点的切线，并且，该切线位于曲面上。**可展曲面**是由一组**直纹曲面**所构成的。对于**可展曲面**，如果曲面的切线位于曲面上，那么，该切线是由：曲面上具有相同法向量的点，所组成的。证明：可展曲面上的 **Gauss 曲率**处处为零。
提示： 首先，证明：**可展曲面**上的“小块”被映射为 **Gauss 球面**上的一条（曲）线段。

习题 16.2　这里，我们用本章中所得出的、计算旋转体的**扩展 Gauss 图**的方法，来计算**圆环面**的**扩展 Gauss 图**。令：圆环面的**主半径**

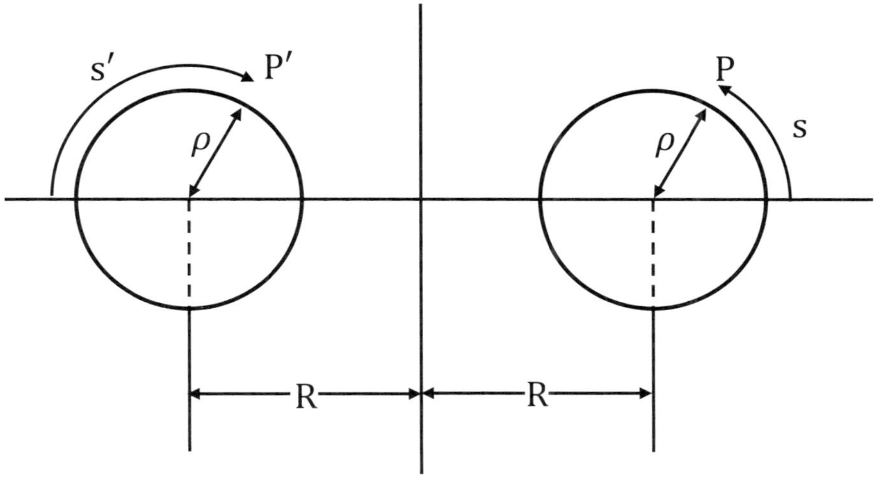

图 16.20 我们可以让圆绕着一条轴旋转，从而生成一个**圆环面**。旋转轴位于：圆所在的平面，但是，旋转轴必须在圆的外部。我们可以通过：沿着圆的弧长 s，以及，圆绕着旋转轴转过的角度 θ，来确定**圆环面**上的点。

为 R；**小半径**为 ρ（如图 16.20 所示）。我们可以通过参数 θ 和 s 来确定：**圆环面**上的某一个点。其中，θ 表示：绕着圆环面的**旋转对称轴**所转过的角度；而 s 表示：从水平对称面出发、沿着（小）圆所"走过"的弧长。于是，从圆环面上一点 (θ, s) 到旋转对称轴的距离 r 为：$r = R + \rho\cos(s/R)$。

(a) 请证明：

$$r_s = -\frac{\rho}{R}\sin\left(\frac{s}{R}\right) \quad \text{和} \quad r_{ss} = -\frac{\rho}{R^2}\cos\left(\frac{s}{R}\right) \tag{16.56}$$

并且，进一步推导出如下结论（译者注：参见公式(16.27)）：

$$K = \frac{1}{R^2}\frac{\rho\cos(s/R)}{R + \rho\cos(s/R)} \tag{16.57}$$

在**圆环面**上，θ 相隔 180° 的两个点，具有相同的曲面**朝向**。这两个点处的（两个）曲面法向量，其中一个"指向"（圆环面的）旋转对称轴；另外一个"偏离"（圆环面的）旋转对称轴（如图 16.20 所示）。于是，圆环面上的两个点：

$$(theta, s) = (\xi, R\eta) \quad \text{和} \quad (\theta, s) = (\xi + \pi, (\pi - \eta)R) \tag{16.58}$$

对应于 **Gauss 球面**上的同一个点 (ξ, η)。

(b) 证明：式(16.58)中的两个点的 **Gauss 曲率**正好异号，并且，这两个点的 **Gauss 曲率**的大小分别为：

$$K_+ = \frac{1}{R^2}\frac{\rho\cos(\eta)}{R+\rho\cos(\eta)} \quad \text{和} \quad K_- = -\frac{1}{R^2}\frac{\rho\cos(\eta)}{R-\rho\cos(\eta)} \tag{16.59}$$

(c) 圆环面并不是凸的，因此，曲面上的两个（或两个以上的）点，对应于 **Gauss 球面**上的同一个点。证明：这两个 **Gauss 曲率**的倒数的绝对值的和为：

$$G(\xi,\eta) = \frac{1}{K_+} - \frac{1}{K_-} = 2R\rho\sec\eta \tag{16.60}$$

(d) 如果我们直接将：这两个具有相同**朝向**的点的 **Gauss 曲率**的倒数相加，那么，我们会得到什么结果？什么形状的**凸的**物体所对应的**扩展 Gauss 图**，等价于第一问所得到的结果？

(e) 请使用我们前面（即：公式(16.25)）得出的公式：

$$K = \frac{k_G\cos\eta}{r} \tag{16.61}$$

来检验(b)中的结果。注意，对于式(16.58)中的两个点，我们已知 $r = R\pm\rho\cos\eta$，因此，你需要求出 κ_G 的具体形式，然后，再将其代入式(16.61)中，来验证式(16.59) 的正确性。

(f) 请证明：**圆环面**的面积为 $4\pi^2\rho R$。由此，我们可以进一步证明：对于两个不同的**圆环面**，如果它们的面积相等，那么，它们一定具有相同的**扩展 Gauss 图**。

习题 16.3 这里，我们将探索：**Gauss 曲率**的另外一种定义方法。我们来让：经过光滑曲面上某一点的**法向量**的平面（如图 16.22 所示），和这个曲面相交，从而得到一条曲线。这个过程被称为：**法向“切割”**。法向“切割”所得的曲线的曲率，被称为**法曲率**，记为 κ_N。经过曲面法向量的平面是由一个参数 θ 所“控制”的，所有的这些平面被称为：一组**“切割平面”族**。参数 θ 表示：**“切割平面”族**中的某一平面与（**“切割平面”族**中）给定的参考平面之间的夹角。**法曲率** κ_N 是关于 θ 的周期函数。如果我们将参考平面选为：**最大法曲率**所对应的平面，那么，可以证明：

$$\kappa_N = \kappa_1\cos^2\theta + \kappa_2\sin^2\theta \tag{16.62}$$

其中，κ_1 和 κ_2 分别表示：**最大法曲率**和**最小法曲率**。这两个值 κ_1 和 κ_2 又被称为：**主曲率**①。相应的“切割平面”被称为：**主平面**。如果

①有的微分几何的书将 κ_1 和 κ_2 分别称为：**第一主曲率**和**第二主曲率**。— **译者注**

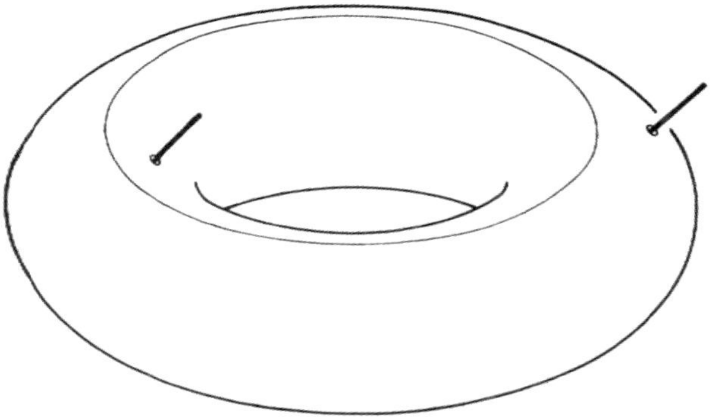

图 16.21 除了“南极”和“北极”以外，**Gauss 球面**上的每一个点，都对应于：**圆环面**上的两个点。这两个点中的一个位于：圆环面的外表面，其 **Gauss 曲率**为正；而令一个点位于：圆环面的内表面，其 **Gauss 曲率**为负。圆环面的**内表面**和**外表面**的边界是：两个圆环。一个圆环位于**圆环面**的最上面；另一个位于**圆环面**的最下面。这两个圆环上的点的 **Gauss 曲率**等于零。圆环上所有的点的朝向都相同，因此，圆环对应于：扩展 Gauss 图上的**奇异点**。

这两个**主曲率**的值不同，那么，这两个**主平面**是互相垂直的。

(a) 证明：我们前面介绍的 **Gauss 曲率** $K = \kappa_1\kappa_2$。

(b) 请分别使用平面和球面来验证(a)中的结论。同时，请考虑**可展曲面**的情况。

(c) 本章中，在计算**椭球面**的曲率时，我们使用三个相互垂直的平面（即：$x-y$ 面、$y-z$ 面和 $z-x$ 面）和曲面相交，得到了三条相交曲线（椭圆）和六个交点。根据(a)中的结论，这六个点的 **Gauss 曲率**等于：相交于该点的两条（椭圆）曲线的曲率的乘积。在本章第16.6节中，我们给出了椭球面的 **Gauss 曲率**公式(16.14)，请根据这个公式来验证(a)中的结论。
提示： 半轴长度分别为 a 和 b 的椭圆的**曲率**的最大值和最小值，分别为：a/b^2 和 b/a^2。

习题 16.4 本题中，我们将使用另一种方法，来推导旋转体的 **Gauss 曲率**。我们首先回顾 **Meusnier 定理**。曲面上某一点的**法向“切割”**是指：用经过该点的**法向量**的平面来“切割”曲面，从而得到一个曲线（如图 16.23 所示）。令：**法向“切割”**所得到的**曲线的曲率**为 κ_N。

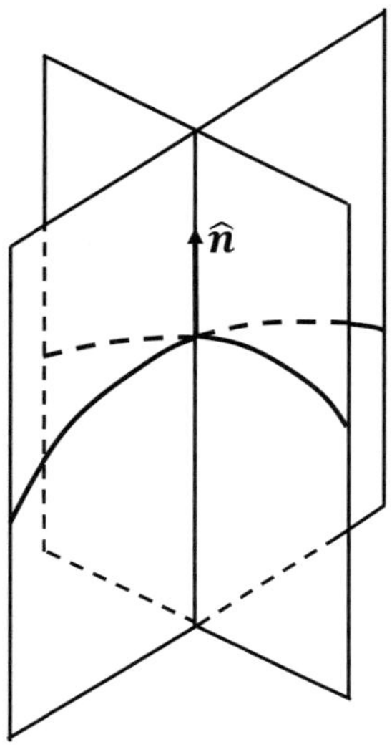

图 16.22　我们用一个经过曲面法向量的平面来和曲面相交，从而实现曲面的**“法向切割”**。这些**“切割平面”**由一个变量（即：绕着**曲面法向量**转过的角度）确定。随着**切割朝向**的不同，**法向切割**所得到的**曲线的曲率**发生光滑变化；这些**曲线的曲率**被称为**法曲率**。法曲率的两个极值（即：极大值和极小值）的乘积，就是 **Gauss 曲率**。

(a) 想象：将“切割平面”稍微倾斜一下，假设：该“切割平面”偏离**曲面法向量**的角度为 η（也就是说，将“切割平面”沿着：“法向切割”所得到的曲线在该点的切线，进行旋转）。使用旋转后的倾斜平面来切割曲面，会得到一条新的曲线，这条曲线的**曲率**要大于相应的**法曲率**（**法曲率**是指：**法向切割**所得到的**曲线的曲率**）。我们使用倾斜平面来“切割”曲面，请证明：所得到的**曲线的曲率**为

$$\kappa_N \sec\eta \tag{16.63}$$

其中，κ_N 为相应的**法曲率**。这个结论被称为 **Meusnier 定理**。

现在，让我们回过头来研究：旋转曲面。不难证明：1) 在过曲面上的一个点的两个**主平面**中的其中一个是：由该点和**旋转对称轴**所共同确定的平面，并且，2) 由这个**主平面**和曲面相交所得的曲线，正好是旋转体的**生成曲线**。因此，这两个**主曲率**中的一个等于：生成曲线上的对应点的**曲率** κ_G。

下一步，让我们来考虑：经过曲面上的这个点、且垂直于旋转

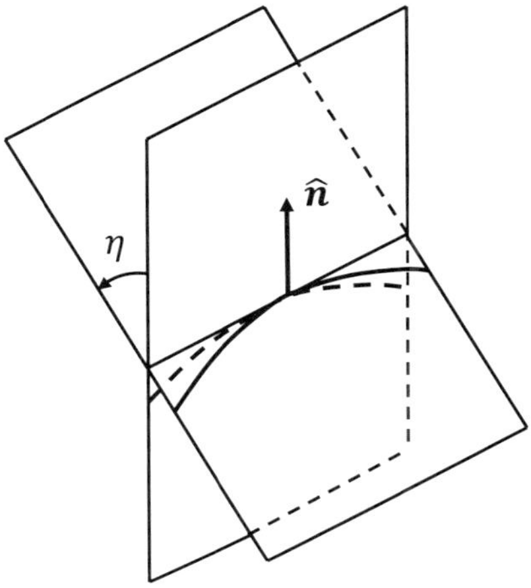

图 16.23 用倾斜的平面和曲面相交所得到的曲线，其曲率大于：曲面的**法向“切割”**所得到的曲线的曲率。两者之间的比值等于：“切割”平面的倾斜角的**正割**。

轴的平面。这个平面“切割”曲面所得到的**曲线的曲率**为$1/r$，其中，r为：旋转体在该点处的半径（即：该点到旋转轴的距离）。但是，这个平面却不是**“法向切割”平面**。假设：法向量相对于该平面的倾斜角为η，那么，我们可以看出：**局部切平面**和**旋转轴**之间的夹角也为η。

(b) 构建一个经过法向量的**“切割”平面**，该**“切割”平面**相对于我们刚才谈到的、垂直于旋转轴的参考平面的倾斜角为η。这个平面就是第二个**主平面**，而这个平面和曲面的相交曲线给出了：第二个“**主切割**”。证明：这个“**法向切割**”所得到的**曲线的曲率**为：

$$\kappa_N = (1/r)\cos\eta \tag{16.64}$$

提示：使用我们在(a)中推导出的**Meusnier 定理**。

(c) 现在证明：该点的 **Gauss 曲率**为：

$$K = \frac{\kappa_G \cos\eta}{r} \tag{16.65}$$

(d) 以半径等于R的球为例，来验证上面的结果。

为了让这个结果更加有用，我们建立一个坐标系，该坐标系的$z-$轴为**旋转对称轴**。于是，**生成曲线**可以被表示为$r(z)$。我们分别用r_z和

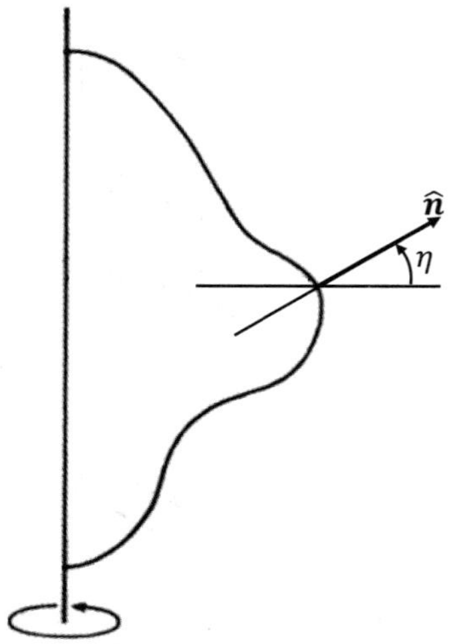

图 16.24　对于旋转体，我们可以通过：旋转体的“**生成曲线**”的参数形式，来求得：旋转体上某一点的**单位法向量**的方向。

---

r_{zz} 来表示：r 关于 z 的一阶和二阶导数。

(e) 证明：$\cos\eta = 1/\sqrt{1+r_z^2}$。

(f) 证明：

$$\kappa_G = -\frac{r_{zz}}{(1+r_z^2)^{3/2}} \quad \text{并且} \quad K = -\frac{r_{zz}}{r(1+r_z^2)^2} \tag{16.66}$$

为了使用这个结果来导出**扩展 Gauss 图**，我们需要判定：曲面上的点对应于单位球面上的哪一个点。让我引入**极角** θ，于是，我们可以得到：

$$x = r\cos\theta \quad \text{和} \quad y = r\sin\theta \tag{16.67}$$

(g) 证明：曲面上的**单位法向量**为（如图 16.24 所示）：

$$\frac{(\cos\theta, \sin\theta, -r_z)^T}{\sqrt{1+r_z^2}} \tag{16.68}$$

而 **Gauss 球面**上的单位法向量为：

$$(\cos\xi\cos\eta, \sin\xi\cos\eta, \sin\eta)^T \tag{16.69}$$

因此，最终我们得到：$\xi = \theta$ 和 $\tan\eta = -r_z$。

习题 16.5 证明：由参数方程：

$$\begin{cases} x = a\cos\theta\cos\phi \\ y = b\sin\theta\cos\phi \\ z = c\sin\phi \end{cases} \tag{16.70}$$

所确定的椭球面的 **Gauss 曲率**为：

$$K = \left(\frac{abc}{(bc\cos\theta\cos\phi)^2 + (ca\sin\theta\cos\phi)^2 + (ab\sin\phi)^2}\right)^2 \tag{16.71}$$

习题 16.6 这里，我们来研究：一种特殊的旋转体的**扩展 Gauss 图**。我们可以将旋转体的表面考虑成：一条曲线绕着一个轴旋转而生成的。例如，将坐标系中的 z 轴作为旋转轴，测量曲面上的一点到旋转轴的垂直距离 r，物体的形状完全取决于：曲线 $r(z)$。

在习题16.4(f)中，我们已经证明了：曲面的 **Gauss 曲率**等于

$$K = -\frac{r_{zz}}{r(1+r_z^2)^2} \tag{16.72}$$

其中，r_z 和 r_{zz} 分别表示：r 关于 z 的一阶和二阶导数。

我们用 ξ 和 η 来表示 **Gauss 球**上的点。为了简单，我们让：**Gauss 球**的轴（从“南极”指向“北极”）和旋转体的**旋转对称轴**对齐。

考虑一个旋转体，用经过**旋转对称轴**的平面去“切割”这个物体，会得到一个椭圆。椭圆的长半轴（垂直于 z 轴的方向）和短半轴（平行于 z 轴的方向）的长度分别为：a 和 b。

提示： 圆可以被看作椭圆的一个特例（即：当 $a = b$ 时）。在做该题的过程中，你可能会想要使用圆来检验你的结果。

(a) 请求出：r 关于 z 的一阶和二阶导数 r_z 和 r_{zz}。同时，你可以求出：$1 + r_z^2$，在求解下面问题的过程中，这个量会非常有用。

(b) 证明：该旋转体表面的 **Gauss 曲率**为：

$$K = \left(\frac{b}{b^2 + (a^2 - b^2)(z/b))^2}\right)^2 \tag{16.73}$$

(c) 请确定：相对于垂直于**旋转轴**的参考平面，曲面**法向量**的倾斜角 η 是多少？（将 η 表示为：关于 r 和 r_z 的函数形式）。请证明：

$$\tan\eta = -\frac{a}{b}\frac{z/b}{\sqrt{1-(z/b)^2}} \tag{16.74}$$

你会发现：求得该点处的 $\sin\eta$ 和 $\cos\eta$ 也将是有用的。

提示： 使用恒等式 $1 + \tan^2\eta = \sec^2\eta$ 和 $\sin^2\eta + \cos^2\eta = 1$。

(d) 我们将垂直于旋转轴的平面作为参考平面，如果旋转面上的点

的**法向量**和参考平面之间的夹角为 η，那么，这个点所对应的 **Gauss 球面**上的点的纬度是多少？

(e) 证明：该旋转面的**扩展 Gauss 图**可以被写为：

$$G(\xi,\eta)=\left(\frac{a^2b}{a^2\cos^2\eta+b^2\sin^2\eta}\right)^2 \tag{16.75}$$

提示： 回顾 $G=1/K$，并且，证明：

$$a^2\cos^2\eta+b^2\sin^2\eta=\frac{a^2b^2}{b^2+(a^2-b^2)(z/b)^2} \tag{16.76}$$

(f) **扩展 Gauss 图** $G(\xi,\eta)$ 的极大值和极小值是多少？旋转面上什么“地方”（的点），会使得 $G(\xi,\eta)$ 取得极大值和极小值？请分两种情况：$a<b$（即：橄榄球）和 $a>b$（即：南瓜），来分别进行讨论，并且，对两种情况进行比较。

习题 16.7 我们可以很容易地将：本章中的概念和想法，应用于平面图形的情况。对于平面图形，单位球相应地变成了单位圆。

(a) 类似于：三维空间中的闭合物体的**扩展 Gauss 图**，我们可以定义：平面上的闭合形状的**扩展圆图** $R(\psi)$。这里的 ψ 是：曲线法向量和任意参考方向之间的夹角。这里，我们将参考方向选为：$x-$ 轴。请给出：$R(\psi)$ 的几何解释。证明：闭合图像的**扩展圆图**的质心，一定位于单位圆的中心。

(b) 假设有一个椭圆，其两个半轴分别位于：$x-$ 轴和 $y-$ 轴，并且，两个半轴的长度分别为 a 和 b。请证明：该椭圆的**扩展圆图**为：

$$R(\psi)=\frac{a^2b^2}{(a^2\cos^2\psi+b^2\sin^2\psi)^{3/2}} \tag{16.77}$$

提示： 使用参数方程 $x=a\cos\theta$ 和 $y=b\sin\theta$。

(c) 从一个凸的图形的**扩展圆图**中，我们如何恢复出：该图形的边界曲线 $x(s)$ 和 $y(s)$？请设计出一种实现算法。

(d) 我们用一个**闭合图形**的**扩展圆图**，来和任意一个圆周上的正值函数做**周期卷积**，并且，将卷积结果看作另一个图形的**扩展圆图**。请证明：这个图形一定也是闭合的，并且，新的图形的**边界**要比原图形的**边界**光滑。

提示： 两个周期函数 R 和 S 的**周期卷积** R_c 的定义为：

$$R_c(\psi)=\int_0^{2\pi}R(\psi-\eta)S(\eta)d\eta \tag{16.78}$$

习题 16.8 一个平面中图形的凸的**支撑函数** $\rho(\psi)$ 所给出的是：在所有不经过该图形内部的直线中，（原点到这些直线的）最小垂直距离 ρ。我们在图形内部随便选一点作为原点，进而可以测量这个距离 ρ。距离 ρ 是直线的**倾斜角** ϕ 的函数。如果给定：平面图形的**边界曲线**的参数表达式（例如：$x(s)$ 和 $y(s)$），那么，我们可以很快求出**支撑函数** $\rho(\psi)$，即：

$$\rho(\psi) = \max_s(x(s)\cos\psi + y(s)\sin\psi) \tag{16.79}$$

(a) 证明：对于一个光滑弯曲的、**凸的**图形，

$$\rho(\psi) = x(\psi)\cos\psi + y(\psi)\sin\psi \tag{16.80}$$

(b) 我们将：随 ψ 变化的**支撑函数** $\rho(\psi)$，画在**极坐标**下，所得到的图形被称为：函数 $\rho(\psi)$ 的**支撑图**。证明：如果一条线段的一个端点位于原点，那么，1) 这条线段所对应的**支撑图**是一个圆，并且，2) 圆的直径等于这条线段的长度。

(c) 证明：两个图像 A 和 B 的**联合**的**支撑图**等于其各自**支撑图**的**联合**。

(d) 证明：凸多边形的**支撑图**是由**分段圆弧**构成的。现在，我们将：**凸多边形**与其对应的**支撑图**叠加在一起（即：画在同一个坐标系下）。请问：圆弧和**凸多边形**的公共点是什么？如果我们移动圆心，这些公共点将如何移动？

提示： 公共点同时属于两个不同的类，其中一类点的位置依赖于原点的选择，而另一类点的位置却不依赖于原点的选择。

(e) 我们可以将**支撑图**的概念推广到三维的情况。证明：**凸多面体**的**支撑图**是由 **“分片” 球面**所构成的。

习题 16.9 我们用 $X \oplus Y$ 来表示：两个**凸的**图形 X 和 Y 的**混合**。$X \oplus Y$ 的**扩展圆图**等于：X 和 Y 各自的**扩展圆图**的和，也就是说：

$$R_{X\oplus Y}(\psi) = R_X(\psi) + R_Y(\psi) \tag{16.81}$$

其中，R_X 和 R_Y 分别表示：X 和 Y 的**扩展圆图**。

(a) 证明：两个**凸的**图形的**混合** $X \oplus Y$ 的**支撑函数**，等于：这两个图形的**支撑函数**的和，也就是说：

$$\rho_{X\oplus Y}(\psi) = \rho_X(\psi) + \rho_Y(\psi) \tag{16.82}$$

(b) 请推导出：两个**凸的**图形 X 和 Y 的**混合** $X \oplus Y$ 的面积公式，即：

$$A(X \oplus Y) = A(X) + A(Y) + M(X, Y) \tag{16.83}$$

其中，**混合面积** $M(X,Y)$ 为：

$$M(X,Y)=\int_0^{2\pi}\rho_X(\psi)R_Y(\psi)d\psi=\int_0^{2\pi}\rho_Y(\psi)R_X(\psi)d\psi \tag{16.84}$$

分别用下面两种情况，即：1) X 为一个点，以及，2) $X=Y$，来验证这个结论的正确性。

(c) 令 $A(X)$ 表示：图形 X 的面积；令 $Rot_\theta(X)$ 表示：将 X 沿逆时针方向旋转一个角度 θ 后，所得到的图形。证明：一条曲线和该曲线旋转后所得多的曲线的**混合**的面积，将大于等于：该曲线和自己的**混合**（不进行旋转）的面积，也就是说：

$$A(X\oplus Rot_\theta(X))\geq A(X\oplus X)\qquad (\text{对于任意}\theta) \tag{16.85}$$

请根据这个结论，请设计出一种：判断平面内的一个**凸的闭合曲线**的转动的方法。

(d) 请将上面的这些讨论和结论推广到三维情况。也就是说，考虑一种合理的推广形式，将一个闭合的凸的物体的**扩展 Gauss 图**和**支撑函数**推广到三维空间。你将如何有效地计算**支撑函数**？你将如何有效地计算**混合体积**？和直接使用**扩展 Gauss 图**进行匹配相比，我们如何使得这种方法具有更大的“优势”？
提醒： 最后一个问题要比前面的问题困难得多。
提示： 参考第 18 章中的练习。

第 17 章　无源导航

本章中，我们将利用**光流**信息来研究一种被称为“**无源导航**”的问题。我们希望从**时变图像**（或者，其对应的离散形式：**图像序列**）中，判断出相机的运动情况。我们的前提假设是：相机和固定的场景之间进行相对运动①。如果场景中有多个物体，并且，物体各自进行独立的运动，那么，我们的前提假设是，图像已经被分割为：对应于场景中的不同运动物体的不同区域。因此，我们可以针对：对应于单个物体的图像区域，来进行研究。令人惊奇的是：如果运动中包含**平动**成分，那么，在恢复出相机的运动情况的同时，我们还可以得到一个很有意义的“副产品”：物体的表面形状。

我们会讨论：用于解决这个问题的三种现有方法。然后，我们会将注意力集中在：**最小二乘**方法，即：将图像中的所有信息全部考虑进去。对于两种特殊的运动情况：**平动**和**转动**，我们可以得到其**解析解**。对于更一般的情况，我们会得到：一组非线性方程。我们只能用迭代方法来求解该非线性方程。在练习题中，我们概述了解决该问题的另一种方法，这种方法不需要计算**光流**。

对于引导“运动平台”在已知的环境中运动的问题，从**时变图像**中恢复出：1)（相机和场景之间的相对）运动、2) 场景的表面形状，

①这句话应该理解为：可能是相机在运动，也可能是场景在运动。如果相机在运动，场景是固定不变的；如果相机不动，场景中所有的“点”都以相同的速度运动，即：场景不发生“形变”！— **译者注**

是非常有用的。我们可以用复原出的形状来进行识别，这需要用到前面章节中所讨论过的技巧。

17.1 恢复观测者的运动

假设我们现在正在观看一部电影，并且，假设我们已经知道：图像上每一个点的瞬时速度，即：光流，我们想要从**图像序列**中判断相机的运动。前人已经提出了一些方法，用来恢复观测者的运动情况。这些方法可以被分为以下三类：

- 离散方法
- 微分方法
- 最小二乘方法

在**离散方法**中，只有少量的点的**亮度模式**的变化信息被用于判断相机的运动。特别地，当我们使用这种方法时，我们需要试图对：图像序列中的离散点，进行识别和匹配。在这种情况中，一个有趣的**摄影测量**问题是：对于给定数目的图像，最少需要多少个点，才能估计出相机的运动。这种方法需要跟踪特征，或者识别出：不同时间拍摄的图像中的对应特征。可以证明：在通常情况下，7 个点足以用来唯一地确定物体的运动。这些点的位置必须满足一个约束条件，但是，这个约束条件是一个弱约束条件。如果使用更多的点，那么，我们可以写出一个关于未知运动参数的线性方程组。

在**微分方法**中，关于**光流**的一阶和二阶偏导数被用于：计算相机的运动。曾经有人断言：知道光流及其一阶和二阶偏导数，就足以唯一地确定相机的运动。结果证明，除了一些特殊的情况以外，这个断言是错误的。此外，求导会放大：测量光流时所产生的噪声。

在**最小二乘方法**中，我们使用的是：整个**光流场**的信息。**离散方法**和**微分方法**的一个严重的缺点是：它们都没有考虑光流数据中的误差。正是出于这方面的考虑，我们选用**最小二乘方法**来推导出：一种通过测量出的光流信息来确定相机运动情况的技术。我们所导出的算法使用了充足的数据，并且具有很好的**鲁棒**性，因而易于数值实现。

17.2 预备知识和技术

本节中，我们将回顾一些方程，这些方程描述了：相机运动以及

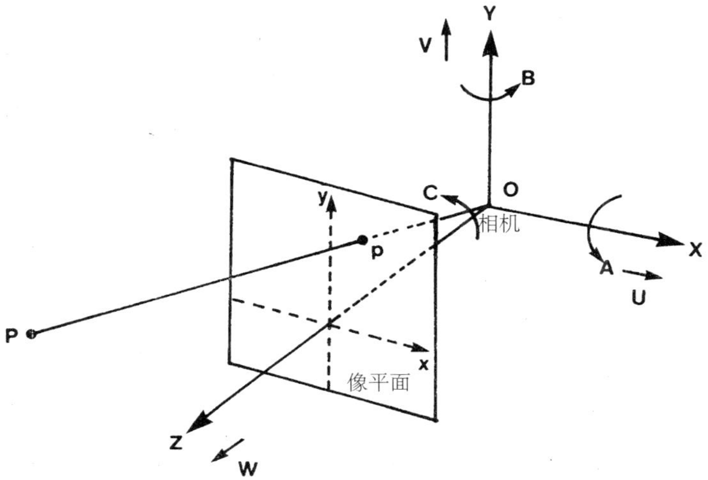

图 17.1 以相机为中心的坐标系。相机的运动包括：平动和转动。平动成分 $\boldsymbol{t}$ 包含三个分量 $(U,V,W)^T$，分别为：沿着 x–轴、y–轴和 z–轴的速度；转动成分 $\boldsymbol{w}$ 也包含三个分量 $(A,B,C)^T$，分别为：绕着 x–轴、y–轴和 z–轴的**角速度**。

（由相机运动所引起的）**光流**之间的相互关系。我们既可以假设：相机固定、场景发生变化；也可以假设：相机在静态场景中运动。我们选择使用：相机在静态场景中运动的假设。坐标系被“安放”在相机上，Z–轴选为**光轴**。**刚体运动**可以被分解为两个成分：**平动**和（绕着某个经过原点的轴的）**转动**。相机的**平动速度**记为 $\mathbf{t}$；相机转动的**角速度**记 $\boldsymbol{w}$。场景中某一点 P 的瞬时坐标[①]记为 $(X,Y,Z)^T$（注意：在这里，对于成像系统前面的点，都有$Z>0$）。

我们用 $\boldsymbol{r}$ 表示列向量 $(X,Y,Z)^T$，其中，上标“^{T}”表示转置。那么，点 P 相对于 $X-Y-Z$ 坐标系的运动速度为：

$$\boldsymbol{V}_P = -\boldsymbol{t} - \boldsymbol{w} \times \boldsymbol{r} \tag{17.1}$$

如图 17.1 所示[②]。如果我们将 $\boldsymbol{t}$ 和 $\boldsymbol{w}$ 的分量分别记为：

$$\boldsymbol{t} = (U,V,W)^T \quad \text{和} \quad \boldsymbol{w} = (A,B,C)^T \tag{17.2}$$

[①] 虽然场景是固定的，但是，由于坐标系被安放在相机上，坐标系随着相机的运动而不断发生变化，也意味着点 P 的坐标随着时间而发生变化。因此，我们称其为：某一时刻的瞬时坐标。—— **译者注**

[②] 在原著中，这一章没有插图。我们决定在中译本中加入图 17.1 和图 17.2。这两张图来自于文献：Anna R. Bruss and Berthold K.P. Horn. “Passive navigation.” Computer Vision, Graphics, and Image Processing 21.1 (1983): 3-20. —— **译者注**

那么，我们可以将公式(17.1)写为对应的分量形式，即：

$$\dot{X} = -U - BZ + CY \tag{17.3}$$

$$\dot{Y} = -V - CX + AZ \tag{17.4}$$

$$\dot{Z} = -W - AY + BX \tag{17.5}$$

在像平面上，每一个点的**光流**是指：该点上的**亮度模式**的瞬时速度。我们用 (x, y) 表示：像平面上某一个点 p 的坐标。这里，我们使用**透视投影**来确定：物体上的点 P 与相应的图像点 p 之间的关系。因此，p 的坐标 (x, y) 为①：

$$x = f\frac{X}{Z} \quad 和 \quad y = f\frac{Y}{Z} \tag{17.6}$$

点 (x, y) 处的**光流**（记为 (u, v)）为：

$$u = \dot{x} \quad 和 \quad v = \dot{y} \tag{17.7}$$

即 x 和 y 关于时间的导数。将 x 和 y 的具体表达式（即公式(17.6)）代入，再对时间求导，我们最终可以得到：

$$u = \left(\frac{\dot{X}}{Z} - \frac{X\dot{Z}}{Z^2}\right) f \tag{17.8}$$

$$= \left(-\frac{U}{Z} - B + \frac{Cy}{f}\right) f - x\left(-\frac{W}{Z} - A\frac{y}{f} + B\frac{x}{f}\right) \tag{17.9}$$

$$v = \left(\frac{\dot{Y}}{Z} - \frac{Y\dot{Z}}{Z^2}\right) f \tag{17.10}$$

$$= \left(-\frac{V}{Z} - \frac{Cx}{f} + A\right) f - y\left(-\frac{W}{Z} - A\frac{y}{f} + B\frac{x}{f}\right) \tag{17.11}$$

我们可以将上面两式分别写为：

$$u = u_t + u_r \quad 和 \quad v = v_t + v_r \tag{17.12}$$

其中，(u_t, v_t) 表示：由于物体的**平动**所引起的**光流**分量；(u_r, v_r) 表示：由于物体**转动**所引起的**光流**分量。具体表达式为：

$$u_t = -\frac{f}{Z}U + \frac{x}{Z}W \tag{17.13}$$

---

①原著中，作者将式(17.6)写为：$x = X/Z; y = Y/Z$。这种做法的基本想法是：将像距 f 作为基本长度单位。为了便于理解，我们使用：第 2 章中所介绍的**透视投影**公式，即式(2.4)。这个更改将会使得后面的一些公式和原著中的公式不同。— **译者注**

$$u_r = A\frac{xy}{f} - B\left(\frac{x^2}{f} + f\right) + Cy \tag{17.14}$$

$$v_t = -\frac{f}{Z}V + \frac{y}{Z}W \tag{17.15}$$

$$v_r = A\left(\frac{y^2}{f} + f\right) - B\frac{xy}{f} - Cx \tag{17.16}$$

到目前为止，我们只考虑了一个点 P。为了在全局上定义**光流**，我们假设：点 P 位于由函数 $Z(X,Y)$ 所确定的曲面上。对于所有的 X 和 Y，都有 $Z(X,Y) > 0$。对于任何曲面以及相机的任何运动，我们都能相应地得到一种**光流**①。因此，我们说：**曲面**以及**运动**产生了这个**光流**！

因此，光流取决于：相机运动的 6 个参数，以及，（与所分析的图像区域相对应的）曲面形状。单单从**光流**信息中，我们能否唯一地确定这些未知量？严格地说，答案是：不能。为了说明这一点，让我们来考虑一个曲面 S_2，曲面 S_2 是由 S_1 膨胀 k 倍后得到（即 S_1 和 S_2 是**相似**曲面）。进一步，令两种运动 M_1 和 M_2 具有相同的**转动**分量，并且，令它们的**平动**分量成比例，比例系数也为 k（我们称：M_1 和 M_2 为**相似**运动）。由 S_1 和 M_1 所产生的**光流**，等同于由 S_2 和 M_2 所产生的**光流**。根据上面给出的关于**光流**分量的表达式（即公式(17.13) ~ (17.16)），我们可以直接得出这个结论。

如果相机的运动只是单纯的**平动**或者**转动**，那么，通过**光流**信息恢复相机运动的问题将变得简单得多。在下面两节中，我们将分别对这两种特殊情况进行讨论。然后，我们将考虑更一般的情况，此时，我们并不知道任何有关相机运动的**先验**信息。

17.3 平动的情况

在这一节中，我们将考虑相机只做**平动**的情况。我们用 $\boldsymbol{t} = (U,V,W)^T$ 来表示相机的运动速度。于是，我们可以得到方程：

$$u_t = -\frac{f}{Z}U + \frac{x}{Z}W \quad 和 \quad v_t = -\frac{f}{Z}V + \frac{y}{Z}W \tag{17.17}$$

---

① 事实上，这里的“光流”更准确地说应该是“运动场”，详见第 12 章 12.1 节中关于两者之间区别的讨论。本章中，我们所关注的是：根据图像亮度模式的变化来估计相机的运动。为了表述的方便，作者在这里“淡化”了**光流**和**运动场**这两个概念之间的区别。—— **译者注**

17.3.1 相似曲面与相似运动

我们想要说明：如果两种（相机的）**平动**所产生的光流是相同的，那么，两个曲面是**相似曲面**，并且，这两种运动也是**相似运动**。我们用 Z_1 和 Z_2 来表示两个曲面，并且，用 $\boldsymbol{t}_1 = (U_1, V_1, W_1)^T$ 和 $\boldsymbol{t}_2 = (U_2, V_2, W_2)^T$ 来表示相机的两种不同运动。两组参数：$\{Z_1, \boldsymbol{t}_1\}$ 和 $\{Z_2, \boldsymbol{t}_2\}$ 产生出相同的光流，也就是说，

$$u = \frac{-U_1 f + xW_1}{Z_1} \quad \text{和} \quad v = \frac{-V_1 f + yW_1}{Z_1} \tag{17.18}$$

$$u = \frac{-U_2 f + xW_2}{Z_2} \quad \text{和} \quad v = \frac{-V_2 f + yW_2}{Z_1} \tag{17.19}$$

从这些方程中消去 Z_1、Z_2、u 和 v 后，我们可以得到：

$$\frac{-U_1 f + xW_1}{-V_1 f + yW_1} = \frac{-U_2 f + xW_2}{-V_2 f + yW_2} \tag{17.20}$$

我们可以将其写为：

$$(-U_1 f + xW_1)(-V_2 f + yW_2) = (-U_2 f + xW_2)(-V_1 f + yW_1) \tag{17.21}$$

或者进一步写为：

$$U_1V_2 - xV_2W_1 - yU_1W_2 = U_2V_1 - xV_1W_2 - yU_2W_1 \tag{17.22}$$

由于我们假设：$\{Z_1, \boldsymbol{t}_1\}$ 和 $\{Z_2, \boldsymbol{t}_2\}$ 产生相同的光流，因此，上式必须对于所有的 x 和 y 都成立，也就是说，下面的式子必须成立：

$$U_1V_2 = U_2V_1 \tag{17.23}$$

$$V_2W_1 = V_1W_2 \tag{17.24}$$

$$U_1W_2 = U_2W_1 \tag{17.25}$$

我们可以将这三个等式写为如下的比例形式，即：

$$U_1 : V_1 : W_1 = U_2 : V_2 : W_2 \tag{17.26}$$

通过上式，我们可以得出：Z_2 是 Z_1 通过膨胀扩大而形成的。显然，无论已知多少个点的**光流**，我们都无法通过**光流**求得 Z_1 是 Z_2 之间的比例因子（这个比例因子同样也是 $\boldsymbol{t}_1$ 和 $\boldsymbol{t}_2$ 之间的比例因子）。我们说相机的运动被“唯一”确定，是指：相机运动在相差一个比例因子的意义上，被唯一地确定[①]。

---

①注意：相机的运动（这里单指平动）是一个向量 $\boldsymbol{t} = (U, V, W)^T$，因此，我们只能确定向量 $\boldsymbol{t}$ 的方向，而不能确定其大小。这也是我们在下一小节中加入约束条件 $\|\boldsymbol{t}\|_2^2 = 1$ 的原因。— **译者注**

17.3.2 最小二乘规划

通常情况下，如果相机的运动只包含**平动**，那么，图像上两个点的**光流**方向，就可以唯一地确定相机的**平动**。但是，只使用如此少的信息有很大的缺点。我们测量的**光流**中包含很大的噪声，我们希望得到一种具有**鲁棒**性的方法。因此，我们考虑：使用**最小二乘方法**（也就是说：针对某种**范数**形式的最佳**拟合**），来确定：运动参数以及物体的表面形状。

在下面的内容中，我们假设像平面是一个矩形，即：$x \in [-w, w]$ 并且 $y \in [-h, h]$。如果像平面为其他形状，（我们将要导出的）这种方法也同样适用。事实上，如果场景中包含：多个以不同速度运动的物体，那么，我们可以将该方法用于：场景中某一物体所对应的图像区域。通常情况下，物体和相机之间的距离有一个下界，因此，我们可以假设 $1/Z$ 是一个有界函数。此外，绝大多数的**场景**是由具有光滑表面的物体所组成的，因此，我们可以假设：**场景深度**（**景深**）是"几乎处处"连续的。特别的，我们可以假设：场景中，$1/Z$ 不连续的点的集合是一个**零测集**。（也就是说，我们首先定义一个**特征函数**，对于 $1/Z$ 不连续的点，特征函数的值为1；对于其他的点，特征函数值为0。然后，我们对特征函数进行积分，积分结果等于零）。这个假设保证了：进行积分所需要的所有必要条件。我们想要最小化下式：

$$\iint \left(\left(u - \frac{-fU + xW}{Z} \right)^2 + \left(u - \frac{-fV + yW}{Z} \right)^2 \right) dxdy \tag{17.27}$$

对于这种情况，我们所得到是：在 L_2 **范数**意义下的**最佳拟合**结果。函数 $f(x, y)$ 的 L_2 **范数**的定义为：

$$\|f(x, y)\| = \sqrt{\iint f^2(x, y) dxdy} \tag{17.28}$$

最小二乘方法中，求解式(17.27)的步骤如下：首先，我们确定每一个点 (x, y) 处的 Z 值，从而使得：在将 U、V 和 W 看作已知常数的情况下，式(17.27)中的积分取得最小值[①]。然后，我们确定 U，V 和 W 的值，以使得式(17.27)中的积分取得最小值。为了方便，我们定义：

$$\alpha = -Uf + xW \quad 和 \quad \beta = -Vf + yW \tag{17.29}$$

---

①注意，在式(17.27)中，Z 是一个函数 $Z(x, y)$；而 U、V 和 W 是参数，因此，在优化过程中，我们将：对 $Z(x, y)$ 的优化和对 U、V 和 W 的优化，分为两步进行处理。在对 $Z(x, y)$ 的优化中过程中，U、V 和 W 被看作已知常数，这是一个**变分问题**。经过这一步后，原来优化问题被简化为：一般的**参数优化问题**。— **译者注**

注意：给定 U、V 和 W 以后，理论上，我们应该得到的**光流**为：

$$\bar{u} = \frac{\alpha}{Z} \quad \text{和} \quad \bar{v} = \frac{\beta}{Z} \tag{17.30}$$

于是，我们可以将积分式(17.27)简写为：

$$\iint \left(\left(u - \frac{\alpha}{Z} \right)^2 + \left(v - \frac{\beta}{Z} \right)^2 \right) dxdy \tag{17.31}$$

现在，我们进行：上面提到的求解优化问题的两个步骤中的第一步。首先，令式(17.27) 中的被积函数对 Z 求导，再令所得到的表达式等于零①，我们可以得到：

$$\left(u - \frac{\alpha}{Z} \right) \frac{\alpha}{Z^2} + \left(v - \frac{\beta}{Z} \right) \frac{\beta}{Z^2} = 0 \tag{17.32}$$

因此，我们可以得到 Z 的值：

$$Z = \frac{\alpha^2 + \beta^2}{u\alpha + v\beta} \tag{17.33}$$

随便说一下，由于 $Z > 0$，因此，上式给出了一个关于 U、V 和 W 的约束条件。在后面，我们会利用这个约束条件，在所得到的两个符号相反的解中，选取一个合理的解。注意：我们现在有：

$$u - \frac{\alpha}{Z} = +\beta \frac{u\beta - v\alpha}{\alpha^2 + \beta^2}; \quad \text{和} \quad v - \frac{\beta}{Z} = -\alpha \frac{u\beta - v\alpha}{\alpha^2 + \beta^2}; \tag{17.34}$$

因此，我们可以将式(17.27)中的积分进一步写为：

$$\iint \frac{(u\beta - v\alpha)^2}{\alpha^2 + \beta^2} dxdy \tag{17.35}$$

首先，我们可以明显看出来的是：将 U、V 和 W 同时乘以一个相同的因子，并不改变上式中的积分结果。这反映出一个事实：我们所确定的运动参数，是在相差一个**尺度因子**的意义下而言的。

在进行下一步的处理之前，我们先给出一个：关于我们到目前为止所做的操作的几何解释（如图 17.2 所示）。对于任意给定的图像点 (x_0, y_0)，其**光流**不但取决于：该图像点所对应的物体上的点的速度 U、V 和 W；同时还取决于：物体上的点在 Z 方向上的投影值 Z_0。但是，**光流**速度 (u, v) 的方向并不依赖于 Z_0。点 (u, v) 一定位于：$u-v$ 平面上由方程 $\beta u - \alpha v = 0$ 所确定的一条直线 L 上。假设：图像点 (x_0, y_0) 处光流的测量结果为 (u_m, v_m)，并且，在直线 L 上，和 (u_m, v_m) 距离最近的点为 (u_a, v_a)（该点对应于某一个 Z_a）。于是，残留的误差为：点 (u_m, v_m) 到直线 L 的距离。这个距离的平方就是：积分式(17.35)中的

---

①我们之所以这样做，是由于求解式(17.27)中的 Z 是一个**变分问题**，因此，我们需要对相应的 **Euler 方程**进行求解（参见附录 A.6 中的式(A.140)）。— **译者注**

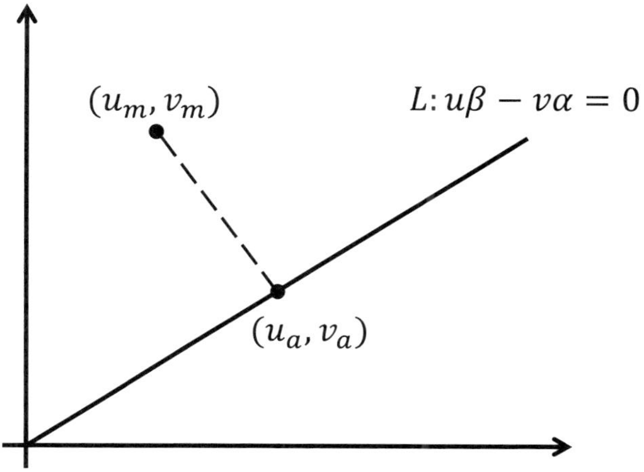

图 17.2 关于式(17.35)的一个几何解释。

被积函数（即：积分号里面的部分）。

在优化求解的第二步中，积分式(17.35)分别对 U、V 和 W 求导，再令求导结果等于零，于是，我们得到：

$$\iint \frac{\beta(u\beta - v\alpha)(u\alpha + v\beta)}{(\alpha^2 + \beta^2)^2} dxdy = 0 \tag{17.36}$$

$$-\iint \frac{\alpha(u\beta - v\alpha)(u\alpha + v\beta)}{(\alpha^2 + \beta^2)^2} dxdy = 0 \tag{17.37}$$

$$\iint \frac{(y\alpha - x\beta)(u\beta - v\alpha)(u\alpha + v\beta)}{(\alpha^2 + \beta^2)^2} dxdy = 0 \tag{17.38}$$

如果我令：

$$K = \frac{(u\beta - v\alpha)(u\alpha + v\beta)}{(\alpha^2 + \beta^2)^2} \tag{17.39}$$

那么，我们可以将公式(17.36) ∼ (17.36)简写为：

$$\iint ((-Vf + yW)K) dxdy = 0 \tag{17.40}$$

$$-\iint ((-Uf + xW)K) dxdy = 0 \tag{17.41}$$

$$\iint ((-yU + xV)K) dxdy = 0 \tag{17.42}$$

我们发现：式(17.40)乘以 U、加上式(17.41)乘以 V、再加上式(17.42) 乘

以 W，所得到的结果恒等于零。因此这三个方程（即：式(17.40) ~ (17.42)）是**线性相关**的。这是我们的预料结果，因为，如果[①]：

$$f(kU, kV, kW) = f(U, V, W) \tag{17.43}$$

其中，f 是一个可导函数，那么，上式两边对 k 求导，可以得到：

$$U\frac{\partial f}{\partial U} + V\frac{\partial f}{\partial V} + W\frac{\partial f}{\partial W} = 0 \tag{17.44}$$

这个结果同时也和如下事实是一致的，即：

- 确定相机的运动速度这个问题，是在相差一个常数因子的意义下而言的。

因此，我们只需要两个方程。不幸的是：方程关于 U、V 和 W 是**非线性**的，并且，我们无法证明：方程的解（在相差一个常数因子意义下）是唯一的。

17.4 使用其他的范数形式

但是，我们可以找到一种方法，来设计出另外一种**最小二乘法**，从而使得我们可以：求得关于运动参数的**解析解**。我们求上面提到的积分公式(17.27)的最小值，而改为极小化如下表达式：

$$\iint \left(\left(u - \frac{-fU + xW}{Z} \right)^2 + \left(V - \frac{-fV + yW}{Z} \right)^2 \right) (\alpha^2 + \beta^2) dxdy \tag{17.45}$$

即：将被积函数乘以系数 $\alpha^2 + \beta^2$。然后，我们用上面介绍的方法，对这个最小二乘问题进行求解。如果我们测得的**光流**没有受到噪声的影响，那么，这两个积分式都等于零，因此，这两个最优化问题的**最优解**是相同的。但是，如果我们所估计的**光流**并不精确，那么，最小化新的积分表达式(17.45) 所得到的的结果，并不是针对 L_2 **范数**的最佳拟合，而是针对另外一种称为 $L_{\alpha\beta}$ 的**范数**形式，即：

$$\|f(x, y)\|_{\alpha\beta} = \sqrt{\iint f^2(x, y)(\alpha^2 + \beta^2) dxdy} \tag{17.46}$$

我们这里所求解的优化问题是：对各个点的误差赋予一个**权重**，**光流**越大的点，所赋予的**权重**也越大。如果**光流**的测量结果具有这

[①] 这句话似乎有点“突然”。式(17.43)中的函数 $f(U, V, W)$ 是指：积分式(17.35)中的被积函数，我们前面已经说过，将 U、V 和 W 同时乘以一个尺度因子 k，积分式(17.35)不变，也就是说，$f(kU, kV, kW) = f(U, V, W)$。这就是式(17.43)的“来源”。— **译者注**

样的特性：**光流**值越大，测量结果越精确，那么新的积分形式（即 $L_{\alpha\beta}$ **范数**）比原来的积分形式（即 L_2 **范数**）更为合理。

使用哪种**范数**会得到最好的结果？这取决于：测量**光流**的过程中所产生的噪声的特性。第一种**范数**（即 L_2 **范数**）形式更适合于：测量光流过程中所产生的噪声和光流的大小相互**独立**的情况。同时注意：如果我们真的想最小化 L_2 **范数**，我们可以使用：最小化 $L_{\alpha\beta}$ 范数所得的结果，作为初始值，然后，使用数值方法，对式(17.40) ~ (17.42)进行迭代求解。

现在，我们应用前面提到的求解最小二乘问题的方法，来最小化 $L_{\alpha\beta}$ **范数**情况下的积分式(17.45)。首先，我们求：被积函数关于 Z 的导数，然后，让求导结果等于零，从而得到最优的 Z，即[①]：

$$\left(u-\frac{\alpha}{Z}\right)\frac{\alpha}{Z^2}+\left(v-\frac{\beta}{Z}\right)\frac{\beta}{Z^2}=0 \tag{17.47}$$

于是，我们得到：

$$Z=\frac{\alpha^2+\beta^2}{u\alpha+v\beta} \tag{17.48}$$

将上式带入公式(17.45)，最终，我们得到的优化目标函数为：

$$\iint(u\beta-v\alpha)^2dxdy \tag{17.49}$$

我们将积分表达式(17.49)记为：$g(U,V,W)$。根据 α 和 β 的定义式(17.29)，我们可以将上式中的被积函数进一步写为：

$$u\beta-v\alpha=(vU-uV)f-(xv-yu)W \tag{17.50}$$

于是，我们可以将积分表达式(17.49)进一步整理为：

$$g(U,V,W)=aU^2+bV^2+cW^2+2dUV+2eVW+2hUW \tag{17.51}$$

其中，

$$a=f^2\iint v^2dxdy \tag{17.52}$$

$$b=f^2\iint u^2dxdy \tag{17.53}$$

$$c=\iint(xv-yu)^2dxdy \tag{17.54}$$

$$d=-f^2\iint uvdxdy \tag{17.55}$$

$$e=f\iint u(xv-yu)dxdy \tag{17.56}$$

---

① “被积函数”是积分号里面的表达式。α 和 β 的表达式为(17.29)。— **译者注**

$$h = -f\iint v(xv - yu)dxdy \tag{17.57}$$

由于 $g(U,V,W)$ 非负，并且当 $U = V = W = 0$ 时，$g(U,V,W) = 0$。因此，我们找到了一个最优解：$U = V = W = 0$。但是，这个最优解并不是我们所想要的！事实上，为了得到：由最小二乘模型（即：式(17.51)）确定的平移速度，我们必须求解下面的关于 $\boldsymbol{t} = (U,V,W)^T$ 的**齐次线性方程组**[①]，即：

$$\boldsymbol{G}\boldsymbol{t} = 0 \tag{17.58}$$

其中，

$$\boldsymbol{G} = \begin{pmatrix} a & d & h \\ d & b & e \\ h & e & c \end{pmatrix} \tag{17.59}$$

很明显，当且仅当 $\boldsymbol{G}$ 的**行列式**等于零时，式(17.58)才存在非零解。此时，式(17.58)中的三个方程**线性相关**，并且，非零解 $\boldsymbol{t}$ 可以相差一个常数因子。但是，通常情况下，由于数据中包含有噪声，因此，当 $\boldsymbol{t}$ 不等于零时，$g(U,V,W)$ 也不等于零。这使得：$\boldsymbol{t} = (0,0,0)^T$ 成为**最优解**。为了从另一方面来看出这一点，注意，式(17.51)中的 g 具有如下性质：

$$g(kU,kV,kW) = k^2 g(U,V,W) \tag{17.60}$$

其中，k 是一个常数。显然，当 $U = V = W = 0$ 时，$g(U,V,W)$ 取得最小值（由式(17.49)可知：$g(U,V,W) \geq 0$，由式(17.60)可知：$g(0,0,0) = 0$，因此，$g(0,0,0) \leq g(U,V,W)$）。

我们真正想要得到的是：对于固定长度的 $\boldsymbol{t}$，使得 g 最小的 $\boldsymbol{t}$ 的方向。因此，我们加入约束条件：$\boldsymbol{t}$ 是一个单位向量。如果 $\boldsymbol{t}$ 为单位向量，那么，g 的最小值等于：矩阵 $\boldsymbol{G}$ 的最小的**特征值**，并且，我们可以通过：与该**特征值**对应的**特征向量**，来确定：使得 g 取得最小值的 $\boldsymbol{t}$。我们注意到：g 是一个**二次型**，并且，可以写为如下形式：

$$g(U,V,W) = \boldsymbol{t}^T\boldsymbol{G}\boldsymbol{t} \tag{17.61}$$

注意：由于 $a \geq 0$，$b \geq 0$，$c \geq 0$，$ab \geq d^2$，$bc \geq e^2$，$ca \geq h^2$（后三个不等式可以从 **Cauchy – Schwarz 不等式**得出），这说明：$\boldsymbol{G}$ 是一个**半正定**的实对称矩阵[②]。因此，所有的**特征值** λ_i 都是非负实数，这些特征

[①]为什么我们必须求解这个线性方程组(17.58)？事实上，这是由于式(17.58)是式(17.51)中的 $g(U,V,W)$ 取得**极值**的必要条件，也就是说，通过 $g(U,V,W)$ 分别对 U、V 和 W 求偏导，然后，再令求导结果等于零，所得到的一组方程。— **译者注**

[②]这是由于 $g(U,V,W) \geq 0$，因此，根据式(17.61)，对于任意 $\boldsymbol{t}$，都有 $\boldsymbol{t}^T\boldsymbol{G}\boldsymbol{t} \geq 0$，这正好是**半正定**矩阵的定义。— **译者注**

值 λ_i 是下面的三阶多项式方程的解，即：

$$
\begin{aligned}
&\lambda^3 \\
&-(a+b+c)\lambda^2 \\
&+(ab+bc+ca-d^2-e^2-h^2)\lambda \\
&+(ae^2+bh^2+cd^2-abc-2deh)=0
\end{aligned}
\tag{17.62}
$$

三次方程的根是有**解析表达式**的。因此，我们可以得到：三次方程式(17.62)的最小正根的显式表达式。对于我们的问题，这给出了我们所需要的解。但是，为了内容的完整性，我们接下来会讨论：各种可能出现的**病态情况**。尽管这些情况在实际问题中很难碰到。

注意，当且仅当 $\boldsymbol{G}$ 是**奇异矩阵**（也就是说，特征多项式(17.62) 中的常数项等于零）时，才会出现 $\lambda=0$ 的情况。事实上，如果 $\boldsymbol{G}$ 的**行列式**等于零，那么，我们可以找到一个**平动**速度 $\boldsymbol{t}$，使得 $g=0$。从微积分的理论来说，这意味着**光流**“几乎处处”是正确的。也就是说，**光流**不一致的点的集合是一个**零测集**。这个微积分理论的表述如下：

- 如果一个**连续有界函数**的平方的积分为零，那么这个函数本身是一个零函数。

因此，误差只可能出现在**光流**不连续的点上，而这些点正好是：（由函数 Z 所表示的）曲面上的不连续的地方（这些点也正好是：用已有的方法来计算**光流**时，产生很大误差的地方）。

在矩阵 $\boldsymbol{G}$ 的所有**特征值**中，不可能出现：有两个**特征值**为零的情况，因为，两个**特征值**为零意味着：在式(17.62)中的**特征多项式**中，常数项以及 λ 的一次项前面的系数都等于零，并且，λ^2 的项前面的系数不为零。这也意味着：$ab=d^2$、$bc=e^2$、$ac=h^2$，并且，a、b、c 不全为零。但是，由 **Cauchy – Schwarz 不等式**可知，上述三个等式意味着：u 和 v 同时和 $xv-yu$ 成正比。只有当（像平面上所有点 $(x,y)^T$）的光流 $u=v=0$ 时，才可能出现这种情况。但是此时，所有 6 个积分（即：式(17.52) 到(17.57)）都等于零，这意味着三个**特征值**都等于零。这种情况没有太大的研究意义，因为这意味着**光流**处处为零，也就是说，相机的运动速度为零。

一旦知道了矩阵 $\boldsymbol{G}$ 的最小**特征值**，我们可以很容易求得：和给定数据匹配效果最好的**平动**速度。为了确定：和**特征值** λ_1 相对应的**特征向量**，我们需要求出下面的线性方程组的**非零解**，即：

$$
\left\{
\begin{array}{ccccccccc}
(a-\lambda_1) & U & + & d & V & + & h & W & =0 \\
d & U & + & (b-\lambda_1) & V & + & e & W & =0 \\
h & U & + & e & V & + & (c-\lambda_1) & W & =0
\end{array}
\right.
\tag{17.63}
$$

由于 λ_1 是**特征值**，因此，式(17.63)中的三个方程是**线性相关**的。我们暂时假设：矩阵 $\boldsymbol{G}$ 的三个**特征值**是各不相同的，也就是说，$(\boldsymbol{G}-\lambda\boldsymbol{I})$ 的秩是 2，其中 $\boldsymbol{I}$ 表示**单位矩阵**。于是，我们可以用：式(17.63)中的三个方程中的其中两个，来进行求解。其基本技巧是：将 U 和 V 表示成只含有 W 项的形式。共有三种方法来实现这个过程。为了得到具有**对称性**的解，我们将用这三种方法求得的结果加在一起。于是，我们最终得到：

$$\begin{cases} U &= (b-\lambda_1)(e-\lambda_1)-h(b-\lambda_1)-d(c-\lambda_1)+e(h+d-e) \\ V &= (c-\lambda_1)(a-\lambda_1)-d(c-\lambda_1)-e(a-\lambda_1)+h(d+e-h) \\ W &= (a-\lambda_1)(b-\lambda_1)-e(a-\lambda_1)-h(b-\lambda_1)+d(e+h-d) \end{cases} \tag{17.64}$$

注意，如果数据很好的话（即数据中包含较少的噪声），λ_1 将会很小。这种情况下，我们可以令：上式中的 $\lambda_1=0$，从而得到近似最优解（当然，此时我们没有必要再去求 λ_1 的值）。我们可以对所求得的速度进行**归一化**，从而使得其大小等于 1。我们还剩下一个难题：如果 $\boldsymbol{t}$ 是最优解，那么，$-\boldsymbol{t}$ 也将是最优解。但是，这两个“最优解”中只有一个使得 Z 取正值。我们可以通过：计算某些点的 Z 值，来确定 $\boldsymbol{t}$ 的正负。下面，我们将讨论：矩阵 $\boldsymbol{G}$ 有两个相同的最小**特征值**的情况。

我们可以找到一个简单的几何解释，来说明我们到目前为止所做的工作。考虑一个由 $g(U,V,W)=k$ 所确定的曲面，其中 k 是一个常数。注意，我们总可以找到一个坐标系 $(\widetilde{U},\widetilde{V},\widetilde{W})$，从而使得：在这个坐标系中，$g(U,V,W)$ 可以被写为：

$$\lambda_1\widetilde{U}^2+\lambda_2\widetilde{V}^2+\lambda_3\widetilde{W}^2=k \tag{17.65}$$

其中，λ_i（$i=1,2,3$）是二次型的三个特征值。如果这三个特征值都不为零，那么，$g(U,V,W)=k$ 是一个椭球，其三个相互垂直的**对称轴**的长度分别为：$\sqrt{k/\lambda_i}$（其中，$i=1,2,3$）。我们所特别关心的是：常数 k 等于最小特征值的情况。此时，椭球的三个半轴的长度都小于或等于 1。因此，这个椭球位于一个单位球里面。如果，较小的两个**特征值**的取值不同，那么，单位球有两个点和椭球相切。这两个点位于椭球的**最长对称轴**上。但是，如果较小的两个特征值相同，那么，单位球和椭球相切于：球面上的一个大圆。于是，所有位于：由这两个**特征向量**所张成的平面上的速度向量，具有相同的误差。最终，如果三个特征向量都相同，那么，并不存在“最好的”速度方向 $\boldsymbol{t}$，因为，此时椭球变成了一个单位球。

对于正好有一个**特征值**等于 0 的情况，也有一个简单的几何解释。此时，由 $g(U,V,W)=0$ 所确定的曲面是一条直线。假设 $\lambda_3=0$，通过下面的方程：

$$\lambda_1\widetilde{U}^2+\lambda_2\widetilde{V}^2=0 \tag{17.66}$$

我们很容易看出这一点[①]（注意：λ_1 和 λ_2 都是正数）。显然，单位球和这条线正好相交于两点，其中的一个点对应于 Z 取正数的情况。

我们刚刚讨论的方法是非常易于实现的。最终，我们需要将这个问题离散化，从而对其进行处理。我们可以推导出类似的方程，只是将“积分号”换成“求和符号”[②]。于是，我们前面所提出的求解最小化问题的方法，可以用来对相应的离散情况进行求解。所求得的结果具有相似的形式，只是将“积分号”换成了“求和符号”。我们可以用：最大特征值和最小特征值的比值（即：**条件数**），来作为：对所得结果的可信度的一种衡量标准。如果条件数远大于1，那么，我们所求得的速度 $\boldsymbol{t}$（即：式(17.64)）对噪声的灵敏度很高。

当我们使用 $L_{Z_{uv}}$ **范数**时，我们会得到：和前面讨论过的误差积分相同的形式。$L_{Z_{u,v}}$ **范数**的定义为：

$$\|f(x,y)\|_{Z_{uv}}=\sqrt{\iint(f(x,y)Z(x,y))^2(u^2+v^2)dxdy} \tag{17.67}$$

此外，我们可以让式(17.27)中的被积函数乘以 Z^2，而不是乘以 $\alpha^2+\beta^2$，从而，求得一个类似的解。对于这种情况，我们是针对：下面所定义的 L_Z **范数**，来求解最小化问题的。L_Z **范数**的定义为：

$$\|f(x,y)\|_Z=\sqrt{\iint(f(x,y)Z(x,y))^2dxdy} \tag{17.68}$$

这里，场景中（距离相机）远的点所对应的**光流**，被赋予了更大的**权重**。对于：越大的**光流**对应于越低的精度的情况，最适合于使用这种**范数**形式。我们对这种情况进行求解，可以得到类似的 g，但是，矩阵 $\boldsymbol{G}$ 中的六个参数 a,b,c,d,e,f 所对应的六个积分形式，会变得更加复杂。令人感到奇怪的是，这六个积分形式只依赖于：每一点的**光流**方向，而与**光流**的大小无关。

我们也可以使用其他的约束条件，例如，如果令 $U^2+V^2=1$，那么，在求矩阵 $\boldsymbol{G}$ 的**特征值**时，我们所要求解的是一个二次方程，而不

---

①注意，根据式(17.66)我们可以直接看出：$\widetilde{U}=0$ 和 $\widetilde{V}=0$，而它们分别表示空间中相互垂直的两个平面（即：$\widetilde{V}-\widetilde{W}$ 平面和 $\widetilde{U}-\widetilde{W}$ 平面），因此，这两个平面的交是一条直线，即：$\widetilde{W}-$ 轴。— **译者注**

②这里所说的“将积分号换成求和符号”，具体是指：式(17.52)到(17.57)（也就是说，矩阵 $\boldsymbol{G}$ 中的元素）的计算过程。不熟悉这方面内容的读者可以参阅本书第12章12.6节中的分析过程。— **译者注**

是一个类似于式(17.62)的三次方程；如果我们使用 $W=1$ 作为约束条件，那么，我们只需要求解一个线性方程。但是，这两种约束条件的一个缺点是：它们所得到的结果对于坐标系的朝向是非常灵敏的。显然，如果数据是非常精确的，那么，我们使用上面提到的三种约束条件中的任何一种，都可以得到正确的结果。

17.5 转动的情况

现在假设相机只做**转动**。为了从**光流**信息中判定相机的运动，我们再次用到前面提到的：基于 L_2 **范数**的最小二乘算法。回顾：对于**转动**情况，**光流**为：

$$u_r = A\frac{xy}{f} - B\left(\frac{x^2}{f}+f\right) + Cy \tag{17.69}$$

$$v_r = A\left(\frac{y^2}{f}+f\right) - B\frac{xy}{f} - Cx \tag{17.70}$$

我们现在要说明的是：两个不同的**旋转**所对应的**光流**一定不同。我们用 $\boldsymbol{w}_1=(A_1,B_1,C_1)^T$ 和 $\boldsymbol{w}_2=(A_2,B_2,C_2)^T$ 来表示两个不同的旋转，然后，使用反证法来进行证明。假设：$\boldsymbol{w}_1=(A_1,B_1,C_1)^T$ 和 $\boldsymbol{w}_2=(A_2,B_2,C_2)^T$ 所对应的光流相同，那么，我们会得到如下的方程组：

$$A_1\frac{xy}{f} - B_1\left(\frac{x^2}{f}+f\right) + C_1y = A_2\frac{xy}{f} - B_2\left(\frac{x^2}{f}+f\right) + C_2y \tag{17.71}$$

$$A_1\left(\frac{y^2}{f}+f\right) - B_1\frac{xy}{f} - C_1x = A_2\left(\frac{y^2}{f}+f\right) - B_2\frac{xy}{f} - C_2x \tag{17.72}$$

我们马上可以推断出①：$\boldsymbol{w}_1=\boldsymbol{w}_2$。

通常情况下，如果相机只做**转动**，那么，我们只需要两个点的**光流**方向，以及，其中一个点的光流大小，就可以唯一地确定：相机的**转动**。但是，我们通过最小化如下表达式：

$$\iint \left((u-u_r)^2+(v-v_r)^2\right)dxdy \tag{17.73}$$

来确定相机的**转动**。对于**纯转动**的情况，**光流**和相机到物体表面的距离无关。因此，我们可以略过：前面讨论**平动**情况时所使用的优化方

---

①对于(17.71)式，我们应该将 xy、$-(x^2/f+f)$ 和 y 看作一组**基**，而将 $\boldsymbol{w}_1=(A_1,B_1,C_1)^T$ 和 $\boldsymbol{w}_2=(A_2,B_2,C_2)^T$ 看作两组**坐标**，于是，$A_1xy/f-B_1(x^2/f+f)+C_1y$ 和 $A_2xy/f-B_2(x^2/f+f)+C_2y$ 表示两个向量。式(17.71)的意思是：这两个向量相等！因此，它们在同一组**基**下的**坐标**一定相同！对于式(17.72)也有相同的结论。— **译者注**

法中的第一步。我们直接对：式(17.73)中的 A、B 和 C 求偏导，然后，令求导结果等于零，于是，我们得到：

$$\iint \left((u-u_r)xy+(v-v_r)\left(y^2+f^2\right)\right)dxdy=0 \tag{17.74}$$

$$\iint \left((u-u_r)\left(x^2+f^2\right)+(v-v_r)xy\right)dxdy=0 \tag{17.75}$$

$$\iint \left((u-u_r)y-(v-v_r)x\right)dxdy=0 \tag{17.76}$$

我们可以将式(17.74)、(17.75)和(17.76)进一步写为如下形式：

$$\iint \left(u_rxy+v_r\left(y^2+f^2\right)\right)dxdy=\iint \left(uxy+v\left(y^2+f^2\right)\right)dxdy \tag{17.77}$$

$$\iint \left(u_r\left(x^2+f^2\right)+v_rxy\right)dxdy=\iint \left(u\left(x^2+f^2\right)+vxy\right)dxdy \tag{17.78}$$

$$\iint (u_ry-v_rx)\,dxdy=\iint (uy-vx)\,dxdy \tag{17.79}$$

我们可以将上面三式进一步展开成：一个关于 A、B 和 C 的**线性方程组**，即：

$$\left\{\begin{array}{rcl}\overline{a}A+\overline{d}B+\overline{h}C&=&\overline{k}\\ \overline{d}A+\overline{b}B+\overline{e}C&=&\overline{l}\\ \overline{h}A+\overline{e}B+\overline{c}C&=&\overline{m}\end{array}\right. \tag{17.80}$$

其中：

$$\overline{a}=\iint \left(x^2y^2+\left(y^2+f^2\right)^2\right)dxdy \tag{17.81}$$

$$\overline{b}=\iint \left(\left(x^2+f^2\right)^2+x^2y^2\right)dxdy \tag{17.82}$$

$$\overline{c}=f^2\iint \left(x^2+y^2\right)dxdy \tag{17.83}$$

$$\overline{d}=-\iint xy\left(x^2+y^2+2f^2\right))\,dxdy \tag{17.84}$$

$$\overline{e}=-f^3\iint ydxdy \tag{17.85}$$

$$\overline{h}=-f^3\iint xdxdy \tag{17.86}$$

$$\overline{k}=f\iint \left(uxy+v\left(y^2+f^2\right)\right)dxdy \tag{17.87}$$

$$\overline{l}=-f\iint \left(u\left(x^2+f^2\right)+vxy\right)dxdy \tag{17.88}$$

$$\overline{m}=f^2\iint (uy-vx)\,dxdy \tag{17.89}$$

如果我们把线性方程组(17.80)中**系数矩阵**记为 $\boldsymbol{M}$，将等号右边的**列向量**记为 $\boldsymbol{n}$，那么，我们可以将式(17.80)简写为：

$$\boldsymbol{M}\boldsymbol{w} = \boldsymbol{n} \tag{17.90}$$

假设矩阵 $\boldsymbol{M}$ 是**非奇异**的，那么，相机转动的**角速度**为：

$$\boldsymbol{w} = \boldsymbol{M}^{-1}\boldsymbol{n} \tag{17.91}$$

我们将通过习题 17.9 来说明：在矩形像平面这种特殊情况下，矩阵 $\boldsymbol{M}$ 是**非奇异的**（也就是说，矩阵 $\boldsymbol{M}$ 的逆存在）。但是，随着像平面范围的缩小，矩阵 $\boldsymbol{M}$ 将会变得越来越**病态**，也就是说，当我们使用观测到的**光流**来计算 $\bar{l}$, $\bar{k}$ 和 $\overline{m}$ 时，误差会被迅速放大。这也是容易理解的，因为当观察范围只局限于：沿着光轴方向的一个很小的圆锥时，我们很难精确判断：相机绕着**光轴**的转动情况。

正如我们在前面多次提到的，通过用“求和”来近似表示“积分”[1]，我们就可以得到该算法的数值实现方式。

17.6 一般刚体运动的情况

现在，我们将在：没有关于相机运动的先验假设的情况下，应用**最小二乘算法**，从**光流**数据中，判断相机的运动情况。显然，如果所得到的方程关于所有的运动参数都是**线性**的，那么，**最小二乘方法**是最好用的。但是，不幸的是，我们找不到任何一种**范数**形式，使得：所得到的方程关于所有的运动参数都是**线性**的。再一次，我们需要处理：基于 $L_{\alpha\beta}$ 范数的最小化问题，并使用约束条件 $U^2+V^2+W^2=1$。这使得：我们所得到的方程是关于 U、V、W、A、B 和 C 的多项式。我们可以使用：1) 标准迭代方法（例如：**Newton 法**、**Bairstow 方法**），或者，2) **插值**算法（例如：**Regula – Falsi 方法**）来进行求解。我们需要优化的目标函数为：

$$\iint\left(\left(u-\left(\frac{\alpha}{Z}+u_r\right)\right)^2+\left(v-\left(\frac{\beta}{Z}+v_r\right)\right)^2\right)(\alpha^2+\beta^2)dxdy \tag{17.92}$$

第一步是：求被积函数（即：积分号里面的表达式）关于 Z 的导数，然后，令求导结果等于零。于是，我们可以得到：

$$Z=\frac{\alpha^2+\beta^2}{(u-u_r)\alpha+(v-v_r)\beta} \tag{17.93}$$

---

[1] 同样，这里所说的“用求和来近似表示积分”，具体是指：式(17.81) 到(17.89)（也就是说，线性方程组(17.80)中的系数）的计算过程。— **译者注**

将式(17.93)代入式(17.92)中。我们引入**Lagrange 乘子**，并尝试求下式的极小值，即：

$$\iint ((u-u_r)\beta-(v-v_r)\alpha)^2\,dxdy+\lambda(U^2+V^2+W^2-1) \qquad (17.94)$$

分别对式(17.94)中的 U、V、W、A、B、C 和 λ 求偏导，我们最终得到了：确定相机运动参数所需的方程组，即：

$$\iint ((u-u_r)\beta-(v-v_r)\alpha)\left(-xy\beta+(y^2+f^2)\alpha\right)dxdy=0 \qquad (17.95)$$

$$\iint ((u-u_r)\beta-(v-v_r)\alpha)\left((x^2+f^2)\beta-xy\alpha\right)dxdy=0 \qquad (17.96)$$

$$\iint ((u-u_r)\beta-(v-v_r)\alpha)(y\beta+x\alpha)\,dxdy=0 \qquad (17.97)$$

$$\iint ((u-u_r)\beta-(v-v_r)\alpha)(v-v_r)\,dxdy+\lambda U/f=0 \qquad (17.98)$$

$$\iint ((u-u_r)\beta-(v-v_r)\alpha)(u-u_r)\,dxdy-\lambda V/f=0 \qquad (17.99)$$

$$\iint ((u-u_r)\beta-(v-v_r)\alpha)((u-u_r)y-(v-v_r)x)\,dxdy+\lambda W=0 \qquad (17.100)$$

$$U^2+V^2+W^2=1 \qquad (17.101)$$

注意：在这些方程（即式(17.95)到式(17.101)）中，前三个方程关于 A、B 和 C 是线性的。因此，我们可以用：含有 U、V 和 W 的表达式，来唯一地将 A、B 和 C 这三个参数表示出来。（然后，将 A、B 和 C 的表达式代入后四个方程，从而使得后四个方程中只含有 U、V、W 和 λ）。最后，我们通过后四个方程，使用数值算法来求出 U、V 和 W 的值。这给我们提供了一个迭代算法。为进行数值求解，我们还需要将问题离散化，并导出相应的方程，在这些方程中，“积分”形式将被“求和”形式所取代。

总的来说，我们的目标是：探寻一种从**光流**中确定相机运动的方法，并且，允许测量数据中包含噪声。本章提出的**最小二乘方法**满足我们的目标，并且，适于用数值方法来实现。在习题17.11中，作为一个有趣的扩展，我们将探索：直接通过图像亮度的梯度来确定相机运动的可能性（也就是说，不需要计算**光流**）。

17.7 本章参考文献

运动视觉方面的相关内容可以参见：Hildreth 的书《*The Measure-*

ment of Visual Motion》[1983] 以及 Ullman 的书《*The Interpretation of Visual Motion*》[1979]。Huang 编辑了一本会议论文集，其名称为《*Image Sequence Processing and Dynamic Scene Analysis*》[1983]。

在最近五年，这个领域的发展速度非常快。对于简化分析来说，**刚体运动**这个假设提供了一个强有力的约束条件。绝大部分的论文都使用这个假设，尽管一些论文允许场景中有多个进行刚体运动的物体。正如我们在本章中所讨论的，单纯的平动和单纯的转动要相对容易处理得多。关于这方面的内容，请参见文献 Bruss & Horn [1983] 以及 Jain [1983]。

许多已经发表的工作都是基于离散方法（参见本章 17.1 小节的介绍）的。对于这类方法，估计出使得解唯一的最小的点对个数是非常重要的。在这个过程中，人们重新发现和使用了：摄影测量（参见第 13 章）领域的许多已知结果。Clocksin [1980]① 尝试通过光流的导数来复原运动。Neumann [1980b] 证明了：对于复原出相机的运动信息的问题，由于运动所引起的图像的明暗变化并没有提供足够的信息。

Prazdny [1980,1981] 对**无源导航**以及恢复运动结构的问题进行了初步探索。Prazdny [1983] 对这方面的早期工作进行了改善和提高。Nagel [1981b] 和 Dreschler & Nagel [1982]尝试了恢复物体的形状和运动，并且，探索了如何来表示物体的形状和运动。Jain [1981]是另外一篇关于通过光流来复原物体的运动和景深的早期论文。Ballard & Kimball [1983] 尝试通过光流来确定刚体的运动。Webb & Aggarwal [1982] 分析了场景中存在多个物体的情况，但是，多个物体之间的运动是（按照某种物理方式）相互制约的。

文献 Tsai, Huang & Zhu [1982] 开始对平面小块的光流进行了认真地分析。Hay [1966] 似乎最早提出了“双向歧义性”这个概念，“双向歧义性”这个名称是 Tsai, Huang & Zhu 提出的。Waxman & Ullman [1983] 也谈到了平面物体的“双向歧义性”。Maybank [1984] 和 Negahdripour & Horn [1985] 给出了这个结果（即：“双向歧义性”）的一个简短的证明。Bruss & Horn [1983] 尝试使用最小二乘法（也就是我们在本章中所介绍的方法），来对这个问题进行处理。其他一些尝试，例如：Fang & Huang [1984a,b]，Jerian & Jain [1984] 和 Sugihara & Sugie [1984]，仍然使用的是离散方法。Tsai & Huang [1984a,b] 试图证明：如果物体表面是弯曲的，那么，我们可以唯一地复原出物体的运动。并且，他们进一步分析和处理了：如果我们能够获取连续三张图像的情况。Waxman &

①注意：Clocksin [1980] 指的是一篇论文，在本章后面的“本书参考文献”中，我们可以找到这篇论文的详细信息。—— **译者注**

Wohn [1984] 更加细致地分析了平面物体的情况。

其他一些重要论文包括：文献 Koenderink & van Doorn [1976]；文献 Neumann [1980a]；文献 Longuet-Higgins [1981]文献 Tsai [1982]，文献 Hoffman & Flinchbaugh [1982]，文献 Yen & Huang [1983] 和文献 Adiv [1984]。

Negahdaripour & Horn [1985] 找到了一种直接根据图像亮度信息来复原相机的运动信息的方法，这种方法不需要计算光流，也不需要进行离散特征的匹配。通过使用简化的符号表示方法，Negahdaripour & Horn [1985] 找到了一种简短的证明方法，来证明：存在两个平面物体，它们可以产生相同的速度场。

17.8 习题

习题 17.1 在分析**平动**和**转动**分量的过程中，我们得到了一些公式。本题中，我们将使用这些公式，来对第 12 章中所得到的一些结果进行扩展。在第 12 章中，我们讨论了：**光流**。请证明下面三个结论，即：

(a) 当我们用相机“观测”一个平面物体的表面时，如果相机沿着：平行于像平面的方向运动，那么，对于所得到的**光流**，其 **Laplace 算子**的处理结果为零。注意：该平面物体并不一定要平行于像平面。

(b) 我们用相机“观测”一个平面物体的表面，并且，假设平面物体平行于像平面。如果相机只做**平动**，而不发生**转动**，那么，对于所得到的**光流**，其 **Laplace 算子**的处理结果为零。注意：相机平动的方向并不一定要平行于像平面。

(c) 如果相机绕着（除了光轴以外）其他的轴**转动**，那么，对于所得到的**光流**，其 **Laplace 算子**的处理结果不为零。

习题 17.2 如果相机的运动速度只包含**平动**，那么，在生成的**光流场**中，所有向量的反向延长线都会经过同一个点。这个点被称为：**膨胀中心**（focus of expansion (FOE)），它的**光流**速度等于零。从透镜出发、沿着相机的运动方向的射线，会“穿过”物体表面上的一个点，这个点在像平面上所成的像就是**膨胀中心**。**膨胀中心**的坐标和参数 U、V、W 之间有什么关系？证明：在平动的情况下，只需要考虑：像平面上两个点的**光流**方向，就可以确定：相机的运动方向。请解释：为什么这种方法并不是利用**光流**信息的最好方法？

习题 17.3 对于**（纯粹）转动**的情况，光流场中的向量与物体和透镜之间的距离无关。向量的长度和方向取决于：**转动轴**和**角速度**。我们将**转动中心**定义为：**光流场**中速度为零的点。在某种程度上，这和我们在**（纯粹）平动**的问题中所定义的**膨胀中心**很相似。证明：在**（纯粹）转动**的情况下，我们可以通过：像平面上的两个点的**光流**，来确定：相机的运动方向。并且，请进一步说明：对于这两个点中的一个点，我们只需要知道其**光流**方向即可（而不需要知道其**光流**的大小）。请解释：为什么这并不是利用**光流**信息的最好方法？

习题 17.4 **无源导航**的另外一种方法需要用到：**"特征"的识别和追踪**。在第 13 章中，当我们讨论：**摄影测量**和**立体视觉**时，我们曾得出过一些方法，这些方法可以被用来：从物体上选取少数的**"特征"点**。当我们在视频中相邻的两张图上，找到这些点之间的对应关系以后，我们就可以确定物体的运动情况。
提示：这并不是一个简单的问题。

习题 17.5 证明：如果 $f(k\boldsymbol{r}) = f(\boldsymbol{r})$，那么 $\nabla f(\boldsymbol{r}) \cdot \boldsymbol{r} = 0$。其中 ∇ 表示**梯度算子**。**梯度**是一个向量，其分量为：函数 f 关于 x 和 y 的偏导数。

习题 17.6 假设：$g(\boldsymbol{t}) = \boldsymbol{t}^T \boldsymbol{G} \boldsymbol{t}$，并且，$\boldsymbol{t}$ 为单位向量。请证明：$g(\boldsymbol{t})$ 的最优解对应于矩阵 $\boldsymbol{G}$ 的**特征向量**。
提示：引入 **Lagrange 乘子**，参见附录 A.5。

习题 17.7 如果我们只考虑**（纯粹）平动**的情况。请证明：最小化 $ML_{z_{u,v}}$ 范数所得到的方程，和最小化 $ML_{\alpha\beta}$ 范数所得到的方程相同。请解释：为什么会这样？

习题 17.8 考虑**纯粹平动**的情况。假设我选择最小化 ML_Z 范数：

$$||f(x,y)||_Z = \sqrt{\iint (f(x,y)Z(x,y))^2 dxdy} \tag{17.102}$$

这里，远处的点的**光流**，将获得更大的权重。证明：这种情况下，所得到的结果只和**光流**的方向有关，而与**光流**的大小无关。

习题 17.9 证明：对于**纯粹转动**的情况，如果像平面的长为 $2W$、宽为 $2H$，那么，在式(17.80) 中，

$$\overline{a} = 4WH\left(\frac{H^4}{5} + \frac{2H^2}{3} + 1\right) + \frac{4W^3H^3}{9} \tag{17.103}$$

$$\overline{b} = 4WH\left(\frac{W^4}{5} + \frac{2W^2}{3} + 1\right) + \frac{4W^3H^3}{9} \tag{17.104}$$

$$\bar{c} = \frac{4WH}{3}\left(W^2 + H^2\right) \tag{17.105}$$

$$\overline{d} = \overline{e} = \overline{f} = 0 \tag{17.106}$$

其中，$\overline{a}, \overline{b}, \overline{c}, \overline{d}, \overline{e}, \overline{f}$ 的定义参见式(17.81)到(17.89)。证明：式(17.80)中的系数矩阵 $\boldsymbol{M}$ 是**非奇异**的（即：$\boldsymbol{M}$ 是一个**可逆矩阵**）。

习题 17.10 对于一些极端的情况，**无源导航**的解可能不唯一。这里，我们将探索：被成像的物体是一个平面的情况。

(a) 假设被成像的物体是一个平面，其表达式为：

$$Z = Z_0 + pX + qY \tag{17.107}$$

其中，$(X, Y, Z)^T$ 表示：曲面上某一点的坐标。证明：

$$\frac{Z_0}{Z} = 1 - px - qy \tag{17.108}$$

其中，$(x, y)^T$ 是对应的像平面上的点的坐标[①]。

(b) 证明：在这种情况下。相机运动所生成的**运动场**为：下面给出的关于 x 和 y 的二次多项式，即：

$$\begin{aligned} u &= u_t + u_r \\ &= \frac{1}{Z_0}(-U + xW)(1 - px - qy) + Axy - B(x^2 + 1) + Cy \end{aligned} \tag{17.109}$$

$$\begin{aligned} u &= u_t + u_r \\ &= \frac{1}{Z_0}(-V + yW)(1 - px - qy) + A(y^2 + 1) - Bxy - Cx \end{aligned} \tag{17.110}$$

如果我们令：$U' = U/Z_0$、$V' = V/Z_0$、$W' = W/Z_0$，那么，我们可以对式(17.109) 和(17.110)做进一步化简。

(c) 现在想象：有两个不同的平面物体，当相机（以两组不同的运动参数）做着两种不同的运动时，这两个平面物体所产生的**光流**是相同的。我们用下标来表示：两组不同的**平面参数**，以及，两组不同的**运动参数**。我们用 (u_1, v_1) 和 (u_2, v_2) 来表示两组**光流**。于是，“两组**光流**相同”具体是指：$u_1 = u_2$ 并且 $v_1 = v_2$。

---

①注意：在这里，我们用焦距 f 作为基本长度单位，即：$f = 1$ **焦距**。否则，式(17.108)应该变为：$Z_0/Z = 1 - px/f - qy/f$。在本题中，我们不使用**基本长度单位**，有兴趣的读者可以根据本章内容，推导出式(17.109)和(17.110) 在**基本长度单位**下的表达式，以检验自己对本章内容的理解。— **译者注**

请根据式(17.109)和(17.110)推导出：要产生相同的光流，**平面参数**和**运动参数**所需满足的8个条件：

$$V_1{}' - V_2{}' = A_1 - A_2 \tag{17.111}$$

$$W_1{}'q_1 - V_2{}'q_2 = A_1 - A_2 \tag{17.112}$$

$$U_1{}' - U_2{}' = B_2 - B_1 \tag{17.113}$$

$$W_1{}'p_1 - V_2{}'p_2 = B_2 - B_1 \tag{17.114}$$

$$U_1{}'q_1 - U_2{}'q_2 = C_1 - C_2 \tag{17.115}$$

$$V_1{}'p_1 - V_2{}'p_2 = C_1 - C_2 \tag{17.116}$$

$$U_1{}'p_1 - U_2{}'p_2 = W_2' - W_1' \tag{17.117}$$

$$V_1{}'q_1 - V_2{}'q_2 = W_2' - W_1' \tag{17.118}$$

(d) 请找到：1) 一对**平面参数**，即：(p_1, q_1) 和 (p_2, q_2)，以及，2) 一对**运动参数**，即：$(U_1, V_1, W_1, A_1, B_1, C_1)$ 和 $(U_2, V_2, W_2, A_2, B_2, C_2)$，从而使得：这两组参数所产生相同的**光流**。

习题 17.11 到目前为止，我们始终假设：**无源导航**的计算过程包括两个步骤：

- 首先，估计**光流**；
- 然后，通过**光流**信息来确定物体的形状和运动速度。

这种方法非常直观，但是，也有一些缺点。本题中，我们将对其做进一步探索。本章所导出的**最小二乘方法**，对于图像中每一点的**光流**信息，都“平等地”赋予权重①。但是，我们知道，图像中的某些区域，比另一些区域更“可靠”。例如，对于图中**亮度梯度**比较小的区域，我们可以赋予其较小的系数。此外，一种更加合理的方法（或许）是：直接从**时变图像**中复原出物体的**形状**和**运动**信息。也就是说，我们不计算**光流**，而是通过**光流约束方程**直接推导出误差项：

$$e_c = \iint (E_x u + E_y v + E_t)^2 dx dy \tag{17.119}$$

①注意，我们在定义**能量泛函**（例如：式(17.45)）时使用了权重，但是，权重所依据的是：**光流**的大小，而不是：像素点的位置。因此，这种赋予权重的方法对图像中的每一点都是“平等”的。— **译者注**

上式依赖于下面两组参数，即：1) 曲面的形状 $Z(x,y)$，以及，2) **运动参数** $(A,B,C)^T$ 和 $(U,V,W)^T$。（参见：u 和 v 的表达式(17.9)和(17.11)）。当然，要“局部”地复原出所有的参数，只使用式(17.119)来作为约束条件是不够的。我们还需要去“度量”：（估计出的）曲面的是否光滑；例如，我们可以使用

$$e_s = \iint (\nabla^2(1/Z))^2 dxdy \tag{17.120}$$

来作为：曲面“不光滑程度”的判断标准。

(a) 我们令函数 $d(x,y) = 1/Z(x,y)$。请推导出：关于 $d(x,y)$ 的**Euler方程**，该 Euler 方程是通过最小化 $e_s + \lambda e_c$ 而得到的。
  提示： 记住：除了 $d(x,y)$ 以外，“误差”总能量 $e_s + \lambda e_c$ 同时还依赖于：**刚体运动**的 6 个参数。

(b) 请探索：使用式(17.120)来作为“平滑项”的基本原理，也就是说，为什么式(17.120)使用的是 $1/Z$，而不是 Z？为什么使用 **Laplace 算子**处理结果的平方，而不直接使用两个一阶偏导数的平方和？

习题 17.12 令 $\boldsymbol{R} = (X,Y,Z)^T$ 表示：物体上的一个点；$\boldsymbol{r} = (x,y,f)^T$ 表示：$\boldsymbol{R}$ 所对应的图像上的一个点。此外，令向量 $E_{\boldsymbol{r}} = (E_x, E_y, 0)^T$ 表示：亮度的**空间梯度**；令 E_t 表示：亮度关于时间的偏导数。

(a) 证明：在**刚体运动**的情况下，我们可以将：关于图像亮度的**空间梯度**和**时间导数**之间关系的约束方程（即：第 12 章中所介绍的**光流约束方程**式(12.8)），写为如下形式[①]：

$$E_t - (\boldsymbol{s} \times \boldsymbol{r}) \cdot \boldsymbol{w} + \frac{\boldsymbol{s} \cdot \boldsymbol{t}}{\boldsymbol{R} \cdot \widehat{\boldsymbol{z}}} = 0 \tag{17.121}$$

  其中，$\boldsymbol{w} = (A,B,C)^T$ 表示相机转动的**角速度**；$\boldsymbol{s} = (E_{\boldsymbol{r}} \times \widehat{\boldsymbol{z}}) \times \boldsymbol{r}$。
  提示： 使用**投影方程**：$\boldsymbol{r} = \boldsymbol{R}/(\boldsymbol{R} \cdot \widehat{\boldsymbol{z}})$，来证明如下关系：

$$\boldsymbol{r}_t = \frac{1}{\boldsymbol{R} \cdot \widehat{\boldsymbol{z}}} (\widehat{\boldsymbol{z}} \times (\boldsymbol{R}_t \times \boldsymbol{r})) \tag{17.122}$$

  然后，使用**刚体运动方程**：

$$\boldsymbol{R}_t = -\boldsymbol{w} \times \boldsymbol{R} - \boldsymbol{t} \tag{17.123}$$

  和**光流约束方程**：

$$E_{\boldsymbol{r}} \cdot \boldsymbol{r}_t + E_t = 0 \tag{17.124}$$

[①] 关于本题中的数学分析，可以参考下面的论文：Negahdaripour Shahriar and Berthold K. P. Horn. “Direct passive navigation.” Pattern Analysis and Machine Intelligence, IEEE Transactions on, vol. 1 (1987): 168-176. — **译者注**

来最终推导出式(17.122)的形式。

(b) 对于平面物体（即：$\boldsymbol{R} \cdot \boldsymbol{n} = 1$）的情况，**光流约束方程**式(17.121)的具体形式是什么？

(c) 对于一般的曲面，请通过**光流约束方程**（即：式(17.121)）来求解**景深**：

$$Z(x, y) = \boldsymbol{R} \cdot \widehat{\boldsymbol{z}} \tag{17.125}$$

给定任意一组**运动参数** $\boldsymbol{t}$ 和 $\boldsymbol{w}$，我们可以计算出：一个满足**光流约束方程**（即：式(17.121)）的曲面 $Z(x,y)$。但是，如果我们所给定的参数 $\boldsymbol{t}$ 和 $\boldsymbol{w}$ 与真实的相机运动不一致，那么，计算出的**景深**可能为负值。因此，我们的问题是：找到一组运动参数，使得对于图像中的每一个点，通过**光流约束方程**计算出来的**景深**都取正值。在实际应用中，由于在亮度的测量过程中存在噪声，因此，就算我们使用正确的运动参数，在图像中的某些点上，我们所计算出的**景深**也可能为负值。因此，我们将这个问题建模为：一个优化问题。

(d) 请寻找一组运动参数 $\boldsymbol{t}$ 和 $\boldsymbol{w}$，来最大化下式：

$$\iint \operatorname{sgn}(\boldsymbol{s} \cdot \boldsymbol{t}) \operatorname{sign}(E_t - (\boldsymbol{s} \times \boldsymbol{t}) \cdot \boldsymbol{w}) dx dt \tag{17.126}$$

其中，

$$\operatorname{sgn}(Z) = \begin{cases} +1, & \text{如果 } Z > 0 \\ 0, & \text{如果 } Z = 0 \\ -1, & \text{如果 } Z < 0 \end{cases} \tag{17.127}$$

提醒： 这是一个研究课题；到目前为止，我们还不知道答案。

第 18 章　从容器中抓取零件

在这一章中，我们将前面讨论过的许多技术结合在一起，构建了一个完整的**“眼—手”系统**。这里，我们使用：由“眼”（即：摄像机）所获取的信息，来控制机器臂，从而实现：从一堆物体中抓取一个物体的任务。这样的一个“闭合环路”系统，提供了一种测试机器视觉算法的平台。因为，根据逻辑推理，如果该“眼—手”系统可以使用视觉信息，很好地与环境进行交互，那么，系统中的机器视觉部分应该是起作用的。相比于：将结果以图像的方式显示在屏幕上，这是一个更加“有说服力”的测试。你可能会觉得：对于一个“眼—手”系统来说，这样的任务是很容易实现的。之所以会产生这种想法，是由于人的眼、手和大脑具有非常强大的显示和处理信息的能力。但是对于机器，这却是一个非常困难的任务！

我们关注于“抓取零件”这样一个问题的另一个原因是：出于实际生产的需要。对于工业机器人，一个广泛存在的问题是：它们无法完成“没有精确指导”的问题。对于手工装配的问题，原件通常是放在一个容器里面的，但是，对于现有的自动化系统，需要有单独的人（或装置）将原件以某种固定的“姿态”摆放在传送带的固定位置上。这里，我们将展示：如何利用机器视觉方法来自动引导机器臂，从而将零件（从一堆零件中）一件一件地取出来。

将理论结果应用于实践，是很有意义的。在这个过程中，我们会将很多的精力用于：那些初看时感觉不是很重要的细节。例如，我们

图 18.1　我们可以使用**针状图**来显示：通过**光度立体视觉**或其他方法所得到**曲面朝向**信息。本图所显示的是一个倾斜的环面（即："轮胎"）所对应的**针状图**。该环面的朝向是通过光度立体视觉方法得到的（本图由 Katsushi Ikeuchi 友情提供）。

必须解决的一个问题是：图像的投影并不是**正射投影**，也就是说，光源并不是位于无穷远处，并且，每个图像单元的图像传感器的灵敏度并不完全相同。在实现这些实际问题的过程中，我们总能学到一些东西。本章中，我们将会看到一些这样的实际问题。

18.1 方法总览

通过物体可见表面的**朝向统计直方图**，我们可以确定：待抓取物体在空间中的**姿态**。同时，我们用：应用于多张图像的**光度立体视觉**方法，来依次确定：各个曲面"小块"的**朝向**。这里所使用的"多张图像"，都是使用同一个照相机拍摄的，只是光照条件有所不同。**光度立体视觉**的结果是一个**针状图**，它给出了：某一个图像单元（即：像素点）所对应的曲面"小块"的**朝向**（如图 18.1 所示）。

然后，我们将**针状图**投影到：**单位球面**的剖分结果[①]上去，从而得到**朝向统计直方图**。朝向统计直方图是：**扩展 Gauss 图**的离散形式。我们可以用：实验得到的朝向统计直方图，来和**典型物体模型**的朝向统计直方图进行匹配。我们可以通过：计算机辅助设计（CAD）软件的数据库，来得到这些**典型物体模型**。因此，我们这里所使用的方法需要提前知道：要处理哪些形状的物体，但是，我们的方法并不局限于某一特定种类的物体。

18.2 动机

机器人操作被广泛地应用于：机器装载、焊接、喷漆、打磨和封装。但是，在机器装配过程中，它还没有得到广泛的应用。这其中的一个原因是：机器人通常只是执行一个“事先设定好”的运动序列。如果零件的**位置**和**姿态**是不确定的，那么，没有装配视觉系统的机器人处理起来会非常困难。我们需要使用**反馈**装置和设备，来“告诉”工业机器人：所需要“抓取”的零件的精确位置。

我们这里所描述的系统通过使用：由照相机所拍摄的一些图像，来判断（一堆零件中的）某一个零件的**位置**和**姿态**；其结果可以被用来指导工业机器人“抓取”零件。系统使用事先存储的物体模型，来判断：所看见的物体是所存储的几类物体中的哪一种。这个方法不仅仅适用于柱面物体和旋转体；光源的位置也是任意的；同时，对物体表面的反射性质也没有什么特殊的要求。系统通过两个**校准**过程，来自适应地获取物体的**位置**和**朝向**。一个**校准**过程用于确定：所“看见”的物体属于所“存储”的物体模型中的哪一类；另一个**校准**过程被用于确定：机器人坐标系和相机坐标系之间的变换。

18.3 装着零件的容器

在手动装配过程中，我们通常是在工作台周围的一个容器中，寻找所需要的零件。在自动装配操作中，很自然地，我们需要使用机器视觉技术，来给机器人提供：到达容器和抓取零件所需要的信息。现

[①] **针状图**所反映的是：曲面“小块”的**单位法向量**。该单位法向量对应于：单位球面上的一个点。我们将单位球面剖分成许多“小块”，然后看：曲面**单位法向量**所对应的点落在球面上的哪个“小块”上。这个过程就是这里所谓的“投影”。详见第 16 章。— **译者注**

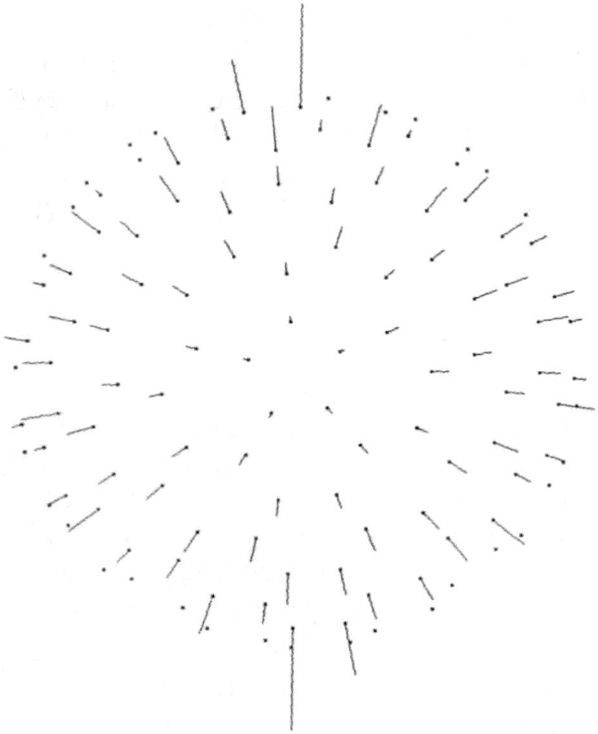

图 18.2　我们可以用一些“尖峰”来表示：一个**朝向统计直方图**。“尖峰”的长度正比于：和该“尖峰”所对应的**朝向**“一致”的曲面“小块”的数量。该“尖峰”所对应的朝向是指：单位球面经过剖分以后，和该“尖峰”相对应的（单位球面的）单元“小块”；“一致”是指：曲面“小块”的**法向量**位于该（单位球面的）单元“小块”内。本图所示的是：从一个**圆环面**（即：轮胎）的**针状图**所得到的**朝向统计直方图**。图中上端和下端的很长的“尖峰”，对应于**圆环面**的**旋转对称轴**的方向，该方向对应于：**扩展 Gauss 图**的**奇异点**。

在的工厂中已经使用了**二值图**技术。但是，正如我们前面所看见的，二值图技术的使用需要满足如下三个条件：

- 物体和背景之间，必须有很强的对比度。
- 零件必须是分开放置的。
- 零件的旋转必须限定在：平行于像平面的平面之内。

对于我们这里要处理的问题，上面三个条件都不满足。解决这个问题的一个“显然”的方法是：在一开始的时候，就不要将这些零件胡乱地堆放在一起，而是按照某一个固定的**朝向**，将它们仔细地排列起来。现在也有这样做的趋势，其部分原因是受制于目前自动化技术的不足。零件被以固定的**姿态**放置在传送带或托板上，从而使得机械系统不需要“看见”它们，就可以将它们“抓起来”。

但是，这种解决方法是需要付出代价的。首先，我们需要设计和生产：传送带和托板（通常需要非常精密）。托板通常很重，并且占据很大的空间，此外，随着零件的更换，我们需要重新设计托板。通常，零件本身的设计是需要根据实际情况而不断改变的。由于这些局限性，我们不想使用上面所说的传统手工方法来解决这个问题。

目前已经有许多采用**机械方法**来解决这个问题的尝试。在许多情况下，我们可以将零件“扔到”一个振荡器中，然后仔细地设计一些选择器，从而使得这些零件按照一定的**朝向**出现在装配线上。对于具有**筒状体**几何外观的螺丝和物体，这种方法是非常适用的；但是，这种方法并不是对于所有的零件都有效。对于大的、重的以及具有复杂表面形状的物体，这种方法并不适用。此外，如果机器臂上装有电磁设备和真空吸附设备，这种方法几乎没有成功的可能。

到目前为止，在这个领域中，机器视觉仅限于用来处理：放在地上的具有**筒状体**形状的金属零件，并且，需要在零件表面打磨一些条纹，从而使它以一种特殊的方式对光进行反射。如果使用**点光源**对这种类型的物体进行照射，那么，在像平面上，沿着筒状体的**旋转对称轴**的投影方向，会有一些具有高亮度的“显著区域”。我们使用一个倾斜的机械滑槽，来完成对被“抓取”的零件的重新定向，但是，这种系统并没有太大的实际用途，因为，我们可以使用**振荡器**来处理具有**筒状体**形状的零件。

18.4 图像分割

我们这里所描述的特定系统，使用**光度立体视觉**方法来获得：（视野中的）物体的表面形状信息，如图 18.3 所示。首先，我们计算出：用来表示物体表面**朝向**的**针状图**，然后，我们再用**针状图**来和：事先存储的物体模型，进行**匹配**。

在我们用前面提到的这些方法来处理**扩展 Gauss 图**之前，我们首先必须将：对应于单个物体的图像区域，分割出来。正如我们在前面看到的，机器视觉中的一个很困难的问题是：如何将图像分割为对应于不同物体的区域。只有在完成**图像分割**以后，我们才能够进一步识

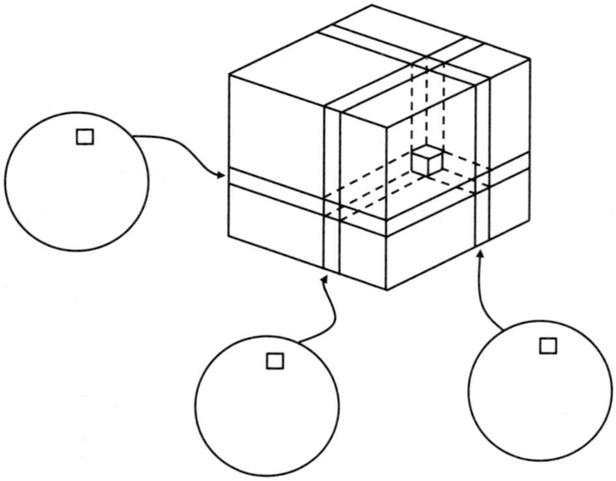

图 18.3　**光度立体视觉**方法使用的是：在三种不同光照条件下，使用同一个相机拍摄的三张图像。在这三张图像上，对应像素点的亮度测量值的量化结果，被用作：三维**查找表**的“索引”。**查找表**中的空白区域所对应的图像单元，被标记为背景。对于将图像分割为对应于不同物体的各个区域的任务，这个过程是非常重要的。

别物体以及判断物体的**姿态**。我们可以将几种方法“融合”在一起，从而得到一个具有“鲁棒性”的图像分割结果。首先，通过**光度立体视觉**系统，我们将一些点标记为“可疑的”点。**查找表**中的绝大多数元素的值都是“空的”①（如图 18.4 所示②）。“空的”元素标识了：“非法”的**亮度组合**，即：在不考虑**阴影**和光的**多次反射**的情况下，不可能产生这种**亮度组合**。由于曲面朝向只有两个自由度，因此，合理的亮度组合位于：三维空间中的一个二维曲面上；这个三维空间是通过三个亮度测量值来定义的。事实上，由于测量噪声、量化误差以及物体表面**反射率**的变化等因素，这个曲面会被“加厚”，从而变成一个有一定“厚度”的离散查找表。

---

①**光度立体视觉**方法通过：从不同观测角度的成像结果，来反推：物体的表面**朝向**。所得到的结果被存储在一个**查找表**中。但是，有些**亮度组合**是：无论如何调整曲面的**朝向**都不可能产生的。对于这样的亮度组合，在**查找表**中所存储的结果就是“空的”。— **译者注**

②三维查找表有三个索引变量 E_1、E_2 和 E_3。固定 E_3 而让 E_1 和 E_2 变化，所得到的全部查询结果，就是图 18.4 中的某一个子图，改变 E_3 的值，又可以得到一个新的子图。这个三维查找表好比是“一本书”，我们将这本书“一页一页”地“翻出来”。就得到了图 18.4。— **译者注**

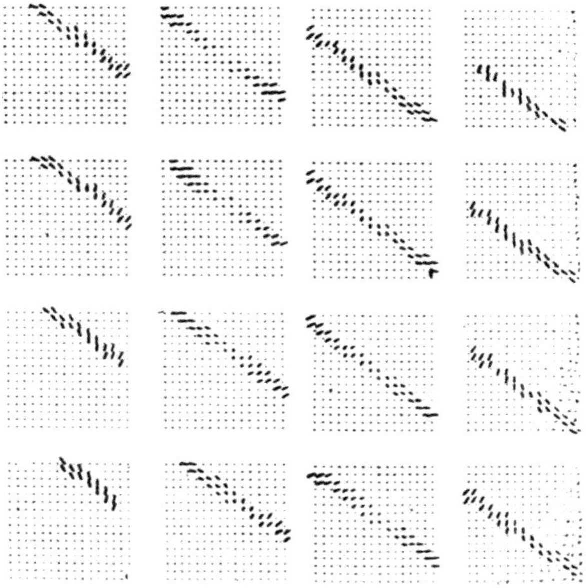

图 18.4 在基于三个亮度测量结果所生成的**查找表**中，绝大多数元素都是“空白”的。这些空白值表示：在物体表面**反射率**为常数的前提下，对应的三个亮度测量值是不可能出现的。本图中所陈列的是：将一个三维**查找表**“一层一层”地显示出来的结果。在每一个子图中，都包含小的“针”和“点”。“针”表示：由某一组特定的亮度组合所恢复出来的曲面“小块”**朝向**；而“点”对应于：“非法”的亮度组合。

物体所产生的**阴影**可能会**遮挡**住其他物体，其结果是：被遮挡的物体表面上的一些点，其亮度值可能有别于：在没有阴影的情况下，它们所应该具有的亮度。我们必须检测到这种情况，以避免对曲面**朝向**的错误估计。通过对三个亮度测量结果中的每一个都设定一个阈值，我们可以粗略地检测出**阴影**的影响。但是，需要注意的是：在一堆物体中，最上面的（同时也是我们最关注的）一个物体往往不会受到**阴影**的影响。

物体之间的**相互光照**（即：物体相互之间对光的反射）是我们需要注意的另一个问题。当具有很大**反射率**的物体彼此**正对**时，从某一物体上反射的光，可能会照射到另一个物体上，从而改变了另一物体的光照条件。在这种情况下，我们所得到的**亮度组合**，在只有单个光源照射的条件下，是不可能出现的。为了避免对曲面**朝向**的错误估计，我们需要检测出物体之间的**相互光照**。幸运的是，只有在物体的

边缘处，以及，在物体相互遮挡的**边界**，才会出现这个问题。

此外，我们还需要注意的是：在物体相互**遮挡**的地方，曲面的**朝向**通常会发生不连续变化。因此，我们可以查找：曲面**朝向**发生快速变化的地方。对于光滑物体，这个方法非常有效，但是，如果物体中包含“尖锐的”边缘，那么，这种方法可能会产生错误的分割。最后，我们可以查找：曲面**法向量**几乎垂直于观测方向的地方。不幸的是，具有尖锐边缘的物体，在观测方向不垂直于曲面法向量的地方，也可能会产生**遮挡边**。但是，对于这种情况，曲面**朝向**的不连续变化将有助于对这些**遮挡边**的识别。

我们应该“综合”上面这些用于分割的“线索”，从而确保所有的物体是彼此分离的。在分割过程中，我们可以使用一个有用的技巧，也就是说，只考虑**法向量**和**观测方向**之间的夹角在 45° 以内的物体表面“小块”。采用这种有点“极端”的方法，是因为在经过**透视投影**后，物体表面其他“小块”的面积缩减得很厉害。后面，我们会借用：二值图处理技术中的**膨胀算子**，来对这种**透视收缩**进行弥补。在某些情况下，如果一个物体和观测方向之间的相对倾斜程度很大，那么，其所对应的图像区域，在使用**膨胀算子**进行修正弥补的过程中，可能会发生“碎裂”。但是，对于我们的应用，这并不是一个严重的问题，因为不论采用什么方式，要抓取一个和观测方向之间倾斜程度很大的物体，都是很困难的。因此，我们更应该关注其他物体。

图 18.5(a) 所示的是：由一堆**圆环面**物体所构成的一个场景的**针状图**。图 18.5(b) 所示的是：用于分割的**二值图**。我们通过上面介绍的方法，从**针状图**中计算出相应的**二值图**。

18.5 典型物体模型

为了识别一个已知物体，并且，确定物体在空间中的**姿态**，我们需要用：从物体的图像中所得到的数据，与通过事先存储的模型来生成的数据进行比较。在第 16 章中，我们概述了实现这个任务的方法。对于确定（给定的）**典型物体模型**的**朝向统计直方图**的问题，这个方法的效果很好。我们可以用一组方程来描述一个曲面。这一组方程的自变量是 u 和 v，因变量是 x 、y 和 z 。我们可以将 u 的取值范围分割为 n 个小区间，每个小区间的长度为 δu；同时，将 v 的取值范围分割为 m 个小区间，每个小区间的长度为 δv 。这事实上是：将曲面分割为许多个“小块”。然后，我们对这些“小块”逐一地进行处理：首先，计算这些“小块”的法向量；然后，将一个和该“小块”的面

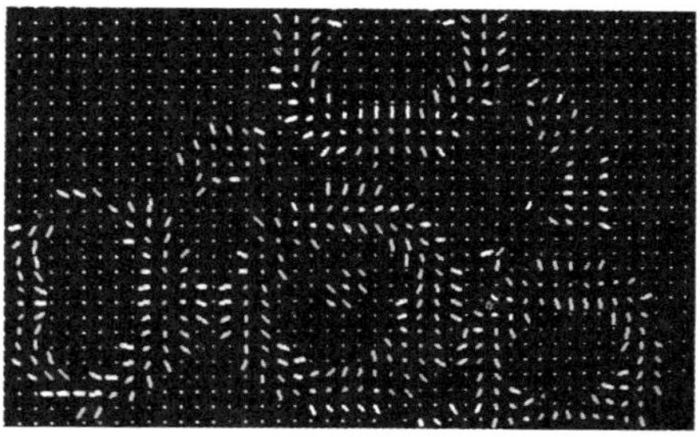

(a) 针状图

(b) 二值图

图 18.5 **针状图**中的信息被用于：将图像分割为对应于不同物体表面的区域。图(a)中所示的是：一堆**圆环面**物体所对应的**针状图**。图(b)中所示的是：由图(a)中的**针状图**所得到的**二值图**，该**二值图**被用于对图像进行分割。为了显示的需要，我们对这两张图进行了降采样，以使得针状图中的“针”足够大。

积成正比的数累加给：由“小块”的法向量所确定的**单位球面剖分结果**①。注意：对于**典型物体模型**，我们知道它在整个球面上的扩展 Gauss 图。这和从图像信息中获得的扩展 Gauss 图是不一样的（因为，我们只知道：物体表面可见部分的扩展 Gauss 图）。

18.6 物体表面的透视收缩

系统中所存储的**典型物体模型**的扩展 Gauss 图，将被用于：和从**针状图**中得到的实际物体的**扩展 Gauss 图**进行比较。图像中的所有图像单元（即：像素点）具有相同的面积。但是，这些图像单元所对应的物体表面“小块”的面积，却并不一定相同。这看起来似乎有些奇怪，因为，我们是对图像进行均匀采样的。但是，除非观测方向碰巧垂直于曲面“小块”，否则，在一般情况下，曲面“小块”会发生透视收缩（如图 18.6 所示）。但是，由于我们知道**曲面法向量**和观测方向，因此，通过将**透视面积**除以：指向观测者的方向和曲面法向量之间夹角的余弦，我们可以对**透视收缩**进行矫正。不幸的是，这种矫正方法会对：**法向量**和观测方向近似垂直的曲面“小块”所对应的误

① “单位球面剖分结果”是指：单位球面经过剖分以后，所得到的球面“小块”。球面“小块”上的每一个人点对应一个方向，即：从球心指向该点的方向。因此，球面“小块”实际上是一个“方向范围”。对于一个给定的**法向量**，我们可以通过判断：该法向量所属的“方向范围”，从而确定：该法向量所对应的球面“小块”。— **译者注**

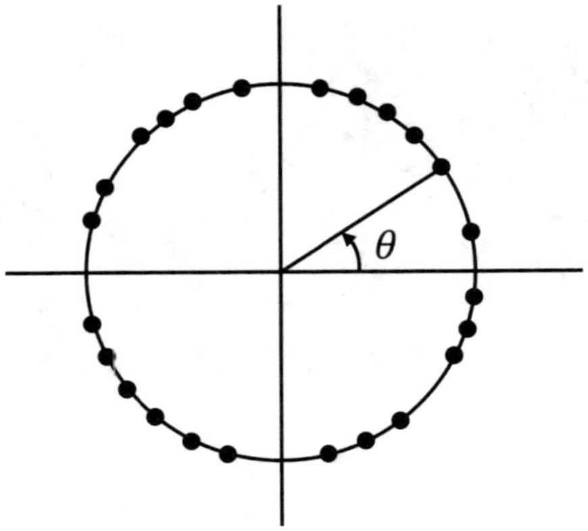

图 18.6　一般情况下，物体表面“小块”的**透视面积**小于其实际面积。只有当观测方向平行于物体表面“小块”的**法向量**时，物体表面“小块”的**透视面积**才等于其实际面积。如果每次当我们找到了：和某一**朝向**的曲面相对应的图像单元（即：像素点）以后，只是对：这些图像单元进行简单累加，那么，对于（相对观测方向）倾斜的曲面“小块”，这种方式所得到的结果将小于真实情况。但是，我们很容易对结果进行矫正，因为我们知道每一个曲面“小块”的**朝向**。

差，进行放大。因此，更好的方法是：我们先将典型物体模型的扩展 Gauss 图乘以对应的余弦项，然后，再进行匹配。

注意：要计算出“小块”的实际面积，我们需要知道：1) 相机的内部参数（例如：焦距 f），2) 物体到相机的距离。但是，**光度立体视觉**方法并没有提供这些信息。在这种情况下，我们无法确定物体的实际尺寸。我们可以通过：除以**扩展 Gauss 图**在整个球面上的积分，来对扩展 Gauss 图进行**归一化**处理，然后，将归一化后的结果用来做**匹配**。自然地，经过这个处理以后，我们会丧失对形状相同但尺寸不同的物体的辨别能力。

对于从图像中导出的**扩展 Gauss 图**，另一个难题是：我们只能得到“可见”半球面上的信息。我们无法看见：**法向量**和观测方向之间夹角大于 90° 的物体表面“小块”。事实上，由于**光度立体视觉**方法的局限性，那些**法向量**和观测方向之间的夹角大于 60° 的物体表面“小块”，很可能就已经看不见了。一些用于进行**扩展 Gauss 图**匹配的方法，只有在整个球面（的信息）都知道的情况下，才是有效的。

18.7 对齐主轴

我们可以很容易地计算出：球面上某一**质量分布**所对应的**转动惯量**矩阵。这个计算过程只需用到**一阶矩**和**二阶矩**。通过：转动惯量矩阵的**对角化**，我们可以找到相应的旋转。旋转结构中的坐标轴被称为**主轴**。通过计算：对齐**主轴**所需要的旋转，我们可以得到：同一物体（的两种不同**姿态**所对应）的两个**扩展 Gauss 图**之间的旋转（如图 18.7 所示）。这为我们提供了一种**显式算法**，用来直接计算：一个物体相对于它的**典型物体模型**的姿态。只有当该物体太过于对称（从而使得**主轴**不唯一）时，这种方法才会失效。这个过程只需要求一个 3×3 矩阵的**特征向量**，因此，我们只需求解一个三阶多项式方程。

我们无法使用这种优美的方法，因为，实际上，我们只知道部分球面的**扩展 Gauss 图**；此外，在匹配的过程中，我们还必须考虑**透视收缩**效应。但是，我们并不想完全抛弃这种基于**二阶矩**的匹配方法。例如，我们知道：对于完整的**扩展 Gauss 图**，其**质心**一定在**球心**。因此，质心的位置看上去似乎对于**匹配**没有任何作用。但是，可见半球面的**质心**位置却依赖于物体的**姿态**。如果球面被一个平面分割为两部分（即：可见半球面和不可见半球面），那么，显然，可见半球面的质心一定位于：该平面上方的某个位置。在习题 18.2 中，我们证明了：质心和该分界平面之间距离乘以质心的“质量”，等于物体可见表面的面积。质心的“质量”等于物体的表面积，因此，质心和分界平面之间的距离正比于：物体**可见表面**的面积与物体表面的总面积之间的比值。通常情况下，随着观测角度的不同，这个比值会发生变化。此外，质心的**侧位移**也依赖于：物体在空间中的**姿态**。

虽然我们并不能用：可见半球面[1]的**质心**，来唯一地确定物体的**姿态**，但是，我们可以用它来节省计算量。为了对匹配过程进行加速，我们可以预先计算：对于给定的典型物体模型的**扩展 Gauss 图**，在给定一组将要进行匹配的观测方向以后，**质心**应该相应地出现在什么地方。为了方便起见，我们可以将：计算过程中所给定的一组离散的观测方向，选为：指向 **Gauss 球面**上的“单元小块”的方向。在匹配过程中，如果（预先计算出来的）某一观测方向所对应的质心位置，和通过图像实际计算出来的质心位置相差太远的话，那么，我们就不用去考虑该观测方向了。

---

[1]这里的“可见半球面”准确地说是指：物体可见表面经过 Gauss 映射以后，在 Gauss 球面上所“占据”的半球面。— **译者注**

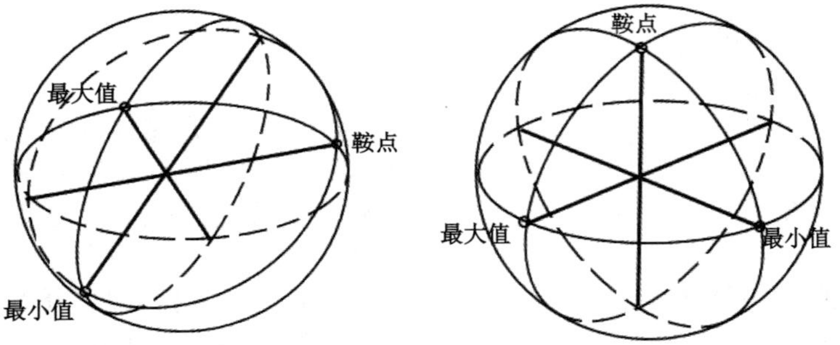

图 18.7　一个**质量分布**的**转动惯量**依赖于：该质量分布绕着哪个轴转动。关于**转动惯量**，有三个特殊值：最大值、最小值和鞍点。和这三个极值相对应的转动轴，被称为**主轴**。这三个**主轴**两两之间是相互垂直的。如果一个**质量分布**是：由另一个**质量分布**经过旋转以后得到的，那么，我们可以通过：对齐这两个质量分布的**主轴**，来“对齐”这两个质量分布。

18.8 非凸的物体

对于一个非凸的物体，存在如下三个问题：

- 物体表面上的某些点的 **Gauss 曲率**为负值。
- 给定 **Gauss 球面**上的某一个点后，物体表面上（可能）有多个点与之相对应[①]。
- 物体表面上的某一部分可能会被另一部分所**遮挡**。

关于 **Gauss 曲率**的精确定义还包括：物体表面“小块”的边界“转向”，以及，其所对应的 **Gauss 球面**“小块”的边界“转向”（参见图 16.5）。对于曲面上的一个**凸点**（即：该点附近的曲面是**局部凸**的），其 **Gauss 曲率**是正的，并且，两个“小块”的边界的“转向”是相同的。如果它们的“转向”相反（例如：**鞍点**），那么，**Gauss 曲率**是负的。通过分析：我们在计算**扩展 Gauss 图**的离散近似时所使用的简单局部方法，我们发现：我们对**扩展 Gauss 图**的定义，实际上是：**Gauss 曲率**的绝对值的倒数。

通过考虑：对**扩展 Gauss 图**的离散近似的局部计算过程，我们找到了一种方法，用于处理：物体表面上有多个点对应于 **Gauss 球面**上

[①]这里的“对应”是指 **Gauss 映射**，即：曲面法向量“对应于”单位球面（也称为：Gauss 球面）上的点。详见第 16 章。— **译者注**

的同一个点的情况。我们直接将：所对应的多个“物体上的点”的**绝对 Gauss 曲率**的倒数，进行简单相加。如果在物体表面上，有 n 个点对应于 **Gauss 球面**上的同一个点，那么，

$$G(\xi,\eta)=\sum_{i=1}^{n}\frac{1}{|K(u_i,v_i)|} \tag{18.1}$$

我们可以进一步发展这种思想，从而处理：一条曲线（甚至，一个区域）上所有的点都具有相同**朝向**的情况。对于这种情况，我们会得到一个球面上的**无限冲击函数**。

如果物体是非凸的，那么，从物体到 **Gauss 球**的映射是不可逆的。对于这个结论，我们这里需要关心的是：有无数个非凸物体对应于同一个**扩展 Gauss 图**。但是，在通常的应用中，我们可以假设，我们不会碰到：两个不同物体对应于同一个**扩展 Gauss 图**的情况。

遮挡是一个更难处理的问题。在很多情况下，遮挡的影响并不大；除非是对于一些特殊的观测方向，使得物体的各个部分正好（沿着该方向）整齐地排列在一起。解决**遮挡**的一种方法是：建立和所有可能的观测方向相对应的**扩展 Gauss 图**，在这些**扩展 Gauss 图**中，我们只考虑：可见的物体表面的贡献。为了方便，我们可以用从 **Gauss 球**的球心指向：**Gauss 球**被剖分后所得到的**基本单元**“小块”的方向，来作为观测方向的离散集合；然后，再计算各个离散方向所对应的**扩展 Gauss 图**。这大大地增加了存储量，但是，在**匹配**的过程中，我们再不用担心**遮挡**问题了。

18.9 物体在空间中的姿态

一个物体在空间中的**姿态**是指：这个物体相对于某种参考“姿态”的转动。为了确定物体的姿态，我们需要用：物体的扩展 Gauss 图，来和典型物体模型的扩展 Gauss 图进行匹配。通过考虑**旋转体**的情况，我们可以很容易地理解其具体实现过程。

旋转体是通过：**生成线**（又称为“**母线**”）绕着一个轴旋转而生成的。显然，旋转体是关于旋转轴对称的。如果给定旋转轴，那么，旋转体的**姿态**就完全确定下来了，因为，我们无法确定：旋转体绕着旋转轴所转过的角度。我们可以用一个向量（或 **Gauss 球面**上的一个点）来表示旋转轴的方向。因此，旋转轴只有两个**自由度**。我们也可以通过：**“海拔”高度**和**方位角**，来确定旋转轴的方向。**“海拔”高度**是指：旋转轴与像平面之间的夹角的正弦值；而**方位角**是指：旋

转轴在像平面上的投影与某一参考坐标轴之间的夹角。

旋转体的图像关于：旋转轴在平面上的投影，是对称的。我们可以找到：使得旋转体所对应的图像区域具有最小**转动惯量**的轴。因此，只需要少量的计算，我们就能够将其中的一个自由度“确定”下来。但是，这个过程需要使用二值图处理方法，其精度依赖于：我们所找到的物体轮廓是否准确。如果同时考虑曲面的**朝向**信息，那么，我们会得到更好的结果。

我们可以对：由旋转轴的所有（可能出现的）**朝向**所构成的空间，进行采样。然后，再用每一个采样结果所对应的**扩展 Gauss 图**，来和实际得到的**扩展 Gauss 图**进行匹配。为了获得最高的效率，我们需要对空间进行**均匀采样**。如果对某一区域的采样比对另一区域的采样更加“精细”，那么，整体的匹配效率会降低。因此，我们应该尽量地避免这种情况。这给我们提出了另一个问题：如何将 n 个点均匀地放在一个半球面上？我们所寻找的放置方法应该使得：任意两点之间距离的最小值尽可能地大。

这个问题得到了人们相当大的关注。例如，我们已知的是：对于 $n = 4$ 、6 和 20 的情况，最好的放置方式分别为：将正四面体、正六面体和正二十面体投影到球面上（如图 18.8(a) 所示）。另外两种正多面体（即：立方体和正十二面体）不会生成：点在球面上的最优放置结果。在第 16 章中，当讨论**扩展 Gauss 图**时，我们谈到过正多面体。但是，在第 16 章中，正多面体被用于其他的应用。

将正十二面体和它的对偶（即：正二十面体）组合在一起，所得到的 $n = 32$ 的情况（如图 18.8(b) 所示），也可以作为一种对球面的很好的分割。不幸的是，我们无法得到：针对最优解的一般性法则。这个问题和另一个问题是相关的，也就是说，在计算**朝向统计直方图**的问题中，我们需要找到一种“好的”方式，来对球面进行分割。在这里，我们发现，通过选择**“线状圆拱结构”**中的三角形的中心，也就是说，选择“线状圆拱结构”的**对偶图**中的顶点，我们可以找到一种合理放置采样点的方式（如图 18.8(c) 和 (d) 所示）。

我们并不需要对：物体对称轴的每一种可能的**朝向**，都仔细地进行匹配。只有使得质心得到很好匹配的那些**朝向**，才是后续操作中所需要的。这意味着：我们所需要进行的**扩展 Gauss 图**的完整匹配过程的数目是非常少的。我们将：取得最好匹配效果的轴的**朝向**，作为旋转体的旋转对称轴的**朝向**。

判断物体朝向的另一种方法是：选择使得**扩展 Gauss 图**的可见半球面的质量分布的**转动惯量**取得最小值的轴。物体的旋转对称轴在像

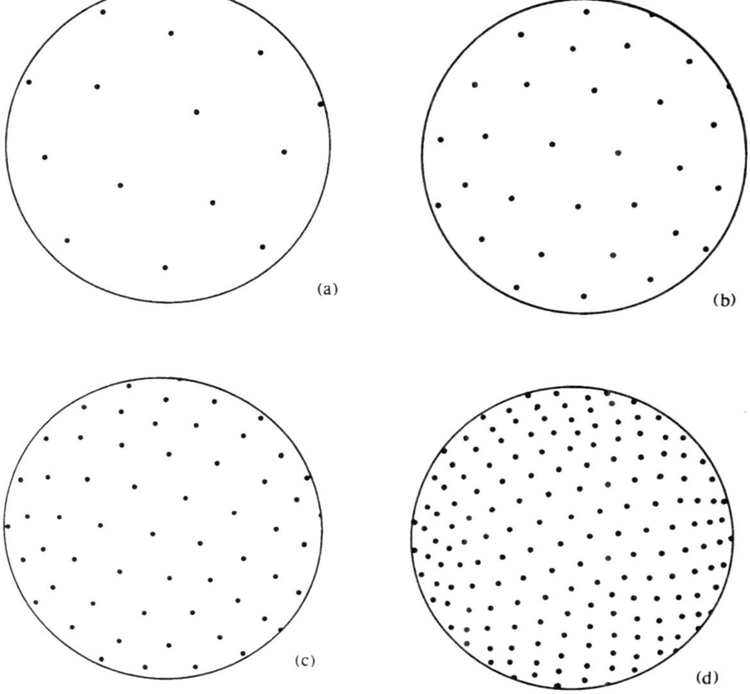

图 18.8 (a) 通过将正十二面体的 20 个顶点投影到球面上，我们得到了：球面上的 20 个完全均匀的采样点。(b) 通过结合正十二面体及其对偶（即：正二十面体），我们得到了 32 个采样点，这 32 个采样点并不完全均匀，但是效果很好。当我们需要很多采样点的时候，我们并不知道最优的采样方法。但是，使用“线状圆拱结构”的**对偶图**，我们能得到很好的效果，如图 (c) 和 (d) 所示。

平面上的投影，对应于物体的图像的对称轴。这使得我们可以通过少量的计算，就“去除”了一个（关于**方向角**的）自由度。我们所剩下的任务只是寻找：旋转体的对称轴的倾斜度（即：“海拔”高度）。因此，查询空间从一个二维空间（两个自由度），被约减成为一个一维空间（一个自由度）。注意：在将**针状图**映射到**单位球面**上之前，事实上，直接利用**针状图**，我们可以很容易地计算出：最小转动惯量所对应的轴。计算**一阶矩**和**二阶矩**所需用到的求和过程，也是很容易实现的。使用这种方式有一个优势，在我们将曲面**法向量**投影到 **Gauss 球面**上之前，我们可以先将 **Gauss 球面**的剖分结果，沿着最小转动惯量所对应的轴对齐。

18.10 旋转的表示方法

我们如何表示旋转？大概有 8 种常用的方法可以用来表示旋转，其中包括：3×3 的**正交矩阵**和 **Euler 角**。但是，我们所真正需要的是：一种对旋转空间进行**均匀采样**的方法。为了做到这一点，我们需要找到一种方法，来测量：两种**姿态**之间的“距离”。也就是说，我们必须在旋转空间中定义一种**度量**，从而对旋转空间进行描述。如果使用**单位四元数**来表示旋转，我们就可以定义一种这样的度量。

18.10.1 四元数

四元数是向量空间中的元素，该向量空间被赋予了一种乘法运算。四元数可以被看作是：一个包含四个元素的向量；另一方面，四元数也可以被看作是：一个非常复杂的数，它包含 1 个**实部**和 3 个不同的**虚部**。我们也可以将**四元数**看作是：由一个**标量部分**和一个**向量部分**所组成的，即[①]：

$$\mathring{q} = q + \mathbf{q} \tag{18.2}$$

四元数可以按照如下规则来进行乘法运算，如果：

$$\mathring{r} = \mathring{p}\mathring{q} \tag{18.3}$$

那么，$\mathring{r}$ 的**标量部分**和**向量部分**分别为：

$$r = pq - \mathbf{p}\cdot\mathbf{q} \quad \text{和} \quad \mathbf{r} = p\mathbf{q} + q\mathbf{p} + \mathbf{p}\times\mathbf{q} \tag{18.4}$$

四元数的乘法满足结合律，但是，不满足交换律。我们很容易检验这个结论的正确性。我们可以定义两个**四元数**的**内积**，即：

$$\mathring{p}\cdot\mathring{q} = pq + \mathbf{p}\cdot\mathbf{q} \tag{18.5}$$

于是，**四元数**的**模长**可以被定义为：

$$|\mathring{q}| = \sqrt{\mathring{q}\cdot\mathring{q}} = \sqrt{q^2 + \mathbf{q}\cdot\mathbf{q}} \tag{18.6}$$

单位四元数的模长等于 1，也就是说，$\mathring{q}\cdot\mathring{q} = 1$。我们可以通过：改变四元数 $\mathring{q}$ 的**向量部分**的符号，来得到该四元数的**共轭** $\mathring{q}^*$，即：

$$\mathring{q}^* = q - \mathbf{q} \tag{18.7}$$

通过**单位四元数**，我们可以方便地表示三维空间中的旋转。绕着单位

---

① 我们用“粗体”来表示向量。式(18.2)中的“+”表示“组合在一起”。— **译者注**

向量 $\boldsymbol{\omega}$ 旋转 θ 所对应的**四元数**为：

$$\mathring{q}=\cos\frac{\theta}{2}+\boldsymbol{\omega}\sin\frac{\theta}{2} \tag{18.8}$$

注意：四元数 $-\mathring{q}$ 所表示的旋转，与四元数 $\mathring{q}$ 所表示的旋转是相同的。这是由于：绕着轴 $-\boldsymbol{\omega}$ 旋转 $-\theta$ 与绕着轴 $\boldsymbol{\omega}$ 旋转 θ（的结果）是一样的。通过式(18.7)和(18.8)，我们可以看出：**单位四元数**的**共轭**所表示的旋转，和该**单位四元数**所表示的旋转相比，转过的角度是相同的，但是，旋转所绕的轴的方向正好相反。因此，**单位四元数**的**共轭**正好是**单位四元数**的**逆**。于是，对于一个**单位四元数** $\mathring{q}$，我们有：

$$\mathring{q}^*\mathring{q}=\mathring{q}\mathring{q}^*=1 \tag{18.9}$$

单位四元数对应于：四维空间中的球面上的一个点。该球面上的两个“正对”的点[①]，对应于：三维空间中的一种旋转。等价地，我们可以令：四维空间中经过原点的一条射线，对应于三维空间中的一种旋转。一个由 $\mathring{q}$ 所确定的旋转，会将向量 $\boldsymbol{x}$ 变换为 $\boldsymbol{x}'$。根据公式：

$$(\mathbf{0}+\boldsymbol{x}')=\mathring{q}(\mathbf{0}+\boldsymbol{x})\mathring{q}^* \tag{18.10}$$

我们可以计算出向量 $\boldsymbol{x}'$。此外，两个旋转的组合，等价于：两个**单位四元数**的乘积，也就是说，

$$(\mathbf{0}+\boldsymbol{x}'')=\mathring{p}\boldsymbol{x}'\mathring{p}^*=\mathring{p}(\mathring{q}(\mathbf{0}+\boldsymbol{x})\mathring{q}^*)\mathring{p}^*=(\mathring{p}\mathring{q})(\mathbf{0}+\boldsymbol{x})(\mathring{p}\mathring{q})^* \tag{18.11}$$

使用**单位四元数**来表示旋转，通常可以简化：确定物体在空间中的**姿态**的问题。例如，对于第13章中所涉及的某些**摄影测量**问题，如果使用**四元数**表示方法来进行求解，那么，我们可以得到问题的解析解。

18.10.2 旋转空间的均匀采样

通过上一小节的分析，我们知道：对旋转空间进行**均匀采样**的问题，变为了：将一些点均匀地“放置”在四维空间中的一个球面上的问题。我们之所以想要对**旋转空间**进行均匀采样，是因为对于给定数量的样本点，我们希望：这些样本点之间的最小距离尽可能地大。

如果我们想很精确地确定：物体在空间中的姿态，那么，使用穷举法，其计算量将会变得相当大。这是因为：旋转空间是三维的，并且，我们需要测试的样本数量，是以样本点之间最小距离的倒数的三次方的速度增加的。因此，对于旋转空间的搜索问题，“爬山”法显

[①] 四维球面上“正对”的两个点，这似乎不好理解，我们可以通过其代数解释来理解。假设 $\boldsymbol{a}$ 和 $\boldsymbol{b}$ 是球面上的点，如果 $\boldsymbol{a}$ 和 $\boldsymbol{b}$ 是“正对”的，那么 $\boldsymbol{a}+\boldsymbol{b}=\mathbf{0}$。本书最开始时使用的是：opposite，后来为了严格，作者将其换为：antipodal。— **译者注**

得很有吸引力，但是，“爬山”法的表现似乎并不是太好。只有当非常接近正确的匹配结果时，**相关函数**的增幅似乎才会足够大。此外，由于各种量化误差的存在，**相关函数**会变得非常“崎岖不平”。在习题18.8中，我们探索了一种避免这些问题的新方法。

18.11 朝向统计直方图的匹配

当两个**朝向统计直方图**的**基本单元**①对齐之后，我们可以采用多种不同的方法，来对它们进行匹配。例如，我们可以用：这两个**朝向统计直方图**中的对应基本单元上的差值的平方和，来作为一种标准，去衡量：这两个**朝向统计直方图**是否相似。对于一个给定的**朝向统计直方图**，我们计算：事先存储的各种典型物体模型的**朝向统计直方图**和给定的**朝向统计直方图**的（各个基本单元的）差的平方和，然后，我们将：最小值所对应的那个**典型物体模型**的**朝向统计直方图**，作为：给定的**朝向统计直方图**的最佳匹配结果。另外，我们还可以使用：两个**朝向统计直方图**的“**内积**”（即：先将两个**朝向统计直方图**的对应基本单元的值对应相乘；然后，再将所有的乘积加起来），来作为：对两个**朝向统计直方图**的**相似性**的一种度量。所得到结果（即：两个**朝向统计直方图**的“**内积**”）也称为：两个朝向统计直方图的**相关系数**。对于这种情况，最佳匹配结果是：使得**相关系数**最大的那个典型物体模型。第一种匹配方法的一个优势是：对于那些不好的匹配结果，我们并不需要进行一次完整的计算，就可以将它们排除掉。我们可以事先设定一个阈值，然后对：两个**朝向统计直方图**中对应的**基本单元**上的差值的平方，进行累加求和，当累加结果大于阈值时，我们不需要继续进行计算，而是直接将这个**朝向统计直方图**舍弃掉。我们还可以设计出许多复杂的、具有特殊性能的函数，来实现**朝向统计直方图**的匹配。

使用**多面体**作为例子，我们可以很好地说明：这种方法所存在的问题。假设多面体的某一个面的**法向量**方向，正好对应于：我们对**Gauss 球面**进行剖分以后所得到的两个相邻的基本单元的边界点，那么，当多面体的这个面的朝向发生轻微变化时，这个面一下子就从

---

①这里的“基本单元”(cell) 是指：单位球面经过剖分后所得到的“小块”。每个“基本单元”对应于：一个**朝向**范围，即：该“球面小块”所占据的立体角范围。我们统计：对于每一个“基本单元”所对应的**朝向**范围而言，在构成物体表面的所有“小块”中，有多少个“小块”的**朝向**属于这个范围。所得到统计结果就是：**朝向统计直方图**。— **译者注**

“属于某一个基本单元”变为了“属于另一个相邻的基本单元”。这会使得这个多面体的**朝向统计直方图**发生很大的变化，从而对**朝向统计直方图**的匹配造成很大的影响。对于光滑弯曲的物体表面，这个问题并没有那么严重，但是，我们也不能将它忽略。

解决这个问题的一种方法是：对于每一个**朝向**，我们都进行多次**投影**，在每一次**投影**过程中，我们都让**基本单元**之间的对齐，发生轻微的变化。对于典型物理模型和实验所得数据，我们都需要进行这个（多次投影）操作。总的工作量正比于：我们所用到的发生轻微移动的基本单元的数目。

在对曲面**朝向**的估计过程中，会产生噪声。噪声会使得：（**朝向统计直方图**）在 Gauss 球面上的分布变得光滑，这是由于：噪声会使得：一些曲面**法向量**从它“本该属于”的球面“小块”（即：**基本单元**），一下“跳到”相邻的球面“小块”。对球面剖分的细化也会加重这个问题。如果我们让**基本单元**（即：球面“小块”）大一些，那么，被“放错位置”的曲面**法向量**的数目就会少一些。这样做还会使得：每一个**基本单元**所包含的曲面**法向量**数目多一些，从统计意义上说，这意味着：对 **Gauss 曲率**的倒数的平均值的估计结果会更加准确。但是，使用大的球面“小块”，同时也意味着：对物体空间**姿态**的判断具有很低的精度。相反的，如果球面“小块”很小，那么，将有许多**基本单元**中的统计量为零，或者，只有很少的统计量（例如，1 或者 2）。因此，对于这种带有噪声的分布，我们是很难进行匹配的。这个问题完全类似于下面的问题，也即是说，选择“正确”的正方形大小，来对二维平面进行剖分，然后，通过有限数目的**随机样本**来估计**二维概率分布**。

到目前为止，我们还没有找到很好的方法来解决这个问题。但是，受到噪声（对于**朝向统计直方图**）的光滑效果的启发，我们可以考虑：在匹配之前，先对**朝向统计直方图**进行人为的“光滑化”处理。等价的，我们可以将某一给定的**基本单元**与：和该给定**基本单元**对应的（典型物体模型的）**基本单元**所在的**邻域**内的加权平均值，进行匹配。同样，我们也可以将某一个曲面小块的贡献“分散”到多个**基本单元**中去，“分散”的依据是：基本单元的**法向量**和该“曲面小块”的**法向量**之间的接近程度。

为了确定物体的轴（即：物体的**朝向**），我们需要尝试使用多少种不同的朝向？要回答这个问题，首先，我们需要注意到：我们所得到的关于曲面**法向量**的估计结果是不准确的。因此，我们所求得的关于物体朝向的精度，不可能比我们所得到的曲面**法向量**的精度高多少，其次，我们需要考虑：球面剖分的精细程度，我们需要不断地进行尝试，直到所选择的**朝向**和物体的真实**朝向**足够接近，从而使得大多数的**基本单元**都对应起来。这意味着，我们大致需要进行 100 次左右的尝试。但是，注意：在这 100 多次尝试的过程中，我们只需要对其中很少的一部分情况进行**扩展 Gauss 图**的匹配，因为，其他的情况在**质心**匹配的过程中就已经被否决了。

在许多情况下，我们发现：在实际应用中，对物体的轴的估计精度在 5° 到 10° 之间。对于抓取物体的问题，这个精度已经足够好了。如果还需要更高的精度，那么，在得到对物体**朝向**的估计之后，我们可以继续使用**机械校准**方法。

18.12 针状图的二次投影

如果我们想要对两个**朝向统计直方图**进行比较，其中一个是：（通过实验方式）从**针状图**中得到的；而另一个是：通过**典型物体模型**生成的，那么，我们需要将这两个**朝向统计直方图**中相应的**基本单元**对齐。但是，当实验中得到**朝向统计直方图**发生旋转时，其**基本单元**和：典型物体模型的**朝向统计直方图**的基本单元，之间的**对齐**关系也将发生变化。这意味着，对于生成这两个**朝向统计直方图**的两组**法向量**，在我们将它们投影到（具有标准**朝向**的）**Gauss 球面**剖分结果上面去之前，我们必须对其中一个**朝向统计直方图**中的**法向量**进行“旋转”。，我们应该对由**典型物体模型**所生成的数据进行**二次投影**（而不是对实验数据进行该操作）。这是由于，对于**典型物体模型**，我们可以事先计算好：对**法向量**的**二次投影**结果，然后，再将结果直接存储起来。如果我们所选择的球面剖分方式具有如下性质，即：经过几次旋转以后，（所有的）**基本单元**又会再次对齐，那么，这可以极大地减少我们的工作量。具有这个性质的球面剖分结果，会大大地简化匹配过程，这是因为：此时，**朝向统计直方图**的某些旋转，只是对相应的**基本单元**的统计量进行**置换**。这也是我们对具有这个性质的球面剖分结果感兴趣的原因所在。

正多面体的各个面在经过：该多面体所对应的**连续旋转群**的**有限子群**的作用后，仍然是“整齐排列”的（即：**正多面体**在经过该**有限子群**的作用后，和原来的**正多面体**重合）。对于正四面体、正八面体和正十二面体，其对应的有限子群的个数分别为：12 、24 和 60 。五角化正二十面体（即：“足球”）是：基于正十二面体及其**对**

偶[①]的剖分结果，它所对应的**有限置换群**和正二十面体的**有限置换群**是相同的。对于足球，通过考虑其三种不同类型的**旋转轴**，我们可以很容易地列出所有的**旋转**，即：

- **五倍对称** —— 足球绕着：穿过球上的某一个**正五边形**的中心（和球心）的轴，是一个**五倍对称**。这为我们提供了 $(12/2) \times 4 = 24$ 种旋转。
- **三倍对称** —— 足球绕着：穿过球上的某一个**正六边形**的中心（和球心）的轴，是一个**三倍对称**。这为我们提供了 $(20/2) \times 2 = 20$ 种旋转。
- **两倍对称** —— 足球绕着：穿过球上的两个相邻的**正六边形**的公共边的中心（和球心）的轴，是一个**两倍对称**。这为我们提供了 $30/2 = 15$ 种旋转。

如果再加上（**有限置换群**中的）**单位元素**（即：不做任何旋转），我们总共得到了 60 种不同的旋转。在所有张成一个**旋转空间**的**有限子群**中，不存在：元素个数大于 60 的**有限子群**。如果要处理多于 60 个旋转的情况，那么，我们需要使用**二次投影**。

18.13 对偏离理想情况的矫正

在上面的分析中，我们所用到的一些“隐含”的假设，在实际应用中是不满足的。例如，我们假设：物体表面的**亮度**只依赖于物体表面的**朝向**，而不依赖于其在空间中的位置。当光源位于无穷远处时，这个假设是成立的，但是，在实际应用中，光源和物体表面之间的距离很近，因此，更符合实际情况的准则是：亮度和光源到物体表面的距离的平方成反比。通过对亮度进行**归一化**处理，我们可以将这个影响考虑进去。首先，我们使用三个光源中的每一个，逐一地对白色物体进行成像。通常情况下，使用所得到的**亮度分布**的**线性近似**，就可以得到足够的精度。我们通过一个：关于图像中的位置 x 和 y 的线性函数，就可以对：**光照不一致**所照成的影响，进行矫正。

还有更难处理的问题。由于光源在物体表面的附近，因此，对于物体表面上不同的点，入射光线的方向是不一样的。这意味着：我们

---

① 多面体的**对偶**是指：以该多面体的**面**的**中心**作为新的**顶点**，所形成的一个新的多面体，例如：正四面体的**对偶**是它本身，正方体的**对偶**是正八面体。— **译者注**

所计算的曲面**法向量**是不正确的。和**光照不一致**的影响比起来，这个问题更难处理，因此，对于找到这个问题的“显式”解决方案，我们并不抱太大的希望。

图像传感器并不是“完美”的，但是，基于**电荷耦合原件（CCD）**的相机具有很高的几何精度，同时，它对亮度的响应也是**线性**的。但是，传感器单元对光的**灵敏度**却不尽相同。由于半导体的缺陷，有些传感器单元对光的**灵敏度**会弱一些。我们首先使用不带镜头的相机对位于**光轴**上的点光源进行成像；然后，通过这些实验数据来对：传感器单元对光的**灵敏度**，进行建模；最后，再对所得到的亮度测量结果进行矫正。

另一种方法是，我们可以对每一个图像单元（即：像素点）的亮度测量结果进行**归一化**，即：让这些亮度除以所有亮度测量结果的和[①]。这样做可以消除：1) 传感器响应不一致的影响，2) 光照“波动”所造成的影响。此外，经过**归一化**处理以后，对于物体表面各个点的**反射率**的变化，系统将变得“不敏感”。通常情况下，物体表面各个点的**反射率**并不完全相同。确定反射率的实验需要大量的调试过程，其中包括：用机器臂来对零件进行粗略“操作”。我们使用**归一化**方法来处理：图像传感器的**灵敏度**的不一致问题，这个过程会自动地造成：物体表面**反射率**的“波动”变化。同时，会使得：对**阴影**和物体之间**相互照射**的检测变得更加困难。正如我们前面所看到的，对**阴影**和物体之间**相互照射**的检测，有助于图像的**分割**。

由于严重的噪声，以及，图像传感器的“缺陷”，或者，物体表面的污痕，因此，对于图像中的一些孤立点，**光度立体视觉**方法无法给它们赋予一个曲面**朝向**。我们可以找到这些孤立点，然后将它的曲面**朝向**赋为：该点周围的点的曲面**朝向**的平均值。之所以要去处理这个问题，其主要原因是：如果我们不对其进行处理，那么，在计算 **Euler 数**的过程中，“污点”会被当作一个“洞”。

在第 11.7.3 小节中，我们实现了一种**光度立体视觉**方法。在该方法中，通过一个基本假设（即：曲面**朝向**的变化是“几乎处处”光滑的），我们得到了：用于处理噪声的约束条件。然后，根据**变分**问题的解，我们得到了相应的迭代算法，用来处理含有严重噪声的情况，但是，这个算法的速度很慢。

[①]注意，我们使用的是**光度立体视觉**方法，因此，对于每一个像素点，有三个不同的测量结果，也就是说，在三种不同的光照条件下（或者，从三个不同的角度）所拍摄的三张图像。— **译者注**

18.14 选择要抓取的物体

一旦图像被分割为：物体的各个部分所对应的区域以后，我们必须决定：应该对哪个区域做进一步处理。所选择的区域应该对应于：这一堆物体中最上面的那一个，并且，这个物体被别的物体“挡住”的概率应该尽可能地小。之所以选择这样的图像区域，是为了使得：机器臂能够容易地抓取物体，并且保证：和**典型物体模型**的匹配效果足够好。我们也可以去优先考虑具有特定**朝向**的物体。这可能是由于：1) 它们更容易被“抓取”，或者，2) 系统对它们的**朝向**的判断更加精确。通过**光度立体视觉**方法，我们无法得到关于**绝对景深**的信息。因此，选择合适的物体并不是一个简单的问题。

我们可以使用一些“启发式”的方法，来从机器臂可以抓取的众多物体中选取一个。首先，如果物体没有被**遮挡**，那么，它所对应的图像区域应该尽可能地大。周长的平方与面积的比值，也可以用来估计图像区域的“伸展”量。我们可以使用：图像区域是否“伸展”得很厉害，来作为一个“线索”，从而推断：对应的物体是否很难被“抓取”。最后，**Euler 数**有时也是和这个问题相关的。对于：没有被遮挡的**圆环面**物体，除非**圆环面**的旋转对称轴相对于观测方向的倾斜程度很大，否则，**Euler 数**是零。

一旦确定了物体在空间中的**姿态**，我们的另一个任务是：如何去“抓取”物体。系统被“告知”：去“抓取”物体表面上的哪些点是最合适的。我们应该对“机器手”进行调整，使得它在“抓取”该物体的时候，不会影响到周围的物体。选择“抓取”物体表面相对比较“高”的点，对解决这个问题是有帮助的。这一点是可以做到的，因为，物体的**形状**和**姿态**都是已知的。同样，我们也应该调整机器臂，去避开那些和（被分析的图像区域的）周围区域相对应的物体。

我们不可能总是保证：物体能按照我们所计算的那样被“抓取”（特别是在缺少**绝对景深**信息的情况下）。在这种情况下，使用**“触觉”传感器**将有助于发现诸如：和相邻物体发生碰撞、没有抓住待“抓取”的物体等问题。如果出现了这些问题，最后的方法是：将机器臂移除“视野”范围，然后重新开始。另一个显著的问题是：零件被抓取的速率并不是一个常数，但是，通过使用机械缓冲方法，我们可以解决这个问题。

当场景中再没有需要被“抓取”的物体时，**针状图**（中的各个区域）将变得完全相同。同时，**图像分割**方法也继续无法从背景中分割出：一个**需要被关注的区域**。此时，系统会终止运行。

18.15 移动机器臂

相对于视觉部分来说，控制机器人的运动要简单一些。我们使用：1) **光度立体视觉**，2) **朝向统计直方图**的匹配，来确定：待抓取的物体在空间中的**姿态**。我们可以通过：找到我们感兴趣的区域的中心，来估计我们感兴趣的区域的位置。但是，我们应该避免使用二值图像处理技术，因为，区域的**轮廓**可能是非常粗糙的。通过**典型物体模型**和已知的物体**姿态**，我们可以计算出**针状图**；然后，通过**针状图**匹配，我们可以得到更加精确的物体位置信息。这个方法更好。

对于我们所感兴趣的物体表面部分，它所对应的图像区域的位置，（仅仅）确定了一条从相机"出发"的射线。由于**光度立体视觉**没有提供**绝对景深**信息，因此，我们无法确定：物体沿着这条射线（到相机）的距离。我们令机器臂从：一个高于物体所在平面的"安全距离"开始，沿着这条射线移动（如图 18.9 所示）。我们可以使用一个**"接触"感应器**来探测：机器臂是否接近物体。例如，我们可以使用：从机器手的一个"指头"射到另一个"指头"的红外线"光柱"，来判断：物体是否位于这两个"指头"之间。当物体位于两个"指头"之间时，机器手会重新调整其**姿态**，来和物体的**姿态**进行匹配，然后，机器手合拢，从而将物体抓起来。

18.16 "眼—手"坐标系之间的变换

为了让机器臂沿着从相机出发的一条射线运动，我们必须将：相对于相机而言的坐标，转换为：相对于机器臂而言的坐标。这个转换具有六个自由度，它可以表示为：一个**平动**再加上一个**转动**。直接使用：对相机**位置**和**姿态**的测量结果，我们无法以足够的精度来确定：两个坐标系之间的变换。要使机器臂经过：相机前面的一系列已知位置的点，并不是一件容易的事。于是，我们使用：机器臂的像在相机中的位置，来求解："眼—手"坐标系之间的变换所对应的参数。为了保证精度，我们所使用的测量结果，比所需要的测量结果的数目要多，然后，我们使用**最小二乘**方法来进行求解。

直到今天，开发一种识别和追踪机器臂的方法，仍然是很困难的。出于这个原因，我们让机器臂拿着一个**测量标记**，并且，该**测量标记**的图像是很容易被定位的（如图 18.10 所示）。这个**测量标记**实际上是一个 2×2 的棋盘结构。我们可以用很高的精度，来对：**测量标

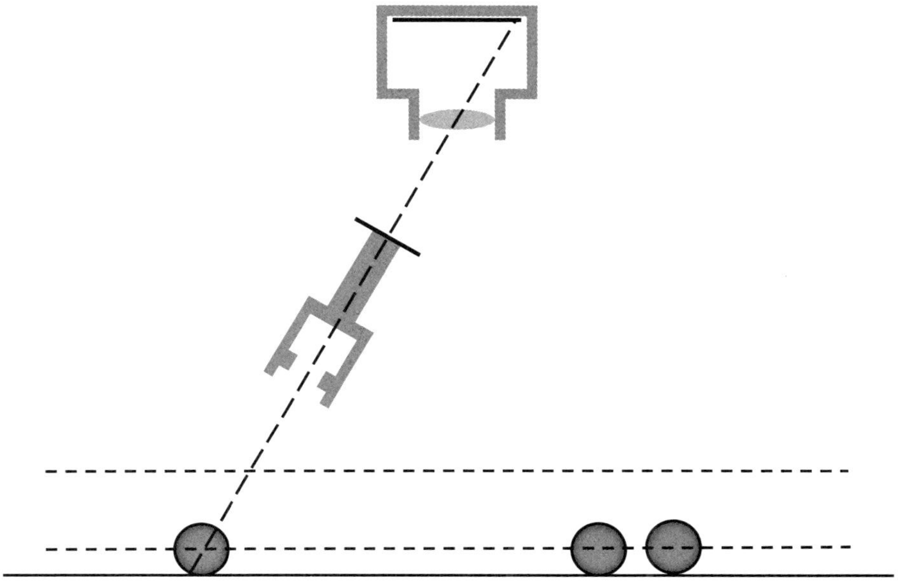

图 18.9 **光度立体视觉**方法无法提供**景深**信息，因此，一旦知道了物体的**姿态**，我们只能确定：物体位于哪一条（从相机出发的）射线上。机器臂将沿着这条射线进行搜索，直到**“接触”感知器**被触发。此时，机器手会重新调整其**朝向**，然后再抓取物体。

记中“亮的区域”和“暗的区域”之间的两条分界线的交点，进行定位。相机被安装在机器臂的上方，它可以有效地直接往下“看”。通过这种方式，我们可以使得像平面平行于：由机器人坐标系中的两个坐标轴所确定的平面（这个平面平行于：地平面）。在习题13.12中，我们对这种方法的许多细节进行了探索。为了简化问题，我们可以移动机器臂，逐一地经过这个平面上的一些点，从而确定：两个坐标系之间的变换。然后，我们在一个靠近相机的平面上，重复这个过程；该平面的高度选为：接近于机器臂工作区域的最大高度。通过这种方式，像平面上的每一个点，在这两个平面中都有一个对应的点。因此，这个过程定义了：机器臂空间中的一条射线（如图 18.9 所示）。

18.17 任意形状的物体

上面讨论的方法用到了一个事实，即：物体是一个旋转体。因

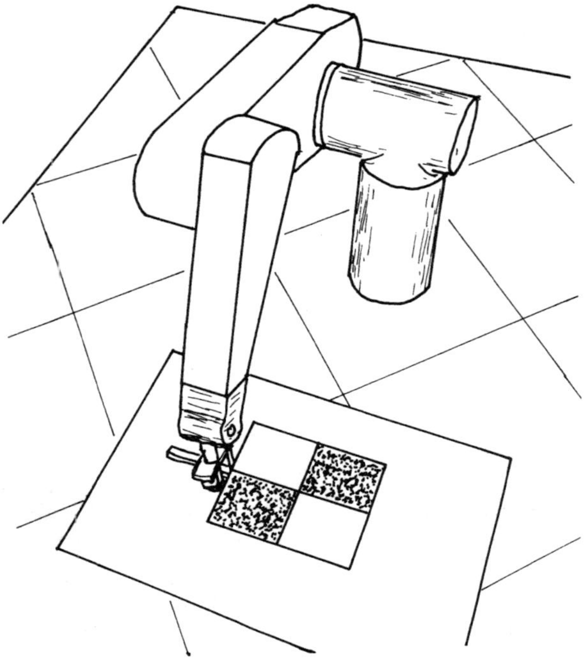

图 18.10　我们可以通过判断：机器臂所抓取的物体出现在图像中的什么位置，来确定：机器臂坐标系和相机坐标系之间的转换关系。我们选取的**测量标记**是特别容易识别的。最终，我们得到了：像平面和“工作台”平面之间的**仿射变换**。每一个图像点都对应于：一条连接这两个平面上的两个对应点的射线。

此，我们只需要恢复出：确定物体的**旋转对称轴**所需的两个自由度。我们用物体的**旋转对称轴**来表示：物体在空间中的**姿态**。对于一般情况，我们仍然可以使用：**扩展 Gauss 图**，但是现在，物体的**姿态**具有三个自由度。考虑这个问题的一种方法是：物体可以绕着任意一个轴旋转任意的一个角度。我们需要使用两个参数来确定轴的方向，此外，还需要用另一个参数来表示：物体绕着轴所转过的角度。这意味着：匹配过程要复杂一些。我们必须去试验：大量“潜在”的匹配方案。我们可以使用类似的滤波操作，来排除这些潜在的匹配方案中的绝大多数情况。

我们可以对上面所说的方法进行简单扩展，从而对：物体不是旋转体的情况，进行处理。我们再次使用：使得可见半球面的**质量分布**

具有最小**转动惯量**的轴，来减少自由度。剩下的问题是：确定观测方向。我们可以使用球面上的点，来具体指定：一个可能的方向。我们使用尽可能均匀的方式，来对球面进行**采样**。我们可以使用：解决**朝向统计直方图**问题时所采用的方法，来实现对球面的近似均匀剖分。

你可能会觉得：较之于“爬山法”及其类似方法，我们这里所提出的：**空间姿态**搜索方法，其效率不够高。所谓“爬山法”是指：我们可以通过一些简单的方式，例如，首先考虑：正二十面体的60种转动，从而首先得到：对物体**姿态**的一个粗糙估计；然后，再使用这个估计结果作为初始值，进行迭代计算；在每一步的迭代计算中，我们通过：对物体的**姿态**进行细微的调节，从而不断地提高匹配效果。但是，这个方法并不可行，这是因为：除非我们对物体**姿态**估计接近于物体的真实姿态，否则，匹配结果不会得到很大提高。

18.18 结论

在这一章中，我们研究了一个机器视觉系统，它被用于指导机器臂从一堆物体中，将物体一个一个地抓取出来。图 18.11 所展示的是实现这个任务的演示图。这几张图是从完整的演示图序列中选取出来的。这个系统的输入是：在不同的光照条件下（由同一个相机）拍摄的多张图像。从这些图像中，我们可以计算出一个**针状图**。根据针状图，我们可以估计出物体表面“小块”的**朝向**。这些“小块”的**朝向**被逐一地用于计算**朝向统计直方图**。而朝向统计直方图是**扩展 Gauss 图**的离散近似。实验中所得到的**朝向统计直方图**被用于：和计算机所存储的（典型物体模型的）**朝向统计直方图**进行比较。这些事先存储的**朝向统计直方图**是根据物体的**典型(几何)模型**计算出来的。通过这种方法，我们得到了物体在空间中的**姿态**。于是，机器臂可以沿着空间中的一条射线移动，从而去抓取物体。

但是，这里所描述的实验系统，其速度并不是特别快。我们没有找到什么很好的“加速”方法，因为，系统中所有的计算都是很简单的，其中大部分计算都是通过“查表”来实现的。我们也可以搭建出：针对特殊任务的硬件，来加速**匹配过程**。由于**匹配**只是一个计算**相关性**的过程，因此，不需要使用太复杂的硬件结构。

本章中所提出的方法，对于：物体的识别以及对物体**姿态**的判断，似乎是鲁棒的。比起其他一些方法，例如，基于物体的某些**特征**的识别方法，我们所提出的方法的效果要好一些。我们给定的条件是：每个物体区域所对应的像素点的个数只有几千个；而那些基于物

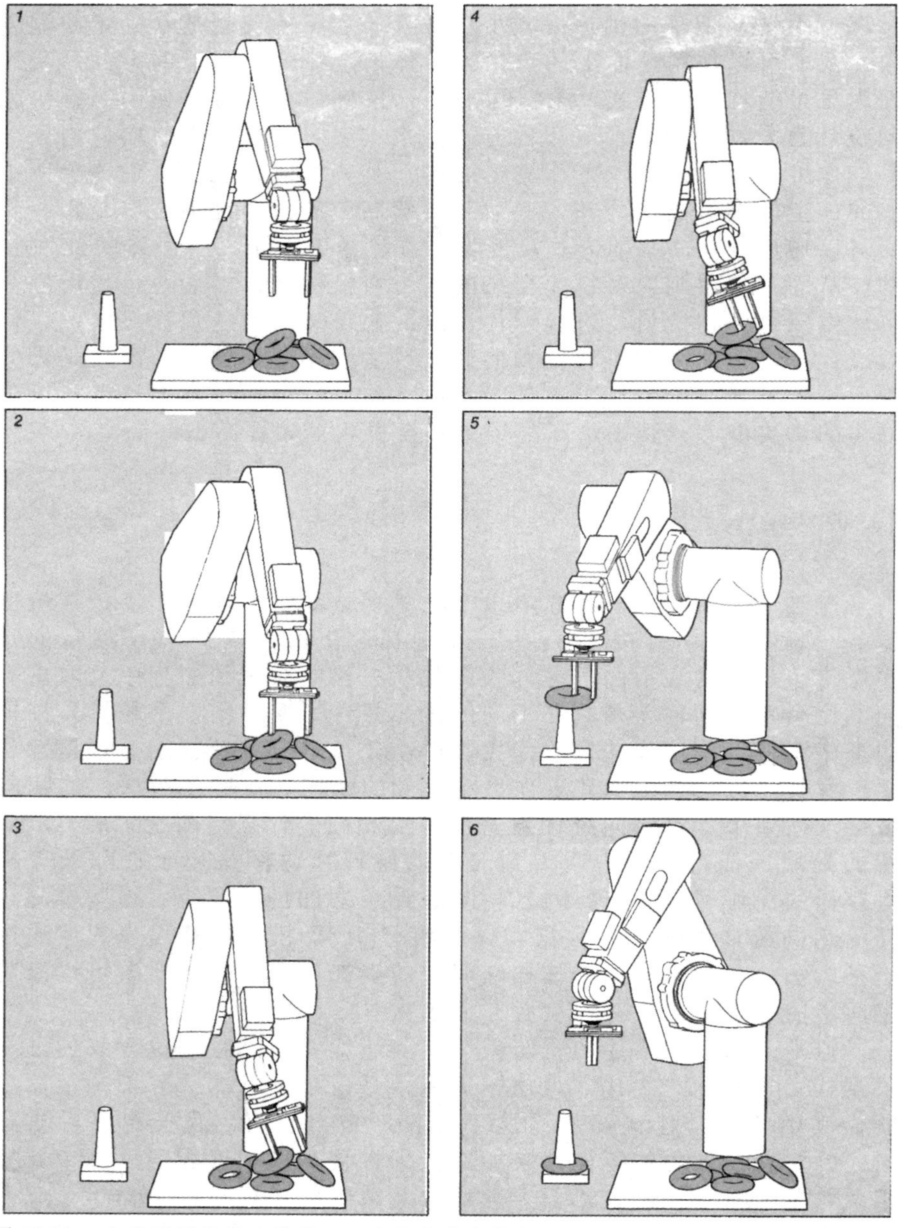

图 18.11　本序列图所展示的是：一个由**光度立体视觉**系统所指引的机器臂，从一堆物体中，将物体一个一个地抓取出来的过程。

体**特征**的识别和处理方法，光是**特征**就需要（用到）几千个像素点，因此，使用这些方法时，整个物体所“占据”的像素点的数目，比我们的方法要多很多。

通过求一阶偏导数，我们可以从**深度图**中计算出**针状图**。因此，我们这里所提出的方法，也可以用于：其他类型的曲面信息，例如，通过**激光测距仪**得到的**深度图**。我们没有使用激光测距仪，这是由于：激光测距仪目前仍然很贵，并且，速度很慢。当然，我们也可以使用：通过**双目视觉**（方法）所得到的**深度图**，来作为系统的输入。

18.19 结束语

在本章中，我们将本书所探索的许多方法结合在了一起。我们强调了：关于**表示**和**约束**的问题。通过这个从容器中抓取零件的系统，我们看到了：如果在简单**启发式方法**的基础上，我们再向前迈出一步，那么，一个具有**鲁棒性**的实用机器视觉系统就可以被设计出来。这个系统成功的关键在于：**光度立体视觉**、**扩展 Gauss 图**和**对旋转空间的均匀采样**等概念。本章所描述的处理过程提供了：解决机器视觉问题的一个新方法。该方法基于对**物理成像模型**的细致分析，并且，将机器视觉看作一个**逆问题**。这只是一个开始，还有许多东西有待于进一步地了解和学习。

18.20 本章参考文献

在 Dodd 和 Rossol 的著作《*Computer Vision and Sensor-Based Robots*》[1979] 以及 Pugh 的著作《*Robot Vision*》[1983] 中，探索了：将机器视觉应用于机器人的问题。

关于多面体的问题，请参见：Fejes Toth 所写的《*Regular Figures*》[1964]、Coxeter 所写的《*Regular Polyhedra*》[1973] 以及 Pearce 兄弟所写的《*Polyhedra Primer*》[1978]。Hamilton 在他的两卷著作《*Elements of Quaternions*》[1899] 中，非常详细地讨论了：关于四元数的问题。

一直以来，通过设计和开发各种方法来对容器中的一堆零件进行处理的问题，就不断引起人们的兴趣。文献 Kelley 等 [1982] 描述了：一种使用视觉信息对圆柱形物体进行处理的方法（文献 Kelley [1982] 请在“本书参考文献”中查找）。文献 Bolles, Horaud 和 Hannah [1982] 描述了：另外一种自动确定零件朝向的方法。Ikeuchi 和Horn 在 1984年 首次提出了：使用光度立体视觉、扩展 Gauss 图、旋转空间的近似均匀采样，来解决这个问题。同年，Ikeuchi 和 Horn 在《*Scientific American*》上发表了一篇备受关注的文章，详细地解释了这种方法的一些细节。

在第 13 章的最后部分，我们介绍了：Nishihara 所设计的二值化**相关关系**立体视觉系统（文献 Nishihara [1983]）。我们将该系统用于：本章所介绍的零件抓取系统的后期视觉中，以获得绝对景深信息；本章中，我们已经讨论过：单纯使用光度立体视觉系统，是无法获得绝对景深信息的。在 Ikeuchi 等（文献 Ikeuchi [1984]）的报告中，也谈到了这一点。Ikeuchi（文献 Ikeuchi [1985]）最近设计了一个双目视觉系统，来对：使用两个光度立体视觉系统所得到的针状图，进行匹配。最后，文献 Little [1985] 中提出了混合体积的概念，使用这个概念，我们可以更好地对朝向统计直方图进行匹配。顺便说一下，混合体积就是：文献 Lozano-Pérez[1983] 中所说的：**"配置空间"中的障碍物**，文献 Lozano-Pérez[1983]将其用于：机器人的运动规划问题。

Salamin 在 1979 年的一篇内部报告（文献 Salamin [1979]）中，明确地指出了：使用单位四元数来表示旋转的优势，以及，单位四元数方法和其他一些旋转表示方法之间的关系。文献 Taylor [1979] 年提出了：使用四元数来对机器人的运动进行规划。文献 Canny [1984] 将四元数应用于：对运动的多面体物体进行碰撞检测。

18.21 习题

习题 18.1 本题中，我们重新回顾：如何确定一个给定的物体模型的**朝向统计直方图**。假设，我们用参数 u 和 v 来"定位"：物体表面上的点。我们可以将：u 的取值范围划分为 n 个区间，每个区间的宽度为 δu；同时，将 v 的取值范围划分为 m 个区间，每个区间的宽度为 δv。我们对各个物体表面"小块"逐一地进行处理，然后，再对处理结果进行累加，从而得到：**朝向统计直方图**。为了做到这一点，我们必须知道：1) 每一个"小块"的法向量，2) 该"小块"的面积。

(a) 证明："小块"的单位法向量为：

$$\widehat{\boldsymbol{n}} = \frac{\boldsymbol{r}_u \times \boldsymbol{r}_v}{|\boldsymbol{r}_u \times \boldsymbol{r}_v|} \tag{18.12}$$

其中，$\boldsymbol{r}_u$ 和 $\boldsymbol{r}_v$ 分别表示：向量 $\boldsymbol{r} = (x, y, z)^T$ 关于 u 和 v 的一阶偏导数（注意，x、y 和 z 都是：关于 u 和 v 的函数）。

(b) 证明：曲面小块的面积为：

$$\delta O = |\boldsymbol{r}_u \times \boldsymbol{r}_v| \delta u \delta v \tag{18.13}$$

习题 18.2 **扩展 Gauss 图**的可见半球的**质心**位于：可见半球和不可见半球之间的**分界面**的“上方”，也就是说，偏向可见半球的方向。请证明：**质心**到分界面的距离乘以质心的质量，等于：观测者可以看见的物体表面的**透视面积**。同时证明：质心处的质量等于物体可见表面的实际面积。

习题 18.3 我们可以使用**双目视觉**系统，来对本章所讨论的“零件抓取”系统进行改进和提高。请综合考虑：速度、复杂度、成本等因素，来进行具体分析。

习题 18.4 我们是否可以使用**光度立体视觉**系统来得到：物体在空间中的**姿态**和**绝对景深**？请用这种方法和上一题中的方法进行比较。

习题 18.5 我们用 $\mathring{p}$、$\mathring{q}$ 和 $\mathring{r}$ 来表示3个**四元数**，请证明如下结论：

(1) $(\mathring{p}\mathring{q})^* = \mathring{q}^*\mathring{p}^*$

(2) $(\mathring{p}\mathring{q}) \cdot (\mathring{p}\mathring{q}) = (\mathring{p} \cdot \mathring{p})(\mathring{q} \cdot \mathring{q}) = (\mathring{q} \cdot \mathring{p})(\mathring{q} \cdot \mathring{p})$

(3) $(\mathring{p}\mathring{q}) \cdot (\mathring{p}\mathring{r}) = (\mathring{p} \cdot \mathring{p})(\mathring{q} \cdot \mathring{r})$

习题 18.6 我们可以使用**四元数** $\mathring{q}$ 来确定一个旋转（其中，$\mathring{q}$ 的定义为：式(18.2)）。请证明：从向量 $\boldsymbol{x}$ 到向量 $\boldsymbol{x}'$ 的旋转可以被表示为

$$\boldsymbol{x}' = (q^2 - \mathbf{q} \cdot \mathbf{q})\boldsymbol{x} + 2q\mathbf{q} \times \boldsymbol{x} + 2(\mathbf{q} \cdot \boldsymbol{x})\mathbf{q} \tag{18.14}$$

比较式(18.14)和 **Rodrigues 公式**，即：

$$\boldsymbol{x}' = (\cos\theta)\boldsymbol{x} + (\sin\theta)\boldsymbol{\omega} \times \boldsymbol{x} + (1 - \cos\theta)(\boldsymbol{\omega} \times \boldsymbol{x})\boldsymbol{\omega} \tag{18.15}$$

证明：式(18.14)和下式：

$$\boldsymbol{x}' = \boldsymbol{x} + 2q\mathbf{q} \times \boldsymbol{x} - 2(\mathbf{q} \times \boldsymbol{x}) \times \mathbf{q} \tag{18.16}$$

是等价的。注意：使用式(18.16)来进行计算，我们所需用到代数操作，比使用式(18.14)要少一些。
提示：使用附录中的向量恒等式。

习题 18.7 我们用 q_0、q_1、q_2 和 q_3 来分别表示：**单位四元数** $\mathring{q}$ 的四个元素。其中，q_0 是：四元数的**标量部分**；而 $\mathbf{q} = (q_1, q_2, q_3)^T$ 是：四元

数的**向量部分**。请证明：与 $\mathring{q}$ 等效的、用来表示旋转的**正交矩阵**为

$$
\boldsymbol{R} = \begin{pmatrix} q_0^2+q_1^2-q_2^2-q_3^2 & 2(-q_0q_3+q_1q_2) & 2(q_0q_2+q_1q_3) \\ 2(q_0q_3+q_1q_2) & q_0^2-q_1^2+q_2^2-q_3^2 & 2(-q_0q_1+q_2q_3) \\ 2(-q_0q_2+q_1q_3) & 2(q_0q_1+q_2q_3) & q_0^2-q_1^2-q_2^2+q_3^2 \end{pmatrix} \tag{18.17}
$$

给定**正交矩阵** $\boldsymbol{R}$ 以后，如何恢复出**四元数** $\mathring{q}$?

习题 18.8 本章中，我们通过使用：（类似于）求**相关性**的方法，来实现：**扩展 Gauss 图**的匹配。通过求**相关性**来实现匹配的这类方法，本身就存在着许多问题。本题中，我们考虑使用另外一种方法。我们将两个物体 A 和 B 的**混合**定义为：一个“等价的”物体 $C = A \oplus B$，也就是说，物体 C 的**扩展 Gauss 图** G_C 等于：物体 A 和 B 的**扩展 Gauss 图** G_A 与 G_B 的和，即：$G_C = G_A + G_B$。现在，我们令：B 为 A 经过旋转所得到的结果，也就是说，$B = R_{\mathring{p}}(A)$。那么，G_C 的“体积”是：一个关于 B 相对于 A 的**姿态** $\mathring{p}$ 的函数。可以证明：当 B 和 A 对齐（即：$\mathring{p} = 1$）的时候，G_C 的“体积”取得最小值。请设计一种方法，来计算 G_C 的体积，并且，进一步确定物体的**姿态**。

提示： 使用习题 16.9 的解来建立模型。

提醒： 这是一个很大的工程。

附录：一些有用的数学工具

本附录所包含的是：对本书中用到的数学工具的一个简明回顾。我们首先讨论：求解平面上和球面上的三角形。然后，我们介绍了一些关于向量操作的内容。这些内容包括：1) 向量方程组的求解方法，以及，2) 对向量和矩阵求导的一些约定。再然后，我们介绍了：求解线性系统的**最小二乘方法**。紧接着，我们回顾了最优化方法，包括：1) 含有有约束条件的最优化方法，2) 不含有无约束条件的最优化方法。最后，本附录结束于对**变分法**的介绍。

A.1 求解三角形

假设一个平面三角形的三条边分别为：a，b 和 c。和这三条边相对的三个角分别为：A、B 和 C（如图 A.1(a) 所示）。该三角形的外接圆的直径等于：三角形的边长除以该边所对的角的正弦值。因为这个结论对于三条边都成立，因此，我们有：

$$\frac{a}{\sin A} = \frac{b}{\sin B} = \frac{c}{\sin C} \tag{A.1}$$

这就是著名的**正弦定律**。下面给出**余弦定律**，即：

$$a^2 = b^2 + c^2 - 2bc\cos A \tag{A.2}$$

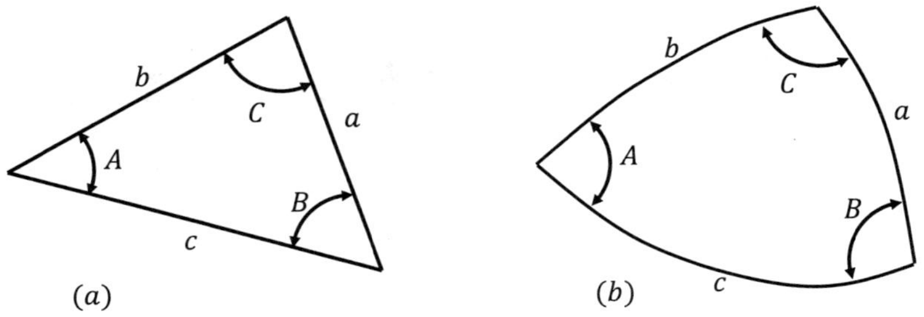

图 A.1　(a) 平面三角形；(b) 球面三角形。

通过对 a、b、c 以及 A、B、C 同时进行**循环置换**①，我们可以得到：另外两个相似的公式。**投影定理**的内容为：

$$c = a\cos B + b\cos A \tag{A.3}$$

此外，还有许多其他的有用定理，但是，通常我们只需要记住这三个定理。如果需要，其他的定理可以通过这三个定理推导出来。

三角形的面积可以被表示为：

$$S = \frac{1}{2}ab\sin C \tag{A.4}$$

球面三角形是一个球面上的图形，它的三条边分别是：球的三个大圆②上的圆弧（如图 A.1(b) 所示）。假设三个圆弧相交所形成的三个角分别为：A、B 和 C。对于单位球，球面三角形的某一条边的长度，等于该圆弧所对应的圆心角（圆心即为球心）。令球面三角形的三条边分别为：a、b 和 c。对于球面三角形，其正弦定律为③：

$$\frac{\sin a}{\sin A} = \frac{\sin b}{\sin B} = \frac{\sin c}{\sin C} \tag{A.5}$$

球面三角形关于边的余弦定律为：

$$\cos a = \cos b\cos c + \sin b\sin c\cos A \tag{A.6}$$

而关于角的余弦定律为：

$$\cos A = -\cos B\cos C + \sin B\sin C\cos a \tag{A.7}$$

①所谓“循环置换”，就是将式(A.2)中的 a 换成 b；b 换成 c；c 换成 a。对于三个角 A、B 和 C，也是执行相同的操作。— **译者注**

②如果平面和球面相交，其相交曲线为圆，如果该平面经过球心，那么所得到的圆被称为大圆。— **译者注**

③这里的 a、b、c 都是圆弧，对圆弧求正弦看起来很似乎奇怪。因此，这里的 $\sin a$ 是指：对圆弧 a 所对的圆心角求正弦。— **译者注**

还有所谓的**相似公式**，即：

$$\sin a\cos B=\cos b\sin c-\sin b\cos c\cos A \tag{A.8}$$

通过对 a、b、c 以及 A、B、C 同时进行循环置换，我们还可以分别得到：关于式(A.6)、(A.7) 和(A.8)的另外两个类似的公式（如果需要，我们可以通过这些定律推导出其他的关系。）

有时候，要确定一个角位于哪个象限是很难的。**象限定律**，即：$(A+B)/2$ 与 $(a+b)/2$ 位于同一象限，解决了这个问题。最后，我们需要注意的是：球面三角形的面积为

$$S_R=R^2\epsilon \tag{A.9}$$

这里，R 表示球的半径，而 $\epsilon=A+B+C-\pi$ 被称为：**球面盈角**（其单位为弧度）。

A.2 向量操作

我们假设读者已经熟悉：向量的加法、数乘、点积和叉积的性质。我们用粗体表示向量。通常，我们处理的是列向量，因此，如果要写成行向量，我们需要使用转置，转置用上标“^{T}”来表示。

A.2.1 更复杂的向量乘积

向量**三重积**的定义如下：

$$[\mathbf{a}\,\mathbf{b}\,\mathbf{c}]=\mathbf{a}\cdot(\mathbf{b}\times\mathbf{c})=(\mathbf{a}\times\mathbf{b})\cdot\mathbf{c} \tag{A.10}$$

这个结果的**模长**和向量的排列次序无关，因为，它表示的是：由这三个向量所定义的平行六面体的体积。如果向量 $\mathbf{a}$、$\mathbf{b}$、$\mathbf{c}$ 具有相同的循环次序①，那么，无论它们如何排列，其**向量三重积**的结果都相同。如果三个向量位于一个平面中，那么它们是**线性相关**的，对于这种情况，其三重积为零。下面是另外一个关于复杂的向量乘积的恒等式：

$$\mathbf{a}\times(\mathbf{b}\times\mathbf{c})=(\mathbf{c}\cdot\mathbf{a})\mathbf{b}-(\mathbf{a}\cdot\mathbf{b})\mathbf{c} \tag{A.11}$$

$$(\mathbf{a}\times\mathbf{b})\times\mathbf{c}=(\mathbf{c}\cdot\mathbf{a})\mathbf{b}-(\mathbf{b}\cdot\mathbf{c})\mathbf{a} \tag{A.12}$$

因此，我们可以得到：

$$((\mathbf{a}\times\mathbf{b})\times\mathbf{c})\cdot\mathbf{d}+((\mathbf{b}\times\mathbf{c})\times\mathbf{a})\cdot\mathbf{d}+((\mathbf{c}\times\mathbf{a})\times\mathbf{b})\cdot\mathbf{d}=0 \tag{A.13}$$

①所谓“相同的循环次序”，是指：按照我们前面所介绍的**循环置换**的方法，交换其次序，即：$[\mathbf{a}\,\mathbf{b}\,\mathbf{c}]=[\mathbf{b}\,\mathbf{c}\,\mathbf{a}]=[\mathbf{c}\,\mathbf{a}\,\mathbf{b}]$。— **译者注**

$$\mathbf{a}\times(\mathbf{b}\times(\mathbf{c}\times\mathbf{d}))=(\mathbf{b}\cdot\mathbf{c})(\mathbf{d}\times\mathbf{a})-(\mathbf{b}\cdot\mathbf{d})(\mathbf{c}\times\mathbf{a}) \tag{A.14}$$

$$(\mathbf{a}\times\mathbf{b})\cdot(\mathbf{c}\times\mathbf{d})=(\mathbf{c}\cdot\mathbf{a})(\mathbf{b}\cdot\mathbf{d})-(\mathbf{d}\cdot\mathbf{a})(\mathbf{b}\cdot\mathbf{c}) \tag{A.15}$$

通过这些结果，我们可以进一步得到：

$$(\mathbf{a}\times\mathbf{b})\cdot(\mathbf{c}\times\mathbf{d})+(\mathbf{b}\times\mathbf{c})\cdot(\mathbf{a}\times\mathbf{d})+(\mathbf{c}\times\mathbf{a})\cdot(\mathbf{b}\times\mathbf{d})=0 \tag{A.16}$$

$$|\mathbf{a}\times\mathbf{b}|^2=|\mathbf{a}|^2|\mathbf{b}|^2-(\mathbf{a}\cdot\mathbf{b})^2 \tag{A.17}$$

注意，上式始终为非负值。同时，我们可以得到如下等式：

$$(\mathbf{a}\times\mathbf{b})\times(\mathbf{c}\times\mathbf{d})=[\mathbf{d}\ \mathbf{a}\ \mathbf{b}]\mathbf{c}-[\mathbf{a}\ \mathbf{b}\ \mathbf{c}]\mathbf{d} \tag{A.18}$$

$$(\mathbf{a}\times\mathbf{b})\times(\mathbf{c}\times\mathbf{d})=[\mathbf{c}\ \mathbf{d}\ \mathbf{a}]\mathbf{b}-[\mathbf{b}\ \mathbf{c}\ \mathbf{d}]\mathbf{a} \tag{A.19}$$

从这个结果，我们可以得到：

$$[(\mathbf{a}\times\mathbf{b})\ (\mathbf{c}\times\mathbf{d})\ (\mathbf{e}\times\mathbf{f})]=[\mathbf{d}\ \mathbf{a}\ \mathbf{b}][\mathbf{c}\ \mathbf{e}\ \mathbf{f}]-[\mathbf{a}\ \mathbf{b}\ \mathbf{c}][\mathbf{d}\ \mathbf{e}\ \mathbf{f}] \tag{A.20}$$

于是，我们得到：

$$[(\mathbf{a}\times\mathbf{b})\ (\mathbf{b}\times\mathbf{c})\ (\mathbf{c}\times\mathbf{a})]=[\mathbf{a}\ \mathbf{b}\ \mathbf{c}]^2 \tag{A.21}$$

对于任意一个给定的向量$\mathbf{d}$，我们可以用任意三个独立向量$\mathbf{a}$、$\mathbf{b}$和$\mathbf{c}$来对表向量$\mathbf{d}$，即：

$$[\mathbf{a}\ \mathbf{b}\ \mathbf{c}]\mathbf{d}=[\mathbf{b}\ \mathbf{c}\ \mathbf{d}]\mathbf{a}+[\mathbf{d}\ \mathbf{c}\ \mathbf{a}]\mathbf{b}+[\mathbf{d}\ \mathbf{a}\ \mathbf{b}]\mathbf{c} \tag{A.22}$$

我们可以用这个不等式来求解线性向量方程。

A.2.2 求解向量方程

假设我们已知：向量$\boldsymbol{x}$与三个已知向量$\mathbf{a}$、$\mathbf{b}$和$\mathbf{c}$的内积，即：

$$\mathbf{a}\cdot\boldsymbol{x}=\alpha,\quad \mathbf{b}\cdot\boldsymbol{x}=\beta,\quad 和\quad \mathbf{c}\cdot\boldsymbol{x}=\gamma \tag{A.23}$$

我们想要求出向量$\boldsymbol{x}$。向量$\boldsymbol{x}$可以表示为：三个独立向量的**线性组合**。为了便于求解$\boldsymbol{x}$，我们将这三个独立向量选为：由向量$\mathbf{a}$、$\mathbf{b}$和$\mathbf{c}$两两配对所计算出来的**叉积**，即：

$$\boldsymbol{x}=u(\mathbf{b}\times\mathbf{c})+v(\mathbf{c}\times\mathbf{a})+w(\mathbf{a}\times\mathbf{b}) \tag{A.24}$$

而不是直接选用向量$\mathbf{a}$、$\mathbf{b}$和$\mathbf{c}$。我们剩下的任务是：确定参数u、v和w。通过计算：式(A.24)中的$\boldsymbol{x}$分别和$\mathbf{a}$、$\mathbf{b}$、$\mathbf{c}$的内积，我们可以得到：

$$u[\mathbf{a}\ \mathbf{b}\ \mathbf{c}]=\alpha,\quad v[\mathbf{a}\ \mathbf{b}\ \mathbf{c}]=\beta,\quad w[\mathbf{a}\ \mathbf{b}\ \mathbf{c}]=\gamma \tag{A.25}$$

于是，我们可以得到：

$$\boldsymbol{x} = \frac{1}{[\mathbf{a}\,\mathbf{b}\,\mathbf{c}]}(\alpha(\mathbf{b}\times\mathbf{c}) + \beta(\mathbf{c}\times\mathbf{a}) + \gamma(\mathbf{a}\times\mathbf{b})) \tag{A.26}$$

如果我们注意到[①]：

$$[\mathbf{a}\,\mathbf{b}\,\mathbf{c}]\boldsymbol{x} = (\mathbf{b}\times\mathbf{c})(\mathbf{a}\cdot\boldsymbol{x}) + (\mathbf{c}\times\mathbf{a})(\mathbf{b}\cdot\boldsymbol{x}) + (\mathbf{a}\times\mathbf{b})(\mathbf{c}\cdot\boldsymbol{x}) \tag{A.27}$$

那么，我们同样可以得到式(A.26)。

通过上面的方法，我们求得了：含有三个未知数的三个线性方程组的解。这个结果可以被用于计算：以 $\mathbf{a}^T$、$\mathbf{b}^T$ 和 $\mathbf{c}^T$ 作为行向量的矩阵 $\mathbf{M}$ 的逆。矩阵 $\mathbf{M}$ 为：

$$\mathbf{M} = \begin{pmatrix} \mathbf{a}^T \\ \mathbf{b}^T \\ \mathbf{c}^T \end{pmatrix} \tag{A.28}$$

矩阵 $\mathbf{M}$ 的**行列式**为 $[\mathbf{a}\,\mathbf{b}\,\mathbf{c}]$。根据前面的结果，矩阵 $\mathbf{M}$ 的逆的列向量为：由 $\mathbf{a}$、$\mathbf{b}$ 和 $\mathbf{c}$ 两两配对所计算出来的**叉积**再除以 $\mathbf{M}$ 的行列式，即：

$$\mathbf{M}^{-1} = \frac{1}{[\mathbf{a}\,\mathbf{b}\,\mathbf{c}]}\left((\mathbf{b}\times\mathbf{c})\ (\mathbf{c}\times\mathbf{a})\ (\mathbf{a}\times\mathbf{b})\right) \tag{A.29}$$

通过上式和矩阵 $\mathbf{M}$ 相乘，我们可以轻易地验证这个结果。如果我们考虑的是：矩阵 $\mathbf{M}$ 的列，而不是其行，那么，我们同样可以得到：一个关于 $\mathbf{M}^{-1}$ 的类似的形式。

我们现在来考虑向量方程。给定一个向量方程：

$$\lambda\boldsymbol{x} + \boldsymbol{x}\times\mathbf{a} = \mathbf{b} \tag{A.30}$$

我们想求上式中的 $\boldsymbol{x}$。可以证明[②]：

$$\lambda(\mathbf{b} - \lambda\boldsymbol{x}) + \lambda^{-1}(\mathbf{b}\cdot\mathbf{a})\mathbf{a} - |\mathbf{a}|^2\boldsymbol{x} = \mathbf{b}\times\mathbf{a} \tag{A.31}$$

其中，$|\mathbf{a}|^2 = \mathbf{a}\cdot\mathbf{a}$。因此，

$$\boldsymbol{x} = \frac{\lambda\mathbf{b} + \lambda^{-1}(\mathbf{b}\cdot\mathbf{a})\mathbf{a} - \mathbf{b}\times\mathbf{a}}{\lambda^2 + |\mathbf{a}|^2} \tag{A.32}$$

对于另一个向量方程：

$$\lambda\boldsymbol{x} + (\boldsymbol{x}\cdot\mathbf{b})\mathbf{a} = \mathbf{c} \tag{A.33}$$

---

① 我们很容易验证这个结论，式(A.27) 中的等号两边分别和 $\mathbf{a}$ 做内积，所得到的结果都是 $[\mathbf{a}\,\mathbf{b}\,\mathbf{c}](\mathbf{a}\cdot\boldsymbol{x})$。同理，式(A.27)中的等号两边分别与 $\mathbf{b}$ 和 $\mathbf{c}$ 做内积，我们可以得到另外两组相等的表达式。这说明，式(A.27) 中等号两边的两个向量在 $\mathbf{a}$、$\mathbf{b}$ 和 $\mathbf{c}$ 上的投影分别对应相等，因此，这两个向量相等，也就是说，式(A.27)成立。— **译者注**

② 式(A.31) 的证明：式(A.30) 中，等式两边同时和 $\mathbf{a}$ 做叉积，可以得到：$\lambda\boldsymbol{x}\times\mathbf{a} + (\boldsymbol{x}\times\mathbf{a})\times\mathbf{a} = \mathbf{b}\times\mathbf{a}$；由式(A.12)，上式可以被写为：$\lambda\boldsymbol{x}\times\mathbf{a} + (\boldsymbol{x}\cdot\mathbf{a})\mathbf{a} - (\mathbf{a}\cdot\mathbf{a})\boldsymbol{x} = \mathbf{b}\times\mathbf{a}$。式(A.30)中等号两边的项同时和 $\mathbf{a}$ 做点积，我们可以得到：$\boldsymbol{x}\times\mathbf{a} = \mathbf{b} - \lambda\boldsymbol{x}$ 和 $\boldsymbol{x}\cdot\mathbf{a} = \lambda^{-1}\mathbf{b}\cdot\mathbf{a}$。将 $\boldsymbol{x}\times\mathbf{a}$ 和 $\boldsymbol{x}\cdot\mathbf{a}$ 的表达式代入，即可得到式(A.31)。— 译者注

我们想求上式中的$\boldsymbol{x}$。上式等号两边同时和$\mathbf{b}$做点积，我们可以得到：

$$(\boldsymbol{x}\cdot\mathbf{b})(\lambda+\mathbf{a}\cdot\mathbf{b})=\mathbf{c}\cdot\mathbf{b} \tag{A.34}$$

因此，如果$\lambda+\mathbf{a}\cdot\mathbf{b}\neq 0$，那么，

$$\boldsymbol{x}\cdot\mathbf{b}=-\frac{\mathbf{c}\cdot\mathbf{b}}{\lambda+\mathbf{a}\cdot\mathbf{b}} \tag{A.35}$$

将式(A.35)代入式(A.33)，我们可以得到：

$$\boldsymbol{x}=\frac{1}{\lambda}\left(\mathbf{c}-\mathbf{a}\frac{\mathbf{c}\cdot\mathbf{b}}{\lambda+\mathbf{a}\cdot\mathbf{b}}\right) \tag{A.36}$$

让我们来考虑下一个问题，已知：1) 向量$\boldsymbol{x}$的模长，以及，2) $\boldsymbol{x}$和向量$\mathbf{a}$和$\mathbf{b}$的内积，即：

$$\boldsymbol{x}\cdot\mathbf{a}=\alpha;\quad \boldsymbol{x}\cdot\mathbf{b}=\beta;\quad \text{和}\quad \boldsymbol{x}\cdot\boldsymbol{x}=\gamma \tag{A.37}$$

我们要求解向量$\boldsymbol{x}$。我们知道：如果$\mathbf{a}$不平行于$\mathbf{b}$，那么，$\mathbf{a}$、$\mathbf{b}$和$\mathbf{a}\times\mathbf{b}$是**线性无关**的。因此，未知向量$\boldsymbol{x}$可以被表示为：

$$\boldsymbol{x}=u\mathbf{a}+v\mathbf{b}+w(\mathbf{a}\times\mathbf{b}) \tag{A.38}$$

我们可以通过下式[①]（令上式中的$\boldsymbol{x}$分别与$\mathbf{a}$和$\mathbf{b}$做内积）：

$$\begin{aligned} u(\mathbf{a}\cdot\mathbf{a})+v(\mathbf{a}\cdot\mathbf{b})&=\alpha \\ u(\mathbf{a}\cdot\mathbf{b})+v(\mathbf{b}\cdot\mathbf{b})&=\beta \end{aligned} \tag{A.39}$$

来求解u和v，即：

$$u=\frac{\alpha(\mathbf{b}\cdot\mathbf{b})-\beta(\mathbf{a}\cdot\mathbf{b})}{(\mathbf{a}\cdot\mathbf{a})(\mathbf{b}\cdot\mathbf{b})-(\mathbf{a}\cdot\mathbf{b})^2}\quad \text{和}\quad v=\frac{-\alpha(\mathbf{a}\cdot\mathbf{b})+\beta(\mathbf{a}\cdot\mathbf{a})}{(\mathbf{a}\cdot\mathbf{a})(\mathbf{b}\cdot\mathbf{b})-(\mathbf{a}\cdot\mathbf{b})^2} \tag{A.40}$$

注意：通过式(A.17)，我们可以得到：

$$(\mathbf{a}\cdot\mathbf{a})(\mathbf{b}\cdot\mathbf{b})-(\mathbf{a}\cdot\mathbf{b})^2=|\mathbf{a}\times\mathbf{b}|^2 \tag{A.41}$$

因此，我们可以将式(A.40)写为：

$$u=\frac{\alpha(\mathbf{b}\cdot\mathbf{b})-\beta(\mathbf{a}\cdot\mathbf{b})}{|\mathbf{a}\times\mathbf{b}|^2}\quad \text{和}\quad v=\frac{-\alpha(\mathbf{a}\cdot\mathbf{b})+\beta(\mathbf{a}\cdot\mathbf{a})}{|\mathbf{a}\times\mathbf{b}|^2} \tag{A.42}$$

此外，通过式(A.42)，我们可以得到：

$$|\mathbf{a}\times\mathbf{b}|^2(u\mathbf{a}+v\mathbf{b})=[(\mathbf{b}\cdot\mathbf{b})\mathbf{a}-(\mathbf{a}\cdot\mathbf{b})\mathbf{b}]\alpha-[(\mathbf{a}\cdot\mathbf{b})\mathbf{a}-(\mathbf{a}\cdot\mathbf{a})\mathbf{b}]\beta \tag{A.43}$$

从上式中，我们可以进一步得到：

$$|\mathbf{a}\times\mathbf{b}|^2|u\mathbf{a}+v\mathbf{b}|^2=|\mathbf{a}\times\mathbf{b}|^2(u\mathbf{a}+v\mathbf{b})\cdot(u\mathbf{a}+v\mathbf{b})=|\beta\mathbf{a}-\alpha\mathbf{b}|^2 \tag{A.44}$$

[①] 我们将式(A.38)代入式(A.37)，即可得到式(A.39)。原著中没有这一个中间步骤，我们加上这一步，以便于读者理解。— **译者注**

现在，根据条件 $\boldsymbol{x}\cdot\boldsymbol{x}=\gamma$，我们可以得到：

$$\boldsymbol{x}\cdot\boldsymbol{x}=|u\mathbf{a}+v\mathbf{b}|^2+w^2|\mathbf{a}\times\mathbf{b}|^2=\gamma \tag{A.45}$$

或者，我们可以将上式写为：

$$|\mathbf{a}\times\mathbf{b}|^4w^2=|\mathbf{a}\times\mathbf{b}|^2\gamma-|\beta\mathbf{a}-\alpha\mathbf{b}|^2 \tag{A.46}$$

因此，我们得到了两个解：

$$w=\pm\frac{\sqrt{|\mathbf{a}\times\mathbf{b}|^2\gamma-|\beta\mathbf{a}-\alpha\mathbf{b}|^2}}{|\mathbf{a}\times\mathbf{b}|^2} \tag{A.47}$$

将式(A.42)中的 u 和 v 以及式(A.47)中的 w 代入式(A.38)，我们最终求得了向量 $\boldsymbol{x}$。

A.3 向量和矩阵的导数

通常，我们可以使用向量表达式，将方程组写为更加紧凑的形式。当我们求：一个标量（或者向量）关于另一个向量中的元素的导数时，这种优势可能就“消失”了。但是，即使是对于这种情况，我们也可以使用一种“一致的”和“紧凑的”表示形式。

A.3.1 标量对向量的导数

标量函数对向量的导数是一个向量，这个向量的元素是：该标量函数关于向量中的元素的偏导数。如果 $\mathbf{r}=(x,y,z)^T$，并且，标量函数为 $f(\mathbf{r})=f(x,y,z)$，那么，

$$\frac{df}{d\mathbf{r}}=(f_x,f_y,f_z)^T \tag{A.48}$$

其中，$f_x=\partial f/\partial x, f_y=\partial f/\partial y, f_z=\partial f/\partial z$。因此，

$$\frac{d}{d\mathbf{a}}(\mathbf{a}\cdot\mathbf{b})=\mathbf{b} \quad 和 \quad \frac{d}{d\mathbf{b}}(\mathbf{a}\cdot\mathbf{b})=\mathbf{a} \tag{A.49}$$

向量的长度是指：向量元素的平方和的平方根，即：

$$|\mathbf{a}|=\sqrt{\mathbf{a}\cdot\mathbf{a}} \tag{A.50}$$

由于：

$$\frac{d}{d\mathbf{a}}|\mathbf{a}|^2=\frac{d}{d\mathbf{a}}(\mathbf{a}\cdot\mathbf{a})=2\mathbf{a} \tag{A.51}$$

因此，

$$\frac{d}{d\mathbf{a}}|\mathbf{a}|=\frac{1}{2|\mathbf{a}|}\frac{d}{d\mathbf{a}}|\mathbf{a}|^2=\widehat{\mathbf{a}} \tag{A.52}$$

其中，$\widehat{\mathbf{a}} = \mathbf{a}/|\mathbf{a}|$。同样，我们可以得到：

$$\frac{d}{d\mathbf{a}}[\mathbf{a}\,\mathbf{b}\,\mathbf{c}] = \mathbf{b} \times \mathbf{c} \tag{A.53}$$

其中 $[\mathbf{a}\,\mathbf{b}\,\mathbf{c}] = \mathbf{a} \cdot (\mathbf{b} \times \mathbf{c})$。此外，我们还可以得到：

$$\frac{d}{d\mathbf{a}}\mathbf{a}^T\mathbf{M}\mathbf{b} = \mathbf{M}\mathbf{b} \quad 和 \quad \frac{d}{d\mathbf{b}}\mathbf{a}^T\mathbf{M}\mathbf{b} = \mathbf{M}^T\mathbf{a} \tag{A.54}$$

特别地，我们可以得到：

$$\frac{d}{d\boldsymbol{x}}\boldsymbol{x}^T\mathbf{M}\boldsymbol{x} = (\mathbf{M} + \mathbf{M}^T)\boldsymbol{x}; \tag{A.55}$$

标量函数对矩阵的导数是一个矩阵，这个矩阵（即：求导结果）中的元素是：该标量函数关于矩阵中的元素的偏导数。因此，如果

$$\mathbf{M} = \begin{pmatrix} a & b \\ c & d \end{pmatrix} \tag{A.56}$$

那么，

$$\frac{df}{d\mathbf{M}} = \begin{pmatrix} \frac{\partial f}{\partial a} & \frac{\partial f}{\partial b} \\ \frac{\partial f}{\partial c} & \frac{\partial f}{\partial d} \end{pmatrix} \tag{A.57}$$

因此，

$$\frac{d}{d\mathbf{M}}\mathrm{Trace}(\mathbf{M}) = \boldsymbol{I} \tag{A.58}$$

其中，$\mathrm{Trace}(\mathbf{M})$ 表示矩阵 $\mathbf{M}$ 的**迹**，即：矩阵 $\mathbf{M}$ 的主对角线上元素的和；而 $\boldsymbol{I}$ 表示单位矩阵。进一步，我们可以得到：

$$\frac{d}{d\mathbf{M}}\mathbf{a}^T\mathbf{M}\mathbf{b} = \mathbf{a}\mathbf{b}^T \tag{A.59}$$

特别地，我们可以得到：

$$\frac{d}{d\mathbf{M}}\boldsymbol{x}^T\mathbf{M}\boldsymbol{x} = \boldsymbol{x}\boldsymbol{x}^T \tag{A.60}$$

注意：$\mathbf{a}\mathbf{b}^T$ 是一个矩阵，而不是一个标量；它和 $\mathbf{a} \cdot \mathbf{b} = \mathbf{a}^T\mathbf{b}$ 是不同的。如果向量 $\mathbf{a} = (a_x, a_y, a_z)^T$、$\mathbf{b} = (b_x, b_y, b_z)^T$，那么，

$$\mathbf{a}\mathbf{b}^T = \begin{pmatrix} a_xb_x & a_xb_y & a_xb_z \\ a_yb_x & a_yb_y & a_yb_z \\ a_zb_x & a_zb_y & a_zb_z \end{pmatrix} \tag{A.61}$$

被称为：$\mathbf{a}$ 和 $\mathbf{b}$ 的**并向量积**。另一个有趣的矩阵导数是：

$$\frac{d}{d\mathbf{M}}\mathrm{Det}(\mathbf{M}) = \mathrm{Det}(\mathbf{M})(\mathbf{M}^{-1})^T \tag{A.62}$$

上式是：由矩阵 $\mathbf{M}$ 的代数余子式所构成的矩阵。考虑矩阵 $\mathbf{M}$ 中的某一个元素 m_{ij}，我们可以通过：将矩阵 $\mathbf{M}$ 沿着包含元素 m_{ij} 的行进行

展开，从而把矩阵 $\mathbf{M}$ 的行列式，表示为求和形式，即：

$$\mathrm{Det}(\mathbf{M})=\sum_{k=1}^{n}m_{ik}c_{ik} \tag{A.63}$$

其中，c_{ik} 表示 m_{ik} 的代数余子式。**代数余子式** c_{ik} 为：矩阵 $\mathbf{M}$ 去掉第 i 行和第 k 列后所得到的矩阵的行列式，再乘以 $(-1)^{i+k}$。因此，式(A.63)中的行列式 $\mathrm{Det}(\mathbf{M})$ 关于 m_{ik} 的导数为 c_{ik}。由于矩阵的逆等于：代数余子式矩阵的转置，再除以矩阵的行列式，因此，我们可以得到式(A.62)。

如果矩阵 $\mathbf{A}$ 和 $\mathbf{B}$ 可以相乘（即：$\mathbf{A}$ 的列数等于 $\mathbf{B}$ 的行数），那么

$$\frac{d}{d\mathbf{A}}\mathrm{Trace}(\mathbf{AB})=\mathbf{B}^T \tag{A.64}$$

$$\frac{d}{d\mathbf{B}}\mathrm{Trace}(\mathbf{AB})=\mathbf{A}^T \tag{A.65}$$

同样，对于一般情况，

$$\frac{d}{d\mathbf{M}}\mathrm{Trace}(\mathbf{AMB})=\mathbf{A}^T\mathbf{B}^T \tag{A.66}$$

矩阵的其中一种**范数**为：矩阵中的所有元素的平方和的平方根，即：

$$\|\mathbf{M}\|^2=\mathrm{Trace}(\mathbf{M}^T\mathbf{M}) \tag{A.67}$$

我们可以得到：

$$\frac{d}{d\mathbf{M}}\|\mathbf{M}\|^2=2\mathbf{M} \tag{A.68}$$

这是由于：

$$\|\mathbf{A}-\mathbf{B}\|^2=\mathrm{Trace}(\mathbf{A}^T\mathbf{A}-\mathbf{B}^T\mathbf{A}-\mathbf{A}^T\mathbf{B}+\mathbf{B}^T\mathbf{B}) \tag{A.69}$$

上式可以被进一步写为：

$$\|\mathbf{A}-\mathbf{B}\|^2=\|\mathbf{A}\|^2-2\mathrm{Trace}(\mathbf{A}^T\mathbf{B})+\|\mathbf{B}\|^2 \tag{A.70}$$

因此，我们可以进一步得到：

$$\frac{d}{d\mathbf{A}}\|\mathbf{A}-\mathbf{B}\|^2=2(\mathbf{A}-\mathbf{B}) \tag{A.71}$$

$$\frac{d}{d\mathbf{B}}\|\mathbf{A}-\mathbf{B}\|^2=2(\mathbf{B}-\mathbf{A}) \tag{A.72}$$

A.3.2 向量对向量的导数

有时候，我们需要定义：向量对向量的导数。向量对向量的导数是一个矩阵，矩阵中的元素是：一个向量中的某一个元素对另一个向

量中的某一个元素的导数，即①：

$$\frac{d\mathbf{b}}{d\mathbf{a}} = \begin{pmatrix} \frac{db_x}{da_x} & \frac{db_x}{da_y} & \frac{db_x}{da_z} \\ \frac{db_y}{da_x} & \frac{db_y}{da_y} & \frac{db_y}{da_z} \\ \frac{db_z}{da_x} & \frac{db_z}{da_y} & \frac{db_z}{da_z} \end{pmatrix} \tag{A.73}$$

上面的矩阵正好是：从 $\mathbf{a}$ 到 $\mathbf{b}$ 的**坐标变换**所对应的 **Jacobi 矩阵 J**。显然，对于任意矩阵 $\mathbf{M}$，都有：

$$\frac{d}{d\mathbf{a}}\mathbf{M}\mathbf{a} = \mathbf{M} \tag{A.74}$$

同样，我们可以看出：

$$\frac{d}{d\mathbf{b}}(\mathbf{a} \times \mathbf{b}) = \begin{pmatrix} 0 & -a_z & +a_y \\ +a_z & 0 & -a_x \\ -a_y & +a_x & 0 \end{pmatrix} \tag{A.75}$$

因此，我们可以得到如下结论：

$$\mathbf{a} \times \mathbf{b} = \begin{pmatrix} 0 & -a_z & +a_y \\ +a_z & 0 & -a_x \\ -a_y & +a_x & 0 \end{pmatrix} \mathbf{b} \tag{A.76}$$

这定义了：（被赋予了叉积运算的）向量与反对称矩阵之间的一个同构。当我们处理叉积时，这个关系是非常有用的。

A.4 线性方程组的最小二乘解

令 $\mathbf{a} = \mathbf{M}\mathbf{b}$，其中，$\mathbf{M}$ 是一个 $m \times n$ 的矩阵，$\mathbf{a}$ 是一个含有 m 个元素的列向量，$\mathbf{b}$ 是一个含有 n 个元素的列向量。假设：我们有 n 组关于 $\{\mathbf{a}_i\}$ 和 $\{\mathbf{b}_i\}$ 的测量结果，我们想通过这些测量结果，来计算出矩阵 $\mathbf{M}$。我们可以分别把向量组 $\{\mathbf{a}_i\}$ 和 $\{\mathbf{b}_i\}$ 排列成矩阵 $\mathbf{A}$ 和 $\mathbf{B}$（也就是说：矩阵 $\mathbf{A}$ 中的第 i 列为 $\mathbf{a}_i$）。于是，我们可以得到：

$$\mathbf{A} = \mathbf{M}\mathbf{B} \tag{A.77}$$

现在，$\mathbf{B}$ 是一个方阵，如果 $\mathbf{B}$ 可逆，那么：

$$\mathbf{M} = \mathbf{A}\mathbf{B}^{-1} \tag{A.78}$$

假设我们有更多的测量结果，也就是说，测量结果的数目为 k（并

---

①这里，我们假设向量 $\mathbf{b} = (b_x, b_y.b_z)^T$，而向量 $\mathbf{a} = (a_x, a_y.a_z)^T$；并且，向量 $\mathbf{b}$ 的三个分量 b_x、b_y 和 b_z 都是向量 $\mathbf{a}$ 的函数，也就是说，$b_x = b_x(a_x, a_y.a_z)$, $b_y = b_y(a_x, a_y.a_z)$, $b_z = b_z(a_x, a_y.a_z)$。— **译者注**

且，$k > n$），那么，求解 $\mathbf{M}$ 是一个**超定问题**，即：独立方程的个数多于未知数的个数。我们可以定义一个含有 m 个元素的**误差向量**：

$$\mathbf{e}_i = \mathbf{a}_i - \mathbf{M}\mathbf{b}_i \tag{A.79}$$

将这个 k 个误差向量排列在一起，我们得到了一个**误差矩阵**：

$$\mathbf{E} = \mathbf{A} - \mathbf{M}\mathbf{B} \tag{A.80}$$

那么，误差的平方和为：

$$\sum |\mathbf{e}_i|^2 = \sum \mathbf{e}_i \cdot \mathbf{e}_i = \sum \mathbf{e}_i^T \mathbf{e}_i \tag{A.81}$$

我们可以将上式写为①：

$$\sum |\mathbf{e}_i|^2 = \mathrm{Trace}\{\mathbf{E}^T\mathbf{E}\} = \mathrm{Trace}\{(\mathbf{A} - \mathbf{M}\mathbf{B})^T(\mathbf{A} - \mathbf{M}\mathbf{B})\} \tag{A.82}$$

上式等于：

$$\mathrm{Trace}\{\mathbf{A}^T\mathbf{A} - \mathbf{B}^T\mathbf{M}^T\mathbf{A} - \mathbf{A}^T\mathbf{M}\mathbf{B} + \mathbf{B}^T\mathbf{M}^T\mathbf{M}\mathbf{B}\} \tag{A.83}$$

因此，

$$\frac{d}{d\mathbf{M}} = -\left(\mathbf{A}\mathbf{B}^T\right)^T - \mathbf{A}\mathbf{B}^T + (\mathbf{B}^T\mathbf{M}^T)^T\mathbf{B}^T + \left((\mathbf{B}^T\mathbf{M}^T)^T\mathbf{B}^T\right)^T \tag{A.84}$$

如果 $\mathbf{M}$ 使得误差的平方和（即：式(A.81)）取得最小值，那么，式(A.84)应该等于零，因此，$\mathbf{A}\mathbf{B}^T = \mathbf{M}\mathbf{B}\mathbf{B}^T$，也就是说：

$$\mathbf{M} = \mathbf{A}\mathbf{B}^T(\mathbf{B}\mathbf{B}^T)^{-1} \tag{A.85}$$

其中，$\mathbf{B}^T(\mathbf{B}\mathbf{B}^T)^{-1}$ 被称为：长方形矩阵 $\mathbf{B}$ 的**伪逆**。

另一方面，如果方程的个数少于未知数的个数，那么，该问题被称为一个**不定问题**。此时，该问题将有无穷多个解。对于这种情况，矩阵的伪逆所给出的是：具有最小范数的解。但是，这个解计算起来非常困难。我们可以将：矩阵 $\mathbf{B}$ 的伪逆，定义为如下的极限形式：

$$\mathbf{B}^+ = \lim_{\delta \to 0} \mathbf{B}^T(\mathbf{B}\mathbf{B}^T + \delta \cdot \mathbf{I})^{-1} \tag{A.86}$$

此外，我们还可以采用 **Penrose 条件**来定义伪逆（参见文献 Albert [1982]）。当且仅当 $\mathbf{B}^+$ 同时满足以下三个条件：

- $\mathbf{B}^+\mathbf{B}$ 和 $\mathbf{B}\mathbf{B}^+$ 都是对称矩阵；
- $\mathbf{B}^+\mathbf{B}\mathbf{B}^+ = \mathbf{B}$；
- $\mathbf{B}\mathbf{B}^+\mathbf{B} = \mathbf{B}^+$。

我们称：$\mathbf{B}^+$ 是某一矩阵 $\mathbf{B}$ 的伪逆。

---

① 式(A.82)中的 Trace 表示：求**矩阵的迹**，所谓“矩阵的迹”是指：矩阵主对角线上的所有元素的和。— **译者注**

此外我们还可以通过**谱分解**的方法来求伪逆。1) 伪逆 $\mathbf{B}^+$ 具有：和原始矩阵 $\mathbf{B}$ 相同的**特征向量**，并且，2) $\mathbf{B}^+$ 的特征向量所对应的**非零特征值**，是原始矩阵 $\mathbf{B}$ 的相应的**非零特征值**的倒数。

A.5 Lagrange 乘子

对于带有约束条件的极值问题，**Lagrange 乘子**法是一种非常有效的求解方法。我们首先考虑：只含有一个约束条件的情况，然后，再将其推广到：含有多个约束条件的情况。

A.5.1 一个约束条件的情况

假设我们需要求解：函数 $f(x,y)$ 在满足约束条件 $g(x,y)=0$ 时的极值问题。我们可以先从方程 $g(x,y)=0$ 中解出 y 来，即：

$$y=\phi(x) \tag{A.87}$$

并且，对于任意的 x，都有 $g(x,\phi(x))=0$。然后，将上式带入 $f(x,y)$，我们就消掉了变量 y，从而将原问题变为：求函数

$$f(x,\phi(x)) \tag{A.88}$$

的极值。上式对 x 求导，使用链式求导发则，我们可以得到：

$$\frac{\partial f}{\partial x}+\frac{\partial f}{\partial y}\frac{dy}{dx}=0 \tag{A.89}$$

但是，通常情况下，我们无法（或者，很难）通过：$g(x,y)=0$，求得式(A.87)。这种情况下，我们需要使用 **Lagrange 乘子**。我们不去证明：这种方法给出了极值所需满足的必要条件；而只是来说明：为什么这种方法是有效的。

考虑由 $g(x,y)=0$ 所定义的曲线，令 s 为沿着曲线“运动”的变量[①]。等式 $g(x(s),y(s))=0$ 的两边同时对 s 求导，我们可以得到：

$$\frac{\partial g}{\partial x}\frac{dx}{ds}+\frac{\partial g}{\partial y}\frac{dy}{ds}=0 \tag{A.90}$$

因此，曲线的斜率为：

$$\frac{dy}{dx}=-\left.\frac{\partial g}{\partial x}\middle/\frac{\partial g}{\partial y}\right. \tag{A.91}$$

---

① s 又称为弧长参数，其对应的微分 ds 的意义是：微弧长。此时，我们可以将 $g(x,y)=0$ 写作 $g(x(s),y(s))=0$。方程 $g(x,y)=0$ 的“意思”是：曲面 $z=g(x,y)$ 与曲面 $z=0$ 相交所得到的曲线。而 $g(x(s),y(s))=0$ 的“意思”是：点 $(x(s),y(s))$ 在曲线上，并且，曲线上所有点的函数值 $g(x(s),y(s))$ 都等于零。— **译者注**

将上式带入式(A.89)，我们得到：

$$\frac{\partial f}{\partial x}\frac{\partial g}{\partial y}=\frac{\partial f}{\partial y}\frac{\partial g}{\partial x} \tag{A.92}$$

注意：在上式的计算过程中，我们不需要通过 $g(x,y)=0$ 来求出：y 关于 x 的函数表达式。现在，让我们来考虑下面的函数的极值，即：

$$F(x,y,\lambda)=f(x,y)+\lambda g(x,y) \tag{A.93}$$

上式分别对 x 和 y 求偏导，然后，令求导结果等于零，我们可以得到：

$$\frac{\partial f}{\partial x}+\lambda\frac{\partial g}{\partial x}=0 \quad 和 \quad \frac{\partial f}{\partial y}+\lambda\frac{\partial g}{\partial y}=0 \tag{A.94}$$

消掉上式中的 λ 后，我们可以得到：

$$\frac{\partial f}{\partial x}\frac{\partial g}{\partial y}=\frac{\partial f}{\partial y}\frac{\partial g}{\partial x} \tag{A.95}$$

因此，我们可以通过：求 $F(x,y,\lambda)$ 的最优解①，来得到：$f(x,y)$ 在满足约束条件 $g(x,y)=0$ 时的最优解。

为了更好地理解这个结论，我们将求解过程想象为：曲线 $g(x,y)=0$ 上的点通过沿着这条曲线移动，从而寻找函数 $f(x,y)$ 的极值点。如果 $f(x,y)$ 的**等值线**和曲线 $g(x,y)=0$ 相交，那么，其交点一定不是极值点！这是因为：我们可以从两条曲线的交点出发，沿着曲线 $g(x,y)=0$ 移动一小段距离，从而使得 $f(x,y)$ 的值变大或变小。因此，我们得到了下面的重要结论：

- **在极值点处，**$f(x,y)$ **的等值线一定和约束曲线** $g(x,y)=0$ **相切！**

注意：我们可以将约束曲线 $g(x,y)=0$ 看作：函数 $g(x,y)$ 的一条**等值线**。函数 $f(x,y)$ 的等值线和 $f(x,y)$ 的**梯度**是相互垂直的；$g(x,y)$ 的等值线也和 $g(x,y)$ 的梯度相互垂直。因此，这两个梯度一定是相互平行的。我们将函数 $f(x,y)$ 和 $g(x,y)$ 的梯度分别记为：

$$\nabla f=\left(\frac{\partial f}{\partial x},\frac{\partial f}{\partial y}\right)^T \quad 和 \quad \nabla g=\left(\frac{\partial g}{\partial x},\frac{\partial g}{\partial y}\right)^T \tag{A.96}$$

假设：我们现在找到了 $F(x,y,\lambda)$ 的极值，那么，在极值处求偏导，我们会得到：

$$\frac{\partial f}{\partial x}+\lambda\frac{\partial g}{\partial x}=0 \quad 和 \quad \frac{\partial f}{\partial y}+\lambda\frac{\partial g}{\partial y}=0 \tag{A.97}$$

---

①注意：极值（extremum）和最优解（extrema）是两个不同的概念。以函数 $y=f(x)$ 为例，极值是针对 y 而言的，即：函数 $f(x)$ 的最大值或最小值是多少？而最优解是针对 x 而言的，即：哪一个 x 使得函数 $f(x)$ 取得最大值或最小值？最优解也被称为：极值点，即：使得函数取极值的那个点。—— 译者注。

我们可以进一步将上式写为**向量形式**，即：

$$\left(\frac{\partial f}{\partial x},\frac{\partial f}{\partial y}\right)^T=-\lambda\left(\frac{\partial g}{\partial x},\frac{\partial g}{\partial y}\right)^T \tag{A.98}$$

上式正好是：两个梯度必须相互平行的数学描述！因子 $-\lambda$ 是：这两个梯度的**模长**的比值。现在，让我们来考虑一个例子：求直线上距离原点最近的点，其中，直线的方程为：

$$x\sin\theta-y\cos\theta+\rho=0 \tag{A.99}$$

对于这个问题，我们需要在满足约束条件式(A.99)的前提下，最小化目标函数 x^2+y^2。因此，我们使用 Lagrange 乘子法，来最小化：

$$(x^2+y^2)+\lambda(x\sin\theta-y\cos\theta+\rho) \tag{A.100}$$

上式对 x 和 y 求偏导，我们得到：

$$2x+\lambda\sin\theta=0 \quad 和 \quad 2y-\lambda\cos\theta=0 \tag{A.101}$$

因此[①]，我们可以得到：$x\cos\theta+y\sin\theta=0$。

此外，最优解需要同时满足约束条件（即：式(A.99)），于是，我们得到一个关于 x 和 y 的方程组，即：

$$\begin{cases} x\cos\theta+y\sin\theta &= 0\\ x\sin\theta-y\cos\theta+\rho &= 0\end{cases} \tag{A.102}$$

最终，我们得到的极值点为（即：方程组(A.102)的解）：

$$(x,y)^T=(-\rho\sin\theta,\rho\cos\theta)^T \tag{A.103}$$

对于含有两个或两个以上独立变量的情况，我们可以使用相同的办法来进行分析和求解。为了求：函数 $f(x,y,z)$ 在满足约束条件 $g(x,y,z)=0$ 时的极值，我们寻找：$f(x,y,z)$ 的**等值面**与 $g(x,y,z)$ 的**等值面**相切的地方。由于梯度垂直于等值面，因此，我们也可以寻找：$f(x,y,z)$ 的梯度与 $g(x,y,z)$ 的梯度平行的地方。我们求下面函数的极值，即：

$$F(x,y,z,\lambda)=f(x,y,z)+\lambda g(x,y,z) \tag{A.104}$$

这是因为：通过求上式的极值，我们可以导出：

$$\frac{\partial f}{\partial x}+\lambda\frac{\partial g}{\partial x}=0 \tag{A.105}$$

$$\frac{\partial f}{\partial y}+\lambda\frac{\partial g}{\partial y}=0 \tag{A.106}$$

---

①注意：直线 $x\cos\theta+y\sin\theta=0$，是一条经过原点的直线，并且，它和式(A.99)中的直线相互垂直。— **译者注**

$$\frac{\partial f}{\partial z}+\lambda\frac{\partial g}{\partial z}=0 \tag{A.107}$$

我们可以将上面的三个式子写为向量形式，即：

$$\left(\frac{\partial f}{\partial x},\frac{\partial f}{\partial y},\frac{\partial f}{\partial z}\right)^T=-\lambda\left(\frac{\partial g}{\partial x},\frac{\partial g}{\partial y},\frac{\partial g}{\partial z}\right)^T \tag{A.108}$$

A.5.2 多个约束条件的情况

对于三个独立变量的情况，我们可以增加第二个约束条件，也就是说，求函数 $f(x,y,z)$ 在满足约束条件 $g(x,y,z)=0$ 和 $h(x,y,z)=0$ 时的最优解。函数 $f(x,y,z)$ 在这两个约束条件下的最优解，等同于函数

$$f(x,y,z)+\lambda g(x,y,z)+\mu h(x,y,z) \tag{A.109}$$

在相同约束条件下的最优解。分别对式(A.109)中的 x、y 和 z 求偏导，我们可以得到：

$$\frac{\partial f}{\partial x}+\lambda\frac{\partial g}{\partial x}+\mu\frac{\partial h}{\partial x}=0 \tag{A.110}$$

$$\frac{\partial f}{\partial y}+\lambda\frac{\partial g}{\partial y}+\mu\frac{\partial h}{\partial x}=0 \tag{A.111}$$

$$\frac{\partial f}{\partial z}+\lambda\frac{\partial g}{\partial z}+\mu\frac{\partial h}{\partial x}=0 \tag{A.112}$$

我们可以将上面这三个方程写为向量形式，即：

$$\nabla f=-\lambda\nabla g-\mu\nabla h \tag{A.113}$$

因此，f 的梯度一定是：g 的梯度和 h 的梯度的**线性组合**。

约束条件 $g(x,y,z)=0$ 和 $h(x,y,z)=0$ 中的每一个，都定义了一个曲面。这两个曲面相交，产生了一条曲线。我们将沿着这条曲线，去寻找函数 $f(x,y,z)$ 的极值点。梯度垂直于①曲面的切平面，因此，曲面上的曲线也和梯度垂直。特别的，两个曲面的交线同时垂直于这两个梯度。因此，曲面的交线平行于这两个梯度的**叉积**。在 $f(x,y,z)$ 的极值点处，函数 $f(x,y,z)$ 的梯度在曲线方向（即：曲线的切线方向）上的分量应该为零，否则，我们可以通过：沿着曲线方向移动，来随意地增大或减小函数 $f(x,y,z)$ 的值。当且仅当函数 $f(x,y,z)$ 的梯度可以被表示为：函数 $g(x,y,z)$ 的梯度与 $h(x,y,z)$ 的梯度的**线性组合**时，函数 $f(x,y,z)$ 的梯度才满足上述条件②。

---

①注意：梯度是一个微观量，因此我们这里所谈到“垂直”，和下面所谈的“平行”都是针对“局部”（即某一点的邻域）而言的。— **译者注**

②这里的“上述条件”具体是指：函数 $f(x,y,z)$ 的梯度在曲线（即：曲面 $g(x,y,z)$ 和

让我们来考虑一个例子：假设一个长方体盒子的一个面的面积为1，并且，盒子的长、宽、高的和等于4，求盒子的最大体积。我们用a、b和c来表示盒子的长、宽和高（注意：为了便于求解，虽然我们将其称为：长、宽、高，但是，我们并不要求$a \geq b \geq c$）。使用Lagrange乘子法，我们最小化目标函数：

$$abc + \lambda(ab-1) + \mu(a+b+c-4) \tag{A.114}$$

上式分别对a、b和c求偏导，我们可以得到：

$$\begin{cases} bc + \lambda b + \mu = 0 \\ ac + \lambda a + \mu = 0 \\ ab + \mu = 0 \end{cases} \tag{A.115}$$

消掉式(A.115)中的λ和μ，我们可以得到等式$a = b$，通过第一个约束条件（即：$ab = 1$），我们可以得到$a = b = 1$。通过第二个约束条件（即：$a+b+c=4$），我们可以得到$c = 2$。

A.5.3 一般情况

令$\boldsymbol{x} = (x_1, x_2, \cdots, x_n)^T$为：$n$维空间中的一个向量，并且，满足约束条件$g(\boldsymbol{x}) = 0$的所有点，将构成一个子空间。现在考虑：这个子空间内的某一条曲线。令s表示弧长参数①。我们可以将曲线上某一点的方向定义为：曲线上该点处的**切线方向**，即：

$$\frac{d\boldsymbol{x}}{ds} = \left(\frac{dx_1}{ds}, \frac{dx_2}{ds}, \cdots, \frac{dx_n}{ds}\right)^T \tag{A.116}$$

函数$g(\boldsymbol{x})$关于s的变化率为：

$$\begin{aligned} \frac{dg}{ds} &= \frac{\partial g}{\partial x_1}\frac{dx_1}{ds} + \frac{\partial g}{\partial x_2}\frac{dx_2}{ds} + \cdots + \frac{\partial g}{\partial x_n}\frac{dx_n}{ds} \\ &= \nabla g \cdot \frac{d\boldsymbol{x}}{ds} \end{aligned} \tag{A.117}$$

其中，“·”表示两个向量的**内积**，∇g表示函数$g(\boldsymbol{x})$的**梯度**，即：

$$\nabla g = \left(\frac{\partial g}{\partial x_1}, \frac{\partial g}{x_2}, \cdots, \frac{\partial g}{x_n}\right)^T \tag{A.118}$$

因为曲线位于子空间$g(\boldsymbol{x}) = 0$的内部，因此，我们有：

$$\nabla g \cdot \frac{d\boldsymbol{x}}{ds} = 0 \tag{A.119}$$

$h(x,y,z)$的交线）上的分量应该为零。— **译者注**

①所谓“弧长参数”是指：点从曲线上的某个参考位置出发，沿着该曲线所“走过”的路程（这里的“路程”是带有正负号的）。— **译者注**

也就是说，曲线上的每一个点都垂直于函数 $g(\boldsymbol{x})$ 的梯度。因此，对于空间中的某一个点来说，只要函数 $g(\boldsymbol{x})$ 在该点处的梯度不等于零，那么，该点处的所有可能的切线方向，构成了一个 $n-1$ 维的子空间。这是因为，在所有的切向量 $d\boldsymbol{x}/ds$ 中（参见：式(A.116)），只有 $n-1$ 个独立分量，剩下的一个受到式(A.119)的约束。

现在，我们假设有 m 个约束条件：$g_i(\mathbf{x})=0$，其中 $i=1,2,\cdots,m$；那么，每一个约束条件都定义了一个子空间；并且，这些子空间的交集，仍然是一个子空间。位于这个**公共子空间**内的曲线，一定和所有函数 $g_i(\boldsymbol{x})$ 的梯度都垂直，因此，对于 $i=1,2,\cdots,m$，下式：

$$\nabla g_i \cdot \frac{d\boldsymbol{x}}{ds}=0 \tag{A.120}$$

始终成立。如果这 m 个梯度是线性无关的，那么，公有子空间的维度为 $n-m$。这是因为：我们只能自由选择 $n-m$ 个切向量，剩下的切向量必须满足：由式(A.120)所确定的 m 个方程。

如果函数 $f(\boldsymbol{x})$ 在由约束条件 $g_i(\boldsymbol{x})=0$（其中 $i=1,2,\cdots,m$）所确定的公共子空间上取得极值，那么，沿着位于**公共子空间**内的任意曲线，函数 $f(\boldsymbol{x})$ 的一阶导数必须为零。这是因为：

$$\frac{df}{ds}=\nabla f \cdot \frac{d\boldsymbol{x}}{ds} \tag{A.121}$$

因此，我们希望：沿着满足下式

$$\nabla g_i \cdot \frac{d\boldsymbol{x}}{ds}=0 \qquad (\text{其中 } i=1,2,3,\cdots,m) \tag{A.122}$$

的（所有）切线方向，我们都有如下关系，即：

$$\nabla f \cdot \frac{d\boldsymbol{x}}{ds}=0 \tag{A.123}$$

也就是说，在极值点处，由约束条件 $g_i(\boldsymbol{x})=0$（其中，$i=1,2,\cdots,m$）所确定的公共子空间的**切空间**，必须要和 $f(\boldsymbol{x})$ 的梯度垂直！如果 f 在该点的梯度正好是 g_i 在该点的梯度的**线性组合**，那么，上面这个条件是满足的。我们想要证明的是：在极值点处，∇f 必须是 ∇g_i 的**线性组合**。容易证明：约束条件

$$\nabla g_i \cdot \frac{d\boldsymbol{x}}{ds}=0 \qquad (\text{其中 } i=1,2,3,\cdots,m) \tag{A.124}$$

定义了一个向量空间。任意一个向量都可以被分解为两部分，其中一部分属于这个空间，另一部分垂直于这个空间。因此，我们可以将向量 ∇f 分解为两部分，即：$\nabla f=\mathbf{g}+\mathbf{c}$；其中[①]，$\mathbf{g}$ 是 $\{\nabla g_i\}$ 的**线性组**

---

①注意：∇g_i 是一个向量，而 $\{\nabla g_i\}$ 表示由所有的向量 ∇g_i 所张成的一个子空间，该空间内的任何一个向量，都可以表示为 $\{\nabla g_i\}$ 的**线性组合**。— **译者注**

合，而 $\mathbf{c}$ 与所有的 ∇g_i 都垂直。由于 $\mathbf{g}$ 是 $\{\nabla g_i\}$ 的线性组合，因此，

$$\nabla f \cdot \frac{d\boldsymbol{x}}{ds} = \mathbf{g} \cdot \frac{d\boldsymbol{x}}{ds} + \mathbf{c} \cdot \frac{d\boldsymbol{x}}{ds} = \mathbf{c} \cdot \frac{d\boldsymbol{x}}{ds} \tag{A.125}$$

假设 $\mathbf{c}$ 不为零，由于 $\nabla g_i \cdot \mathbf{c} = 0$ 对于 $i = 1, 2, \cdots, m$ 都成立[①]，因此，我们可以选择一条曲线，使得该曲线的切线方向平行于 $\mathbf{c}$，即：

$$\frac{d\boldsymbol{x}}{ds} = \mathbf{c} \tag{A.126}$$

此时，式(A.125)将变为：

$$\nabla f \cdot \frac{d\boldsymbol{x}}{ds} = \mathbf{c} \cdot \mathbf{c} \neq 0 \tag{A.127}$$

这和极值条件（即：式(A.123)）相矛盾，因此，$\mathbf{c}$ 必须是一个**零向量**。也就是说，

- ∇f 必须是 $\{\nabla g_i\}$ 的**线性组合**。

我们可以把这个条件写为：存在一组 λ_i，使得：

$$\nabla f = -\sum_{i=1}^{m} \lambda_i \nabla g_i \tag{A.128}$$

现在，让我们来考虑函数：

$$f(\boldsymbol{x}) + \sum_{i=1}^{m} \lambda_i g_i(\boldsymbol{x}) \tag{A.129}$$

如果我们试着通过：求式(A.129)中的表达式关于 $\boldsymbol{x}$ 的偏导数，来寻找极值点，那么，我们可以得到：

$$\nabla f(\boldsymbol{x}) + \sum_{i=1}^{m} \lambda_i \nabla g_i(\boldsymbol{x}) = \mathbf{0} \tag{A.130}$$

上式正好等价于式(A.128)。

总结：我们可以通过求函数

$$f(\boldsymbol{x}) + \sum_{i=1}^{m} \lambda_i g_i(\boldsymbol{x}) \tag{A.131}$$

在满足 m 个约束条件 $g_i(\boldsymbol{x}) = 0$（其中，$i = 1, 2, \cdots, m$）时的极值点，来求解：函数 $f(\boldsymbol{x})$ 在 m 个相同的约束条件下的极值点。这里，$\boldsymbol{x}$ 是一个含有 n 个元素（$n > m$）的向量。

[①] 对比式(A.120)，我们可以看出：$\mathbf{c}$ 位于由约束条件 $g_i(\boldsymbol{x}) = 0$（其中 $i = 1, 2, \cdots, m$）所确定的**公共子空间**。— **译者注**

A.6 变分法

微积分教给我们：如何求一个函数的极值解。在求极值的问题中，函数的一个或多个参数是可以变化的；我们所求的是：使得该函数取极值的那一组参数。通过对函数求导，我们得到了一组**代数方程**。这组代数方程给出了：一个关于函数极值解的必要条件。

在变分法中，我们所寻找的是：一个表达式的极值解。这个表达式所依赖的是**函数**，而不是**参数**。这个表达式被称为**泛函**。对于泛函，关于**极值解**的必要条件是一组**微分方程**，而不是代数方程。

A.6.1 无约束条件的变分问题

我们首先从一个例子开始，考虑如下的简单积分：

$$I = \int_{x_1}^{x_2} F(x, f, f')dx \tag{A.132}$$

这里的 F 依赖于未知函数 f 以及 f 的导数 f'。我们假设：待求的函数 f 在两个端点的取值分别为 $f(x_1) = f_1$ 和 $f(x_2) = f_2$。我们的问题是：求是的表达式(A.132)取得极值的函数 $f(x)$ 。假设函数 $f(x)$ 是极值问题的一个解，那么，我们希望：函数 $f(x)$ 的“微小变化”不会导致积分式(A.132)的结果发生很大的变化。

令 $\eta(x)$ 为一个**测试函数**[①]。如果函数 $f(x)$ 使得式(A.132) 取极值，那么，对于一个很小的值 ϵ，我们希望：将函数 $f(x)$ 变为 $f(x) + \epsilon\eta(x)$ 以后，由式(A.132) 所确定的积分值的变化是一个和 ϵ^2 成正比的量。否则，如果式(A.132) 的积分值的变化量随着 ϵ 发生线性变化，那么，我们可以通过加入函数 $\epsilon\eta(x)$，来随意地增加或减少由式(A.132)所确定的积分值。因此，在这种情况下，表达式(A.132)并没有取得极值。更准确地说，我们希望，对于所有的函数 $\eta(x)$，下式始终成立，即：

$$\left.\frac{dI}{d\epsilon}\right|_{\epsilon=0} = 0 \tag{A.133}$$

对于我们的特殊问题，测试函数必须满足：$\eta(x_1) = \eta(x_2) = 0$，才能符合边界条件。同时，如果将 $f(x)$ 换作：$f(x)+\epsilon\eta(x)$，那么，$f'(x)$ 将被相应地“换作” $f'(x) + \epsilon\eta'(x)$。于是，积分式(A.132)相应地变为：

$$I = \int_{x_1}^{x_2} F(x, f + \epsilon\eta, f' + \epsilon\eta')dx \tag{A.134}$$

---

①这里需要指出的是：$\eta(x)$ 应该是一个连续光滑的函数。— **译者注**

如果函数 F 可微，那么，我们可以将上式中的函数 $F(x, f+\epsilon\eta, f'+\epsilon\eta')$ 展开成**Taylor 级数** 的形式，即：

$$F(x, f+\epsilon\eta, f'+\epsilon\eta') \\ = F(x,f,f') + \epsilon\eta(x)\frac{\partial}{\partial f}F(x,f,f') + \epsilon\eta'(x)\frac{\partial}{\partial f'}F(x,f,f') + e \tag{A.135}$$

其中，e 是一个由 ϵ 的高阶幂所构成的表达式。我们用 F_f 和 $F_{f'}$ 来分别表示 $\partial F/\partial f$ 和 $\partial F/\partial f'$。于是，我们可以将式(A.134)进一步写为：

$$I = \int_{x_1}^{x_2} (F + \epsilon\eta(x)F_f + \epsilon\eta'(x)F_{f'} + e)\,dx \tag{A.136}$$

上式对 ϵ 求导，再令求导结果中的 ϵ 等于零（即：式(A.133)的具体形式）。于是，我们可以得到：

$$\int_{x_1}^{x_2} (\eta(x)F_f + \eta'(x)F_{f'})\,dx = 0 \tag{A.137}$$

根据**分部积分**公式，我们可以得到：

$$\int_{x_1}^{x_2} \eta'(x)F_{f'}dx = [\eta(x)F_{f'}]_{x_1}^{x_2} - \int_{x_1}^{x_2} \eta(x)\frac{d}{dx}F_{f'}dx \tag{A.138}$$

根据边界条件 $\eta(x_1) = \eta(x_2) = 0$，上式中，等式右端的第一项为零。因此，将式(A.138) 代入式(A.137)，我们可以得到：

$$\int_{x_1}^{x_2} \eta(x)\left(F_f - \frac{d}{dx}(x)F_{f'}\right)dx = 0 \tag{A.139}$$

对于所有的**测试函数** $\eta(x)$，上式都成立，因此，我们可以得到①：

$$F_f - \frac{d}{dx}F_{f'} = 0 \tag{A.140}$$

上式被称为：变分问题的 **Euler 方程**。

我们可以从很多方面来对该方法进行推广。首先，假设我们没有给定**边界条件**：$f(x_1) = f_1$ 和 $f(x_2) = f_2$，那么，为了使对于任意的**测试函数** $\eta(x)$，式(A.138)中的 $[\eta(x)F_{f'}]_{x_1}^{x_2}$ 这一项恒等于零，我们需要引入**自然边界条件**，也就是说，当 $x = x_1$ 或 $x = x_2$ 时，函数 $F_{f'} = 0$。具体地说，就是：

$$F_{f'}(x_1, f(x_1)f'(x_1)) = 0 \quad 和 \quad F_{f'}(x_2, f(x_2)f'(x_2)) = 0 \tag{A.141}$$

此外，我们可以将式(A.132)中的被积表达式扩展为包含高阶导数项的

①严格地说，式(A.140) 是在“相差一个零测集”的意义下成立的。在实际工程应用中，我们往往附加一些假设条件，例如，函数 f 是连续光滑的，此时，式(A.140)就严格成立了。— **译者注**

情况，也就是说，令：

$$I=\int_{x_1}^{x_2}F(x,f,f',f'',\cdots)dx \tag{A.142}$$

对于这种情况，其 **Euler 方程**为：

$$F_f-\frac{d}{dx}F_{f'}+\frac{d^2}{dx^2}F_{f''}-\cdots=0 \tag{A.143}$$

为了得到上式，我们还必须具体给出：除了最高阶导数以外，其他阶导数所需满足的**边界条件**。此外，我们还可以处理：被积函数 F 中包含多个函数的情况，也就是说：

$$I=\int_{x_1}^{x_2}F(x,f_1,f_2,\cdots,f_1',f_2',\cdots)dx \tag{A.144}$$

对于这种情况，我们会得到一组 Euler 方程，即：

$$F_{f_i}-\frac{d}{dx}F_{f_i'}=0 \tag{A.145}$$

我们所得到的 Euler 方程的个数，与未知函数的个数相同。接着，我们还可以考虑：待求函数 f 含有两个独立变量 x 和 y 的情况。此时，我们所希望得到的是：使得积分表达式

$$I=\iint\limits_D F(x,y,f,f_x,f_y)dxdy \tag{A.146}$$

取得最小值的函数 $f(x,y)$。其中，f_x 和 f_y 分别是：函数 $f(x,y)$ 关于 x 和 y 的偏导数。并且，我们假设：积分区间是一个连通的简单闭合区域。我们引入测试函数 $\eta(x,y)$，并将 $\epsilon\eta(x,y)$ 加给 $f(x,y)$。我们给定：函数 $f(x,y)$ 在区域 D 的边界 ∂D 上的函数值，从而使得：测试函数在边界 ∂D 上的函数值必须等于零。由 **Taylor 级数**表达式，我们可以得到：

$$\begin{aligned}&F(x,y,f+\epsilon\eta,f_x+\epsilon\eta_x,f_y+\epsilon\eta_y)\\&=F(x,y,f,f_x,f_y)+\epsilon\eta(x,y)\frac{\partial}{\partial f}F(x,y,f,f_x,f_y)\\&+\epsilon\eta_x(x,y)\frac{\partial}{\partial f_x}F(x,y,f,f_x,f_y)+\epsilon\eta_y(x,y)\frac{\partial}{\partial f_y}F(x,y,f,f_x,f_y)+e\end{aligned} \tag{A.147}$$

其中，e 是一个由 ϵ 的高阶幂所构成的表达式。因此，

$$I=\iint\limits_D\left(F+\epsilon\eta F_f+\epsilon\eta_xF_{f_x}+\epsilon\eta_yF_{f_y}+e\right)dxdy \tag{A.148}$$

上式对 ϵ 求导，再令求导结果中的 ϵ 等于零。我们可以得到：

$$\iint\limits_D\left(\eta F_f+\eta_xF_{f_x}+\eta_yF_{f_y}\right)dxdy=0 \tag{A.149}$$

现在，使用 **Green 积分定理**：

$$\iint_D \left(\frac{\partial Q}{\partial x} + \frac{\partial P}{\partial y} \right) dxdy = \int_{\partial D} (Qdy - Pdx) \tag{A.150}$$

我们可以得到：

$$\iint_D \left(\frac{\partial}{\partial x} (\eta F_{f_x}) + \frac{\partial}{\partial y} (\eta F_{f_y}) \right) dxdy = \int_{\partial D} (\eta F_{f_x} dy - \eta F_{f_y} dx) \tag{A.151}$$

根据给定的边界条件（即：$\eta(x,y) = 0, \forall (x,y) \in \partial D$），上式的右端等于零。因此，我们可以将式(A.151)进一步整理为：

$$\iint_D (\eta_x F_{f_x} + \eta_y F_{f_y}) dxdy = -\iint_D \left(\eta \frac{\partial}{\partial x} F_{f_x} + \eta \frac{\partial}{\partial y} F_{f_y} \right) dxdy \tag{A.152}$$

将上式带入式(A.149)，我们可以得到：

$$\iint_D \eta(x,y) \left(F_f - \frac{\partial}{\partial x} F_{f_x} \frac{\partial}{\partial x} F_{f_y} \right) dxdy = 0 \tag{A.153}$$

对于任意的**测试函数** $\eta(x,y)$，式(A.153)都成立，因此，我们可以得到：

$$F_f - \frac{\partial}{\partial x} F_{f_x} - \frac{\partial}{\partial y} F_{f_y} = 0 \tag{A.154}$$

上式中的 **Euler 方程**是一个偏微分方程。我们可以立即将这个例子扩展到：没有具体给定函数 $f(x,y)$ 在边界 ∂D 上的函数值的情况。为了使得：对于任意**测试函数** $\eta(x,y)$，下式始终成立，即：

$$\int_{\partial D} \eta(x,y)(F_{f_x} dy - F_{f_y} dx) = 0 \tag{A.155}$$

除了令：$\eta(x,y)$ 在边界 ∂D 上的函数值等于零，我们还可以使得：

$$F_{f_x} \frac{dy}{ds} = F_{f_y} \frac{dx}{ds} \tag{A.156}$$

对于所有边界上的点（即：$(x,y) \in \partial D$）都成立。其中，s 表示：沿着边界 ∂D 的弧长参数。我们可以很容易地将上面这些结论扩展到：函数 f 含有两个以上独立变量的情况。

A.6.2 含有约束条件的变分问题

一个变分问题可能同时还包含约束条件。例如，我们想求解：

$$I = \int_{x_1}^{x_2} F(x, f_1, f_2, \cdots f_n, f_1', f_2', \cdots f_n') dx \tag{A.157}$$

在一组约束条件：$g_i(x, f_1, f_2, \cdots f_n) = 0$ 下的极值，其中 $i = 1, 2, \cdots, m$，并且 $m < n$。我们可以通过求：**修正 Euler 方程**在这组约束条件下的

解，来对原问题进行求解。**修正 Euler 方程**的表达式为：

$$\Phi_{f_j} - \frac{d}{dx}\frac{\partial \Phi}{\partial f_j'} = 0 \tag{A.158}$$

其中 $j = 1, 2, \cdots, n$，并且

$$\Phi = F + \sum_{i=1}^{m} \lambda_i(x) g_i(x, f_1, f_2, \cdots f_n) \tag{A.159}$$

这里的未知函数 $\lambda_i(x)$ 也被称为[①]**Lagrange 乘子**。

如果约束条件是以积分的形式给出的，那么，我们也可以采用类似的方式来进行处理。假设我们想要求解积分表达式：

$$I = \int_{x_1}^{x_2} F(x, f_1, f_2, \cdots f_n, f_1', f_2', \cdots f_n') dx \tag{A.160}$$

在满足一组约束条件时的极值。其中，约束条件为：

$$\int_{x_1}^{x_2} g_i(x, f_1, f_2, \cdots f_n, f_1', f_2', \cdots f_n') dx = c_i \tag{A.161}$$

上式中，$i = 1, 2, \cdots, m$，并且 c_i 是给定的常数。我们可以通过求：**修正 Euler 方程**在这组约束条件（即：式(A.161)）下的解，来得到原问题的解。**修正 Euler 方程**的表达式为：

$$\Psi_{f_j} - \frac{d}{dx}\frac{\partial \Psi}{\partial f_j'} = 0 \tag{A.162}$$

其中，$j = 1, 2, \cdots, n$，并且，

$$\Psi = F + \sum_{i=1}^{m} \lambda_i g_i(x, f_1, f_2, \cdots f_n, f_1', f_2', \cdots f_n') \tag{A.163}$$

这里的未知常数 λ_i 同样也被称为 **Lagrange 乘子**。

A.7 本附录参考文献

由 Korn 等所写的《*Mathematical Handbook for Engineers and Scientists*》[1986] 是一本非常有价值的数学百科全书。在 Gradshteyn 和 Ryzhik 的著作《*Table of Integrals, Series, and Products*》[1980] 中，我们可以找到一些复杂的积分公式。在由 Abramowitz 和 Stegan 所编写的《*Handbook of Mathematical Functions with Formulas, Graphs, and Mathematical Tables*》

---

① 关于 **Lagrange 乘子**的内容请参见附录 A.5。注意：在附录 A.5 中，我们所求解的是：函数的优化问题；所求得的最优解是一组参数；而 **Lagrange 乘子**也是一组未知参数。而在本节（即：附录 A.6）中，我们所讨论的是：泛函的优化问题；所求得的最优解是一组函数；因而 **Lagrange 乘子**也相应地变为了一组未知函数。— **译者注**

[1964] 一书中，我们可以找到许多基本函数和特殊函数。在 Burington 的著作《*Handbook of Mathematical Tables and Formulas*》[1973] 以及 Dwight 的著作《*Tables of Integrals and Other Mathematical Data*》[1964] 中，我们可以找到这方面的更多信息。

在 Chisholm 的著作《*Vectors in Three-Dimensional Space*》[1978] 中，介绍了基本的向量操作。在 Schey 的著作《*Div, Grad, Curl, and all That: An Informal Text on Vector Calculus*》[1973] 中，介绍了如何处理关于向量的微分算子。许多书籍中都包含了通用的数学工具，例如：Hildebrand 的书《*Methods of Applied Mathematics*》[1952]。

关于概率论和数理统计的书籍可谓是“汗牛充栋”，而 Drake 的著作《*Fundamentals of Applied Probability Theory*》[1967] 就是其中之一。

在 Courant 和 Hilbert 的著作《*Methods of Mathematical Physics*》(卷1) [1953] 以及 Weinstock 的著作《*Calculus of Variations: With Applications to Physics & Engineering*》[1974] 中，有关于变分法的详细介绍。

一般情况下，对于由**最小二乘**法导出的问题，我们都可以使用**广义逆**来进行求解。关于这方面的内容，我们推荐 Albert 的著作：《*Regression and the Moore-Penrose Pseudoinverse*》[1972]。Gill、Murray 和 Wright 在他们的著作《*Practical Optimization*》[1981] 中，介绍了最优化问题的实际应用；想要了解这方面的深入理论，请参见 Luenberger 的著作《*Introduction to Linear and Nonlinear Programming*》[1973]。

在 Cont和 de Boor 的著作《*Elementary Numerical Analysis—an Algorithmic Approach*》[1972] 以及 Hamming 的著作《*Numerical Methods for Scientists and Engineers*》[1962] 中，我们可以找到关于数值分析的内容。

参考文献

[1] Abramowitz, M., & I.A. Stegan (eds.), *Handbook of Mathematical Functions with Formulas, Graphs, and Mathematical Tables*, National Bureau of Standards, United States Department of Commerce, 1964.

[2] Aggarwal, J.K., R.O. Duda, & A. Rosenfeld (eds.), *Computer Methods in Image Analysis*, IEEE Press, New York, 1977.

[3] Ahuja, N., & B.J. Schachter, *Pattern Models*, John Wiley & Sons, New York, 1983.

[4] Albert, A., *Regression and the Moore–Penrose Pseudoinverse*, Academic Press, New York, 1972.

[5] Andrews, H.C., *Computer Techniques in Image Processing*, Academic Press, New York, 1970.

[6] Andrews, H.C. (ed.), *Digital Image Processing*, IEEE Press, New York, 1978.

[7] Ballard, D.H., & C.M. Brown, *Computer Vision*, Prentice-Hall, Englewood Cliffs, New Jersey, 1982.

[8] Barbe, D.F. (ed.), *Charge-Coupled Devices*, Springer-Verlag, New York, 1980.

[9] Bernstein, R. (ed.), *Digital Image Processing for Remote Sensing*, IEEE Press, New York, 1978.

[10] Blahut, R.E., *Fast Algorithms for Digital Signal Processing,* Addison-Wesley, Reading, Massachusetts, 1985.

[11] Born, M., & E. Wolf, *Principles of Optics: Electromagnetic Theory of Propagation, Interference and Diffraction of Light*, Pergamon Press, Oxford, 1975.

[12] Bracewell, R.N., *The Fourier Transform and Its Applications*, McGraw-Hill Book Co., New York, 1965 & 1978.

[13] Brady, J.M. (ed.), *Computer Vision*, North-Holland Publishing Co., Amsterdam, 1981.

[14] Brady, J.M., & R. Paul (eds.), *Robotics Research: The First International Symposium*, MIT Press, Cambridge, Massachusetts, 1984.

[15] Burington, R.S., *Handbook of Mathematical Tables and Formulas*, Fifth Edition, McGraw-Hill Book Co., New York, 1973.

[16] Carrier, G.F., & C.E. Pearson, *Partial Differential Equations: Theory and Technique*, Academic Press, New York, 1976.

[17] Castleman, K.R., *Digital Image Processing*, Prentice-Hall, Englewood Cliffs, New Jersey, 1979.

需要注意的是，本参考文献包括两部分：1) 文献 [1] 到 [116] 是书籍，2) 文献 [117] 到 [488] 是论文和技术报告。对于每一部分的参考文献，我们都按照：作者姓名的英文首字母，进行排序；对于同一作者的文献，则按照该文献的发表时间进行进一步排序；如果该作者在同一年有多篇文章发表，则再加上 $a, b, \cdots$ 来进行区分（例如文献 [248] 和 [249]）。在各章的“本章参考文献”中，我们采用“作者名 [发表时间]”的格式来对文献进行引用。— **译者注**

[18] Chisholm, J.S.R., *Vectors in Three-Dimensional Space*, Cambridge Univ. Press, Cambridge, 1978.
[19] Conte, S.D., & C. de Boor, *Elementary Numerical Analysis—an Algorithmic Approach*, Second Edition, McGraw-Hill Book Co., New York, 1972.
[20] Cornsweet, T.N., *Visual Perception*, Academic Press, New York, 1970.
[21] Courant, R., & D. Hilbert, *Methods of Mathematical Physics*, Vol. I, John Wiley & Sons, New York, 1953.
[22] Courant, R., & D. Hilbert, *Methods of Mathematical Physics*, Vol. II, John Wiley & Sons, New York, 1962.
[23] Coxeter, H.S.M., *Regular Polyhedra*, Dover Publications, New York, 1973.
[24] do Carmo, M.P., *Differential Geometry of Curves and Surfaces*, Prentice-Hall, Englewood Cliffs, New Jersey, 1976.
[25] Dodd, G.G., & L. Rossol (eds.), *Computer Vision and Sensor-Based Robots*, Plenum Press, New York, 1979.
[26] Drake, A.W., *Fundamentals of Applied Probability Theory*, McGraw-Hill Book Co., New York, 1967.
[27] Driscoll, W.G., & W. Vaughan (eds.), *Handbook of Optics*, McGraw-Hill Book Co., New York, 1978.
[28] Duda, R.O., & P.E. Hart, *Pattern Classification and Scene Analysis*, John Wiley & Sons, New York, 1973.
[29] Dwight, H.B., *Tables of Integrals and Other Mathematical Data*, Macmillan, New York, 1964.
[30] Evans, R.M., *The Perception of Color*, John Wiley & Sons, New York, 1974.
[31] Everitt, B., *Cluster Analysis*, Halsted Press, New York, 1980.
[32] Faugeras, O.D. (ed.), *Fundamentals in Computer Vision*, Cambridge Univ. Press, Cambridge, 1983.
[33] Fejes Toth, L., *Regular Figures*, Pergamon Press, New York, 1964.
[34] Frisby, J.P., *Seeing*, Oxford Univ. Press, Oxford, 1979.
[35] Garabedian, P.R., *Partial Differential Equations*, John Wiley & Sons, New York, 1964.
[36] Gardner, W.E. (ed.), *Machine-Aided Image Analysis, 1978*, The Institute of Physics, Bristol & London, 1979.
[37] Gel'fand, I.M., & G.E. Shilov, *Generalized Functions: Properties & Operations*, Vol. I, Academic Press, New York, 1964.
[38] Gibson, J.J., *The Perception of the Visual World*, Houghton Mifflin Co., Boston, 1950.
[39] Gibson, J.J., *The Senses Considered as Perceptual Systems*, Houghton Mifflin Co., Boston, 1966.
[40] Gibson, J.J., *The Ecological Approach to Visual Perception*, Houghton Mifflin Co., Boston, 1979.
[41] Gill, P.E., W. Murray, & M.H. Wright, *Practical Optimization*, Academic Press, New York, 1981.
[42] Gonzalez, R.C., & P. Wintz, *Digital Image Processing*, Addison-Wesley, Reading, Massachusetts, 1977.
[43] Gradshteyn, I.S., & I.M. Ryzhik, *Table of Integrals, Series, and Products*, Academic Press, New York, 1980.
[44] Grafton, C.B. (ed.), *Silhouettes—A Pictorial Archive of Varied Illustrations*, Dover Publications, New York, 1979.
[45] Green, W.B., *Digital Image Processing: A Systems Approach*, Van Nostrand Reinhold Co., New York, 1983.
[46] Gregory, R.L., *Eye and Brain*, McGraw-Hill Book Co., New York, 1966.
[47] Gregory, R.L., *The Intelligent Eye*, McGraw-Hill Book Co., New York, 1970.

[48] Grimson, W.E.L., *From Images to Surfaces: A Computational Study of the Human Early Visual System*, MIT Press, Cambridge, Massachusetts, 1981.
[49] Grünbaum, B., *Convex Polytopes*, John Wiley & Sons, New York, 1967.
[50] Haber, R.N., & M. Hershenson, *The Psychology of Visual Perception*, Holt, Rinehart & Winston Inc., New York, 1973.
[51] Hall, E., *Computer Image Processing and Recognition*, Academic Press, New York, 1979.
[52] Hamilton, W.R., *Elements of Quaternions*, Vols. 1 & 2, Chelsea Publishing, New York, 1899.
[53] Hamming, R.W., *Numerical Methods for Scientists and Engineers*, McGraw-Hill Book Co., New York, 1962.
[54] Hamming, R.W., *Digital Filters*, Prentice-Hall, Englewood Cliffs, New Jersey, 1977 & 1983.
[55] Hanson, A.R., & E.M. Riseman (eds.), *Computer Vision Systems*, Academic Press, New York, 1978.
[56] Herman, G.T. (ed.), *Image Reconstruction from Projections—Implementation and Applications*, Springer-Verlag, New York, 1979.
[57] Hilbert, D., & S. Cohn-Vossen, *Geometry and the Imagination*, Chelsea Publishing Co., New York, 1952.
[58] Hildebrand, F.B., *Methods of Applied Mathematics*, Prentice-Hall, Englewood Cliffs, New Jersey, 1952.
[59] Hildreth, E.C., *The Measurement of Visual Motion*, MIT Press, Cambridge, Massachusetts, 1983.
[60] Huang, T.S. (ed.), *Image Sequence Processing and Dynamic Scene Analysis*, Springer-Verlag, New York, 1983.
[61] John, F., *Partial Differential Equations*, Springer-Verlag, New York, 1971.
[62] Judd, D.B., & G. Wyszeck, *Color in Business, Science, and Industry*, John Wiley & Sons, New York, 1975.
[63] Julesz, B., *Foundations of Cyclopean Perception*, Univ. of Chicago Press, Chicago, 1971.
[64] Kanal, L.N. (ed.), *Pattern Recognition*, Thompson Book Co., Washington, D.C., 1980.
[65] Kenner, H., *Geodesic Math—and How to Use It*, Univ. of California Press, Berkeley, California, 1976.
[66] Kessel, R.G., & R.H. Kardon, *Tissues and Organs: A Text-Atlas of Scanning Electron Microscopy*, W.H. Freeman & Co., San Francisco, 1979.
[67] Kingslake, R., *Lens Design Fundamentals*, Academic Press, New York, 1978.
[68] Korn, G.A., & T.M. Korn, *Mathematical Handbook for Engineers and Scientists*, McGraw-Hill Book Co., New York, 1968.
[69] Levi, L., *Applied Optics: A Guide to Optical System Design*, Vol. 1, 1968 & Vol. 2, 1980, John Wiley & Sons, New York.
[70] Levine, M.D., *Vision in Man and Machine*, McGraw-Hill Book Co., New York, 1985.
[71] Lighthill, M.J., *Introduction to Fourier Analysis and Generalised Functions*, Cambridge Univ. Press, Cambridge, 1978.
[72] Luenberger, D.G., *Introduction to Linear and Nonlinear Programming*, Addison-Wesley, Reading, Massachusetts, 1973.
[73] Lysternik, L.A., *Convex Figures and Polyhedra*, Dover Publications, New York, 1963.
[74] MacAdam, D.L., *Sources of Color Science*, MIT Press, Cambridge, Massachusetts, 1970.
[75] Marr, D., *Vision: A Computational Investigation into the Human Representation and Processing of Visual Information*, W.H. Freeman & Co., San Francisco, 1982.

[76] Moon, P., *The Scientific Basis of Illumination Engineering*, Dover Publications, New York, 1961.

[77] Moon, P., & D.E. Spencer, *Partial Differential Equations*, D.C. Heath & Co., Massachusetts, 1969.

[78] Moon, P., & D.E. Spencer, *The Photic Field*, MIT Press, Cambridge, Massachusetts, 1981.

[79] Moore, C.N., *Summable Series and Convergence Factors*, Dover Publications, New York, 1966.

[80] Moravec, H.P., *Robot Rover Visual Navigation*, University Microfilms International, Ann Arbor, 1981.

[81] Nevatia, R., *Machine Perception*, Prentice-Hall, Englewood Cliffs, New Jersey, 1982.

[82] Norton, H.N., *Sensor and Analyzer Handbook*, Prentice-Hall, Englewood Cliffs, New Jersey, 1982.

[83] O'Neill, B., *Elementary Differential Geometry*, Academic Press, New York, 1966.

[84] Oppenheim, A.V., & A.S. Willsky, *Signals and Systems*, Prentice-Hall, Englewood Cliffs, New Jersey, 1983.

[85] Pearce, P., & S. Pearce, *Polyhedra Primer*, Van Nostrand Reinhold Co., New York, 1978.

[86] Pogorelov, A.V., *Differential Geometry*, Noordhoff, Groningen, The Netherlands, 1956 & 1979.

[87] Pratt, W., *Digital Image Processing*, John Wiley & Sons, New York, 1978.

[88] Pugh, A., *Polyhedra—A Visual Approach*, Univ. of California Press, Berkeley, California, 1976.

[89] Pugh, A. (ed.), *Robot Vision*, IFS (Publications) Ltd., U.K., 1983.

[90] Rock, I., *Perception*, Scientific American Books, New York, 1984.

[91] Rosenfeld, A. (ed.), *Digital Picture Analysis*, Springer-Verlag, New York, 1976.

[92] Rosenfeld, A., & A.C. Kak, *Digital Picture Processing*, Vols. 1 & 2, Second Edition, Academic Press, New York, 1982.

[93] Scharf, D., *Magnifications—Photography with the Scanning Electron Microscope*, Schocken Books, New York, 1977.

[94] Schey, H.M., *Div, Grad, Curl, and All That: An Informal Text on Vector Calculus*, W.W. Norton & Co., New York, 1973.

[95] Sears, F.W., *Optics*, Addison-Wesley, Reading, Massachusetts, 1949.

[96] Serra, J., *Image Analysis and Mathematical Morphology*, Academic Press, New York, 1982.

[97] Shafer, S.A., *Shadows and Silhouettes in Computer Vision*, Kluwer Academic Press, Boston, 1985.

[98] Siebert, W., *Circuits, Signals, and Systems*, MIT Press, Cambridge, Massachusetts, 1985.

[99] Sokal, R.R., & P.H.A. Sneath, *Principles of Numerical Taxonomy*, W.H. Freeman & Co., San Francisco, 1963.

[100] Stoffel, J.C. (ed.), *Graphical and Binary Image Processing and Applications*, Artech House, Inc., Massachusetts, 1982.

[101] Stucki, P. (ed.), *Advances in Digital Image Processing: Theory, Application, Implementation*, Plenum Press, New York, 1979.

[102] Tanimoto, S., & A. Klinger (eds.), *Structured Computer Vision: Machine Perception through Hierarchical Computation Structures*, Academic Press, New York, 1980.

[103] Tikhonov, A.N., & V.Y. Arsenin, *Solutions of Ill-Posed Problems*, Winston & Sons, Washington, D.C., 1977.

[104] Ullman, S., *The Interpretation of Visual Motion*, MIT Press, Cambridge, Massachusetts, 1979.

[105] Ullman, S., & W. Richards (eds.), *Image Understanding 1984*, Ablex Publishing Corp., Norwood, New Jersey, 1984.
[106] Wasserman, G.S., *Color Vision: An Historical Introduction*, John Wiley & Sons, New York, 1978.
[107] Weinstock, R., *Calculus of Variations: With Applications to Physics & Engineering*, Dover Publications, New York, 1974.
[108] Wells, O.C., *Scanning Electron Microscopy*, McGraw-Hill Book Co., New York, 1974.
[109] Wenninger, M.J., *Polyhedron Models*, Cambridge Univ. Press, Cambridge, 1971.
[110] Wenninger, M.J., *Spherical Models*, Cambridge Univ. Press, Cambridge, 1979.
[111] Wiener, N., *Extrapolation, Interpolatation, and Smoothing of Stationary Time Series with Engineering Applications*, MIT Press, Cambridge, Massachusetts, 1966.
[112] Winston, P.H. (ed.), *The Psychology of Computer Vision*, McGraw-Hill Book Co., New York, 1975.
[113] Winston, P.H., *Artificial Intelligence*, Second Edition, Addison-Wesley, Reading, Massachusetts, 1984.
[114] Winston, P.H., & R.H. Brown (eds.), *Artificial Intelligence: An MIT Perspective*, Vol. 2, MIT Press, Cambridge, Massachusetts, 1979.
[115] Winston, P.H., & B.K.P. Horn, *Lisp*, Second Edition, Addison-Wesley, Reading, Massachusetts, 1984.
[116] Wolf, P.R., *Elements of Photogrammetry*, McGraw-Hill Book Co., New York, 1974.
[117] Adiv, G. (1984) "Determining 3-D Motion and Structure from Optical Flow Generated by Several Moving Objects," COINS Technical Report 84-07, Computer and Information Science, Univ. of Massachusetts, Amherst, Massachusetts, April.
[118] Agin, G.J., & T.O. Binford (1973) "Computer Description of Curved Objects," *Proc. of the Intern. Joint Conf. on Artificial Intelligence*, Stanford, California, pp. 629–640, 20–23 August.
[119] Ahmed, N., T. Natarjan, & K.R. Rao (1974) "On Image Processing and a Discrete Cosine Transform," *IEEE Trans. on Computers*, Vol. 23, No. 1, pp. 90–93, January.
[120] Ahuja, N., & A. Rosenfeld (1981) "Mosaic Models for Textures," *IEEE Trans. on Pattern Analysis and Machine Intelligence*, Vol. 3, No. 1, pp. 1–11, January.
[121] Alexandroff, A. (1942) "Existence and Uniqueness of a Convex Surface with a Given Integral Curvature," *Comptes Rendus (Doklady) de l'Académie des Sciences de l'URSS*, Vol. 35, No. 5, pp. 131–134.
[122] Arcelli, C. (1981) "Pattern Thinning by Contour Tracing," *Computer Graphics and Image Processing*, Vol. 17, No. 3, pp. 130–144, October.
[123] Arcelli, C., & S. Levialdi (1972) "Parallel Shrinking in Three Dimensions," *Computer Graphics and Image Processing*, Vol. 1, No. 1, pp. 21–30, April.
[124] Asada, H., & J.M. Brady (1984) "The Curvature Primal Sketch," MIT AI Laboratory Memo 758, February.
[125] Baird, M.L. (1978) "SIGHT-I: A Computer Vision System for Automated IC Chip Manufacture," *IEEE Trans. on Systems, Man and Cybernetics*, Vol. 8, No. 2, pp. 133–139, February.
[126] Bajcsy, R. (1973) "Computer Identification of Visual Surfaces," *Computer Graphics and Image Processing*, Vol. 2, No. 2, pp. 118–130, October.
[127] Bajcsy, R. (1980) "Three-Dimensional Scene Analysis," *Proc. Pattern Recognition Conf.*, Miami, Florida, pp. 1064–1074, 1–4 December.
[128] Bajcsy, R., & L. Lieberman (1976) "Texture Gradient as a Depth Cue," *Computer Graphics and Image Processing*, Vol. 5, No. 1, pp. 52–67, March.
[129] Baker, H.H., & T.O. Binford (1981) "Depth from Edges and Intensity Based Stereo," *Proc. of the Intern. Joint Conf. on Artificial Intelligence*, Vancouver, B.C., pp. 631–636, 24–28 August.

[130] Baker, H.H., & T.O. Binford (1982) "A System for Automated Stereo Mapping," *Proc. Symp. ISPRS Commission II*, Ottawa, Canada.

[131] Ballard, D.H., G.E. Hinton, & T.J. Sejnowshi (1983) "Parallel Visual Computation," *Nature*, Vol. 306, No. 5938, pp. 21–26, 3 November.

[132] Ballard, D.H., & O.A. Kimball (1983) "Rigid Body Motion from Depth and Optical Flow," *Computer Vision, Graphics and Image Processing*, Vol. 22, No. 1, pp. 95–115, April.

[133] Ballard, D.H., & D. Sabbah (1981a) "Detecting Object Orientation from Surface Normals," *Proc. Pattern Recognition Conf.*, München, pp. 63–67, December.

[134] Ballard, D.H., & D. Sabbah (1981b) "On Shapes," *Proc. of the Intern. Joint Conf. on Artificial Intelligence*, Vancouver, B.C., pp. 607–612, 24–28 August.

[135] Barnard, S.T. (1983) "Interpreting Perspective Images," *Artificial Intelligence*, Vol. 21, No. 4, pp. 435–462, November.

[136] Barnard, S.T., & W.B. Thompson (1980) "Disparity Analysis of Images," *IEEE Trans. on Pattern Analysis and Machine Intelligence*, Vol. 2, No. 4, pp. 333–340, July.

[137] Barrow, H.G., & R.J. Popplestone (1971) "Relational Descriptions in Picture Processing," in *Machine Intelligence 6*, B. Meltzer & D.M. Michie (eds.), Edinburgh Univ. Press, pp. 377–396.

[138] Barrow, H.G., & J.M. Tenenbaum (1978) "Recovering Intrinsic Scene Characteristics from Images," in *Computer Vision Systems*, A.R. Hanson & E.M. Riseman (eds.), Academic Press, New York, pp. 3–26.

[139] Barrow, H.G., & J.M. Tenenbaum (1981a) "Computational Vision," *Proc. of the IEEE*, Vol. 69, No. 5, pp. 572–595, May.

[140] Barrow, H.G., & J.M. Tenenbaum (1981b) "Interpreting Line Drawings as Three-Dimensional Surfaces," *Artificial Intelligence*, Vol. 17, Nos. 1–3, pp. 75–116, August.

[141] Bass, D.H. (1981) "Using the Video Lookup Table for Reflectivity Calculations: Specific Techniques and Graphic Results," *Computer Graphics and Image Processing*, Vol. 17, No. 3, pp. 249–261, November.

[142] Bertram, S. (1969) "The UNAMACE and the Automatic Photomapper," *Photogrammetric Engineering*, Vol. 35, No. 6, pp. 569–576, June.

[143] Berzins, V. (1984) "Accuracy of Laplacian Edge Detectors," *Computer Vision, Graphics and Image Processing*, Vol. 27, No. 2, pp. 195–210, August.

[144] Besl, P., & R. Jain (1984) "Surface Characterization for Three-Dimensional Object Recognition in Depth Maps," RSD-TR-20-84, Center for Research on Integrated Manufacturing, Dept. of Electrical Engineering & Computer Science, Univ. of Michigan, Ann Arbor, Michigan, December.

[145] Binford, T.O. (1971) "Visual Perception by Computer," *Proc. IEEE Systems Science and Cybernetics Conf.*, Miami, December.

[146] Binford, T.O. (1981) "Inferring Surfaces from Images," *Artificial Intelligence*, Vol. 17, Nos. 1–3, pp. 205–244, August.

[147] Binford, T.O. (1982) "Survey of Model-Based Image Analysis Systems," *The International Journal of Robotics Research*, Vol. 1, No. 1, pp. 18–64, Spring.

[148] Blake, A. (1983) "The Least-Disturbance Principle and Weak Constraints," *Pattern Recognition Letters*, Vol. 1, Nos. 5 & 6, pp. 393–399, July.

[149] Blake, A. (1985) "Boundary Conditions for Lightness Computation in Mondrian World," *Computer Vision, Graphics and Image Processing*, to appear.

[150] Blum, H. (1967) "A Transformation for Extracting New Descriptors of Shape," *Proc. Symp. on Models for Perception of Speech and Visual Form*, W. Whaten-Dunn (ed.), MIT Press, Cambridge, Massachusetts.

[151] Bolles, R.C., P. Horaud, & M.J. Hannah (1983) "3DPO: Three-Dimensional Parts Orientation System," *Proc. of the Intern. Joint Conf. on Artificial Intelligence*, Karlsruhe, West Germany, pp. 1116–1120, 8–12 August.
[152] Boyse, J.W. (1979) "Interference Detection among Solids and Surfaces," *Communications of the ACM*, Vol. 22, No. 1, pp. 3–9, January.
[153] Brady, J.M., & H. Asada (1984) "Smoothed Local Symmetries and Their Implementation," *The International Journal of Robotics Research*, Vol. 3, No. 3, pp. 36–61, Fall.
[154] Brady, J.M., & B.K.P. Horn (1983) "Rotationally Symmetric Operators for Surface Interpolation," *Computer Vision, Graphics and Image Processing*, Vol. 22, No. 1, pp. 70–95, April.
[155] Brassel, K. (1974) "A Model for Automatic Hill Shading," *The American Cartographer*, Vol. 1, No. 1, pp. 15–27, April.
[156] Brenner, J.F., S. Gelsema, T.F. Necheles, P.W. Neurath, W.D. Selles, & E. Vastola (1974) "Automated Classification of Normal and Abnormal Leukocytes," *The Journal of Histochemistry & Cytochemistry*, Vol. 22, No. 7, pp. 697–706.
[157] Brice, C.R., & C.L. Fennema (1970) "Scene Analysis Using Regions," *Artificial Intelligence*, Vol. 1, No. 3, pp. 205–226, Fall.
[158] Brooks, M.J. (1978) "Rationalizing Edge Detectors," *Computer Graphics and Image Processing*, Vol. 8, No. 2, pp. 277–285, October.
[159] Brooks, M.J. (1982) "Shape from Shading Discretely," Ph.D. Thesis, Essex Univ., Colchester, England.
[160] Brooks, M.J., & B.K.P. Horn (1985) "Shape and Source from Shading," *Proc. of the Intern. Joint Conf. on Artificial Intelligence*, Los Angeles, California, pp. 932–936, 18–23 August.
[161] Brooks, R.A. (1981) "Symbolic Reasoning among 3-D Models and 2-D Images," *Artificial Intelligence*, Vol. 17, Nos. 1–3, pp. 285–348, August.
[162] Brou, P. (1983) "Finding Objects in Depth Maps," Ph.D. Thesis, Dept. of Electrical Engineering & Computer Science, MIT, Cambridge, Massachusetts, September.
[163] Brou, P. (1984) "Using the Gaussian Image to Find the Orientation of Objects," *The International Journal of Robotics Research*, Vol. 3, No. 4, pp. 89–125, Winter.
[164] Brown, C.M. (1977) "Representing the Orientation of Dendritic Fields with Geodesic Tessellations," Internal Report TR-13, Computer Science Dept., Univ. of Rochester.
[165] Brown, C.M. (1983) "Inherent Bias and Noise in the Hough Transform," *IEEE Trans. on Pattern Analysis and Machine Intelligence*, Vol. 5, No. 5, pp. 493–505, September.
[166] Bruss, A.R. (1981) "The Image Irradiance Equation: Its Solution and Application," MIT AI Laboratory Technical Report 623, June.
[167] Bruss, A.R. (1982) "The Eikonal Equation: Some Results Applicable to Computer Vision," *Journal of Math. Physics*, Vol. 23, No. 5, pp. 890–896, May.
[168] Bruss, A.R. (1983) "Is What You See What You Get?" *Proc. of the Intern. Joint Conf. on Artificial Intelligence*, Karlsruhe, West Germany, pp. 1053–1056, 8–12 August.
[169] Bruss, A.R., & B.K.P. Horn (1983) "Passive Navigation," *Computer Vision, Graphics and Image Processing*, Vol. 21, No. 1, pp. 3–20, January.
[170] Canny, J. (1983) "Finding Edges and Lines in Images," MIT AI Laboratory Technical Report 720, June.
[171] Canny, J. (1984) "Collision Detection for Moving Polyhedra," MIT AI Laboratory Memo 806, October.

[172] Chen, W.H., C.H. Smith, & S. Fralick (1977) "A Fast Computational Algorithm for the Discrete Cosine Transform," *IEEE Trans. on Communications*, Vol. 25, No. 9, pp. 1004–1009, September.

[173] Chin, R.T. (1982) "Automated Visual Inspection Techniques and Applications: A Bibliography," *Pattern Recognition*, Vol. 15, No. 4, pp. 343–357.

[174] Chin, R.T., & A. Harlow (1982) "Automated Visual Inspection: A Survey," *IEEE Trans. on Pattern Analysis and Machine Intelligence*, Vol. 4, No. 6, pp. 557–573, November.

[175] Chrisman, D.P. (1984) "Programming the Connection Machine," S.M. Thesis, Dept. of Electrical Engineering & Computer Science, MIT, Cambridge, Massachusetts, November.

[176] Clocksin, W.F. (1980) "Perception of Surface Slant and Edge Labels from Optical Flow: A Computational Approach," *Perception*, Vol. 9, No. 3, pp. 253–269.

[177] Clowes, M.B. (1971) "On Seeing Things," *Artificial Intelligence*, Vol. 2, No. 1, pp. 79–116, Spring.

[178] Cohen, F.S., & D.B. Cooper (1984) "Simple Parallel Hierarchical and Relaxation Algorithms for Segmenting Noncausal Markovian Random Fields," Internal Report LEMS-7, Laboratory for Man/Machine Systems, Brown Univ., Providence, Rhode Island, July.

[179] Coleman Jr., E.N., & R. Jain (1982) "Obtaining 3-Dimensional Shape of Textured and Specular Surface Using Four-Source Photometry," *Computer Graphics and Image Processing*, Vol. 18, No. 4, pp. 309–328, April.

[180] Cooper, D.B., F. Sung, & P.S. Schencker (1980) "Towards a Theory of Multiple-Window Algorithms for Fast Adaptive Boundary Finding in Computer Vision," Internal Report ENG-PRMI 80-3, Division of Engineering, Brown Univ., Providence, Rhode Island, July.

[181] Dane, C., & R. Bajcsy (1981) "Three-Dimensional Segmentation Using the Gaussian Image and Spatial Information," *Proc. Pattern Recognition and Image Processing Conf.*, Dallas, Texas, pp. 54–56, 3–4 August.

[182] Danielsson, P.-E. (1980) "Euclidian Distance Mapping," *Computer Graphics and Image Processing*, Vol. 14, No. 3, pp. 227–248, November.

[183] Danielsson, P.-E., & B. Kruse (1979) "Distance Checking Algorithms," *Computer Graphics and Image Processing*, Vol. 11, No. 4, pp. 349–376, December.

[184] Davis, L.S. (1975) "A Survey of Edge Detection Techniques," *Computer Graphics and Image Processing*, Vol. 4, No. 3, pp. 248–270, September.

[185] Davis, L.S., & A. Rosenfeld (1980) "Cooperating Processes for Low-Level Vision: A Survey," Internal Report TR-851, Univ. of Maryland, College Park, Maryland, January.

[186] Deift, P., & J. Sylvester (1981) "Some Remarks on the Shape-from-Shading Problem in Computer Vision," *Journal of Mathematical Analysis and Applications*, Vol. 84, No. 1, pp. 235–248, November.

[187] De Souza, P. (1983) "Automatic Rib Detection in Chest Radiographs," *Computer Vision, Graphics and Image Processing*, Vol. 23, No. 2, pp. 129–161, August.

[188] Deutsch, E.S. (1972) "Thinning Algorithms on Rectangular, Hexagonal, and Triangular Arrays," *Communications of the ACM*, Vol. 15, No. 9, pp. 827–837, September.

[189] Dev, P. (1975) "Perception of Depth Surfaces in Random-Dot Stereograms: A Neural Model," *International Journal of Man-Machine Studies*, Vol. 7, No. 4, pp. 511–528, July.

[190] Draper, S.W. (1981) "The Use of Gradient Space and Dual Space in Line-Drawing Interpretation," *Artificial Intelligence*, Vol. 17, Nos. 1–3, pp. 461–460, August.

[191] Dreschler L., & H.-H. Nagel (1982) "Volumetric Model and 3D Trajectory of a Moving Car Derived From Monocular TV Frame Sequences of a Street Scene," *Computer Graphics and Image Processing*, Vol. 20, No. 3, pp. 199–228, November.

[192] Duda, R.O., & P.E. Hart (1972) "Use of the Hough Transformation to Detect Lines and Curves in Pictures," *Communications of the ACM*, Vol. 15, No. 1, pp. 11–15, January.

[193] Duda, R.O., D. Nitzan, & P. Barrett (1979) "Use of Range and Reflectance Data to Find Planar Surface Regions," *IEEE Trans. on Pattern Analysis and Machine Intelligence*, Vol. 1, No. 3, pp. 259–271, July.

[194] Duerr, B, W. Haettich, H. Tropf, & G. Winkler (1980) "A Combination of Statistical and Syntactical Pattern Recognition Applied to Classification of Unconstrained Handwritten Numerals," *Pattern Recognition*, Vol. 12, No. 3, pp. 189–199.

[195] Dyer, C.R., & A. Rosenfeld (1979) "Thinning Algorithms for Gray-Scale Pictures," *IEEE Trans. on Pattern Analysis and Machine Intelligence*, Vol. 1, No. 1, pp. 88–89, January.

[196] Ehrich, R.W. (1977) "Detection of Global Edges in Textured Images," *IEEE Trans. on Computers*, Vol. 26, No. 6, pp. 589–603, June.

[197] Ejiri, M., T. Uno, M. Mese, & S. Ikeda (1973) "A Process for Detecting Defects in Complicated Patterns," *Computer Graphics and Image Processing*, Vol. 2, Nos. 3 & 4, pp. 326–339, December.

[198] Fahle, M., & T. Poggio (1980) "Visual Hyperacuity: Spatiotemporal Interpolation in Human Vision," *Proc. of the Royal Society of London B*, Vol. 213, pp. 415–477.

[199] Falk, G. (1972) "Interpretation of Imperfect Line Data as a Three-Dimensional Scene," *Artificial Intelligence*, Vol. 3, No. 2, pp. 101–144, Summer.

[200] Fang, J.Q., & T.S. Huang (1984a) "Solving Three-Dimensional Small-Rotation Motion Equations: Uniqueness, Algorithms, and Numerical Results," *Computer Vision, Graphics and Image Processing*, Vol. 26, No. 2, pp. 183–206, May.

[201] Fang, J.Q., & T.S. Huang (1984b) "Some Experiments on Estimating the 3-D Motion Parameters of a Rigid Body from Two Consecutive Image Frames," *IEEE Trans. on Pattern Analysis and Machine Intelligence*, Vol. 6, No. 5, pp. 545–554, September.

[202] Fennema, C.L., & W.R. Thompson (1979) "Velocity Determination in Scenes Containing Several Moving Objects," *Computer Graphics and Image Processing*, Vol. 9, No. 4, pp. 301–315, April.

[203] Fesenkov, V. (1962) "Photometry of the Moon," in *Physics and Astronomy of the Moon*, Z. Kopal (ed.), Academic Press, New York, pp. 99–130.

[204] Fischler, M.A., & R.C. Bolles (1981) "Random Sample Consensus: A Paradigm for Model Fitting with Applications to Image Analysis and Automated Cartography," *Communications of the ACM*, Vol. 24, No. 6, pp. 381–395, June.

[205] Fram, J.R., & E.S. Deutsch (1975) "On the Evaluation of Edge Detection Schemes and Their Comparison with Human Performance," *IEEE Trans. on Computers*, Vol. 24, No. 6, pp. 616–628, June.

[206] Freeman, H. (1960) "Techniques for the Digital Computer Analysis of Chain-Encoded Arbitrary Plane Curves," *Proc. National Electronics Conf.*, Chicago, Illinois, Vol. 17, pp. 421–432, 9–11 October.

[207] Freuder, E.C. (1976) "A Computer System for Visual Recognition using Active Knowledge," MIT AI Laboratory Technical Report 345, June.

[208] Freuder, E.C. (1980) "On the Knowledge Required to Label a Picture Graph," *Artificial Intelligence*, Vol. 15, Nos. 1 & 2, pp. 1–17, November.
[209] Ganapathy, S. (1984) "Decomposition of Transformation Matrices for Robot Vision," *Proc. IEEE Conf. on Robotics*, Atlanta, Georgia, pp. 130–139, 13–15 March.
[210] Geman, S., & D. Geman (1983) "Stochastic Relaxation, Gibbs Distributions, and the Bayesian Restoration of Images," Internal Report, Brown Univ., Providence, Rhode Island, and Univ. of Massachusetts at Amherst.
[211] Gibson, E.J., J.J. Gibson, O.W. Smith, & H. Flock (1959) "Motion Parallax as a Determinant of Perceived Depth," *Journal of Experimental Psychology*, Vol. 8, No. 1, pp. 40–51.
[212] Gibson L., & D. Lucas (1982) "Vectorization of Raster Images Using Hierarchical Methods," *Computer Graphics and Image Processing*, Vol. 20, No. 2, pp. 82–89, September.
[213] Golay, M.J.E. (1969) "Hexagonal Parallel Pattern Transformations," *IEEE Trans. on Computers*, Vol. 18, No. 8, pp. 733–740, August.
[214] Gonzalez, R.C., & R. Safabakhsh (1982) "Computer Vision Techniques for Industrial Applications and Robot Control," *Computer*, Vol. 15, No. 12, pp. 17–32, December.
[215] Gray, S.B. (1971) "Local Properties of Binary Images in Two Dimensions," *IEEE Trans. on Computers*, Vol. 20, No. 5, pp. 551–561, May.
[216] Griffith, A.K. (1973a) "Edge Detection in Simple Scenes Using *A Priori* Information," *IEEE Trans. on Computers*, Vol. 22, No. 4, pp. 371–381, April.
[217] Griffith, A.K. (1973b) "Mathematical Models for Automatic Line Detection," *Journal of the ACM*, Vol. 20, No. 1, pp. 62–80, January.
[218] Grimson, W.E.L. (1982) "A Computational Theory of Visual Surface Interpolation," *Philosophical Trans. of the Royal Society of London B*, Vol. 298, pp. 395–427.
[219] Grimson, W.E.L. (1983a) "Surface Consistency Constraints in Vision," *Computer Vision, Graphics and Image Processing*, Vol. 24, No. 1, pp. 28–51, October.
[220] Grimson, W.E.L. (1983b) "An Implementation of a Computational Theory of Visual Surface Interpolation," *Computer Vision, Graphics and Image Processing*, Vol. 22, No. 1, pp. 39–69, April.
[221] Grimson, W.E.L. (1984) "On the Reconstruction of Visible Surfaces," Chapter 9 in *Image Understanding 1984*, S. Ullman & W. Richards (eds.), Ablex Publishing Corp., Norwood, New Jersey.
[222] Gruen, A.W. (1985) "Adaptive Least Squares Correlation—A Powerful Image Matching Technique," *Proc. ACSM-ASP Convention*, Washington, D.C., March.
[223] Gupta, J.N., & P.A. Wintz (1975) "A Boundary Finding Algorithm and Its Application," *IEEE Trans. on Circuits and Systems*, Vol. 22, No. 4, pp. 351–362, April.
[224] Gurari, E.M., & H. Wechsler (1982) "On the Difficulties Involved in the Segmentation of Pictures," *IEEE Trans. on Pattern Analysis and Machine Intelligence*, Vol. 4, No. 3, pp. 304–306, May.
[225] Guzmán-Arenas, A. (1968a) "Decomposition of a Visual Scene into Three-Dimensional Bodies," *Proc. AFIPS Fall Joint Computer Conf.*, San Francisco, California, Vol. 33, pp. 291–304, 9–11 December.
[226] Guzmán-Arenas, A. (1968b) "Computer Recognition of Three-Dimensional Objects in a Visual Scene," MIT AI Laboratory Technical Report 228, December.
[227] Habibi, A. (1972) "Two Dimensional Bayesian Estimation of Images," *Proc. of the IEEE*, Vol. 60, No. 7, pp. 878–883, July.
[228] Hafford, K.J., & K. Preston, Jr. (1984) "Three-Dimensional Skeletonization of Elongated Solids," *Computer Vision, Graphics and Image Processing*, Vol. 27, No. 1, pp. 78–91, July.

[229] Hansen, F.R., & H. Elliott (1982) "Image Segmentation Using Markov Field Models," *Computer Graphics and Image Processing*, Vol. 20, No. 2, pp. 101–132, October.

[230] Hara, Y., A. Akiyama, & K. Karasaki (1983) "Automatic Inspection System for Printed Circuit Boards," *IEEE Trans. on Pattern Analysis and Machine Intelligence*, Vol. 5, No. 6, pp. 623–630, November.

[231] Haralick, R.M. (1980) "Edge and Region Analysis for Digital Image Data," *Computer Graphics and Image Processing*, Vol. 12, No. 1, pp. 60–73, January.

[232] Haralick, R.M. (1984) "Digital Step Edges from Zero Crossing of Second Directional Derivatives," *IEEE Trans. on Pattern Analysis and Machine Intelligence*, Vol. 6, No. 1, pp. 58–68, January.

[233] Haralick, R.M., & L. Watson (1981) "A Facet Model for Image Data," *Computer Graphics and Image Processing*, Vol. 15, No. 2, pp. 113–129, February.

[234] Hartley, R. (1985) "A Gaussian-Weighted Multi-Resolution Edge Detector," *Computer Vision, Graphics and Image Processing*, Vol. 30, No. 1, pp. 70–83, April.

[235] Hay, C.J. (1966) "Optical Motion and Space Perception—An Extension of Gibson's Analysis," *Psychological Review*, Vol. 73, pp. 550–565.

[236] Haynes, S.M., & R. Jain (1982) "Detection of Moving Edges," *Computer Vision, Graphics and Image Processing*, Vol. 21, No. 3, pp. 345–367, March.

[237] Herman, G.T., & D. Webster (1983) "A Topological Proof of a Surface Tracking Algorithm," *Computer Vision, Graphics and Image Processing*, Vol. 23, No. 2, pp. 162–177, August.

[238] Hildreth, E.C. (1980) "Implementation of a Theory of Edge Detection," MIT AI Laboratory Technical Report 579, April.

[239] Hildreth, E.C. (1983) "The Detection of Intensity Changes by Computer and Biological Vision Systems," *Computer Vision, Graphics and Image Processing*, Vol. 22, No. 1, pp. 1–27, April.

[240] Hildreth, E.C. (1984) "Computations Underlying the Measurement of Visual Motion," *Artificial Intelligence*, Vol. 23, No. 3, pp. 309–354, August.

[241] Hoffman, D.D. (1983) "Representing Shapes for Visual Recognition," Ph.D. Thesis, Dept. of Psychology, MIT, Cambridge, Massachusetts.

[242] Hoffman D.D., & B.E. Flinchbaugh (1982) "The Interpretation of Biological Motion," *Biological Cybernetics*, Vol. 42, No. 3, pp. 195–204.

[243] Holland, S.W., L. Rossol, & M.R. Ward (1979) "CONSIGHT-I: A Vision-Controlled Robot System for Transferring Parts from Belt Conveyors," in *Computer Vision and Sensor-Based Robotics*, G.G. Dodd & L. Rossol (eds.), Plenum Press, New York, pp. 81–100.

[244] Horn, B.K.P. (1970) "Shape from Shading: A Method for Obtaining the Shape of a Smooth Opaque Object from One View," MIT Project MAC Internal Report TR-79 & MIT AI Laboratory Technical Report 232, November.

[245] Horn, B.K.P. (1971) "The Binford–Horn Linefinder," MIT AI Laboratory Memo 285, July.

[246] Horn, B.K.P. (1972) "VISMEM: A Bag of 'Robotics' Formulae," MIT AI Laboratory Working Paper 34, December.

[247] Horn, B.K.P. (1974) "Determining Lightness from an Image," *Computer Graphics and Image Processing*, Vol. 3, No. 1, pp. 277–299, December.

[248] Horn, B.K.P. (1975a) "Obtaining Shape from Shading Information," Chapter 4 in *The Psychology of Computer Vision*, P.H. Winston (ed.), McGraw-Hill Book Co., New York, pp. 115–155.

[249] Horn, B.K.P. (1975b) "A Problem in Computer Vision: Orienting Silicon Integrated Circuit Chips for Lead Bonding," *Computer Graphics and Image Processing*, Vol. 4, No. 1, pp. 294–303, September.
[250] Horn, B.K.P. (1977) "Image Intensity Understanding," *Artificial Intelligence*, Vol. 8, No. 2, pp. 201–231, April.
[251] Horn, B.K.P. (1979) "Sequins and Quills—Representations for Surface Topography," MIT AI Laboratory Memo 536, May.
[252] Horn, B.K.P. (1981) "Hill-Shading and the Reflectance Map," *Proc. of the IEEE*, Vol. 69, No. 1, pp. 14–47, January.
[253] Horn, B.K.P. (1983) "The Least Energy Curve," *ACM Trans. on Mathematical Software*, Vol. 9, No. 4, pp. 441–460, December.
[254] Horn, B.K.P. (1984a) "Exact Reproduction of Colored Images," *Computer Vision, Graphics and Image Processing*, Vol. 26, No. 2, pp. 135–167, May.
[255] Horn, B.K.P. (1984b) "Extended Gaussian Images," *Proc. of the IEEE*, Vol. 72, No. 12, pp. 1671–1686, December.
[256] Horn, B.K.P., & B.L. Bachman (1978) "Using Synthetic Images to Register Real Images with Surface Models," *Communications of the ACM*, Vol. 21, No. 11, pp. 914–924, November.
[257] Horn, B.K.P., & M.J. Brooks (1985) "The Variational Approach to Shape from Shading," MIT AI Laboratory Memo 813, March.
[258] Horn, B.K.P., & K. Ikeuchi (1984) "The Mechanical Manipulation of Randomly Oriented Parts," *Scientific American*, Vol. 251, No. 2, pp. 100–111, August.
[259] Horn, B.K.P., & B.G. Schunck (1981) "Determining Optical Flow," *Artificial Intelligence*, Vol. 17, Nos. 1–3, pp. 185–203, August.
[260] Horn, B.K.P., & R.W. Sjoberg (1979) "Calculating the Reflectance Map," *Applied Optics*, Vol. 18, No. 11, pp. 1770–1779, June.
[261] Horn, B.K.P., & E.J. Weldon (1985) "Filtering Closed Curves," *Proc. Computer Vision and Pattern Recognition Conf.* San Francisco, California, pp. 478–484, 19–23 June.
[262] Horn, B.K.P., R.J. Woodham, & W. Silver (1978) "Determining Shape and Reflectance Using Multiple Images," MIT AI Laboratory Memo 490, August.
[263] Hou, H.S., & H.C. Andrews (1978) "Cubic Splines for Image Interpolation and Digital Filtering," *IEEE Trans. on Acoustics, Speech, and Signal Processing*, Vol. 26, No. 6, pp. 508–517, December.
[264] Hsieh, Y.Y., & K.S. Fu (1980) "An Automatic Visual Inspection System for Integrated Circuit Chips," *Computer Graphics and Image Processing*, Vol. 14, No. 4, pp. 293–343, December.
[265] Huang, T.S., W.F. Schreiber, & O.J. Tretiak (1971) "Image Processing," *Proc. of the IEEE*, Vol. 59, No. 11, pp. 1586–1609, November.
[266] Hueckel, M. (1971) "An Operator Which Locates Edges in Digital Pictures," *Journal of the ACM*, Vol. 18, No. 1, pp. 113–125, January.
[267] Hueckel, M. (1973) "A Local Visual Operator Which Recognizes Edges and Lines," *Journal of the ACM*, Vol. 20, No. 4, pp. 634–647, October.
[268] Huffman, D.A. (1971) " Impossible Objects as Nonsense Sentences," in *Machine Intelligence 6*, B. Meltzer & D.M. Michie (eds.), Edinburgh Univ. Press, pp. 295–323.
[269] Huffman, D.A. (1975) "Curvature and Creases: A Primer on Paper," *Proc. Conf. Computer Graphics, Pattern Recognition, & Data Structure*, pp. 360–370, 14–16 May.
[270] Huffman, D.A. (1977a) "A Duality Concept for the Analysis of Polyhedral Scenes," in *Machine Intelligence 8*, E.W. Elcock & D.M. Michie (eds.), Ellis Horwood, Chichester, pp. 475–492.

[271] Huffman, D.A. (1977b) "Realizable Configurations of Lines in Pictures of Polyhedra," in *Machine Intelligence 8*, E.W. Elcock & D.M. Michie (eds.), Ellis Horwood, Chichester, pp. 493–509.

[272] Hummel, R.A., & S.W. Zucker (1980) "On the Foundations of Relaxation Labeling Processes," Internal Report TR-80-7, Computer Vision and Graphics Lab., Dept. of Electrical Engineering, McGill Univ., Montreal, July.

[273] Ikeuchi, K. (1981a) "Recognition of 3-D Objects Using the Extended Gaussian Image," *Proc. of the Intern. Joint Conf. on Artificial Intelligence*, Vancouver, B.C., pp. 595–600, 24–28 August.

[274] Ikeuchi, K. (1981b) "Determining Surface Orientations of Specular Surfaces by Using the Photometric Stereo Method," *IEEE Trans. on Pattern Analysis and Machine Intelligence*, Vol. 3, No. 6, pp. 661–669, November.

[275] Ikeuchi, K. (1983) "Determining the Attitude of an Object from a Needle Map Using the Extended Gaussian Image," MIT AI Laboratory Memo 714, April.

[276] Ikeuchi, K. (1984) "Shape from Regular Patterns," *Artificial Intelligence*, Vol. 22, No. 1, pp. 49–75, January.

[277] Ikeuchi, K. (1985) "Determining a Depth Map Using Region Matching on Surface-Orientation Maps Obtained by a Pair of Photometric Stereo Systems," Internal Report 85-2E, Information Processing Group, Electrotechnical Laboratory, Sakura-mura, Ibaraki 305, Japan.

[278] Ikeuchi, K., & B.K.P. Horn (1981) "Numerical Shape from Shading and Occluding Boundaries," *Artificial Intelligence*, Vol. 17, Nos. 1–3, pp. 141–184, August.

[279] Ikeuchi, K., & B.K.P. Horn (1984) "Picking up an Object from a Pile of Objects," in *Robotics Research: The First International Symposium*, J.M. Brady & R. Paul (eds.), MIT Press, Cambridge, Massachusetts, pp. 139–162.

[280] Ikeuchi, K., H.K. Nishihara, B.K.P. Horn, P. Sobalvarro, & S. Nagata, (1984) "Determining Grasp Points Using Photometric Stereo and the PRISM Binocular Stereo System," MIT AI Laboratory Memo 772, August.

[281] Ingram, M., & K. Preston, Jr. (1970) "Automatic Analysis of Blood Cells," *Scientific American*, Vol. 223, No. 5, pp. 72–82, November.

[282] Jacobus, C.J., & R.T. Chien (1981) "Two New Edge Detectors," *IEEE Trans. on Pattern Analysis and Machine Intelligence*, Vol. 3, No. 5, pp. 581–592, September.

[283] Jain, R. (1981) "Extraction of Motion Information from Peripheral Process," *IEEE Trans. on Pattern Analysis and Machine Intelligence*, Vol. 3, No. 5, pp. 489–503, September.

[284] Jain, R. (1983) "Direct Computation of the Focus of Expansion," *IEEE Trans. on Pattern Analysis and Machine Intelligence*, Vol. 5, No. 1, pp. 58–64, January.

[285] Jain, R., & J.K. Aggarwal (1979) "Computer Analysis of Scenes with Curved Objects," *Proc. of the IEEE*, Vol. 67, No. 5, pp. 805–812, May.

[286] Jarvis, R.A. (1983a) "A Perspective on Range Finding Techniques for Computer Vision," *IEEE Trans. on Pattern Analysis and Machine Intelligence*, Vol. 5, No. 2, pp. 122–139, March.

[287] Jarvis, R.A. (1983b) "A Laser Time-of-Flight Range Scanner for Robotic Vision," *IEEE Trans. on Pattern Analysis and Machine Intelligence*, Vol. 5, No. 5, pp. 505–512, September.

[288] Jerian, C., & R. Jain (1984) "Determining Motion Parameters for Scenes with Translation and Rotation," *IEEE Trans. on Pattern Analysis and Machine Intelligence*, Vol. 6, No. 4, pp. 523–530, July.

[289] Kanade, T. (1980a) "Region Segmentation: Signal vs. Semantics," *Computer Graphics and Image Processing*, Vol. 13, No. 4, pp. 279–297, August.

[290] Kanade, T. (1980b) "A Theory of Origami World," *Artificial Intelligence*, Vol. 13, No. 3, pp. 279–311, May.

[291] Kanade, T. (1981) "Recovery of the Three-Dimensional Shape of an Object from a Single View," *Artificial Intelligence*, Vol. 17, Nos. 1–3, pp. 409–460, August.

[292] Kanade, T. (1983) "Geometrical Aspects of Interpreting Images as a Three-Dimensional Scene," *Proc. of the IEEE*, Vol. 71, No. 7, pp. 789–802, July.

[293] Kashioka, S., M. Ejiri, & Y. Sakamoto (1976) "A Transistor Wire-Bonding System Utilizing Multiple Local Pattern Matching Techniques," *IEEE Trans. on Systems, Man and Cybernetics*, Vol. 6, No. 8, pp. 562–570, August.

[294] Keating, T.J., P.R. Wolf, & F.L. Scarpace (1975) "An Improved Method of Digital Image Correlation," *Photogrammetric Engineering and Remote Sensing*, Vol. 41, No. 8, pp. 993–1002, August.

[295] Kelley, R.B., J.R. Birk, H.A.S. Martins, & R. Tella (1982) "A Robot System Which Acquires Cylindrical Workpieces from Bins," *IEEE Trans. on Systems, Man and Cybernetics*, Vol. 12, No. 2, pp. 204–213, March/April.

[296] Kelly, R.E., P.R.H. McConnell, & S.J. Mildenberger (1977) "The Gestalt Photomapping System," *Photogrammetric Engineering and Remote Sensing*, Vol. 43, No. 11, pp. 1407–1417, November.

[297] Kirousis, L., & C.H. Papadimitriou (1984) "The Complexity of Recognizing Polyhedral Scenes," Internal Report STAN-CS-84-105, Dept. of Computer Science, Stanford Univ., Stanford, California, August.

[298] Klette, R. (1980) "Parallel Operations on Binary Images," *Computer Graphics and Image Processing*, Vol. 14, No. 2, pp. 145–158, October.

[299] Koenderink, J.J., & A.J. van Doorn (1976) "Local Structure of Movement Parallax of the Plane," *Journal of the Optical Society of America*, Vol. 66, No. 7, pp. 717–723, July.

[300] Koenderink, J.J., & A.J. van Doorn (1980) "Photometric Invariants Related to Solid Shape," *Acta Optica*, Vol. 27, No. 7, pp. 981–996, July.

[301] Konecny, G., & D. Pape (1981) "Correlation Techniques and Devices," *Photogrammetric Engineering and Remote Sensing*, Vol. 47, No. 3, pp. 323–333, March.

[302] Kulpa, Z. (1977) "Area and Perimeter Measurement of Blobs in Discrete Binary Pictures," *Computer Graphics and Image Processing*, Vol. 6, No. 5, pp. 434–451, October.

[303] Land, E.H. (1959) "Experiments in Color Vision," *Scientific American*, Vol. 200, No. 5, pp. 84–99, May.

[304] Land, E.H. (1964) "The Retinex," *American Scientist*, Vol. 52, No. 2, pp. 247–264, June.

[305] Land, E.H. (1983) "Recent Advances in Retinex Theory and Some Implications for Cortical Computations: Color Vision and the Natural Image," *Proc. Nat'l Acad. Sci.*, Vol. 80, No. 16, pp. 5163–5169, August.

[306] Land, E.H., & J.J. McCann (1971) "Lightness and Retinex Theory," *Journal of the Optical Society of America*, Vol. 61, No. 1, pp. 1–11, January.

[307] Lavin, M.A., & L.I. Lieberman (1982) "AML/V: An Industrial Machine Vision Programming System," *The International Journal of Robotics Research*, Vol. 1, No. 3, pp. 42–56, Fall.

[308] Lee, C.-H. (1983) "Improved Methods of Estimating Shape from Shading Using the Light Source Coordinate System," TR-1277, Computer Vision Laboratory, Computer Science Center, Univ. of Maryland, College Park, Maryland, October.

[309] Lettvin, J.Y. (1967) "The Color of Colored Things," Quarterly Progress Report 87, Research Laboratory of Electronics, MIT.
[310] Levialdi, S. (1972) "On Shrinking Binary Picture Patterns," *Communications of the ACM*, Vol. 15, No. 1, pp. 7–10, January.
[311] Levine, M.D., D.A. O'Handley, & G.M. Yagi (1973) "Computer Determination of Depth Maps," *Computer Graphics and Image Processing*, Vol. 2, No. 2, pp. 131–150, October.
[312] Limb, J.O., & J.A. Murphy (1975) "Estimating the Velocity of Moving Images in Television Signals," *Computer Graphics and Image Processing*, Vol. 4, No. 4, pp. 311–327, December.
[313] Little, J.J. (1983) "An Iterative Method for Reconstructing Convex Polyhedra from Extended Gaussian Images," *Proc. of the National Conf. on Artificial Intelligence*, Washington, D.C., pp. 247–254, 22–26 August.
[314] Little, J.J. (1985) "Determining Object Attitude from Extended Gaussian Images," *Proc. of the Intern. Joint Conf. on Artificial Intelligence*, Los Angeles, California, pp. 960–963, 18–23 August.
[315] Livingstone, M.S., & D.H. Hubel (1984) "Anatomy and Physiology of a Color System in the Primate Visual Cortex," *The Journal of Neuroscience*, Vol. 4, No. 1, pp. 309–356.
[316] Lobregt, S., P.W. Verbeek, & F.C.A. Groen (1980) "Three-Dimensional Skeletonization: Principle and Algorithm," *IEEE Trans. on Pattern Analysis and Machine Intelligence*, Vol. 2, No. 1, pp. 75–77, January.
[317] Longuet-Higgins, H.C. (1981) "A Computer Algorithm for Reconstructing a Scene from Two Projections," *Nature*, Vol. 293, No. 5828, pp. 133–135, 10 September.
[318] Longuet-Higgins, H.C., & K. Prazdny (1980) "The Interpretation of a Moving Retinal Image," *Proc. of the Royal Society of London B*, Vol. 208, pp. 385–397.
[319] Lozano-Pérez, T. (1983) "Spatial Planning: A Configuration Space Approach," *IEEE Trans. on Computers*, Vol. 32, No. 2, pp. 108–120, February.
[320] Mackworth, A.K. (1973) "Interpreting Pictures of Polyhedral Scenes," *Artificial Intelligence*, Vol. 4, No. 2, pp. 121–137, Summer.
[321] Mackworth, A.K. (1977) "How to See a Simple World," in *Machine Intelligence 8*, E.W. Elcock & D.M. Michie (eds.), Ellis Horwood, Chichester, pp. 510–537.
[322] MacLeod, I.D.G. (1970a) "A Study in Automatic Photo-Interpretation," Ph.D. Thesis, Dept. of Engineering Physics, Australian National Univ., Canberra, Australia, March.
[323] MacLeod, I.D.G. (1970b) "On Finding Structure in Pictures," in *Picture Language Machines*, S. Kaneff (ed.), Academic Press, London, pp. 231–256.
[324] Malik, J. (1985) "Interpretation of Line Drawings of Curved Objects," Ph.D. Thesis, Dept. of Computer Science, Stanford Univ., Stanford, California.
[325] Marr, D. (1974) "The Computation of Lightness by the Primate Retina," *Vision Research*, Vol. 14, pp. 1377–1388.
[326] Marr, D. (1976) "Early Processing of Visual Information," *Philosophical Trans. of the Royal Society of London B*, Vol. 275, pp. 483–524.
[327] Marr, D. (1977) "Analysis of Occluding Contour," *Proc. of the Royal Society of London B*, Vol. 197, pp. 441–475.
[328] Marr, D. (1980) "Visual Information Processing: The Structure and Creation of Visual Representations," *Philosophical Trans. of the Royal Society of London B*, Vol. 29, pp. 199–218.
[329] Marr, D., & E. Hildreth (1980) "Theory of Edge Detection," *Proc. of the Royal Society of London B*, Vol. 207, pp. 187–217.

[330] Marr, D., & N.K. Nishihara (1978) "Representation and Recognition of the Spatial Organization of Three-Dimensional Structure," *Proc. of the Royal Society of London B*, Vol. 200, pp. 269–294.

[331] Marr, D., G. Palm, & T. Poggio (1978) "Analysis of a Cooperative Stereo Algorithm," *Biological Cybernetics*, Vol. 28, No. 4, pp. 223–239.

[332] Marr, D., & T. Poggio (1976) "Cooperative Computation of Stereo Disparity," *Science*, Vol. 194, No. 4262, pp. 283–287, 15 October.

[333] Marr, D., & T. Poggio (1979) "A Computational Theory of Human Stereo Vision," *Proc. of the Royal Society of London B*, Vol. 204, pp. 301–328.

[334] Marr, D., & S. Ullman (1981) "Directional Selectivity and Its Use in Early Visual Processing," *Proc. of the Royal Society of London B*, Vol. 211, pp. 151–180.

[335] Marroquin, J.L. (1984) "Surface Reconstruction Preserving Discontinuities," MIT AI Laboratory Memo 792, August.

[336] Marroquin, J.L. (1985) "Optimal Bayesian Estimators for Image Segmentation and Surface Reconstruction," MIT AI Laboratory Memo 839, April.

[337] Maybank, S.J. (1984) "The Angular Velocity Associated with the Optical Flow Field Due to a Single Moving Rigid Plane," *Proc. of the Sixth European Conf. on Artificial Intelligence*, Elsevier, Dordrecht, The Netherlands, pp. 641–644, September.

[338] Mayhew, J.E.W. (1982) "The Interpretation of Stereo-Disparity Information: The Computation of Surface Orientation and Depth," *Perception*, Vol. 11, No. 4, pp. 387–403.

[339] Mayhew, J.E.W., & J.P. Frisby (1981) "Psychophysical and Computational Studies towards a Theory of Human Stereopsis," *Artificial Intelligence*, Vol. 17, Nos. 1–3, pp. 379–386, August.

[340] Mayhew, J.E.W., & H.C. Longuet-Higgins (1984) "A Computational Model of Binocular Depth Perception," Chapter 5 in *Image Understanding 1984*, S. Ullman & W. Richards (eds.), Ablex Publishing Corp., Norwood, New Jersey.

[341] McCann, J.J., E.H. Land, & S.M.V. Tatnall (1970) "A Technique for Comparing Human Visual Responses with a Mathematical Model for Lightness," *American Journal of Optometry*, Vol. 47, No. 11, pp. 845–855, November.

[342] Mersereau, R.M. (1979) "The Processing of Hexagonally-Sampled Two-Dimensional Signals," *Proc. of the IEEE*, Vol. 67, No. 6, pp. 930–949, June.

[343] Michalski, R.S., & R.E. Stepp (1983) "Automated Construction of Classifications: Conceptual Clustering Versus Numerical Taxonomy," *IEEE Trans. on Pattern Analysis and Machine Intelligence*, Vol. 5, No. 4, pp. 396–410, July.

[344] Minkowski, H. (1897) "Allgemeine Lehrsätze über die konvexen Polyeder," *Nachrichten von der Königlichen Gesellschaft der Wissenschaften, mathematisch-physikalische Klasse*, Göttingen, pp. 198–219.

[345] Minnaert, M. (1961) "Photometry of the Moon," in *Planets and Satellites*, Vol. 3, G.P. Kuiper & B.M. Middlehurst (eds.), Univ. of Chicago Press, Chicago, pp. 213–248.

[346] Mitchell, J.L., & G. Goertzel (1979) "Two-Dimensional Facsimile Coding Scheme," IBM Research Report RC 7499, January.

[347] Modestino, J.W., & R.W. Fries (1977) "Edge Detection in Noisy Images Using Recursive Digital Filtering," *Computer Graphics and Image Processing*, Vol. 6, No. 5, pp. 409–433, October.

[348] Mori, K., H. Genchi, S. Watanabe, & S. Katsuragi (1970) "Microprogram Controlled Pattern Processing in a Handwritten Mail Reader-Sorter," *Pattern Recognition*, Vol. 2, No. 3, pp. 175–185, September.

[349] Mori, K., M. Kidode, & H. Asada (1973) "An Iterative Prediction and Correction Method for Automatic Stereocomparison," *Computer Graphics and Image Processing*, Vol. 2, Nos. 3 & 4, pp. 393–401, December.
[350] Mori, S., K. Yamamoto, & M. Yasuda (1984) "Research on Machine Recognition of Handprinted Characters," *IEEE Trans. on Pattern Analysis and Machine Intelligence*, Vol. 6, No. 4, pp. 386–405, July.
[351] Nagel, H.-H. (1981a) "Representation of Moving Rigid Objects Based on Visual Observations," *Computer*, Vol. 14, No. 8, pp. 29–38, August.
[352] Nagel, H.-H. (1981b) "On the Derivation of 3-D Rigid Point Configurations from Image Sequences," *Proc. Pattern Recognition and Image Processing Conf.*, Dallas, Texas, pp. 103–108, 3–4 August.
[353] Nagel, H.-H. (1982) "On Change Detection and Displacement Vector Estimation in Image Sequences," *Pattern Recognition Letters*, Vol. 1, pp. 55–59, October.
[354] Nagel, H.-H. (1983a) "Displacement Vectors Derived from Second-Order Intensity Variations in Image Sequences," *Computer Vision, Graphics and Image Processing*, Vol. 21, No. 1, pp. 85–117, January.
[355] Nagel, H.-H. (1983b) "Constraints for the Estimation of Displacement Vector Fields from Image Sequences," *Proc. of the Intern. Joint Conf. on Artificial Intelligence*, Karlsruhe, West Germany, pp. 945–951, 8–12 August.
[356] Nagy, G. (1969) "Feature Extraction on Binary Patterns," *IEEE Trans. on Systems Science and Cybernetics*, Vol. 5, No. 4, pp. 273–278, October.
[357] Nahin, P.J. (1974) "The Theory and Measurement of a Silhouette Descriptor for Image Preprocessing and Recognition," *Pattern Recognition*, Vol. 6, No. 2, pp. 85–95, October.
[358] Negahdaripour, S., & B.K.P. Horn (1985) "Determining 3-D Motion of Planar Objects from Image Brightness Measurements," *Proc. of the Intern. Joint Conf. on Artificial Intelligence*, Los Angeles, California, pp. 898–901, 18–23 August.
[359] Netravali, A.N., & J.D. Robbins (1979) "Motion-Compensated Television Coding: Part I," *The Bell System Technical Journal*, Vol. 58, No. 3, pp. 631–670, March.
[360] Neumann, B. (1980a) "Motion Analysis of Image Sequences for Object Grouping and Reconstruction," *Proc. Pattern Recognition Conf.*, Miami, Florida, pp. 1262–1265, 1–4 December.
[361] Neumann, B. (1980b) "Exploiting Image Formation Knowledge for Motion Analysis," *IEEE Trans. on Pattern Analysis and Machine Intelligence*, Vol. 2, No. 6, pp. 550–554, November.
[362] Nevatia, R. (1977a) "Evaluation of a Simplified Hueckel Edge-Line Detector," *Computer Graphics and Image Processing*, Vol. 6, No. 6, pp. 582–588, December.
[363] Nevatia, R. (1977b) "A Color Edge Detector and Its Use in Scene Segmentation," *IEEE Trans. on Systems, Man and Cybernetics*, Vol. 7, No. 11, pp. 820–826, November.
[364] Nevatia, R., & K.R. Babu (1980) "Linear Feature Extraction and Description," *Computer Graphics and Image Processing*, Vol. 13, No. 3, pp. 257–269, July.
[365] Nevatia, R., & T.O. Binford (1977) "Description and Recognition of Curved Objects," *Artificial Intelligence*, Vol. 8, No. 1, pp. 77–98, February.
[366] Nicodemus, F.E., J.C. Richmond, J.J. Hsia, I.W. Ginsberg, & T. Limperis (1977) "Geometrical Considerations and Nomenclature for Reflectance," NBS Monograph 160, National Bureau of Standards, U.S. Dept. of Commerce, Washington D.C., October.
[367] Nishihara, H.K. (1981) "Intensity, Visible-Surface, and Volumetric Representations," *Artificial Intelligence*, Vol. 17, Nos. 1–3, pp. 265–284, August.

[368] Nishihara, H.K. (1983) "PRISM: A Practical Real-Time Imaging Stereo Matcher," *Proc. SPIE Cambridge Symp. on Optical and Electro-Optical Engineering*, Cambridge, Massachusetts, 6–10 November.
[369] Nitzan, D., A.E. Brain, & R.O. Duda (1977) "The Measurement and Use of Registered Reflectance and Range Data in Scene Analysis," *Proc. of the IEEE*, Vol. 65, No. 2, pp. 206–220, February.
[370] O'Gorman, F. (1978) "Edge Detection Using Walsh Functions," *Artificial Intelligence*, Vol. 10, No. 2, pp. 215–223, April.
[371] O'Gorman, F., & M.B. Clowes (1976) "Finding Picture Edges through Collinearity of Feature Points," *IEEE Trans. on Computers*, Vol. 25, No. 4, pp. 449–456, April.
[372] Ohlander, R., K. Price, & D.R. Reddy (1978) "Picture Segmentation Using a Recursive Region Splitting Method," *Computer Graphics and Image Processing*, Vol. 8, No. 3, pp. 313–333, December.
[373] Ohta Y., & T. Kanade (1983) "Stereo by Intra- and Inter-scanline Search Using Dynamic Programming," CMU-CS-83-162, Dept. of Computer Science, Carnegie-Mellon Univ., Pittsburgh, October.
[374] Paquin, R., & E. Dubois (1983) "A Spatio-Temporal Gradient Method for Estimating the Displacement Field in Time-Varying Imagery," *Computer Vision, Graphics and Image Processing*, Vol. 21, No. 2, pp. 205–221, February.
[375] Pavlidis, T. (1980) "A Thinning Algorithm for Discrete Binary Images," *Computer Graphics and Image Processing*, Vol. 13, No. 2, pp. 142–157, June.
[376] Pavlidis, T. (1982) "An Asynchronous Thinning Algorithm," *Computer Graphics and Image Processing*, Vol. 20, No. 2, pp. 133–157, October.
[377] Peli T., & D. Malah (1982) "A Study of Edge Detection Algorithms," *Computer Graphics and Image Processing*, Vol. 20, No. 2, pp. 1–21, September.
[378] Pentland, A.P. (1982) "Finding the Illuminant Direction," *Journal of the Optical Society of America*, Vol. 72, No. 4, pp. 448–455, April.
[379] Pentland, A.P. (1984) "Local Shading Analysis," *IEEE Trans. on Pattern Analysis and Machine Intelligence*, Vol. 6, No. 2, pp. 170–187, March.
[380] Poggio, T. (1984) "Vision by Man and Machine," *Scientific American*, Vol. 250, No. 4, pp. 106–116, April.
[381] Poggio, T., & Koch, C. (1984) "An Analog Model of Computation for the Ill-Posed Problems of Early Vision," MIT AI Laboratory Memo 783, May.
[382] Poggio, T., & Torre, V. (1984) "Ill-Posed Problems and Regularization Analysis in Early Vision," MIT AI Laboratory Memo 773, April.
[383] Pong, T.-C., L.G. Shapiro, L.T. Watson, & R.M. Haralick (1984) "Experiments in Segmentation Using a Facet Model Region Grower," *Computer Vision, Graphics and Image Processing*, Vol. 25, No. 1, pp. 1–23, January.
[384] Prazdny, K. (1979) "Motion and Structure from Optical Flow," *Proc. of the Intern. Joint Conf. on Artificial Intelligence*, Tokyo, Japan, pp. 702–704, 20–24 August.
[385] Prazdny, K. (1980) "Egomotion and Relative Depth Map from Optical Flow," *Biological Cybernetics*, Vol. 36, No. 2, pp. 87–102.
[386] Prazdny, K. (1981) "Determining the Instantaneous Direction of Motion from Optical Flow Generated by a Curvilinearly Moving Observer," *Computer Graphics and Image Processing*, Vol. 17, No. 3, pp. 238–248, November.
[387] Prazdny, K. (1983) "On the Information in Optical Flows," *Computer Vision, Graphics and Image Processing*, Vol. 22, No. 2, pp. 239–259, May.
[388] Preston, Jr., K. (1971) "Feature Extraction by Golay Hexagonal Pattern Transforms," *IEEE Trans. on Computers*, Vol. 20, No. 9, pp. 1007–1014, September.

[389] Preston, Jr., K. (1976) "Computer Processing of Biomedical Images," *Computer*, Vol. 9, No. 5, pp. 54–68, May.
[390] Ramakrishna, R.S., S.M. Mullick, & R.K.S. Rathore (1985) "A New Iterative Algorithm for Image Restoration," *Computer Vision, Graphics and Image Processing*, Vol. 30, No. 1, pp. 47–55, April.
[391] Ramer, E.U. (1975) "The Transformation of Photographic Images into Stroke Arrays," *IEEE Trans. on Circuits and Systems*, Vol. 22, No. 4, pp. 363–374, April.
[392] Ray, R., J. Birk, & R.B. Kelley (1983) "Error Analysis of Surface Normals Determined by Radiometry," *IEEE Trans. on Pattern Analysis and Machine Intelligence*, Vol. 5, No. 6, pp. 631–645, November.
[393] Rindfleisch, T. (1966) "Photometric Method for Lunar Topography," *Photogrammetric Engineering*, Vol. 32, No. 2, p. 262, March.
[394] Roberts, L.G. (1965) "Machine Perception of Three-Dimensional Solids," in *Optical and Electro-Optical Information Processing*, J.T. Tippett et al. (eds.), MIT Press, Cambridge, Massachusetts, pp. 159–197.
[395] Rosenfeld, A. (1970) "Connectivity in Digital Pictures," *Journal of the ACM*, Vol. 17, No. 1, pp. 146–160, January.
[396] Rosenfeld, A. (1972) "Picture Processing: 1972," *Computer Graphics and Image Processing*, Vol. 1, No. 4, pp. 394–416, December.
[397] Rosenfeld, A. (1974) "Picture Processing: 1973," *Computer Graphics and Image Processing*, Vol. 3, No. 2, pp. 178–194, June.
[398] Rosenfeld, A. (1975) "Picture Processing: 1974," *Computer Graphics and Image Processing*, Vol. 4, No. 2, pp. 133–155, June.
[399] Rosenfeld, A. (1976) "Picture Processing: 1975," *Computer Graphics and Image Processing*, Vol. 5, No. 2, pp. 215–237, June.
[400] Rosenfeld, A. (1977) "Picture Processing: 1976," *Computer Graphics and Image Processing*, Vol. 6, No. 2, pp. 157–183, April.
[401] Rosenfeld, A. (1978) "Picture Processing: 1977," *Computer Graphics and Image Processing*, Vol. 7, No. 2, pp. 211–242, April.
[402] Rosenfeld, A. (1979) "Picture Processing: 1978," *Computer Graphics and Image Processing*, Vol. 9, No. 4, pp. 354–393, April.
[403] Rosenfeld, A. (1980) "Picture Processing: 1979," *Computer Graphics and Image Processing*, Vol. 13, No. 1, pp. 46–79, May.
[404] Rosenfeld, A. (1981) "Picture Processing: 1980," *Computer Graphics and Image Processing*, Vol. 16, No. 1, pp. 52–89, May.
[405] Rosenfeld, A. (1982) "Picture Processing: 1981," *Computer Graphics and Image Processing*, Vol. 19, No. 1, pp. 35–75, May.
[406] Rosenfeld, A. (1983) "Picture Processing: 1982," *Computer Vision, Graphics and Image Processing*, Vol. 22, No. 3, pp. 339–387, June.
[407] Rosenfeld, A. (1984a) "Picture Processing: 1983," *Computer Vision, Graphics and Image Processing*, Vol. 26, No. 3, pp. 347–393, June.
[408] Rosenfeld, A. (1984b) "Image Analysis: Problems, Progress and Prospects," *Pattern Recognition*, Vol. 17, No. 1, pp. 3–12.
[409] Rosenfeld, A. (1985) "Picture Processing: 1984," *Computer Vision, Graphics and Image Processing*, Vol. 30, No. 2, pp. 189–242, May.
[410] Rosenfeld, A., & L.S. Davis (1979) "Image Segmentation and Image Models," *Proc. of the IEEE*, Vol. 67, No. 5, pp. 7646–772, May.
[411] Rosenfeld, A., R.A. Hummel, & S.W. Zucker (1976) "Scene Labelling by Relaxation Operations," *IEEE Trans. on Systems, Man and Cybernetics*, Vol. 6, No. 6, pp. 420–433, June.

[412] Rosenfeld, A., & M. Thurston (1971) "Edge and Curve Detection for Visual Scene Analysis," *IEEE Trans. on Computers*, Vol. 20, No. 5, pp. 562–569, May.

[413] Rosenfeld, A., M. Thurston, & Y.H. Lee (1972) "Edge and Curve Detection: Further Experiments," *IEEE Trans. on Computers*, Vol. 21, No. 7, pp. 677–715, July.

[414] Salamin, E. (1979) "Application of Quaternions to Computation with Rotations," Stanford AI Laboratory Internal Working Paper, Dept. of Computer Science, Stanford Univ., Stanford, California.

[415] Sankar, P.V. (1977) "A Vertex Coding Scheme for Interpreting Ambiguous Trihedral Solids," *Computer Graphics and Image Processing*, Vol. 6, No. 1, pp. 61–89, February.

[416] Savol, A.M., C.C. Li, & R.J. Hoy (1980) "Computer-Aided Recognition of Small Rounded Pneumoconiosis Opacities in Chest X-Rays," *IEEE Trans. on Pattern Analysis and Machine Intelligence*, Vol. 2, No. 5, pp. 479–482, September.

[417] Schalkoff, R.J., & E.S. McVey (1982) "A Model and Tracking Algorithm for a Class of Video Targets," *IEEE Trans. on Pattern Analysis and Machine Intelligence*, Vol. 4, No. 1, pp. 2–10, January.

[418] Schreiber, W.F. (1978) "Image Processing for Quality Improvement," *Proc. of the IEEE*, Vol. 66, No. 12, pp. 1640–1651, December.

[419] Schunck, B.G., & B.K.P. Horn (1981) "Constraints on Optical Flow Computation," *Proc. Pattern Recognition and Image Processing Conf.*, Dallas, Texas, pp. 205–210, 3–4 August.

[420] Schut, G.H. (1960) "On Exact Linear Equations for the Computation of the Rotational Elements of Absolute Orientation," *Photogrammetria*, Vol. 17, No. 1, pp. 34–37.

[421] Selfridge, P.G., & J.M.S. Prewitt (1981) "Organ Detection in Abdominal Computerized Tomography Scans: Application to the Kidney," *Computer Graphics and Image Processing*, Vol. 15, No. 3, pp. 265–278, March.

[422] Serra, J. (1980) "The Boolean Model and Random Sets," *Computer Graphics and Image Processing*, Vol. 12, No. 2, pp. 99–126, February.

[423] Shafer, S.A., & T. Kanade (1983) "Using Shadows in Finding Surface Orientations," *Computer Vision, Graphics and Image Processing*, Vol. 22, No. 1, pp. 145–176, April.

[424] Shafer, S.A., T. Kanade, & J. Kender (1983) "Gradient Space under Orthography and Perspective," *Computer Vision, Graphics and Image Processing*, Vol. 24, No. 2, pp. 182–199, November.

[425] Shapira, R. (1984) "A Note on Sugihara's Claim," *IEEE Trans. on Pattern Analysis and Machine Intelligence*, Vol. 6, No. 1, pp. 122–123, January.

[426] Shapira, R., & H. Freeman (1979) "The Cyclic Order Property of Vertices as an Aid in Scene Analysis," *Communications of the ACM*, Vol. 22, No. 6, pp. 368–375, June.

[427] Shirai, Y. (1973) "A Context-Sensitive Line Finder for Recognition of Polyhedra," *Artificial Intelligence*, Vol. 4, No. 2, pp. 95–119, Summer.

[428] Silver, W.M. (1980) "Determining Shape and Reflectance Using Multiple Images," S.M. Thesis, Dept. of Electrical Engineering & Computer Science, MIT, Cambridge, Massachusetts, June.

[429] Sjoberg, R.J., & B.K.P. Horn, (1983) "Atmospheric Effects in Satellite Imaging of Mountainous Terrain," *Applied Optics*, Vol. 22, No. 11, pp. 1702–1716, June.

[430] Sloan, Jr., K.R., & C.M. Brown (1979) "Color Map Techniques," *Computer Graphics and Image Processing*, Vol. 10, No. 4, pp. 297–317, August.

[431] Smith, D.A. (1979) "Using Enhanced Spherical Images," MIT AI Laboratory Memo 530, May.

[432] Smith, J.A., T.L. Lin, & K.J. Ranson (1980) "The Lambertian Assumption and Landsat Data," *Photogrammetric Engineering and Remote Sensing*, Vol. 46, No. 9, pp. 1183–1189, September.

[433] Sobel, I. (1970) "Camera Models and Machine Perception," Stanford AI Memo 121, Dept. of Computer Science, Stanford Univ., Stanford, California, May.

[434] Stefanelli, R. (1971) "Some Parallel Thinning Algorithms for Digital Pictures," *Journal of the ACM*, Vol. 18, No. 2, pp. 255–264, April.

[435] Stevens, K.A. (1981) "The Visual Interpretation of Surface Contours," *Artificial Intelligence*, Vol. 17, Nos. 1–3, pp. 47–73, August.

[436] Strat, T.M. (1979) "A Numerical Method for Shape from Shading from a Single Image," S.M. Thesis, Dept. of Electrical Engineering & Computer Science, MIT, Cambridge, Massachusetts, January.

[437] Stuller, J.A., A.N. Netravali, & J.D. Robbins (1980) "Interframe Television Coding Using Gain and Displacement Compensation," *Bell Systems Technical Journal*, Vol. 59, No. 7, pp. 1227–1240, September.

[438] Sugihara, K. (1982a) "Classification of Impossible Objects," *Perception*, Vol. 11, No. 1, pp. 65–74.

[439] Sugihara, K. (1982b) "Mathematical Structures of Line Drawings of Polyhedrons — Toward Man-Machine Communication by Means of Line Drawings," *IEEE Trans. on Pattern Analysis and Machine Intelligence*, Vol. 4, No. 5, pp. 458–469, September.

[440] Sugihara, K. (1984a) "An Algebraic Approach to Shape-from-Image Problems," *Artificial Intelligence*, Vol. 23, No. 1, pp. 59–95, May.

[441] Sugihara, K. (1984b) "A Necessary and Sufficient Condition for a Picture to Represent a Polyhedral Scene," *IEEE Trans. on Pattern Analysis and Machine Intelligence*, Vol. 6, No. 5, pp. 578–586, September.

[442] Sugihara, K., & N. Sugie (1984) "Recovery of Rigid Structure from Orthographically Projected Optical Flow," *Computer Vision, Graphics and Image Processing*, Vol. 27, No. 3, pp. 309–320, September.

[443] Sutro, L.L., & J.B. Lerman (1973) "Robot Vision," Internal Report R-635, Charles Stark Draper Laboratory, Cambridge, Massachusetts, April.

[444] Tabatabai, A.J., & O.R. Mitchell (1984) "Edge Location to Subpixel Values in Digital Imagery," *IEEE Trans. on Pattern Analysis and Machine Intelligence*, Vol. 6, No. 2, pp. 188–201, March.

[445] Tafoya, B.R. (1978) "A Unique Cartographic, Scanning, Vectorizing & Editing System," *Image Understanding Systems & Industrial Applications*, Proc. SPIE 22nd Annual Technical Symp., San Diego, California, Vol. 155, pp. 2–7, 28–31 August.

[446] Taylor, R.H. (1979) "Planning and Execution of Straight Line Manipulator Trajectories," *IBM Journal of Research and Development*, Vol. 23, No. 4, pp. 424–436, July.

[447] Tenenbaum, J.M., & H.G. Barrow (1976) "Experiments in Interpretation-Guided Segmentation," Technical Note 123, Stanford Research Institute, Menlo Park, California, March.

[448] Terzopoulos, D. (1983) "Multilevel Computational Processes for Visual Surface Reconstruction," *Computer Vision, Graphics and Image Processing*, Vol. 24, No. 1, pp. 52–96, October.

[449] Terzopoulos, D. (1984a) "Efficient Multiresolution Algorithms for Computing Lightness, Shape from Shading, and Optical Flow," *Proc. of the Fourth National Conf. on Artificial Intelligence*, University of Texas, Austin, Texas, pp. 314–317, 6–10 August.

[450] Terzopoulos, D. (1984b) "Multiresolution Algorithms in Computational Vision," Chapter 10 in *Image Understanding 1984*, S. Ullman & W. Richards (eds.), Ablex Publishing Corp., Norwood, New Jersey.

[451] Thompson, E.H. (1959) "An Exact Linear Solution of the Problem of Absolute Orientation," *Photogrammetria*, Vol. 15, No. 4, pp. 163–179.

[452] Thompson, W.B. (1981) "Lower-Level Estimation and Interpretation of Visual Motion," *Computer*, Vol. 14, No. 8, pp. 20–28, August.
[453] Torrance, K.E., & E.M. Sparrow (1967) "Theory for Off-Specular Reflection from Roughened Surfaces," *Journal of the Optical Society of America*, Vol. 57, No. 9, pp. 1105–1114, September.
[454] Trowbridge, S., & K.P. Reitz (1975) "Average Irregularity Representation of a Rough Surface for Ray Reflection," *Journal of the Optical Society of America*, Vol. 65, No. 5, pp. 531–536, May.
[455] Tsai, R.Y. (1982) "Multiframe Image Point Matching and 3-D Surface Reconstruction," Report RC 9398, IBM T.J. Watson Research Center, Yorktown Heights, New York, May.
[456] Tsai, R.Y., & T.S. Huang (1984a) "Uniqueness and Estimation of Three-Dimensional Motion Parameters of Rigid Objects with Curved Surfaces," *IEEE Trans. on Pattern Analysis and Machine Intelligence*, Vol. 6, No. 1, pp. 13–27, January.
[457] Tsai, R.Y., & T.S. Huang (1984b) "Estimating Three-Dimensional Motion Parameters of a Rigid Planar Patch, III: Finite Point Correspondences and the Three-View Problem," *IEEE Trans. on Acoustics, Speech, and Signal Processing*, Vol. 32, No. 2, pp. 213–220, April.
[458] Tsai, R.Y., T.S. Huang, & W.-L. Zhu (1982) "Estimating Three-Dimensional Motion Parameters of a Rigid Planar Patch, II: Singular Value Decomposition," *IEEE Trans. on Acoustics, Speech, and Signal Processing*, Vol. 30, No. 4, pp. 525–534, August.
[459] Tsao, Y.F., & K.S. Fu (1981) "A Parallel Thinning for 3-D Pictures," *Computer Graphics and Image Processing*, Vol. 17, No. 4, pp. 315–331, December.
[460] Tuong-Phong, B. (1975) "Illumination for Computer-Generated Images," *Communications of the ACM*, Vol. 18, No. 6, pp. 311–317, June.
[461] Turner, K.J. (1974) "Computer Perception of Curved Objects Using a Television Camera," Ph.D. Thesis, Univ. of Edinburgh, Edinburgh, U.K.
[462] Ullman, S. (1979) "Relaxation and Constrained Optimization by Local Processes," *Computer Graphics and Image Processing*, Vol. 10, No. 2, pp. 115–125, June.
[463] Ullman, S. (1981) "Analysis of Visual Motion by Biological and Computer Systems," *Computer*, Vol. 14, No. 8, pp. 57–69, August.
[464] Van Digellen, J. (1951) "A Photometric Investigation of the Slopes and Heights of the Ranges of Hills in the Maria of the Moon," *Bulletin of the Astronomical Institute of the Netherlands*, Vol. 11, No. 423, July.
[465] Van Hove, P.L., & J.G. Verly (1985) "A Silhouette-Slice Theorem for Opaque 3-D Objects," *Proc. IEEE Intern. Conf. on Acoustics, Speech and Signal Processing*, Tampa, Florida, pp. 933–936, 26–29 March.
[466] Waltz, D.L. (1972) "Generating Semantic Descriptions from Drawings of Scenes with Shadows," Chapter 3 in *The Psychology of Computer Vision*, P.H. Winston (ed.), McGraw-Hill Book Co., New York.
[467] Ward, M.R., D.P. Rheaume, S.W. Holland, & J.H. Dunseth (1982) "Production Plant CONSIGHT Installations," Internal Report GMR-4156, General Motors Research Laboratories, Warren, Michigan, August.
[468] Waxman, A.M., & S. Ullman (1983) "Surface Structure and 3-D Motion from Image Flow: A Kinematic Analysis," Report CAR-TR-24, Computer Vision Laboratory, Center for Automation Research, Univ. of Maryland, College Park, Maryland, October.

[469] Waxman, A.M., & K. Wohn (1984) "Contour Evolution, Neighborhood Deformation and Global Image Flow: Planar Surfaces in Motion," Report CAR-TR-58, Computer Vision Laboratory, Center for Automation Research, Univ. of Maryland, College Park, Maryland, April.

[470] Webb, J.A., & J.K. Aggarwal (1982) "Structure from Motion of Rigid and Jointed Objects," *Artificial Intelligence*, Vol. 19, No. 1, pp. 107–130, September.

[471] Winston, P.H. (1972) "The MIT Robot," in *Machine Intelligence 7*, B. Meltzer & D.M. Michie (eds.), Edinburgh Univ. Press, pp. 431–463.

[472] Witkin, A.P. (1981) "Recovering Surface Shape and Orientation from Texture, *Artificial Intelligence*, Vol. 17, Nos. 1–3, pp. 17–45, August.

[473] Witkin, A.P. (1983) "Scale-Space Filtering," *Proc. of the Intern. Joint Conf. on Artificial Intelligence*, Karlsruhe, West Germany, pp. 1019–1022, 8–12 August.

[474] Witkin, A.P. (1984) "Scale Space Filtering: A New Approach to Multi-Scale Description," Chapter 3 in *Image Understanding 1984*, S. Ullman & W. Richards (eds.), Ablex Publishing Corp., Norwood, New Jersey.

[475] Wohn, K., K.S. Davis, & P. Thrift (1983) "Motion Estimation Based on Multiple Local Constraints and Nonlinear Smoothing," *Pattern Recognition*, Vol. 16, No. 6, pp. 563–570.

[476] Wojcik, Z.M. (1984) "An Approach to the Recognition of Contours and Line-Shaped Objects," *Computer Vision, Graphics and Image Processing*, Vol. 25, No. 2, pp. 184–204, February.

[477] Woodham, R.J. (1977) "A Cooperative Algorithm for Determining Surface Orientation from a Single View," *Proc. of the Intern. Joint Conf. on Artificial Intelligence*, Cambridge, Massachusetts, pp. 635–641, 22–25 August.

[478] Woodham, R.J. (1978a) "Reflectance Map Techniques for Analyzing Surface Defects in Metal Castings," MIT AI Laboratory Technical Report 457, June.

[479] Woodham, R.J. (1978b) "Photometric Stereo: A Reflectance Map Technique for Determining Surface Orientation from a Single View," *Image Understanding Systems and Industrial Applications*, Proc. SPIE 22nd Annual Technical Symp., San Diego, California, Vol. 155, pp. 136–143, 28–31 August.

[480] Woodham, R.J. (1979) "Relating Properties of Surface Curvature to Image Intensity," *Proc. of the Intern. Joint Conf. on Artificial Intelligence*, Tokyo, Japan, pp. 971–977, 20–24 August.

[481] Woodham, R.J. (1980) "Photometric Method for Determining Surface Orientation from Multiple Images," *Optical Engineering*, Vol. 19, No. 1, pp. 139–144, January/February.

[482] Woodham, R.J. (1981) "Analysing Images of Curved Surfaces," *Artificial Intelligence*, Vol. 17, Nos. 1–3, pp. 117–140, August.

[483] Woodham, R.J. (1984) "Photometric Method for Determining Shape from Shading," Chapter 4 in *Image Understanding 1984*, S. Ullman & W. Richards (eds.), Ablex Publishing Corp., Norwood, New Jersey.

[484] Yachida, M., & S. Tsuji (1977) "A Versatile Machine Vision System for Complex Industrial Parts," *IEEE Trans. on Computers*, Vol. 26, No. 9, pp. 882–894, September.

[485] Yakimovsky, Y. (1975) "Boundary and Object Detection in Real World Images," *Proc. of the Intern. Joint Conf. on Artificial Intelligence*, Tbilisi, Georgia, U.S.S.R., pp. 695–704, 3–8 September.

[486] Yen, B.L., & T.S. Huang (1983) "Determining 3-D Motion and Structure of a Rigid Body Using Spherical Projection," *Computer Vision, Graphics and Image Processing*, Vol. 21, No. 1, pp. 21–32, January.

[487] Young, I.T. (1969) "Automated Leukocyte Recognition," Ph.D. Thesis, Dept. of Electrical Engineering, MIT, Cambridge, Massachusetts, June.

[488] Yuille, A.L., & T. Poggio (1983) "Scaling Theorems for Zero-Crossings," MIT AI Laboratory Memo 722, June.

索　引

（京）新登字083号

图书在版编目（CIP）数据

机器视觉 /［美］霍恩（Horn，B.K.P.）著；王亮，蒋欣兰译. —北京：中国青年出版社, 2014.7

书名原文：Robot vision

ISBN 978-7-5153-2531-6

Ⅰ.①机… Ⅱ.①霍… ②王…③蒋… Ⅲ.①计算机视觉—高等学校—教材 Ⅳ.①TP302.7

中国版本图书馆CIP数据核字（2014）第146784号

责任编辑：彭岩

*

中国青年出版社出版 发行

社址：北京东四12条21号 邮政编码：100708

网址：www.cyp.com.cn

编辑部电话：（010）57350407 门市部电话：（010）57350370

北京科信印刷有限公司印刷 新华书店经销

*

700×1000 1/16 37印张 4插页 660千字

2014年8月北京第1版 2020年9月北京第9次印刷

定价：98.00元

本书如有印装质量问题，请凭购书发票与质检部联系调换

联系电话：（010）57350337